{과학}과
]정신과학[

김창래

과학과 정신과학

자연과학의 형이상학적 기초와 정신과학이 갈 길

KU PRESS
고려대학교
출판문화원

이 저서는 2007년 정부(교육부)의 재원으로 한국연구재단의 지원을 받아 수행된 연구임(NRF-2007-812-A00092).

프롤로고스

나의 책은 과학과 정신과학의 문제를 다룬다. 과학의 형이상학적 기초를 드러내어 보여 주고 정신과학이 가야 할 길을 제시하는 것이 책의 우선적인 목표다. 우선의 목표 뒤에 궁극의 목표가 숨어 있다. 그것은 출범 이래 철학이 단 한 순간도 던지고 답하기를 게을리하지 않았던, 그럼에도—모든 미래의 철학을 포함하여—어떤 시대의 철학이건 늘 다시 던지고 답하지 않을 수 없는 물음, 그리고 철학의 이 모든 노고에도 결국 유일하게 옳은 답을 찾을 수는 없는 하나의 물음에 답하는 것이다. 그 물음은 '인간이란 무엇인가?'이다. 과학과 정신과학에 대한 성찰을 통로로 하여 인간의 '무엇임'에 대해 사색하는 것이 이 책의 궁극의 목표다.

나는 나의 책이 이 목표를 이룰 수 있다고 생각하지는 않는다. 아니 고백컨대, 책을 다 끝내고 이제 '프롤로고스'를 쓰고 있는 나는, 나의 책이 이 목표를 이루지 못했음을 인정한다. 그러나 이 물음과 관련하여—부정적인 방식으로나마—한 가지는 이룬 것 같다. 나의 책은 적어도 '인간이 무엇이어서는 안 되는가?'라는 물음에는 답했다. 인간은 자연의 일부에 머물러서는 안 된다. 여기서—인간에 대한 철학의 성찰에서—인간이 실재로realiter 자연의 일부라는 사실은 전혀 중요하지 않다. (오늘날 **과학**은 이 사실을 열광적으로 증명하고 있다.) 철학하는 내가 주장하는 것은 인간은 이념상idealiter 자연 이상으로 여겨져야 한다는 것이기 때문이다. 이것은 사실로서의 인간에 대한 과학의 문제가 아니라, 자기 자신을 향해 '나는 무엇이고 또 무엇이어야 하는가?'라는 물음을 부단히 던지고 답하는 인간의 자기 이해의 문제다. (이 이해에 기여하는 것이 오늘날의 **정신과학**이 가야 할 길이다.) 이에 대해서는 오로지 사실과학 이상인 철학만이 답을 줄 수 있다. 이상理想으로서의 인간은 "사람들이 밟고 다니는 길"[1]의 여기 또는 저기서 발견되는 것이 아니라 오직 이념의 세계에서 혼의 눈에 의해 관조될 뿐이기 때문이다.

철학의 과제는 실재, 직접적 현실성을 괄호 안에 묶고, 그 위에 또 하나의 현실성, 이념적 현실성을 건립하고 그곳에 사유하는 자의 거처를 마련하는 것이다. 물론 이 거처는 실재 세계의 끝, "사람들이 밟고 다니는 길"의 끝에 마련된다. 세계가 끝나는 곳에 세워졌기에, 이 이념의 왕국은 "**전도된** 세계die *verkehrte* Welt"[2]다. 이 전도된 세계의 관점으로 과학과 정신과학에 대해 숙고하고 이 숙고로부터 인간의 본질에 대해 사유하면, 다음의 결론이 나온다. 흔히 자연에 속한다고 말해지는 인간은 자연 이상이고 이상이어야만 한다. 예지계noumena의 성원으로서의 인간의 존재는 '자연'이 아니라 '자유'이기 때문이다. 철학하는 자의 혼의 눈은 인간을 그렇게 본다.

---

1 헤르만 딜스 엮음, 《소크라테스 이전 철학자들의 단편 선집》, 김인곤 외 옮김(아카넷, 2005), 274쪽.

2 G. W. F. Hegel, *Phänomenologie des Geistes*, hrsg. von J. Hoffmeister, Hamburg 1952, 121.

실재에 빠져 경험의 사실에만 눈길을 던지고 그 외의 아무것도 볼 수 없는 분은 나의 말의 의미를 이해하지 못할 것이다. 그분들에게는 이 책이 도움이 될 것이다. 사실의 논리에 붙들려 경직되어 버린 사유에 철학의 윤활유를 뿌려 굳은 뇌를 이완시켜 준다는 의미에서의 도움이다. 인간이 자연의 일부일 수밖에 없다는 사실은 알고 있지만, 이 못마땅한 사실을 어찌 반박해야 할지를 몰라 당황해하시는 분들도 이 책에서 도움을 받을 수 있을 것이다. 경험과 사실을 무기로 한 자연주의자들의 공세에 맞서게 해 주는 철학의 논리를 얻을 수 있다는 의미에서 그렇다. 이 문제를 나와 꼭 같은 눈으로, 꼭 같은 방식으로 바라보는 분들에게 나의 책이 어떤 도움이 될지는 잘 모르겠다. 그러나 우리 시대에 나 같은 반자연주의자가 매우 희귀하다는 사실을 고려하면, 적어도 동병상련의 위안을 얻을 수는 있을 것이다.

그러나 나는 그분들을 위해 그리고 그분들의 동의를 얻기 위해 이 책을 쓴 것은 아니다. 나의 입장에 찬동하건 반대하건, 그건 부차적인 일이다. 하여튼 모든 책은 독자를 만나야 하고, 그 독자에게 뭔가를 말해야 한다. 모든 표현은 "누군가를 위한 표현"[3]이고, 그 '누군가' 앞에서의 자기주장이기 때문이다. 나는, 그 '누군가'에게—그가 나의 긍정적인 독자건 부정적인 독자건—인간은 현상계와 예지계, '두 세계의 시민Bürger zweier Welten'이고 따라서 실재로는 자연에 속하지만 이념적으로는 자유로운 영혼이라는[4] 이성의 사실을 말해 주는 것이 실재의 끝, 이

3 H.-G. Gadamer, *Gesammelte Werke*, Bd. I, Tübingen 1990, 114.

4 Cf. I. Kant, *Kritik der praktischen Vernunft*, *Kants Gesammelte Schriften*, Bd. V, hrsg. von Königlich Preußischer Akademie der Wissenschaften zu Berlin, Berlin 1913, 50, 87; cf. idem, *Grundlegung zur Metaphysik der Sitten*, *Kants Gesammelte Schriften*, Bd. IV, hrsg. von Königlich Preußischer Akademie der Wissenschaften

념의 왕국에 거주하는 철학자의 의무라고 생각한다. 19세기 중반 이후 독일 현대 철학의 역사는 이 의무 이행이 반복되어 온 역사, 자연주의라는 거인족을 상대로 한 무력했지만 포기되지 않았던 투쟁의 역사였다.[5] 나 역시 '큰 것을 상대로 한 작은 것의 싸움'이라는 이 위대한 전통에 속한다. 나는 내가 이 전통의 끝이 아니기를, 그리고 나의 책이 자연주의에 맞서는 마지막 책이 아니기를 바란다. 나의 책이 이 바람을 충족시켜줄 독자를 만날 수 있다면, 그것은 더할 나위 없는 행운이겠다.

---

zu Berlin, Berlin 1911, 451ff.

5 딜타이의 《정신과학에서 역사적 세계의 건립》이 정신과학을 자연과학과는 다른, 또 하나의 자립적인 학문으로 정초하려는 시도를 했을 때, 그의 주적은 자연주의였다. 후설이 《유럽 학문의 위기와 선험적 현상학》에서 학문의 위기를 우려했을 때, 염두에 두었던 것도 자연주의의 득세였다. 하이데거가 《존재와 시간》에서 행한 인간적 삶과 실존의 현사실성에 대한 분석을 이끈 것도 자연에 대한 인간적 삶의 존재론적 우위였다. 가다머의 《진리와 방법》이 행한 방법적 자연과학주의에 대한 비판의 배후에도 자연주의를 넘어서려는 철학의 욕구가 서 있었다. 자연주의가 가장 강력한 힘을 행사했던 지난 150년은 자연주의에 대한, 무력했지만 단절되지 않았던 투쟁의 역사, '자유로운 영혼에 대한 믿음'의 역사였다.

차례

{과학}과]정신과학[

자연과학의 형이상학적 기초와 정신과학이 갈 길

일러두기

- 작은따옴표는 강조, 의미 단위의 한정, 인용문 내 인용, 다른 문헌으로부터의 인용이 아닌 직접화법을 나타낸다.
- 큰따옴표는 다른 문헌으로부터의 인용만을 나타낸다.
- 강조는 굵은 글씨체로 표시하였다. 인용문 안의 원저자의 강조는 모두 존중하였고, 필자가 강조한 경우 주에 '강조는 필자'라고 따로 밝혔다.
- 인용문에 원저자의 강조와 필자의 강조가 함께 있는 경우, 원저자의 강조는 굵은 글씨체로, 필자의 강조는 밑줄로 표시했다.
- 인용문 내 필자에 의한 추가의 경우 대괄호([ ])로 표시하였다. 번역서 인용 시, 옮긴이에 의한 추가는 홑화살괄호(〈 〉)로 밝혔다.
- 서양어의 어원에 대해서는 주로 다음의 사전을 참조하였다: *Das Herkunftswörterbuch. Etymologie der deutschen Sprache*, in: *Der Duden* in 12 Bänden, Bd. 7, Manheim 1989.
- 이미 발표된 글들이 본문의 일부로 포함되거나 인용될 경우 그 사실과 출처를 밝혔다.

논의에 앞서

—과학이라는 말의 다의성에 대한 해명

논의에 앞서 이 책에서 다양한 의미로 사용된 '과학科學, episteme, scientia, Wissenschaft, science'이라는 개념의 용례를 분명히 해 두는 것이 필요할 것 같다. 무릇 철학적인 글에서 하나의 개념이 다양한 의미로 사용된다면, 이는 대부분의 경우 엄밀한 개념 규정의 실패에 기인한다. 그러나 나의 경우 과학의 다양한 의미를 고려하며 이 말을 사용하지 않을 수 없었는데, 그 가장 큰 이유는 우리말 과학에 대응하는 여러 외국어가 동일한 외연을 갖지 않고, 나로서는 이 외국어들의 다양한 의미 영역을 무시할 수 없었기 때문이다. 이 외국어들은 서로 의미하는 바가 일치하지 않을뿐더러 때로는 의미상의 중복이 나타나기도 해서 정확한 의미 한정을 할 수는 없다.

영어 단어 '사이언스science'는 좁게는 자연과학을 뜻하지만, 넓게는 계량화된 사회과학까지 포함하는 개념이다. 그러나 분명히 인문학humanities은 사이언스의 요건을 충족시키지 않는다. 반면 독일어 '비센샤프트Wissenschaft'는 정신과학Geisteswissenschaft은 물론이고 철학까지 포함하는 포괄적인 개념이다. 희랍어 '에피스테메episteme' 역시 철학적 인식도 포함하는 폭넓은 개념이다. 라틴어 '스키엔티아scientia'는 좁게는 특정 목적의 실현에 봉사하는 수단으로서의 도구적 지식이라는 의미를 갖고, 그런 한에서 희랍어 포이에티케poietike, 제작술 또는 현대어 응용과학에 대응한다. 그러나 이 단어는 넓게는 희랍어 에피스테메와 흡사한 포괄적인 의미를 갖기도 한다. 예를 들어 보편학scientia universalis으로서의 철학이라는 표현에는 그런 의미가 들어 있다. '과학'이라는 우리말 한 단어가 이 다양한 의미의 층위를 모두 표현해 줄 것을 기대할 수는 없다. 바로 여기에 하나의 단어가 여러 맥락에서 다른 의미로, 그리고 과학, 학, 학문 등의 여러 개념이 다시 중첩되는 의미로 사용될 수밖에 없었던 불가피한 사정이 있다.

의미의 혼돈을 최소화하기 위해 여러 방법이 동원되었지만, 완전한 해결책은 없었다. 에피스테메는 앎으로 번역함을 원칙으로 하되 자주 '학' 내지 '학문'으로 번역하기도 했지만, 그렇다고 이 말이 과학에 대응한다는 사실을 외면하지는 않았다. 비센샤프트도 학문으로 옮긴 경우가 많았지만 정신학문, 문화학문, 사회학문 등의 어색한 표현을 사용할 수는 없었다. 정신과학, 문화과학, 사회과학 안의 과학은 독일어 비센샤프트에 대응하는 표현이고 따라서 사이언스보다 범위가 넓다. 이 경우에 과학은 철학과 구분하여 과科로 나뉜 학문, 즉 그 자체 동어반복적 표현인 개별 과학, 분과 과학의 의미를 갖는다. 이때는 17세기 이후 이루어진, 보편학으로서의 철학(=에피스테메)으로부터 한정된 존재자 영역에 대한 전문 연구로서의 '과'학의 분립이라는 정신사적 사태가 고려되었다. 이 경우 역사학, 사회과학, 정치학, 종교학 등의 학문은 자신만의 고유한 탐구 대상 영역을 제한했다는 의미에서 과학의 범위에 포함된다. 적어도 나는 그런 의미로 말을 사용하였다.

그러나 또한 과학은 영어 단어 사이언스에 상응하여 경험과학, 실증과학이라는 의미로 쓰이기도 했고, 많은 경우 더 좁게 자연과학이라는 의미에 한정되기도 했다. 특히 과학주의, 과학 시대 등의 표현은 과학과 자연과학의 등식을 전제하고 사용된 표현들이다. 이 경우 내가 사용한 과학이라는 말의 의미 영역에 역사학, 문예학 등의 인문학은 포함되지 않는다.

학자에 따라서는 정신과학과 철학의 구분을 인정하지 않는 경우도 있는데, 그 경우 이 둘을 합쳐 학문이라고 부르고, 이에 자연과학이라는 의미의 과학을 대립시키는 방법밖에 없다. 그러나 이때에도 정신과학을 정신학문이라 표현할 수는 없었고, 따라서 학문과 과학이라는 말의 의미상의 중복이 불가피했다.

다양한 맥락에서 때로는 상이한 의미로, 때로는 의미상의 중첩을 감수하면서 사용된 학, 학문, 과학 등의 개념을 정확하게 이해할 수 있도록 해 주는 기계적인 지침은 없다. 다만 조탁을 위해 반복했던 이 책의 독서를 통해 가질 수 있었던 하나의 기대는, 철학의 언어에 친숙한 독자라면 한 개념의 다양한 의미, 여러 개념의 의미상의 중복에도 불구하고 글의 맥락, 흐름에 대한 이해를 통해 심각한 의미상의 혼동은 피할 수 있으리라는 것이다.

1장

과학, 과학 시대, 과학주의

1.1 과학 시대와 계몽의 과제

과학 현상학! 이런 표현이 허용된다면 나의 책은 그야말로 과학의 현상학이기를 원한다. 현상학이 "사태 자체로zu den Sachen selbst"[1] 향하기를 원하고 이를 위해 사태에로 향하는 길 위에 놓인 장애물들을 제거하여 사태 자체가 비로소 "그것 자체에서부터 보이게 해 주는"[2] 학문이라면, 나의 책은 과학과 관련하여 바로 이 같은 작업을 수행하기를 원한다. 즉 과학이라는 현상 그 자체를 백일하에 드러내는 것이 이 책의 중요한 목표다.[3] 그렇다면 과학이라는 현상은 무엇이고 과학의 현상학이 필요한

1 M. Heidegger, *Sein und Zeit*, Tübingen 1972, 34.

2 *Ibid.*

3 나는 나의 책이 이 목표에 도달할 수 있다고 믿지는 않는다. 다만 이 먼 목표에의 도달을 방해하고 있는 몇 가지의 장애물을 제거하는 일은 이 책이 해 낼 수 있을 것이다. 그 장애물은 이른바 과학 시대를 살아가는 현대인들이 통상 공유하고 있는 과학에 대한 **선입견들**Vorurteile이다. 이 선입견이 무엇인지를 뒤에 따로 설명할 것이다. 이 선입견의 제거는 물론 과학 그 자체가 무엇인지를 보여

이유는 무엇인가? 원래 현상이란 보이지 않는 것이 아니라 보이는 것인데, 이 보이는 것을 굳이 다시 보여 주겠다고 말하는 것은 무슨 연유에서인가? 혹 우리는 과학이라는 현상을 보지 못하고 있기라도 한 것인가? 그렇지 않다. 도처에 과학의 모습이 있고 그 모습의 잔상이 있다. 우리가 보는 모든 것은 과학이거나 과학의 힘이거나, 이 힘이 남긴 흔적들이다. 도대체 오늘날 누가 과학을 보지 못하고 있고, 이 보이지 않는 과학을 볼 수 있게 해 달라고 전문적인 과학 현상학자에게 조르기라도 한다는 말인가? 결코 그렇지 않다. 우리의 삶에 속하는 모든 것이 음으로 양으로 과학과 관련되어 있기 때문에 우리는 한 순간도 과학을 보지 않을 수 없다. 더 정확히 표현하면 우리의 삶으로부터 과학을 분리해 내어 과학만을 바라보는 것 자체가 오히려 불가능할 정도로 과학은 우리 삶의 곳곳에 들어와 있다. 그뿐 아니다. 과학은 — 우리가 전문적인 과학자이건 단지 과학의 향유자일 뿐이건 — 우리의 삶 안으로 침윤해 들어와 이제는 과학을 배제한 인간을 사유하는 일조차 가능하지 않게 되었다. 과학으로부터 자유로운 인간은 더 이상 없다. 이것이 우리 현대인, 과학의 시대를 살아가는 모든 사람들의 근본 규정성 중의 하나이다. 과학은 분명히 인간이 만든 것인데, 이 과학이 다시 우리 인간을 피할 수 없는 방식으로 규정하고 있다. 과학의 규정하는 힘은 말 그대로 철저하다. 과학은 우리의 현재와 현실뿐 아니라 미래에 대한 우리의 기대와 희망, 꿈까지도 규정하고 있다.[4] 과학은 우리의 온 시간, 우리 삶의 모든 영

주어야 한다는 무한한 과제에 비하면 한없이 작은 것이지만, 나의 작은 능력 그리고 이 선입견의 끈덕짐에 비하면 무한히 큰일이기도 하다.

4 현실 속에 뭔가 불편한 문제가 발견되면 우리는 습관적으로 이렇게 말한다. '언젠가 과학이 이 문제를 해결해 주겠지.' 종교나 예술에 대해 우리는 이런 기대를 갖지 않는다. 유독 과학과 관련해서만큼은 장밋빛 기대를 버리지 않는다.

역을 지배하거나 간섭하고 있고 이 지배와 간섭으로부터 벗어나는 것은 이미 불가능한 일이 되어 버렸다. 더 중요한 것은 이 지배와 간섭이 더 이상 지배와 간섭으로 여겨지지도 않는다는 점이다. 이것은 매우 친숙한 것이고 따라서 이 친숙한 지배의 실종은 곧 우리 실존의 중단을 의미할 것이기 때문이다. 마치 물속을 헤엄치는 물고기가 자신이 물속에 있다는 사실을 알 수 없고,[5] 공기의 저항을 피해 진공 상태로 날아간 플라톤의 비둘기가 더 이상 날 수 없었던 것과[6] 같은 이치다. 우리에게 과학은 물고기의 물, 나는 새의 공기와 같은 것이 되어 버렸다.

이것은 우리가 (물 안의 물고기처럼) 과학 안에 있되 이 안에 있음을 의식조차 할 수 없는 그런 식으로 과학 안에 있고, 우리가 (플라톤의 비둘기처럼) 과학의 외부로 나가는 순간 더 이상 지금 우리가 존재하는 그 방식으로 존재할 수 없다는 사실을 의미한다. 우리는 과학 **안**에 있다. 물론 이 '안에 있음'은 '공간적으로 내부에 위치해 있음'을 뜻하지 않는다. 우리는 냉장고 안에 병이 있고, 병 안에 물이 있고, 물 안에 미네랄이 있는 식으로 과학 안에 있는 것이 아니다. 왜냐하면 인간은 병도 아니고, 물도 아니고, 미네랄도 아니기 때문이다. '안에 있음In-sein'은 하이데거의 탁월한 조어법이 만들어 낸 전문 학술 용어인데, 그 실존론적 의미는

분명 과학은 우리의 현재뿐 아니라 미래에 대한 전망까지 지배하고 있다. 그리고 후자의 지배를 통해 전자의 지배를 더욱 공고히 한다. 에스에프 소설의 탐닉이나 미래학이라는 그 학문적 정체성조차 알 수 없는 (학문도 아닌) 학문의 인기는 모두 인간의 미래에 대한 과학의 앞선 지배를 간접적으로 증명하고 있다.

5 헤겔의 이 문장의 정확한 출처를 나는 더 이상 기억해 낼 수가 없다.

6 Cf. I. Kant, *Kritik der reinen Vernunft*, *Kants Gesammelte Schriften*, Bde. III, IV, hrsg. von Königlich Preußischer Akademie der Wissenschaften zu Berlin, Berlin 1911, B9.

"거주함"[7]이다. 바로 이 의미에서 우리는 과학 안에 있다. 즉 우리는 과학 안에 놓여 있는 것이 아니라 과학 안에 **살고** 있다. 과학은 우리의 집이요, 우리의 삶의 세계이다. 집 안에 또는 세계 안에 산다는 것은 무엇을 의미하는가? 내가 사는 집 안에서, 나의 거주 공간으로서의 세계 안에서 나는 "우선 대개zunächst und zumeist"[8] 이 세계와, 그리고 그 안에서 만나는 존재자들과 교섭하며 살 뿐이지, 세계와 세계 안의 존재자들을 대상화시켜 관찰하거나 학술적으로 해석하거나, 이에 대한 이론적 지식을 얻으려 하지는 않는다. 이런 의미에서 하이데거는 세계 안에 거주하는 인간의 존재론적 구조를 '세계-안에-있음In-der-Welt-sein'이라 표현한 바 있다. 이제 유비적인 의미에서, 우리 현대인들이 친숙한 과학 안에 거주하며 과학이 제공한 여러 가지를 향유하고 살 뿐이지 과학 자체는 결코 개념적 설명과 학술적 해석의 대상으로 삼지 않는다면, 아마 다음과 같은 신조어의 사용도 허용될 수 있을 것이다. 현대인의 존재 구성틀로서의 '과학-안에-있음In-der-Wissenschaft-sein.'

우리가 과학 안에 거주하는 한, 과학은 우리에게 친숙하다. 그래서 우리는 과학이 무엇인지를 결코 묻지 않는다. 물속을 헤엄치는 물고기처럼 우리는 우리가 과학 안에 있다는 사실조차 의식하지 못하는데, 하

7 M. Heidegger, *Sein und Zeit*, 54. 하이데거의 어원학적 분석에 의하면 '안in'은 "거주하다, 체류하다를 의미하는 'innan~'에서 유래"하는데, 'innan~'에 포함된 an은 "친숙함"(*ibid.*)을 의미한다. 그리고 친숙함은 다시 대상화 불필요성을 뜻한다. 즉 나는 친숙한 것들 안에 머물면서 이 친숙한 것들과 그저 편안한 실천적 관계 맺음을 유지할 뿐이지, 이것들을 굳이 대상화시켜 의식적으로 관찰할 필요는 없다. 너무도 친숙해서 의식할, 주의를 집중할 필요도 없음. 바로 이것이 거주로서의 '안에 있음'의 실존론적 의미이다.

8 *Ibid.*, 113.

물며 어찌 과학의 본질에 대한 물음을 던질 것인가! 과학의 친숙함, 그리고 이 친숙함으로 인해 과학의 본질에 대한 물음을 던지지 않음(=던질 수 없음). 이것은 무엇을 의미하는가? 이것은 다음을 의미할 수도 있다. 만일 우리가 생활 세계적으로 매우 친숙한, 그래서 단지 향유만 하고 있는 과학의 모습에서 눈을 떼고 과학과 과학의 태동 배경, 그 근거를 주시하고 과학의 본질에 대한 학술적 물음을 던지는 순간, 과학은 우리에게 매우 생소한 것으로 다가올 것이다. 그럴 공산이 크다. 왜냐하면 생활 세계적으로 가장 가까운 것이 학술적으로는 가장 먼 것인 경우가 많기 때문이다.[9] 우리가 생활 세계적으로 향유하는 과학이 우리에게 친숙한 만큼 (향유의 대상**으로서의** 과학이 아니라) 그 자체로서의 과학의 본질은 우리에게 생소하다. 즉 과학 현상학이 보여 주어야 할 그것, '과학이라는 사태 자체'와 '과학-현상'은 우선 대개 우리에게 보이지 않고 있다. 본디 현상이란 스스로를 보여 주는 것으로서 이 보임의 배후에 다른 어떤 것도 숨기지 말아야 하는 것이지만,[10] 그러나 이렇게 아무런 숨김 없이 스스로를 보여 주어야 할 것이 "은폐되어 있을 수는 있다."[11] 더구

9 언젠가 하이데거는 이러한 통찰을 다음과 같이 표현한 적이 있다. "존재자적으로 가장 가까운 것은das ontisch Nächste (…) 존재론적으로 가장 먼 것이다das ontologisch Fernste."(*ibid.*, 43)

10 여기서 현상이라는 개념은 전통적인 실체 형이상학의 맥락이 아니라 하이데거가 이 말을 사용할 때의 의미로 사용된다. 즉 현상이란 현상이 아닌 어떤 것이 가시화되어 드러난 상ikon이 아니라 "자신을" 자신으로서 그리고 "자신 안에서 보여 주는 것"(*ibid.*, 28)이다. 그러므로 현상의 배후에는 아무것도 없다(cf. *ibid.*, 36). 내가 과학이라는 현상을 현상학적으로 문제시한다 함은 자신의 배후에 아무것도 숨기지 않은, 자신을 어떤 다른 것으로서가 아니라 바로 자기 자신으로서 보여 주는 과학을, 이 과학이 스스로를 보여 주는 바로 그 방식으로 보여 주겠다는 의미이다.

11 *Ibid.*, 36.

나 이렇게 은폐의 방식으로 스스로를 보여 주는 것이 우리에게 매우 친숙해서, 은폐의 장막을 거두어 냈을 때 이것이 무엇일지, 그 물음의 제기까지 막고 있다면, '은폐된 현상은 현상 자체로,' 그리고 '은폐의 상황은 정상적인 상황으로' 오인될 것이다. 이 비정상적 정상성의 친숙함! 이것이 곧 우리가 과학 안에 살고 있는 시대, 이른바 과학 시대의 시대적 본성이다. 과학 시대에 과학은 자신을 자기 자신으로 보여 주지 않고, '자신과 무관한 것은 아니지만 자신의 본질과 직접 관련되지는 않은 어떤 것'으로 보여 준다. 이를테면 과학의 쓸모, 이기, 실용성 등, 과학 시대의 소시민들이 열광적으로 수용하고 향유하는 과학의 부산물 말이다. 이런 맥락에서 볼 때 우리의 실존 공간의 곳곳에 과학의 산물들이 자리를 잡고 그 유용함을 과시하고 있지만, 정작 '과학-현상' 그 자체는 우리에게 드러나 있지 않다. 더욱이 이 산물들이 우리에게 너무도 편리한 삶을 제공해 왔고 더더욱 편리한 미래의 삶을 약속하고 있다면, 과학 자체의 본성을 이 편리함으로부터 떼어 내어 사유한다는 것은 거의 무망한 일이다. 바로 이것이 과학이 가장 친숙한 형식으로 자신의 힘을 드러내는 바로 그 시대에 다시 과학 현상학, 과학이라는 사태 자체에 이르는 길에 놓인 장애물을 제거해야 하는 학문이 필요한 이유다. 과학의 시대는 과학이 가장 강하게 오도되는 시대, 이 은폐의 장막을 벗겨 내야 할 필연성이 가장 심각하게 제기되는 시대다.

과학, 정확히는 과학이 수반한 것들은 물론 유익하다. 오늘날 이 유익의 경계를 가늠하는 일이 가능하지 않을 정도로 과학은 우리에게 많은 것을 주었고, 더 많은 것을 약속하고 있다. 많은 것을 받았고 더 많은 것을 준다고 하기에, 받는 데만 몰두한 우리는 정작 주는 자가 누구인지는 묻지 않는다. 그러나 우리가 과학으로부터 받은 것의 유익이 얼마나 크고 따라서 과학에 대한 우리의 감사가 얼마나 크건, 그것은 여전히 과학을 따라다니는 그림자지 본래의 과학 자체는 아니다. '그림자'를 '그림자가 있게 한 그것'과 혼동하는 것은 이미 플라톤이 지적했던 동굴 속의 죄수들의 소박함이다. 이들은 자신들에게 친숙한 것을 곧 참된 것으로 간주한다는[12] 점에서, 그리고 이 친숙한 것만을 볼 뿐이지 정작 이것을 있게 한 생소한 것을 보는 눈은 가지고 있지 않다는 점에서[13] 소박하다. 바로 이 소박함이 우리 시대를 지배하고 있다. 우리 시대 역시 소박하게도 과학의 산물을 과학으로 간주하고, 과학의 선물의 좋음으로부터 과학 자체의 참됨을 추론하기 때문이다. 사람들은 곧잘 이렇게 말한다. '이렇게 좋은 것을 준 과학이 틀릴 리가 없다. 이토록 좋은 것은 오로지 유일하게 참된 것만이 줄 수 있다.' 2,500년 전 어두운 동굴 속의 죄수들도 잔뜩 넓혀진 동공을 통해 간신히 받아들인 그림자에 대해 그렇게 말했었다. '세상(동굴)의 모든 빛을 빨아들이는 나의 눈이 포착한 저 그림자는 사물의 실상임에 틀림없다.' 철학의 눈으로 볼 때, 우리의 시대는 소박한 죄수들이 처해 있던 어두운 동굴 속과 별로 다르지 않다. 생소한 밝음이 아니라 친숙한 어둠이 우리를 지배하고 있기 때문이다. 철학자가 동굴 속의 죄수들에게 태양의 빛에로의 등정을 요청했던 것과 마찬가지로 과학 시대의 소시민들에게도 어둠을 몰아내는 빛을 비추는 일이 필요하다. 말하자면 과학의 시대는 계몽이 필요한 시대이다.

계몽*Auf-klärung*, Enlightenment이란 어둠 속에 빛Licht, light을 비추어 열어auf 밝히고klären 이 열어 밝혀진 빛 아래서 우리의 이성으로 하여금 있는 것을 있는 그대로 볼 수 있게 해 주는 일을 말한다. 그러므로 계몽이

---

12 플라톤, 《국가》, 박종현 옮김(서광사, 1997), 515d 참조.

13 같은 책, 515c, e 참조.

필요한 자는 어둠 속에 서 있는 자이고, 계몽의 일차적 과제는 어둠이 불러온 은폐와 왜곡의 제거이다. 스스로를 보여 주는 것을 보이지 않게 은폐하거나 또는 달리 보이게 왜곡하는 어둠은 우상Idola[14]이거나 선입견Vorurteil[15]이거나 미신Aberglaube[16]일 수 있다. 물론 이 셋을 굳이 구분할

14 우상idola은 학문의 진보를 꾀하던 프랜시스 베이컨의 주적이었으며 그 구체적 의미는 다음과 같다. "인간의 지성을 고질적으로 사로잡고 (…) 인간의 정신을 혼미하게 할 뿐만 아니라, 우리가 얻을 수 있는 진리조차도 얻을 수 없게 만드는"(cf. 프랜시스 베이컨, 《신기관》, 진석용 옮김, 파주: 한길사, 2001, 1권 38쪽) 잘못된 상. 어원학적으로 이 말은 플라톤이 원상paradeigma으로서의 이데아idea에 대립시켰던 에이돌론eidolon이라는 희랍어 단어로 소급된다. 에이돌론은 사물 자체, 실재가 아니라 그것을 그린 그림이다. 이렇게 보면 우상은 우리의 지성을 미혹하는 그림, 즉 가상 내지 허상이다. 물론 문제는 이 미혹의 힘이 매우 크다는 것이다.

15 선입견은 '판단'을 의미하는 독일어 'Urteil'과 '앞'을 의미하는 'vor'가 (또는 영어 단어 judge와 pre가) 합성된 말이다. 따라서 직역하면 이 말은 선-판단 또는 앞선 판단이다. 그러나 선-판단이라 번역하면 포어우어타일Vorurteil, 프레주디스prejudice 등에 포함된 부정적인 뉘앙스가 풍기지 않아 여기서는 선입견으로 옮긴다(Vorurteil의 우리말 번역 문제에 대해서는 다음을 참조: 김창래, 〈선입견과 계몽주의. 앎의 역사성과 이성의 자율은 충돌하는가?〉, 《범한철학》, 35집[범한철학회, 2004], 62쪽, 주 2. 이하에서 이루어질 선입견과 계몽의 문제에 대한 모든 논의는 이 논문에 의거한다). 일단 여기서는 선입견이 '실질적인 **판단**에 **앞서** 판단을 교란하며 왜곡하는 요인들이거나, 이 요인들에 타율적으로 내맡겨진 상태'를 의미한다는 사실만 지적하고 넘어간다.

16 미신이란 인간 "지성이 자신의 고유하고도 본질적인 법칙에 따라 자연의 근저에 부여한 규칙에 자연이 종속하지 않는다"(I. Kant, *Kritik der Urteilskraft*, *Kants Gesammelte Schriften*, Bd. V, hrsg. von Königlich Preußischer Akademie der Wissenschaften zu Berlin, Berlin 1913, B158)고 생각하는 선입견이다. 즉 자연이, 과학이 확정할 수 있는 자연법칙이 아니라, 뭔가 신비적이고 마법적인 힘에 따라 움직인다는 믿음이다. 물론 미신은 선입견의 한 종류이다. 이렇게 보면 우상, 선입견, 미신 등을 엄밀히 구분하는 일은 적어도 과학 시대의 계몽의 과제를 논하는 우리에게는 불필요하다. 우상, 선입견, 미신, 그 무어라 부르건 우리 지성의 자율적 판단을 왜곡하는 '어둠'이 과학 시대를 뒤덮고 있다는 사실만이 중요

필요는 없다. 왜냐하면 '우상화된 선입견에 대한 미신에 사로잡혀 있음'이 바로 계몽의 반대 상태이기 때문이다. 계몽은 일차적으로 "미신으로부터의 해방"[17]을 의미한다. 그러므로 과학의 시대가 계몽을 필요로 한다는 나의 주장은 바로 과학 시대의 이성이 과학에 대한 미신에 빠져 있다는 말이다. 아마 이 말은 과학 시대의 소시민들의 귀에 거슬리게 들릴 것이다. 왜냐하면 그들이 생각하기에 우리를 미신으로부터 해방시켜 주는 것은 과학이고 오직 과학일 뿐이기 때문이다.[18] 물론 과학은 자연을 신화적 내지 마법적으로 설명하지 않고 법칙 정립자Gesetzgebung로서의 인간 지성이 자연에 투사한 자연법칙에 따라[19] 설명한다는 점에서 세계를 미신의 지배로부터 벗어나게 한다. 그리고 그 점에서 과학은 미신에 대립한다. 즉 미신이 세계를 마법화한다면 과학은 세계를 탈마

하다.

17 *Ibid.*, B158.

18 이미 한 세기 전에 막스 베버가 이 같은 확신을 인상적으로 표현한 바 있다. "세계를 탈마법화하여" 서양의 문명에 "점증하는 지성화, 합리화"라는 "진보"를 가능하게 해 준 주된 "동력" 중의 하나가 바로 "과학"(M. Weber, *Wissenschaft als Beruf*, in: idem, *Gesammelte Aufsätze zur Wissenschaftslehre*, Tübingen 1988, 594)이다. 그리고 한 세기의 시간이 흐른 지금 내가 보기에 이 확신은 더욱 강해졌다. 사람들은 과학이 모든 마법으로부터 자유로워진 세계 그 자체를 보여줄 거라 확신한다. 여기서 나의 물음이 제기된다. 탈마법화의 결과가 과연 모든 마법으로부터의 자유, 마법의 공백 상태일 수 있는가? 불을 끄기 위해서는 물이 필요하고 귀신을 쫓아내기 위해서는 무당의 도움이 필요하듯, 우리는 세계를 탈마법화하기 위해 다시 과학이라는 마법을 끌어들인 것은 아닌가? 계몽 시대의 선입견 연구가였던 마이어의 다음의 말은 이 맥락에서 음미할 가치가 있다. "마치 우리가 한 악마를 추방하기 위해 다른 악마의 도움을 받는 것처럼, 낡은 선입견들을 쫓아내는 일은 실제로는 새로운 선입견을 통해서만 가능하다."(G. F. Meier, *Vernunftlehre*, Halle 1752, 274. 여기서는 D. Teichert, *Erfahrung, Erinnerung, Erkenntnis*, Stuttgart 1991, 95에서 재인용)

19 Cf. I. Kant, *Kritik der reinen Vernunft*, A125ff.

법화한다. 이렇게 미신이라는 말이 애당초 과학의 반대말로 이해된다면, '과학에 대한 미신'이라는 나의 표현은 마치 '나무로 만든 쇠'처럼 형용의 모순contradicto in adjecto에 불과할 것이다. 그러나 미신迷信, Aberglaube이라는 말이 문자 그대로 '미혹하는迷 믿음信' 또는 '벗어난ab- 믿음Glaube'으로 이해된다면? 또는 미신을 선입견의 일종으로 보아, "우리를 맹목에 빠뜨려" 우리가 스스로 판단하느니 "다른 것들에 의해 인도되어" 판단하게 하는 상태, 즉 "수동적 이성의 상태"[20]에 머물게 만드는 선입견이라는 의미로 이해한다면? 또는 이 말의 신화적 의미를 삭제하고 매우 일반적인 맥락에서 믿음의 대상에 대한 우상화, 이 우상을 맹목적으로 추종함이라는 의미로 이해한다면? 그러면 우리는 다음과 같이 말하지 않을 수 없다. 과학은 세계를 탈마법화한다. 그리고 과학 시대의 소박한 시민들은 세계를 탈마법화하는 과학의 힘을 다시 우상화하여 피할 수 없이 과학에 대한 미신에 빠져든다. 이 문제는 조금 더 상세한 논의를 필요로 한다. 우선 미신이라는 도발적인 표현보다는 선입견이라는 개념을 통로로 삼는 것이 좋겠다. 왜냐하면 미신은 선입견의 일종인 데다가,[21] 선입견에는 미신이라는 단어를 따라다니는 (과학 시대의 소시민들이 아주 싫어하는) 마법의 냄새가 풍기지 않기 때문이다.

계몽의 본질은 선입견의 타파이다. 그렇다면 계몽은 왜 선입견을 타파하려 하는가? 이 물음에 대해서는 일찍이 칸트가 훌륭한 답을 주었다. 칸트에 의하면 계몽의 본질은 이성의 "성숙"[22]이고 성숙의 구체적

20 I. Kant, *Kritik der Urteilskraft*, B159.

21 미신이란 "모든 선입견 중에서도 가장 큰 것"이고 따라서 "빼어난 의미에서in sensu eminenti 선입견이라 불리는 것"이다. 이런 의미에서 계몽을 "미신으로부터의 해방"으로 규정하는 칸트도 계몽을 "선입견 일반으로부터의 해방"(*ibid.*, B158f.)이라 불러도 무방하다고 말한다.

의미는 "스스로 사유하기Selbstdenken",[23] 자율Autonomie이다. 반면 선입견은 이성의 "타율에로의 성벽"[24] 또는 "수동적 사용에로의 성벽"[25]이다. 결국 스스로 사유하고 판단해야 할 이성이 자신의 "자발성 대신", 판단 내림을 이끌어 가는 선입견의 "기계적 작동"[26]에 자신을 내맡긴다면 이는 "미성숙"[27] 상태의 이성이고, 이 어린 이성은 그 비자립성 때문에 계몽을 필요로 한다. 그러므로 문제의 유일한 핵심은 이성 사용의 자립성이다. 성숙하고 자율적인 이성이 스스로 사유하고 판단한다면, 미성숙 상태의 타율적 이성은 스스로 판단하지 않고 선입견의 판단Urteil des Vor-Urteils을 "노예적으로"[28] 받아들인다. 그래서 계몽 사상가는 선입견의 노예들에게 이렇게 말한다. 스스로 사유하라! "과감히 알려고 하라Sapere aude! 너 자신의 지성을 사용할 용기를 가져라Habe Muth, dich deines eigenen Verstandes zu bedienen!"[29]

---

22 I. Kant, *Beantwortung der Frage: Was ist Aufklärung?*, *Kants Gesammelte Schriften*, Bd. VIII, hrsg. von Königlich Preußischer Akademie der Wissenschaften zu Berlin, Berlin 1923, 35.

23 I. Kant, *Kritik der Urteilskraft*, B158.

24 *Ibid.*

25 I. Kant, *Vorlesungen über Logik*, *Kants Gesammelte Schriften*, Bd. XXIV, hrsg. von Königlich Preußischer Akademie der Wissenschaften zu Berlin, Berlin 1966, 548, 549.

26 I. Kant, *Handschriftlicher Nachlaß*, Bd. III, *Logik*, *Kants Gesammelte Schriften*, Bd. XVI, hrsg. von Königlich Preußischer Akademie der Wissenschaften zu Berlin, Berlin 1924, Nr. 2527, 405.

27 I. Kant, *Beantwortung der Frage: Was ist Aufklärung?*, 35.

28 I. Kant, *Vorlesungen über Logik*, 599.

29 I. Kant, *Beantwortung der Frage: Was ist Aufklärung?*, 35. 이렇게 보면 계몽의 반대는 칸트가 날카롭게 파악한 대로 무지가 아니라 선입견의 "인도 없이는 자신의 지성을 사용할 수 없는 미성숙"의 상태이다. 사람들이 미성숙의 상태에 빠

두 세기 전 칸트가 계몽 시대의 시민들에게 이렇게 요청했다면, 오늘날 우리 과학 시대의 시민들의 상황은 어떠한가? 우리들은 스스로 사유하고, 스스로 판단하고 있는가? 혹 과학이 우리의 판단을 대신해 주고 우리는 과학의 이 앞선 판단(선입견)을 그저 노예적으로 받아들이고 있는 것은 아닌가? 또는 우리의 지성은 과학이 사유하는 방식과는 다르게 사유할 용기를 가지고 있는가? 아니라면 우리는 과학의 사유 내용뿐 아니라 그 사유의 방식까지도 모방하고 있는가? 도대체 우리는 사유하고는 있는 것인가? 내가 보기에 과학 시대의 시민들은 사유하지 않는다. 몇 가지 의미에서 그렇다. 첫째 이들은 **과학이 사유하는 한** 사유하지 않는다. 둘째 이들은 **과학과 다르게** 사유하지 않는다. 셋째 이들은 **과학에 대해** 사유하지 않는다. 하나하나 살펴보자. 1. 과학은 우리의 사유를 대신해 주고 있다. 우리는 과학이 탁월한 방식으로 사유한다고 믿기 때문에 사유의 문외한으로서 우리의 사유는 자제한다. 물론 전혀 사유할 수 없는 것은 아니지만 우리의 사유가 과학의 사유에 의해 논박 당하리라는 두려움을 늘 가지고 있다. 과학과 논쟁한다는 것은 마치 거인족과의 싸움처럼 무모한 짓이기 때문이다. 과학은 우리보다 좋은 머리로, 좋은 장비를 가지고, 좋은 실험실에서 우리보다 더 잘 사유한다. 과학이 그렇게 잘 사유하기에 우리는 사유할 필요가 없다. 그렇게 해서 우리는 우리가 사유했어야 했던 것들, 우리가 그 안에 사는 세계, 그 세계 안에서 만나는 존재자들, 이 존재자들의 존재 방식에 대해 사유하지 않거나 과학이 사유한 그대로 사유할 뿐이다. 2. 그 결과 우리는 과학이 서술하

지거나 기꺼이 오래 "머무르는" 이유는 "지성이 결핍이 아니라 오히려" 스스로 사유할, 자신의 지성을 사용할 "결단과 용기의 결핍"(*ibid.*)이다. 계몽은 획득된 지식의 양의 문제가 아니라 지식에 대한 이성의 **태도**의 문제다.

는 세계 안에 살게 되었다. 우선은 우리가 세계 안에 사는 것이고 나중에 과학이 이 세계를 나름의 (과학 내적) 이유에서, 나름의 방식으로 (과학적으로) 설명했음에도 불구하고, 우리는 과학이 서술하는 세계 안에서 과학이 서술하는 방식으로 존재자를 만난다. 그리고 우리에게 과학이 보여 주는 방식과 다른 방식으로 세계와 존재자를 볼 권리는 더 이상 없다. 그래서 나는 언젠가 고래는 생선이라고 말했다가 몇몇 과학주의자들에게 모멸에 가까운 질타를 받는 쓰라린 경험을 하기도 했다. 그들은 한결같이 나의 (과학적) 무지를 지적했다. 그러나 거의 도발의 의도에서 노출했던 나의 무지는 실은 '우리에게는 고래를 포유류로 분류하는 언어 외에 우리의 언어가 또 있다는 사실의 표현'이었고 동시에 '이 언어에 대한 나의 존중의 표현'이기도 했다. 이제는 이 언어를 사용한다는 것이 무지의 징표처럼 되어 버렸다. 우리는 과학이 보는 것과 다른 식으로 세계를 볼 수 없고 과학의 언어가 존재자를 규정하는 방식과 다른 방식으로 존재자를 규정할 수도 없다. 우리 시대에 과학과의 다름은 곧 틀림을 의미하기 때문이다. 3. 과학과의 모든 다름이 배제되면서 단 하나의 옳음만이 남는다. 그 자리가 바로 과학의 자리다. 그러므로 과학 시대는 과학을 한가지의 방식으로 규정한다. 유일하게 옳은 절대적 지식. 그러므로 우리에게 과학은 결코 틀릴 수 없는, 유일하게 틀리지 않는 교사, 절대적인 선생님이다. 마치 순응하는 어린 학생처럼 우리는 이 선생님의 권위를 의심하지 않고, 이 분 역시 우리와 꼭 같이 유한한 인간이라는 데에는 생각이 미치지 않는다. 우리는 과학이 무엇일 수 있을지에 대해 결코 사유하지 않는다. 과학 시대가 앞서 내린 판단이 과학의 '무엇Was'을 이미 결정해 버렸기 때문이다.

이것이 과학 시대에 유포된 과학에 대한 선입견이다. 우리는 과학의 세계 해석, 이 해석의 유일성, 이 유일한 해석의 절대성에 대해 사유하지도 판단하지도 않는다. 그것은 마치 미신에 빠진 자의 신처럼 맹목적으로 신봉되고 있다. 도대체 무엇이 문제인가? 과학이 믿음의 대상으로 되었고 그 믿음이 의심 받지 않고 있다는 사실이 문제인가? 과학적 세계 해석의 유일성과 절대성이라는 선입견에 뭔가 그릇된 내용이라도 들어 있는가? 그렇지 않은 것은 아니지만, 그것이 문제의 핵심은 아니다. 이 선입견 자체의 참, 거짓 여부는 차치하고, 이것이 우리의 모든 사유를 지배하고 있고 바로 그 의미에서 우리가 사유하지 않는 것이 문제다. 칸트가 특히 힘을 주어 선입견의 해악을 지적했던 것은 이것이 단지 그릇된 내용을 포함하고 있는 하나의 판단이나 "문장이 아니라" 사유의 "주관적 원칙"[30]이기 때문이었다. 즉 타율적인 이성은 하나의 선입견을 의심 없이 수용할 뿐 아니라, 이 선입견을 사유의 대전제로 삼아 이로부터 여러 다른 사안들에 대해서까지 선입견에 구속된 판단들을 줄줄이 도출해 낸다. 그러므로 계몽을 원하는 자의 이성이 극복해야 할 것은 단지 하나의 잘못된 판단으로서의 선입견이 아니라 다른 여러 잘못된 판단들의 "원천"[31]으로서의 선입견이다.[32] 그렇다면 과학에 대

---

30 I. Kant, *Vorlesungen über Logik*, 738.

31 *Ibid.*, 548.

32 칸트는 분명히 특정 선입견 그 자체가 틀리지 않을 수 있는 가능성을 인정한다. 그러나 이렇게 그릇되지 않은 선입견이 있을 수 있고 또 이 선입견이 왕왕이 예기치 않은 방식으로 진리를 제공한다 할지라도 선입견의 사용만큼은 "언제나 부당하고"(I. Kant, *Handschriftlicher Nachlaß*, Bd. III, *Logik*, 2544), "무지보다 해롭다"(*ibid.*, 2517). 그러므로 문제의 본질은 언젠가 내가 지적했던 것처럼 "이 또는 저 개별적 판단의 진리치가 아니라 판단 **작용**Urteilen의 정당성, 즉 이성 **사용**Vernunftgebrauch 자체의 문제"(김창래, 〈선입견과 계몽주의. 앎의 역사성과 이성의 자율은 충돌하는가?〉, 82쪽)다. 관건은 '우리가 사유하는가, 아니면

한 우리의 선입견은 어떠한가? 우리는 단지 과학에 대한 선입견만을 가지고 있을 뿐인가? 혹 우리는 다른 모든 사안에 대해서도, 즉 과학과 직접, 간접적으로 관련된 것뿐 아니라 심지어 과학과 관련이 없는 것에 대해서조차 이 선입견에 의거해 판단 내리고 있는 것은 아닌가? 그렇다면 우리가 사유하는 것인가, 아니면 선입견이 사유하는 것인가? 유감스러운 일이지만 답변은 후자다. 우리는 과학이 앞서 판단한 모든 것을 과학이 판단한 대로 규정할 뿐, 이 모든 것에 대해 스스로 또는 과학과 달리 사유하려 들지 않는다. 그 점에서 우리 시대는 "게으름과 비겁함"[33]의 시대, 타율의 시대이다. 바로 이것이 칸트가 계몽의 시대에 발견했던 문제이고 내가 과학의 시대에 발견하는 문제이다.

우리 시대의 문제는 이 시대를 홀리고 있는 과학에 대한 선입견이 단지 과학에 대해서만 잘못 판단하게 하는 것이 아니라, 이 하나의 잘못된 판단에 근거하여 다른 '모든 것'에 대해서도 잘못 판단하게 만든다는 점이다. 과학에 대한 우리의 선입견은 단지 과학에 대한 선입견이 아니라, '과학에 대한 선입견에서 발원한, 모든 것에 대한 선입견'이 되어버렸다. 이것이 문제의 본질이다. 모든 사안에 대해 우리는 과학의 판단을 따르고 결코 이와 달리 판단하지 않는다. 그리고 그런 의미에서 우리 스스로는 전혀 판단하지 않는 셈이다. 모든 것에 대한 판단은 과학의 앞선 판단이 내려 주었고 이제 이 판단을 수용하기만 하면 되기 때문이다. 이렇게 과학이 '모든 것'에 대해 미리 판단하고 이 앞선 판단이 전혀 의심 받지 않는 시대를 나는 '**과학 시대***Zeitalter der Wissenschaft*'라 부른다. 그리고 이 시대를 지배하고 있는 이데올로기가 바로 '**과학주의***Szientismus*'

선입견이 사유하는가?'이다.

33 I. Kant, *Beantwortung der Frage: Was ist Aufklärung?*, 35.

다. 바로 이것이 우리 시대에 새롭게 계몽의 요구를 불러온 과학에 대한 선입견이고, 과학의 모든 앞선 판단을 여과 없이 받아들이는 어린 이성의 "후견인"[34]이다. 지금부터는 이 어린 이성을 부당한 방식으로 보살피고 있는 후견인, 과학주의에 대해 생각해 보자. 분명히 말해 두지만 나의 책은 과학 비판서가 아니라 과학주의 비판서다.

1.2 과학주의의 두 선입견

과학주의란 "오로지 과학만이, 특히 자연과학만이 세계에 대한 적절한 설명과 기술을 정식화할 수 있다는 입장"[35]을 말한다. 이 사전적 정의에 따르면 (자연)과학은 세계에 관한 옳은 인식이며, 이 인식은 오직 (자연)과학만이 제공해 줄 수 있다. 그러므로 과학주의자는 실은 자연과학주의자인데, 그의 핵심 입장은 단 하나의 과학만이 존재한다는 것이다. 따라서 과학이 아닌 것, 예를 들어 종교, 예술, 철학 등이 제공하는 세계 해석은 신화적이거나 심미적이거나 형이상학적일 수 있을지언정 과학적일 수는 없다. 물론 과학을 종교, 예술, 철학과 구별하는 것만으로는 충분하지 않다. 과학주의자는 더 극단적인 의미에서 과학 일원론을 견지하기 때문이다. 이 입장은 다음과 같이 말한다. 두 개의 과학(자연과학과 정신과학)이 존재하는 것이 아니라, 단 하나의 과학(자연과학)이 존재할 뿐이며, 이것만이 유일하게 타당한 인식이다. 정신과학, 인간과 사회와

34 *Ibid.*

35 Ch. Demmerling, Art. "Szientismus", in: *Historisches Wörterbuch der Philosophie*, Bd. X, hrsg. von J. Ritter und K. Gründer, Basel 1998, Sp. 872.

역사에 대한 '공부'로서의 인문학이 때때로 자기 성찰의 기회, 삶의 지혜, 또는 역사적 통찰력을 제공해 줄 수 있을지 몰라도 그리고 이런 것들이 우리의 삶을 위해 매우 중요한 것이라 할지라도, 궁극적으로 이것들은 세계 자체에 대한 인식으로서의 과학은 아니며 따라서 순수한 사실에로의 통로도 아니다. 이 주장에는 이미 과학이 사실 자체, 현실성 자체를 다룬다는 전제가 포함되어 있다. 그리고 여기서 논리가 교묘하게 뒤틀린다. 과학이 순수한 사실을 다룬다는 믿음으로부터 과학이 다루는 사실이 사실 자체라는, 그리고 이것 외에 다른 사실은 존재하지 않는다는 결론이 도출된다. 그러므로 과학주의의 선입견에 사로잡힌 과학 일원론자는 이렇게 말한다. 단 하나의 현실이 있고, 이 하나의 현실에 대한 단 하나의 과학이 있을 뿐이다. 언젠가 아펠도 순수한 사실에 대한 순수한 탐구가 바로 과학주의의 전제임을 밝힌 바 있다. 과학주의자가 생각하는 과학이란 "사실들에 대한, 모든 관심으로부터 자유롭고 순수한, 이론적 주제화", 즉 "근본적으로 [하나의] 동일한 방법론, 단 하나의 '과학의 논리'에 종속되는 인식의 조작"[36]이다. 이 정의에도 같은 통찰이 들어 있다. 오염되지 않은 하나의 현실에 대해 오염되지 않은 하나의 과학적 탐구가 있을 뿐이다. 과학이 대상으로 삼는 이 하나의 현실 이외에 다른 현실은 없고, 과학이 제공해 주는 이 하나의 현실에 대한 인식 이외에 어떤 다른 인식도 없다. 과학**의** 현실이 현실 자체가 되듯이 과학**의** 인식이 인식 자체로 된다. 이런 맥락에서 20세기의 가장 강력한 실증주의 비판가 중의 한 사람이었던 하버마스도 이렇게 쓴다.

36 K. O. Apel, "Szientistik, Hermeneutik, Ideologiekritik: Entwurf einer Wissenschaftslehre in erkenntnisanthropologischer Sicht", in: idem, *Transformation der Philosophie*, Bd. 2, Frankfurt a. M. 1976, 102f.

'과학주의'란 과학 그 자체에 대한 믿음을 말한다. 즉 우리는 과학을 더 이상 가능한 인식의 한 형식으로 이해해서는 안 되고 오히려 인식을 과학과 동일시하지 않을 수 없다는 확신이다.[37]

과학주의는 가장 극단적인 형태의 '과학 일원론'이다. 이 입장이 극단적인 것은 이것이 두 개의 과학이 아니라 단 하나의 과학만을 승인한다는 데에만 성립하는 것은 아니다. 근본적인 것은 오히려 (자연)과학이 앎의 한 종류가 아니라 앎 자체라는 것, 따라서 자연과학적 인식과 인식 일반이 동일시되어야 한다는 점이다. 이 근본적인 입장으로부터 비로소 '두 개의 과학이 아니라 하나의 과학'이라는 결론이 도출되어 나온다. 근본적으로 '과학 일원론'은 '인식 일원론'이다. 이상의 논의들로부터 도출되는 결론은 두 가지다. 과학자의 세계가 세계 자체라는 것, 과학적으로 설명된 세계와 세계 자체의 동일성이 그 첫째이고, 과학자의 인식이 인식 자체라는 것, 과학적 인식과 인식 자체의 동일성이 그 둘째이다. 이것이 바로 과학주의, 과학 시대의 선입견이고, 이 시대를 계몽시키기 위해 우선적으로 타파해야 하는 우상 또는 미신이다.

주목할 것은 이것이 단순히 과학에 대한 선입견만은 아니라는 점이다. 문제는 과학주의자가 과학 자체에 대해 무비판적으로 미리 어떤 판단을 내렸다는 것이 아니라, 오히려 과학에 대한 이 앞선 판단을 사유의 주관적 원칙으로 삼아 이로부터 다른 어떤 것들에 대한 판단을 이끌어내고 있다는 점이다. 즉 '과학의 힘'에 대한 앞선 판단으로부터 '우리의 세계, 이 세계 안의 존재자들, 그리고 그 존재자 중의 하나로서의 우리

37 J. Habermas, *Erkenntnis und Interesse*, Frankfurt a. M. 1968, 13.

자신'에 대한, 그리고 '세계와 존재자에 대해 우리가 가질 수 있는 앎'에 대한 판단들이 도출되어 나온다. 이렇게 과학은 과학 내적 대상들에 대해서뿐 아니라, 세계 일반, 존재자 일반, 인식 일반에 대한 판단까지도 이미 규정하고 있다. 도대체 과학이 그럴 권리를 가지고 있는가? 아니 정확히 표현해서, 우리는 우리가 그 안에서 사는 세계, 우리 자신도 포함한 그 세계 안의 존재자들, 그리고 우리가 갖는 가지가지의 앎에 대한 판단을 내릴 때에도 이에 대한 과학의 앞선 판단이 무엇이었는지를 꼭 물어야 하는가? 물론 과학은 나름의 관점에서 세계와 존재자를 규정하고, 나름의 이유에서 앎의 범위를 한정할 수 있을 것이다. 그러나 그렇게 규정되고 한정된 세계와 앎이 곧 세계 자체이고 앎 일반이라고 주장할 권리는 결코 가지고 있지 않다. 원래 '세계란 무엇인가?,' '인간이란 무엇인가?'는 각기 특수 형이상학의 하위 분야로서의 우주론과 인간학의 물음이었고, '존재자란 무엇인가?'는 일반 형이상학으로서의 존재론의 물음이었다. 오늘날 과학이 형이상학을 대신할 수 있는가? '앎이란 무엇인가?'는 철학의 주요 분야 중의 하나로서의 인식론의 물음이었다. 오늘날 과학이 전통적인 인식론 전체를 대체할 수 있는가? 잘 알려져 있듯이 오늘날 우리가 과학이라 부르는 것은 17세기의 산물이고, 그 역사는 갓 400년을 넘겼다. 철학의 역사는 그보다 훨씬 길어서 대략 2,500년에 이른다. 오로지 과학만이 세계 자체에 대한 유일하게 참된 지식을 제공한다는 과학주의자의 판단이 옳은 것이라면, 유감스러운 일이지만 다음의 결론이 불가피하다. '인류는 무려 2,100년 동안 세계의 참 모습에 대한 어떤 앎도 소유하지 못한 채 오로지 근대 과학이라는 메시아의 출현만을 기다려 왔다.' 그렇다면 그 긴 세월 동안 인류는 세계와 인간과 앎에 대한 물음에 전혀 답하지 않았다는 말인가? 또는 철학이 이 물음에 주었던 모든 답은 간단히 그릇된 것이란 말인가? 도대체 이런 생각이 있을 법하기는 한 것인가? 또는 과학이 철학의 물음을 가져갔고 이제 인류는 2,100년 동안 무용하기만 했던 철학을 할 필요가 없어졌는가? 간단히 말해, **과학이 철학의 물음에 답할 수 있고, 그 답이 철학의 물음을 폐기하는가?**

아마 과학주의자들도 이 물음에 쉽게 답하지는 못할 것이다. 그러나 그들이 과학의 힘에 관한 선입견에 의거하여 과학적으로 해석된 세계와 세계 자체의, 그리고 과학적 인식과 인식 일반의 동일성을 승인했다면, 그들은 이미 위의 물음에 긍정적으로 답한 셈이다. 물론 그들은 이 사실을 깨닫지 못할 것이고, 또한 자기들이 과학을 택하면서 철학을 버렸다는 사실도 깨닫지는 못하겠지만 말이다. 물론 과학과 철학이 배치될 이유는 없다. 그러나 과학주의와 철학은 배치된다. 철학자들은 과학주의자들이 참된 세계라고 믿는 세계와 다른 세계를 알고 있고 과학주의자들이 유일하게 승인하는 앎과는 다른 종류의 앎을 가지고 있거나 추구하고 있기 때문이다.

과학에 대한 앞선 판단으로부터 도출된, 세계와 앎에 대한 과학주의자들의 그릇된 두 가지 판단을 차례로 검토해 보자. 근본적으로 볼 때 나의 책은 이 두 선입견에 대한 논박일 뿐이다. 이를 위해 나의 책은 다음과 같은 두 가지 테제를 내세운다. 첫째 과학은 순수한 사실에 대한 전제 없는 탐구가 아니라, 특정 형이상학적 기초 위에서 이루어지는 보편적 인식의 추구다. 즉 과학은 세계 자체에 대한 인식이 아니라 보편적인 것으로 구성될 수 있는 **한에서의** 세계에 대한 탐구이다. 여기서 '~한에서의'라는 표현은 세계 자체가 과학자의 세계로 파악될 수 있는 조건, 과학적 세계 해석이 정당화될 수 있는 조건을 지시한다.[38] 그러므로 과학은 무조건적으로 타당한 인식이 아니라 특정 조건 아래서만 정당화될 수 있는 세계 인식이다. 둘째 이렇게 조건부의 타당성만을 갖는 과학적 인식은 인식 자체가 아니라, 인식의 가능한 한 종류이다. 세계는 과학적으로도 해석될 수 있지만, 과학의 방식과는 다른 방식으로도 해석될 수 있고 그 세계에 대해서도 우리는 인식을 가지고 있기 때문이다. 오늘날의 철학이 아직도 잊지 않고 있는 인식episteme이라는 말의 고전적 의미에 따르자면 그렇다. 이것은 과학이 인식의 일반 개념이 아니라 여러 인식 중의 **하나**라는 사실을 의미하며 동시에 과학, 특히 근대 과학에 의해 그 외연을 턱없이 축소 당한 인식이라는 말의 원래의 (즉 근대 이전에, 그리고 무엇보다 고대 그리스에서 이 말이 누리던) 권리를 회복해야 할 필요성을 의미한다. 이 복권은 동시에 또한 근대 과학에 의해 위기에 내몰린 정신과학의 정당한 자기주장을 위한 첩경이 되기도 할 것이다. 이상의 두 테제는 각기 나의 책의 II부와 III부의 주제이기도 하다. 이제 독자의 개관을 돕기 위해 대략의 내용을 선취하도록 하겠다.

---

38 나는 이 표현을 칸트에서 빌려 왔다. 칸트에 의하면 "자연"은 사물 그 자체가 아니라 "보편 법칙에 의해 규정되는 **한에서의** 물의 현존"(I. Kant, *Prolegomena zu einer jeden künftigen Metaphysik, die als Wissenschaft wird auftreten können*, Hamburg 1969, §14, 294, 강조는 필자)이다. 이렇게 규정된 자연은 물론 세계 자체도 아니고 우리가 그 안에 사는 세계도 아니며, 단지 보편적인 것으로 관찰될 수 있는 한에서의, 따라서 보편적 인식을 추구하는 자연 연구가의 탐구 대상이 될 수 있는 한에서의 세계만을 의미한다. 칸트의 선험철학적 문제 제기는 자연과학의 인식론적 정당성을 확보하는 데에만 기여한 것이 아니라, 동시에 이 인식을 상대화하는 데에도 기여했다. 왜냐하면 선험적 분석론은 자연 인식의 가능성의 조건을 밝히는데, 이는 동시에 이 인식이 이 조건 아래서만 가능한, 조건부의 인식임을 보여 주었기 때문이다. 오늘날 과학주의자들은 칸트의 선험철학의 이 심오한 의미를 완전히 망각하고 있다(자세한 내용은 6.3 참조).

1.2.1 과학자의 세계는 세계 자체인가?

과학 시대의 소시민들은 이 물음에 긍정적으로 답한다. 그리고 이 긍정적인 답에는 구체적으로 다음의 두 가지 내용이 포함되어 있다. 첫째 누군가에 의해 발견되고 탐구되기를 기다리며 이미 거기에, 그 자체로 서 있는 사실 자체 또는 세계 자체와 같은 것이 있다. 둘째 과학자는 이 세계 자체에 도달할 수 있고, 과학자가 제시하는 세계가 바로 이 세계 자체이다. 이 확신을 가지고 있는 과학주의자에게 던지는 나의 물음도 두 가지다. 도대체 세계 자체와 같은 것이 있는가 또는 그렇게 말할 권리가 우리 인간에게 있는가? 설령 세계 자체가 거기에 있다고 하더라도 우리 유한한 인간이 그 즉자적 현실성에 도달할 수 있는가? 첫째 물음은 즉자 존재의 가능성에 대한 존재론적 물음이고, 둘째 물음은 즉자 존재 또는 세계 자체에 도달할 수 있는 능력을 우리 인간이 가지고 있는지에 대한 인식론적 물음이다.

첫 번째 물음에 긴 설명을 덧붙이는 것은 무의미해 보인다. 즉자 존재에 대한 확신을 표방하는 입장을 철학은 소박실재론이라 부르는데, 이 소박한 입장은 긴 철학사를 통해 이미 논박되었기 때문이다. 오늘날 과학주의자들이 사뭇 "진지하게" 유지, 보수, 관리하고 있는 즉자 존재에 대한 신념은 이미 2,500년 전 고르기아스라는 소피스트가 "웃음으로 논파한"[39] 것이다. 고르기아스는 단순, 명료하게 이렇게 말한다. "아무것도 존재하지 않는다."[40] 그리고 그 의미는 정말 아무것도 존재하지

39 H. Diels, Hrsg., *Die Fragmente der Vorsokratiker*, Lieferung 5, Berlin 1935, 고르기아스 편, Fr. Nr. 12, 303.

40 Sextus Empiricus, *Adversus mathematicos*, in: idem, *Against the Logicians*, trans.

않는다는 것이 아니라, 적어도 우리에게는 무언가가 존재한다고 말할 권리가 없다는 것이다. 정확히 표현하면 '우리가 거기에 그 자체로 존재하고 있다고 생각하는 것 또는 말하는 것'과 '실재로 거기에 존재하는 것'이 동일한 것이라고 주장할 근거가, 또는 이 주장의 참을 증명할 "기준이 없다"[41]는 것이다. 우리가 그 자체로 존재한다고 생각하거나 말하는 것은 우리의 사유 또는 언어에 의해 매개된 것이고, 이것은 이미 그 자체로, 즉 우리의 사유와 언어로부터 독립적으로 존재하는 것은 아니다. 이렇게 본다면 우리는 모든 관념적, 언어적 매개 이전의 실재 그 자체에 대해 아무런 생각도 말도 할 수 없음을 알게 된다.[42] 우스개 같은 논리이지만, 이미 헤겔이 정확히 지적한 대로 실재론자는 이 논리를 결코 논박할 수 없다.[43] 실재론자가 가지고 있는 실재에 대한 믿음doxa의

by R. G. Bury, Harvard University Press, 1935, §65.

41 *Ibid.*, §87; cf. §65.

42 물론 고르기아스가 '아무것도 존재하지 않는다'는 자신의 주장의 참을 증명하기 위해 펼치는 논리는 훨씬 복잡하다. 그는 존재하는 것이 영원한 것도 생성된 것도 아니며(cf. *ibid.*, §68-72), 그렇다고 하나도 여럿도 아니라는(cf. *ibid.*, §73f.) 논증을 통해 자신의 회의를 정당화한다. 물론 여기서 이 전문적인 논리를 따라갈 필요는 없을 것이다. 그저 그의 회의주의적 입장의 핵심이 '기준의 부정'에 있고, 따라서 존재론적 아포리아와 관련해서도 '무언가가 존재한다'는 실재론자의 믿음이 하나의 독사에 불과하고, 따라서 이 믿음의 참을 증명해 줄 기준을 찾을 수 없다는 사실만을 지적하는 것으로 족할 것이다. 고르기아스의 회의주의적 논변과 그 극복 가능성에 대해서는 다음을 참조: 윤광호·황설중·김창래, 〈고르기아스의 첫 번째 난제에 대한 존재론적 대응〉, 《철학연구》, 34집(고려대학교 철학연구소, 2007), 30-34, 50-57쪽; 김창래, 〈고르기아스의 세 번째 난제에 대한 해석학적 대응〉, 《철학연구》, 30집(고려대학교 철학연구소, 2005), 66-71, 90-95쪽.

43 Cf. G. W. F. Hegel, *Vorlesungen über die Geschichte der Philosophie*, Bd. I, hrsg. von E. Moldenhauer, u. a., Frankfurt a. M. 1971, 440.

참을 증명해 줄 대응설적 기준으로서의 실재 자체는 우리에게 결코 직접적으로 주어지지 않기 때문이다. 물론 이 문제에 길게 머물 필요는 없다. 다음과 같이 말하는 것으로 충분할 것이다. 실재가 거기에 있기 때문에 과학 실재론자가 사물의 실재를 주장하는 것이 아니고, 과학주의자가 실재라는 관념을 가지고 있기 때문에 실재의 존재를 믿는 것이다. 결국 나의 첫 번째 물음, '즉자 존재가 거기에 있는가?'라는 물음에 우리는 결코 긍정적으로 답할 수 없다. 실은 여기서 이미 모든 논의가 끝나고 두 번째 물음도 지양되어야 한다. 실재가 거기에 존재한다면 모를까, 그렇지 않다면 '존재하지도 않는 것에 도달할 수 있는가?'라는 물음은 이미 논리적으로 부정의 답을 자신 안에 포함하고 있기 때문이다. 그러나 과학주의적 실재론의 소박성은 더욱 철저하게 폭로되어야 한다. 따라서 나는 일단 '실재가 거기에 존재한다'는 과학주의자의 가정을 수용하고, 두 번째 물음을 제기한다. 과학자는 거기에 실재한다고 가정된 것에 도달할 수 있는가? 과학주의자들이 그렇게 믿는다면 그 이유는 무엇인가?

과학 시대의 소시민들은 과학 교과서에 기술된 세계를 세계 자체로 간주한다. 그래서 그들은 과학자의 세계가 세계 **자체**로 먼저 거기에 있고, 그 후에 여러 (종교적, 신화적, 심미적, 철학적) 세계 **해석**이 저 과학적 세계**의** 다양한 변양으로 나타난다고 믿고 있다. 왜냐하면 과학자들은 망원경과 현미경으로 더 멀리 더 깊게 세계를 관찰하고 정밀한 개념 체계로 세계를 기술하는 데 반해, 우리는 그저 부족한 감관으로 우리의 주변, 세계의 표피만을 보고 이렇게 불완전하게 본 것을 역시 불완전한 일상 언어로 기술하기 때문이다. 그래서 사람들은 지구가 자전하는 세계, 고래가 포유류인 세계가 세계 자체, 참된 세계이고 해가 동쪽에서 떠서 서쪽으로 지는 세계, 그리고 고래가 생선인 세계는 우리의 감관, 언어, 인식의 한계로 인해 왜곡된 세계라고 생각한다. 그들에게 '해가 뜨고 진다'는 표현은 시적詩的이고 '고래는 생선이다'라는 표현은 농담이다. 단적으로 지구는 자전하고 고래는 포유류이기 때문이다. 물론 그렇게 볼 수도 있겠지만 꼭 그래야 할 필요는 없다. 정확히 말해 어떤 조건 아래서는 그래야 하겠지만 그 조건이 무조건적인 것은 아니다. 우리는 이 조건에 대해 사유해야 한다.

우선 과학적 세계상이 곧 세계 자체라는 과학주의자의 신념을 정확히 분석해 보자. 이것은 두 가지를 의미할 수 있다. 첫째 극단적으로 소박한 과학주의자는 과학자가 설명하는 세계가 단적으로 세계 자체라고 믿는다. 둘째 다소 온건한 과학주의자라면 과학자의 세계 해석이 다른 것들에 비해 더 우월한 것이라고 주장할 것이다. 여기서는 두 번째 주장만을 검토하기로 한다. 왜냐하면 두 번째 주장의 논박은 이미 첫 번째 주장의 논박을 포함하기 때문이다.[44] 어떤 이유에서 과학주의자는 과학

44 정확히 말해 첫 번째 주장은 증명될 수도 없지만 또한 논박될 수도 없는 것이기 때문에 이것을 다루는 일은 현명하지 않다. 세계 자체와 과학적 세계의 동일성에 관한 테제의 타당성을 검토하기 위해 우리는 세계 자체와 과학적으로 설명된 세계를 대응적으로correspondent 비교해야 하는데, 이때 비교의 기준으로서의 세계 자체는—고르기아스가 정확히 지적한 것처럼—우리에게는 결코 주어지지 않는다. 기준이 없으므로 비교는 불가능하고, 비교가 불가능한 한에서 비교의 한 항(과학적 세계 해석)의 참 또는 거짓도 결코 증명할 수 없다. 반면 과학적 세계 해석이 다른 것보다 더 나은 것이라는 주장의 타당성을 검토하기 위해서는 과학적 세계 해석을 다른 여러 세계 해석들과 정합적으로coherent 비교해야 한다. 이것은 문자 그대로 정합적 비교이다. 즉 이것은 두 개의, 말하자면 과학적 세계 해석과 철학적 세계 해석 중에 어떤 것이 세계 자체에 더 가까운지를 세계 자체와의 대응 관계의 규명을 통해 비교하는 것이 아니다. 왜냐하

자의 세계 해석이 다른 세계 해석보다 **더** 나은 것이라고 믿는가? 우리가 '더'라는 말을 사용했다는 것은 이미 어떤 비교를 행했다는 의미이다. 그리고 모든 비교는 비교의 기준에 대한 물음을 불러온다. 그러므로 주도적인 물음은 '과학주의자가 다른 세계상에 대한 과학적 세계상의 비교 우위를 인정할 때 사용한 비교의 기준은 무엇인가?'이다. 만약 정말 설득력 있는 기준이 제시된다면 나는 기꺼이 그들의 실재론에 동의해 줄 것이다. 그러나 반대의 경우라면 그들이 나에게 승복해야 한다.

일단 편안한 비유로 시작해 보자. 망원경과 현미경으로 본다는 것은 세계를 더 잘 본다는 것을 의미할까? 물론 망원경은 나의 근시 안경보다 더 멀리 보게 해 주고 현미경은 나의 돋보기보다 더 세밀하게 볼 수 있게 해 준다. 그런 의미에서 과학자의 두 안경은 일단 나의 두 안경보다 성능이 더 좋은 것처럼 보인다. 그렇다면 더 멀리, 더 세밀하게 보는 것이 더 잘 보는 것일까? 나의 근시 안경과 돋보기에 도수를 더하면 성능이 더 좋은 안경이 되는 것일까? 분명히 그 안경은 나를 위해 좋은 것이 아니라 나보다 눈이 더 나쁜 사람을 위해 좋은 것이다. 그러므로 안경의 도수, 안경의 좋음을 결정하는 것은 안경 착용자의 시력이고 필요이지, 결코 세계 자체의 특성이 아니다. 망원경과 현미경으로 더 멀리

면 세계 자체는 아직도 여전히 주어지지 않고 있기 때문이다. 그러므로 이때의 비교는 두 개의 해석을 직접 비교하는 일이다. 이것이 우리 유한한 인간에게는 과학적 세계 해석의 타당성을 검토하는 유일한 길이다. 그러나 이 정합적 비교에서도 역시 기준의 문제가 제기된다. 진리 대응설적 비교 기준으로서의 세계 자체가 주어지지 않고 있는 상황에서 도대체 어떤 기준에 입각해 두 개의 세계 해석을 비교할 것인가? 두 개의 '**해석**'의 타당성을 비교하기 위해 '**그 자체 해석이 아닌 기준**'을 우리 유한한 인간이 가질 수 있을 것인가? 앞으로 분명히 밝혀지겠지만 바로 이것이 문제의 본질이다.

그리고 더 세밀하게 들여다본 세계가 세계의 참 모습이라고 믿는 사람은, 모나 리자의 고운 피부를 전자 현미경으로 들여다보며 '이것은 무수한 솜털, 끈적거리는 노폐물이 흐르는 땀구멍으로 가득한 더러운 가죽이다'라고 말하는 사람과 같다. 이 사람은 내가 보기에 모나 리자를 잘못 본 사람이다. 물론 모나 리자를 그렇게 보아야 할 경우도 있다. 모나 리자를 아름다운 한 여인으로 보지 않고 습진에 걸린 환자로 간주해야 하는 피부과 의사의 경우이다. 이 경우에 한해서 모나 리자의 가죽을 세밀하게 관찰하게 해 주는 특수 안경의 좋음이 정당화된다. 그러나 그렇다고 한들 여전히 '리자 부인 **자체**는 짐승이다'라고 말할 수는 없다. 치료라는 목적이 충족되면 의사는 결코 현미경을 끼고 리자 부인을 관찰하지 않는다. 그는 그의 생활 세계로 돌아왔고, 이 세계에서는 보통 안경이 아름다운 리자 부인을 더 잘 보여 주기 때문이다. 이렇게 각각의 안경에는 나름의 쓸모가 있고 고유한 목적이 있다. 즉 각각의 안경은 자신이 속한 세계를 가장 잘 보여 주는 안경들이다. 물론 별을 보는 천문학자가 근시 안경에 만족할 수 없고 균을 보려는 미생물학자가 돋보기에 만족할 수는 없다. 그러나 그렇다고 그들의 특수한 안경이 세계를 더 잘 보여 주는 것은 아니다. 그들은 그들이 포착하기를 원하는 현실성을 보여 주는 안경을 낄 뿐이다. 나 역시 허블 망원경을 끼고 산책을 했다가는 길에 박힌 돌부리를 볼 수 없고, 전자 현미경을 끼고 책을 읽는다면 그 행간의 의미를 읽어 낼 수 없다. 각각의 안경은 안경 착용자가 실현하고자 하는 특정 목적에 봉사하는 수단들이고, 이 수단은 자신의 목적을 위해서만 좋은 것이지, 일반적으로 좋은 것은 아니다. 나의 눈에는, 그리고 내가 나의 생활 세계 안에서 실현하고자 하는 목적(산책 또는 독서)을 위해서는 망원경과 현미경은 전혀 좋은 도구가 아니다. 나의 두 안경이 과학자의 자연 관찰을 위해 결코 좋은 도구가 아닌 것과 꼭 같은 이치다. 그러므로 일률적으로 안경의 좋음을 판단할 수는 없다. 안경의 좋음과 나쁨은 안경 착용자의 시력, 그리고 그가 이 안경을 수단 삼아 실현하고자 하는 목적에 의존적이다. 목적이 수단을 결정한다.

중요한 것은 이 수단의 결정은 동시에 우리가 보게 되는 현실성의 선택이라는 점이다. 다른 안경을 끼면 다른 현실이 보인다. 마치 큰 코의 그물과 작은 코의 그물이 다른 생선을 잡아 올리듯 말이다. 분명한 것은 허블 망원경, 나의 근시 안경과 돋보기, 그리고 전자 현미경은 각기 **다른** 상을 우리의 망막에 제공하고 있다는 것, 그리고 '과학자의 세계'와 '일상적 세계'는 이 다른 상들로 구성된 다른 현실성, 다른 세계라는 점이다. 과학주의자의 문제는 바로 이 다름을 인정하지 않는다는 데 있다. 정확히 말해 다른 두 세계상 중의 하나는 '참된 세계'로, 나머지 하나는 '이 참된 세계에 대한 해석'으로 간주한다는 것이다. 그 이유는 무엇인가? 나에게는 답이 없다. 과학의 엄청난 성과, 성공한 과학이 우리에게 가져다 준 선물의 어마어마하게 큼, 그리고 그 큼에 대한 우리의 경탄이 우리에게 어떤 선입견을 심어 주었고, 그 선입견이 우리로 하여금 그렇게 **믿게** 했다는 것 외에는.

이 믿음과 관련해서는 다음의 두 가지 사실만을 지적하려 한다. 첫째, 과학의 성공이라는 결과는 과학이 그 결과를 얻기 위해 걸어갔던 길의 참을 증명해 주지는 않는다. 우선은 하나의 결과를 얻게 해 주는 여러 길이 있을 수 있다는 의미에서, 그러나 더 결정적으로는 그 결과를 얻으려는 자는 스스로 길을 내야 하고 또 이 목표지에 도달하는 데 가장 잘 봉사하는 길을 낸다는 의미에서 그렇다. 즉 과학이 세계 자체, 참된 세계를 기술했기 때문에 과학이 성공할 수 있었던 것이 아니고, 오히려 과학은 자신의 목적을 실현하기에 적절한 방식으로 세계를 해석해 온 것이다. 통상 인정되듯 과학은 세계에 대한 보편적 인식의 체계이고, 이 인식의 보편성은 과학이 세계를 법칙적 질서로 간주한다는 데에 성립한다. 중요한 것은 세계 자체가 법칙적 질서여서 과학이 세계를 보편성의 관점에서 본 것이 아니고, 과학이 보편적 인식을 얻기를 원했기 때문에 세계를 법칙적 질서로 해석했다는 점이다. 물론 이런 세계 해석의 배후에는 자연의 지배라는 과학의 궁극 목적이 놓여 있다. 즉 과학은 세계를 지배하기를 원했고, 지배를 위해 세계를 예측해야 했고, 예측을 위해 일반 법칙에 의한 설명이 필요했고, 이를 위해 다시 세계를 보편적 법칙의 체계로 해석한 것이다.[45] 과학이 옳은 길을 갔기 때문에 좋은 결과에 도달한 것이 아니다. 과학은 단지 그 결과에 도달하기에 좋은 길을 갔을 뿐이다. 목적을 달성했다는 것, 결과적 성공은 결과에 이르는 길의 '참'이 아니라 단지 그 길의 '합목적성'만을 증명할 뿐이다. 둘째, 과학자의 세계가 세계 자체라는 우리의 생각은 실로 하나의 믿음 이상일 수가 없다. 왜냐하면 우리는 그 같은 생각의 참을 **알** 수 있는 처지에 있지 못하기 때문이다. 즉 과학의 안경과 일상적 안경 중에 어떤 것이 실재의 현실성을 더 잘 보게 해 주는지를 볼 수 있게 해 주는 상위의 안경, 안경들의 참, 거짓을 판별해 주는 '안경들의 안경'과 같은 것을 우리는 결코 가질 수 없기 때문이다. 하나의 안경을 끼기 위해 다른 안경은 포기해야 하고 다른 안경을 끼기 위해 먼저의 안경을 벗지 않으면 안 된다. 두 안경의 비교를 위해 우리가 할 수 있는 일이란 기껏 두 안경을 모두 벗고 제3의 안경을 끼는 것이다. 그러나 문제는 이 역시 하나의 '안경'이지

45 나의 책의 II부가 이 사실을 분명하게 드러낼 것이다.

결코 '안경의 안경'은 아니라는 점이다. 우리 유한한 인간에게 안경들의 안경이 허용되지 않는다는 사실은 '하나의 안경을 끼고 얻은 앎'과 '다른 안경을 끼고 얻은 앎'을 비교할 수 있는 궁극의 기준은 없다는 사실을 의미한다. 이 근본적인 사태가 우리를 과학주의의 두 번째 선입견에 대한 성찰로 이끌어 간다.

1.2.2 과학의 앎은 유일한 앎인가?

이제 이 관점에서, 제기된 물음, '과학적 앎은 유일한 앎인가?'에 대해 숙고해 보자. 과학주의자는 물론 이 물음에 긍정적으로 답한다. 그리고 이 긍정은 구체적으로 다음의 두 가지를 의미할 수 있다. 첫째, 과학적 세계 해석만이 해석되는 세계 자체에 대응적으로 일치한다. 둘째, 과학적 세계 해석은 다른 여러 세계 해석에 대해 비교 우위를 갖는다. 첫 번째 주장은 오로지 과학만이 고전적인 진리 대응설의 조건, '지성과 사물의 일치adaequatio intellectus ad rem'를 충족시킨다고 말한다. 그러나 이런 극단적인 입장은 지금까지의 철학사가 무력화시켜 온 소박한 실재론을 전제하지 않는 한 유지될 수 없다. 물론 여기서 다시 실재론 논박의 긴 길을 갈 필요는 없을 것이다. 그러므로 우리는 과학적 앎은 앎 자체라는 주장의 두 번째 의미만 검토하면 된다. 실재론을 넘어선 과학주의자라면 다음과 같이 말할 것이다. 과학은 세계 해석이지만 다른 세계 해석들에 대해 비교 우위를 갖고, 심지어 과학만이 앎 일반의 형식이라고 인정할 수 있을 정도로 탁월한 우위를 갖는다. 도대체 이렇게 믿는 근거는 무엇일까? 나의 물음은 과학주의자가 과학적 세계 해석의 인식론적 우위를 주장하기 위해 이 세계 해석과 다른 세계 해석 간의 비교를 행할 때 취했던 비교의 **기준**이 무엇인지의 물음이다. 만약 두 세계 해석 각각을 해석되는 세계 자체와 비교할 수 있다면 문제는 간단할 것이다. 그 경우 세계 자체가 척도 역할을 해 줄 것이기 때문이다. 그러나 앞서 살펴본 것처럼 이런 가능성은 신이 아닌 인간에게는 결코 허락되지 않는다. 그렇기 때문에 과학적 세계 해석이 유일하게 타당한 세계 해석이라고 주장하는 과학주의자는 이른바 '안경들의 안경이 없음'이라는 막다른 길에 이르지 않을 수 없다.

과학자에게는 과학의 관점이 있고 일상인에게는 일상의 관점이 있다. 예술가도 자신만의 관점을 갖고 종교인도 나름의 관점을 갖는다. 각자는 자신의 관점에 따라 세계를 해석하고, 자신의 해석이 세계에 **대한** 해석이라고 믿는다. 그러나 우리가 이 여러 세계 해석을 비교하며 이들 간의 우열을 판정할 때 사용할 수 있는 기준은 유감스럽게도 해석되는 세계 자체가 아니라 또 다른 세계 해석일 뿐이다. 왜냐하면 우리, "본질적으로 **해석하는** 현존재"[46]로서의 인간에게 접근 가능한 세계는 '모든 관점과 해석 이전의 세계 자체'가 아니라 늘 '특정 관점에 의해 해석된 세계'이기 때문이다. 마치 사라진 과거를 탐구하는 역사학자가 배치되는 두 사료를 비교하면서 제3의 사료를 뒤적거리지 않을 수 없고, 정면으로 충돌하는 두 증인의 진술을 비교하려는 검사가 제3의 증인의 진술을 경청할 수밖에 없는 것과 꼭 마찬가지로, 우리 역시 한 과학자의 세계 해석과 다른 일상인의 세계 해석을 비교하면서 제3의 세계 해석에 의존하지 않을 수 없다.[47] 그러나 참Wahrheit이 오직 지성과 사물의

46 니체, 《즐거운 학문》, 안성찬·홍사현 옮김, 니체전집 12(책세상, 2005), 381쪽.

일치에 의거할 뿐이라면, 사료를 '발생한 사건 자체'가 아니라 다른 사료와 비교하면서, 진술을 '진술된 사실 자체'가 아니라 다른 진술과 비교하면서, 그리고 세계 해석을 '해석되는 세계 자체'가 아니라 다른 세계 해석과 비교하면서 우리가 얻을 수 있는 것은 단적인 참이 아니라 단지 "참으로 간주함Fürwahrhalten"[48]일 뿐이다. 바로 여기에 본질적인 문제가 있다. 실재 자체가 접근 가능하지 않은 한에서, '하나의 참으로 간주함(안경)'을 '그 자체 참으로 간주함이 아닌 어떤 것(안경들의 안경)'에 의해 정당화할 수는 없다는 한계다. 즉 "하나의 '참으로 간주함'은 다른 '참으로 간주함'에 의해서만"[49] 정당화될 수 있다. 그러나 '하나의 참으로 간주함'을 정당화시켜 주는 '다른 참으로 간주함' 역시 하나의 '참으로 간주함'인 한에서, 이것도 '또 다른 참으로 간주함'에 의해 정당화되어야 하고 이 정당화의 과정은 무한 소급에 빠진다. 이 근본적인 한계는 물론 과학자에게도 적용된다. 한 안경 낀 과학자의 세계 해석에 정당성

47 해석들의 비교의 기준이 '해석되는 것 자체'가 아니라 다만 '다른 해석'일 수밖에 없다는 유감스러운 사태는 우리 유한한 인간에게 유일하게 옳은 해석은 있을 수 없다는 사실을 의미한다. 나는 이 문제를 상세히 다룬 바 있다. 위의 예들도 다음 논문에서 가져온 것이다: 김창래, 〈유일하게 옳은 해석은 있는가? 해석의 기준에 관하여〉, 《해석학연구》, 22(한국해석학회, 2008), 119쪽 이하 참조.

48 I. Kant, *Kritik der reinen Vernunft*, B848. '참으로 간주함'은 "우리의 지성 안의 사건인데, 이것은 물론 객관적인 근거들에 의거할 수도 있겠지만, 그러나 여전히 판단하는 자의 심성 중에 주관적인 원인을 요구하는 사건"(*ibid.*)이다. 이 참으로 간주함이 "주관적으로도 객관적으로도 불충분"하면 그것은 "의견Meinen"이고, "주관적으로는 충분하지만 객관적으로는 불충분하다"면 그것은 "믿음Glauben"이다. 앎Wissen은 오직 "주관적으로도 객관적으로도 충분할"(*ibid.*, B850) 경우에만 획득된다. 물론 과학적 인식은 바로 이 의미에서의 앎이다. 그러나 우리는 "객관적으로 충분하다"는 칸트의 말의 의미를 정확히 이해해야 한다. 이는 곧 분명해질 것이다.

49 J. Simon, *Philosophie des Zeichens*, Berlin/New York 1989, 23.

을 부여하는 것은 세계 자체가 아니라 역시 안경 낀 다른 과학자의 세계 해석이다. 그러나 후자 역시 다만 안경 낀 인간이지 안경의 안경을 소유한 신이 아니라는 의미에서 그 또한 안경 낀 또 다른 과학자의 정당화를 필요로 한다. 이렇게 유한자의 해석으로 유한자의 해석을, 하나의 안경으로 다른 안경을 정당화하는 과정은 피할 수 없이 무한 소급에 봉착한다. 이 무한한 후퇴에 종지부를 찍을 수 있는 것은 '다른 참으로 간주함'에 의해 정당화되는 '참으로 간주함'이 아니라 자신과 실재 자체와의 대응적 일치를 증명할 수 있는 단적인 '참'뿐이다. 그러나 이 마지막 참, 최종적 진리는 진리의 소유자가 아니라 단지 진리를 추구하고 사랑할 뿐인[50] 우리 인간, 애지자eros philosophos에게는 결코 허용되지 않는다. 과학자 역시 이 근본적인 한계를 넘어설 수는 없다. 그러므로 세계 자체에 의해서가 아니라 다른 세계 해석에 의해 자신을 정당화해야 하는 과학적 세계 해석 역시 저 정당화의 무한 소급에 지시되어 있고, 이는 과학 역시 최종적인 참에는 도달할 수 없다는 사실을 의미한다. 과학자 역시 안경 낀 인간이지, 이른바 안경들의 안경을 소유한 신이 아니라면, 또는 신이 유독 과학자에게만 세계 자체를 공개했다는 있을 법하지 않은 가능성을 수용하지 않는다면 말이다.

이 근원적 한계에 부딪혀 과학이 할 수 있는 일이란 그저 자신의 참으로 간주함을 타인에게 "전달해" 보고 이것이 "모든 인간의 이성에게 타당한 것으로 여겨질 수 있는지",[51] 즉 "자신의 이성에 대해 그런 것과 마찬가지로 생소한 이성fremde Vernunft에 대해서도 같은 영향력을 행사할 수 있는지"[52]를 묻는 것이다. 과학의 이성의 판단과 생소한 이성의

50 플라톤, 《향연》, 강철웅 옮김(EjB, 2010), 204b 참조.

51 I. Kant, *Kritik der reinen Vernunft*, B848.

판단이 일치한다면, 과학의 이성은 비로소 이 놀라운, "판단들의 일치는 (…) 공통의 근거, 이른바 객관에 의거할 것이라고 (…) **추측**할"[53] 수 있다. 물론 이 같은 참으로 간주함은 객관과의 일치를 추정하게 해 준다는 점에서 "주관적으로뿐 아니라 객관적으로도 충분하고," 바로 그 의미에서 하나의 "앎Wissen"[54]으로 승인되어야 한다. 그러나 이것으로 너무 많은 것(물 자체의 인식)이 얻어졌다고 생각하지는 말아야 한다. 왜냐하면 우리는 여전히 객관과의 일치를 그저 추측할 뿐이고, 더욱이 이 객관도 물 자체가 아니라 다만 우리가 구성한 대상, 현상일 뿐이기 때문이다. 그리고 우리가 구성한 대상에 대한 앎은 다만 하나의 가능한 앎이지, 물 자체와의 대응적 일치를 통해 자신의 정당성을 최종적으로 증명한 단적인 참, 유일하게 옳은 앎은 아니다. 과학은 여전히 물 자체, 세계 자체에 대해 그 어떤 앎도 가지고 있지 않다. 이렇게 보면 과학의 앎은 우리의 관점에 비추어 이루어진 우리의 세계 해석, 말하자면 "인간적인, 너무나 인간적인 해석"[55]일 뿐이다. 그리고 이 인간적인 하나의 해석 곁에 동등한 권리를 지닌 여러 다른 세계 해석들이, 일상적, 철학적, 신화적, 심미적 세계 해석이 나란히 자리한다. 이 모든 세계 해석의 인식론적 권리는 같은데, 모두 해석되는 세계 자체에 의거해 자신의 정당성을 입증하지는 못하고, 다만 다른 세계 해석에 기대어 자신의 정당성을 추측할 수 있다는 점에서 그렇다. 피할 수 없는 결론이 도출된다. '유일하게 참된 세계 해석'은 없고, '참되다고 여겨지는 복수의 세계 해석

---

52 *Ibid.*, B849.

53 *Ibid.*, B848(강조는 필자).

54 *Ibid.*, B850.

55 니체, 《즐거운 학문》, 381쪽.

들'만이 존재한다. 과학도 물론 그중 하나다. 유한한 인간으로서 우리는 이 사실을 긍정해야 한다. 그때 '과학의 앎은 유일한 앎이고 앎 일반의 형식이라는 과학주의자의 선입견'은 근거를 잃고, 흔히 절대적인 것으로 간주되는 과학적 인식은 상대화된다.

2,500년을 이어 온 애지philo-sophia로서의 철학의 정신에서 볼 때 과학주의자의 두 선입견은 결코 유지될 수 없다. 이것은 과학자에게 신의 역할을 기대하며 과학을 거의 신격화하고 있기 때문이다. 과학자의 세계는 세계 자체가 아니라 과학의 관점에 비추어 본 세계이고, 과학적 인식도 물 자체에 대한 무조건적 인식이 아니라, 과학의 관점에서 이루어진 세계 해석일 뿐이다. 과학 역시 인간의 일인 한, 과학자도 자신의 관점을 가질 수밖에 없다. 그리고 그 관점은 결코 마지막 관점이 아니다. 만일 그것이 마지막 관점이라면 우리는 과학의 완성을 선언하고 모든 과학적 탐구에 종지부를 찍어야 할 것이다. 그러나 마지막 관점을 가진 자는 과학하는 자가 아니라 '과학할 필요가 없는 신들뿐'이다. 이 점에서 보면 과학적 인식의 상대화라는 나의 주장은 과학에 대해 극단적으로 공격적인 어떤 것을 말하는 것이 결코 아니다. 이 말로 내가 의미하는 것은 과학이 틀렸다는 것이 아니라, 인간이라면 누구도 결코 틀릴 수 없는 마지막 참에는 도달할 수 없다는 사실 그리고 과학자도 역시 하나의 인간이라는 사실뿐이기 때문이다. 그러므로 과학적 인식이 유일하게 옳은 참이 아니라 다만 우리가 참이라고 간주하는 여러 세계 해석 중의 하나라는 나의 주장은 진리를 이미 소유하고 있기에 "철학(애지)하지 않는 신"[56]이 아니라 진리를 갖지 못해 진리를 사랑하고 추구할 뿐인

56 플라톤, 《향연》, 204a.

인간은 결코 물 자체에 대한 신적 인식에 도달할 수 없다는, 가장 보편적인 철학적 통찰로부터 자연스럽게 도출되는 결론이다. 이것이 보편적 인간 조건이라면 인류의 진리 추구의 최첨단에 선 과학자라 할지라도 이 근본적 한계를 피해 갈 수는 없다. 왜냐하면 과학자를 포함한 어떤 인간도 '철학할, 그리고 과학할 필요가 없는 신'이 아니라, '철학해야 하고 또 과학해야 하는 인간'이기 때문이다. 고대 그리스 델포이 신전에는 '너 자신을 알라!'는 각명이 있었다. 잘 알려진 대로 이 말은 '네가 무한한 신이 아니고, 유한한 인간임을 알라!'는 신들의 경고였다. 소크라테스가 이 말을 인용하며 무지에의 자각을 요청했다면, 그는 인간적 진리 추구로서의 철학함에 근원적인 한계를 설정한 셈이다. 그래서 그리스인들은 철학이 진리에의 사랑이지, 진리의 소유일 수 없다고 생각했다. 왜냐하면 우리가 추구하는 신적 진리에 도달하는 그 순간 인간은 곧 철학할(진리를 추구할) 필요가 없는 신이 되어 버릴 것이기 때문이다.[57] 근대 자연과학이 "학문의 안전한 길"[58] 위에 설 수 있도록 과학에 인식론적 정당화를 마련해 준 것은 철학이었지만, 그 철학자는 돌아서서 바로 이렇게 말했다. 우리 인간은 세계 자체를 "알 수도 없고 알 필요도 없다."[59] 왜냐하면 그것은 "전적으로 우리의 인식 영역의 외부"[60]에

57 그러므로 애지philo-sophia라는 말에는 신적 지혜의 추구의 필연성뿐 아니라, 이 추구 활동의 근원적 완수 불가능성이 함께 의미되어 있다. 그래서 플라톤은 철학자를 다음과 같이 규정한 적이 있다. "지혜를 욕구하는 사람"이되, "어떤 지혜는 욕구하고 어떤 지혜는 욕구하지 않은 자가 아니라, 모든 지혜를 욕구하는 자." "모든 배움을 선뜻 맛보려 하고 배우는 일에 반기며 접근하고 또한 **만족해 할 줄 모르는 사람**, 이 사람을 우리가 지혜를 사랑하는 사람이라 말하는 게 옳지 않겠는가?"(플라톤, 《국가》, 475b-c, 강조는 필자)

58 I. Kant, *Kritik der reinen Vernunft*, BVII.

59 *Ibid.*, B332f.

놓인 것이고 따라서 신이 아닌 "우리에게는 공허할"[61] 뿐이기 때문이다. 이 근원적 한계에 대한 자각이 철학사의 출범 이래 늘 철학적 인간 이해의 근간을 이루어 왔다. 그래서 플라톤은 "지혜로운 자라는 명칭"은 인간에게는 "과분하여" 오직 "신에게나 맞을" 뿐이고 철학하는 인간은 마땅히 "지혜를 사랑하는 사람"[62]이라 불러야 한다고 말한다. 같은 맥락에서 칸트도 인간을, 추구하는 것에 "단지 근접해 가며 다가가지만 결코 거기에 도달할 수는 없는 (…) 점근선"[63]에 비유한다. 철학의 통찰에 따르면 인간의 학술 활동은 신적 지혜에의 사랑이지 소유가 아니고, 물 자체의 인식에의 접근이지 도달이 아니다. 우리는 세계 자체에 대한 마지막 진리의 소유자가 될 수는 없다! 우리는 앎을 추구하는 인간이지 전지한 신이 아니기 때문이다.

이것이 서양의 정신사를 지배해 온, 인간 유한성에 대한 철학의 자각이었다. 과학적 인식이 상대화되어야 한다는 나의 주장도 원칙적으로는 이 철학적 자각의 반복 이상 다른 것이 아니다. 그러면 어떤 과학주의자는 흥분하여 나의 주장이 열심히 공부하고 있는 과학자들을 "회의주의적 절망"에로 "유혹한다"고 비난할지도 모를 일이다. 그러나 내가 보기에 사태는 정반대다. 내가 과학에 회의주의의 의문부호를 붙이고 있는 것이 아니라, 반대로 과학주의자가 과학을 "독단적 만용"에로 "유혹하고"[64] 있는 것이다. 왜냐하면 그들은 인간에게 허용되지 않은 것을 과학자에게 기대하고, 과학이 아직 얻지 못한 것을 이미 얻었다 믿

60 *Ibid.*, B235.

61 *Ibid.*, B345.

62 플라톤, 《파이드로스》, 조대호 옮김(문예출판사, 2004), 278d.

63 I. Kant, *Kritik der reinen Vernunft*, B691.

64 *Ibid.*, B434.

으라고 과학을 부추기기 때문이다. 만일 과학이 과학주의의 유혹에 넘어간다면 그래서 자신의 앎이 세계 자체에 대한 마지막 진리라고 믿게 된다면, 그 결과는 좋게 말해 과학의 완성이지만, 정확히 말하면 독단적 만용에 의거한 과학의 태만일 것이다. 그때 과학은 자신이 추구해야 할 것을 "단적으로 완성된 것으로 여기고" 때 이른 "휴식을 취하는" 오류, 이른바 "태만한 이성의 오류ignava ratio"[65]를 범하게 될 것이다. 이렇게 성급하게 인식의 완성을 주장하는 자에게 칸트는 과학 시대에 특히 음미할 가치가 있는 경구를 남긴 바 있다. "아직도 무언가 할 일이 남아 있는 한, 아무것도 하지 않았다고 여겨라Nil actum reputans, si quid superesset agendum!"[66] 과학적 인식의 상대성을 주장하는 나 역시 이 위대한 철학의 전통에 따라 과학자에게 이렇게 말한다. '그대는 아직도 상대적인 세계 해석에 머물고 있으니, 더 열심히 공부하라!' '더 열심히 공부하라!'는 철학의 조언과 '세계 자체에 대한 마지막 앎을 얻었으니 이제는 휴식하라!'는 과학주의자의 조언 중에 어떤 것을 받아들일지는 과학이 스스로 결정할 일이다. 물론 과학은 이 두 조언에 귀 기울일 여유조차 갖지 못한 채 열심히 과학적 탐구에 매진하겠지만, 거기에 그 열정적인 매진에도 불구하고 추구하는 것을 결국 얻을 수 없다는 자각 하나가 추가되어야 한다. 이것은 진리를 추구하는 인간의 자기 성찰을 위해서뿐 아니라, 과학적 탐구 자체를 위해서도 생산적일 것이다. 왜냐하면 소크라테스가 지적한 대로 우리는 우리가 추구하는 것을 갖지 못하고 있기 때문에 더욱 열심히 그것을 추구해야 하고,[67] 또 칸트가 말했듯이 추

65 *Ibid.*, B717f.

66 *Ibid.*, BXXIV.

67 플라톤, 《향연》, 204a-b 참조.

구하는 바 마지막 참에 도달할 수 없음을 알고 있음에도 불구하고 그 추구를 멈추지 않는다는 데 바로 "철학의", 그리고 과학의 "의무"[68]와 "존엄"[69]이 존립하기 때문이다.

1.3 과학 시대의 철학과 과학

고대 희랍인들이 사유했던 애지, 철학이 그러했던 것과 꼭 마찬가지로, 오늘날 현대인들이 종사하고 있는 과학 역시 "인간적인, 너무도 인간적인" 작업이다. 이 근본적인 사실에 대한 망각이 과학주의의 선입견을 불러온다. 그리고 이 선입견은 과학주의자들로 하여금 진리에의 사랑과 접근이라는 인간적인 작업에 마지막 참의 소유라는 신적인 결과를 기대하게 한다. 그리하여 과학은 '그 어떤 인간적 관점에 의해 해석되기 이전의 세계 자체에 대한 유일하고도 최종적인 참'을 제공해 준다는 믿음이 우리 시대를 지배한다. "과학은 절대적인 것으로 정립되었고",[70] "새롭고도 급진적인 과학 신앙"[71]이 시대의 정신이 되었다. 과학 시대로서의 현대란 말하자면 "미신에 이르도록 과학을 신앙하는 시대"[72]다. 이 새로운 신앙을 미신이라 불러 부족함이 없는 것은 과학의 신자들은 과학을 믿을 뿐 아니라 과학이 아닌 것은 더 이상 믿지 않기 때문이다.

---

68 I. Kant, *Kritik der reinen Vernunft*, B731.

69 *Ibid.*, B491.

70 H.-G. Gadamer, *Gesammelte Werke*, Bd. II, Tübingen 1986, 452.

71 H.-G. Gadamer, *Vernunft im Zeitalter der Wissenschaft*, Frankfurt a. M. 1976, 119.

72 H.-G. Gadamer, *Gesammelte Werke*, Bd. II, 450.

과학도 앎인 시대는 지나갔고, 오직 과학만이 앎인 시대가 도래한 것이다. 그래서 현대인들은 자신의 시대를 과학으로 형이상학을 극복한 시대라 여기고, 이는 사변에 대한 경험의 최종적인 승리라고 자축한다. 경험과학의 시대에 더 이상 사변적 철학을 위한 자리는 없다. 그 철학이 서 있던 자리, "사유하는 정신의 왕국의 첫 번째 자리에 경험과학이 들어섰기"[73] 때문이다. 그렇다. 우리는 아리스토텔레스가 학문 중의 학문, 제일 철학pfrote philosophia이라 불렀던 학문, 한때 "만학의 여왕regina scientirum"[74]으로 군림하던 철학이 "극복된 과거의 신학적 잔여물로 여겨지는 시대에 살고 있다".[75] 이 시대는 자신의 지적 자양분을 과학에서 취할 뿐, 과학이 아닌 것, 이를테면 '과학이 아닌 철학'에서 길어 오지 않는다. 분명히 말할 수 있는 것은 과학에 대한 지나친 신뢰가 철학과 형이상학에 대한 부당한 불신을 불러왔다는 것이다. 그리고 그 결과 과학 시대의 소시민들은 인간적 삶과 앎에 대해 오직 철학과 형이상학이 주어 왔던 것을 더 이상 가질 수 없게 되었다. 분화된 전문 연구로서의 과학은 그것을 주지 않고, 과학의 신자들도 그러한 것을 바라지 않는다. 그러나 경험적 연구가 철학적 사유를 대신할 수 있고 또 대신해도 좋은가? 정녕 과학이 철학의 물음에 답할 수 있고, 이 답과 더불어 철학의 물음이 지양되는가? 경험과학이 철학을 대체한 또는 대체한 것으로 여겨지는 시대에 철학은, 과학적으로는 가장 풍요로운, 그러나 철학적으로 가장 빈곤해진 자신의 시대에게 그리고 그 시대의 과학에게 무엇을 해줄 수 있을까? 나의 책은 이 물음들에 대한 답변의 시도이다. 구체적으

73 H.-G. Gadamer, *Vernunft im Zeitalter der Wissenschaft*, 111.

74 *Ibid.*, 114.

75 *Ibid.*, 110.

로 나의 책은 이 물음에 두 가지의 철학적 성찰로 답한다. 첫째는 과학의 본질과 근거에 대한 철학의 성찰이고, 둘째는 과학도 포괄하는, 그러나 원칙적으로 과학을 넘어서는 앎 일반에 대한 철학의 성찰이다. 이 두 성찰은 각기 나의 책의 II부와 III부의 주제이기도 하다. 이제 이 두 성찰에 대한 간략한 개관으로 예상외로 길어진 서론을 마무리하고자 한다.

1.3.1 과학의 형이상학적 기초

과학의 본질과 근거에 대한 철학의 반성이 필요하다. 우리 시대에 그러한 성찰은 결핍되어 있고, 우리는 본질적으로 그리고 그 근거에 있어 과학이 무엇인지를 모르고 있다. 나의 책은 '과학이란 무엇인가?'라는 물음을 던진다. 이 물음은 하나의 철학적인 물음으로 제기되었다. 따라서 이 물음은 현실에 있어 과학이 무엇인지가 아니라 그 본질과 근거에 있어 과학이 무엇인지를 묻는다. 이것은 과학 자체가 아니라 과학의 근거 aitia에 대한 철학의 물음이다. 오늘날의 과학철학은 결코 이 같은 물음을 제기하지 않으며 또한 그 물음에 답하지도 못한다. 왜냐하면 이 철학은 현존하는 과학의 탐구 논리 내부에 머물며 과학 방법론을 정치하게 구성하는 일에만 몰두하기 때문이다. 이렇게 과학에 대한 철학의 반성이 단지 과학 방법론 내부에서만 수행되는 한, 과학철학은 과학의 방법을 개발, 보수, 개선해서 기존의 과학적 세계 해석을 공고히 하고 가속화시킬 수는 있을지언정, 그 세계 해석의 근거에는 도달할 수 없다. 왜냐하면 과학의 근거는 과학의 내부가 아니라 "외부에"[76] 있기 때문이

76 I. Kant, *Kritik der reinen Vernunft*, B705. 정확히 인용하자면 다음과 같다. 세계 전체의 "설명 근거는 세계의 외부에 있고 따라서 이것은 가능한 경험의 대상이

다.[77] 과학의 과학 외적 근거는 육안으로는 결코 볼 수 없고(따라서 과학 시대의 소시민들은 이것을 볼 수 없다), 망원경이나 현미경에도 포착되지 않고(그러므로 과학자 자신도 이것을 볼 수 없다), 과학론자가 내주고 과학자가 걷는 길[78] 위에 서도 보이지 않는다(따라서 탐구 논리 개발에 열중하는 과학철학자도 이것을 볼 수 없다). 이것은 오로지 과학의 외부에서 철학하는 자만이, 그것도 그의 "혼의 눈"[79]으로만 볼 수 있을 뿐이다. 그것은 눈에 보이는 세계ho horatos topos가 아니라 혼이 사유하는 세계ho noetos topos에 속하기 때문이다. 나는 과학의 외부에서, 혼의 눈으로 과학의 근거를 관조하며 나의 테제를 세운다. 과학은 결코 무전제의 인식이 아니어서 특정한 형이상학적 기초(현존의 형이상학)를 자신의 근거로 갖고, 또한 인간에 의해 정립된 어떤 이상(보편성의 정립)에 의해 인도되는 세계 해석의 시도다.

될 수 없다". 이를 우리의 맥락에 전용하면 다음과 같이 말할 수 있다. 과학 전체의 존립의 근거는 과학의 외부에 있고 따라서 이 근거 자체는 과학적 (그리고 과학철학적) 탐구의 대상이 될 수 없다. 그 이유는 다음 주에서 설명한다.

77 만일 과학의 근거가 과학의 내부에 있다면 과학은 자신의 존립을 위해 다시 자신에게 의거해야 할 것이고, 이는 과학이 다른 근거에 의존함이 없이, 오로지 자존한다는 뜻이다. 그러나 과학은 결코 자기 원인causa sui과 같은 것이 아니다. 또한 여기에는 다음과 같은 논리적인 문제도 있다. 과학의 근거가 과학의 내부에 있다면, 그 근거도 과학에 속하므로 우리는 다시 이 근거의 근거에 대한 물음을 던져야 한다. 물론 근거의 근거가 다시 과학의 내부에 있다면 당연히 이 근거의 근거의 근거에 대한 물음이 다시 제기된다. 이 물음의 연쇄는 무한 소급에 빠진다. 이 무한 소급이 부조리하기 때문에 우리는 과학의 근거는 과학의 외부에 있어야만 한다고 말한다.

78 여기서 '길'이라는 표현은 과학적 방법을 의미한다. 방법을 의미하는 희랍어 'methodos'에는 길을 의미하는 'hodos'가 들어 있다. 이 길은 과학적 탐구의 반복 가능성을 보장하는 길이다. 자세한 것은 II부 6장에서 다시 논할 것이다.

79 플라톤, 《국가》, 540a.

과학의 근거에는 분명 과학을 초월하는 그리고 바로 그 때문에 과학을 가능하게 해 주는 형이상학적 전제가 있다. 그것은 멀리는 '무시간적 실체ousia의 필연적 존재 방식(달리 있을 수 없음)을 추구하던 희랍 실체 형이상학의 정신'이고, 가깝게는 '우연적 속성을 제거하고 반복 가능성으로서의 확실성을 추구하던 근대 주관주의 형이상학의 정신'이다. 철학의 역사를 통해 이 정신은 이른바 '통일성 내지 보편성의 추구'라는 일견 거부할 수 없는 요구를 앞세우며 늘 형이상학의 주된 전통을 이끌어 왔다. 그리고 과학을 이끌어 갔던 것도 바로 이 정신이었다. 어떤 과학자가 이 사실을 부인할 것인가? 자신이 추구하는 것이 보편적으로 타당한 인식이며, 그렇기 때문에 과학적 지식이 가치 있다는 사실을 부인할 과학자가 있을 것인가? 모든 과학자는 '사유 경제Denkökonomie'의 실천가다. 실로 과학은 잡다한 현상을 더 보편적인 원리에로 포괄하고, 다시 이 여러 원리들을 더욱 보편적인 원리에로 통일시켜 '원리의 숫자를 줄여 가는' 작업일 뿐이다. 그러므로 과학의 역사는 보편성의 확대의 역사다. 과학자를 고무하고, 과학사를 이끌어 갔던 힘은 바로 그리스 실체 형이상학자들이 탄생시킨 그리고 근대의 데카르트가 더할 나위 없이 강화시킨 보편성의 신화였다. 그런 의미에서 나는 자신 있게 다음과 같이 말한다. 과학은 실체 **형이상학의 적자**다. 과학은 원래 이 형이상학이 따라갔던 보편성을 뒤따라갔기 때문이다. 그리스 실체 형이상학은 시간 안의 잡다한 '여럿plethos'은 모두 버리고 통일성, 즉 '하나to hen'만을 추구했다. 근대적 회의의 전도사, 데카르트는 시간의 흐름에 따라 변하는 모든 것을 회의의 예봉으로 꺾어 버리고 이른바 인식의 확실성을 추구했다. 과학은 이 고대적 통일성과 근대적 확실성을 보편 법칙이라고 표현한다. 이 셋은 비록 이름은 다르지만 동일한 사유 과정을 통해 생겨난다. 시간의 제거, 시간으로부터 존재의 분리가 바로 그것이다. 오직 시간이 멈춘 곳, 모든 생성과 소멸, 운동과 변화가 거부된 곳, '영원한 현재'가 바로 존재의 통일성, 인식의 확실성, 보편 법칙이 머무는 곳이다. 그리스 실체 형이상학의 길, 데카르트적 주관주의 형이상학의 길, 그리고 근대 과학의 길은 모두 이 무시간적 보편성을 향하고 있다.

오늘날 이 보편성이 무조건 추구할 가치가 있는 것이 아니라, '보편성의 형이상학'의 근거 위에서 비로소 추구할 만한 가치가 있다는 사실을 깨닫고 있는 과학자 또는 과학철학자가 있을 것인가? 더욱이 보편성의 추구는 논리적으로 개별성의 포기를 수반하며 따라서 보편적 (자연과학적) 인식의 풍요는 곧 개별적(정신과학적) 인식의 빈곤을 의미한다는 사실을 깨닫고 있는 과학자 또는 과학철학자가 있을 것인가?[80] 이 두 물음 그리고 이에 대한 과학 시대의 부정적 답변이 우리를 예고된 두 번째 철학적 성찰로 이끌어 간다.

---

80 17세기 이후 근대 과학의 역사는 이러한 사태에 대한 흥미로운 증빙 자료이다. 근대 자연과학의 탄생 이후의 학문의 역사는 자연과학의 부흥의 역사였다. 그리고 이 역사는 동시에 자연과학의 성과를 부러워해 온 정신과학자들의 힘겨운 자기변명의 역사 따라서 정신과학의 위기의 역사이기도 했다. 자연과학적, 보편적 인식의 확대 그리고 이 인식이 유일한 인식이라는 오해의 확대가 정신과학과 개별성의 인식의 빈곤과 죽음을 불러왔다는 사실이 이제는 솔직하게 시인되어야 한다. 이른바 인문학의 위기의 기원이 자연과학의 발전에 있었다는 사실을 지금까지 철학자들이 전혀 통찰하지 못했음은 물론 철학이 책임져야 할 일이다.

1.3.2 정신과학과 자기 인식의 문제

과학 시대는 앎 자체에 대한 철학적 성찰도 제공하지 않고 있다. 앎의 현상에 대한 과학주의의 기괴한 등식이 이 같은 성찰을 방해하고 있기 때문이다. 그 등식은 자연과학과 과학의, 그리고 과학과 앎 자체의 동일시이다. 자연과학이 곧 과학이기에 정신과학은 과학이 아니고, 과학이 곧 앎이기에 철학은 앎이 아니다. 철학과 정신과학이 앎의 영역으로부터 내몰린 인식론적 사태에 직면하여 오늘날의 철학은 무엇을 하고 있고, 무엇을 할 수 있는가? 자연과학이, 그리고 과학이 우리에게 일련의 앎을 제공해 주었고, 이 앎이 유용하다는 사실은 누구도 의심하지 않는다. 그러나 철학의 관점에서 볼 때 이 앎은 결코 앎 "전체는 아니고",[81] 앎의 본질적인 부분도 아니다. 분명히 (자연)과학이 제공하는 앎 이외에 어떤 앎을 철학과, 철학의 전통을 따라갔던 정신과학이 우리에게 제공해 왔었다. 이 앎이 사라졌거나 또는 더 이상 앎으로 간주되지 않는다는 것이 바로 우리 시대, 학문의 위기로 특징지어지는 과학 시대의 본질이다.[82] 이 위기를 최소한 하나의 위기로 인지할 수 있기 위해 우선은 오

81 H.-G. Gadamer, *Gesammelte Werke*, Bd. I, 453.

82 차츰 분명해지겠지만 정신과학은 근본적으로 인간 자신에 대한 학문이다. 이 학문이 더 이상 학문으로 인정되지 않는다는 것, 학문이 더 이상 인간에 대해 사유하지 않는 것, 바로 이것이 우리 시대 학문적 위기의 본질이다. 후설이 근대 실증과학의 발흥 이후 유럽을 뒤덮은 학문의 위기를 논할 때 단초로 삼았던 것도 바로 이것이었다. 그에게 학문의 위기는 곧 "인간성 자체의 위기"(E. Husserl, *Die Krisis der europäischen Wissenschaften und die transzendentale Phänomenologie, Husserliana*, Bd. VI, hrsg. von W. Biemel, Den Haag 1976, 10)였다. 오늘날 많이 논의되고 있는, 그러나 (인문학자들의 직업상의 위기로) 오해되고 있는 이른바 인문학의 위기라는 것도 근본적으로는 학문이 더 이상 인간을 사유하지 않는다

늘날 과학과 동일시되고 있는 앎episteme이라는 말의 본래적 의미에 대해, 그리고 여기서 파생된 과학적 인식의 특수성에 대해 생각해 보아야 한다.

아리스토텔레스는 자신의 《형이상학》을 다음과 같은 문장으로 시작한다. "모든 사람은 본성적으로 알고 싶어 한다."[83] 여기서의 앎은 사태 자체에 대한 앎이고, 사태 자체의 "제일 원리와 원인들에 (…) 대한 앎"[84]이다. 이렇게 앎을 추구하는 자가 "존재자가 존재자인 한에서의 존재자 자체를 관조하는" 한, 이 앎은 지엽적이지 않고 "보편적이다".[85] 그리고 이 앎이 현실적인 쓸모를 갖지 않는 한에서,[86] 이는 다른 목적에 봉사하는 수단이 아니라 자기 목적이고 "자족적"[87]이다. 이것이 철학사의 시원에 고대 희랍인들이 생각했던 앎의 의미였다.[88] 분명히 말할 수 있는 것은 오늘날의 (자연)과학적 인식은 이런 의미에서의 앎과는 사뭇 다르다는 점이다. 왜냐하면 첫째 과학은 존재자로서의 존재자에 대

는 사태로부터 이해되어야 한다. 나는 이 문제를 다시 상세히 다룰 것이다(7장 참조).

83 아리스토텔레스, 《형이상학》, 조대호 옮김(파주: 나남, 2012), 980a. 《형이상학》은 원칙적으로 조대호의 번역에 따라 인용했으나, 이 책에서 용어 사용의 통일성을 위해서 이 번역을 벗어난 경우도 있다. 이 경우 로스의 영역본(*Aristotele's Metaphysics*, trans. by W. D. Ross, Oxford 1953)과 자이들의 독역본(*Metaphysik*, übersetzt von H. Seidl, Hamburg 1989)이 참조되었다.

84 아리스토텔레스, 《형이상학》, 982b.

85 같은 책, 1026a.

86 같은 책, 982b 참조.

87 아리스토텔레스, 《니코마코스 윤리학》, 이창우·김재홍·강상진 옮김(EjB, 2006), 1177a-b 참조.

88 같은 맥락에서 가다머도 에피스테메를 다음과 같이 규정한다: "사태 자체와 그 참된 근거들을 다룸"(H.-G. Gadamer, *Gesammelte Werke*, Bd. X, Tübingen 1995, 292).

한 보편적 탐구가 아니라 특정 존재자 영역을 자신의 탐구 대상으로 한정한 '과科'학, 즉 지엽적 학문이고, 둘째 과학은 결코 "자기 목적이 아니라"[89] 특정 목적을 실현하는 데 유용한 수단에 불과하기 때문이다. 이 두 문제를 살펴보자.

하이데거는 과학의 탄생을 "**주제화***Thematisierung*"라는 흥미로운 개념으로 설명하는데 여기에는 구체적으로 다음의 세 요소가 속한다. 첫째 특정한 "존재 이해의 분절", 둘째 "이 존재 이해에 이끌리는 사태 영역의 [존재자 영역의] 한정", 셋째 이렇게 탐구 대상으로 한정된 "존재자에게 적합한 개념성을 앞서 제시함".[90] 예를 들어 근대 물리학은 존재자는 기하학적으로 공간을 채우고 있는 물체res extensa(연장을 가진 사물)라는 존재 이해를 가지고, 외적 자연을 자신의 탐구 대상으로 한정한 후, 공간, 시간, 운동, 양, 힘 등의 기초 개념을 제시하면서 생겨났다. 이것은 존재자를 존재자로 관조하는 것이 아니라, 물체**로서**의 존재자를 수학적 및 역학적 관점에서 관찰한다는 점에서 문자 그대로 보편적인 학문이 아니라 특정 영역의 존재자만을 주제화하여 자신의 '과'로 삼은 학문, '과科'학이다. 물론 이 과학이 특정 존재 이해에 따라 특정 대상 영역을 특정 관점에 입각해 관찰할 때, 이 모든 과정을 이끄는 것은—자명한 그러나 통상 은폐되어 있는—과학의 목적이다. 과학은 자족적인 앎이 아니라 나름의 목적을 갖고 있다. 그것은 바로 "자연의 지배"[91]이다. 흔히 우리는 근대 과학이 "자연의 갈릴레이적 수학화"[92] 또는 "자연 자체

89 *Ibid.*, Bd. II, 50.

90 M. Heidegger, *Sein und Zeit*, 363.

91 H.-G. Gadamer, *Gesammelte Werke*, Bd. II, 37; X, 289.

92 E. Husserl, *Die Krisis der europäisehen Wissenschaften und die transzendentale Phänomenologie*, 20.

의 수학적 기획 투사Entwurf"[93]를 통해 탄생했다고 말한다. 그러나 이미 앞서 언급했듯이 세계가 수학적 구조를 가지고 있기 때문에 과학이 세계에 수학적으로 접근한 것이 아니다. 오히려 과학은 이미 자연의 지배라는 목적을 가지고 있었고, 이 목적을 실현하기 위해 수학적 관점이라는 수단을 선택한 것이다. 존재자의 수학화, 정밀한 개량화만이 예측 가능성의 조건을 충족시키고, 예측 가능한 것만이 의외를 남기지 않고 (또는 최소한의 의외만을 남기며) 지배될 수 있기 때문이다. 그러므로 자연을 수학적 관점에서 관찰한다는 것은 존재자가 수학적인 얼굴을 가지고 있기에 그 존재자를 수학적 관점에서 관찰하는 것이 아니라, 오히려 그 자체 무규정적인 현실성에 수학적 "이념의 옷"[94]을 입히는 일이다. 과학은 자연에게 수학적인 얼굴을 보여 달라고 "구걸하기는"커녕 "오히려 명령한다".[95] 그리고 그렇게 수학적으로 규정되어 예측 가능해진 자연을 지배한다. 결국 과학이 우리 인간에게 제공하는 것은 목적 합리적으로 한정된 "대상 영역의 조작"[96]을 통해 획득된, 그 영역에 대한 "지배지"[97]다. 이 지배지가 자연 안에서 우리의 삶의 조건을 더욱 좋게 만들어 주는데 그 좋음의 정도가 애초의 기대를 훨씬 뛰어넘어서, 우리는 자연 정복의 수단으로서의 이 지배지 외에 다른 앎은 볼 수조차 없게 되었다. 이것이 바로 전문화된 과학이 무한한 성공을 거두고 있는 시대의 학문적 위기성이다.

---

93 M. Heidegger, *Sein und Zeit*, 363.

94 E. Husserl, *Die Krisis der europäisehen Wissenschaften und die transzendentale Phänomenologie*, 51.

95 I. Kant, *Kritik der reinen Vernunft*, B681.

96 C. Dutt, Hrsg., *Hans-Georg Gadamer im Gespräch*, Heidelberg 1993, 14.

97 *Ibid.*, 16.

이 위기와 관련하여, 철학하는 나에게는 다음과 같은 물음이 불가피하게 떠오른다. 오늘날 우리가 세계의 이 또는 저 한정된 권역에 대해 전문화된 지식을 가지고 있다면, 우리는 세계의 이 또는 저 부분이 아니라 세계 전체에 대한 통합적인 앎도 가지고 있는가? 천문학자가 보는 별들의 세계와 미생물학자가 보는 균들의 세계를 통합할 수 있는 거시적 안목이 오늘날 우리에게 허용되어 있는가? 현대의 세분화되고 전문화된 과학들은 마치 코끼리의 특정 부분에 대해서만 정통한 그러나 서로 간에 의사소통조차 할 수 없는 일곱 맹인과 같은 처지에 놓인 것은 아닌가? 설령 그들 간의 의사소통이 성공한다 할지라도 코끼리 전체에 대한 앎이 이러한 차후적 의사소통을 통해 얻어질 수 있을 것인가? 부분에 대한 앎을 한데 모아 집적시킨다고 해서 전체에 대한 앎이 기계적으로 도출되지는 않는다. 부분들을 모아 질서 있게 통합하기 위해서는 이미 통합의 원리가 필요한데, 이것은 오직 전체에 대한 앎을 통해서만 가질 수 있기 때문이다. 그러므로 전체에 대한 앎을 이미 갖고 있지 않는 한, 우리가 할 수 있는 일은 과학들의 통합이 아니라 과학들의 무질서한 집적일 뿐이다. 그리고 이것은 결코 앎에로의 통로가 아니다.

오늘날 도처에서 과학 통섭의 필연성을 부르짖는 경험과학자들의 열광적인 목소리가 들려온다. 그러나 이 같은 통섭에의 도취는 적어도 나의 눈에는 과학적으로 더할 나위 없이 풍요로운 우리 시대가 철학적으로는 말할 수 없이 빈곤하다는 사실에 대한 간접 증거에 불과하다. 통섭의 대상인 과학적 지식은 더 없이 많지만 통섭의 철학적 원리는 망각되어 사라졌기 때문이다. 철학의 관점에서 볼 때, 과학들을 통섭하려는 과학**의** 시도는 전도된 시도다. 두 가지 이유에서 그렇다. 첫째 이들은 통섭의 과정을 이끌어 가기 위해 이미 거기에 있어야 할 통섭의 원리를 통섭의 결과로 기대하고 있다. 이 점은 이미 설명되었다. 둘째 이들은 '경험과 경험을' 또는 '경험으로 경험을' 통섭하려 하는데, 경험들을 통섭할 수 있는 것은 경험이 아니라, 경험을 넘어선 어떤 것이어야만 한다. 쉬운 예를 들어 설명해 보자. 숲 속에는 소나무도 있고, 전나무도 있고, 밤나무와 너도밤나무, 나도밤나무도 있다. 그리고 이들 각각의 나무에 대한 전문가들도 있다. 이제 **숲 속에서**, 자신의 나무만을 공부하며 평생을 보내온 나무의 전문가들 사이에서 통섭의 시도가 이루어진다. 이 시도가 성공할 수 있을까? 없다. 시도가 숲 속에서 진행되는 한, 결코 없다. 숲 속에서는 나무는 볼 수 있되, 숲 전체는 볼 수 없기 때문이다. 나무의 전문가들이 숲을 떠나 숲 전체를 볼 수 있는 산 정상으로 등정하지 않는 한, 통섭은 무용한 시도로 남을 뿐이다. 그래서 이른바 과학 시대가 경험으로 '사변'을 극복했다고 주장하는 자들에게 나는 이렇게 말한다. 경험들의 통섭은 경험에 의해서가 아니라 오직 형이상학적 '사변'에 의해서 이루어져야 한다! 경험적 식물학자는 경험의 숲 속에서 나무만을 볼 뿐이지만, 사변적 형이상학자는 산 정상에서 숲 전체를 보기 때문이다. 원래 사변이란 그렇게 전체를 파악하는 봄을 말한다.[98] 이러한 봄, 단지 이 또는 저 경험적 사태가 아니라 그 사태 전체를 봄, 그리고 그 전체를 관통하는 공통의 근거와 원리에 대한 "순수한 봄", 바로 이것이 플라톤과 아리스토텔레스가 생각했던 "모든 학문들을[99] 넘어서는 최

---

98 바로 이것이 사변speculatio이라는 말의 본래적 의미이다. 사변은 망대를 의미하는 라틴어 'speculari'에서 유래하는데, 바로 이 높은 망대에서 전체를 개관하는 봄이 사변이다. 과학 시대에는 전체를 보는 눈, 사변의 눈이 없다. 이 시대는 경험으로 사변을, 멀리만 보는 망원경과 세밀하게만 보는 현미경으로 전체를 보는 눈을 극복했다고 자부하기 때문이다.

99 여기서 학문Wissenschaft이라는 말로 이 인용문의 저자는 아마 고대 그리스인

상의 앎"이었다. 이 같은 "총체적인 앎", "자연적 세계 경험, 이에 대한 언어적으로 매개된 세계 해석을 통일적으로 총괄하는 세계 정위 전체"는 오직 "형이상학의 왕관을 쓴 학문만이 제공할"[100] 수 있었다. 부분에 몰입하며 부분만을 세밀하게 경험하려는 과학은 결코 그러한 것을 "주지 않는다".[101] 과학의 앎이 단편적 지식에 머물지 않고 이미 우리 시대조차 요구하고 있는 체계적으로 통합된 학문의 구성적 요소가 될 수 있기 위해서는 과학의 앎을 통합하는 과학 외적 앎이 필요하다.[102] 그러므로 과학이 유일한 앎, 그것도 홀로 설 수 있고 홀로 걸을 수 있는 앎인 것은 결코 아니다. 오히려 과학의 앎을 하나의 앎으로 만들어 주는 것은 과학을 넘어서 있는 철학, 제일 철학이라는 앎이다. 이는 오늘날 전문화된 과학이 자신들의 논리 안에서 다시 통섭의 요구에 직면하고 있다는 사실에서도 드러난다. 이 요구는 일단은 현대 과학의 철학적 빈곤을 뜻하는 것이지만, 동시에 이 과학의 시대가 새로이 갖게 된 철학에의 욕구를 의미하기도 한다. 경험과학 자체를 위해서도 철학이라는 앎, 과학physike을 넘어서는 앎meta-physike의 의미를 되새길 필요가 있다. 문자 그대로 "참된 것은 전체이기"[103] 때문이다.

과학들에 통일성을 부여하여 인식의 체계를 구성하는 총체적 앎으로서의 형이상학이 앎으로 승인 받지 못하고 있다는 것만이 문제가 아

들이 사유했던 '에피스테메'를 의미했을 것이다. 이 학문들은 아리스토텔레스가 제시하는 여러 에피스테메라고 보면 될 것이다(4장 참조).

100 H.-G. Gadamer, *Vernunft im Zeitalter der Wissenschaft*, 116.

101 *Ibid.*, 117.

102 나중에 상세히 다루게 될 학문의 체계성에 대한 칸트의 관점은 이에 대한 더없이 좋은 설명이 될 것이다(6.3 참조).

103 G. W. F. Hegel, *Phänomenologie des Geistes*, 21.

니다. 과학의 시대는 철학이 심혈을 기울여 탐구해 왔던 또 다른 하나의 앎의 문제를 놓치고 있다. 그것은 사유하고, 의욕하고, 느끼는 인간이 자기 자신에게 던지는 '나는 누구인가?'라는 물음, 전인적 인격으로서의 인간의 자기 인식의 문제이다. 대상에만 몰입하며 정작 탐구하는 자기 자신은 망각하고 있는 현대 과학이 이 물음에 답할 수 있는가? 대상을 탐구하고, 지배하고 이 지배를 통해 나에게 유용한 것을 얻어 내면서, 그렇게 지배하고 향유하는 나 자신에 대해 과학은 무엇을 알고 있는가? 마치 데카르트가 '나'를 사유하는 나로 규정했던 것과 꼭 마찬가지로 과학 시대가 '나'를 과학하는 나로 규정한다면—언젠가 딜타이가 적절하게 표현했던 것처럼—그 나의 "혈관에는 실재의 붉은 피가 흐를" 것인가, 아니면 과학적 "이성의 희석된 과즙만이 흐를 것인가?"[104] 그렇다면 이렇게 의욕하지도 느끼지도 않고, 오직 사유하며 과학만을 할 뿐인 '나'는 말의 본래적인 의미에서의 인간인가?

'너 자신을 알라!'는 델포이의 아폴론 신의 요청 이래 줄곧 '철학'의, 그리고 '철학적 전통에 근거했던 정신과학'의 근본 문제가 되어 왔던 자기 인식의 과제를 오늘날의 과학은 완전히 망각하고 있다. 바로 이 망각이 인간적 자기 인식의 시도로서의 정신과학을 학으로도 앎으로도 인정하지 않는 과학주의적 선입견의 근원이다. 과학주의자는 강변할 것이다. 과학도 인간을 탐구하고, 인간이 무엇인지를 말해 준다고 말이다. 과학도 물론 인간을 탐구한다. 그러나 그 탐구는 인간 '자체'가 무엇

---

104 W. Dilthey, *Gesammelte Schriften*, Bd. I, hrsg. von B. Groethuysen, Stuttgart 1966, xviii(딜타이의 《전집》은 권수는 라틴어 숫자로, 쪽수는 아라비아 숫자로 표기하되, 라틴어 숫자로 쪽수가 매겨져 있는 편집자 서문은 권수와의 구별을 위해 소문자로 표기한다).

인지는 결코 말해 주지 않는다. 과학이 말해 주는 것은 단지 특정 관점에서 대상화된 '그' 인간의 주요 속성일 뿐이다. 왜냐하면 과학이란 본질상 주제화하는 탐구이기 때문이다. 오늘날의 과학은 인간을 심리학, 의학, 인종학, 인류학 등의 대상으로 삼고 있는데, 이 대상화는 늘 인간을 특정한 관점에서 주제화한다. 예를 들어 의학은 신체의 건강이라는 관점에서 인간을 주제화하고 이 독특한 접근을 통해 건강의 유지, 병의 치료 및 예방이라는 우리 삶의 주요한 국면 하나를—부분적으로나마—지배할 수 있게 해 준다. 심리학은 인간을 자극과 반응의 심리학적 기제로 주제화시켜 대상화하고, 그렇게 해서 인간의 행동과 학습의 영역에 대한 지배를 가능하게 한다. 실제로 이러한 지배지가 약국과 병원, 칫솔과 신발의 구조, 언론 매체의 광고, 백화점의 상품 진열대 등을 채우고 있다. 물론 인간 역시 경험적 자연의 일부인 한에서, 과학은 인간을 특정 자연과학의 관점에서 대상화할 수 있고 이를 통해 인간에 관한 유용한 지배지를 얻어 낼 수 있을 것이다. 그러나 그 특정 관점에서 주제화된 인간이 인간 자체일 수는 없고, 인간에 대한 과학적 지배지도 철학과 정신과학이 인간과 관련하여 오래도록 추구해 왔던 앎은 아니다. 왜냐하면 철학과 정신과학은 인간을 연구와 지배의 대상이 아니라 실천적 삶의 주체로 보기 때문이다. 이 학문은 인간에 대한 지배지가 아니라 "역사적, 문화적 전승에 의해 매개되어지는, **인간** 자신에 **대한** 지식",[105] 말하자면 일종의 매개지를 추구하고 있다. 즉 특정 대상에 대한 인식이 아니라, 타자의 매개를 통한 나 자신의 "형성과 교육"[106]이 문제이다. 여기서의 타자, '나'의 형성을 매개하는 '너'는 폭넓게 이해되어야 한다.

105 H.-G. Gadamer, *Gesammelte Werke*, Bd. IV, Tübingen 1987, 265.
106 *Ibid.*, Bd. II, 43.

예술 작품과 역사적 전승, 철학적 텍스트와 종교적 메시지, 그리고 지금 내 앞에 서 있는 너, 이 모든 것이 단지 죽은 대상으로 관찰되는 것이 아니라, 살아 있는 대화 상대자로 나에게 말을 걸어오는 한, 이를테면 "너의 삶을 바꿔라!Du mußt dein Leben ändern!"[107]라고 말을 걸어오는 한, 그리고 이 도전적인 말 걸어옴을 통해 나의 삶을 매개하는 한, 모든 것이 나의 타자이다. 정신과학적 앎이란 이 타자와의 만남이고, 이 만남을 통한 나, 그리고 나의 삶의 형성이다. 이것은 대상 인식도 아니고 지배지도 아니고, 가르치거나 배울 수 있는 이론적 인식도 아니다. 이것은 실천적 삶의 영위자로서 내가 나 자신에게 요구하는 "좋음에 대한 앎, 아레테에 대한 앎"[108]이다. 이때 나는 특정 대상, 내 앞에 놓여 있고 내가 관찰하고 분석하여 통제하고 장악하기를 원하는 객체에 대해서가 아니라, 내가 살아야 하는 좋은 삶에 대해, 그런 삶을 사는 좋은 '나'는 누구인지에 대해 묻는 것이다. 이런 의미에서 소크라테스는 언젠가 철학의 마지막 물음을 다음과 같이 제시한 바 있다. "우리는 우리의 삶을 어떻게 형성할 것인가?"[109] 이 물음에 대한 대답이 바로 자연과학과는 또 다른 앎 내지 학문으로서의 정신과학이다.

> 우리가 역사적으로 인식하는 것은 최후의 근거에 있어서의 우리 자신이다. 정신과학적 인식은 항상 자기 인식에 관한 무언가를 포함하고 있다.[110]

---

107 *Ibid.*, Bd. VIII, Tübingen 1993, 8.

108 *Ibid.*, Bd. V, Tübingen 1993, 39.

109 플라톤, 《고르기아스》, 김인곤 옮김(EjB, 2011), 492d.

110 H.-G. Gadamer, *Gesammelte Werke*, Bd. II, 40.

과학 시대는 이와 같은 자기 인식이 유용한 삶의 지혜 또는 현명한 판단력이기는 하지만 학문이나 과학일 수는 없다고 말한다. 그렇게 주장하면서 과학주의자는 학문 내지 과학이라는 말을 '대상 인식'이라는 좁은 의미에 국한하고 있다. 왜 그래야 하는가? 그 같은 의미 한정의 정당성은 어디에 있는가? 왜 인간은 대상에 대해서만 알 수 있고 자기 자신에 대해서는 앎을 가질 수 없는가? 오늘날 우리가 학문 내지 과학이라고 부르는 말의 개념사적 기원은 고대 그리스어 에피스테메에 있다. 이 개념을 상세히 분석하고 세밀하게 분류했던 아리스토텔레스가 제시했던 대표적인 세 가지 에피스테메 중의 하나가 실천적 학문praktike이고 이 학문이 제공하는 앎이 바로 실천적 지혜phronesis였다. 그리고 바로 이것이 오늘날의 정신과학의 뿌리임은[111] 잘 알려진 사실이다. 분명한 것 중의 하나는 인류 정신사의 시원에 서 있던 철학자는 실천적 자기 인식을 하나의 학문으로 간주했고, 이에 충실했던 이후의 전통과 더불어 "고대의 실천적 학문의 유산"[112]을 남겼고, 바로 여기에 오늘날의 정신과학이 뿌리를 내리고 있다는 점이다. 그렇다면 이 일관된 학문사적 전통을 일거에 부정하고 학문이라는 개념을 다시 대상 인식이라는 좁은 의미에로 한정해야 하는 이유는 무엇인가? 물론 (학문이라는) 말을 사용할 권리, 말의 독점권이 문제의 본질은 아니다. 중요한 것은 그렇게 해서 우리가 무엇을 얻고 무엇을 잃는가의 문제다. 내가 보기에 모든 것은 자명하다. 얻는 것은 경험과학의 **경험적** 과학성이고 잃는 것은 우리 유한한 인간의 **인간적** 자유이다.[113]

---

111 Cf. J. Grondin, "Jenseits der Wirkungsgeschichte", *Internationale Zeitschrift für Philosophie*, Hf. 1(1992), 45.

112 H.-G. Gadamer, *Gesammelte Werke*, Bd. II, 433.

우리는 대상에 몰입하면서 탐구하는 나 자신은 잊게 되고, 대상적 인식에 탐닉하면서 정작 나 자신이 누구이고 누구여야 하는지의 물음은 던지지 않는다. 그리고 그 직접적인 결과가 바로 자신에 대한 무지이고 자신의 무지에 대한 무지이다. 즉 자신이 철학할 필요가 없는 신이 아니라 철학해야만 하는 인간이라는 사실의 망각이다. 그리고 이 망각의 최종적인 결과는 인간적 자유의 상실이다. 이 자유는 우리 인간이 과학의 강제는 물론이고 과학의 달갑지 않은 도움까지 포함해서 그 어떤 구속으로부터도 벗어나 우리 스스로 자유롭게 자신의 삶을 택하고, 스스로 원하는 방향으로 자신을 형성해 나갈 자유이다. 과학이 이 실천적 삶의 영역까지 대신하려 할 때 우리에게 더 이상 자유는 없다. 이런 맥락에서 가다머의 다음과 같은 성찰은 각별히 음미할 가치가 있다.

> 개인의 삶에 대해서나 사회적 삶에 대해서나 완전한 과학화Verwissenschaftlichung가 이루어져서, 모든 개인적, 정치적 결단조차 '객관적으로', 즉 우리에 의해서가 아니라 과학에 의해서 이루어지는 상황을 생각해야 하고 또 원해야 하는가? 또는 우리의 '알고자 함'은 계속해서 더 진

113 '인간에 대한 자연과학적 탐구가 가능하다'는 말은 '인간이 자연과학의 탐구 대상으로서의 자연의 일부라'는 말이고, 이 말은 동시에 '인간에 대한 자연법칙의 정립이 가능하다'는 말이다. 그리고 이는 동시에 '인간 현상은 보편적 자연법칙에 의해 설명되고, 예측될 수 있다'는 사실도 포함한다. 이렇게 되면 인간의 행위는 더 이상 '자自'신으로부터 '유由'래한, '자유로운' 행위가 아니라, 보편적 자연법칙의 구속력 아래 놓이게 된다. 이렇게 해서 인간에 대한 자연과학적 탐구는 '자연법칙의 구속력으로부터의 인간의 자유'를 부정하게 된다. 이 문제는 3장에서 매우 상세하게 다루어질 것이다. 일단 여기서는 '자연과학적 탐구의 대상으로서의 인간'과 '자유로운 행위의 주체로서의 인간'이 공존할 수 없다는 사실만을 분명히 해 둔다.

보하는 [과학적] 탐구와는 다른 어떤 원천으로부터 자양분을 섭취하는 것인가? 인간이—마치 소크라테스처럼—자신이 무엇을 알지 못하는지를 그리고 끝내 알 수 없으리라는 사실을 안다면, 이는 결국에는 인간 자신에 대한 앎에 속하는 것이 아닌가? 과학이 결코 답할 수 없는, 그러나 그럼에도 인간의 심성이 몰두할 수밖에 없는 물음들, 여러 '종교'와 '신화들', '비극과 같은 예술 작품', 그리고 '플라톤의 대화편 같은 사유의 형성물들'의 어마어마한 답변을 불러왔던 물음들, 이 물음들을 우리는 거부해야 하는가? 누구도, 이 같은 오랜 물음들과 과학의 새로운 발흥에 직면한 철학이 다시 한번 자신이 고대에 행했던 총체적 기능을 떠맡아 우리의 모든 앎을 하나의 단일한 세계상 안에 통일시킬 수 있으리라고 생각하지는 못할 것이다. 그러나 철학을 향한, 알고자 함을 향한 인간의 자연적 소질은 계속 이어져 간다. 다음의 과제가 계속 존속하지 않는가? 즉 '앎 자체가 그러하듯 제한되고 잠정적이기는 하지만 확고하게 세워졌고 강한 영향력을 행사하는 과학 그 자체의 앎'과 '인간적 문화의 거대한 역사적 전승으로부터 우리에게까지 도달한, 인간에 대한 모든 앎'을 우리의 실천적 의식 안으로 옮겨 심어야 한다는 과제 말이다. 여기서 나는 참된 종합의 과제를 본다. '과학'과 '인간 자신에 대한 앎'을 하나의 앎으로 연결하여, 인간의 새로운 자기 이해를 그 자신과 함께 열어 전개해 가는 것이다. 우리는 [이 같은 새로운] 자기 이해를 필요로 한다. 왜냐하면 우리는 지속적으로 점증하는 자기 소외를 겪으며 살고 있기 때문이다. 이 소외는 더 이상 자본주의적 경제 질서의 특수성 때문에만 생기는 것이 아니다. 이 소외는 우리가, 우리 주변에 우리의 문명이라고 세워 놓은 것에 [도리어] 종속되어 버렸다는 사실 때문에 발생한다. 그래서 인간을 다시 자기 자신에 대한 이해로 이끌어 가야 한다는 과제가 더욱 시급하게 제기되는 것이다. 자기 이해에 대해서는 고대 이래로 철학이, 그리고 내가 해석학(이해하는 기술의 이론과 실천, 그리고 생소한 것, 생소한 종류의 것, 생소하게 되어버린 것으로 하여금 말하게 하는 기술의 이론과 실천)이라 부르는 그런 형태의 철학이 기여를 해 왔다. 이것이, '의심할 여유도 없이 우리를 매혹해 버리는 모든 것'에 직면한 우리에게 그리고 '우리 자신의 능력'을 직시하고 있는 우리에게 자유를 얻을 수 있도록 해 줄 것이다. 결국 [우리는 철학할 필요가 없는 신이 아니라, 철학해야만 하는 인간이라고 주장하던] 플라톤이 옳았다. 자신의 생산물들을 지배하지만 그러나 이 생산물들이 누구에게 봉사하는지는 알지 못하는 과학, 이 과학의 탈신화화를 통해서만 앎과 능력의 지배가 자기 자신에 대한 지배로 될 수 있을 것이다. '너 자신을 알라!'는 델포이의 요청이 의미하는 바는 '너는 인간이지 신이 아님을 알라!'이다. 이 말은 과학 시대의 인간들에게도 적용된다. 이 말은 모든 지배와 지배함의 환상에 대한 경고이기 때문이다. 우리의 자유는 그때마다 지배하는 것들에 [우리가 만들었지만 다시 지배의 화살을 우리에게 겨누고 있는 과학에] 의해 위협 받고 있을 뿐 아니라, 우리가 우리의 지배권 아래 둘 수 있다고 생각하는 모든 것에서 출발하는 모든 지배와 예속[의 관계 자체]로부터도 위협 받고 있다. 이 자유는 오직 자기 인식만이 구해 낼 수 있다.[114]

소크라테스 이래 철학의 정신은 늘 '무지의 지'를 강조해 왔다. 이것이 전통적으로 철학하던 인간들의 자기 이해였다. 이제 과학 시대의 소시민들의 자기 이해는 '무지의 지'가 아니라 '무지의 무지'다. 그들은 더

114 H.-G. Gadamer, *Vernunft im Zeitalter der Wissenschaft*, 122ff.(추가는 필자).

이상 자신이 무지함을 모른다. 왜냐하면 그들은 과학에 힘입어 스스로 많이 알게 되었다고 믿기 때문이다. 대상에 대한 과학적 앎의 풍부가 바로 인간 자신에 대한 철학적 앎의 빈곤을 불러왔다. 이것이 외견상 풍요로워 보이는 과학 시대의 철학적 빈곤이고, 이 시대의 시민들이 겪고 있는 소외의 본질이다. 이 소외는 '무지의 무지로 인한 자유의 실종'이다. 이 새로운 종류의 무지는 이중의 방식으로 소외를 불러온다. 첫째는 인간 스스로 만든 과학에 인간이 종속되는 소외이고, 둘째는 대상 세계를 지배하려는 끝없는 욕망에 예속되는 소외이다.

첫째 자신에 대해 무지한 인간은 자신이 자유로운 자, 자유로워야 할 자라는 사실을 망각한다. 이들은 대상 세계를 지배하고 장악하는 과학의 힘과 능력에 경도되어 심지어 자유로워야 할 자기 자신도 과학의 지배에 내맡긴다. 이것이 위에서 가다머가 말한 "개인적, 정치적 결단조차 '객관적으로', 즉 우리에 의해서가 아니라 과학에 의해서 이루어지는 (…) 완전한 과학화의 상황"이다. 과학 시대의 사람들은 어리석게도 이 상황을 기대하고 있다. 자연을 지배하는 데 성공적이었던 과학이 "결국에는" 인간의 실천적 "사회적 삶에서도 모든 예측 불가능성을 추방하여",[115] 과학이 우리의 수고스러운 삶의 결단을 대신해 주고, 그럼에도 최적의 결과를 가져다 줄 것이라고 기대한다. 그러나 이 기대의 철학적 의미가 자연에로의 자유의 예속임을 시대는 깨닫지 못하고 있다. 칸트는 자연과 자유를 구분하고, 전자가 보편타당한 법칙적 인식의 영역인 데 반해 후자에는 어떤 법칙적 인식도 없다고 단언한다. 왜냐하면 인과법칙의 지배를 받는 따라서 법칙적 앎의 대상인 자연과 달리 자유

115 *Ibid.*, 120.

란 인간의 실천적 삶의 영역이고, 여기서는 자유로운 결단과 행위, 그 행위에 대한 책임만이 문제이기 때문이다. 인간의 행위가 자연법칙의 지배를 받는다는 말은 그 행위가 법칙적으로 결정된 것이지 자유롭게 결단된 것이 아님을 의미한다. 그러므로 칸트가 자유의 영역에 과학을 위한 자리를 마련하지 않았던 것은 인간의 자유를 수호하기 위해서였다.[116] 이렇게 자연으로부터 자유를 분리하는 칸트의 심오한 뜻을 이해하지 못하는 과학 시대의 소시민들은 기꺼이 자신의 자유를 자연에 내어 주고 알아서 법칙적 인식의 대상이 된다. 그리고 이와 더불어 이 사람들은 스스로가 자유로운 결단과 행위의 주체가 아니라, 인과법칙의 지배를 받는 자연의 일부임을, 자극과 반응 간의 심리학적 법칙의 지배를 받는, 심리학 실험실의 피험 동물 이상이 아님을 시인한 셈이다. 그렇다. 이 시대의 사람들은 **스스로의 선택에 의해** 땡땡땡 종소리만 나면 질질질 침을 흘리는, 파블로프 씨의 강아지와 다를 것이 없게 되었다. 인간이 개와 다르지 않다는 사실이 굴욕적인 것이 아니라, 그 사실을 인간 스스로 시인했다는 점이 굴욕적이다. 이것은 모름지기 '우리가 수호했어야 했던, 수호할 수 있다고 믿었어야 했던, 따라서 최소한 수호하기 위해 노력했어야 했던 자유'로부터의 소외다.

둘째 자신의 무지에 대해 무지한 인간은 자신을 지의 소유자, 이 지를 무기로 세계를 지배할 권리와 의무를 가진 자로 이해한다. 그래서 인간은 온 세계와 존재자 전체가 완전히 과학적으로 해명되어 자신의 손안에 들어오고 스스로 세계의 중심이 될 수 있다고 생각한다. 4세기 전 데카르트 씨가 '나sub-iectum'는 세계의 근거에 있고 '모든 것ob-iectum'은

116 자세한 것은 3.3.1과 3.3.2 참조.

나에 대해 서 있다고[117] 말하던 바로 그 억양으로 과학 시대의 소시민들은 이렇게 말한다. 세계가 나에 대해 있고 나를 위해 있는 것이지, 내가 세계 안에 있는 것이 아니다. 마치 데카르트가 '사유하는 나'를 지렛대 삼아 지구를 움직이려 했듯,[118] 현대인들은 과학이라는 지렛대로 세계를 들었다 놓았다 한다. 근본적으로 세계는 그의 것이고 따라서 지배의 대상이기 때문이다. 사람들은 "광산으로서의 지구"에게, "원석 저장 창고로서의 대지"에게 "원석"과 "우라늄"과 "원자력을 내 놓으라고" "닦달을 한다".[119] '세계를 탐구하라, 설명하라, 예측하라, 지배하라!' 이것이 과학 시대의 모토다. 무엇을 위한 지배인가? 물론 대상과의 관계 속에서 필요한 이득을 취하기 위해서다. 허용될 수 있는 것은 여기까지다. 과학을 통해 대상을 지배하고 취한 유익을 향유하면 된다. 그러나 오늘날의 인간은 과학을 무기로 대상 세계를 지배하고, 지배의 낙에 빠져 필요 이상으로 지배하려 들지 않는가? 마치 먹기 위해 낚시를 하는 것이 아니라 물고기를 죽이기 위해 낚시를 하는 사람처럼 말이다. 물론 현실적인 필요의 경계를 정하는 것은 어렵고 인간의 욕망을 조절하는 일도 쉽지는 않다. 그러나 분명한 것은 필요 이상으로 탐욕스럽게 지배하려는 자, 그리고 지배를 위해 지배하려는 자는 끝없는 그리고 맹목적인 지배욕의 예속 상태에 빠지고, 이것은 인간적 자유와는 정반대의 상태라는 점이다.

---

117 주관과 객관의 어원과 그 어원의 철학적 의미에 대해서는 6.2를 참조하라. 여기서는 한 가지만 지적한다. 주主관은 세계의 주인이고 객客관은 객, 즉 손님이다. 데카르트의 이 관점을 물론 과학주의가 공유한다.

118 르네 데카르트, 《성찰—자연의 빛에 의한 진리 탐구, 프로그램에 대한 주석》, 이현복 옮김(문예출판사, 1997), 42쪽 참조.

119 M. Heidegger, *Die Technik und die Kehre*, Pfullingen 1962, 14f.

물론 우리의 시대가 필요 이상으로 탐욕스럽게 지배하고, 그래서 새로운 소외 상태에 빠졌다는 것이 나의 메시지는 아니다. 나에게 중요한 것은 문명 비판이 아니라 철학의 물음과 답변이다. 이 소외의 원인은 무엇인가? 과학하는 인간 자신, 그리고 그의 힘에 대한 과신, 즉 인간 자신의 무지에 대한 무지다. 이 무지의 원인은 무엇인가? 우리 시대가 과학이 주는 것을 육의 눈으로만 보았을 뿐, 과학 자체와 과학하는 나 자신에 대한 혼의 눈의 관조가 없었다는 것, 즉 대상에 대한 과학적 탐구만 있고, 인간 자신에 대한 철학적, 정신과학적 반성이 없었다는 것이다. 그러므로 과학적으로 가장 풍요로워진 우리시대는 철학적으로는 가장 빈곤해진 시대다. 그리고 그 의미에서 철학이 해야 할 일이 가장 많아진 시대이기도 하다. 이것이 나를 과학에 대한 철학의 성찰로 이끌었다. 철학은 무엇에 대해 말하건 늘 자기 자신에 대해 함께 말한다. 대상을 관조하는 철학은 동시에 자기 자신을 반성하는 눈도 가지고 있기 때문이다. 이것이 이 책이 해야 할 일이다. 철학과 정신과학만이 답으로 주어질 수 있는 물음, 그 물음이 이제는 던져져야 한다.

I부

학문, 과학, 정신과학

제I부는 예비적 성찰이다. 이를 통해 나는 나의 책이 궁극적으로 다루려는 두 문제, 과학의 형이상학적 기초와 정신과학의 자립성이 숙고될 수 있는 문제의 지평을 열어 밝히려 한다. 우선은 **철학적 문제**로서의 과학이 어떤 문제의 틀 안에서 다루어져야 하는지가 분명해져야 한다. 이를 위해 우선 '과학'과 '과학이라는 말 안에 들어 있는 학'이라는 개념을 비교해야 한다. 이 비교를 위한 수단은 과학, 학이라는 개념의 일상언어적 사용과 이 개념의 형성의 역사가 제공해 준다. 만약 이 두 개념이 동일한 것이라면 **과**학은 자신의 머리 위에 불필요한 수식어 하나를 무겁게 짊어지고 다니는 꼴이 될 것이다. 그러나 이 둘이 같은 것이 아니라면 과**학**은 학 자체가 아니라 학의 한 종류라는 결론을 수용해야 한다. 그리고 이 결론은 당연히 다른 종류의 학에 대한 물음을 불러올 것이고, 우리를 '학의 일종이지만 통상은 (과)학과 동일시되곤 하는 자연과학'과 '이와는 다른 또 하나의 학문으로서의 정신과학'의 비교의 문제로 이끌어 갈 것이다. 이 비교의 작업을 이끌어 가는 주도적인 물음은 '하나의 과학인가, 두 개의 과학인가?'이다. 이 물음은 '현실 안에 하나의 또는 두 개의 과학이 존재하는가?' 하는 사실에 관한 물음이 아니다.

이것은 말의 본래적인 의미에서 하나의 '철학적인' 물음이다. 다시 말해 이 물음이 요구하는 것은 현실적인 과학들의 사실 관계의 확인이 아니라, '과학, 그리고 이와 관련된 몇 가지의 주요 개념에 대한 철학적 해석'이다. 그러므로 이 물음에 대한 철학적 답변은 과학, 과학을 하는 자, 그리고 과학을 하는 자의 세계 태도 및 그의 인식의 가능성과 한계에 대한 어떤 철학적 결단을 포함하게 된다. 세 가지의 가능한 결단이 숙고의 대상이 된다. 존 스튜어트 밀, 이마누엘 칸트, 빌헬름 딜타이가 그 결단의 주체들이다. 예비적 성찰의 마지막 순서로 나는 오늘날 우리가 사용하는 학문이라는 말에 대응하는, 고대 그리스인들의 에피스테메라는 개념의 다양성에 주목하고자 한다. 오늘날 학문이 과학과 동일시되고, 과학이 다시 자연과학과 동일시되는 의미의 단순성에 대비해 본다면, 그리스인들은 에피스테메라는 말 안에서 매우 다양한 의미의 폭을 사유했다. 그 생산적 다양성을 회고하고 다시 음미하면서 나는 현대적인 학문의 분류의 문제를 다루고자 한다. 우리는 학문 **일**원론자들, 통**일** 과학주의자들, 모든 것을 "단순화시키는 무서운 사람들"[1]의 생각과는 달리 매우 복잡한 학문의 분류가 가능하다는 사실을 확인하게 될 것이다. 그리고 난 후 우리는 비로소 과학의 형이상학적 기초와 정신과학의 자립성이라는 본격적인 주제에 다가갈 수 있을 것이다.

1 30여 년 전 부르크하르트의 책에서 읽었다고 기억되는 이 표현의 정확한 출처를 나는 더 이상 기억해 낼 수 없다.

2장

학문의 잠정적 분류

우선 학문의 **분류**라는 문제에 대해 생각해 보자. 현대 영·미 실증주의적 철학 전통에 의하면 학문의 분류라는 것은 문젯거리도 아니다. 왜냐하면 이 전통은 이미 서론에 소개한 대로 통일 과학주의 내지 과학 일원론을 지향하고 있고, 이 관점에 따르면 단 하나의 과학만이 존재하기 때문이다. 이 학문관은 자연과학만이 유일한 과학이고, 철학과 여러 정신과학은 과학이 아니거나 충분히 과학으로 성장하지 못한 미성숙 단계의 사이비 과학이라고 말한다. 실증주의자들이 보기에 이런 연구들은 물론 무의미한 것은 아니지만, 궁극적으로 구획 기준, 즉 검증 가능성 내지 반증 가능성이라는 과학성의 기준을 충족시키지 못하기 때문에 과학의 범주에는 포함되지 않는다. 따라서 세계에 대한 경험적 연구라는 과학 본래의 의미에 따라 오직 자연과학이라는 하나의 과학이 있을 뿐이요, 거기에 '분류'라는 문제는 원칙적으로 있을 수 없다. 지금부터는 학문의 분류라는 문제의 분석을 통해 다소 폭력적으로 문제를 단순화시키는 학문 일원론의 주장과는 달리 실제의 사태는 훨씬 복잡하다는 사실을 보이고자 한다. 학문의 분류를 세밀하게 진행하기 위해서는 우선 분류의 기준이 제시되어야 하고, 또 기준 제시의 근거도 마련되어야 할 것이다. 그러나 논의의 실마리를 풀어 간다는 의미에서 일단 학 내지 학문이라는 낱말밭을 분석해 보고, 점진적으로 학문 분류의 기준 문제에 접근해 가고자 한다.

2.1 학의 낱말밭

우리는 통상 과학이라는 말도 쓰고, 자연과학, 사회과학, 정신과학(인문학)이라는 말도 사용한다. 분명한 것은 이 모든 낱말들에 **학**이라는 말이 들어 있다는 것이다. 이 모든 개념들은 이른바 학의 낱말밭에서 자라난 결실들이다. 그렇게 보면 저 낱말밭의 근본 개념은 '학' 내지 '학문'이고 학문에 어떤 조건이 붙어서, 과학, 사회과학, 응용과학 등의 개념이 성립한다는 것을 알 수 있다. 과학이란 과로 나뉜 학문이고, 응용과학은 순수한 학문 연구가 아니라 실생활에 응용될 수 있다는 전제 아래서의 학문 활동 및 그 소산이고, 사회과학이란 사회적 현실성에 대한 학문이고, 자연과학은 자연에 대한 학문이다. 그런데 실증주의적 학문관에 의하면 학문과 과학의 차이가 없고, 나아가 과학과 자연과학의 차이도 없다. 그러나 우리의 일상어와 그 낱말밭을 따져 보면 이 단순한 등식이 완전히 정당한 것은 아니라는, 최소한 학문에 대한 우리의 일상 언어적 이해 내용을 반영하지 못한다는 사실이 드러난다. 과학과 학문의 등식부터 검토해 보자. 한국어를 모국어로 구사하는 사람이라면, 누구나 과학과 학문이 지시하는 것이 동일한 것이 아님을 알고 있다. 왜냐하면 우리의 언어 감각은 과학은 아니되 학문이라는 지칭을 받아 마땅한 연구가 있다고 말해 주기 때문이다. 구체적으로 과학과 학문이 사용되는 두 경우를 따져 보자.

우선 과학자와 학자라는 말의 외연을 비교해 보자. 어떤 사람들은 과학자라 불리면서, 동시에 학자라 불릴 수도 있다. 모든 자연과학자는 과학자이면서 동시에 학자이다. 반면 학자라 불리지만 과학자는 아닌 사람도 있다. 플라톤, 칸트, 공자 등 철학자들이 그 전형적인 예이다. 이렇게 모든 과학자는 학자이지만, 학자이면서 과학자가 아닌 사람들이 있다는 것은 학자가 과학자를 포함한다는, 전자가 후자보다 더 큰 외연을 갖는다는 의미이다. 그러므로 모든 과학자는 학자이지만, 역은 성립하지 않는다. 학자라 함은 보편적으로 학문 연구에 종사하는 자를 의미하고 학자들 중 대상 세계의 특수한 영역을 자신의 '과'로 한정해 그 해당 영역만을 탐구하는 자를 과학자라 말할 수 있다. 이 같은 언어 사용에는 17세기 이후 이루어진, 보편학으로서의 철학으로부터 분과 연구로서의 '과'학의 분립 과정이 반영된 것이다. 모든 학문 중에서 자신의 탐구 영역을 한정하여 주제화한 학문만이 과학이라 칭해진다. 이렇게 해서 과학은 그 자체 동어반복적 표현인 분과 과학, 개별 과학이라는 의미를 갖는다. 그러나 우리의 일상 언어는 이렇게 이해된 과학이 곧 학문 전체는 아니라는 사실을 놓치지 않고 있다. 그렇지 않다면 **철학**은 자신이 학문임을 결코 주장할 수 없을 것이다. 그러므로 다음과 같은 포섭의 관계가 가능해진다.

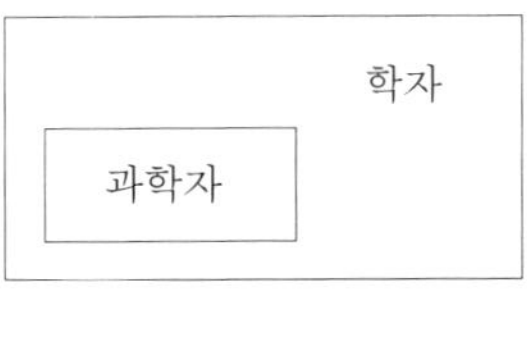

'과학적', '학문적'이라는 말의 쓰임새도 같지 않다. 학문적이라는 말은 통상 '학문 연구에 관련되는'이라는 의미를 갖는다. 이것은 학자의 삶의 태도, 또는 어떤 문화적 결실의 방향성을 지시하는 말이다. 예를 들어 우리는 칸트의 학문적 삶,《정신 현상학》의 학문적 가치 등의 표현을 쓴다. 그러나 칸트의 과학적 생애라는 말은 어색하게 들린다. 과학적이라는 말은 통상 삶의 태도가 아니라, 학문적 탐구가 진행되는 과정과 방법에 대한 표현이다. 엄밀한, 경험적으로 테스트된, 따라서 "믿어도 좋을"[1] 것을 우리는 과학적이라고 부르고 신화적인 것, 사변적인 것에 대비시킨다. 크게 보아 경험적이라는 말이 과학적이라는 말의 의미의 본질을 형성한다. 이때 과학적이라는 말은 경험과학적과 동의어로 들린다. 이는 물론 근대 과학이 대상 세계에 대한 경험적 연구로 성장해 왔다는 사실과 관계가 있다. 그러나 또 하나 분명한 것은 우리의 언어는 경험과학이 과학의 모든 것은 아니라는 사실을 기억하고 있다는 점이다. 그렇지 않았다면 **정신과학**은 자신이 과학임을 결코 주장할 수 없을 것이다. 과학이라는 이름, 우리가 "그 안에서" 과학의 본질을 "**이해하고** (…) **사유하는** (…) 이름"[2]은 다음과 같은 사실을 분명히 알려 준다. 과학은 학문의 일종이지만 모든 학문이 과학인 것은 아니다. 학문은 과학보다 포괄적인 개념이며 따라서 과학이 곧 학문을 의미할 수는 없다.

이상의 예에서 쉽게 알 수 있는 바와 같이 '학자'와 '과학자'가 같지 않고, '학문적'과 '과학적'이 같지 않다. 그런데 우리말에는 이렇게 명

1 전영삼,《다시 과학에게 묻는다》(아카넷, 2005), 25쪽.

2 G. W. F. Hegel, *Enzyklopädie der philosophischen Wissenschaften im Grundrisse (1830)*, hrsg. von F. Nicolin, Hamburg 1969, §462.

시적인 학문과 과학의 차이가 영어에서는 은폐되는 것 같다. 물론 영어에도 '날리지knowledge', '러닝learning', '스칼러십scholarship' 등등의 단어가 있지만, 이 말들은 우리가 학문이라 부르는 것과는 다르다. 실증주의적 경향이 강한 영미 계통의 학계에서는 학문이건 과학이건 모두 사이언스science라 부른다. 즉 다음과 같은 분류가 가능하며, 이 분류법에 따르면 인문학humanities은 통상 과학의 범주에서 제외된다.

* 과학science ┬ 사회과학social science
　　　　　　　└ 자연과학natural science

──────────────── 구획 기준

— 인문학humanities

여기서 영어 단어 사이언스의 어원을 한번 따져 보는 것이 필요하겠다. 이 말은 라틴어 스키엔티아scientia에서 나온 말이다. 과학적scientific, 과학자scientist 모두 스키엔티아의 파생태들이다. 그런데 정작 중세인들은 스키엔티아로 특정한 종류의 앎을 의미했고, 가장 보편적인 의미에서의 앎은 노티티아notitia라 불렀다. 노티티아에는 두 가지 하위 개념이 포함되는데, 그 하나가 바로 스키엔티아고, 나머지 하나는 사피엔티아sapientia(지혜)이다. 아우구스티누스는 이 두 개념을 명시적으로 구분해서 사용했다. 우리 지성의 고급한 부분에 주어지는 앎이 사피엔티아고 저급한 부분에 주어지는 앎은 스키엔티아다.[3] 전자는 우리의 정신이 "높고 내면적인 진리에 의존할 때" 얻는 앎이고, 후자는 "물체적 사물

3 Cf. A. Augustinus, *Die Dreieinigkeit*, übersetzt von M. Schmaus, München 1935, XII, 3:3.

의 사용을 위해"[4] 또는 "시간 안의 사물을 잘 사용하기"[5] 위해 갖는 앎이다. 전자가 불변의 것, 정신적인 것, 신적인 것, "영원한 것의 관조"라면, 후자는 우리의 현실적인 "행위에 관련되는" 또는 "우리가 생업을 위해 수집하는"[6] 지식이다. 정리하여 사피엔티아가 그 자체 목적이 되는 지혜라면, 스키엔티아는 특정 목적에 봉사하는 수단으로서의 도구적 지식이다.[7] 분명히 말할 수 있는 것은 중세인들은 노티티아를 이원화하여 사유하였고, 결코 스키엔티아를 앎 일반으로 보지는 않았다는 점이다.

통상 독일 학계에서 학문이 고려되는 경우에도 영어의 사이언스보다는 훨씬 포괄적인 방식으로 분류된다. 영어가 사이언스라 통칭하는 것을 표현하기 위해 독일어는 비센샤프트Wissenschaft라는 말을 사용한다. 이 말은 앎, 지식을 의미하는 비센Wissen이라는 명사에 추상화 명사 어미인 샤프트schaft를 붙인 것이다. 즉 비센샤프트라 함은 모든 형태의 앎을 통칭하는 개념이다. 다시 말해 이것은 중세인들이 사피엔티아, 스키엔티아를 통칭해서 노티티아라 불렀던 것, 그리고 아리스토텔레스

---

4 *Ibid.*

5 *Ibid.*, XII, 14:22.

6 *Ibid.*

7 여기서 사피엔티아와 스키엔티아는 아리스토텔레스가 에피스테메를 분류하며 제시하는 관조적 학문theoretike과 제작술poietike에 대응하는 것으로 보인다. '자기 목적적 관조'와 '현실적 목적을 실현하는 도구적 지식'의 대립은 아리스토텔레스의 앎의 이론epistemology의 근본 도식이기 때문이다. 자연에 대한 지배지로서의 현대 과학은 중세적 스키엔티아를 거쳐 아리스토텔레스의 제작술에로 소급된다. 이 모든 앎은 목적의 실현에 봉사하는 수단이다. 분명히 말할 수 있는 것은 인간적 앎을 사유하던 고대와 중세는 이 도구적 지식 외에 다른 종류의 앎, 아우구스티누스가 노티티아라 칭했던 것, 아리스토텔레스가 관조적 학문, 실천적 학문이라 불렀던 것을 분명히 알고 있었다는 점이다(아리스토텔레스의 에피스테메에 대해서는 4장 참조).

가 에피스테메라 불렸던 것에 대응한다. 우리말로는 아마 **학문**으로 옮기는 것이 가장 적절할 것이다. 이 말에는 사이언스에는 포함되지 않는 철학도 포함된다.

따라서 독일 학계에서는 통상 보편적인 의미에서의 앎, 비센샤프트가 이분되어 철학과 개별 과학으로 나뉜다. 여기에 칸트가 철학을 나눌 때 사용했던 형식적 철학과 질료적 철학의 구분법을[8] 도입하면, 개별 과학은 일단 형식적 개별 과학과 질료적 개별 과학으로 나뉜다. 후자는 실재하는 특정 존재자 권역을 탐구 대상으로 한정한 과학이고, 전자는 특정 질료가 아닌 사유의 형식을 탐구 대상으로 취하는 과학(논리학)이거나, 실재적 존재자가 아닌 이념적 존재자를 다루는 과학(수학)이다. 후자, 질료적 개별 과학이 다시 자연과학과 정신과학으로 분류된다. 이 관계에 입각해서 오늘날 독일 학계에서 보편적으로 받아들여지는 학문의 분류표를 다음과 같이 제시할 수 있겠다.

학문(비센샤프트)
- 철학: 보편학
- 과학: 개별 과학, 과로 나뉜 과학
  - 형식적 개별 과학: 수학과 논리학[9]
  - 질료적 개별 과학
    - 자연과학: 자연을 대상으로 하는 과학
    - 정신과학: 정신(인간, 역사, 사회)을 대상으로 하는 과학
      - 역사학
      - 체계적 정신과학(사회과학)

8 Cf. I. Kant, *Grundlegung zur Metaphysik der Sitten*, 387.

이 학문의 분류는 앞서 소개한 실증주의적 학문 분류 방식에 비해 매우 포괄적이다. 학문은 과학이고, 과학은 다시 자연과학일 뿐이라는 실증주의적 분류법이 유발하는 두 가지의 문제를 해결한다는 점에서 그렇다. 그 문제는 첫째 철학이라는 학문은 학문이 아니고, 둘째 정신과학이라는 과학은 과학이 아니라는 것이다. 위의 분류 방식은 이 두 문제를 다음과 같은 방식으로 해결하고 있다. 첫째 철학과 과학을 모두 포괄하는 한층 보편적인 의미에서의 앎 일반, 학문을 과학의 상위 개념으로 인정한다. 즉 학문과 과학의 등식을 거부하고, 과학을 가능한 한 형태의 학문으로 보는 것이다. 이 경우 학문은 과학의 유개념이 될 것이다. 둘째 정신과학의 독자적인 과학성을 인정한다. 그래서 (질료적) 과학을 자연과학과 정신과학의 상위 개념으로 인정하고 그 아래 자립적인 두 과학, 정신과학과 자연과학을 인정하는 것이다. 이 분류 방식은 실증주의적 학문관이 내세우는 '학문=과학=자연과학'의 등식을 거부하고 '학문>과학>자연과학, 정신과학'의 부등식을 제시한다. 실증주의적 등식에 비해 이 부등식은 학문, 과학이라는 말의 의미가 규정되는 우리의 일상 언어—바로 이 언어 안에서 학문과 과학에 대한 우리의 이해 내용이 분절된다—, 그 언어에 근거하고 있는 우리의 상식, 에피스테메, 노티티아, 비센샤프트로 이어지는 학문이라는 말의 개념사, 그리고 무엇보다도 우리가 결코, 심지어 철학적으로도 부정할 수는 없는 현실적인

9 이 구분법에는 물론 약간의 논란의 소지가 숨어 있다. 논리학은 과학이 아니라 철학의 일부라고 보는 사람들도 있기 때문이다. 철학으로부터 논리학의 분립은 아직 진행 중이고 앞으로의 진행 방향도 예측하기 쉽지 않다. 일단 논리학은 철학으로부터 분리된 개별 과학이라는 전제 아래 위의 분류가 진행되었지만, 만일 이 학문을 여전히 철학의 한 영역으로 간주해야 한다면 형식적 개별 과학에는 수학만이 남아야 할 것이다.

학문들의 체계에 더 잘 부합한다. 물론 이것이 학문 이원론을 받아들여야 할 학술적 논거는 아니다. 그러나 학문 일원론의 문제를 제기하기 위한 실마리, 그리고 학문 이원론의 정당화의 시도를 위한 발판은 될 수 있을 것이다.

2.2 학문 분류와 그 기준 문제

과학이란 **무엇**인가? '무엇was?'이라는 물음은 물어지고 있는 것의 본질ousia의 제시를 요구한다.[10] 그리고 이 같은 본질의 제시를 통상 정의Definition, horismos라 부른다.[11] 전통적으로 정의란, 정의되어야 할 개념이 속한 상위 개념으로서의 유개념에 최근류와의 차이, 종차를 더하여 이루어진다. 예를 들어 인간은 동물이라는 유개념에 속하고, 그의 최근류로서의 원숭이에 대비한 인간의 고유한 차이는 '사회성' 또는 '로고스의 소유'라는 의미에서, '사회적 동물zoon politikon' 또는 '로고스를 소유한 동물zoon logon echon'은 인간에 대한 훌륭한 정의들이다. 이런 식으로 우리가 과학의 '무엇'에 대해 묻는다면, 이 물음이 요구하는 것은 두 가지다. 첫째 과학이 속하는 상위 개념으로서의 과학의 유개념, 그리고 과학과 과학이 아닌 것 간의 종적 차이가 그것이다. 이런 식으로 일단 과학을 정의해 본다면 우리는 학문의 분류라는 철학적 문제와 관련하여 학문 일원론과 이원론의 근본적인 차이가 무엇인지를 알게 된다.

이 문제와 관련한 실증주의자의 입장은 과학 일원론이다. 즉 유일하

10 아리스토텔레스, 《형이상학》, 987a 참조.

11 Cf. Aristoteles, *Topik*, übersetzt von E. Rolfes, Hamburg 1995, 101b.

게 타당한 과학은 경험과학이다. 내가 이렇게 단언하면 아마 실증주의자의 반박이 있을 것이다. 왜냐하면 실증주의자도 엄밀하게 따지면 경험과학이라는 하나의 과학만을 인정하는 것은 아니기 때문이다. 우리 시대의 대표적 실증주의자인 헴펠은 그의 유명한 과학철학 입문서에서 과학을 "경험과학과 비경험과학"[12]으로 구분한다. 그렇다고 해서 그가 전통적 의미에서의 철학과 정신과학을 과학으로 인정하느냐 하면 물론 그건 아니다. 그가 비경험과학으로 제시하는 예는 "논리학과 순수수학"[13]이다. 헴펠이 이렇게 과학을 분류하고 있다는 사실은 실증주의에는 본래 학문 분류의 문제가 있을 수 없다던 나의 앞선 주장에 배치되는 것으로 보인다. 그러나 헴펠의 이 같은 분류는 학문 일원론과 이원론의 논쟁에서는 전혀 중요하지 않다. 논란을 불러오는 문제점은 늘 전통철학과 정신과학의 학문적 지위이지, 논리학, 수학과 같이 이념적 학문의 현존은 아니기 때문이다. 적어도 이 논쟁과 관련해서는 이런 예외는 논외로 할 수 있고, 그렇다면 비경험과학의 실재를 인정하는 실증주의자도 역시 학문 일원론자라 할 수 있다.[14] 실제로 헴펠도 "'과학'과 '과학적'이라는 말"로 "경험과학의 전 영역을 지시한다"[15]고 말하고 있고, 이른바 과학의 과학성, 즉 비경험과학에 대한 경험과학의 본질적 차이를

12 C. G. Hempel, *Philosophy of natural science*, Englewood Cliffs: Prentice-Hall, 1966, 1.

13 *Ibid.*

14 실제로 같은 책에서 헴펠은 자연과학과 사회과학 사이에 근본적인 차이가 있다는 생각의 정당성을 의심하고 있고(cf. *ibid.*, 2), 그의 또한 유명한 다른 논문에서는 역사 서술조차 일반 법칙에 의거한 설명이라는 자연과학의 방법을 채용해야 한다고 말하고 있다(자세한 것은 3.1 참조). 그는 문자 그대로의 의미에서 학문 일원론자다.

15 *Ibid.* 이미 여기에 그가 과학이라는 말을 경험과학이라는 말로 이해하고 있다는 사실이 함축되어 있다.

"경험적 증거에 의존"[16]하느냐는 점에서 찾고 있다. 따라서 그가 생각하는 (경험) 과학의 정의는 '경험에 의존하는 과학' 또는 '경험적 학문'[17]일 텐데, 이것은 실은 그가 생각하는 과학의 정의이다.

반면 어떤 사람들은 과학과 학문을, 나아가 자연과학과 과학을 구분하기를 원한다. 그러면 당연히 과학이 아닌 학문도 있고 자연과학이 아닌 과학도 있어야 할 것이다. 전자의 학문이 철학이고, 후자의 과학은 정신과학이다. 이들이 주목하는 것은 17세기 이후 이루어진 철학으로부터 과학의 분립이라는 학문사적 사태이다. 그 이전만 해도 철학은 보편학scientia universalis, 존재자로서의 존재자 일반을 탐구하는 보편적인 학문이었고 이와 구분되는 전문화된 특수 연구로서의 과학scientia particularis이라는 것은 존재하지 않았다. 최초로 근대 이후 외적 자연, 생명, 인간 행동, 인간의 사회적 삶 등이 분화된 탐구의 대상으로 주제화되고, 이렇게 한정된 대상 영역에 적합한 방법론이 개발되면서, 17세기에 물리학이, 18세기에 생물학이, 19세기에 심리학과 사회학이 보편학으로서의 철학으로부터 분리되어 나갔다. 이것이 이른바 '과'학의 탄생 과정이다. 이렇게 특수한 대상 영역을 자신의 과로 한정한 학문을 따로 '과'학이라 부른다면, 보편학으로서의 철학은 과학의 영역으로 옮겨가지 않은 학문으로 간주될 것이다. 그리고 "역사, 국민 경제학, 법학, 국

16 *Ibid.*, 1.

17 실은 이렇게 과학의 유개념을 학문으로 하는 것이 헴펠의 의도에 더 잘 부합할 것이다. 왜냐하면 그럴 경우 학문을 경험적 학문과 비경험적 학문으로 구분하고, 후자에 수학과 논리학을 포함시키는 한편, 전자를 과학이라 부를 수 있기 때문이다. 유일한 문제는 헴펠이 사유했던 언어에 과학science과 구분되는 학문이라는 단어가 없다는 것이다. 이것이 그가 비경험**과학**에 대해 논하는 본래의 이유이다.

가론, 종교론, 문학과 시에 대한, 예술과 음악에 대한, 그리고 철학적 세계관에 대한 연구"[18] 등의 여러 정신**과학**Geistes*wissenschaft*도 주제화, 즉 분립의 과정을 거쳤다는 의미에서 여러 자연과학과 꼭 마찬가지로 과학으로 인정될 수 있을 것이다. 이 경우 과학의 유개념은 학문이고, 최근류(철학)와의 종차는 '과로 나뉜'일 것이다. 즉 '과학의 무엇'에 대한 물음에 학문 이원론자는 다음과 같이 답한다. 과로 나뉜 학문.

나에게는 과학 일원론과 이원론 사이의 논쟁의 핵심은 과학과 과학 아닌 것 간의 종차의 **해석** 문제로 보인다. 무엇을 본질적인 차이로 볼 것인가? 한쪽에서는 '경험적 검사 가능성'이라고 답하고 다른 쪽에서는 '주제화'라고 답한다. 일원론자들은 철학과 정신과학이 경험적 증거를 갖지 못한다는 이유로 과학의 영역에서 추방하려 하고, 이원론자들은 경험적 과학을 단지 가능한 하나의 과학으로만 인정하려 한다. 끝없는 논란과 대립이 반복되고 화해의 기미는 조금도 보이지 않는다. 아리스토텔레스가 옳은 종차를 판별하는 방법으로 제시한 주어와 술어를 "바꿔"[19] 보는 것도 여기서는 도움이 되지 않는다. 일원론자는 '주제화된 학문은 과학이다'라는 문장에 대해 주제화되었으나 과학에 속하지 않는 경우도 있다고 말할 것이고, 이원론자는 '경험적으로 검사 가능한

18 W. Dilthey, *Gesammelte Schriften*, Bd. VII, hrsg. von B. Groethuysen, Stuttgart 1979, 70.

19 Aristoteles, *Topik*, 102a. 아리스토텔레스의 예는 "문법을 배울 수 있는" 능력과 "수면"이다. '인간은 문법을 배울 수 있는 동물이다', '인간은 잠자는 동물이다'라는 두 문장 각각의 주어와 술어를 바꿔 보면, 전자의 문장(문법을 배울 수 있는 동물은 인간이다)의 진리치는 여전히 '참'이지만 후자(잠자는 동물은 인간이다)는 그렇지 않다. 즉 문법을 배울 수 있는 능력은 인간에게만 속하는 종차이지만 수면은 그렇지 않다(cf. *ibid.*).

학문이 과학이다'라는 문장에 대해 경험적으로 검사 가능하지 않지만 과학에 속하는 경우도 있다고 반박할 것이기 때문이다. 문제의 어려움은—이 어려움은 동시에 이 문제의 매력이기도 하다—이것이 현실 속의 과학에 대한 사실 확정의 문제가 아니라 과학의 본질에 대한 철학적 해석의 문제라는 점이다. 즉 과학의 본질(종차)이 먼저 거기에 있고 그 본질에 따라 과학의 경계가 기계적으로 결정되는 것이 아니라, 과학의 범위를 달리 보기를 원하는 사람들이 각기 과학의 다른 속성을 과학의 본질로 해석하고 그 본질을 과학 분류의 기준으로 사용하고 있다는 것이 문제의 요점이다.

이것은 실은 모든 '분류'를 따라다니는 근본적인 문제다. 분류란 대상들을 나누어 범주화하는 일이다. 그런데 대상들이 스스로 범주화되는 일은 없고, 분류는 늘 대상들을 모으고 나누기를 즐겨 하는 인간이 자신의 관점에서 행하는 일이다. 예를 들어 동물을 인간과 짐승으로 나누려는 자에게 남자와 여자는 같다. 그러나 남자와 여자의 다름을 보려는 자는 다시 그 하나의 인간을 둘로 나눌 것이다. 물론 그의 눈은 키 큰 남자와 키 작은 남자의 다름을 볼 수는 없겠지만, 다시 남자를 신장에 따라 분류하려는 자에게 이것은 중대한 차이이다. 그러므로 같고 다름은 현실 속에 그 자체로 존재하는 것이 아니라, 현실을 모으고 나누는 인간에 대해서만 존재한다.[20] 따라서 우리가 갖는 관점에 따라 대상들은 같게도 다르게도 보일 수 있고, 우리가 취하는 기준에 따라 분류는

---

20 이것이 플라톤의 유명한 하나to hen와 여럿plethos의 변증법의 주요 가르침이다. 나는 다른 곳에서 모음synagoge과 나눔dihairesis에 따른 같음과 다름의 교체를 상세히 다룬 바 있다(김창래, 〈다른 문화 간의 이해—문화적 통일성과 다수성에 관한 한 형식적 고찰〉, 《철학연구》, 25집[고려대학교 철학연구소, 2002], 171-174쪽 참조).

넓게도 좁게도 이루어질 수 있다. 즉 우리가 다른 기준을 취하면 분류는 언제든 다른 방식으로 진행된다. 과학을 분류하는 경우에도 사정은 마찬가지이다. '경험적 검사 가능성'이라는 좁은 기준을 취하느냐, '주제화'라는 좀 더 포괄적인 기준을 취하느냐에 따라 과학은 하나일 수도 둘일 수도 있다. 이것은 말하자면 현실 속에 실제로 하나의 과학만이 있는지, 아니면 두 개의 과학이 있는지의 문제가 아니라, 현실 속의 과학들을 하나의 과학으로 **볼** 것인지, 아니면 두 개의 과학으로 **볼** 것인지의 문제다.

학문 일원론자와 이원론자는 각기 다른 기준을 가지고 학문 분류에 임하고, 따라서 다른 분류가 이루어진다. 과학의 숫자가 달라지는 것도 그 때문이다. 문제의 복잡성은 이렇게 다른 두 분류 기준이 충돌할 때, 둘 중 어떤 기준이 옳은지를 결정해 주는 그런 제3의 기준은 없다는 데 있다. 기준 선택은 늘 분류를 행하는 자가 갖는 어떤 관심과 태도를 반영한다. 물론 이것은 기준 자체가 자의적이라는 의미는 아니다. 기준 선택은 늘 타당한 근거를 갖지만 그 타당성이 절대적일 수는 없다. 학문 일원론자의 기준은 그의 이론 체계 내에서는 다른 모든 것을 제치고 기준으로 채택되어야 할 강력한 이유를 갖는다. 그리고 이원론자의 경우도 사정은 같다. 각자의 입장에서는 자신의 기준이 더 좋은 충분한 이유가 있겠지만 그러나 다른 입장에서 보면 그 좋음은 그저 **다름**에 불과하다. 어떤 기준도 다만 다른 분류를 가져올 뿐이지 자신의 분류를 통해 자신의 절대적 참을 증명할 수는 없다. 단순하게 생각하는 사람이라면 '누가 길고 누가 짧은지를 한번 재 보자'고 말할지도 모른다. 물론 긴 것이 좋은지 짧은 것이 좋은지에 대한 합의만 이루어진다면, 자로 재면 될 일이다. 그러나 한쪽은 긴 것이 좋다고 하고 다른 쪽은 짧은 것이 좋다고 하면 갈등의 조정은 없다. 왜냐하면 우리는 길고 짧음을 재는 척도만을 가지고 있지, 긴 것이 좋은지 짧은 것이 좋은지를 결정해 주는 그런 신적인 척도는 가지고 있지 않기 때문이다. 기준들의 타당성을 검사하는 기준, 척도들의 척도, 이른바 안경들의 안경이 존재하지 않는다는 불확실성이 모든 인간적 분류를 따라다니는 근본 문제다.

학문 일원론자와 이원론자의 논쟁도 이 불확실성의 지배를 벗어날 수는 없다. 각자는 자신의 이론 체계 안에 머물며, 그 체계 내에서는 타당한 이유를 가지고 과학의 종차를 택하고, 그 선택된 본질에 따라 과학의 분류를 행한다. 그리고 그 체계 내부에서 자신의 기준과, 그에 따른 분류의 정당성을 주장한다. 일원론자는 경험과학자의 입장에서 이렇게 말할 것이다. 경험에 근거한 것만이 참된 과학적 지식이다. 왜냐하면 우리는 경험, 관찰을 통해 보편 법칙을 확정하고, 이 법칙에 의거해 세계를 설명하고 예측하고 지배할 수 있기 때문이다. 과학적 지식이란 경험적으로 얻어진 보편성의 인식이다. 이것은 물론 일리 있는 주장이다. 적어도 일원론자의 이론 체계 내에서는 그렇다. 그러나 이원론자는 다른 체계 안에 서 있다. 그는 정신과학자의 입장에서 이렇게 말할 것이다. 나의 과학적 관심은 모든 인간에게 무차별적으로 타당한 어떤 것을 향하지는 않는다. 나는 애인 조피를 여읜 감수성 예민한 젊은이, 프리드리히 폰 하르덴베르크라는 개별자의 정신을 몰아쳤던 바로 그 고뇌, 그리고 "한참 동안의 저울질" 끝에 마침내 "'주사위는 던져졌다'는 말을 남기고 서둘러" 루비콘 "강을 건넜던"[21] 카이사르, 그 사람이 처했던 고유한 상황과 그 상황 안에서만 가능했던 그의 내면의 갈등, 바로 그것이

21 플루타르코스, 《로마가 만든 영웅들》, 천병희 옮김(고양: 숲, 2002), 178쪽.

알고 싶은 것이다. 이것 역시 일리 있는 주장이다. 이원론자의 이론 체계 안에서 보면 그렇다. 한쪽에서는 보편성이 과학적 인식의 본질이라고 하고, 다른 쪽에서는 개별성을 본질로 하는 과학적 인식도 있다고 말한다. 자연의 지배를 목표로 하고 따라서 보편 법칙을 확립하고자 하는 인식의 체계 내에서 보면 일원론자의 주장이 옳다. 그리고 개별자의 비밀스러운 내면에 대한 이해를 추구하는 인식의 체계 내에서라면 이원론자의 주장도 옳다. 그러나 이 둘이 자신의 체계를 떠나 상대방의 체계 안으로 들어가면 곧 바로 그 타당성을 잃는다. 일원론자에게 개별자의 내면에 대한 인식은 인식이 아닌 반면, 보편적으로 타당한 인식은 이원론자의 지적 호기심을 자극하지 않기 때문이다. 이렇게 상대적으로만 타당한 두 기준이 충돌하되, 충돌하는 두 기준 중에 어떤 것이 더 중요한지를 결정해 주는 제3의 기준은 없다. 자연의 지배도 중요하고 내면의 이해도 중요하지만, 이 둘 중 어떤 것이 더 중요한지는 일의적으로 말할 수는 없기 때문이다. 이것이 문제다. 그러므로 적어도 논리적으로는 어느 한쪽의 손을 들어 줄 근거가 전혀 없다. 그래서 이 갈등은 갈등으로 유지될 수밖에 없는 것이다. 이것은 척도들의 척도, 안경들의 안경을 소유하지 못한 우리 유한한 인간에게는 피할 수 없는 일이다. 그러나 이 갈등의 논리적 해결 가능성이 전혀 없다고 해서 우리가 할 수 있는 일도 전혀 없느냐 하면 그렇지는 않다. 나는 두 가지를 제안한다.

첫째, 일원론자와 이원론자에게 각자의 인식론 내부에만 머물지 말고 그 밖으로 한번 나가 볼 것을 권하는 것이다. 즉 학문 분류의 문제를 그야말로 이론적인 문제로 간주하여 각자의 인식론의 틀 안에 갇혀 사유하지 말고, 자신의 주장이 액면 그대로 수용되었을 때 우리의 삶에 어떤 일이 생기는지, 얻는 것은 무엇이고 잃는 것은 무엇일지에 대한 사유 실험을 한번 해 보자는 것이다. 물론 많은 것을 얻는다고 해서 이론의 참이 증명되는 것도 아니고 많은 것을 잃는다 해서 이론의 거짓이 증명되지도 않는다. 이론의 옳고 그름은 현실적인 득실과는 무관해야 하기 때문이다. 그러나 현실적인 이해관계를 떠나 우리 인간 자신과 관련하여, 인간의 존재론적, 인간학적 지위와 관련하여 정말로 중요한 것을 얻거나 잃는다면, 정확히 표현해 매우 중요한 것을 잃고 그 상실이 정말 치명적이라면, 그것은 우리의 이론 체계가 인간에—현실적인 인간뿐 아니라 우리가 기대하는 가능적 인간에도—맞게 새로 정비되어야 할 이유는 될 것이다. 다음 장에서 나는 이런 작업을 수행하려고 한다. 결론을 선취하자면, 과학 일원론자의 주장을 모두 받아들일 때 우리가 잃는 것은 '자유'다. 그리고 자유의 상실은 그야말로 치명적이기 때문에 우리에게는 이 이론을 거부해야 할 이유가 있다. 나는 이원론자다.

둘째, 일원론과 이원론의 대립에 고유한 비대칭성의 의미에 대해 숙고하는 것이다. 이 대립은 결코 대칭적이지 않다. 여기서는 두 개의 일원론이, 즉 '자연과학만이 과학이라는 입장'과 '정신과학만이 과학이라는 입장'이 대칭적으로 대립하는 것이 아니다. 대립은 '일원론을 포괄하는 이원론'과 '이원론을 배제하는 일원론' 사이에서 발생한다. 과학 일원론은 자연과학적 인식**만**이 과학적 인식이라고 주장하는 반면, 이원론은 그것뿐 아니라 정신과학적 인식**도** 과학적 인식이라고 주장한다.[22] 이원론은 일원론을 인정하지만 일원론은 이원론을 배제한다. 바로 여기에 이 대립의 비대칭성이 있고, 일원론의 편파성이 있는 것이다.

---

22 그렇기 때문에 이들은 자연과학이건 정신과학이건 과로 나뉜 학문이라면 모두 과학이어야 한다고, 즉 과학과 과학 아닌 것의 종차는 주제화라고 말하는 것이다.

이 관계를 학문 분류의 기준 문제와 관련하여 검토하면 일원론의 부당성은 더욱 선명하게 드러난다. 이원론자는 이렇게 말할 것이다. '나는 나의 체계 안에서 옳은 기준을 갖는다. 너는 너의 체계 안에서 옳은 기준을 갖는다. 우리의 두 기준은 서로 **다르다**.' 기준들의 우열을 판정하는 상위의 기준을 가지고 있지 않다면 우리 인간으로서 이 이상 할 수 있는 말은 없다. 그런 면에서 이원론자는 자신의 한계에 대해 매우 솔직한 사람들이다. 반면 일원론자는 이렇게 말한다. '나만이 절대적으로 타당한 기준을 갖는다. 너의 기준은 나의 것과 다르므로 **틀렸다**.' 그는 왜 자신과의 다름을 다름으로 승인하지 않는가? 그 또한 기준들의 타당성을 검사하는 상위의 기준을 가지고 있지 않다면 도대체 어떤 근거에서 기준의 다름으로부터 기준의 틀림을 도출하는가? 혹 그는 안경들의 안경이라도 끼고 있고 척도들의 척도라도 가지고 있다는 말인가? 인간이라면 결코 그럴 수 없다. 다만 그렇게 믿고 있을 것이다. "오직 나만이 있고",[23] "나의 판단을 타자의 지성에 비추어 검사하는 일이 불필요하다"[24]고 생각할 것이다. 그런 면에서 일원론자는 "논리적 이기주의[자]"[25]다. 자신의 관점과 타인의 관점을 비교하면서 다시 자신의 관점을 척도로 삼기 때문이다. 실제로 지난 세기 통일 과학주의적 학문 일원론자들이 과학과 과학 아닌 것을 구분하는 기준으로 제시했던 것은 무엇이었던가? 검증 가능성 또는 반증 가능성, 한마디로 경험적 검사 가능성이다. 이들은 이 조건을 충족시킬 수 없는 것은 결코 과학이 아니라

23 I. Kant, *Vorlesungen über Logik*, 740.

24 I. Kant, *Anthropologie in pragmatischer Hinsicht*, *Kants Gesammelte Schriften*, Bd. VII, hrsg. v. Königlich Preußischer Akademie der Wissenschaften zu Berlin, Berlin 1917, 128.

25 I. Kant, *Vorlesungen über Logik*, 740.

고 말한다. 그럴까? 정말 **경험적** 검사 가능성이 과학 **일반**의 조건일까? 아니면 단순히 **경험**과학의 조건일까? 내가 보기에 과학 일원론은 경험과학의 조건으로 과학 일반을 재단하는 독단을 범하고 있다. 마치 남자도 인간이고 여자도 인간인데, 극단적으로 남성 중심적인 어떤 인간 일원론자가 남성성의 조건을 갖추지 못하는 한, 여자는 인간이 아니라고 말하는 것과 별로 다르지 않다. 내가 일원론을 수용할 수 없는 이유다. 아마 모든 여성들이, 그리고 대부분의 합리적인 남성들도 저 유쾌하지 않은 인간 일원론을 수용할 수 없는 것과 같은 이유다.

3장

하나의 과학인가, 두 개의 과학인가?

하나의 과학인가, 두 개의 과학인가? 이 물음은 하나의 **철학적** 물음으로 제기되었다. 물음은 철학적 답변을 요구하고 있다. 따라서 이 물음에 사실과 사실 경험은 답할 수 없다. 철학은 사실 과학이 아니기 때문이다. 그러므로 현실 안에 여러 과학들이 있다는 것, 대학에는 자연과학대학뿐 아니라 문과대학도 현존한다는 것, 그리고 문과대학에는 역사학자, 문예학자 들이 활동하고 있다는 것은 이 물음에 대해 있을 수 있는 가장 조잡한 답변일 뿐이다. 철학은 과학의 현실에 대해 묻지는 않는다. 철학은 과학의 현실을 "앞서 가기"[1] 때문이다. 과학을 앞서 가며 철학은 과학이 가야 할 길을 지정해 주어야 한다. 따라서 물음을 이렇게 바꾸는 것이 좋겠다. '하나의 과학이어야 하는가, 두 개의 과학이어야 하는가?' 그러나 이 '**~이어야**'도 과학 자체의 당위가 아니라 철학이 과학에 부과하는 의무를 지시한다. 물음은 과학의 답이 아니라 철학의 답을 요구하기 때문이다. 그러므로 물음은 다시 더 구체화된다. '과학의 내부에 머

1 H.-G. Gadamer, "Über die Ursprünglichkeit der Philosophie", in: idem, *Kleine Schriften*, Bd. I, Tübingen 1976, 23.

묻고 있는 과학자의 시선이 아니라, 과학의 외부에서 과학을 관조하고 있는 철학의 눈으로 볼 때, 과학은 무엇이어야 하는가?' 이 물음에 '하나의 과학'이라 답하건 '두 개의 과학'이라 답하건 그 답이 하나의 철학적인 답인 한에서, 그 답은 '과학적 앎의 본질', '그 앎을 추구하고 동시에 그 앎의 대상이 되는 인간', '그 인간의 존재론적 지위'에 대한 어떤 철학적 결단을 포함한다. 이 결단의 내용에 대해 숙고하는 것이 3장의 목표이다.

'하나의 과학'이라는 일원론자의 답변의 근거에는 '하나의 대상, 하나의 방법'이라는 테제가 놓여 있다. 그 하나의 대상은 '법칙적 질서의 구현체로서의 자연'이다. 경험, 관찰을 통해 자연을 관통하고 있는 보편 법칙을 확정하고, 문제가 되는 사태를 확정된 보편 법칙에 환원하는 것이 과학의 방법으로서의 '설명Erklärung, explanation'이다. 특히 문제가 되는 사태, 복잡하기 짝이 없어 보이는 인간도 원칙적으로는 자연의 일부이고, 그런 한에서 보편 법칙의 지배를 받는다. 따라서 인간 역시 법칙 연역적 설명의 대상이다. '자연이라는 하나의 대상'을 '설명이라는 하나의 방법'으로 탐구할 때 과학이 얻는 것은 '보편성의 인식'이다. 이 입장에는 두 가지의 주요한 철학적 결단이 포함되어 있다. 첫째는 앎을 보편성의 인식에 제한한다는 결단이다. 그리고 여기에는 일체의 개별성의 인식을 포기한다는 결단도 포함된다. 왜냐하면 보편성의 인식은 오직 개별성의 외면을 통해서만 얻어지기[2] 때문이다. 둘째는 인간이 자연의 일부라는 사실을 수용하는 결단이다. 여기에는 '인과법칙으로부

2 이 논리적 관계는 다음 절에서(3.1 참조) 간략히 설명될 것이다. 상세한 설명은 다음을 참조: 김창래, 〈다른 문화 간의 이해—문화적 통일성과 다수성에 관한 한 형식적 고찰〉, 169-176쪽.

터의 자유의 포기'라는 결단도 포함된다. 정말 인간이 자연의 일부라면 자연법칙의 강제로부터의 자유는 환상에 불과할 것이기 때문이다.

'두 개의 과학'이라는 이원론자의 답변의 근거에는 '두 개의 대상, 두 개의 방법'이라는 테제가 놓여 있다. 자연과학의 탐구 대상으로서의 외적 자연 곁에 결코 자연의 법칙적 질서에 환원될 수 없는 '인간의 삶과 체험'이라는 또 다른 대상이 있다. 이것은 법칙적 자연과는 본질적으로 상이한 현실성이기 때문에 자연을 설명하는 방법으로는 결코 알려지지 않는다. 그러므로 인간을 탐구하는 정신과학자에게는 자연에 대한 설명과는 다른 또 하나의 방법, 생소한 개별자의 내면적 삶에 이르는 추체험으로서의 '이해Verstehen, understanding'가 필요하다. '자연과는 다른 인간의 삶'을 '설명과는 다른 이해라는 방법'으로 탐구할 때 정신과학이 얻는 것은 '개별성의 인식'이다. 이 입장에는 실증주의자의 철학적 결단에 정면으로 충돌하는 두 개의 철학적 결단이 들어 있다. 첫째는 개별성의 인식도 앎의 한 종류로 긍정하는 결단이다. 그러나 여기에는 보편성의 인식을 부정하는 어떤 결단도 포함되어 있지 않다. 둘째는 인간을 자연법칙에 환원함으로써 인과법칙으로부터의 자유를 포기하는 모든 결단에 강력하게 저항하고 인간의 자유를 수호해야 한다는 결단이다.

3.1 보편성의 인식과 개별자의 인식

통일 과학주의자는 '하나의 대상, 하나의 방법, 하나의 과학'이라고 말한다. 이 주장은 현실 속에 정신과학과 같은 것이 전혀 존재하지 않는다는 것이 아니라, 모든 정신과학은—이것이 도대체 하나의 과학일 수 있기 위해서는—자연과학이 사용하는 탐구 방법을 받아들여야 한다는 것이다. '과학들의 통일'이라는 과제는 정신과학에게 자연과학적 방법, '설명'을 수용할 것을 요구한다. 물론 이때의 설명은 일상 언어적인 의미에서의 설명이 아니라 법칙 연역적 설명deductive nomological explanation이다. 즉 보편 법칙이 작동할 수 있는 '선행 조건(C)'이 충족되었다는 전제 아래, '설명되어야 하는 사태(E)'를 하나 이상의 '보편 법칙(L)'으로부터 연역적으로 도출하여 설명하는 방식이다. 간단히 도식화하면 다음과 같다.

$L_1, L_2, \cdots, L_r$ $C_1, C_2, \cdots, C_k$	설명문들Explanans sentences
E	피설명문Explanandum sentence[3]

예를 들어 "추운 날 밤에 자동차 라디에이터가 얼어 터진 일"[4]은 어젯밤 기온이 영하로 내려갔다는 선행 조건과 물은 빙점 이하의 기온에서 얼고, 얼면 부피가 팽창한다는 보편 법칙, 그리고 수도관이 만들어진 금속의 강도에 대한 "보편 법칙 아래 연역적으로 포섭되어"[5] 설명된다. 피설명항은 말하자면 보편 법칙의 **한 사례**로 설명되는 셈이다. 언제

3 C. G. Hempel, *Philosophy of natural science*, 51.

4 C. G. Hempel, "The funtion of general law in history", in: idem, *Aspects of scientific Explanation*, 13(헴펠, 〈역사학에서 일반 법칙의 기능〉, 《과학적 설명의 여러 측면 2》, 최원배 외 옮김, 파주: 나남, 2011, 13쪽).

5 C. G. Hempel, *Philosophy of natural science*, 51.

든 같은 조건이 충족된다면, 보편적으로 타당한 법칙은 다시 작동할 것이고, 따라서 같은 일이 발생하리라는 합리적인 예측이 가능해진다. 그리고 이 예측으로 우리는 추운 밤이라는 자연의 한 국면을 지배할 수 있다. 규칙적으로 작동하는 보편 법칙에 대한 앎을 가지고 있기 때문에 가능한 일이다. 이것이 바로 자연과학의 방법, 설명과 예측의 힘이다.

그렇다면 보편 법칙에의 포섭으로서의 설명이 과연 정신과학에서도 적절한 방법이 될 수 있을까? 프랑스혁명의 발발을 탐구하는 역사학자에게 **모든** 혁명의 발발에 관련된 보편 법칙이란 무엇이며 또 무슨 의미를 가질 수 있는가? 이 사람은 혁명들의 공통성이 아니라, 결코 재현되지 않는 유일무이한 상황 속에서 단 한차례 발생했던 '그' 프랑스혁명을 탐구하려는 것인데 말이다. 이 문제와 관련하여 매우 유명한, 그러나 실제로는 다소 실망스러운 한 논문에서 헴펠은 단호하게 역사학자들도 "설명하고 있다"[6]고 말한다. 그에 따르면 "과학적 역사 탐구에서 일반 법칙[7]이 담당하는" 분명한 "이론적 기능"이 있고, 이것은 역사 연구에서 "빼놓을 수 없는 도구"[8]다. 왜냐하면 역사학자들도 자신의 탐구 과정에서 보편 법칙을 "폭넓게 쓸 수밖에 없고"[9] 이는 이들도 "설명하고 있다"는 사실을 의미하기 때문이다.

여기서 '역사학자는 설명한다'는 말이 구체적으로 무엇을 의미하는

---

6 헴펠, 〈역사학에서 일반 법칙의 기능〉, 18쪽.

7 '일반 법칙'은 'general law'의 번역어이다. 이는 내가 사용하는 '보편 법칙 Allgemeingesetz'과 같은 개념이다. 나는 보편 법칙을 보편성과의 연관 속에서 사용하기 때문에 일반 법칙이라는 단어는 피한다. 그러나 헴펠의 'general law'는 옮긴이의 번역을 존중하여 '일반 법칙'이라고 한다.

8 헴펠, 〈역사학에서 일반 법칙의 기능〉, 11쪽.

9 같은 글, 29쪽.

지를 파악하기 위해 헴펠이 제시하는, '설명의 형태로 이루어진 역사적 진술'의 예를 직접 살펴보기로 하자.

> '계속된 가뭄과 모래바람으로 자신들의 생존이 점차 위협받게 되었고 캘리포니아가 그들에게 훨씬 더 나은 삶의 터전을 마련해 주는 것으로 보였기 때문에 미시시피 서부 지역의 농부들이 캘리포니아로 이주하게 되었다'는 진술을 생각해 보자. 이 설명은 더 나은 삶의 터전을 갖춘 지역으로 인구가 이동하는 경향이 있다고 하는 보편 가설에 의존하고 있다.[10]

또한 혁명의 예를 들어 그는 이렇게 말한다.

> 혁명을 초래하려면 정확히 불만이 어느 정도여야 하며, 구체적으로 어떤 형태여야 하는지, 그리고 환경 조건은 어떠해야 하는지 등을 정확히 진술해 내기란 어렵다. (…) [그러나] 대다수의 사람들의 불만이 점차 커지고 있다거나 당시의 일정한 조건을 들어 어떤 혁명의 발생을 설명할 경우에도 일반적 규칙성이 가정되고 있음은 분명하다.[11]

이상의 예에서 볼 때 헴펠이 주장하는 것은 크게 두 가지로 보인다. 첫째 역사학자의 진술 안에는 진술 대상을 자신 아래 포괄하는 보편 법칙 또는 이와 유사한 것(보편 가설, 일반적 규칙성 등)이 들어 있다. 그러므로 역사학자는 실제로 설명의 논리를 사용하고 있다. 둘째 역사적 설명

10 같은 글, 19쪽.

11 같은 곳.

에서는 보편 법칙 또는 이에 상응하는 어떤 것이 자연과학적 설명의 경우에 비하면 자주 암시적으로 전제될 뿐이지만, 이것이 방법론상의 어떤 문제를 유발하는 것은 아니다. 즉 보편 법칙이 비명시적으로 전제된다는 사실이 역사적 설명을 설명이 아닌 것으로 만들지는 못한다. 얼핏 이 두 주장은 모두 타당해 보인다. 특히 두 번째 주장과 관련해서 나는 아무런 반론도 펼 것이 없다. 중요한 것은 전제의 명시성이 아니라 전제했다는 사실 자체이기 때문이다. 그러나 첫 번째 주장의 경우 세밀하게 따져 보면 문제가 좀 복잡하다는 것을 알 수 있다. 역사학자의 진술에 '보편적인 어떤 것에 의거한 설명'이 포함되어 있다 하더라도, 이로부터 '설명이 역사학의 주요 방법이라는 사실'은 도출되지 않기 때문이다. 헴펠은 역사학자들이 "'그래서hence', '따라서therefore', '그 결과consequently', '왜냐하면because', '당연히naturally', '분명히obviously' 등의 말"을 사용하고 있고, 이것은 "어떤 일반 법칙이 암암리에 전제되어 있음을 시사한다"[12]고 지적한다. 그러나 내가 보기에 이 지적은 두 가지 점에서 잘못되었거나 또는 최소한 중요하지 않다.

첫째 이런 말들의 사용은 역사학자들이 암암리에 일반 법칙에 의거한 설명을 하고 있다는 사실의 증거가 아니라, 일상 언어를 사용하는 사람들이 그렇다는 증거일 뿐이다. 역사학은 자신의 연구 성과를 표현하기 위해 전문화된 학술 언어를 개발하지 않았고 일상어를 사용한다. 그렇게 보면 헴펠의 지적이 향하고 있는 곳은 역사학의 언어가 아니라 우리의 일상 언어다. 그러므로 일상어의 차원에서 이야기하자. 명시적으로든 암묵적으로든 이미 알려진 어떤 사실들을—그것이 엄밀한 보편

12 같은 곳.

법칙이건 느슨한 경험적 일반화건 또는 단순히 사회적 경향이나 관습적 통념이건—**근거로** 하여 말을 하는 것은 인간의 언어 행위의 근본 특징이다. 이것은 뭔가를 말하는 자는 늘 자신의 말이 근거 없는 것은 아니라는 믿음을 가지고 있다는 사실을 의미한다. 그러나 내가 보기에 '이 믿음을 가지고 있음'이 과학 방법론상으로 의미 있는 어떤 것을 지시하는 것은 아니다. 이 믿음은 우리가 말을 할 때마다 갖게 되는 자연스러운 전제, 즉 내가 하는 말에 근거가 없어서는 안 된다는 심리적 요청일 뿐이기 때문이다. 자신이 하는 말이 합리적이라고 믿고 있는 인간의 모든 말에 이 심리적 요청은 필연적으로 수반된다. 말을 하면서 도대체 누가 그런 믿음을 갖지 않을 수 있을 것인가? 자신의 말이 무근거한 것이라고 확신하면서도 말문을 여는 자가 있을 것인가? 광인이나 거짓말쟁이가 아니라면 말이다. 그렇다면 헴펠의 주장은 겨우 다음만을 의미할 수 있다. 합리적 인간이 하는 모든 말에는 과학적 설명의 구조와 유사한 것이 들어 있다. 실제로 그렇다. 나 역시 동의한다. 그리고 일상어적 표현이 그러하다는 바로 그 의미에서, 역사학자의 진술에도 과학적 설명의 구조와 유사한 것이 들어 있다고 말한다면, 그 주장에도 동의한다. 역사학자도 일상어를 사용하기 때문이다. 그러나 한 가지 물음은 남는다. 그렇다면 그 유사한 것은 과학적 설명으로부터 역사학에로 온 것인가, 아니면 역사학자도 사용하는 일상 언어에서 역사학에로 온 것인가? 헴펠은 역사가도 설명한다는 것은 "경험과학의 방법론적 통일성이라는 것이 지닌 여러 측면 가운데 하나일 뿐"[13]이라고 말하지만, 나의 직관은 강력하게 다음과 같이 반박한다. 아니다. 역사학이 취한 것은 자

13 같은 글, 29쪽.

연과학적 설명의 논리가 아니라, 인간이라면 누구나 가지고 있고 가질 수밖에 없는, 자신의 말의 근거 있음에 대한 믿음, 근거 있어야만 한다는 근원적인 심리적 요청이다. 그리고 이는 역사학만이 아니라, 문학 작품, 언론의 기사, 정치인과 사회 운동가들의 연설문까지 포함하여 사회적으로 배포되고 전달되는 모든 언어적 창조물에도 타당하다. 그러므로 역사학자들이 때때로 보편적인 어떤 것에 의존하여 말의 논리를 풀어간다고 해서 '역사가는 설명하고 있다'고 호들갑을 떨 일이 아니다. 아니면 시인과 언론인, 정치인 등을 포함하여 모든 인간은 설명하고 있다고 말하거나.

"역사학에서 일반 법칙의 기능"이라는 헴펠의 말이 단지 '역사학자들이 보편 법칙 또는 이와 유사한 것에 의거하여 설명하고 **있다**'를 의미한다면, 실제의 사태에 대한 이 지적은 결코 많은 것, 특히 '하나의 과학 또는 두 개의 과학?'이라는 물음과 관련하여 중요한 것을 말하는 것은 아니다. 그것은 역사학의 과학적 특징이 아니라, 오히려 우리 일상 언어의 특징이고 말하는 모든 인간의 특징이기 때문이다. 그러나 헴펠의 말이 '역사학자들은 보편 법칙 또는 이와 유사한 것에 의거하여 설명**해야만** 한다'를 의미하는 것이라면, 이것은 새로운 도전이고 따라서 새로운 대응을 요한다. 이제 헴펠이 옳지 않다는 나의 두 번째 논거를 밝힐 차례다.

일단 몇 걸음 양보하여 역사학자들도 보편 법칙에 의거한 설명을 하고, 그리고 이것이 일상 언어가 아니라 자연과학으로부터 발원했다는 점도 수용하도록 하자. 그렇다 해도 과학 이원론의 입장에서 인정할 수 있는 것은 '역사학은 설명도 한다'이지 그 이상은 아니다. 그러나 '설명하라!'는 과학 일원론자의 요청은 실은 '설명**만** 하라!'이다. 왜냐하면

'하나의 대상, **하나**의 방법'이라는 이들의 모토에 따라 과학의 세계에는 설명이라는 단 하나의 방법만이 있어야 하기 때문이다. 과연 '설명만 하고 이해는 하지 말라'는 요구를 정신과학자가 받아들일 수 있을 것인가? 프랑스혁명의 발발을 대중 억압에 관한 사회과학적 법칙에 환원하고, 조피를 향한 노발리스의 끝없는 사랑을 도파민 분비에 관한 생리학적 법칙에 환원하여 설명할 수도 있을 것이다. 그러나 이것만으로 자신의 지적 호기심이 충족된 것으로 보고 탐구를 종결할 정신과학자가 있을 것인가? 아직도 로베스피에르의 욕망과 노발리스의 내면은 '이해'되지 않고 있는데 말이다. 어떤 의미에서 대중의 집단행동에 대한 사회학적 법칙과 사랑에 빠진 젊은이의 행동 양식에 관한 심리학 법칙에 대한 지식이 프랑스혁명과 노발리스의 문학 세계를 이해하는 데 유용한 도움을 줄 수도 있다. 물론 정신과학자도 이 도움을 거부할 필요는 없다. 그러나 이 도움만으로 알고 싶은 것을 다 알았다고 생각하는 역사학자와 문학 연구가는 없다. 아직도 이해의 과제가 남아 있기 때문이다. 설혹 "역사학에서 일반 법칙의 기능"을 일정 부분 인정한다 해도, 이는 역사 연구 방법의 한 구성요소일 뿐이지, 이 방법의 본질적인 부분일 수는 없고 전체는 더욱 아니다. 설명은 정신과학의 주된 과제인 이해를 돕는 보조 수단으로서의 기능 이상을 행할 수는 없다.[14]

14 헴펠은 정신과학적 '이해'를 "감정이입적"(같은 글, 23쪽) 내성법으로 간주하여 이 방법의 학문적 가치를 근본적으로 의심한다. 이해란 타인의 행위를 이해하기 위한 가설 정립을 돕는 "발견적"(같은 글, 24쪽) 수단에 불과하다는 것이다. 그러나 내가 보기에 정신과학에서 사태는 정반대이다. 이해가 가설 발견의 수단인 것이 아니라, 보편 법칙에 관한 인식이 타당한 이해를 위한 보조 수단이다. 해석학적 순환이라는 해석학의 고유한 규준에 의하면 이해는 단순한 감정이입이 아니라 전체 안에서 이루어지는 부분의 이해다. 이에 따라 이해의 최초

정신과학의 입장에서 볼 때 설명이라는 방법의 불충분성은 무엇보다 설명되어야 하는 개별적 사태가 보편 법칙의 한 **사례**로 포섭되어 버린다는 점일 것이다. 성공적인 설명과 예측을 위해 이루어지는 이 무차별적인 포섭은 개별적 사태 간의 차이를 은폐한다. 그렇지 않으면 일반화는 요원한 일이기 때문이다. 예를 들어 얼어 터진 라디에이터가 나의 것인지 나와는 무관한 타인의 것인지는 중요하지 않다. 나에게는 중요한데도 말이다. 중력이라는 보편 법칙에 포섭되는 사례가 한 개의 덜 익은 사과건 내실이 풍부한 돈지갑이건 달라질 것은 없다. 후자로 사과 천 박스를 살 수 있어도 그렇다. 피설명항은 보편 법칙의 한 사례에 불과하고 따라서 무차별적으로 보편성의 그늘 아래 포섭되기 때문이다. 이른바 보편성의 인식을 위해 이렇게 모든 개별자 간의 차이가 외면된다는 사실을 정신과학자가 수용할 수 있을까? 물론 프랑스혁명이 다른 여러 혁명들과 함께하는 공통성이 있고, 루비콘 강을 건너는 카이사르에게도 권력을 노리는 여러 장군들과 같이하는 공통점이 있다. 이 점에서 이들은 각기 혁명 일반, 권력 지향적 장군 집단에 속할 수 있다. 그러나 혁명 일반과 장군 집단에 대한 보편적 인식만으로 프랑스혁명과 카이사르를 이해했다고 말할 수 있을까? 오히려 프랑스혁명과 카이사르가 다른 여러 혁명들, 그리고 다른 많은 장군들과는 달리하는 그들만의 독특한 개성까지 알 때, 비로소 '이' 혁명과 '저' 장군을 안다고 말할 수 있는 것이 아닐까? 헤겔에 따르면 안다는 것은 구별할 줄 안다는 것이다.[15]

의 과제는 이해되어야 할 것을 그 안에 위치시켜야 할 전체의 재구성인데, 보편성의 인식은 전체의 복원 과정에서, 그리고 이 전체 안에서 부분들을 비교하는 과정에서 나쁘지 않은 수단이 될 수도 있다. 그러나 그 이상은 아니다.

15 Cf. G. W. F. Hegel, *Phänomenologie des Geistes*, 18f.

봇물처럼 쏟아져 오는 사람들의 물결 속에서 옛 친구를 발견하고 독일 사람들은—앎을 의미하는 에르케넨erkennen이라는 동사를 사용하여—이렇게 말한다. '나는 그를 **알아**보았다Ich habe ihn *erkannt*.' 즉 나는 '그 하나의' 사람을 알고, 이 앎에 근거해 그를 다른 익명적인 사람 집단으로부터 구별해 낼 수 있었다는 의미이다. 그러나 '사람 일반'에 대해서만 아는 자는 결코 이 같은 구별을 행할 수 없다. 그에게는 '모든' 사람이 똑같이 보이고, 모든 개성과 차이는 은폐되기 때문이다. 모든 사람을 아는 그는 정작 '그' 사람은 모른다. 그가 가진 이른바 보편적인 앎이라는 것은 마치 "모든 소가 검게 보이는 (…) 어두운 밤"[16]과도 같은 것이다. 그런데도 실증주의자는 정신과학자에게 성공적인 '설명과 예측', '보편성의 인식'을 위해 '이해'와 '개별성의 인식'을 포기하라고 말한다.

이것이 문제의 본질이다. 과학 일원론과 이원론의 논쟁은 바로 보편성의 신화에 관련하여 엇갈린 입장들의 갈등이다. 물론 자연을 설명하고 예측하고 지배하기를 원하는 자연과학은 보편성을 추구하고 있고 또 추구해야 한다. 오직 보편적인 것만이 설명, 예측, 지배를 가능하게 해 주기 때문이다. 그렇다면 인간의 사회적, 역사적 삶의 영역에서도 보편성의 추구는 가능하고 또 필연적인가? 물론 가능하다. 그러나 이 가능성이 허용되는 조건은 분명히 있다. 과학이 인간을 설명하고, 예측하고, 지배하기를 원하는 **한에서**다. 그런 한에서 인간은 보편 법칙의 구현체로서의 자연의 일부로 표상되고, 보편적인 자연법칙에 포섭되어 '설명'된다. 이 조건 아래서만, 인간의 예측과 지배를 위해서만 인간에 대한 보편적인 앎이 추구되고, '그' 인간의 개별성에 대한 앎은 기꺼이 포

16 *Ibid.*, 19.

기된다. 보편성의 인식만이 예측과 지배라는 목적에 봉사하는 수단이기 때문에 그렇다. 오늘날 심리학과 개량화된 사회과학은 모두 이 길을 걷고 있다.

그러나 이 길이 모든 정신과학이 필연적으로 걸어야 할 길인가? 인간을 설명, 예측, 지배해야 한다는 목적을 공유하지 않는 자에게는 그 수단도 지양된다. 그 경우 인간은 자연의 일부가 아니고, 보편 법칙에 무차별적으로 포섭되는 하고많은 사례들 중의 하나도 아니다. 각각의 인간은 하나하나가 바로 '그' 사람이고, '그' 사람을 알기 위해서는 그가 모든 사람들과 함께하는 같음(보편성)이 아니라 달리하는 차이(개별성)가 이해되어야 한다. 그러므로 '하나의 대상, 하나의 방법, 하나의 과학'이 아니라 '두 개의 대상, 두 개의 방법, 두 개의 과학'이다. 합법칙적 자연과는 근본적으로 다른 탐구 영역이 있다. 그것을 "정신적 삶"[17] 혹 "인간적-역사적-사회적 현실성"[18]이라 불러도 좋고, 또 자연에 대비된 의미에서 "문화"[19]라 부를 수도 있다. 용어가 중요한 것이 아니다. 무어라 부르건 이 영역에서는 보편 법칙의 지배와 강제가 아니라 의지와 자유의 소유자로서의 인간의 행위와 삶이 문제이고, 따라서 보편성의 확립과 이에 의거한 설명이 아니라 하나하나의 삶과 행위의 개별적 특성에 대한 해석학적 이해가 추구된다는 점이 중요하다. 따라서 당연히 **자연의 법칙성**을 확립하고 이에 의거해 **설명**하는 **자연과학**의 곁에 **인간적 삶의 개별성**을 **이해**하는 **정신과학**이라는 다른 과학이 존립해야 한다. 내가

17 W. Dilthey, *Gesammelte Schriften*, Bd. V, hrsg. von G. Misch, Stuttgart 1982, 144.

18 *Ibid.*, Bd. VII, 81.

19 H. Rickert, *Kulturwissenschaft und Naturwissenschaft*, Tübingen 1921, 17.

과학 일원론에 반대하며 주장하는 것은 근본적으로 이 **다름**이 다름으로 승인되어야 한다는 것이다. 일원론자가 이 다름을 부정한다면 그것은 폭력이다. 다른 모든 것들에게 자신과 같아지라고 강요하기 때문이다. 이원론자가 이 다름을 포기한다면 그것은 정신과학의 위기이다. 자신과 다른 것을 닮으려 노력하며 정작 자신의 자기임을 내버리기 때문이다. 그러므로 두 개의 과학을 "구분해 주는 경계선을 긋고 각 영역의 자율적 발전을 모색하는 것은 근거가 없을 뿐만 아니라 소용없는 일"[20]이라는 헴펠의 주장은 폭력이고, 이 폭력적 주장에 놀라 자신만의 고유한 아름다움을 포기하고 스스로의 얼굴에 칼질을 하여 자연과학의 모습을 새겨 넣는 "과학론적 성형수술"[21]을 받는 정신 나간 정신과학자들은 이른바 정신과학의 위기의 일차적인 진원지다.

3.2 피지스와 노모스

하나의 과학인가, 두 개의 과학인가? 이 물음에 과학 일원론은 "하나의 대상, 하나의 방법, 하나의 과학"이라고 답한다. 이 답에는 과학의 현실이 아니라 답하는 인간 자신에 대한 두 가지의 결단이 들어 있다는 점은 앞서 지적되었다. 첫째는 앎을 보편성의 인식에 제한하고 개별자의 인식을 포기한다는 것이다. 이 문제는 이미 다루었다. 지금부터는 일원론자의 두 번째 결단, 인간은 자연의 일부이며 그런 한에서 '인과법칙

20 헴펠, 〈역사학에서 일반 법칙의 기능〉, 29쪽.

21 O. Marquard, "Über die Unvermeidlichkeit der Geisteswissenschaften", in: idem, *Apologie des Zufälligen*, Stuttgart 1987, 108.

으로부터의 자유는 포기되어야 한다'는 결단이 숙고의 대상이다. 이 결단은 현실성에 대해 철학이 오래도록 가지고 있었던 하나의 익숙한 견해를 버릴 것을 강요한다. 그 견해는 두 개의 현실성이 있다는 것, 신이 만든 현실과 인간이 만든 현실이 있고 이 둘은 본질적으로 다르다는 것이다.

칸트는 철학의 분류 문제를 다루며 일단 철학을 형식적 철학과 질료적 철학으로 구분하고, 후자가 다룰 가능한 질료로 **자연**의 법칙과 **자유**의 법칙을 든다. 그리고 각각에 대한 철학을 자연학과 윤리학이라 칭한다.[22] 물론 칸트가 구분한 두 철학이 현대적인 의미에서의 자연과학과 정신과학에 내용적으로 대응하는 것은 아니다. 그러나 최소한 내가 보기에 두 개의 철학을 구분하는 칸트나 두 개의 과학을 구분하는 현대의 이원론자 모두 방금 언급한, 현실성을 이분하는 익숙한 견해를 따르고 있다. 그리고 이 견해는 멀리 피지스와 노모스를 구분하여 사유했던 희랍인들에게로 소급된다. 이제 자연과 자유를 구분하는 관점을 시원의 사유로 되돌아가 검토해 보자. 이 검토는 두 과학의 대상 영역의 본질적 차이에 대한 성찰의 실마리를 제공해 줄 것이다.

우리말로 통상 피지스physis[23]는 자연 내지 본성으로 노모스nomos[24]

22 Cf. I. Kant, *Grundlegung zur Metaphysik der Sitten*, 387.

23 희랍 철학 용어 사전을 편찬한 피터스에 의하면 피지스에는 사물의 "발생 내지 성장 과정", 소크라테스 이전의 자연철학자physikoi들이 주목했던 "사물을 이루는 자연의 원질arche", "사물의 구조, 내적 조직화의 원리"(cf. F. E. Peters, *Greek philosophical terms: A historical lexicon*, New York University Press, 1967, 158)라는 세 가지의 근본 의미가 있다. 물론 여기에 피지스가 원래 뜻했다는 '본성'의 의미도 추가되어야 한다(cf. R. G. Collingwood, *The idea of nature*,

는 법칙, 규범, 규약 등으로 번역된다. 희랍인들이 이 두 개념을 사용했던 의미의 폭이 단일하지 않아서 신중함이 요구되기는 하지만, 큰 틀에서 다음의 세 가지는 무리 없이 말할 수 있을 것 같다. 첫째 피지스란 신이 만든 모든 것을 노모스는 인간에 의해 세워진 모든 것을 뜻하고,[25] 둘째 그런 한에서 전자는 절대적인 타당성을 누리는 반면 후자는 상대적으로만 타당하다. 셋째 그러므로 둘 사이에는 대립 관계가 성립한다. 예를 들어 헤라클레이토스의 다음 두 단편은 이런 사실을 어렵지 않게 추정하게 해 준다.

> 모든 인간적 법칙은 신적인 법칙으로부터 자양분을 취한다.[26]

> 신에게는 모든 것이 아름답고, 좋고, 정당하지만, 인간들은 그저 어떤 것들을 정당하다고, 또 어떤 것들은 부당하다고 간주한다.[27]

피지스와 노모스가 모순 관계에 있다고 보았던[28] 플라톤도 전자는

Oxford University Press, 1960, 43f.). 이 중에서 내가 특히 주목하는 것은 피터스가 제시한 세 번째 의미이다. 자연의 내적 조직화의 원리가 바로 오늘날 자연과학자들이 추구하는 자연의 규칙성이기 때문이다.

24 노모스 역시 "통용되는 규범들, 삶의 방식이나 행동 방식, 삶의 질서나 법적 질서, (…) 인간이 지켜야 하는 의무, (…) 관습이나 인습, (…) 실정법"(이한규, 〈히피아스의 '노모스-피지스 안티테제'에 대한 연구〉, 《철학》, 86집[한국철학회, 2006], 8쪽) 등의 다양한 의미를 갖는다.

25 같은 글, 18-21쪽 참조. 콜링우드가 피지스를 "인위적인 것에 대한 반대"로, "스스로 발생했거나 스스로 존재하는 사물"(R. G. Collingwood, *The idea of nature*, 29f.)로 규정할 때도 바로 이 관점이 반영된 것이다.

26 H. Diels, Hrsg., *Die Fragmente der Vorsokratiker*, 헤라클레이토스 편, Fr. 114.

27 *Ibid.*, Fr. 102.

"모든 사람에게 **동일한**"[29] 반면, 후자는 인간의 합의와 정립에 따라 **변할** 수 있는 것이라고[30] 말한다. 아리스토텔레스의 견해도 비슷하다.

> 자연적인 것은 (…) 사람들의 승인 여부와 관계없이 어디서나 **동일한** 힘을 가진다. 반면 (…) 관습적인 것은 애초부터 **이러한 방식으로** 규정되든 **저러한 방식으로** 규정되든 아무런 차이가 없지만, 일단 제정된 연후에는 차이를 갖는 것〈=중요하게 되는 것〉이다.[31]

그러므로 인간에게는 두 개의 법칙이 있다고 할 수 있다. 그 하나는 신이 자연 안에 부여한 형상적, 불변적 법칙이고, 다른 하나는 인간들이 실천적 삶의 운영을 위해 합의하고 정립한 자의적, 가변적 법칙이다. 나는 약간의 무리를 감수하면서 전자를 자연의 법칙, 후자를 자유의 법칙이라 부르고, 이 두 법칙의 대립에서 오늘날의 과학 이원론의 먼 효시를 찾고자 한다. 왜냐하면 '피지스의 불변성과 같음', '노모스의 가변성과 다름'이 현대적인 의미의 자연과학과 정신과학의 대상들의 본질적 특성에 유비적으로 대응한다고 보기 때문이다.[32]

---

28 플라톤, 《고르기아스》, 482e-483a 참조.

29 플라톤, 《크라튈로스》, 김인곤·이기백 옮김(EjB, 2007), 383b(강조는 필자).

30 같은 책, 384d 참조.

31 아리스토텔레스, 《니코마코스 윤리학》, 1134b(강조는 필자, 추가는 옮긴이).

32 어떤 사람들은, 특히 문헌학적 관심에 이끌리는 사람들은 피지스를 자연과 동일시하는 데 반대할지도 모르겠다. "피지스 개념은 우리가 '자연'이라고 부르는 경험 가능한 세계의 의미가 아니라 (…) 경험 세계를 넘어서는 인간 인식과 행위를 결정할 수 있는 최종의 심판관"(이한규, 〈히피아스의 '노모스-피지스 안티테제'에 대한 연구〉, 27쪽)이라는 지적도 있고, "자연적 사물의 총화, 즉 코스모스"라는 피지스의 의미는 원래 이오니아의 철학자들에게는 생소한

아리스토텔레스에 따르면 피지스는 "사물의 내부에 본래적으로, 즉 부수적으로가 아니라 그 자체에 의해서 속하는 운동과 정지의 원리 및 원인"[33]이다. 흥미로운 것은 이것이 그가 《형이상학》에서 제시한 자연학의 대상 규정이라는 점이다.[34] 즉 피지스는 관조적 학문의 하나로서의 자연학이 관조하는 것, 자연을 지배하는 형상적 질서, 변화하지 않고 늘 같은 것으로 머물러 있는 신적 질서다. 반면 노모스의 문제, "무엇을 행하고, 무엇을 삼갈 것인가"라는 물음은 "많은 차이와 가변성을 가지고 있어서, 본성적으로physis가 아니라 오직 관습적으로만nomos" 답해질 수 있는데, 이 물음에 답하는 학문은 실천적 학문의 하나로서의 "정치학"[35]이다. 여기서는 불변적 형상의 관조가 아니라, 시시각각 달라지고 변하는 삶의 구체적 상황 속에서 내려지는 그때마다의 실천적 결단

것이었고 "아주 드물게 그리고 상대적으로 늦게" 추가된 "이차적 의미"(R. G. Collingwood, *The idea of nature*, 44)에 불과하다는 주장도 있다. 그러나 내가 의미하는 것은 그리스적 피지스와 자연과학자의 자연이 동일하다는 것이 아니라—어떻게 그럴 수 있겠는가?—, 그리스인들이 사유했던 형상으로서의 피지스와 오늘날 자연과학자들이 추구하는 자연의 규칙성 사이에 유비적 대응 관계가 있다는 것뿐이다. 나아가 오늘날 자연과학자들이 다루는 자연이라는 것도 자연적 존재자의 단적인 총화가 아니라, 이 존재자들을 관통하고 지배하는 법칙적 질서라는 사실도 고려해야 한다. 이 법칙적 질서도 "즐겨 스스로를 숨기는 피지스"(H. Diels, *Die Fragmente der Vorsokratiker*, 헤라클레이토스 편, Fr. 123)와 꼭 마찬가지로 일단 경험의 눈에는 은폐되어 있고 최초로 과학자의 이론적 눈이 관조하며 발견해야 하는 것이다. 그렇게 보면 그리스적 피지스를 근대 자연과학자의 자연의 먼 지성사적 기원으로 간주하는 것은 그다지 무리한 시도는 아닐 것이다. 이 사실은 후에 더 명료하게 밝혀질 것이다(5장 참조).

33 Aristoteles, *Physik*, übersetzt von H. G. Zekl, Hamburg 1995, 192b.

34 자연학은 "운동과 정지의 원리를 자신 안에 갖고 있는 실체에 대한"(아리스토텔레스, 《형이상학》, 1025b) 학문이다.

35 아리스토텔레스, 《니코마코스 윤리학》, 1094b.

과 행위가 문제이다. 여기서 우리는 고대 희랍인들에게 이미 두 개의 세계가 존재했다는 사실을 알 수 있다. 하나는 신적 자연이 자신의 질서를 늘 같게 유지하는 세계, 그리고 이 같음의 유지를 위해 예외 없이 자신의 법칙을 강제하는 피지스의 세계이고, 다른 하나는 행위자로서의 인간이 매번 달라지는 상황 속에서 스스로 판단하고 행위하고 이에 따른 책임을 떠맡는 세계, 즉 인간적 자유가 유지되는 노모스의 세계이다. 전자의 세계에 대한 학문의 과제는 불변하는 형상에 대한 관조theoria이고, 후자의 세계에 대한 학문의 과제는 인간의 자유로운 판단과 행위가 더 좋은 것이 되기 위해 실천적 지혜phronesis를 배양하는 것이다. 그러므로 이렇게 말할 수 있다. 피지스가 **같음**의 세계이고 이 세계에 대해 관조적 학문이 존립한다면, 노모스는 **다름**의 세계이고 이 세계에 대해서는 실천적 학문이 성립한다. 피지스와 노모스라는 두 영역에 대해 (두 개의 대상) 각기 관조와 실천이라는 두 개의 접근법이 있고(두 개의 방법), 이에 따라 관조적 학문과 실천적 학문이라는 두 개의 학문이 있다. 이것은 가장 오래된 학문 이원론, 아니 '학문 일원론에 대한 가장 오래된 반대'이다.[36]

피지스의 세계에서는 자연법칙의 지배가 두드러지고, 어떤 것도 이 법칙의 지배를 피해 갈 수 없다. "불은 여기에서도 타고 페르시아에서도 타고",[37] 이는 "그리스 사람들이든 이민족 사람이든 누구에게나 똑

36 아리스토텔레스는 학문episteme을 셋으로 나눈다. 위에 언급된 두 학문에 제작술poietike이 추가된다. 분명한 것은 그는 학문 일원론자는 아니었고, 최소한 두 개 이상의 학문을 승인했다는 점이다. 그런 의미에서 아리스토텔레스의 학문론epistemology은 현대적인 의미의 과학 이원론의 먼 시원으로 간주될 수 있다. 이 문제는 4장에서 상세히 다룰 것이다.

37 아리스토텔레스, 《니코마코스 윤리학》, 1094b.

같이"[38] 타당하다. 왜냐하면 이 법칙은 "불변하며 어디서나 동일한 힘을 갖기"[39] 때문이다. 현대인들도 같은 식으로 말한다. 물은 0°에서 얼고 100°에서 기화하되, 모든 물이 그러하며, 이는 언제나, 어디서나 타당하다. 이 한결같은 지배를 가능하게 하는 신적인 피지스, 형상적 질서의 규칙성, 이것이 내가 보기에는 오늘날 현대인들이 자연법칙law of nature, 보편 법칙general law이라 부르는 것의 개념사적 기원이다. 물론 현대의 과학자들 중에 자연의 규칙성이 신적 형상의 반영이라고 믿는 사람은 없겠지만, 이들 중에 원칙적으로 자연의 규칙성을 전제하지 않는 사람은 없고 이 규칙성의 발견이 자연과학의 과제임을 부인하는 사람도 없을 것이다. 근본에서는 같다. 그리스의 자연철학자들이나 오늘날의 자연과학자들이나 변화하는 것을 넘어 불변의 법칙, 모든 시간에 대해 보편적으로 타당한 자연의 법칙을 추구하고 있다. 존재하는 어떤 것도 이 **같음의 법칙**을 피해 갈 수는 없다. 자연의 법칙으로부터의 자유는 없다.

반면 노모스의 세계는 **다름**의 세계고 그런 한에서 **자유**의 세계다. 여기서는 같음이 한결같이 강요되는 것이 아니라 늘 다름을 위한 여지가 허용된다. 지금, 여기서 "포로의 몸값은 1므나이고" "희생 제물로는 양 두 마리가 아니라 염소 한 마리를 바쳐야"[40] 하지만 다른 때 다른 곳에서 다른 사람들이 다른 노모스를 정립한다면, 그 노모스 역시 "이전 것 못지않게 올바르다".[41] '영원한 신의 영원한 법칙'과는 달리 '유한한 인간들이 정립한 이 유한한 법칙'은 때와 장소에 따라 늘 달라진다. 이것

38 플라톤, 《크라튈로스》, 383a.
39 아리스토텔레스, 《니코마코스 윤리학》, 1094b.
40 같은 책, 1134b.
41 플라톤, 《크라튈로스》, 384d.

은 부단히 변화하는 인간적 상황 안에서, 의욕하고 행위하는 인간의 그때마다의 실천적 삶에 적용되는 법칙이기 때문이다. 인간의 행위는 각자의 의지의 방향에 따라, 그가 처한 상황의 차이에 따라 매번의 실행과 결과를 달리한다. 물론 같은 상황에서도 사람마다 다르고, 같은 사람이라도 때와 장소에 따라 달라진다. 모든 행위에 대해 구속력을 행사하는 '그 하나의' 기준이 없기 때문이다. 신의 형상이 구현된 규칙적 자연의 내부에서는 무엇이 참이고 무엇이 거짓인지를 판별해 주는 스승이 있다. 그 스승은 영원한 자연의 법칙이다. 반면 인간의 의지와 이 의지의 발현으로서의 실천적 행위의 장인 노모스의 세계의 주된 문제는 참·거짓의 문제가 아니라, 무엇이 좋고, 무엇이 좋지 않은가 하는 평가의 물음인데, 문제는 이 물음에 대신 답해 주는 스승이 없다는 점이다. 즉 모든 인간은 각자 "스스로의 학생"[42]이 되어야 한다. 누구도 자신 이외의 스승을 가질 수 없으므로 각자는 자신의 노모스의 정립자가 되어야 한다. 이것이 여러 노모스가 다름의 국면에로 던져지게 되는 이유이다.

노모스의 이 같은 다름의 근본은 자유, 즉 강제의 부재다. 모든 것에 단일하게 적용되는 자연법칙의 구속과 같은 것이 여기에는 없다. 이 세계를 지배하는 것은 자유의 법칙이다. 이것이 곧 정신과학자의 세계다. 여기서 모든 인간은 스스로 내린 결단에 따라 자유롭게 행위하거나, 최소한 그렇게 믿기 위해 자유의 이념을 상정한다. 그리고 자유와 자유가 충돌한다. 이곳은 자연의 법칙이 강제하는 세계가 아니라, 자유로운 인간이 자신의 자유로운 의지에 따라 행위하고, 둘 이상의 자유로운 행위자가 충돌하며 상호작용하는 세계다. 이 세계에서는 하양 당구공을 이

42 I. Kant, *Kritik der reinen Vernunft*, BXIV. 이것은 원래 경험을 스승으로 삼을 수 없는 형이상학의 상황이다.

렇게 치면 빨강 당구공이 저렇게 움직일 것이라는 의미에서의 인간 행위에 대한 예측이 허용되지 않는다. 왜 그런가? 인간은 변덕스럽고 그 변덕스러운 다수의 상호작용은 더욱 변덕스럽기 때문인가? 그것도 물론 하나의 이유가 될 수는 있겠지만, 결정적인 문제는 아니다. 문제의 본질은 인간이 자유로워야 한다는 사실이다. 인간이 자유롭다면, 그는 자연법칙의 강제로부터도 **자유로워야** 한다. 법칙으로부터 자유로운 이 인간을 다시 법칙에 의해 예측할 수는 없다. 다시 말해 인간은 역학 법칙의 지배를 받는 당구공이 아니다.[43]

3.3 자연과 자유—'하나의 과학인가, 두 개의 과학인가?' 라는 물음에 대한 세 가지 답변

이 장의 주도적인 물음은 '하나의 과학인가, 두 개의 과학인가?'이다. 이 물음에 대해 가능한 세 가지의 답변, 밀, 칸트 그리고 딜타이의 견해를 살피는 것이 지금부터의 과제다. 문제의 맥락을 조금 더 분명히 하기 위해 이제까지의 논의 성과를 토대로 하여 여기에 하나의 물음이 더 추가되어야 한다. 그 물음은 '자유의 세계에 대한 과학은 가능한가?'이다.

밀은 첫 번째 물음에는 '하나'라고 답하고 두 번째 물음에는 '그렇다'고 답한다. 가능한 하나의 과학은 물론 자연과학이다. 두 번째 물음

43 이 말로 나는 인간은 당구공이 아니라는, 따라서 단적으로 자유롭다는 사실을 주장한 것은 아니다. '인간 역시 역학 법칙의 지배를 받는 당구공과 다를 것이 없고 따라서 법칙의 지배로부터 자유로울 수 없다는 주장'이—이 주장은 사실과 일치할 수도 있다—자유에 대한 나의 믿음에 배치된다는 사실만을 말한 것이다.

에 대한 그의 긍정의 답변은 이른바 자유의 세계라는 것도 법칙적 자연에로 환원되고 따라서 자연과학적 방법에 의해 탐구될 수 있다는 것이다. 여기에는 인간은 자연의 일부이고, 따라서 인간에게 인과법칙으로부터의 자유란 없다는 결단이 포함되어 있다. 칸트는 첫 번째 물음에 '하나'라고 답하고 두 번째 물음에는 '그렇지 않다'고 답한다. 칸트가 인정하는 그 하나의 과학도 물론 자연과학이다. 두 번째 물음에 대한 칸트의 부정적 답변의 의미는 자유란 인간적 삶과 실천의 문제이지 결코 앎과 인식의 문제가 아니라는 것이다. 여기에는 도덕을 과학으로, 자유를 자연으로 환원하려는 모든 시도에 강력히 저항한다는, 즉 실천적 삶의 영역에 대한 인식 가능성을 포기해서라도 자유를 수호해야 한다는 결단이 포함되어 있다. 딜타이는 첫 번째 물음에는 '둘'이라 답하고 두 번째 물음에는 '그렇다'고 답한다. 그는 자연과학과 정신과학의 가능성을 모두 인정한다. 그러나 그에게 정신과학적 인식은 법칙적 인식이 아니기 때문에 자유의 문제는 제기되지 않는다. 이는 딜타이가 최소한 '인간에게 자유는 없다'라는 어리석은 결단만큼은 하지 않았다는 의미이다.

3.3.1 존 스튜어트 밀

밀은 우리말로 인문학이라 부르는 학문, 이른바 정신과학이라는 개념을 최초로 사용한 사람으로 알려져 있다. 우리의 문제와 관련하여 주목할 만한 그의 저서, 《논리학 체계》의 VI권의 제목은 《도덕과학의 논리학에 관하여On the logic of the moral sciences》인데, 여기에 쓰인 도덕과학이라는 말이 바로 정신과학이라는 개념의 기원이라고 한다.[44] 제목에서 쉽게 짐작할 수 있는 바이지만 이 책은 이른바 도덕과학이라는 학문의 오르가논(방법론)에 대한, 그리고 과학으로서의 성립 가능성에 대한 메타 철학적 성찰이다. 이 관점에서 밀은 도덕과학을 인간의 "사고thoughts, 느낌feelings, 행위actions"[45]에 대한 과학으로 규정하고, 이 "가장 복잡하고, 가장 어려운 연구 주제"[46]에 대한 과학적 지식의 획득 가능성에 대해 묻는다. 물론 문제 제기의 출발점은 이미 자연과학이 이룩한 성과이다.

밀은 자신의 시대의 과학이 외적 자연에 대해 경험, 관찰, 귀납, 인과적 설명 등을 통해 놀라운 수준의 앎을 획득했고, "인간의 물리적 본성physical nature과 관련해서도 (…) 온전히 확립된 것으로 간주될 수 있는 (…) 적지 않은 진리의 체계"를 얻었다는 점에서 출발한다. 그리고

44 가다머에 의하면 밀의 《도덕과학의 논리학에 관하여》가 실Jacob Heinrich Wilhelm Schiel에 의해 독일어로 번역될 때 《정신과학 또는 도덕과학의 논리학에 관하여Von der Logik der Geisteswissenschften oder moralischen Wissenschaften》로 옮겨졌고, 이를 통해 독일 학계에 정신과학이라는 말이 최초로 도입되었다고 한다(cf. H.-G. Gadamer, *Gesammelte Werke*, Bd. I, 9). 비슷한 지적이 딜타이의 《전집》 V권을 엮은 미슈Georg Misch의 편집자 서문에도 보인다(cf. W. Dilthey, *Gesammelte Schriften*, Bd. V, lxxiv). 한편 디머는 흔히 수용되어 온 이 속설이 사실과 다르다며 그 이전에도 이미 정신과학이라는 단어가 사용되었다는 문헌학적 증거들을 제시하고 있다(cf. A. Diemer, Art. "Geisteswissenschaften", in: *Historisches Wörterbuch der Philosophie*, Bd. III, hrsg. von J. Ritter, Basel/Stuttgart 1974, Sp. 211). 문헌학적 증거는 그렇다 치고, 분명한 것은 오늘날 사용되고 있는 의미에서의 정신과학이라는 말은 밀에 대한 딜타이의 대응에로 거슬러 올라간다는 것이다. 밀과 딜타이가 과학 일원론·이원론 논쟁의 출발점에 서 있다는 사실에는 의심의 여지가 있을 수 없다.

45 J. S. Mill, *On the logic of the moral sciences*, Book VI of *System of logic*, London: Longmans, 1872, 430.

46 *Ibid.*, 417.

여기서 물음이 제기된다. 그렇다면 인간의 사고, 느낌, 행위, 즉 "**마음**의 법칙 (…) **사회**의 법칙"과 관련해서도 이와 비슷한 성과를 기대해도 좋은가? 자연과학이 과학이라는 그 의미에서의 도덕과학이라는 것도 존재하는가? 밀의 답변은 부정적이다. 이 경우 인류는 "부분적인 인식에서조차" 자연과학과 "비슷한 상태에 도달하지 못했고" 심지어 인간의 마음이라는 것이 "말의 엄격한 의미에서의 과학의 주제가 될 수 있는지의 논란조차 남아 있는" 실정이다. 밀은 인간 및 사회 연구의 이 같은 후진적 상황을 "과학의 얼굴에 묻은 [치욕스러운] 얼룩blot on the face of sciences"[47]이라 표현하기를 주저하지 않는다. 그렇다면 이 얼룩이 생겨난 원인은 무엇이고, 이를 제거할 방안은 무엇인가? 다시 말해 도덕과학을 자연과학의 수준으로 끌어올릴 길이 있는가? 현대의 통일 과학주의의 선구자로서의 밀의 답은 다음과 같다.

> 앞선 연구[자연과학]에서 성공적으로 수행되었던 방법을 일반화하여, 후자에 [도덕과학에] 적용함으로써 우리는 과학의 얼굴에 묻은 이 얼룩이 제거될 것을 기대할 수 있다. (…) 내가 과학 일반의 방법들을 열거하고 특징짓는 데 성공했다면, 도덕과학과 사회과학에 적용될 수 있는 탐구 방법은 이미 기술된 것이나 다름없다.[48]

여기서 우리는 '하나의 과학 또는 두 개의 과학?'이라는 물음에 대한 밀의 답변이 무엇인지를 읽을 수 있다. 단 하나의 과학만이 있고, 그 과학을 위한 역시 하나의 방법만이 있다. 그것은 경험적 일반화를 통한

47 *Ibid.*, 418.

48 *Ibid.*, 418f.

규칙성의 확정, 규칙성에로의 환원을 통한 인과적 설명이다. 자연 연구의 방법은 인간 연구에도 그대로 전용될 수 있다. 《도덕과학의 논리학에 관하여》라는 책의 저자는 정작 도덕과학의 독자적인 논리학의 존재를 부정한다. 과학의 세계에는 인과적 설명이라는 단 하나의 방법만이 존재하기 때문이다.

'하나의 방법'이라는 밀의 주장의 논거는 '하나의 대상'이라는 테제다. 두 개의 현실성이 아니라 단 하나의 현실성만이 존재한다. 이는 외견상 외적 자연과는 본질적으로 상이해 보이는 인간의 마음도 결국은 자연의 일부이고, 그런 한에서 사유하고, 느끼고, 행위하는 인간의 세계에서도 인과법칙의 강제는 여전히 유효하다는 뜻이다. 여기서도 규칙성의 확정, 그에 의거한 설명과 예측은 원리적으로 가능해야 하며 실제로 언제나 가능하다. 물론 밀은 인간의 사고, 느낌, 행위를 규정하는 변수들이 "워낙 다양하고 다채롭기" 때문에, 이 경우 자연 연구와 "유사한" 수준의 규칙성을 발견할 수는 "없다"[49]는 사실을 인정한다. 그러나 이것은 우리가 이 다양한 변수들을 동시에 통찰할 수 없다는 사실만을 의미할 뿐이지 결코 인간 행위를 결정하는 규칙성이 없다는 사실에 대한 증거는 아니다. 변수가 다양하고 그 과정이 복잡하다고 해서, 인간 행위가 인과법칙의 지배를 받지 않는 것도 아니고, 법칙에 의거한 설명과 예측이 불가능한 것도 아니다.

> 만일 우리가 한 개별자가 그의 인생 전체를 통해서 어떻게 사유하고, 느끼는지, 또는 행위하는지를, 천문학이 천체의 위치와 사라짐을 예측하

---

49 *Ibid.*, 433.

는 그 정도의 확실성을 가지고 예견할 수 있다면, 이는 이미 과학의 이상적인 완성에 도달했다는 의미이다. (…) 물론 우리는 한 개별자의 행위를 과학적 정확성을 가지고 예측할 수는 없다. 그러나 이것은 우리가 그 개별자들이 처하게 될 환경 전체를 내다볼 수 없다는 사실에 기인할 뿐이다. (…) 이것은 결코 모든 개인의 사유하고, 느끼고, 행위하는 양식이 원인에 의존하지 않는다는 것은 아니다. 어떤 개별자들의 경우 만일 우리의 데이터가 완벽하다면 우리는 '그 [개별자들의] 정신 현상을 결정하는, 그리고 많은 경우들에 있어서 우리로 하여금 수용할 만한tolerable 확실성을 가지고 예측을 할 수 있도록 해 주는 궁극의 법칙'에 대해 충분히 많은 것을 알고 있다는 사실을 나는 의심할 수 없다.[50]

나는 여기서 '**수용할 만한**'이라는 표현에 주목하고자 한다. 왜냐하면 밀은 이 말로 인간 연구가 끝내 짊어지고 가야만 하는 고유한 '십자가crux'를 은폐하고 있기 때문이다. 이 말은 '봐라, 이 차이를! 그러므로 인간은 자연이 아니고, 인간 연구는 자연 연구와 다르다!'라는 이원론자의 있을 수 있는 공격에 대한 밀의 응답이다. 이 응답은 구체적으로 다음의 두 가지를 의미한다.

첫째, 인간과 자연은 일견 달라 보이지만, 그 차이는 (본)질적 차이가 아니라 양적 차이이고, "종류의 차이"가 아니라 "정도의 차이"[51]이다. '자연의 규칙성'과 '인간의 자유' 간의 본질적 차이가 문제의 핵심이 아니다. 왜냐하면 이 두 대상 영역 모두 인과법칙의 지배를 받는다는 점

50 *Ibid.*

51 P. Winch, *The idea of a social science and its relation to philosophy*, Routeledge & Kegan Paul, 1976, 71.

에서는 매한가지인데, 다만 우리가 확정할 수 있는 규칙성의 정도만이 다를 뿐이기 때문이다. 그러나 이 정도의 정도 차이를 극복하게 해 주는 통계적 일반화는 늘 가능하고 이에 의거한 설명과 예측 또한 언제나 수용할 만하다. 인간과 자연 사이에는 다른 탐구 방법이 필요할 정도로 본질적인 차이는 없다. 하나의 방법만으로도 충분하기, 정확히 말해 하나의 방법으로 얻은 성과도 수용할 만하기 때문이다. 자연과 인간 사이에는 눈감아 줄 수 있을 만한, '규칙성의 정도 차이'만이 있다. 둘은 **다르지 않고 같다**. 이것이 정리해 본 밀의 입장이다. 내가 보기에 밀은 (예를 들면 자연과 인간의) 같음 또는 다름은 (자연과 인간이라는) 대상 자체에 부착된 속성이 아니라는 따라서 개념을 분류하고 종합하는 개념 사용자의 관점에 따라 교체될 수 있다는 사실, 플라톤의 하나와 여럿의 변증법의 근본 가르침을 놓치고 있는 것 같다. 이런 측면에서 보면 "한 관점에서는 복잡성의 정도의 변화에" 불과한 것이 "다른 관점에서는 종류의 차이"[52]일 수 있다는 피터 윈치의 지적은 매우 흥미롭다. 여기에 그 반대도 타당하다는(즉 한 관점에서는 질적 차이인 것이 다른 관점에게는 정도 차일 수도 있다는) 한 가지만 추가한다면 말이다. 윈치가 드는 예는 온도의 양적 변화에 따른 물과 얼음의 차이, 머리카락 숫자의 양적 차이에 따른 정상인과 대머리의 차이이다.[53] 물과 얼음의 차이는 양적 차이인가, 질적 차이인가? 정상인과 대머리 사이에는 정도의 차이만이 있는가, 종류의 차이도 있는가? 이것은 일의적으로 답할 수 있는 물음이 아니다. 답하는 자가 취하는 관점에 따라 답이 달라지기 때문이다.[54] 내가 주장하

52 *Ibid*. 72.

53 *Ibid*. 72f.

54 예를 들어 수분의 화학적 구조식을 탐구하는 화학자와 냉면에 넣을 얼음을

는 것 그리고 윈치가 암시하는 것은 '자연과 인간 사이에는 양적 차이만이 있는가, 질적 차이도 있는가?'라는 물음도 이와 다르지 않다는 것이다. 앞서[55] 내가 들었던 예를 돌이켜 보자. 인간의 관점을 취하는 자에게 인간과 짐승은 다르지만 남자와 여자는 같다. 다시 남자의 관점에서 바라보는 자에게 남자와 여자는 다르지만 키 큰 남자와 키 작은 남자는 같다. 우리는 개념들을 모으며synagoge 같음을 확대해 갈 수도 있고(… 키 작은 남자 → 남자 → 인간 → 동물 → 생명체 …), 반대로 개념들을 나누며dihairesis 다름이 늘어나는 방향으로(… 생명체 → 동물과 식물 → 인간과 짐승 → 남자와 여자 → 키 큰 남자와 키 작은 남자 …) 움직일 수도 있다. 어느 쪽으로 움직이건 그에 따라 우리의 관점도 이동하고, 관점의 변화에 따라 같은 것이 달라지기도 하고 다른 것이 같아질 수도 있다. 그러므로 같음과 다름은 일의적으로 규정할 수 있는 대상의 속성이 아니다.[56] 자연과 인간의 관계도 마찬가지다. 우리는 일의적으로 이 둘의 같음 또는 다름을 말할 수 없다. 취하는 관점에 따라 자연과 인간은 같게도 다르게도 **파악될** 수 있기 때문이다. 분명한 것은 아무런 관점 없이 순수한 같음과 다름을 논할 수는 없다는 것이다.

이상의 논의를 통해 나는 최소한 다음의 사실은 보여 준 셈이다. 밀은 자연 자체와 인간 자체가 같다는 사실을 증명한 것이 아니라, 밀 스스로가 같음의 관점을 취했다는 사실만을 보인 것이다. 즉 밀은 인간

30분째 헛되이 찾고 있는 자, 그리고 스스로 정상인이라고 믿고 있는 대머리와 대머리를 은폐해야 할 필연성을 광고하는 가발 장사는 위의 물음들에 각기 달리 답할 것이다.

55 2.2 참조.

56 플라톤이 제시한 낚시꾼의 예는 이 사유를 이해하기 위한 훌륭한 통로가 될 것이다(플라톤, 《소피스트》, 이창우 옮김, EjB, 2011, 219a-c 참조).

과 자연이 같아서 같다고 말하는 것이 아니라, 그가 같음의 관점에서 보기 때문에 같다고 말하는 것이다. 그렇다면 다른 관점을 취하는 자는 밀과 **똑같은 정당성**을 가지고 자연과 인간은 다르다고 말할 수 있다. 여기에 대해서는 이의가 있을 수 없다. 이로써 자연과 인간이 같다고 말하는 밀이 옳지 않다는 사실이 증명된 것은 아니지만, 자연과 인간이 같다고 말하는 밀만이 옳은 것은 아니라는 사실은 증명되었다. 밀은 자신이 취한 '같음의 관점'이 옳을 수 있는 것과 꼭 마찬가지로 반대의 입장에서 취하는 '다름의 관점'도 옳을 수 있다는 사실을 인정했어야 했다. 어차피 둘 다 관점들을 보는 상위의 관점, 이른바 안경들의 안경일 수는 없고, 다만 같은 수준의 관점들에 불과하기 때문이다. 그렇다면 지금부터 반대의 관점에서 물어야 할 것은 다음이다. 밀이 같음의 관점을 취했고 그래서 자연과 인간을 같은 것으로 파악했다면, 이 관점과 파악을 정당화시켜 주는 조건은 무엇인가? 해답의 실마리는 '수용할 만한'이라는 말에 들어 있다. 이제 앞서 예고했던, 이 말이 갖는 두 번째 의미가 드러난다.

'수용할 만한'이라는 말은 늘 '~을 하기에' 수용할 만하다는 뜻이다. 이 '~을 하기에'가 바로 수용 여부를 결정하는 척도다. 밀 역시 특정한 기준을 가지고 있고, 이것이 바로 자연과 인간의 차이를 정도 차이로, 궁극적으로는 같음에로 환원하는 일을 정당화시켜 주는 조건이다. 즉 이 조건 아래서만 자연과 인간은 같은 것으로 **파악될** 수 있다. 그것은 자연과학자가 자연을 탐구할 때 설정했던 목적과 같은 것이다. 인간을 설명하고, 예측하고, 지배해야 한다는 목적이다. 이 목적을 충족시키기에 충분한, **수용할 만한** 규칙성을 인간의 세계에서도 확정할 수 있고, 따라서 이 목적과 관련해서는 인간과 자연을 같은 것으로 보아도 좋다는 것이다. 이는 다음을 의미한다. 밀이 인간과 자연의 같음을 주장했다면, 이 주장은 결코 무조건적으로 타당한 것은 아니고, '인간의 설명, 예측, 지배라는 목적' 아래서의 타당성, 이른바 조건부의 정당성이다. 밀이 '수용할 만한 확실성'이라는 표현을 사용할 때, 그는 이미 암암리에—그가 이 사실을 알고 있었는지 그렇지 않았는지는 나로서는 알 수 없지만, 그가 모든 주장을 그토록 자신 있게 펼치는 것을 보면 아마 몰랐을 것이다—자신의 모든 주장이 이런 조건부의 정당성만을 갖는다는 사실을 함께 말한 것이다. 밀의 다음 진술은 이를 잘 보여 주는데, 여기에는 그 외에도 주목할 만한 내용이 하나 더 들어 있다. 개인으로서의 인간이 아니라 '집단으로서의 인간'에 인간 연구의 대상을 한정한다는 것이다.

> 인류의 또는 어떤 민족의, 또는 개인들로 구성된 집단의 대다수가 어떻게 사유하고, 느끼고, 행위할 것인지를 충분하게 알 수 있다면, [이때 우리가 가질 수 있는] 명제는 언제나 보편적인 명제와 동등한 가치를 지닌다. 정치학과 사회과학의 <u>목적에 비추어 보면</u> 이것만으로도 충분**하다**. 앞서 언급했듯이 사회 연구에서는 이 같은 근사치의 일반화도 대부분의 <u>실천적 목적을 위해서는</u> 정밀한 일반화와 같은 가치를 지닌다. 개별적인 인간에 대해 주장되었을 때는 다만 개연적인 것에 불과하던 것도 다수의 특성과 집단적 행동에 관련하여 주장될 때는 확실한 것으로 된다.[57]

57 J. S. Mill, *On the logic of the moral sciences*, 434(원저자의 강조와 구분하기 위해 필자가 강조한 부분에는 밑줄을 그었다. 이런 강조법은 인용문에 원저자의 강조가 있는 경우에 국한된다).

《도덕과학의 논리학》의 저자를 움직이고 그의 관점을 처음부터 끝까지 지배하고 있는 것은 "사회과학의 실천적 목적", 인간을 법칙에로 포섭해서 설명하고 예측해야 한다는 목적이다. 이 하나의 목적이 그로 하여금 인간을 자연의 일부로 보게 하고, 그렇게 관찰된 인간을 인과법칙에 의거해 설명하게 하고, 예측 가능성을 극대화할 수 있기 위해 개인으로서의 인간은 탐구의 장에서 몰아내고 오직 집단으로서의 인간에 대한 연구에 몰두하게 한다. 이 모든 일의 근저에는 인간에 대한 설명, 예측, 지배라는 하나의 목적이 숨어 있다. 그는 이 목적을 실현하기 위해 할 수 있는 모든 일을 다 한다. 그러나 이 목적이 왜 신성한지에 대해서는 묻지 않고, 다른 목적도 존재할 수 있고 정당화될 수 있다는 사실에도 생각이 미치지 않는다. 그리고 자신의 목적의 실현을 통해 무엇을 잃어버리게 될지도 내다보지 않는다. 이것은 당연하다. 그의 관점은 그가 무엇을 얻는지만을 보여 주기 때문이다. 잃어버리게 될 것을 볼 수 있게 해 주는 것은 다른 관점이다. 그 다른 관점에서 보면 그가 감수해야 하는 것은 두 가지다. 하나는 개인의 죽음이고 다른 하나는 자유의 포기이다.

인간을 설명하고, 예측한다는 밀의 궁극의 목적에 비추어 볼 때, 인간 및 사회 연구의 초점이 개인이 아니라 집단으로서의 인간에 집중되는 것은 사뭇 당연한 일이다. 왜냐하면 집단의 경우 개인과는 달리 규칙성의 확정이 훨씬 더 용이하기 때문이다. 상식적인 이야기인데 한국 현대사회의 이혼율, 대학생 사회의 자살률과 관련된 규칙성을 확보하고 사회 현상으로서의 이혼과 대학생 자살을 설명하는 일, 그리고 가까운 또는 조금 더 먼 미래에 나타날 이혼율과 자살률의 추이를 예측하는 것은 그다지 어려운 일이 아니다. 이것은 이미 우리 시대의 경험적 사회과학자들이 어렵지 않게 해결해 내고 있는 과제이다. 그러나 그 금실 좋은 K씨 부부가 3년 내에 이혼하게 될지의 예측 또는 쇼펜하우어에 심취한 문학청년 S군이 졸업 전에 스스로의 목숨을 거둔 동기에 대한 설명은 경험적 도구로만 무장한 사회과학자라면 그 누구도 해낼 수 없다. 그러나 다시 K씨 부부를 포함한 40대 이혼율과 S군을 포함한 한국 대학생 사회의 자살률은 거의 확실하게 예측할 수 있다. 이렇게 인간을 설명하고 예측할 수 있다는 것, 그래서 미래의 사회적 삶의 특정 국면을 지배할 수 있다는 것, 바로 이것이 집단 사회학이 득세하는 이유이고, 이 사회학이 개인으로서의 인간으로부터는 눈을 떼는 이유이다. 이는 실제로 초기 프랑스의 실증주의 사회학이 걸었던 길이고 오늘날의 거의 대부분의 사회과학이 걷고 있는 길이다. 그러나 집단을 이해한다는 것 그리고 이를 위해 개인을 외면한다는 것은 행위의 주체로서의 개인을 집단을 지배하는 보편 법칙의 한 익명적 사례로 환원한다는 것이고, 그런 한에서 개인 자체와 관련해서는 있을 수 있는 가장 심각한 무지를 감내한다는 것이다. 바로 여기에 왜 베버가 그토록 개인주의 사회학에 집착했었는지의 이유가 있다. 베버에 의하면 사회학의 참된 대상은 집단이 아니라 개인이고, 이 학문의 과제는 행위자로서의 개인의 "주관적으로 **의도된** 의미"[58]의 해명이다. 이 과제를 위해 이른바 보편 법칙은 가장 무기력한 도구다. 왜냐하면 법칙은 자연 연구에서는 "**보편타당하면** 할수록 (…) 그만큼 더 중요하고 가치 있는 것이지만, (…) 늘 개별적으로 특성화된 삶의 현실성이, 특정한 그리고 각각의 관계 안에서 우리에 대해 갖는 의미"를 추구하는 사회과학에서 보편 법칙이란 "극도로 추상적이

58 M. Weber, "Soziologische Grundbegriffe", in: idem, *Gesammelte Aufsätze zur Wissenschaftslehre*, 542.

고 그 내용은 **빈곤한**"[59] 것이기 때문이다. 보편적으로 타당하기 위해서, 즉 모두에게 타당하기 위해서는, 각각의 개별자는 같은 것이 되어야 하고, 각자의 차이와 개별성은 추상적으로 제거되어야 한다는 점에서 그렇다. 개별자에 대한 인식의 추상적 삭제를 통해서만 보편성의 인식의 확대가 가능하다는 것은 피할 수 없는 논리적 관계이고, 따라서 후자의 인식만을 추구하는 모든 과학 일원론자들이 봉착하는 근본 문제다. 그러므로 헴펠의 설명의 논리와 대결할 때 이와 관련하여 논의한 모든 것이 원칙적으로는 밀에게도 적용된다. 그 내용을 회상할 것을 권하면서 이 문제는 이 정도에서 마무리한다.

두 번째는 자유의 문제다. 스스로 원했건 원하지 않았건 밀은 자신의 논리에 의해 인간의 자유를 포기하도록 강요당하고 있다. 그는 인간의 행위에 대한 설명과 예측이 모두 가능하다고 말한다. 그 근거는 인간 행위와 관련해서도 확립 가능한 규칙성의 현존이다. 이는 인간에게 규칙성이 지정하는 바와 달리 행위할 수 있는 가능성이 원칙적으로 닫혀 있다는 단적인 사실을 의미한다. 자연의 일부인 한에서 인간은 자연을 강제하는 인과법칙으로부터의 자유와 같은 것을 가질 수는 없다. 이것은 밀의 논리 자체로부터 추론되는 귀결이다.

> 한 개인의 마음 안에 현존하는 동기들이 주어져 있고, 마찬가지로 이 개인의 특성character과 성향도 주어져 있고 이 사람이 행위하게 될 방식이 적절하게 언급된다면, 그리고 우리가 이 사람을 완벽하게 알고 이 사람

---

59 M. Weber, "Die Objektivität sozialwissenschaftlicher und sozialpolitischer Erkenntnis", in: idem, *Gesammelte Aufsätze zur Wissenschaftslehre*, 179f.; cf. *ibid.*, 175, 202.

에게 영향을 미칠 모든 유인 동기도 안다면, 우리는 여느 물리적 사건을 예측할predict 때의 확실성을 가지고 그의 행위를 예견할fortell 수 있다.[60]

확실한 예측 가능성은 오직 법칙의 확실한 지배를 통해서만 주어진다. 예측을 신뢰할 수 있는 정도는 법칙의 지배 정도에 상응할 것이다. 그렇다면 인간에 대한 법칙의 강제라는 이 부정할 수 없는 사실 앞에서 《자유론》의 저자가 인간의 자유를 구하기 위해 펼칠 수 있는 논변은 무엇일까? 이를 위해 그는 《도덕과학의 논리학에 관하여》의 한 장을 할애하고 있는데,[61] 내가 보기에 그의 논리에는 빈틈이 있고 주장의 설득력은 약하다. 그러나 이것은 밀 자신의 문제라기보다는 아마 **인간의 자유**라는 문제 자체의 해결 불가능성 때문일 것이다. 이것은 말하자면 인간이 해결할 수 있는 문제가 아니라 짊어져야 할 '십자가(난제!)'다.

밀은 우선 인간 행위에 대한 자신의 입장을 가장 극단적인 의미에서의 결정론, 숙명론fatalism과 구별하는 것으로 논의를 시작한다. 숙명론자는 "무슨 일이 일어나려고 하건, 이 일은 이를 유발하는 원인의 피할 수 없는 결과일 뿐 아니라, 나아가 이로부터 벗어나려는 어떤 발버둥도 소용없고, 우리가 이를 막으려 아무리 노력한다 해도 이 일은 일어나고 말 것이라고 믿는" 사람이다. 밀은 자신의 주장은 이 극단적인 입장과는 "아주 거리가 멀다"[62]며, 우리를 지배하는 외적 요인에 대한 저항은 원하기만 한다면 언제나 가능하다고 말한다.

---

60 J. S. Mill, *On the logic of the moral sciences*, 422.

61 Cf. *ibid.*, chap. II, 421-429.

62 *Ibid.*, 425.

> [숙명론에 의하면 인간의] 특성은 그를 **위해서**_for_ 형성된 것이지 그에 **의해서**_by_ 형성된 것이 아니다. 그러므로 이 특성이 달리 형성될 수 있었더라면 하는 그의 바람은 쓸데없는 것이다. 그에게는 이를 변화시킬 힘이 없다. 그러나 이것은 커다란 오류이다. 그는 특정 한도 내에서 이를 변화시킬 힘을 갖는다. 그의 특성은 그의 환경에 의해 형성된 것이다. (…) 그러나 이 특성을 특정한 방식으로 주조하려는 그의 욕구도 이 환경의 한 요소이고, 결코 최소한의 영향력만을 갖는 요소가 아니다. (…) **원하기만 한다면**_if we will_ 우리는 다른 것들이 우리를 위해 우리의 특성을 만드는 것과 꼭 마찬가지로 우리 자신의 특성을 만들어 낼 수 있다.[63]

어떻게 이런 일이 가능할까? 앞서 주장했던 인과법칙의 강제를 포기하거나 상대화시키지 않는 한, 도대체 어떤 여지가 있어 다시 우리의 자유로운 의지의 반작용이 가능하다고 말하는 것일까? 만일 밀이 인간의 행위를 '구속력 있는 환경의 지배'와 '이를 변경하려는 힘과 욕구를 갖는 인간의 자유의지'의 변증법적 상호작용의 산물로 보는 것이라면, 이는 수용할 수 없다.[64] 그렇다면 법칙의 강제와 의지의 자유는 어떻게 양립할 수 있을까? 인간에게 자연법칙에 저항할 힘이 있다고 가정한다면, 그것은 인간이 온전히 자연의 일부인 것은 아니라는, 온전히 법칙의

---

63 *Ibid.*, 426.

64 왜냐하면 이것은 유치한 변증법이고 맛없는 짬뽕이기 때문이다. 변증법은 대립하는 것들이 나타날 때면 언제나 그리고 무엇이건, 한데 섞어 짬뽕을 끓여 내는 만능 냄비가 아니다. 내가 아는 한 헤겔이 변증법적 종합을 시도하면서 그 종합의 필연성을 내포하는 변증법적 매듭을 제시하지 않은 적은 단 한 번도 없었다. 밀의 주장에는 그런 필연성의 매듭이 보이지 않는다. 그러므로 이 가능성은 논외로 하자.

지배를 받는 것도 아니라는, 따라서 그의 행위에 대한 완전한 설명과 예측도 가능하지 않다는 사실을 수용한다는 의미이다. 그러나 이는《도덕과학의 논리학에 관하여》의 주된 주장들과 충돌한다. 밀은 "**우리가 원한다면**"이라는 단서가 문제를 해결해 주리라 믿고 있는 것 같지만, 우리의 그 같은 **바람**은 모든 닫힌 문을 열어 주는 마스터키가 아니다. 극단적인 결정론자는 바로 다음과 같은 반론을 펼 것이기 때문이다. 환경의 구속에 저항하려는 '욕구', 환경을 변경하고자 하는 '바람' 역시 우리의 자유로운 의지에 의해서가 아니라 다시 환경의 구속에 의한 것이다. 이 논리는 물론 극단적이다. 따라서 이 논리에 다시 논리적으로 대응하려는 어떤 시도도 어리석은 것이라는 점은 분명하다. 어떤 대응책이 나오건 거기에 다시 피할 수 없는 결정론의 그물이 덮어씌워질 것이기 때문이다.[65] 그러나 또한 분명한 것은 이 물음이 제기하는 가능성을 배제할 수 있는 논리적 근거는 없고, 따라서 이 물음이 제기되고 답해지지 않는 한, 밀의 주장에 내재한 논리적 빈틈은 결코 메워지지 않는다는 것이다. 그리고 이것은 법칙의 지배라는 하나의 **사실**과 의지의 자유라는 또 하나의 **사실**을 동시에 주장하는 일은 논리적으로 허용되지 않는다는 것을 의미한다.

내가 보기에 포인트는 여기에 있다. 자유는 이렇게 또는 저렇게 확정될 수 있는 사실의 문제가 아니다. 그럼에도 불구하고 밀은 '인간은 법칙의 지배를 받는다는 하나의 사실' 곁에 '인간은 자유롭다는 또 하나의 사실'을 병치시키기 때문에 논리적으로 풀 수 없는 문제에 말려든다. '확실한 예측, 법칙의 완전한 지배'를 주장하면서 동시에 '법칙으로

65 물론 밀도 이런 문제를 알고 있었다. 그래서 그도 이런 공격에 대해서는 어찌해 볼 도리가 없다는 사실을 인정하고 있다(cf. *ibid.*).

부터의 자유'를 지킬 수 있는 길은 논리적으로는 없다. 이는 밀이 사실로서의 자유를 포기해야만 함을 의미한다. 사실 관계와 논리가 그에게 그렇게 강요한다. 바로 이것이 밀이 인간은 여전히 자유롭다고 반복하여 말하고 있음에도 불구하고, 내가 밀은 자유를 포기했다고 말하는 이유이다.

밀의 문제는 '결코 사실의 사안이 아닌 인간의 자유'를 다만 '하나의 사실'로 보고 있다는 것이다. 그렇기 때문에 '사실로 이해된 자유'가 '법칙의 지배'라는 반대의 사실과 모순을 빚게 된다. 그러나 '인간에 대한 법칙의 지배라는 사실'을 확인하는 것과 같은 의미에서 '사실로서의, 인간의 자유'를 확인할 수 있는 방법은 없다. 자유는 결코 경험의 대상으로 주어지지 않기 때문이다. 반면 인과법칙의 지배는 경험적 사실이고, 과학적으로 증명 가능하다. 파블로프 씨가 자신의 강아지에게 행했던 실험을 인간을 대상으로 반복한다면 어느 인간도 저 무시무시한 종소리의 강제를 피해 가지 못한다는 사실이 실험 심리학적으로 증명될 것이다. 오늘날의 심리학, 경험적으로 무장한 사회과학들은 인간이 법칙의 지배를 받고 있다는 사실을 더 많이, 더 강하게 증명하고 있다. 잘 세팅된 심리학 실험실에서 특정 자극이 주어지면 거의 규칙적으로 예상된 반응이 나오고, 사회과학적으로 확정된 확률적 규칙성에 의거한 예측은 그만큼의 확률을 가지고 자신의 참을 증명한다. 오늘날의 과학적 인간 연구들은 한 목소리로 '사실로서의 자연법칙의 지배'에 대해 말하고 있다. 과학적으로 증명된 이 사실 곁에 '사실로서의, 인간의 자유'를 위한 자리는 없다.

그럼에도 불구하고 우리는 스스로가 자유롭다고 말한다. 왜냐하면 자유란 말하자면 법칙의 지배라는 과학적으로 증명된 사실에도 불구하고 우리가 결코 어깨에서 내려놓을 수 없는 우리의 십자가이기 때문이다. 물론 밀 자신도 이 십자가를 지고 가야 한다는 의무로부터 자유로울 수는 없었다. 아마 이 의무감이 그로 하여금 다음과 같이 말하게 했을 것이다.

> 우리가 우리의 특성을 변경할 수 있다는 사실에 대한 **감정**은 그 자체 우리가 의식하고 있는 도덕적 자유의 **감정***feeling* of moral freedom이다.[66]

이 감정은 단순한 심리적 사실이 아니다. 이것은 자유에 대한 우리의 믿음의 원천이고, 스스로 자유로워야 한다는 요청의 근원이고, 우리에게 부자유를 강요하는 모든 것에 강력하게 저항하겠다는 의지의 표현이다. 동시에 이것은 인간이 인간 스스로에 대해 갖는 자의식이다. 나는 왼쪽으로 치면 왼쪽으로 굴러가고 오른쪽으로 치면 오른쪽으로 굴러가는 당구공이 아니라는 의식이다. 이것이 우리 인간이 가지고 있고 또 가져야만 하는 자유의 의식이다. 한마디로 어떤 경우에도 우리의 어깨에서 내려놓을 수 없는 십자가에 대한 무한한 존경이다. 우리에게 도덕적 자유의 의식, 나의 행위에 대한 책임의 의식을 주는 것은 사실로서의 자유가 아니라, 도덕적 당위로서의 자유, 자연에 속하면서도 스스로 자연을 넘어선다고 믿고 있는 인간에 의해 요청된 자유이다.

요청으로서의 자유*Freiheit als Postulat*는 단적인 사실 이상이기 때문에 '사실로서의 법칙의 지배'에 의해 부정되지 않는다. 만일 우리가 밀처

66 *Ibid.*, 427(강조는 필자).

럼 단지 '사실로서의 자유'만을 주장한다면, 이 자유는 곧 '사실로서의 법칙의 지배'에 의해 부정되고, 후자의 사실을 반복해서 증명하고 있는 과학에 의해 완전히 지양되어 버릴 것이다. 그리고 자유의 지양과 함께 자유가 항상 동반하는 이른바 '책임'도 사라지게 될 것이다. 그렇게 되면 우리는 어떤 범법자도 처벌할 근거를 가질 수 없고, 윤리적으로 부당하다고 간주하는 어떤 행위에 대해서도 도덕적 비난을 가할 권리를 갖지 못한다. 법칙의 강제에 의해 결정된 행위에 대해서는 책임이 있을 수 없고 오직 자유롭게 선택된 행위에만 책임이 따른다는 것은 논리적으로 자명한 일이기 때문이다. 우리의 법과 도덕이 살인자를 처벌하고 부도덕한 자를 비난할 때 하는 말은 '왜 당신은 살인과 부도덕으로부터 벗어날 수 있는 자유를 향유하지 않았느냐?'는 것이다. 그러나 우리는 당구공을 왼쪽으로 치고 '왜 왼쪽으로 가느냐?'고 묻지는 않는다. 당구공에게는 자유가 아니라 자연의 법칙만이 있기 때문이다. 그러므로 책임에 대한 물음은 오직 자유의 의식을 가진 인간이 자유의 의식을 가진 인간에게만 던질 수 있는 물음이다. 우리가 이 물음을 던지지 않는다면, 즉 우리가 **철학하며 당위로서의 자유**에 대해 사유하지 않고 그저 과학만을 하며 경험적으로 증명 가능한 사실의 확정에만 몰입한다면, 그래서 '사실로서의 법칙의 지배'로 하여금 '사실로서의 자유'를 부정하게 한다면, 그때 '우리의 도덕과 법', '덕과 정의에 대한 믿음', '공동체적 삶'은 송두리째 무너지지 않을 수 없을 것이다. 바로 이것이 우리가 사실의 지지가 없음에도 불구하고 '인간은 자유**로워야 한다**'라고 말하고, 과학의 증거가 없음에도 불구하고 철학의 이름으로 자유를 **요청**하는 이유이다. 그래서 과학이 바라보는 사실의 세계 저 너머를 내다보는 철학은 인간은 당구공이 아니어야 하고 자유는 사실 이상이어야 한다고 말한다.

밀은 자유를 하나의 사실 문제로 간주함으로써, 사실로서의 자유가 법칙의 지배라는 반대의 사실에 의해 논박당하게 하는 어리석음을 범하지 말았어야 했다. 그리고 자유의 문제를 과학적 사실 인식의 영역으로 끌어들이면서 후대의 과학으로 하여금 '사실로서의, 인간의 부자유'를 증명하게 하는 단초와 빌미를 제공하지 말았어야 했다. 그는—그가 철학자라면—이 문제를 우리의 영원한 십자가로 남겨 두었어야 했다. 우리가 자유롭다고, 자유로울 수 있다고 믿을 수 있게 말이다. 《자유론》의 저자의 생각이 여기에 미치지 못했다는 것은 심히 유감스러운 일이다.

3.3.2 이마누엘 칸트

이제 '하나의 과학인가, 두 개의 과학인가?'라는 물음에 대한 세 답변 중 두 번째, 칸트의 입장을 검토할 차례다. 앞선 성찰에서 내가 밀에게 제안했던 바로 그것이 칸트의 답변의 핵심을 이룬다. 즉 자연과 자유의 구분이고 인식의 영역과 실천의 영역의 분리다.

밀은 인과적 필연성과 의지의 자유를 모두 사실의 문제로 보고 경험적 인식의 차원에서 이 문제를 다루었기 때문에 이 두 측면 간의 해결되지 않는 모순에 빠질 수밖에 없었다. 칸트 역시 원칙적으로 같은 문제를 다루지만, 다른 차원에서, 즉 사실과 인식의 차원이 아니라 모든 경험적 현상을 넘어서는 예지계noumena의 관점에서 이 문제에 접근하기 때문에 밀이 봉착했던 논리적 모순에는 부딪히지 않는다. 이 문제는 잘 알려진 대로 우주론적 이념의 세 번째 항쟁, 즉 관계에 따른, 정립Thesis과 반정립Antithesis 사이의 이율배반Antinomie이다. 정립은 "세계의 현상 전체를 설명하기 위해서는 (…) 자연의 법칙에 따른 인과성 외에 (…) 자유에 따른 인과성을 가정함이 필연적"[67]이라고 말한다. 반정립은 "자유란 없고 세계 안의 모든 일은 오직 자연의 법칙에 따른다"[68]고 주장한다. 정립의 논거는 다음과 같다. 자연의 인과적 법칙에 따라 모든 현상은 원인을 갖고, 그 원인 또한 상위의 원인을 갖고, 이 또한 한층 더 상위의 원인을 갖는다. 따라서 오직 자연의 법칙에만 따른다면 결과에서 원인에 이르는 계열은 어떤 시작도 가질 수 없게 될 것이다. 왜냐하면 어떤 시작도 다시 원인을 가져야만 하기 때문이다. 그러므로 결과에서 원인을 찾아 올라가는 계열은 무한 소급에 빠지지 않을 수 없다. 그런데 우리의 이성은 이 같은 무한 소급이 부조리하다고 여기므로, 당연히 이성은 결과에서 원인에 이르는 계열의 끝, 즉 원인이 결과를 불러오는 "현상 계열의 단적으로 첫 번째인 시작"[69]을 상정하지 않을 수 없다. 이 "원인들의 (…) **스스로로부터** 시작하는 (…) **절대적 자발성**"[70]이 "자유로부터의 첫 번째 시작"[71]이고 바로 이것이 자연의 법칙을 앞서 가는 "선험적 자유transzendentale Freiheit"[72]이다. 반정립의 논거는 다음과 같다. "자연의 법칙 대신 자유의 법칙이 세계 진행의 인과성[의 계열] 안으로 들어와" 이 계열의 출발점을 차지해야 한다는 정립의 주장은 허용될 수 없다. 왜냐하면 그렇게 인과성의 계열 안으로 들어온, 따라서 자연의

67 I. Kant, *Kritik der reinen Vernunft*, B472.
68 *Ibid.*, B473.
69 *Ibid.*, B479.
70 *Ibid.*, B474.
71 *Ibid.*, B479.
72 *Ibid.*, B474.

"법칙에 의해 규정된" 자유라면 그것은 더 이상 "**자유가 아니라**" 이미 "**자연 자체여야**" 하기 때문이다. 그러므로 자연의 법칙에만 "합법칙성 Gesetzmäßigkeit"이 부여될 수 있고, 이 법칙성의 정반대인 자유의 법칙에는 정확히 말해 "무법칙성Gesetzlosigkeit"이 대응해야 할 것이다. 그러므로 경험 가능한 인과 계열의 경험되지 않는 시작으로 상정된 선험적 자유는 "경험 중에서는 결코 만날 수 없는 (…) 공허한 공상의 산물"이고, 합법칙적 계열의 무법칙적 시작으로 상정된 자유는 우리 "경험의 일관되고도 합법칙적인 통일성의 (…) 실마리를 잘라 버린다".[73] 그러므로 세계에는 오직 자연의 법칙만이 있을 뿐이다.

이렇게 해서 '자연의 법칙 위에 자유의 법칙을 상정하는 정립'과 '오직 자연의 법칙만을 승인하는 반정립' 사이에는 무한한 항쟁이 발생한다. 이 항쟁은 "자연스럽고도 불가피하며"[74] 동시에 "결코 제거될 수 없다".[75] 이것이 자연스럽고 불가피한 것은 두 입장이 각각 "스스로는", 즉 서로에 비추어 보기 전에는 "무모순적이고", 또한 각각 "자신의 필연성의 조건을 이성의 본성 안에 가지고 있기"[76] 때문이다. 또한 제거될 수 없는 것은 이 경우, 대립하는 둘 중에 어느 것이 옳은지를 판가름해 주는 "경험의 시금석이 없어서"[77] 우리로서는 이 둘 중 "어느 하나가 다른 하나보다 우월하다는" 판단을 내릴 수 "없기"[78] 때문이다. 그러므로 정립과 반정립 사이에는 팽팽한 대립이 무한히 유지된다. 이율배반의 이

---

73 *Ibid.*, B475.
74 *Ibid.*, B49.
75 *Ibid.*, B50.
76 *Ibid.*, B49.
77 *Ibid.*, AVIII.
78 *Ibid.*, B48.

같은 무한성은 무엇보다 자유라는 이념이 그 "객관적 실재성은 확실하지 않으나 생각해 보는 것이 불가능하지는 않다"는 점, 이른바 "문제적 problematisch"[79]이라는 데서 찾아야 할 것이다. 문제problema는 원래 아리스토텔레스의 개념인데, 어떤 물음에 대해 "그럴듯한 근거를 갖춘" 복수의 대답들이 있고, 이들 사이에 어떤 "모순도 없어서" 최종적인 "답변이 불가능한"[80] 물음, 즉 긍정적으로 답하건 부정적으로 답하건 아무런 상관이 없는 물음을 뜻한다.[81] 이렇게 보면 '인간은 자유로운가?'는 물음은 결국 "해결되지 않는다"는 점에서 그야말로 전형적인 "하나의 문제", 그것도 "철학적인 문제"[82]라 할 수 있을 것이다.

'인간은 자유로운가?' 이 물음에 정립은 긍정으로 반정립은 부정으로 답한다. 그러나 이 두 개의 답은 모두 경험 가능한 사태에 대한 과학적 진술이 아니라 경험 저 너머에 대한 형이상학적 입론들이기 때문에 결코 경험 중에 자신의 정당성을 발견할 수 없다. "세계가 시작을 가진다고 상정"하는 정립에 따른다면 세계 현상의 계열은 유한할 뿐이고 따라서 우리는 세계의 한계에 도달할 수 있을 것이다. 그때 세계는 "너무 좁다".[83] 그러나 "세계가 시작을 가지지 않는다고 상정"하는 반정립에 따른다면 세계 현상의 계열은 무한할 것이고 따라서 우리는 결코 세계의 한계에 도달할 수 없을 것이다. 그때 세계는 "너무 넓다".[84] '자유의

79 I. Kant, *Kritik der praktischen Vernunft*, 3.

80 Aristoteles, *Topik*, 104b.

81 Cf. H.-G. Gadamer, *Gesammelte Werke*, Bd. I, 382. 칸트 역시 "긍정 및 부정이 가능하다고(임의적이라고) 여겨지는" 판단을 "문제적(개연적)"(I. Kant, *Kritik der reinen Vernunft*, B100; cf. B310)이라 부른다.

82 H.-G. Gadamer, *Gesammelte Werke*, Bd. II, 81.

83 I. Kant, *Kritik der reinen Vernunft*, B514.

법칙인가, 자연의 법칙인가?'라는 물음은 '세계는 좁은가, 아니면 넓은가?'의 물음, 즉 세계의 끝과 한계에 대한 물음이다.[85] 이 물음에 지성은 결코 답할 수 없다. 이렇게 '끝까지 사유된 세계'는 지성이 사용하는 개념이 아니라 지성 사용의 한계를 넘어 사유된 형이상학적 이념이기 때문이다. "더 이상 다른 것의 부분이 아닌 그런 전체"로서의 세계는 우리가 사유할 수는 있되 결코 경험할 수 없는 "한계 개념Grenzbegriff"[86]이다. 즉 경험의 사용이 금지되는 지점이다. 그러므로 이 지점에서 자신의 정당성을 주장하는 정립과 반정립에 대해 우리의 경험은 침묵할 수밖에 없다. 그러므로 자유에 관한 문제적 물음에 대한 두 대답은 경험의 지지에 의해 "자신의 참을 증명하기를 기대할 수도 없고" 또한 경험의 반대에 의해 "논박당할 것을 염려할 필요도 없다".[87] 말하자면 온갖 갈등과 충돌에도 이율배반은 사라지지 않는다. 적어도 우리가 경험의 관점에서만 이 문제를 바라본다면 그렇다.[88]

---

84 *Ibid.*, B514f.

85 이 물음은 아리스토텔레스가 '문제problema', 즉 답할 수 없는 물음의 전형적인 예로 제시한 다음의 물음과 같은 것이다. "우주는 영원한가, 그렇지 않은가?"(Aristoteles, *Topik*, 104b)

86 I. Kant, *Vorlesungen über Metaphysik und Rationaltheologie, Kants Gesammelte Schriften*, Bd. XXVIII, hrsg. von Königlich Preußischer Akademie der Wissenschaften zu Berlin, Berlin 1968, 195.

87 I. Kant, *Kritik der reinen Vernunft*, B449.

88 혹자는 경험 불가능한 자유의 필연성을 주장하는 정립은 물론 형이상학적 입론이지만, 경험 가능한 자연법칙의 필연성을 주장하는 반정립은 과학적 입장이라고 반박할지도 모르겠다. 물론 밀이 법칙의 지배를 논할 때 그 지배는 하나의 경험 가능한 사실로 주장한 것이었다. 그러나 칸트의 이율배반론에서 반정립은 "일어난 모든 일은 피할 수 없이 자연법칙에 의해 규정된다"고 말하는데, 이 "자연 필연성Naturnotwendigkeit"은 결코 "경험 개념이 아니다". 왜냐하면 우리가 경험하는 것은 법칙의 지배라는 단적인 사실이지 이 지배의 필연성은 아니

그러나 칸트에 의하면 이 대립은 단지 "가상에 근거할" 뿐이고 자연의 법칙과 자유의 법칙은 **"충돌하지 않는"**[89] 것으로 사유될 수 있다. 무엇보다 이 외관상의 모순의 존재론적 근원이 무엇인지를 파악하는 것이 중요하다. 내가 보기에 이 모순은 인간이라는 존재자가 두 개의 상이한 현실성에 속해 있다는 사실로부터 설명되어야 한다. 이것은 말하자면 인간에게만 "특수한 운명"[90]이다. 모든 자연적 존재자는 자연적 현상계에 속하고 모든 신적 존재자는 초자연적 예지계에 속한다. 오직 이성적 존재자로서의 인간만이 이 두 세계에 함께 속한다. 인간의 인식 가능성이 경험 가능한 현상의 세계에 제한된다는 의미에서 그는 감성적 현상계phaenomena에 속하지만, 동시에 자연의 소질로서의 형이상학이 그의 심성 중에 "이 한계를 넘어" 물 자체의 세계로 향하는 무한한 "성벽"[91]을 심어 주었다는 의미에서 초감성적 예지계noumena에도 속한다. 그리고 인간이 이렇게 두 개의 현실성에 속하는 한에서 그는 두 개의 상이한 관점을 갖는다. 그 하나는 자연의 합법칙성을 바라보는 현상의 관점이고, 다른 하나는 모든 자연적 법칙성의 절대적 시작으로서의 자유를 바라보는 물 자체의 관점이다. 인간의 이 같은 이중성은 일단은 자연의 법칙과 자유의 법칙 간의 이율배반의 인간학적인 그리고 존재론적

기 때문이다. 필연성은 경험 가능한 개념이 아니라 "선천적 인식 개념"이다. 그러므로 반정립 역시 형이상학적 입론일 수밖에 없다. 물론 이 형이상학적 입론이 자연 안에서 "경험을 통해 확증된다"(I. Kant, *Grundlegung zur Metaphysik der Sitten*, 455)는 사실만큼은 분명하다. 그러나 이 경험적 확증이 필연성을 담보하는 것은 아니다.

89 I. Kant, *Kritik der reinen Vernunft*, B586.

90 *Ibid.*, AVII.

91 *Ibid.*, B670.

인 근원이다. 그러나 다른 면에서 보면 이 이중성은 결국은 **하나의 인간**의 두 측면이라는 점에서, 상충하는 자연과 자유가 하나로 사유될 수 있는 가능성의 근원이기도 한다.

이율배반의 해결 가능성을 모색하면서 칸트는 "현상들이 곧 물 자체라면, 따라서 공간과 시간[이라는 자연의 형식]이 물 자체의 현존의 형식이라면"[92]이라는 가정을 한다. 이 가정은 밀이 '자연의 법칙'과 '인간의 자유'를 매한가지의 사실로 간주할 때 암암리에 했던 가정이고, 따라서 밀로 하여금 모순에 봉착해 사실로서의 자유를 포기하도록 강요했던 바로 그 가정이다. 이 가정이 옳다면 칸트 역시 밀과 마찬가지로 자유를 포기하지 않으면 안 될 것이다. 이는 반대로 바로 여기에, 즉 이 가정의 거부에 탈출구가 있다는 사실을 뜻한다. 즉 현상과 물 자체가 같지 않음을 지적하는 것이 이율배반의 해결을 위한 실마리다

반정립에 따라 현상이 곧 물 자체라면, 정확히는 현상의 배후에 "스스로는 현상이 아닌 어떤 것"[93]이 서 있지 않다면, 현상의 총화로서의 "자연은 모든 사건에 대해 완벽한, 스스로만으로도", 즉 자유라는 최초의 원인을 상정함이 없이도 "충분히 규정적인 원인"이고, 따라서 현상들의 계열은 "필연적으로 자연법칙 아래" 놓이게 된다. 이렇게 이해된 자연은 물론 그 자체 완전한 법칙적 질서다. 문제는 이 완전한 자연 안에 자유를 위한 자리는 없고, 우리는 결코 "자유를 구해낼 수 없다"[94]는 것이다. 그러나 정립에 따라 현상이 물 자체가 아니라면, 즉 자신의 배후에 "현상이 아닌 근거를 또 가져야 한다면", 이 근거, "예지적 원인은

92 *Ibid.*, B563.

93 *Ibid.*, A251.

94 *Ibid.*, B564.

(…) 현상을 통해 규정될 수는 없고", 따라서 현상들의 인과적 "계열의 외부"[95]에 있어야 할 것이다.[96] 자연의 외부, 바로 여기가 자유를 위한 장소다.

칸트는 정립의 타당성은 온전히 인정하는 반면, 반정립의 타당성은 제한적으로만 승인한다. 한편으로, 현상은 결코 물 자체일 수 없고 자신의 배후에 자신의 "이념적 대응물"[97]로서의 물 자체를 상정할 수밖에 없다. 따라서 일단 정립의 입장이 타당하다. "비록 인식할 수는 없지만, 그러나 사유해 보는 것이 가능한"[98] 물 자체의 관점에서 우리는 "자유를 사유할 수 있다".[99] 다른 한편, 현상은 물론 물 자체는 아니지만 그렇다고 아무것도 아닌 것도 아니다. 이것은 우리가 구성한 대상이고 이 대상들의 "역학적 **전체**"[100]가 바로 자연이기에, 반정립의 입장도 자연, 즉 경험적 현상계 내에서는 타당하다. 이 경우 우리는 현상의 관점에서 현상계 내에서는 "어떤 예외도 허용하지 않는"[101] 강제적인 자연법칙을

---

95 *Ibid.*, B565.

96 이것은 칸트가 물 자체의 필연성을 추론하는 유명한 논증이다. 현상이란 이 말의 본래적인 의미에 따라 "스스로만으로는 (…) 존재할 수 없고" 다만 무엇**의** 현**상**일 수밖에 없다. 현상이란 그림이고 그림은 늘 무엇의 그림이기 때문이다. 따라서 현상에는 어떤 **무엇**이 "대응하지 않으면 안 된다"(*ibid.*, A251). 그런데 이 대응물이 다시 하나의 현상이라면, 우리는 이 대응물의 대응물을 또 요청하지 않을 수 없다. 결국 이 요청의 과정이 "부단한 순환"(*ibid.*, A252)을 피할 수 있기 위해서는 현상의 배후에 서 있는 것이 "스스로는 현상이 아니어야"(*ibid.*, A251), 즉 물 자체여야 한다. 물 자체를 승인한다는 점에서, 그리고 물 자체가 현상과는 다르다는 점을 승인한다는 점에서 칸트는 원칙적으로 정립의 입장에 가깝다고 말할 수 있을 것이다.

97 *Ibid.*, A250.

98 *Ibid.*, BXXVI; cf. B568.

99 *Ibid.*, BXXVIII.

100 *Ibid.*, B446.

인식한다. 그러므로 두 관점을 한데 합쳐 이렇게 말할 수 있을 것이다. 인간의 행위를 포함하여 우리가 경험하는 모든 것은 어떤 원인의 결과일 텐데, 이것은 "그 예지적 원인과 관련해서는 자유로운 것으로, 그러나 동시에 현상과 관련해서는 [다른] 현상으로부터 자연 필연성에 따라 도출된 것으로 간주될 수 있다".[102]

인간은 그의 이중적 본성에 따라 한편 인식 가능성과 관련해서는 "감성계에 속하지만", 다른 한편 사유 가능성과 관련해서는 "지성계에 속한다".[103] 그리고 그런 한에서 인간은 "자연 필연성의 길"과 "자유의 길"[104]을 동시에 걷는다. 따라서 우리는 한편 전적으로 정당하게 "자연의 한 부분으로서의 인간은 자연의 법칙에 종속되어 있다"고 말하고, 다른 한편 역시 못지않은 정당성을 가지고 "인간은 자유롭다"고 말한다. 물론 이 두 경우 우리는 인간을 각기 "다른 의미와 다른 관계에서 생각하는" 것이지만, 그러나 이 둘은 "필연적으로 하나의 동일한 주체 안에서 통일된 것으로 생각되지 않으면 안 된다".[105] 이 두 측면을 자신 안에 함께 유지하고 있는, 그 **하나**로서의 존재자가 바로 인간이기 때문이다.

> 이성적 존재자는 자기 자신을 **예지자로** (…), 감성계가 아니라 지성계에 속하는 것으로 보아야만 한다. 그러므로 그는 두 개의 입장을 갖는데, (…) **첫째**, 그는 감성계에 속하는 한에서 자연법칙(타율) 아래 있고, 둘째, 지성계에 속하는 한에서 자연으로부터 독립적인 법칙, 경험적이지

101 *Ibid.*, B570.
102 *Ibid.*, B565.
103 I. Kant, *Grundlegung zur Metaphysik der Sitten*, 451.
104 *Ibid.*, 455.
105 *Ibid.*, 456.

않고 단지 이성에 기초하는 법칙 아래 있다. 이성적인, 즉 지성적 세계에 속하는 존재자로서 인간은 자신의 고유한 의지의 인과성을 자유의 이념 아래서만 사유할 수 있다. 왜냐하면 감성계의 규정하는 원인들로부터의 독립성이 (…) 자유이기 때문이다. 자유의 이념에는 이제 **자율**의 개념이 뗄 수 없이 결합되고, 이 개념에 윤리성의 보편적 원칙이 결합된다. 이 윤리성의 원칙은 **이성적 존재자**의 모든 행위의 이념의 근거에 놓여 있다. 마치 자연법칙이 모든 현상의 근거에 놓여 있듯이 말이다.[106]

이성적 존재자는 스스로가 예지자로서 지성계에 속한다고 본다. 그리고 이 세계에 속하여 작용하는 원인으로서의 인과성만을 **의지**라 부른다. 그러나 다른 면에서 이 존재자는 스스로가 또한 감성계의 한 부분임을 인지하고 있다. 감성계 안에서 그의 행위는 (…) 욕망과 경향성처럼 감성계에 속하는 다른 현상들에 의거해서만 통찰될 수 있다. 그러므로 지성계의 순전한 성원으로서의 나의 모든 행위는 순수 의지의 자율이라는 원칙에 온전히 합당할 것이다. 그러나 감성계의 순전한 한 부분으로서의 나의 행위는 전적으로 욕망과 경향성의 자연법칙에, 즉 자연의 타율에 맞추어 취해질 것이다. (…) **지성계는 감성계의 근거를, 그리고 또한 감성계의 법칙의 근거를 포함하고,** (전적으로 지성계에 속하는) 나의 의지와 관련해서 직접적으로 입법적이고, 또 그렇게 생각되어야만 하기 때문에, 나는 예지자로서의 나 자신이 (…) 이성의 법칙에, (…) 그리고 의지의 자율에 종속한다고 인식한다. (…) 비록 다른 면에서 나는 감성계에 속하는 존재자이기는 하지만 말이다. (…) 자유의 이념이 나를 지

106 *Ibid.*, 452f.

성적 세계의 성원이 되도록 해 주었다.[107]

물론 이 자유는 현상계에서 경험된, 사실로서의 자유는 아니고 물 자체의 관점에서 사유된, 한갓된 이념으로서의 자유에 불과하기 때문에, 이것은 객관적으로 실재하는 것은 아니고,[108] 따라서 경험할 수도 인식할 수도 없는 것이다.[109] 자유란 단지 우리가 스스로 "의지를 가졌다고 생각하는 한에서 (…) 전제할 수밖에 없는"[110] 이념이다. 그리고 이 이념의 관점에서 볼 때 자연의 인과법칙의 지배를 받고 있는 바로 그 인간은 동시에 "자유롭다고 간주되어야 하며", 그는 "오직 **자유의 이념 아래서**만 행위할 수 있다는 (…) 바로 그 사실 때문에 실천적 관점에서 보면 실제로도 자유롭다".[111] 이것이 모든 경험을 넘어서는 이념의 진실이다. 설혹 경험이 이와 "정반대를 보여 준다 해도", 즉 인간이 철두철미 자연법칙의 지배 아래 놓여 있다는 단적인 사실을 증명한다고 해도 "변하지 않는",[112] 물 자체의 진실이다. 자유는 경험적 인식의 대상이 아니라, 경험적 세계 저편에 놓인, 우리의 행위의 근거이고 따라서 "경험적으로 주어진 근거에 굴복하지 않기"[113] 때문이다.

긴 우회로를 거쳤으니 원래 우리 논의의 출발점이었던 물음에로 되

---

107 *Ibid.*, 453f.

108 Cf. I. Kant, *Kritik der praktischen Vernunft*, 3; idem, *Grundlegung zur Metaphysik der Sitten*, 448, 455, 459.

109 Cf. I. Kant, *Kritik der reinen Vernunft*, BXXVIII; idem, *Grundlegung zur Metaphysik der Sitten*, 455, 456, 459, 462.

110 I. Kant, *Grundlegung zur Metaphysik der Sitten*, 449.

111 *Ibid.*, 448.

112 *Ibid.*, 455.

113 I. Kant, *Kritik der reinen Vernunft*, B576.

돌아가 그 물음에 대한 칸트의 답변을 정리해 보자. 주도적인 물음은 '하나의 과학인가, 두 개의 과학인가?'이다. 이에 대한 칸트의 답은 '하나!'이다. 물론 이것은 이 물음에 대한 밀의 답과 동일한 것이지만, 세세한 부분까지 검토하면 두 사람의 입장이 많이 다르다는, 특히 자유의 사안과 관련해서는 심지어 정반대라는 것을 알 수 있다. 밀은 자연의 영역에서 성공적이었던 과학적 인식이 자유의 영역에서도 꼭 같이 가능하다고 믿었기 때문에, 즉 이 영역들이 전혀 다른 두 현실성은 아니라는 믿음에서 하나의 과학이라고 답했다. 그러므로 밀의 입장을 정확히 표현하면 '하나의 현실성, 따라서 하나의 과학'이고, 그 최종적인 결과는 이미 살펴보았듯 자유의 포기다. 그러나 칸트에 따르면 자유는 결코 인식의 대상이 될 수 있는 경험적 개념이 아니라 사유만 할 수 있는 선험적 이념이기 때문에, 여기서는 모든 인식 가능성이 거부된다. 자유가 시작되는 곳, 즉 자연의 질서가 끝나는 곳에서 "모든 **설명**도 끝난다". "법칙에로 환원될 수 있는 것만이 (…) 설명될 수 있기" 때문이다. 반면 자유란 순전한 이념이기 때문에 이성적 존재자가 필연적으로 전제하는 것이지만, 어떤 경우에도 경험과 설명의 대상이 아니다. 자유와 자연은 물 자체와 현상이 다르다는 바로 그 의미에서 단적으로 다르다. 즉 자유는 자연의 이념적 "대응물"이요 근거이지만, 이 둘은 근본적으로 다른 존재 질서에 속한다. 그러므로 위의 물음에 대한 칸트의 답변을 정확히 표현하면 '두 개의 현실성, 그러나 하나의 과학'이고, 이 답변의 철학적 함축은 자유의 "수호"[114]이다.[115]

114 I. Kant, *Grundlegung zur Metaphysik der Sitten*, 459.

115 이런 맥락에서 칸트의 다음의 말은 특히 음미할 가치가 있다. 자연 인식이 끝나는 곳에 "남는 것은 [자유의] 수호뿐이다. 즉 사물의 본질을 더 깊게 들여

칸트는 자유와 자연을 엄밀하게 구분하고, 과학적 인식의 가능성은 후자에 제한한다. 물론 인간이 이 둘 중 어떤 현실성에 속하는지는 단적으로 말할 수 없다. 인간은 물론 자연의 일부이고 따라서 우리가 인간을 단지 "생리학적으로만 탐구하기를 원한다면" 그렇게 할 수 있다. 그리고 이 탐구가 완벽하게 진행된다면 "확실성을 가지고 예측하지 못할 인간의 행위는 없고", 따라서 이 현상으로서의 인간에게는 어떠한 "자유도 없다".[116] 그렇다고 인간이 모든 면에서 자유롭지 않다는 것은 아니다. 자연의 일부라는 그 인간이 자연과는 전혀 다른 현실성, 의무와 당위의 왕국에 속하는 한, 그 하나의 인간은 예지자로서 여전히 자유롭고 또 자유로워야 하기 때문이다.

> 인간 이성의 입법(철학)은 이제 두 가지의 대상을 갖는다. 자연과 자유가 그것이다. 따라서 이 입법은 당연히 자연법칙뿐 아니라 도덕법칙도 포함한다. 이 둘은 물론 처음에는 분리된 두 특수한 체계이지만, 결국은 하나의 철학 체계로 되어야 한다. 자연철학은 **존재하는** 것was da *ist*에 관계하고, 도덕철학은 존재**해야 하는 것**was da *sein soll*에만 관계한다.[117]

이성적 존재자, 자연의 지배를 받으면서도 자연을 넘어서고 현상이

다본 척하면서 배짱 좋게도 자유는 불가능하다고 말하는 자들의 반대를 몰아내는 일뿐이다. 우리가 이들에게 보여 주어야 할 것은, 그들이 발견했다고 잘못 생각한 [자연과 자유의] 모순은 (…) 그들이 인간을 예지자로서, 그리고 또한 물 자체로 사유했어야 했던 곳에서 인간을 여전히 단지 현상으로만 관찰했다는 데에 기인한다는 점뿐이다"(*ibid.*).

116 I. Kant, *Kritik der reinen Vernunft*, B578.

117 *Ibid.*, B868.

면서도 현상 이상인 인간을 규정하는 것은 '실재로 그가 무엇이고 어떻게 있는가?'뿐 아니라, '그는 자신의 의무에 따라 무엇이어야 하고 또 어떻게 있어야 하는가?'이기도 하다. 전자가 현상계의 관점이 던지는 물음이라면 후자는 예지계의 관점이 던지는 물음이다. 이 두 관점을 한 층위에서 비교할 수는 없다. 현상계의 관점에서 보면 "**일어난** 일, (…) 반드시 일어났어야만 했던 모든 일"도 예지계의 관점에서 보면 "**일어나지 말았어야만 했던** 일"[118]일 수 있고, 현상계의 관점에 의하면 "**일어나지 않았고** 또 아마 [앞으로도] 일어나지 않을 일"이 예지계의 관점에 따르면 "필연적일"[119] 수 있다. 밀이 무시했거나 또는 망각했던 이 구분은 반드시 지켜져야 한다. 왜냐하면 자연과 현상의 구속력을 자유와 물 자체에까지 적용하려는 시도가 이루어지는 바로 그 순간이 자유가 실종되고 우리의 도덕이 근거를 잃는 순간이고, 이성적 존재자가 단순한 자연적 존재자로 추락하는 순간이기 때문이다. 이 문제와 관련한 칸트의 근본 입장은《순수 이성 비판》의 2판 서문이 밝힌 대로 단순하다. 신과 영혼과 자유에 대한 "**믿음**을 위한 자리를 마련하기 위해 **앎**은 지양되어야"[120] 한다. 이때 지양되는 것은 물론 자연 인식이 아니라, 자유의 영역에 대한 인식이다. 정확히 말하자면 지성이 아니라 "오직 이성만이 선천적으로 입법적인"[121] 자유의 영역에서 다시 지성 인식을 얻으려는 모든 도착된 시도이다. 이런 종류의 시도를 철학의 가장 초보적인 용어를 사용하여 "독단론"[122]이라 부른다. 가능한 경험의 한계를 무시하고 자

118 *Ibid.*, B578.

119 *Ibid.*, B576.

120 *Ibid.*, BXXX.

121 I. Kant, *Kritik der Urteilskraft*, BXXIV.

122 I. Kant, *Kritik der reinen Vernunft*, BXXX.

연의 법칙을 자유의 영역까지 확장하여 적용하려는 이 독단을 제거하는 것이야말로 칸트에 의하면 "철학의 첫째의, 그리고 가장 중요한"[123] 과제다. 이것은 이성적 존재자로서의 인간의 자기 방어이고, 그의 가장 큰 권리이자 의무인 자유의 수호이기 때문이다.

그러므로 자유의 왕국에 과학을 위한 자리는 없다. 여기서는 자연의 인과법칙이 아니라 오직 자유의 법칙만이 문제이고, '이론적 인식'이 아니라 '실천적 행위'가, '앎'의 문제가 아니라 '삶과 함'의 문제가 본질적인 사안이기 때문이다. 바로 이것이 칸트가 이른바 '도덕과학의 논리학'을 제공하지 않은 이유다. 잘 알려진 대로 칸트는《순수 이성 비판》이라는 책의 저자이다. 이 책은 칸트가 반복해서 지적하고 있듯이 스스로는 과학의 체계에 속하지 않는다. 이 책은 과학의 "예비학"[124]으로서 스스로는 대상 세계에 대한 어떤 인식도 제공하지 않으면서, 대상 세계를 탐구하는 과학의 가능성만을 정초하려 한다. 칸트가 그 가능성의 근거를 제공하고자 했던 과학은, 이른바 당대의 "현실적인" 두 과학, 수학과 자연과학이었다. 따라서《순수 이성 비판》의 전반부, 선험적 분석론의 두 주도적인 물음은 **"어떻게 순수 수학이 가능한가? 어떻게 순수 자연과학이 가능한가?"**[125]이고, 이 물음은 **"어떻게 선천적 종합판단이 가능한가?"**[126]라는 형식으로 구체화된다. 과학에 대한 철학의 인식론적 봉사는 수학과 자연과학에 국한된다. 이는 칸트가 '어떻게 순수 도덕과학이 가능한가?'라는 물음은 제기할 수도 없고 제기해서도 안 된다고, 따

123 *Ibid.*, BXXXI.
124 *Ibid.*, BIX; cf. A11, B25.
125 *Ibid.*, B20.
126 *Ibid.*, B19.

라서 도덕과학의 논리학**으로서의**《도덕 이성 비판》또는《역사 이성 비판》과 같은 책은 쓸 수도 없고 써서도 안 된다고 생각했다는 사실을 뜻한다. 칸트의 이 생각은 단순히 과학론적인 관심에서만 고려된 것은 아니다. 이미 지적했듯이 이 생각에는 과학적 **인식**은 보편적 인과법칙의 체계로서의 자연에 국한되어야 하고, 이성적 존재자로서의 **인간**은 근본적으로는 이 과학의 대상으로서의 자연을 넘어서며, 자연 이상인 그 인간에게 **자유**는 버릴 수 없는 권리이자 피할 수 없는 의무라는 철학적 결단이 들어 있다. 앎과 사람, 그 사람의 자유에 대한 이 철학적 결단이 '하나의 과학인가, 두 개의 과학인가?'라는 물음에 대한 칸트의 '하나'라는 답변의 근본 의미이다.

3.3.3 빌헬름 딜타이

과학의 문제와 관련한 딜타이의 철학적 문제 상황은 두 가지로 특징지을 수 있다. 첫째 그는 칸트가 쓰지 않은《역사 이성 비판》이라는 책을 써야 했다. 그러나 그는 그 책을 쓰면서 칸트가 우려했고 밀이 빠져든 문제, 자유의 실종만큼은 피해 가야 했다. 그런 의미에서 딜타이의 정신과학론은 칸트의 과학 일원론의 보완이며 동시에 밀의 과학 일원론에 대한 비판이라고 할 수 있다. 우선 후자의 문제부터 살펴보자.

도덕과학을 자연과학 아래로 용해시켜 버린 밀의 과학 일원론을 예비했던 데이비드 흄은 도덕철학(또는 인간학)과 자연철학을 구분한다.[127] 그리고 후자에 비해 전자는 실험과 관찰이라는 도구를 자유자재

127 이 구분이 밀의 자연과학과 도덕과학의 구분의 철학사적 기원임은 분명하다.

로 활용할 수 없다는 점에서 학문적 성과를 거두기에 불리한 상황에 처해 있음을 일단 인정한다. 그러나 그는 이내 마치 '도덕과학의 성공에 대한 밀의 낙관론'을 예비하기라도 하듯 다음과 같이 말한다.

> 이러한 학문에서도 인간의 삶에 대한 신중한 관찰로부터 실험을 수집해야만 하며 (…) 이러한 종류의 실험이 적절하게 수집되고 비교되는 경우에, 우리는 그 실험을 기초로 하나의 학문을 정립할 수 있으리라고 희망할 수 있을 것이다. 물론 이 학문은 확실성에서도 조악하지 않을 것이며, 실용성에는 다른 어떤 인간 이해보다 훨씬 더 우수할 것이다.[128]

흄은 인간과 도덕에 대한 과학을 건립하는 것은 경험을 신뢰하는 사람들, 영국인의 임무라고 생각했다. 대륙의 철학자들이 경험 저 너머에 몰입하고 매몰되어 있는 한, 그들에게 경험적 인간 연구라는 과제를 양도해서는 안 된다고 생각했을 것이다. 경험론의 정점에 서 있는 이 반형이상학자가 그렇게 생각했다는 것은 있음직한 일이다. 그는 이렇게 쓴다.

> 설령 다른 나라가 시로써 우리와 맞서고, 또 다른 좋은 예술로 우리를 능가한다고 할지라도, 이성과 철학의 진보는 오직 관용과 자유의 땅에 있을 뿐이다. 또한 우리는 인간학에서의 이성과 철학의 진보가 자연 철학에서의 진보보다 우리 조국에 덜 명예로울 것이라고 생각해서는 안 된다.[129]

---

128 데이비드 흄, 《오성에 관하여》, 이준호 옮김(서광사, 1994), 24쪽.
129 같은 책, 22쪽.

경험과 관찰을 중시하는 이 영국적 전통이 밀의 지적 자양분이었음은 틀림없다. 이 전통이 밀로 하여금 인간의 삶을 외적 자연으로 환원하여 경험적 연구의 대상으로 삼는 시도에 이르게 했을 것이다. 최소한 딜타이는 그렇게 보았다. 딜타이의 《전집》 V권의 편집자 서문에 따르면 딜타이가 소장하고 있던 밀의 책 《논리학 체계》에는 다음과 같은 메모가 쓰여 있다.

> 편견에 가득한 독단적 경험론을 대신할 **진짜 경험적인** 과정은 오로지 독일에서만 나올 수 있다. 밀은 역사적 교양이 부족했던 탓에 독단적일 수밖에 없었다.[130]

이 독단은 물론 자연주의Naturalismus의 독단,[131] 인간적 삶Leben의 현실성을 인과적으로 규정된 자연의 법칙성에로, 내적 체험Erleben을 외적 감각 경험에로 환원하는 독단이다. 이 자연주의적 일원론에 저항하고 자연과는 구분된 삶 자체의 현실성을 파악하는 것이 바로 딜타이의 정신과학론의 출발점이다. 인간의 삶이란 자연의 일부가 아니라, "철학의 출발을 이룰 수밖에 없는, (…) 우리가 결코 그 배면으로 들어가 볼 수 없는, (…) [그리고] 이성의 법정에 소환될 수 없는 (…) 근본 사실"[132]이기 때문이다. 그러므로 이 삶을 삶과는 다른 어떤 것(자연의 일부)으로 간주하지 말고, 삶 자체로, 그리고 "삶 자체로부터" 파악하는 것이 철학의

130 W. Dilthey, *Gesammelte Schriften*, Bd. V, lxxiv.

131 자연주의란 외적 자연이 "유일한 현실성이고 현실성 전체"라고 따라서 "그 외에는 아무것도 없다"(*ibid.*, Bd. VIII, hrsg. von B. Groethuysen, Stuttgart 1997, 101)고 믿는 세계관을 말한다.

132 *Ibid.*, Bd. VII, 359.

과제이다. 이런 관점에서 자신의 학문적 동기에 대한 딜타이의 다음 진술은 경청할 가치가 있다.

> 내가 철학에 입문했을 무렵 헤겔의 관념론적 일원론이 자연과학의 지배에 의해 붕괴되고 있었다. 백과전서파, 콩트, 독일의 철학적 자연 연구가 들과 같은 자연과학적 정신이 철학 자체로 되어 버리면서, 이들은 정신을 자연의 산물로 파악하였고, 이를 통해 정신 자체를 훼손하였다. (…) [자연과학의] 정초는 외적 지각에서 출발하는데, 이런 과학들의 연관 안에는 역사적 세계를 위한 자리가 없다. (…) 이렇게 실증주의가 외적 세계의 틀에 '끼워 맞추기' 위해 정신의 세계를 훼손한다는 것이 바로 실증주의의 가공할 폭력이며 동시에 그들의 한계다. (…) 나는 역사의 세계에서 이 삶의 표현 자체를 그 다양성과 깊이에서 [즉 자연의 규칙성과 자연법칙의 보편성에 환원하지 않고] 파악하려는 채워지지 않는 욕구 속에서 성장했다. 정신의 세계는 그 자체 현실성의 연관이고, 가치의 형상이며, 목적의 왕국이다. 이 모든 것이 무한한 보고다. 이 보물창고는 개별적 자아가 전체와 작용하는 연관을 통해 스스로를 형성해 가는 과정도 내적으로 규정한다. 셰익스피어, 세르반테스, 괴테 등의 위대한 작가들이 내게 세계를 여기로부터 이해할 것과 삶의 이상을 바로 이 지반 위에서 형성할 것을 가르쳤다. 투키디데스, 마키아벨리, 랑케 등이 내게 역사적 세계를 열어 보여 주었는데, 이 세계는 바로 자신의 고유한 중점을 에워싸고 움직이는 것이지 [존재하기 위해] 다른 어떤 것을 필요로 하지 않는다. (…) 자연과학적 철학의 개념은 내 안에 자리 잡고 움직이고 있던 정신의 세계를 결코 충족시킬 수 없었다. (…) 바로 이러한 상황에서 나의 철학적 사유 속에는 '삶을 삶 자체로부터 이해하려는 지배적인

욕구'가 생겨났다. (…) 사유는 결코 삶의 배면으로 나아갈 수 없다. 삶을 가상으로 파악한다는 것은 형용의 모순이다.[133]

딜타이의 철학적 욕구는 삶 자체를 향하고 있었다. 그가 응시하던 삶은—자기 형성의 노력과 성과들로 가득한 "비범한" 삶이건 아니면 태만과 답보로 점철된 "미미한"[134] 삶이건—그 자체 완결된 의미 연관이고, "자기-내-집중적인"[135] 전체다. 따라서 이 완결된 전체는 어떤 경우에도 원인과 결과, 이것들의 인과 작용과 같은 요소들로 분해될 수 없고 자연의 법칙성에로 환원될 수도 없다. 이 삶 안에도 자연의 법칙이 작용하고 있지만, 그것은 전혀 중요하지 않다. 정신적 삶은 물리적 기반 위에 건립된, 그러나 이 기반을 넘어서는 정신의 연관이기 때문이다. 물리적 자연의 지배 아래 놓인 인간들이, 이 자연을 넘어 느끼고, 평가하고, 목적을 설정하고, 설정된 목적을 실현하기 위해 행위하고, 상호작용을 한다. 그리고 이 작용의 결과들이 역사적으로 전수되어 후대의 삶에도 영향을 미친다. 이 모든 과정들이 한데 어울러져 이룩한 "역사적-사회적 현실성"[136]이 바로 삶이다. 이것은 자연의 기반 위에 건립된 것이지만 자연과 같은 것은 결코 아니다. 예를 들어 후두와 성대가 없다면

133 *Ibid.*, Bd. V, 3ff.

134 *Ibid.*, Bd. VII, 247.

135 *Ibid.*, 106, 138, 154. 한 삶의 통일체가 현실성의 인식, 가치 평가, 목적 설정의 기준점을 자신 안에 갖고 그 삶의 모든 부분들이 이 중심점을 기준으로 배열될 때, 그 통일체의 의미상의 완결성을 딜타이는 '자기-내-집중In-sich-Zentriertheit'이라 부른다. 이런 점에서 볼 때, 각자 자신의 삶을 사는 모든 개별자는 자신만의 왕국을 하나씩 가지고 있는 셈이다.

136 W. Dilthey, *Gesammelte Schriften*, Bd. I, hrsg. von B. Groethuysen, Stuttgart 1966, 4; V, 265; VII, 81.

말할 수 없다는 의미에서 인간은 자연의 기반 위에 서 있다. 그러나 이 인체 기관에 대한 자연과학적 연구들(의학, 생리학, 음성학 등)은 우리 언어의 의미에 대해서는 아무것도 알려 주지 못한다. 마찬가지로 특정 화학 물질이 인체에 미치는 분명한 영향이 있기에 인간은 자연의 구속에서 자유로울 수는 없다. 그러나 이 영향에 대한 화학과 의학의 연구는 "화생방 무기에 노출된 병사들과 관련된 도덕적 쟁점들"[137]에 대해서는 침묵할 수밖에 없다. 후자의 현실성들은 자연 위에 서 있는, 자연 이상의 현실성이기 때문이다.[138] 과학은 인간의 삶을 '설명'할 수는 있다. 그러나 이 설명이 삶을 '이해'하게 해 주지는 못한다.

인간의 삶과 체험은 자연이 아니라, 자연 위에 건립된 또 하나의 현실성이다. 그러므로 하나의 현실성이 아니라 두 개의 현실성이 있다. 그 하나는 "인간이 만나고, 창조하는 모든 것, 그가 하는 모든 행위, 인간이 그 안에서 살고 그의 삶을 마치게 되는 문화 체계, 개별적 인간들을 포괄하는 사회의 외적 조직, [그리고] 이 모든 것이 여기서 (…) 획득한 [삶의] 통일성",[139] 한마디로 그 자체 통일적인 의미 연관으로서의 삶과 체험이다. 다른 하나는 "물리적인 양의 연장과 힘"에 의해 지배되는 "물리적 세계", "물리적 질서라는 거대한 텍스트", "동형성에 관한 모든 인식의 근원적 소재지"로서의 "자연"[140]이다. 전자는 인간의 내적 정신과 이 정신이 외면화하여 나타난 삶의 표출 전체이고, 후자는 외적 자연과 이 자연의 법칙의 지배 아래 서 있는 자연적(정확히는, 자연적이라 간주되

137 *Ibid.*, 82.

138 이 문제는 뒤에 상세히 다룰 것이다(8.1.1-8.1.2 참조).

139 W. Dilthey, *Gesammelte Schriften*, Bd. VII, 83.

140 *Ibid.*, Bd. VIII, 101.

는 한에서의[141]) 존재자의 총화다. 전자에로의 통로는 체험Erlebnis, 즉 내적 지각이, 후자에로의 통로는 외적 지각, 즉 지각이 제공한다. 지각의 경우 "지각하는 주관과 그의 대상 간의 구분"[142]이 늘 전제되기 마련이고 따라서 인식의 출발점은 외부에서 생소한 지각 자료들이 주어지는 과정이다. 반면 체험은 "실재성이 나에게" 직접적으로, 즉 아무런 감관의 매개도 없이 "현존하는 특징적인 방식"이어서, 이 경우 체험 내용은 외부에서 "주어지는 것이 아니라", 우리가 그것을 "내면적으로 주목한다는 사실을 통해 바로 우리 앞에 현존하게"[143] 된다.[144] 이것은 두 개의 현실성이다. 이제 '체험된 삶의 현실성'과 '지각된 (그리고 지각 내용에 덧붙여 추리된) 자연의 법칙성'에 대해 각기 이해Verstehen와 설명Erklären이라는 두 개의 상이한 과학적 방법이 성립하게 된다.[145]

141 칸트가 자연을 "일반 법칙에 의해 규정되는 한에서의 물의 현존"(I. Kant, *Prolegomena*, §14, 294)이라 규정했음을 기억하라.

142 W. Dilthey, *Gesammelte Schriften*, Bd. V, 197.

143 *Ibid.*, Bd. VI, hrsg. von G. Misch, Stuttgart 1978, 313.

144 예를 들어 "내가 슬픔을 느낄 때, 이 슬픔이라는 감정은 나의 객체가 아니다". 즉 슬픔의 지각 자료가 외부로부터 나의 감관을 통해 주어지는 것이 아니다. 그저 내가 슬픔의 "상태를 의식하면서", 슬픔은 바로 "나에게 현존한다"(*ibid.*, Bd. V, 197). 이것은 외부의 대상에 대한 지각이 아니라, 나의 내면의 어떤 심적 상태에 대한 직접적인 체험, **몸소 겪음**이다.

145 주의해야 할 것은 두 개의 구분된 현실성이 먼저 거기에 있고, 이 두 현실성에 상응하여 비로소 두 개의 상이한 탐구 방법이 생겨나는 것이 아니라는 점이다. 실재하는 것 또는 주어지는 것은 (아직 삶으로도 자연으로도) 규정되지 않은 무차별적 현실성일 뿐인데, 우리가 그 체험적 성격에 주목하면 현실성은 삶으로 구성되고 물리적 성격에 주목하면 자연으로 구성된다. 말하자면 두 현실성은 모두 구성된 현실성이다. 구성의 원리는 물론 구성하는 우리 자신이 갖는다. 현실성의 존재 상태는 구성하는 나의 관점에 의존적이다. 이 의미에서 딜타이는 선험철학자다. 이 문제는 뒤에 상세히 다룰 것이다(8.1.2 참조).

> 정신과학을 자연과학과 구분하는 것은 다음과 같은 점이다. 자연과학이 외부에서 현상으로, 그것도 낱낱의 것으로 의식에 주어진 사실을 자신의 대상으로 취하는 반면, 정신과학에서 [이 과학의 대상으로서의] 사실은 내부에서 실재성으로, 생생한 연관으로 [그것도] 독자적인 방식으로 주어진다. (…) 자연과학에서는 오로지 가설들을 결합하고 여기에 어떤 추리를 추가함으로서만 자연의 연관이 주어질 수 있다. (…) 그러나 정신과학에서는 근원적으로 주어진 것으로서의 정신적 삶의 연관이 어디서나 이 과학의 근거에 놓여 있다. 자연은 설명하고 정신적 삶은 이해한다Die Natur erklären wir, das Seelenleben verstehen wir. 왜냐하면 내적인 경험에 있어서 정신적 삶의 개별적 부분들은 (…) 하나의 전체에 주어져 있기 때문이다. 우리에게 최초로 주어지는 것은 체험된 연관이며, 그 관련을 여러 부분으로 쪼개는 것은 그 다음에야 가능한 일이다. 이것이 우리가 정신적 삶, 역사 그리고 사회를 연구할 때 사용하는 방법과 자연 인식을 가능하게 하는 방법 간의 가장 큰 차이이다.[146]

삶과 자연은 과학이 다루어야 하는 두 개의 현실성이다. 이 둘 중 어떤 것이 현실성의 중심으로 간주되느냐에 따라 우리는 자연을 '설명'하기도 하고 삶을 '이해'하기도 한다. 그러나 분명한 것은 왜곡을 범하지 않으면서 자연을 '이해'할 수는 없고,[147] 특정 목적의 실현을 위한 추

146 W. Dilthey, *Gesammelte Schriften*, Bd. V, 143f.

147 자연을 정신의 반영으로 간주하는 일원론자들, 예를 들어 "셸링, 헤겔, 쇼펜하우어" 등은 "오로지 구성될 뿐, 결코 이해되지는 않는 자연을 심적 연관 안에 놓인 개념들을 수단으로 이해하려는 노력을"(*ibid.*, Bd. VII, 83) 하기도 했다. 그 결과는 정신 중심적 형이상학이거나, 형이상학적 자연 철학, 또는 극단적인 의인관일 뿐이다. 물론 우리는 황혼이 드리운 저녁 하늘에서 삶의 종말의

상화를 위해서가[148] 아니라면 삶을 '설명'하지도 않는다는 점이다. 자연 안에는 의미가 없고 삶의 의미는 인과법칙에로 환원되지 않기 때문이다. 삶과 자연, 이 두 대상에 대해 각각 '삶의 내적 의미에 이르는 길로서의 이해라는 방법'과 '자연의 외적 법칙을 확정하는 설명이라는 방법'이 대응한다. 그러므로 이제 정신적 삶을 이해하는 "정신과학"은 자연을 설명하는 "자연과학 곁에" 나란히 서서 과학으로서의 "자신의 지위를"[149] 주장한다. 비로소 우리는 '하나의 과학인가, 두 개의 과학인가?'라는 물음에 대한 딜타이의 답이 무엇인지를 알 수 있게 되었다. '두 개의 대상, 두 개의 방법, 두 개의 과학'이 그의 답이다.

그렇다면 정신과학의 방법이라는 이해는 구체적으로 어떤 과정이며, 이를 통해 우리가 얻는 앎은 무엇인가? 이것은 이해의 논리적 구조에 대한 물음이다. 즉 밀이 따로 존재하지 않는다고 했던, 칸트가 있어서는 안 된다고 했던 '정신과학의 논리학'이 던지고 답해야 하는 물음이다. 이 물음은 물론 딜타이의 평생에 걸친 철학적 노고가 바쳐졌던 물음이고, 그의 온 저술이 다루었던 문제이지만, 직접적으로는 1883년에

기운을 느끼거나, 중천에 뜬 태양에서 **"위대한 정오"**(니체, 《차라투스트라는 이렇게 말했다》, 정동호 옮김, 니체전집 13, 책세상, 2000, 319쪽)를 발견할 수도 있다. 그러나 이때 발견된 자연은 이미 자연이 아니라 체험의 대상이고 따라서 삶의 일부다. 자연을 이해할 수는 없다. 우리가 이해하는 순간, 자연은 이미 삶으로 되기 때문이다.

148 예를 들어 정신 질환을 앓는 자의 과거의 삶을 추적하고 이 삶을 인과적 요소들로 분해하는 정신과 의사의 경우다. 그는 환자의 삶을 설명해야 한다. 그러나 이것은 치료라는 목적의 실현을 위해 이루어지는 추상화의 일환일 뿐이다. 이 같은 추상화가 이루어지는 순간, 이 환자의 삶은 이미 자연의 일부다. 따라서 우리는 결코 삶을 설명할 수는 없다.

149 W. Dilthey, *Gesammelte Schriften*, Bd. VII, 95.

출판되었던《정신과학 입문》의, 그리고 이 책에 이어 곧 출판되리라 예고되었던《정신과학 입문》 제2권[150]의 중심 주제였다. 딜타이는《입문》 1, 2권의 근본 과제가 바로 "역사 이성 비판Kritik der historischen Vernunft"이라고 말한 바 있다.[151]《전집》VII권, III부의 부제이기도[152] 한 이 제목은 물론 칸트의《순수 이성 비판》이라는 책 제목을 염두에 두고 지어진 것이다.《순수 이성 비판》이 수학적, 자연과학적 인식의 가능성의 논리적 근거를 밝혀 그 인식론적 정초를 제공했지만, 이것만으로는 '인식의 지구의globus intellectualis'의 반쪽에 대해서만 "학문의 안전한 길"[153]이 확보되었을 뿐이다. 나머지 반쪽의 땅에는 학문이 내디딜 안전한 길이 아직 없다. 이 길을 내는 것이 바로 딜타이의 과제였다. 그리고 이 과제는 그 자체 반쪽의 이성 비판인《순수 이성 비판》을《역사 이성 비판》으로 "보완"[154]하여, 완전한 이성 비판, 완전한 이성 인식의 체계를 갖추는 일이었다.

> 그의 [칸트의] 업적의 위대함은 그가 수학적, 자연과학적 앎에 대한 완전한 분석을 제공했다는 점이다. 이제 물어야 할 것은 칸트가 제공하지 않은 역사의 인식론이 그의 [선험철학적] 개념의 틀 안에서 가능한가

---

150 2권은 출판되지 않았다. 딜타이 사후에 그의 친구였던 베른하르트 그뢰튀젠Bernhard Groethuysen이 딜타이의 유고를 모아《전집》7권을 간행했는데, 예고된《정신과학 입문》2권에 수록될 예정이었던 글들은 모두 여기에 포함되어 있다. 자세한 점은 편집자 서문을 참조할 것(*ibid.*, vf.).

151 Cf. *ibid.*, Bd. I, ix, xv; VII, 117.《전집》7권의 편집자도 이 사실을 확인해 주고 있다(cf. *ibid.*, Bd. VII, v).

152 정확한 제목은〈역사 이성 비판의 기획〉이다(cf. *ibid.*, 191).

153 I. Kant, *Kritik der reinen Vernunft*, BVII.

154 H.-G. Gadamer, *Gesammelte Werke*, Bd. I, 223; III, 214; cf. IV, 426.

이다.[155]

딜타이는 칸트가 자연과학의 인식론적 기초 마련과 관련하여 이룩한 모든 것을 수용하면서, 다만 칸트가 자유의 수호를 위해 인식의 왕국에서 제외시켰던 역사적 삶의 영역에서도 보편타당한 인식이 가능한지, 가능하다면 역사 이성의 어떤 능력이 그 인식의 가능성의 조건을 충족시키는지를 묻기 위해, 역사 이성 자체의 비판적 자기 검진에 착수한다. 바로 이것이 역사 이성 비판의 기획이다. 물론 이 기획은 칸트의 선험철학적 개념의 틀 안에서 진행되는 것이기 때문에 근본 물음도《순수 이성 비판》의 물음과 다를 수 없다. 하나의 물음이 제기된다. "역사의 보편타당한 종합판단die allgemeingültigen synthetischen Urteile der Geschichte"은 가능한가? 딜타이의 답은 물론 "가능하다"[156]이다. 여기서 그 가능성의 근거를 세세하게 제시할 수는 없다. 이 문제는 뒤에서 본격적으로 딜타이를 다룰 때 독립적인 숙고의 대상이 될 것이기 때문이다.[157] 그러나 최소한 보편타당한 역사 인식을 자연과학적 인식과 비교하여 둘을 구분하는 일만큼은 이루어져야 한다. 그래야만 '자유의 실종'이라는 칸트의 우려도 진정시킬 수 있을 것이고, 자유를 포기하는 밀의 어리석은 선택을 반복하지 않으면서도 인간의 사고, 느낌, 행위에 대해 뭔가 중요한 앎을 얻을 수 있다는 사실도 보일 수 있을 것이기 때문이다.

이해의 직접적인 대상은 "감성적으로 주어진, 다른 개별자의 생소한 삶의 표출"이고, 과제는 이에 대한 "보편타당하고 객관적인"[158] 이해

155 W. Dilthey, *Gesammelte Schriften*, Bd. VII, 192.

156 *Ibid.*, 278.

157 8.2.2 참조.

이다. 이해의 대상은 언제나 외적, 감성적 기호의 형태로 주어진다. 예를 들어 아우구스티누스의 《고백록》은 눈으로 볼 수 있는 문자 기호의 복합이고, 세스토의 아리아 〈아, 한 순간만 더〉[159]는 귀로 들을 수 있는 음의 형상이다. 이렇게 "감성적으로 주어진 기호로부터" 출발해서 이 기호가 지시하고 있는 "내적인 것, (…) 정신적인 것을—이것의 표출이 기호다—인식하는 과정",[160] 외적, 감성적 삶의 표출로부터 이것이 지시하는 내적, "정신적 형상에로의 회귀"[161]가 바로 이해의 과정이다. 그러므로 이제 이해해야 할 것은 아우구스티누스의 내적 고뇌이고, 친구를 죽이려 했던 세스토의 자책하는 마음이다.

"감각적 향유, 철학적 열광, 수사학자로서 가졌던, 빛나는 연설에 대한 즐거움, [세속적인] 삶의 관계", 이런 것들은 아우구스티누스가 실제로 빠져들었던 것이지만, 그에게는 전혀 "중요하지 않은" 것들이다. 그의 삶의 모든 부분들은 오직 "개종이라는" 단 하나의 "사건", 이 사건을 통해서만 가능해지는 그와 신 사이의 "영원하고 고통 없는 관계"[162]를 향하고 있기 때문이다. 그러므로 이 모든 무의미한 것들에 도취하고 열광하는 "자신을 넘어서 (…) 내면으로 들어가고"[163] 이를 거쳐 "신에게로 되돌아가는 것"[164]이 그의 삶에서는 유일한 그리고 "무조건적인 최

158 W. Dilthey, *Gesammelte Schriften*, Bd. V, 334.

159 이것은 모차르트의 오페라 〈티토 황제의 자비〉의 2막에 나오는 곡이다.

160 W. Dilthey, *Gesammelte Schriften*, Bd. V, 318; cf. 332; VII, 309.

161 *Ibid.*, Bd. VII, 85; cf. 82ff., 212f.

162 *Ibid.*, 198.

163 A. Augustinus, *Die wahre Religion*, übersetzt von C. J. Perl, Paderborn 1957, XXXIX:72.

164 A. Augustinus, *Die Dreieinigkeit*, XIV, 19:26; cf. XIV, 15:21, 16:22, 17:23; XV, 8:14.

고선"[165]이다. 《고백록》의 모든 문자 기호들은 아우구스티누스가 이 하나의 목적을 위하여 또는 이 목적을 동경하며 겪고 감내해야 했던 고뇌와 좌절, 신과 그리고 자신과 나누던 내적 대화를 통해 맛볼 수 있었던 환희,[166] 지금은 "거울로 보는 것같이 희미하나" 언젠가 "얼굴과 얼굴을 대하여"[167] 보게 되리라는 무한한 기대와 희망을 지시하고 있다. 이 모든 것이 모여 이룬 하나의 통일적인 의미 연관, 그것이 아우구스티누스, 그 사람의 삶이고, 우리가 이해해야 할 그의 개별성이다. 세스토의 경우도 마찬가지다. 사랑하는 여인에 현혹되어 황제이자 친구인 티토를 살해하려다 붙잡힌 세스토가 저 아리아를 부르며 내뱉는 말들은 친구를 죽이려 했던 자신에 대한 역겨움, 황제의 동정심도 덜어 주지 못할 죄, 스스로가 자신을 용서할 수 없다는 자책, 고통 앞에서 죽지도 못하고 울고 있는 가련한 영혼, 그 영혼이 도저히 감당할 수 없는, 분노한 신들이 던져 준 운명 등이다. 우리의 청각에 주어지는 음의 울림은 들리고 사라지는 자연의 소리가 아니라, 자책하는 세스토의 영혼의 울림이다.

아우구스티누스의 내면과 세스토의 영혼은 문자 그대로 '이해'되어야 한다. 여기서 가능한 '설명'은 없고, 설혹 있다 하더라도 정신과학적으로는 아무런 가치도 가질 수 없다. 여기에 무슨 확정할 보편 법칙이 있단 말인가? 사랑하는 여인을 위해 친구를 죽이려던 세스토의 결단에서, 육신의 끝없는 욕망에 시달리던 아우구스티누스가 정화를 구하며 신에게 드렸다는 기도문에서,[168] 인간의 욕망에 관한 생리학적 법

165 W. Dilthey, *Gesammelte Schriften*, Bd. VII, 198.

166 Cf. A. Augustinus, *Bekenntnisse*, übersetzt von J. Bernhart, München 1955, X, 27:38.

167 고린도 전서 13:12.

168 그 기도는 이렇다. "주여, 나에게 순결을 주소서! 절제를 주소서! 그러나 지

칙을 확정할 것인가? 끝없이 몰아치던 욕망을 결국은 이겨 내고 신에로의 귀환을 시도하던 아우구스티누스에서 한계 효용 체감의 법칙을 확정할 것인가? 인간이 자연법칙의 강제로부터 벗어날 수 없다는 것은 분명하다. 그러나 과학이 한 발을 세속에 담그고 있는 이 종교인에서 오로지 욕망과 이 욕망을 지배하는 생리학적 법칙만을 본다면, 그것은 너무 적게 보는 것이다. 그리고 과학이 다시, 피할 수 없는 욕망을 억누르고 신에게로 다가가는 아우구스티누스에서 욕망을 극복하는 인간의 행동을 보편적으로 지배하는 또 하나의 법칙을 발견하려 든다면, 이 경우 과학은 너무 많이 바라는 것이다. 그 어떤 새로운 법칙이 자연의 일부로서의 인간을 지배하건, 자연을 넘어서는 인간은 다시 자신이 그 법칙의 지배를 받고 있다는 사실을 인지할 것이고, 그 사실에 대해 어떤 식으로건 나름의 태도를 취할 것이기 때문이다.[169]

물리적 기반 위에서 펼쳐지는, 그러나 결코 이 기반에로 환원되어

금은 말고, 조금 더 있다가!"(A. Augustinus, *Bekenntnisse*, VIII, 7:17)

169 파블로프 씨의 강아지와 같은 조건 아래 피험자가 된 인간들은 모두 끔찍한 종소리만 울리면 예외 없이 침을 흘릴 수밖에 없을 것이다. 그러나 철딱서니 없는 강아지처럼 뻰뻰스럽게 침만 흘리고 있는 인간은 아마 없을 것이다. 스스로 조건화되었다는 사실에 자존심이 상한 사람들은 침을 가리려 고개를 숙이기도 할 것이고, 옷소매로 잽싸게 침을 훔치거나 또는 다른 곳을 보려는 듯 고개를 돌려 버릴 수도 있다. 정신과학적으로 매우 흥미로운 이 '위장'에 대해 자연과학은 아무런 말도 하지 못한다. 만일 어떤 학습 심리학자가 흐르는 침을 위장하려는 인간 행동을 지배하는 또 하나의 법칙을 확정하려 든다면, 그것은 이미 말했듯이 너무 많이 원하는 것이다. 한결 더 탁월한 심리학자가 나타나서, 흐르는 침을 위장하려는 인간 행동의 법칙성을 발견하려는 학습 심리학자의 탐구 방식에 관한 심리학적 법칙을 찾으려 들지도 모를 일이다. 그렇게 법칙의 법칙, 법칙의 법칙의 법칙을 찾아 올라가다 결국 인간이 신의 자리에 도달하는 일이 과연 가능할까? 심리학은 자신이 어디서 멈추어야 하는지를 숙고하지 않으면 안 된다.

설명될 수는 없는, 인간들만의 세계, 개별적인 영혼들의 세계가 있다. 우리에게는 그 세계를 알아야 할 권리와 의무가 있다. 우리 자신이 바로 그 영혼이고, 이 영혼들 사이에는 다름의 간격이 놓여 있기 때문이다. 우리는 우리와 다른 영혼, 다른 시대를 살았고, 다르게 사유했고, 다르게 느꼈고, 다르게 평가했던 다른 개별자의 다른 개별성을 이해해야 한다. 여기서 피설명항을 보편 법칙에 포섭하는 설명은 가장 무기력한 방법이다. 왜냐하면 보편 법칙에 포섭되는 개별성은 더 이상 개별성이 아니기 때문이다. 개별자를 보편 법칙의 무차별적인 사례들 중의 하나가 아니라, 바로 그 개별자로, "보편 인간적인 것의 한 경우로서가 아니라, 하나의 개별적인 전체로"[170] 이해해야 한다. 이해의 기술론으로서의 해석학은 생소한 타자의 개별성을 이해하게 해 주는 여러 방법적 장치들을 개발해 왔다. 예감과 비교, 전체와 부분 간의 해석학적 순환, 전체의 상상적 재구성, 전체 안으로의 자기 투입, 전위와 전치, 그리고 추체험 등이 이해의 주된 방법적 절차들이다. 여기서는 나중에 제공하게 될[171] 방법론적 상론은 생략하고 이 과정의 결론만을 선취하자. 이해의 완성은 "온전히 함께 삶ein vollkommenes Mitleben",[172] 즉 이해하는 자와 이해되는 자의 완전한 실존적 동치이다. 이해는 "당신 안에서 나의 재발견이고",[173] 이를 통해 내가 너와 같아질 수 있을 때 이해는 완성에 이른다.

여기서 이 '같아짐'의 의미를 정확하게 파악해야 한다. 그렇지 않으면 딜타이에 대한 흔한 오해가 등장한다. 생소한 개별성에 대한 완전한

---

170 W. Dilthey, *Gesammelte Schriften*, Bd. VII, 212.

171 8.2.2 참조.

172 W. Dilthey, *Gesammelte Schriften*, Bd. VII, 214.

173 *Ibid.*, 192.

포착을 자연과학적 방법의 한 아류로 간주하는 오해다. 자연과학은 탐구 대상에 대해 온전히 객관에 준하는, 객관적인 인식을 추구한다. 그런데 정신과학자도 자신의 주관적 관점의 왜곡 가능성을 제거하고, 객관으로 이해된 타자를 온전히 객관의 관점에서, 객관적으로 이해할 것을 시도하고 있다. 그렇다면 이 이해가 추구하는 것은 자연과학적 객관성의 이상이고, 이런 이해 모델은 자연과학적 탐구 모델의 모방에 불과할 뿐이다. 실제로 하버마스가 딜타이를 이런 관점에서 보면서[174] 그를 "은밀한 실증주의자"[175]로 간주했고, 가다머 역시 비슷한 관점에서[176] 딜타이는 "자연과학의 방법적 이상에 종속되어 있다"[177]고 비판했다.[178] 만약 이 같은 딜타이 해석이 옳은 것이라면, 정신과학의 독자적인 논리학을 추구하던 딜타이와 과학 일원론을 주장하는 밀 사이의 간격은 그다

---

174 Cf. J. Habermas, *Erkenntnis und Interesse*, 226f.

175 *Ibid.*, 224.

176 Cf. H.-G. Gadamer, *Gesammelte Werke*, Bd. I, 238, 240; cf. idem, *Kleine Schriften*, Bd. IV, Tübingen 1977, 143.

177 H.-G. Gadamer, *Gesammelte Werke*, Bd. X, 218; cf. 181.

178 플란틴가의 딜타이 해석도 이런 잘못된 관점에 기초해 있다(cf. T. Plantinga, *Historical understanding in the thought of Wilhelm Dilthey*, Toronto: University of Toronto Press, 1980, 116f.). 심지어 나도 이런 오독을 했던 적이 있다. 가다머의 딜타이 해석에 경도되어 있던 나는 딜타이의 이해론을 객관주의로 간주하는 글을 쓴 적이 있는데 이 해석에는 옳지 않은 것이 꽤 들어 있었다는 사실을 이제는 고백하지 않을 수 없다. 다음 글이다: 김창래, 〈언어철학적으로 살펴본 정신과학의 의미〉, 한국해석학회 편, 《인문학과 해석학—해석학연구 8》(철학과 현실사, 2001), 77-85쪽. 그 후 비교적 집중적으로 이루어진 딜타이 연구를 통해 이런 오해를 모두 수정할 수 있었는데 딜타이에 대한 수정된 나의 견해는 다음 글에서 개진하였다: 김창래, 〈딜타이는 누구인가—가다머의 딜타이 해석에 대한 비판적 고찰〉, 《철학탐구》, 24집(중앙대학교 중앙철학연구소, 2008), 245-286쪽.

지 크지 않을 것이다. 그러나 그런 딜타이, 밀과 친한 딜타이는 우리가 알고 있는 딜타이, 지금까지 우리가 논의해 온 딜타이와는 사뭇 다르다. 반론이 필요한 이유다.

실제로 딜타이가 자주 이해의 객관성과 보편타당성을 요구하고 있다는 것은 의심할 수 없는 사실이다.[179] 그러나 그는 이해의 객관성을 요구하는 것과 꼭 같은 강도로 인간의 역사적 상대성을 동시에 긍정하고 있다. 인간은 역사적으로 규정된 존재자이기에 자신의 "시대의 고유 가치"[180]와 "상대성"[181]을 넘어서 보편적으로 타당한 이해에는 결코 도달할 수 없다. 그럼에도 불구하고 그가 이해의 객관성을 요구하는 것은 그야말로 "역사적 회의주의와 주관의 자의에 대항하여 이해의 확실성을 수호해야"[182] 한다는 의무감 때문이었지 결코 온전히 객관적인 이해가 가능하다고 믿었기 때문은 아니었다. 오히려 이해의 보편타당성을 주장할 때면 언제나 딜타이는 '이해의 한계'를 함께 말한다. 이해가 하나의 사유의 과정인 한에서 이해는 '사유 이전의 현실성인 삶'을 결코 완전히 파악할 수는 없다. 왜냐하면 삶은 철학의 출발을 이룰 수밖에 없는 근본 사실이고, 인식으로서의 이해는 삶의 가능한 한 양식, 그것도 전前개념적 현실성으로서의 삶을 다시 개념적 파악의 대상으로 삼는다는 의미에서 "전도된"[183] 양태에 불과하기 때문이다.

---

179 Cf. W. Dilthey, *Gesammelte Schriften*, Bd. V, 332, 334; VII, 137, 218.

180 W. Dilthey, *Gesammelte Schriften*, Bd. XI, hrsg. von E. Weniger, Stuttgart 1971, xvii.

181 *Ibid.*, xix.

182 *Ibid.*, Bd. VII, 217f.; cf. V, 331.

183 *Ibid.*, Bd. XIX, hrsg. von F. Rodi, Göttingen 1997, 330.

> 인식은 삶의 배면으로 들어갈 수 없다. 인식은 삶의 [한] 기능이기 때문이다. 삶은 줄곧 인식을 위한 전제로 남는다. (…) 인식의 전제로서 삶 자체가 인식에 의해 분해될 수는 없다.[184]

인식으로서의 이해가 파악할 수 있는 것은 삶의 이 또는 저 부분이지 어떤 경우에도 삶 자체 또는 전체는 아니다. 이런 이유에서 딜타이는 명시적으로 "온 현실성을 포괄하는 삶에 대한 인식은 불가능하다"[185]고 쓰고 있다. 어떤 이해도 다만 "상대적인"[186] 타당성만을 가질 뿐이고, 보편타당성, 온전한 객관성을 추구하는 그 어떤 이해에도 피할 수 없는 방식으로 "결코 완결에 이를 수 없음Niezuendekommen"[187]이 함께 속한다. 전前 개념적 현실성으로서의 삶은 "결코 개념 안에서 용해되어 버리지 않기"[188] 때문에, 이 삶을 다시 개념의 그물로 포착하려는 "모든 과학적 해석은 좌초되고"[189] 만다. 삶은 개념에 의해서는 결코 그 깊이가 "헤아려질 수 없는unergründlich"[190] 어둠이다. 이 어두운 삶에 대해서는 마치 자연과학이 메스를 들고 자연을 해부하며 그 비밀을 파헤치듯 모든 것을 알아낼 수는 없다. 말하자면 우리를 타인의 생소한 개별성에 접근하게 해 주는 이해는 어떤 정해진 기계적 과정, 이 과정을 반복하기만 하면 동일한 결과가 보장되는 그런 것이 아니다. 이것은 언젠가 내가 지적

184 *Ibid.*, 329; cf. 344, 346f.
185 *Ibid.*, 356.
186 *Ibid.*, Bd. V, 330.
187 *Ibid.*, Bd. VII, 227.
188 *Ibid.*, 331.
189 *Ibid.*, Bd. VIII, 70.
190 *Ibid.*, Bd. VII, 224.

했던 것처럼 "실제로 걸어감을 통해 걷기가 점점 더 편해지는 길"[191]과 같은 것이다. 중요한 것은 이 길을 걷지 않았더라면 결코 만나지 못했을 어떤 개별자의 영혼을—충분하게건 그렇지 않게건, 만족스럽게건 아쉬움이 남게건—바로 이 길 위에서 만나게 된다는 것이다.

나와는 다른 타자와의 만남! 바로 이것이 딜타이가 이해를 통해 비로소 가능해지리라 기대했던 '타자와 함께 삶'의 구체적인 의미이다. 그러므로 이해의 목표는 몇몇 사람들이 오해했던 것과는 달리 '내가 너와 단적으로 같아짐'이 아니라, '나와는 **다른** 너와의 만남'이고 이 만남을 통해 '나 또한 **달라짐**'이다. 타인의 다른 실존의 방식은 나에게는 새로운 삶의 가능성을 의미하기 때문이다.

> 개별자들은 그들의 [단적인] 같음으로 서로를 이해하지는 않는다. (…) 이들이 서로를 이해하는 것은 개별자들이—명백한 한계 내에서이기는 하지만—다음과 같은 가능성을 갖기 때문이다. 즉 전혀 **다른** 종류의 개별자의 표현과 작용에서 출발해서, 이 [표현과 작용의] 내적 상태와 과정을 이 다른 개별자에 귀속하는 내적인 것으로 추체험한다는 것이 바로 그 가능성이다. 왜냐하면 개별자는 자신의 고유한 삶으로서의 개별자가 실현할 수 있는 것을 **넘어서는** 가능성을 자신 안에 갖기 때문이다.[192]

정신과학이 이해를 통해 추구하는 것은 **생소한 타자와 나누는 정신의 교유**이고 이로 인한 **나의 삶의 지평의 확대**다. 딜타이와 개인적으로뿐 아니라 학술적으로도 절친했던 지인들이 이 사실을 확인해 주고 있

---

191 김창래, 〈딜타이는 누구인가?〉, 277쪽, 주 74.

192 W. Dilthey, *Gesammelte Schriften*, Bd. VII, 259(강조는 필자).

다. 딜타이의 친구였고 오래도록 서신을 교환했던 요크 백작은 딜타이에게 보낸 한 편지에서 정신과학적 인식은 "고요한 자기 대화와 역사의 정신과의 교류"[193]라고 쓰고 있다. 딜타이 《전집》의 상당수를 편집했고 스스로 탁월한 딜타이 연구가이면서, 개인적으로는 그의 사위였던 게오르크 미슈도 자연과학의 곁에 새롭게 건립된 정신과학은 "'보편타당한' 과학으로 성취될 수 있는 것과는 다른 어떤 것"[194]을 추구해야 하며, 이는 자연을 설명하는 방식이 아니라 오직 "삶에 친밀한 방식으로"[195]만 이루어질 수 있다고 말한다. 그렇게 해서 얻을 수 있는 정신과학의 앎은 "영혼과 영혼의, 삶의 힘과 삶의 힘의 내적인 건드림에 의거한 체험 이해"[196]다. 이것을 통해서만 우리는 "자기 자신을 인식하고, 묻고 추구하며 형성하는 정신"[197]일 수 있다. 이 정신은 자유로운 정신, 자유롭게 자신을 만들어 가는 정신이다. 즉 '나로서의 나', '나의 나임' 안에 무력하게 갇혀 있는 정신이 아니라 '나와는 다른 너'를 이해하면서 그 동안은 알지 못했던—그리고 너를 이해하지 않았더라면 결코 알지 못했을—새로운 삶의 가능성을 체험하고 그 새로운 실존을 향해 나 자신을 형성해 갈 수 있는 정신이다. 이해는 나를 이중의 방식으로 자유롭게 한다. 나는 '지금-여기'의 현실적인 나로**부터** 자유로워지고 또

---

193 E. Rothacker, Hrsg., *Briefwechsel zwischen Wilhelm Dilthey und dem Grafen Paul Yorck v. Wartenburg 1877-1897*. 여기서는 다음에서 재인용: M. Heidegger, *Sein und Zeit*, 401.

194 G. Misch, *Lebensphilosophie und Phänomenologie*, Stuttgart 1967, 186.

195 G. Misch, "Die Idee der Lebensphilosophie in der Theorie der Geisteswissenschaften", in: F. Rodi, Hrsg., *Materialien zur Philosophie Wilhelm Diltheys*, Frankfurt a. M. 1974, 141.

196 *Ibid.*

197 *Ibid.*, 143.

한 타자 이해를 통해 알게 된 새로운 나, 가능적인 나를 **향해** 자유로워진다. 그러므로 이해는 자유에로의 길이다. 아우구스티누스의 정신의 행로를 함께 걸으면서, 세스토의 내적 고뇌의 길을 뒤따라 걸으면서 나는, 나의 고유한 상황에 의해 규정된 나의 현실 안에서는 결코 생각할 수 없었던 삶의 가능성들을 만나게 된다. 이렇게 새로 만난 가능성들이 모두 나의 삶의 현실 안으로 옮겨 심어져야 할 이유는 없겠지만, 최소한 나는 지금 나의 현실적인 삶이 가능한 삶 전체는 아니라는, 따라서 나의 삶은 더 풍요로울 수 있고 더 풍요로워야 한다는 자각에는 도달할 수 있다. 이 자각이 우리 유한한 인간을 자신의 삶과 정신을 형성해 가는 길로, 늘 다시 지금과 여기에 의해 결정된 나로부터 자유로워질 수 있는 길로 이끌어 간다. 이 자각을 갖게 해 주는 것이 바로 나와는 다른 타자이고, 나를 이 타자 앞으로 데려가 주는 것이 바로 정신과학의 방법, 이해다. 이 **자유**를 자연과학과는 전혀 **다른** 인식으로서의 정신과학이 제공해 준다. 밀은 인간의 사고, 느낌, 행위에 대한 법칙적 인식을 얻기 위해 인간의 자유를 버렸다. 칸트는 이 자유를 지키기 위해 인간에 대한 과학적 인식을 포기했다. 이제 딜타이는 인간에 대한 과학적이지만, 자연과학적이지는 않은 인식을 추구하면서 동시에 상황의 결정성으로부터의 자유, 자기 형성의 자유를 얻는다. 근본적인 변화는 자연과학이 유일한 과학은 아니며, 이와는 다른 과학이 가능하다는 발상의 전환이다. 그 전환이 없었더라면, 두 개의 과학을 얻을 수도 없었을 것이고, 자연의 구속으로부터의 자유를 지킬 수도 없었을 것이고, 아직 현실적이지는 않지만 가능한 나를 위해 열려 있는 새로운 자기 형성의 자유를 얻을 수도 없었을 것이다. 그러므로 '하나의 과학인가, 두 개의 과학인가?'라는 물음에 딜타이가 '두 개의 현실성, 두 개의 방법, 두 개의 과학'이라고 답했다면, 이 답은 근본적으로는 단 한 가지만을 말하고 있다. "역사가 (…) 우리를 자유롭게 한다."[198]

198 W. Dilthey, *Gesammelte Schriften*, Bd. VII, 252. 우리는 차후 이 자유의 의미에 대해 한결 더 상세한 숙고를 진행할 수 있을 것이다(8.3.3 참조).

4장

아리스토텔레스의 에피스테메의 분류로부터 제안하는 학문의 분류

과학론적 문제로서의 '하나의 과학인가, 두 개의 과학인가?'라는 물음은 원래는 19세기에 기원을 두고 있는 물음이다. 본격적인 문제 제기를 했던 사람은 밀이고, 이에 직접적으로 대응했던 사람은 딜타이였다. 이 둘은 모두 19세기 사람이었다. 비슷한 지적 토양에서 약간의 견해차를 보이며 이 문제에 접근했던 리케르트와 베버도 동시대인이었다. 19세기가 비로소 이 물음을 과학론적 논쟁의 중심부에 던져 넣었다는 점에서 이것은 원칙적으로는 19세기적 문제인 것이 사실이다. 그렇다고 그 이전에 가능한 학문 영역에 대한 인간의 반성이 전무했다고 말할 수는 없다. 우리는 이미 아우구스티누스가 앎을 사피엔티아와 스키엔티아로 구분했다는 사실을 확인한 바 있다. 시간을 조금 더 거슬러 올라가면 상당히 정치하게 에피스테메를 분류하고 있는 아리스토텔레스를 만나게 된다. 나는 이 분류에 주목한다. 왜냐하면 이 고대인의 에피스테메 분류는 우리가 앞서[1] 제시했던 현대 학문의 잠정적 분류와 놀라울 정도

1 2.1 참조.

의 대응 관계를 보이고 있기 때문이다. 그런 맥락에서 나는 아리스토텔레스를 오늘날의 과학 이원론의 먼 시원으로 간주하고자 한다. 물론 이 고대인이 생각했던 에피스테메가 오늘날 현대인들이 학문 또는 과학이라 부르는 것과 정확하게 일치하는 것은 아니다. 근대 이후에야 비로소 가능해진 학문의 분과화 및 전문화 그리고 그 실증적 방향 잡음은 고대인들로서는 생각할 수도 없는 일이었을 것이다. 그러나 크게 보아 오늘날의 학문 개념이 근본적으로는 고대 희랍으로부터 발원했다는 점,[2] 특히 정신과학은 고대의 앎의 개념, 무엇보다 고대의 실천적 학문의 전통으로부터 많은 유산을 물려받았다는 점에서[3] 현대 학문의 분류를 논하는 우리가 희랍의 에피스테메로의 소급해 올라감은 사뭇 당연한 일이다. 이것은 "과학이 본래 무엇이고, 다시 무엇으로 되어야 하는지"에 대한, 즉 "과학의 근원성"[4]에 대한 철학의 성찰이기 때문이다.

아리스토텔레스를 다루는 것은 '그의 문자logos'에 대한 나의 사랑philia 때문은 아니다. 나는 문자를 사랑하는 사람, 문헌학자Philo-loge가 아니다. 중세인들을 열광시켰던 '그' 철학자 자체에 대해 나는 아무런 존경도 가지고 있지 않다. 따라서 나는 이 장의 성찰이 아리스토텔레스의 권위를 논거로 삼는 것이 아님을 밝혀 두어야 하겠다. 나는 다만 고대인의 관점으로 돌아가서 학문의 분류 문제를 다루고 싶을 뿐이다. 왜냐하면 고대인은 우리 현대인, 자연과학의 눈부신 발전에 경탄하고 이 과학으로부터 늘 놀라운 선물을 받고 감사해 하는 현대인을 지배하고 있는, 자연과학의 힘과 권위에 대한 선입견을 가지고 있지 않았기 때문

2 Cf. H.-G. Gadamer, *Gesammelte Werke*, Bd. X, 290; II, 46.

3 Cf. *ibid.*, Bd. II, 433; IV, 177.

4 *Ibid.*, Bd. X, 242.

이다. 학문이 어떻게 분류되어야 하는가의 문제는 어떤 학문이 어떤 효용을 주는가의 문제와는 독립적으로 사유되어야 한다. 유감스럽게도 우리 현대인은 자연과학의 현실적인 성과와 효용으로부터 자유롭게 학문을 바라볼 수 있는 눈을 가지고 있지 못하다. 그렇기 때문에 현대의 과학주의적 관점을 괄호 안에 묶고 고대로 돌아가 그들의 시선을 빌려, 우리의 선입견이 모두 판단 중지된 상태에서, 도대체 앎을 어떻게 나누어야 할 것인지를 사유해 보는 일이 필요하다. 그때 우리는 실증주의적 학문 일원론이 근대 이후의, 그것도 과학의 실증주의적 전통에만 주목하면서 배태된 근시안적 학문관임을 알 수 있게 될 것이다.[5]

4.1 에피스테메의 분류

아리스토텔레스는 우리말로 학문 또는 앎으로 번역되는 에피스테메를 몇 가지의 부류로 나누고 있다. 물론 그에게 오늘날 우리가 말하는 의미에서의 엄밀하게 분류된 과학들의 체계가 있었던 것은 아니고, 또 스스로 몇 가지의 학술적 연구 분야를 나누면서도 이것이 철학의 분야를 벗어나는 것이라고 믿지도 않았을 것이다. 그러나 그는 보편학으로서의 철학의 한계 내에서 분명히 몇 가지의 에피스테메를 분류하고 있다. 그가 취하는 첫째 기준은 존재자를 존재자로서, 있는 것을 있는 것 그 자

5 한 가지는 미리 밝혀 둔다. 이렇게 고전을 다룰 때 문헌학이라는 학문이 요구하는 학문적 엄밀성을 준수할 능력이 유감스럽게도 나에게는 없다. 나의 목적은 고전에 대한 문헌학적 연구가 아니라, 고전으로부터 필요한 전망과 관점을 획득하는 것이기에 있을 수 있는 문헌학적 취약점은 눈감아 주기 바란다.

체로서 다루는가, 아니면 존재자의 특정 영역을 분리해서 이 영역 내부의 존재자만을 탐구하는가이다. 흥미로운 것은 이 기준이 현대 철학의 언어로 표현해서 보편학으로서의 철학과 분과 과학 간의 차이를 건드리고 있다는 점이다. 그리고 이는 보편학으로서의 철학이 학문, 에피스테메의 일종으로 포함되어야 하다는 사실을 의미한다. 《형이상학》의 한 구절을 읽어 보자.

> 있는 것을 있는 것인 한에서 그리고 그것에 그 자체로서 속하는 것들을 이론적[6]으로 고찰하는 어떤 학문이 있다. 하지만 그것은 이른바 개별 학문들 가운데 어느 것과도 같지 않은데, 그 이유는 다른 학문들 가운데 어떤 것도 있는 것을 있는 것인 한에서 보편적으로 탐색하지 않기 때문이다. 그런 학문들은 있는 것의 한 부분을 떼어내서 그것에 속하는 부수적인 것을 이론적으로 고찰하는데, 예컨대 수학적인 학문들이 그렇다. 우리는 원리들과 최고의 원인들을 찾고 있기 때문에, 분명 그 자체로서 이런 것들을 갖는 어떤 자연적인 것이 반드시 있어야 한다. 그래서 만일 있는 것들의 요소들을 찾는 사람들이 찾았던 것이 바로 그런 원리들이라면, 그 요소들은 필연적으로 있는 것에 속하되, 부수적인 뜻에서가 아니라 그것이 있는 것인 한에서 속해야 한다. 그러므로 우리는 있는 것인 한에서 있는 것에 속하는 첫째 원인들을 파악해야 한다.[7]

6 조대호의 번역문의 '이론적'이라는 말은 내가 사용하는 '관조적'이라는 말과 같은 것이다. 조대호의 번역을 취할 경우 옮긴이의 용어 선택을 존중하여 '이론적'으로 하고, 그 외의 경우에는 모두 '관조적'으로 한다.

7 아리스토텔레스, 《형이상학》, 1003a.

여기서는 가장 일반적인 의미에서의 철학, 즉 존재자를 존재자 자체로서, 아무런 조건과 제한 없이 다루는 학문, 제일 철학pfrote philosophia으로서의 존재론 또는 신학theologike에 대한 소개가 우선적으로 등장한다. 그리고 이 보편적인 학문은 특정 존재자 권역을 탐구 대상으로 한정한 수학mathematike이라는 개별 학문과 구분되고 있다. 이것은 최소한 다음과 같은 점에서 우리의 흥미를 끈다. 에피스테메가 일단 보편적인 학문으로서의 철학과 '개별' 학문으로 나뉘고 있는데, 이는 학문을 철학과 '과'학으로 나누던 우리의 앞선 분류법에 상응하는 것이다. 그런 한에서 우리는 인간이 가질 수 있는 앎의 종류에 대한 시원의 사유가 이미 철학은 학문이 아니라는 실증주의적 학문 분류법에 반대하리라는 사실을 쉽게 추정할 수 있다.

신학과 수학은 물론 관조적 학문theoretike이다. 위의 인용에서는 분명하게 드러나지는 않지만 여기에 자연학physike이라는 또 하나의 관조적 학문이 추가되어야 한다. 아리스토텔레스는 최소한 세 가지의 관조적 학문을 구분하여 제시하고 있다. 첫째 존재자를 존재자 자체로서 다루는 신학, 둘째 존재자를 수의 질서와 도형들의 관계에서 다루는 수학, 셋째 존재자를 운동과 정지의 원리 아래서 관찰하는 자연학이 그것이다. 그리고 이 관조적 학문 곁에 다시 실천적 학문과 제작술이라는 두 개의 에피스테메를 추가한다. 즉 에피스테메는 일단 관조적 학문, 실천적 학문, 제작술의 셋으로 나뉘고, 관조적 학문이 다시 신학, 수학, 자연학으로 삼분된다. 이같이 상세한 분류는 《형이상학》 6권 1장과 11권 7장에서 진행되고 있는데, 이것이 지금부터의 논의 대상이다. 주로 전자를 중심으로 살피면서, 후자의 상응하는 부분은 주에서 소개할 것이다.

우리는 있는 것들의 원리들과 원인들을 탐구하되, 분명 있는 것인 한에서 그렇게 한다. 왜냐하면 건강이나 좋은 상태에는 원인이 있고, 수학적인 것들에도 원리들과 요소들과 원인들이 있으며, 일반적으로 사고의 학문이나 사고에 일정한 방식으로 관여하는 학문은 모두—더 엄밀하거나 더 단순한—원인들과 원리들을 다룬다. 하지만 그런 것들은 모두 있는 것의 일부, 즉 있는 것의 한 유에 국한해서 그것에 대해 연구할 뿐, 무제한적인 뜻에서 있는 것, 즉 있는 것인 한에서 있는 것에 대해서는 연구하지 않고, '무엇'에 대해서도 아무 설명을 하지 않은 채, 그것을 출발점으로 삼은 뒤—어떤 학문들은 그것을 감각에 분명한 것으로 받아들이고, 어떤 학문들은 '무엇'을 전제로 취한다—그런 방식으로 자신들이 다루는 유에 그 자체로서 속하는 것들을—더 필연성이 있거나 더 취약한—논증을 통해 밝힌다. 그러므로 실체와 '무엇'에 대해 논증이 존재하지 않는다는 사실은 그런 종류의 귀납을 통해 분명히 드러나는데, (실체와 '무엇'에 대해서는) 다른 방식의 해명이 있다. 이와 같이 개별 학문들은 그들이 연구하는 유가 있는지 없는지에 대해 아무것도 말하지 않으니, 그 이유는 어떤 것이 '무엇'인지와 그것이 있는지 여부를 밝히는 것은 하나의 동일한 사고에 속하는 일이기 때문이다.[8]

8 아리스토텔레스, 《형이상학》, 1025b(괄호 안의 내용은 옮긴이의 추가임. 이하 같음). 11권 7장의 다음 구절도 참조하라. "모든 학문은 그에 귀속되는 인식 대상들 가운데 각 대상과 관련해서 어떤 원리들과 원인들을 찾는데, 이를테면 의학과 체육학이 그렇고 그 밖의 제작적인 학문들과 수학적인 학문들에 속하는 각각의 학문이 그렇다. 왜냐하면 그런 학문들은 각각 어떤 유에 국한해서 그것을 주어진 것이자 있는 것으로 간주하면서 연구하지만, 그렇다고 그것을 있음의 측면에서 다루지는 않기 때문인데, 그런 학문들 이외에 다른 어떤 학문이 있다. 위에서 말한 학문들은 저마다 일정한 방식으로 각 유에서 '무엇'에 해당하는 것을 취한 다음, 나머지 것들을—더 취약하거나 더 엄밀하게—

이 글에는 몇 가지 중요한 내용이 들어 있다. 우선은 에피스테메는 원인에 대한 앎이라는 것, 존재자 자체의 존재 원인과 원리를 다루는 에피스테메가 있는가 하면 제한된 존재자 권역 내부의 원인과 원리만을 다루는 개별 에피스테메도 있다는 점, 그리고 후자가 전자를 전제한다는 의미에서 전자는 후자의 근거라는 것 등이다. 이 내용들은 물론 그 자체로는 중요한 것이지만 여기서는 주제에서 벗어나지 않기 위해 상론은 포기한다.[9] 일단 보편적인 에피스테메와 개별 에피스테메가 구분된다는 사실만을 지적하고, 관조적 학문의 분류를 다루는 다음 구절로 넘어가도록 하자. 아래 인용에서는 제작술과 실천적 학문에 대한 논의가 나오는 중간 부분이 생략되었는데, 이는 잠시 후에 다시 다룰 것이다.

> 자연에 대한 학문도 있는 것 가운데 한 유를 대상으로 삼는데 (…) (그것은 운동과 정지의 원리를 자기 안에 갖고 있는 실체에 대한 것이다.) (…) 자연에

(논증을 통해) 제시하려고 노력한다. 어떤 학문들은 '무엇'을 감각을 통해 취하고, 또 어떤 학문들은 전제된 것으로써 취하는데, 결국 그런 종류의 귀납을 통해 보면 실체와 '무엇'에 대한 논증이 없다는 것은 분명한 사실이다."(같은 책, 1063b-1064a)

9 이에 대해서는 조대호의 다음의 설명을 참고하는 것이 좋겠다. "아리스토텔레스는 개별 학문들에 공통된 특징으로 세 가지를 내세운다. 개별 학문은 첫째로, '무제한적인 뜻에서 있는 것on haplos'을 대상으로 삼는 것이 아니라 '있는 것의 한 부류on ti'를 떼어 내어 그것을 대상으로 삼는다. 둘째로, 개별 학문은 각 대상이 '무엇ti esti'인지에 대해서는 아무 설명도 하지 않은 채 그것을 출발점으로 삼아 그것으로부터 따라 나오는 것들을 논증apodexis을 통해 밝힌다. 셋째로, 개별 학문들은 그것들이 대상으로 다루는 부류가 있는지 없는지, 즉 대상 자체의 실재 여부에 대해서는 아무 설명도 하지 않는다."(조대호, 《아리스토텔레스의 형이상학—주요 본문에 대한 해설·번역·주석》, 문예출판사, 2004, 72쪽)

대한 것[사고]은 이론적인 것이겠지만, 그 대상은 운동할 수 있는 것과 대다수의 경우에 적용되는 정식에 따라 규정되기는 하지만 분리 가능하지 않은 실체일 것이다. (…) 자연학이 이론적인 학문이라는 사실은 이로부터 분명하지만, 수학도 이론적인 학문이다. 하지만 그것이 운동하지 않고 분리된 것들을 다루는지는 지금으로서는 분명치 않다. 몇몇 분야는 분명 (수학적인 대상들을) 부동적인 한에서 그리고 분리 가능한 한에서[10] 이론적으로 고찰한다. 하지만 만일 영원하고 부동적이고 분리 가능한 어떤 것이 있다면, 그것을 아는 것은 이론적인 학문에 속하는 일이 분명하지만, 그것은 자연학의 일도 수학의 일도 아니고 그 둘보다 앞서는 학문의 몫이다. 왜냐하면 자연학은 분리 가능하지만 부동적이지 않은 것들을 대상으로 하고, 수학의 몇몇 분야는 부동적이지만 아마 분리 가능하지 않고 질료 안에 있는 상태의 대상들에 대한 것이기 때문이다. 반면 첫째 학문은 분리 가능하고 부동적인 것들에 대한 것이다. (…) 그러므로 세 분야의 이론적인 철학, 즉 수학과 자연학과 신학이 있을 것이다.[11]

10 여기서의 분리는 질료hyle로부터 형상morphe의 분리이다. 이렇게 분리된 형상은 더 이상 질료에 의존적이지 않고 자립적이다.

11 아리스토텔레스, 《형이상학》, 1025b-1026a. 11권 7장의 다음 구절도 참조하라. "있는 것을 있고 분리 가능한 것인 한에서 다루는 어떤 학문이 있기 때문에, 그것을 자연학과 동일한 것으로 전제해야 할지 아니면 다른 것으로 내세워야 할지 살펴보아야 한다. 그런데 자연학은 운동의 원리를 자기 자신 안에 가지고 있는 것들을 다루는 데 반해, 수학은 이론적 학문이면서 정지해 있지만 분리 가능하지 않은 것들을 대상으로 다룬다. 따라서 분리 가능하고 부동적인 것에 대해서는 이 두 학문과 다른 어떤 학문이 있으니, 그런 종류의 실체, 즉 분리 가능하고 부동적인 실체가 있다면 그럴 텐데, 바로 이것을 밝히기 위해 우리는 노력할 것이다. 그리고 만일 그런 종류의 자연물이 있는 것들 가운데 속해 있다면, 바로 거기에 신적인 것이 놓여 있을 것이고, 그것은 첫째가는 가장 주도적 원리

아리스토텔레스는 서로 구분되는 세 가지의 관조적 학문을 든다. 자연학은 운동하는 존재자만을 다룬다는 점에서 모든 것을 움직이게 하면서 스스로는 움직이지 않는 존재자, 이른바 부동의 동자를 다루는 신학과는 구분된다. 마찬가지로 움직이지 않는 것을 다루는 수학과도 구분된다. 일부의 수학은 움직이지 않는 것을 다루고 그 점에서 움직이는 것을 다루는 자연학과 구분되지만, 그러나 질료 안에 구현된 형상만을 다루기 때문에[12] 순수 형상을 다루는 신학과도 구분된다. 그러므로 최종적으로 세 가지의 관조적 학문이 있다. 움직이는 것만을 다루는 자연학, 분리되지 않은 형상을 다루는 수학, 움직이지 않으며 동시에 분리된 것, 즉 '부동의 동자'와 '순수 형상'을 다루는 신학이 있다.

우리의 관점에서 보면 일단 세 개의 관조적 학문이 있다는 사실을 확인한 것만으로도 오직 하나의 학문만이 존재한다는 실증주의적 학문 분류법에 반대할 전거를 가지게 된 것이고, 이것만도 이미 성과다. 그러나 아리스토텔레스는 나아가 관조적 학문 곁에 두 개의 에피스테메가 더 있다고 말한다. 실천적 학문praktike과 제작술poietike이 그것이다. 앞에서 의도적으로 생략한다고 했던 부분을 살펴보자.

> 자연에 대한 학문은 (…) 분명 실천적인 것도 제작적인 것도 아니다. (…) (왜냐하면 제작적인 학문들의 경우 그 원리는 제작하는 사람 안에 있으니 지성이나 기술이나 어떤 능력이 그 원리에 해당하고, 행동들의 경우 그 원리는 행위

일 것이다. 그러므로 분명히 이론적 학문들 가운데는 세 부류, 즉 자연학, 수학, 신학이 있다."(같은 책, 1064a-b)

12 플라톤이 수학적 존재자를 이념적 실재로 간주했던 것과 달리 아리스토텔레스는 수학적 형상은 늘 질료 안에 구현되어 있다고 보았다는 점을 기억하라.

자 안에 있으니 선택이 그 원리이기 때문이다. 그 까닭은 행동의 대상과 선택의 대상이 동일하기 때문이다). 따라서 만일 모든 사고가 실천적이거나 제작적이거나 이론적이라면, 자연에 대한 것은 이론적인 것이겠다.[13]

일단 관조적 학문 곁에 인간의 행위를 다루는 실천적 학문과 뭔가를 만들어 내는 제작술이라는 에피스테메가 존립한다. 이 셋은 각기 관조theoria, 실천praxis, 제작poiesis의 활동이다. 자연학과, 정확히는 관조적 학문과 새로 거론된 두 학문은 다음 물음과 관련하여 서로 구별된다. '관조하려는 원리 또는 실천 및 제작의 원리가 어디에 놓여 있는가?' 자연학의 탐구 대상은 운동하는 존재자이고 이 존재자는 운동과 정지의 원리를 자신 안에 갖는다. 수학의 대상과 신학의 대상도 마찬가지이다. 이렇게 대상 안에 놓여 있는 원리를 관조하는 것이 이들 학문의 목적이고, 이 경우 대상 안의 원리를 다만 바라보기만 하는 탐구자는 그 대상과 어떤 실천적 관계도 맺지 않는다. 반면 실천적 행위를 이끌어 가는 원리는 행위자 자신의 선택과 결단이고, 제작 행위를 가능하게 하는 원리도 제작자의 정신의 상태, 즉 기술이다. 원리는 대상이 아니라 행위하거나 제작하는 '나' 안에 들어 있다. 내가 어떤 일을 하기로 선택하고 실행에 옮

13 아리스토텔레스, 《형이상학》, 1025b. 11권 7장의 다음 구절도 참조하라. "자연에 대한 어떤 학문이 있으니, 이것은 분명 실천적인 것이나 제작적인 것과 다르다. 제작적인 학문의 경우 운동의 원리가 제작되는 것 안에 있는 것이 아니라 제작자 안에 있기 때문인데, 기술이나 다른 어떤 능력이 바로 그런 원리이다. 마찬가지로 실천적인 학문의 경우 운동은 행동 안에 있기보다는 행동하는 사람들 안에 있다. 그러나 자연학자의 학문은 자체 안에 운동의 원리들을 갖고 있는 것들을 대상으로 삼는다. 그러므로 이런 점들을 놓고 볼 때, 자연학은 분명히 실천적인 것도 제작적인 것도 아니고 이론적인 것일 수밖에 없다. (왜냐하면 자연학은 이 세 부류 가운데 어느 하나에 속해야 하기 때문이다.)"(같은 책, 1064a)

기는 것이 실천이고, 내가 가능적으로 가지고 있는 제작의 기술을 현실화하는 것이 제작이기 때문이다. 관조는 관조하는 자를 관조의 대상으로부터 따로 떼어 놓는다. 그는 형상적 원리를 보기만 하는 자이지 그 원리를 행하는 자도 만드는 자도 아니기 때문이다. 반면 실천과 제작에서는 행하고 만드는 내가 전면에 부각된다. 이론(관조)과 실천의 대립은 분명 아리스토텔레스가 관조적 학문과 여타의 학문을 분리하는 근본 기준이다. 우리의 관점에서 이것은 매우 중요하다. 왜냐하면 이는 오늘날의 자연과학과 정신과학을 구분하는 기준이기도 하기 때문이다. 자연과학은 외적 자연이라는 대상 안에 놓인 법칙적 질서를 관찰(관조)하는 이론적 학문이고, 정신과학은 의지를 가진 개별자의 실제의 행위에 대한 실천적 학문이다. 아리스토텔레스가 파악한 관조적 학문과 실천적 학문의 관계는 현대적인 의미에서의 (이론적) 자연과학과 (실천적) 정신과학의 관계를 이미 예비한 것으로 보인다.[14] 지금은 일단 아리스토

14 이 문제와 관련해서 최소한 다음의 두 가지, 있을 수 있는 비판적 물음에 대해 미리 답해 두는 것이 좋겠다. 첫째는 이론과 실천이 자연과학과 정신과학의 구분의 기준이라면 '실용적인 목적에 봉사하는 수단으로서의 제작술 역시 정신과학에 대응하는가?'라는 물음이고, 둘째는 '자연과학이 자연법칙을 관조하는 이론적 학문이고 따라서 이 학문에는 어떤 실천적 목적도 들어설 자리가 없다는 하나의 사실과 자연과학이 자연의 지배를 목적으로 하는 도구적 지식이라는 또 다른 사실이 서로 충돌하지 않는가?'라는 물음이다. 첫째 물음에 대한 나의 답은 그렇지 않다는 것이다. 물론 제작의 원리가 제작자에게 있다는 점에서 제작술 역시 관조적이 아니라 실천적임에는 틀림없으나, 이 학문은—비극의 제작술로서의 시학을 제외하면—현대의 정신과학과는 아무런 관계도 갖지 않는다. 왜냐하면 이 학문은 실천적이되, 기술적 관심에 이끌리기 때문이다. 이 에피스테메는 오늘날의 응용과학의 시원으로 보는 것이 적절할 것이다. 둘째 물음에 대한 나의 답도 상충하지 않는다는 것이다. 자연 지배란 과학의 거시적인 목적이지, 개개의 탐구 과정을 지배하는 구체적인 목적은 아니기 때문이다. 자연 지배를 위해서는 예측과 설명이 가능해야 하고, 이를 위해서는 법칙성이 확립되

텔레스가 관조적 학문, 실천적 학문, 제작술 등의 세 가지의 에피스테메를 인정하고 있다는 사실, 그리고 이 고대적 관점에 따르면 학문의 분류 문제는 실증주의적 학문 일원론의 생각보다 훨씬 복잡할 수 있고 또 실제로 복잡하다는 사실만을 지적하고 넘어가기로 하자. 다음 과제는 세 가지 에피스테메의 구체적인 내용의 제시이다.

4.2 제작술과 테크네

제작이란 무언가 삶에 유용한 것을 만들어 내는 행위이고, 이렇게 제작을 할 수 있는 품성 상태hexis를 기술techne이라 한다. 현대어 기술Kunst, art은 통상 앎의 계기 또는 창조적 예술 활동이라기보다는 숙련된 솜씨라는 부정적인 어감을 강하게 풍기지만, 고대 희랍인들에게는 예술과 기술은 근본적으로 같은 것이었다.[15] 따라서 아리스토텔레스에게 카타르시스를 불러오는 시의 제작과 발에 편한 신의 제작은 근본적으로 다르지 않은 일이었다. 기술은 특정 목적에 봉사하는 것을 제작할 수 있는 상태이고, 바로 이것이 제작술적 앎이라 할 수 있다. 아리스토텔레스의 《형이상학》, I권 1장에 보면 흥미로운 앎의 단계가 제시되어 있는데, 그것은 ① 감각aisthesis, ② 기억mneme, ③ 경험emperia, ④ 앎episteme, 기술techne의 네 단계다. 물론 우리는 이 단계를 어렵지 않게 재구성할 수 있

어야 한다. 여기부터, 즉 법칙을 관조하고 발견하기 위해 모든 과학자는 어떤 실천적 목적으로부터 자유로운, 불편부당한 관찰자가 되어야 한다.

15 이 구분은 18세기 미학이 이른바 '무관심성disinterestedness'의 원리를 끌어들인 데서 기인한다는 것은 잘 알려진 일이다. 그 후로 우리는 '기술Kunst, art'과 '아름다운 예술schöne Kunst, fine art'을 구분하는 고정관념을 가지게 되었다.

다. 우선 우리의 감관에 감각 자료가 주어지고, 많은 경우 그것이 기억으로 쌓이고, 기억의 전제 아래 이루어지는 경험의 반복은 사태에 대한 보편적인 앎 또는 숙련된 기술을 가져온다. 아리스토텔레스는 이렇게 말한다.

> 동물들은 본성적으로 감각을 가지고 태어나지만, 그중 몇몇의 경우에는 감각으로부터 기억이 생겨나지 않는 데 반해, 몇몇의 경우에는 생겨난다. (…) 사람을 제외한 다른 동물들은 상상이나 기억에 의존해서 살아가지만, 경험에는 별로 관여하지 못한다. 반면 인간 종족은 기술과 추론에 의해 살아간다. 사람들에게는 기억으로부터 경험이 생겨나는데, 왜냐하면 똑같은 일에 대한 여러 번의 기억은 하나의 경험 능력을 낳기 때문이다. (…) 사실 학문적 인식과 기술은 경험을 통해 사람들에게 생겨난다. 왜냐하면 (…) 경험은 기술을 만들어 내지만, 무경험은 우연적 결과를 낳기 때문이다. 기술은 경험에서 얻은 많은 생각들로부터 성질이 같은 것들에 대해 하나의 일반적 관념이 생겼을 때 생겨난다. 그 이유는 이렇다. 이 병을 앓는 칼리아스에게 이러저런 치료가 통했고 소크라테스를 비롯한 여러 개인들의 경우에도 그랬다는 관념을 갖는 것은 경험에 속하는 일이다. 그에 반해 종에 따라 하나로 구별되는 체질을 가진 모든 사람이 질병을 앓고 있을 때, 이 치료가 통했다고 판단하는 것은 기술에 속하는 일이다.[16]

물론 기술은 반복된 경험을 통해 얻어지지만, 경험과 기술은 분명히 다르다. 경험이 개별적인 사태에 대한 것이라면, 경험의 반복을 통해 얻

16 아리스토텔레스, 《형이상학》, 980a-b.

어지는 기술은 "보편적인 관념"을 낳기 때문이다. 그리고 이 경험적 일반화가 바로 원인에 대한 앎을 제공해 준다.

> 유경험자들은 사실은 알지만 이유를 알지 못하는 반면, 다른 사람[기술자]들은 이유와 원인을 안다. (…) 이런 이유 때문에 우리는 경험보다 기술을 더 높은 수준의 인식으로 여긴다.[17]

기술을 가진 자가 스스로 제작하는 것의 원인을 알고 있다면, 그는 지금 한 번 어떤 사물을 잘 만드는 자가 아니라, 언제 어디서나 잘 만들 수 있는 능력을 가진 자일 것이다. 기술에는 제작의 보편성이 속하기 때문이다. 그러므로 기술은 "참된 이성을 동반해서 [무엇인가를 제작할 수 있는] 제작적 품성 상태"[18]로 정의된다. 그러나 기술이 제작해 내는 것은 "존재할 수도 있고 존재하지 않을 수도 있는 것"이어서 이것은 결코 "필연적으로 있는 것이 아니다".[19] 그렇다면 있을 수도 그렇지 않을 수도 있는 것을 굳이 제작하는 이유는 무엇인가? 현실적인 필요 때문이다. 이 점에서 원인에 대한 보편적인 앎으로서의 제작술은 관조적 학문과 구분된다. 후자의 학문은 필요와는 무관하기 때문이다.

> 많은 기술이 발명되었고 그 가운데 어떤 것들은 필요 때문에, 어떤 것들은 여유 있는 삶을 위해 있으니, 우리는 언제나 뒤의 기술들을 발명한 사람들이 앞의 기술들을 발명한 사람들보다 더 지혜롭다고 믿는다. 그

17 같은 책, 981a-b.
18 아리스토텔레스, 《니코마코스 윤리학》, 1140a.
19 같은 곳.

> 이유는 그들이 가진 인식들은 유용한 쓰임을 위해 있는 것이 아니기 때문이다. 그러므로 그런 종류의 모든 발명이 이미 구비되고 난 뒤에야, 즐거움이나 필요, 그 어느 것에도 매이지 않는 학문들이 발견되었으니, 이 일은 사람들이 여가를 누렸던 여러 곳에서 최초로 일어났다. 그래서 이집트 지역에서 수학적 기술들이 맨 처음 출현했으니, 그곳에서는 제사장 족속이 삶의 여가를 허락 받았기 때문이다.[20]

제작술은 현실적인 필요를 충족시키는 수단으로서의 앎, 도구적 지식이다. 이러한 종류의 앎은 현실적인 쓸모라는 목적을 가지고 있고, 이 목적에 봉사하는 수단으로서만 의미를 갖는다. 그런데 어떤 앎은 다른 목적을 위해서가 아니라 스스로를 위해서 있다.[21] 즉 이것은 어떤 "유용성"이 아니라 "인식 활동" 자체를 위한 앎이기에 모든 현실적인 삶의 욕구로부터 "자유롭고",[22] 또한 외부에 다른 어떤 목적도 갖지 않기 때문에 자족적이다. 세 가지의 관조적 학문이 그런 경우일 것이다. 물론 이 자유롭고 자족적인 앎이 제작술에 비해 한결 고급의 앎이다. 제작술에 관한 논의는 이로써 충분할 것이다. 이 단계에서 분명하게 말할 수 있는 것은 다음 두 가지이다. 첫째 제작술이라는 학문이 있다. 둘째 이 학문은 관조적 학문에 비해 저급하다.

---

20 아리스토텔레스, 《형이상학》, 981b.

21 그런 앎은 자기 목적적이기 때문에 이른바 자족성autarkeia을 가질 것이다(4.4 참조).

22 아리스토텔레스, 《형이상학》, 982b.

4.3 실천적 학문과 프로네시스

이제 두 번째로 실천적 학문과, 이 학문을 잘 탐구할 수 있기 위해 요구되는 품성 상태인 실천적 지혜phronesis에 대해 생각해 보자. 실천적 학문은 "무엇을 행해야만 하고 무엇을 삼가야만 하는지"[23]를 정하는 학문이고, 따라서 주 관심사는 이론적 "앎이 아니라 행위"[24]이다. 여기에 우선적으로 포함되는 학문은 정치학이고,[25] 물론 윤리학도 들어가야 한다.[26] 실천적 학문의 궁극의 목적은 "인간적인 좋음"[27]인데, 이 "인간적 좋음에 관계하는 것"[28]이 바로 실천적 지혜다. 일단 이 흥미로운 개념의 정의부터 살펴보자.

> 자신에게 좋은 것, 유익한 것들과 관련해서 잘 숙고할 수 있다는 것이 실천적 지혜를 가진 사람의 특징으로 보인다. 그런데 〈이때 잘 숙고한다는 것은〉 건강이나 체력과 같은 부분적인 것에서 무엇이 좋은지 생각하는 것이 아니라, 전체적으로 잘 살아가는 것과 관련해서 무엇이 좋고 유익한지 잘 숙고한다는 뜻이다. (…) 그러니 잘 살아가는 것과 관련해 일반적으로 잘 숙고하는 사람이 실천적 지혜가 있는 사람일 것이다.[29]

23 아리스토텔레스, 《니코마코스 윤리학》, 1094b.

24 같은 책, 1095a.

25 같은 책, 1094b 참조.

26 《니코마코스 윤리학》, 6권 8장에서 아리스토텔레스는 실천적 지혜의 다른 부분으로 가정 경제oikonomia, 입법nomothesia, 정치술politike 등을 들고 있다(1141b 참조). 이 책의 옮긴이들은 《에우데모스 윤리학》과 관련하여 실천적 지혜의 분류를 제시하고 있다(같은 책, 218쪽, 옮긴이 주 30 참조).

27 같은 책, 1094b.

28 같은 책, 1141b.

이 구절에서 분명하게 드러나는 것이 몇 가지 있다. 우선 실천적 지혜는 결코 이론적 인식의 문제가 아니라 인간의 **실천적 삶**의 문제요, 또한 이것은 모든 사람에게 일률적으로 적용되는 삶의 규칙의 문제가 아니라, 각자 **자신의 삶**에 대한 문제이고, 따라서 참·거짓의 판정 문제가 아니라 **숙고와 현명한 판단**의 문제라는 것이다. 여기서 잘 숙고함 euboulia은 "인간적 행위에 의해 성취될 수 있는 것들 중 최선의 것을 헤아림"[30]을 뜻한다. 그렇다면 그 최선의 것은 무엇인가? 물론 행위가 행복을 결과할 때 우리는 그 행위가 최선의 방식으로 선택되었다고 말할 수 있을 것이다.

아리스토텔레스에 의하면 모든 인간적 삶의 목적은 "행복eudaimonia"[31]이다. 그러나 무엇이 행복을 그리고 무엇이 불행을 가져오는지에 대한 각자의 판단은 모두 다르다. 이론 인식의 문제라면야 물음에 대한 유일하게 옳은 답 또는 최소한 가장 옳은 답이 있을 수 있겠지만, 인간적 삶과 실천의 세계에는 그렇게 정답에 이르는 기계적인 과정이 있을 수 없다. 왜냐하면 인간의 행위를 지배하는 단 하나의 규칙과 같은 것은 있을 수 없기 때문이다. 이것은 각자가 처한 상황 안에서 매번 부딪히는 고유한 결단의 문제이다. 이 결단의 어려움은 각자가 처한 상황이 다 다르고, 그 하나하나의 상황도 시간의 흐름에 따라 변한다는 데 있다. 따라서 사람에 따라 행복을 달리 해석하는 것은 물론이고,[32] 같은

29 같은 책, 1140a(추가는 옮긴이).

30 같은 책, 1141b.

31 같은 책, 1095a.

32 Cf. "어떤 사람들은" 행복이 "눈에 보이고 누구나 알 수 있는 어떤 것, 가령 즐거움이나 부나 명예라고 말하고, 다른 사람들은 제각각 다른 것을 이야기한다."(같은 곳)

사람일지라도 상황의 변화에 따라 또 달리 해석한다.[33] 그러므로 일의적으로 판단의 지침을 주는 일은 결코 가능하지 않다. 각자는 자신만의 개별적 삶의 상황과 관련하여 '전체적으로' 또는 "총기획적으로"[34] 좋음에 대한 판단을 내려야 한다. 우선 말할 수 있는 것은 각자 처한 상황과 때가 다르므로 판단하는 각자의 개별적 삶이 고려의 대상이 되어야 한다는 것이다.[35] 그러나 그렇게 한다 해도 숙고와 선택이 쉬워지는 것은 결코 아니다. 여전히 각자의 개별적 삶 안에서 모든 것이 유동적이기 때문이다. 이것은 그야말로 각자가 짊어져야 하는 십자가, 즉 난제crux다. 그래서 아리스토텔레스도 실천적 지혜를 배양하여 잘 숙고하라고만 말할 뿐이지 그렇게 하기 위한 특단의 지침을 제공하지는 못한다. 그것은 불가능한 일이기 때문이다.

실천적 지혜는 기술도 아니요 이론적 인식도 아니다. 기술이라면 마치 요리나 제화술을 배우듯 누구나 반복된 연습을 통해 현명한 지혜를 습득할 수 있을 것이다. 그러나 현명함은 결코 경험의 반복으로 획득될 수 있는 것이 아니다. 바로 여기에 우리가 현자를 존경하는 이유가 있다. 이것은 또한 이론 인식도 아니다. 만일 그렇다면 우리는 관조를 통해 현명함을 배우고 학습을 통해 이를 가르칠 수 있을 것이다. 그러나 우리 주변에는 박식한 이론적 지식을 갖추고 있으면서도 현명함에서는 기대할 것이 거의 없는 사람들이 적지 않다. 내가 보기에 이것은 칸트가 판단력이라 불렀던 것, 특수를 보편 아래 포섭하는 능력[36]과 비슷한 것

33 Cf. "심지어는 같은 사람이 사정에 따라 행복이라고 말하는 것이 달라지는 경우도 종종 있다. 병들었을 때는 건강을, 가난할 때는 부를 행복이라고 하니까."(같은 곳)

34 같은 책, 1094a.

35 같은 책, 1141b, 1143a 참조.

이다. 지금 내가 선택하고 행위해야 하는 이 개별적인 상황이 어떤 보편의 사례인지를 판단해야 한다. 만일 보편이 이미 주어져 있다면 판단은 단순할 것이다. 그러나 인간의 실천적 삶에서 미리 보편이 주어지고 거기에 해당 특수를 기계적으로 포섭하는 일은 거의 없다. 왜냐하면 여기서는 보편이 주어지지 않아서 스스로 찾아야 하거나 또는 여러 보편이 함께 주어져 있어서 서로 충돌하기 때문이다. 예를 들어 제2차 세계대전 중에 참전과 노모 봉양이라는 두 선택지 사이에서 갈등하며 사르트르에게 조언을 구했다는 젊은이의 상황[37]이 그런 것이다. 결단하고 행위해야 하는 이 젊은이는 애국과 효도라는 두 상충하는 보편 사이에서 망설이고 있다. 하나의 보편이 선택되기만 하면 그 다음의 포섭, 결단은 기계적인 일이다. 그러나 어떤 보편을 선택해야 할지의 결정은 능란한 기술도 훌륭한 지식도 결코 대신해 주지 않는다. 이것은 그야말로 실천적 지혜 또는 판단력의 문제이기 때문이다. 바로 여기에 어려움이 있다.

칸트는 판단력이 "특이한 재능"이어서 "결코 가르칠 수 없고 오직 연마될 뿐"이라고, 그리고 판단력의 "결핍은 어떤 학교 교육으로도 보충될 수 없다"고 말한다. 왜냐하면 이 결핍의 상태는 무지가 아니라 "어리석음"[38]이기 때문이다. 이 어리석음의 반대 상태가 바로 아리스토텔레스가 생각하는 실천적 지혜가 배양된 상태일 것이다. 물론 이 상태도 무지가 제거된 상태와는 관계가 없다. 아리스토텔레스는 마치 판단력을 논하는 칸트를 연상시키는 투로 다음과 같이 말한다.

---

36 Cf. I. Kant, *Kritik der reinen Vernunft*, B171f.

37 사르트르, 《실존주의는 휴머니즘이다》, 방곤 옮김(문예출판사, 1990), 34-35쪽 참조.

38 I. Kant, *Kritik der reinen Vernunft*, B172.

> 나이가 젊더라도 기하학자나 수학자가 될 수 있고, 또 그와 같은 일에 있어서 지혜로운 자가 될 수 있지만, 실천적 지혜를 가진 사람이 될 수는 없다. 그 까닭은 실천적 지혜가 개별적인 것들에도 관련하는데, 개별적인 것들은 경험으로부터 알려지고, 젊은이들에게는 경험이 부족하다는 데 있다. 경험[39]을 만들어 내는 것은 오랜 시간이니까.[40]

기술을 결과하는 반복된 연습도 앎을 가져오는 관조도 결코 실천적 지혜를 주지는 않는다. '실천을 위해 필요한 이 지혜'는 오직 실제의 '실천을 통해서만' 얻어질 뿐이다. 숙고, 선택, 행위, 그 결과에 만족할 수 없다는 또는 충분하게 만족할 수는 없다는 사실의 발견, 그 경험 위에서 이루어지는 또 한 번의 숙고, 선택, 행위, 이 지루한 반복의 어느 단계에서 어떤 사람들은 실천적 지혜를 갖게 된다. 모든 사람이 그런 것은 아니지만 말이다. 이것은 말하자면 "경험으로부터 나온 (…) 올바르게 보는 (…) 눈"이다. 물론 이 눈은 자신의 참을 "증명할 수는 없다".[41] 이것은 참·거짓을 판가름할 수 있는 인식의 문제가 아니기 때문이다. 그러나 이 눈은 분명히 어떤 앎을, 가르칠 수도 배울 수도 없는 앎의 상태를

---

39 여기서의 경험은 삶의 경륜을 의미하는 것이지 기술을 불러온다던 경험이 아니다.

40 아리스토텔레스, 《니코마코스 윤리학》, 1142a. 칸트도 이렇게 말한다. "의사, 판사 또는 국가 정치학자는 스스로 해당 분야에서 엄격한 교사가 될 수 있을 만큼의 훌륭한 병리학적, 법학적 또는 정치학적 규칙들을 소유할 수 있다. 그럼에도 이들은 이 규칙을 적용하는 데서는 쉽게 실패하기도 하는데, 그것은 이들에게 (비록 지성은 아니라 할지라도) 타고난 판단력이 결핍되어, 이들이 보편자를 추상적으로는 잘 통찰하면서도 하나의 특수한 경우가 그 보편자에 속하는지는 잘 판별하지 못하기 때문이다."(I. Kant, *Kritik der reinen Vernunft*, B172f.)

41 아리스토텔레스, 《니코마코스 윤리학》, 1143b.

보여 주고 있다. 이것은 "일종의 탁월성arete",[42] 삶의 아레테일 것이다. 상황의 불확실성 속에서도 그때그때 현명한 숙고와 판단을 통해 탁월한 방식으로 삶을 운영해 나가는 지혜일 것이다. 지금까지의 논의를 통해 분명해진 것은 이론적 앎과는 전혀 다른 실천적 삶의 영역이 있고, 이에 대해 실천적 학문 또는 실천적 지혜라는 앎이 성립한다는 것이다. 그러나 동시에 또한 분명해지고 있는 것은 인식 능력으로는 결코 설명할 길이 없는 이 같은 현명함 또는 실천적 지혜라는 어두운 개념이 어떤 점에서는 학적 인식으로서의 에피스테메와 달라 보이기도 한다는 점이다. 이제 이 문제를 숙고해야 한다.

실제로 아리스토텔레스는 실천적 지혜를 집중적으로 다루고 있는 《니코마코스 윤리학》 6권 5장에서 이렇게 단언한다. "실천적 지혜는 학문적 인식이 아니다."[43] 그 이유는 "행위의 대상prakton은 다르게 있을 수 있는 것들이고"[44] 이렇게 인간 행위가 달리 될 수 있기 때문에 이 다름들 간의 경중을 헤아리는 숙고가 필요한데, 학적 인식의 대상에는 '달리 될 수 없음'이 속하기 때문이다. 이렇게 "다르게 있을 수 없는 것들에 관해서는" 누구도 "숙고하지 않는다".[45] 여기에는 어떤 숙고의 여지도 없기 때문이다.

영원한 것들에 대해서는, 예를 들면 우주에 대해서, 혹은 정사각형의 한

42 같은 책, 1140b.

43 같은 곳 참조; 같은 책, 1142a 참조.

44 같은 책, 1140b.

45 같은 책, 1140a.

변과 그 대각선이 통약 불가능하다는 것에 대해서는 누구도 숙고하지 않는다. 또 운동하고 있지만—필연적으로 그러하든 본성적으로 그러하든, 아니면 다른 원인에 의해 그러하든—언제나 같은 방식으로 일어나는 것들에 대해서도 숙고하지 않는다. 예를 들어 하지나 동지의 변화나 별자리의 출현에 관해서는 숙고하지 않는다.[46]

이런 것들은 달리 있을 수 없는 것들이고, 따라서 숙고의 대상이 아니라 관조의 대상일 뿐이다. 우리가 실천적 지혜를 가지고 숙고하는 것은 이렇게 달리 있을 수 없는 것이 아니라, "우리를 통해 이루어지지만 언제나 같은 방식으로 일어나지는 않는 것", "막상 그 결과가 어떻게 나올지 불분명한 것들, 즉 비결정적인 것들을 포함하는 것들", 그래서 우리로 하여금 "더 많이 망설이게"[47] 하는 것들이다. 이 불확정성, 달리 될 수 있음이 바로 숙고와 실천적 지혜의 필요를 불러오는 것이다. 그러나 부동의 동자나 순수 형상, 운동과 정지의 원리를 자신 안에 갖고 움직이는 모든 것들, 또는 질료 안에 구현된 수학적 형상들에 대해 우리는 숙고하지 않는다. 이 달리 될 수 없는 필연적 사태는 다만 관조되고 인식될 뿐이기 때문이다. 이 같은 인식은 "가르칠 수도 있고 (…) 배울 수도 있는 것"[48]이어서 가르칠 수도 배울 수도 없는 실천적 지혜와는 명백히 구분되는 것으로 보인다.

아리스토텔레스의 이 같은 주장 때문에 우리는 실천적 지혜가 도대체 에피스테메의 일종으로 간주되어도 좋은지의 물음에 답하지 않으면

46 같은 책, 1112a.
47 같은 책, 1112b.
48 같은 책, 1139b.

안 된다. 논란이 되는 구절은 우리에게 진리를 허용해 주는 품성 상태 hexis에 대한 논의가 진행되는《니코마코스 윤리학》, 6권 3장이다.

> 이제 처음부터 다시 시작해서 참을 인식하는 품성 상태들에 대해 논의해 보자. 영혼이 그것에 의해 긍정하거나 부정함으로써 참을 인식하게 되는 것에는 다섯 가지가 있다고 하자. 이것들은 기예[기술]techne, 학문적 인식episteme, 실천적 지혜phronesis, 〈철학적〉 지혜sophia, 그리고 직관적 지성nous이다. (…) 학문적 인식이 무엇인지는 만약 그저 유사한 것을 따르는 게 아니라 엄밀하게 따져야 한다면, 다음과 같은 고려로부터 분명해진다. 즉 '학문적으로 인식'하는 것은 **다르게 있을 수 없는 것**이라고 우리 모두는 생각한다. '**다르게 있을 수 있는 것들**'은 우리의 관찰 바깥에서 일어나는 경우 언제나 그것이 그러한지, 혹은 그렇지 않은지를 알지 못한다. 그러므로 학문적으로 인식될 수 있는 것은 필연적으로 그러하다. 따라서 영원하다. 단적으로 필연적인 것들은 모두 영원하며, 영원한 것들은 생성되지도 파괴되지도 않으니까.[49]

우리의 실천적 삶의 세계가 영원한 것은 아니고 따라서 필연적이지도 않고, 여기에는 온통 달리 될 수 있는 것들의 생성과 소멸이 반복된다는 것은 자명하다. 그리고 이 달리 될 수 있음은 위의 주장에 의하면 학문적으로 인식될 수 있는 것이 아니다. 매우 단순하게 다음의 결론이 도출된다. '달리 될 수 있는 가변적 선택지에 대한 숙고로서의 실천적 지혜'는 '달리 될 수 없는 필연적 사태에 대한 학적 인식'이 아니다. 마

49 같은 책, 1139b(강조는 필자).

찬가지로 "존재할 수도 있고 존재하지 않을 수도 있는 것들"을 제작하는 기술도 학적 인식이 아닐 것이다. 이 역시 "필연적으로 그런 것이나 필연으로부터 생겨나는 것들에 관계하는 것이 아니라"[50] "다르게도 있을 수 있는 것들에 관련하기"[51] 때문이다. 이 결론은 일단 실천적 지혜를 자양분으로 하는 실천적 학문과 기술에 근거하는 제작술은 관조적 학문 곁에 나란히 존립하는 두 에피스테메라는《형이상학》, 6권 1장의 주장과 배치되는 것으로 보인다. 이 외견상의 모순이 설명되어야 한다. 두 가지가 검토되어야 한다. 첫째는 용어상의 문제이고, 둘째는 세 가지의 에피스테메 중에서 관조적 학문이 갖는 주목할 만한 인식론적 우월성이다.

용어상의 문제부터 정리하자.《니코마코스 윤리학》, 6권 3장이 제시한 다섯 가지는 "영혼이 (…) 참을 인식하게 되는 (…) 품성 상태", 즉 영혼의 상태이다. 세 번째로 제시된 학적 인식도 "증명할 수 있는 품성 상태hexis apoediktike"[52]이다. 이것은 "일반적으로 앎을 지시하는" 에피스테메라는 말보다 훨씬 "좁은"[53] 의미로 사용된 것이다.[54] 실천적 지혜가 학적 인식이 아니라 함은 바로 이 좁은 의미의 에피스테메가 아니라는 뜻일 것이다. 그러나《형이상학》, 6권 1장에서 에피스테메라는 말은 학문

50 같은 책, 1140a.

51 같은 곳; 같은 책, 1141a 참조.

52 같은 책, 1139b.

53 같은 책, 207쪽의 옮긴이 주 12.

54 고대 철학에 대한 나의 천학으로 인하여 나는 이 "좁은"이라는 말의 구체적인 의미를 파악할 수 없었다. 전문가에게 구한 자문에 의하면, 이 좁은 의미의 에피스테메는 '추론 능력'이거나 이 능력을 사용하여 '추론지를 얻은 영혼의 상태'라고 한다.

에 종사하는 영혼의 상태가 아니라, 앎 내지 학문 일반을 지칭하는 넓은 의미로 쓰인 것이다. 그러므로 이 넓은 의미의 에피스테메에는 당연히 제작술과 실천적 학문이 포함된다. 《형이상학》에서 이루어진 '학문의 구분'과 《니코마코스 윤리학》에서 이루어진 '영혼의 학문적 능력의 구분'이 에피스테메라는 하나의 말을 각기 다른 두 의미로 사용한 것이 문제의 발단으로 보인다. 그러므로 전자를 넓은 의미의, 후자를 좁은 의미의 에피스테메로 보면 일단 개념상의 혼란은 제거될 수 있을 것이다.

이렇게 에피스테메를 넓은 의미와 좁은 의미로 구분한다 해도, 실천적 학문의 (그리고 제작술의) 인식론적 지위와 관련하여 필요한 숙고의 여지가 조금은 더 있는 것 같다. 이 두 학문은 모두 달리 될 수 있는 어떤 것을 다룬다. 그리고 바로 그 사실로 인하여 달리 될 수 없는 어떤 것을 다루는 학적 인식으로부터 구분된다. 물론 방금 언급된 좁은 의미의 에피스테메, 추론 능력으로서의 에피스테메도 달리 될 수 없는 어떤 것을 다룰 것이다. 그러나 앞서 인용된 《니코마코스 윤리학》(1112a)에 나타나 있듯이 수학과 자연학도 달리 될 수 없는 것을 다룬다. 말하자면 이것은 관조적 학문의 특성이다. 그리고 운동하지 않는 신만이 유일하게 필연적인, 결코 달리 있을 수 없는 존재자라는 점에서 세 가지 관조적 학문 중에서도 신학이 가장 완전한 의미에서 달리 될 수 없는 것을 다룬다고 말해야 한다.[55] 이렇게 보면 아리스토텔레스에게는 '품성 상태로

55 나중에 따로 다루게 되겠지만(5.1.3 참조) 다른 곳에서 아리스토텔레스는 에피스테메는 원인에 대한 앎이고 달리 될 수 없는 사태에 대한 앎임을 분명히 밝힌다. 이 두 조건을 완전히 충족시키는 것은 관조적 학문뿐이다. 그럼에도 불구하고 아리스토텔레스가 두 번째 조건을 충족시키지 못하는 제작술과 실천적 학문을 여전히 에피스테메의 일종으로 본다는 것은 그가 이 두 조건을 때로는 느슨하게 때로는 엄격하게 적용하고 있다는 의미일 것이다. 그러므로 넓은 의미

서의 좁은 의미의 에피스테메와 실천적 지혜의 구분'뿐 아니라, '달리 될 수 없는 것을 다루는 관조적 학문(자연학, 수학, 신학)'과 '달리 될 수 있는 것을 다루는 비관조적 학문(제작술, 실천적 학문)의 차이, 정확히는 차등도 있다고 해야 할 것이다.

이 모든 관계는 이중의 이유에서 중요하다. 우선 아리스토텔레스는 실천적 학문의 학문적 자립성을 인정했고 그런 한에서 현대적인 과학 이원론의 먼 시원을 이룬 사람이다. 그러나 동시에 그는 달리 될 수 없는 필연적 질서의 관조를 학문의 이상으로 삼았고, 이 질서를 관조하는 학문이 여타의 학문들에 대해 인식론적 우위를 갖는다는 점도 인정했던 사람이다. 바로 이 두 번째 아리스토텔레스가 자연의 달리 될 수 없는 법칙적 질서를 확정하려는 현대 자연과학의 그리고 이를 근거로 하여 (실천적) 정신과학에 대한 (이론적) 자연과학의 우위를 주장하는 자연과학주의적 과학론의 진원지다. 그러므로 현대 과학에 대한 아리스토텔레스의 관계는 이중적이다. 이 사람은 **여러** 에피스테메를 분류하며 과학 이원론의 초석을 다진 사람이지만, 그러나 그중에서도 유독 관조적 학문이라는 **하나**의 학문의 우위를 강조하면서 현대 과학의 이론적 방향 잡음과 실천적 정신과학에 대한 관조적 자연과학의 우위를 예비한 사람이기도 한다. 이 이중성 때문에 실천적 학문에 대한 우리의 성찰도 제작술에 대한 앞선 성찰과 비슷한 결론으로 끝난다. 두 가지는 분명하다. 첫째, 실천적 지혜라는 인간의 품성 상태에 의거하는 실천적 학문이라는 에피스테메가 있다. 둘째, 이 학문은 관조적 학문에 비해 저급하다.

와 좁은 의미의 에피스테메만을 구분하는 것으로는 충분하지 않다. 느슨한 의미와 엄격한 의미의 에피스테메의 구분도 염두에 두어야 한다.

4.4 관조적 학문과 테오리아

제작술이 기술에, 실천적 학문이 실천적 지혜에 의거하는 것과 마찬가지로 관조적 학문 역시 자기만의 방법을 갖는다. 그것은 관조theoria(테오리아)의 길이다. 우선 관조라는 이 흥미로운 개념의 분석을 실마리 삼아 논의를 시작하자.

테오리아라는 희랍어에 대응하는 현대어는 이론Theorie, theory이다. 과학에서 이론은 단순히 관찰된 현상을 기술하는 문장이 아니고 그 문장들의 단순 누적도 아니며, 오히려 이 문장들에 최초로 설명력을 부여해 주는 개념적 체계다. 예를 들어 '해가 뜬다', '해가 진다', '해가 동쪽에서 떠서 서쪽으로 진다'와 같은 지각의 문장들은 그 자체 이론은 아니고, 또 이것들이 아무리 많이 모여도 거기서 이론이 나오지는 않는다. 오히려 이 문장들은 이론에 의해 비로소 진술의 근거를 부여받아야 한다. 이론은 말하자면 저 지각의 문장들, 그리고 이 문장들이 지시하는 하나하나의 가시적 현상들을 눈에 보이지 않는 어떤 끈으로 묶어 이루어진 설명의 개념 틀이다. 이 끈이 바로 우리가 가설이라 부르는 것이다. 예를 들어 지구의 자전은 그 자체 지각되는 것은 아니지만, 저 지각의 문장들이 지각의 차원에서가 아니라 과학의 차원에서 의미하는 것이 무엇인지를 구체적으로 밝혀 주고, 그렇게 해서 이 지각의 문장들을 결합해 주는 끈이다. '지구의 자전'이라는 이 보이지 않는 끈이 '해가 뜬다', '해가 진다', '해가 동쪽으로 떠서 서쪽으로 진다'와 같은 지각의 문장들을 한데 묶어 결합할 때, 비로소 지동설이라는 이론이 생겨난다. 이 이론으로 우리는 일출, 일몰의 현상을 설명할 수 있다. 중요한 것은 눈에 보이는 현상들을 설명해 주는 개념의 틀로서의 이론 자체는 눈에 보이지 않는다는 점이다. 플라톤식으로 표현해서 이것은 "혼의 눈으로"[56] 보아야 하는 것이다. 이 같은 봄을 희랍인들은 '관조'라 불렀다. 눈에 보이는 현상들의 근거나 배후에 놓여 있는, 눈에 보이지 않는 형상적 질서를 혼의 눈으로 바라볼 때, 그들은 관조한다고 말한다. 관조는 봄이고, 그것도 정신적인 봄, 혼의 눈으로 봄이다.

그렇다면 인간은 언제, 어떻게 혼의 눈으로 보게 되는가? 이것은 과학자의 이론 구성의 조건에 대한 물음이고 동시에 아리스토텔레스가 제시한 세 가지의 관조적 학문의 가능 조건에 대한 물음이다. 이 물음에 답하기 위해 이론, 관조라는 말의 어원에 대해 생각해 보자. 이론을 의미하는 서양 현대어는 모두 봄을 의미하는 희랍어 '테오리아'에로, 그리고 이 말은 다시 관객을 의미하는 '테오로스theoros'로 소급된다. 극장을 의미하는 현대어 'Theater(theater)'도 여기서 기원한 말이다. 쉽게 생각할 수 있는 바이지만, 극장은 매우 이론적인 또는 관조적인 장소다. 실제로 객석에 앉아 있는 관객은 무대 위에서 벌어지는 삶의 실천적 현장을 다만 이론적인 눈으로 관조할 뿐이다. 여기서 이론적이라 함은 삶의 실천에로의 그 어떤 참여도 허용되지 않는다는 뜻이다. 무대는 관객을 위한 것이 아니라 배우들을 위한 것이고, 관객은 객석에 조용히 머물러야 한다. 이 자리가 그에게 허용한 유일한 일은 보는 것이다. 이론적인 관객은 배우들의 삶의 실천과 행위가 어떻게 진행되건, 그 진행에 만족할 수 있건 없건, 그저 보기만 해야 한다. 독약을 마시고 쓰러진 몬터규 가의 아들과 애인의 죽음에 소스라치는 캐퓰럿 가의 딸이 아무리 안쓰러워도 해독제를 들고 무대 위로 올라갈 수는 없는 노릇이고, 여행

56 플라톤, 《국가》, 540a.

길에 마주친 노인을 굳이야 죽이려 드는 오이디푸스에게 '그분이 네 아버지야, 이놈아!'라고 소리쳐 알려 주어도 안 된다. 눈에 보이지 않는 네 번째 벽은 가장 두꺼운 벽이다. 관객의 있을 수 있는 모든 앙가주망engagement을 차단하기 때문이다. 이렇게 보기만 하는 관객은 무대 위의 현실과 그 어떤 실천적 관련도 맺지 않으므로 무대 위를 주시하는 그의 눈은 불편부당할 수 있고 어떤 이해관계에도 좌지우지되지 않을 수 있다. 오직 이 눈만이 형상을 관조하고 이론을 구성할 수 있다. 그래서 떨어지는 사과를 바라보는 이론가로서의 뉴턴은 이 바라봄을 자신의 굶주림으로부터 완전히 독립시킬 수 있었고, 사과를 자신의 주린 배를 채울 유용한 먹거리로 간주하는 실천의 눈을 감을 수 있었다. 그때 그의 혼의 눈이, 육의 눈으로는 결코 볼 수 없었던 중력을, 사과의 배후에서 보이지 않는 방식으로 사과를 떨어뜨리는 힘을 관조할 수 있었던 것이다. 실천의 눈을 감을 때, 그때 이론의 눈이 뜨인다.

이상의 논의를 통해 우리는 테오리아의 두 가지 기본 특성을 확정할 수 있게 되었다. 첫째, 이것은 눈에 보이는 것들의 배후에 숨어 작용하고 있는, 눈에 보이지 않은 형상적 질서를 바라보는 **혼의 관조**이다. 둘째, 이것은 우리의 실천적인 삶의 현장과는 거리를 두고 있는 **이론적 성찰**이다. 이제 이 두 가지에 유념하면서 관조 및 관조적 학문에 대한 아리스토텔레스의 견해를 살펴보자. 특히 우리의 시선은 이론적, 관조적 학문과 실천적 학문의 대비에 고정되어야 한다. 이것이 우리가 아리스토텔레스의 에피스테메의 분류에서 궁극적으로 확인하기를 원하는 자연과학과 정신과학의 차이이기 때문이다.

아리스토텔레스의 《형이상학》은 관조를 "가장 즐겁고 좋은 것"[57]으로, 《니코마코스 윤리학》도 이를 "가장 좋고 가장 즐거운 것"[58]으로 규정한다. 관조가 도대체 어떤 점에서 좋고 즐거운 것인지 생각해 보자. 주지하다시피 아리스토텔레스의 윤리학은 결국은 행복의 분석론이다. 왜냐하면 인간은 누구나 행복을 추구하고, 행복은 모든 삶의 목표이기 때문이다.《니코마코스 윤리학》은 "모든 기예[기술]와 탐구methodos, 또 마찬가지로 모든 행위와 선택은 어떤 좋음을 목표로 하는 것 같다"[59]라는 말로 시작되고, 곧이어 이 좋음이 무엇인지에 대한 분석을 제공한다. 아리스토텔레스는 좋음을 "완전한 어떤 것"으로 규정하고, 바로 "그 자체로 추구되는 것이 다른 것 때문에 추구되는 것보다 더 완전하다"고 말한다. 그렇다면 "최상의 좋음"은 "언제나 그 자체로 선택될 뿐 결코 다른 것 때문에 선택되는 일이 없는 것, (…) 단적으로 완전한 것"일 것이다. 바로 이것이 "행복"[60]이다. 이렇게 아리스토텔레스의 윤리학이 궁극적으로 향하고 있는 최상의 좋음과 행복, 이것을 제공해 주는 것이 바로 관조다.

> 행복이 탁월성에 따른 활동이라면, 그것은 당연히 최고의 탁월성을 따라야 할 것이다. 그런데 이 최고의 탁월성은 최선의 것에 대한 탁월성이다. 이것이 지성nous이건 혹은 다른 어떤 것이건, 이것은 본성상 우리를 지배하고 이끌며, 고귀하고 신적인 것들에 대한 이해를 가지고 있는 것으로 보인다. 이것 자체가 신적인 것이든 아니면 우리 안에 있는 것들 가운데 가장 신적인 것이든, 자신의 고유한 탁월성에 따르는 이것의 활

57 아리스토텔레스,《형이상학》, 1072b.
58 아리스토텔레스,《니코마코스 윤리학》, 1078a.
59 같은 책, 1094a.
60 같은 책, 1097a.

동이 완전한 행복일 것이다. 이 활동이 관조적인 것임은 이미 말한 바 있다. (…) 이것이 최고의 활동이다.[61]

관조가 행복을 준다면 그 행복의 근원은 무엇인가? 제작에도 목적이 있고 행위에도 목적이 있다. 제작의 목적은 물건을 만드는 것이고 이 물건은 유용한 쓰임을 지닌 것이다. 결국 제작은 현실적인 필요라는 목적에 봉사하는 수단이고 도구이다. 행위하는 자도 특정 "목적으로 말미암아 (…) 선택하고 행한다". 이를테면 "집안을 다스리는 사람들과 정치가들"이 배려하는, "자신들과 사람들을 위해서 좋은 것"[62]이 이들의 행위 목적이다. 행위도 다른 어떤 좋음을 위해서 이루어진다. 반면 관조는 다른 어떤 것을 위한 활동이 아니다. 즉 관조에는 목적이 없다. 정확히 말해 관조 자체가 스스로의 목적이다. 바로 이것이 어떤 현실적인 효용도 그리고 아무런 인간적인 좋음도 주지 못하는 관조가, 아니 오로지 그러한 관조만이 허락하는 행복의 본질이다.

그런데 탁월성에 따르는 활동들 중 '지혜sophia'에 따르는 활동이, 동의되는 것처럼 가장 즐거운 것이다. 여하튼 '지혜에 대한 사랑', 즉 '철학philosophia'은 그 순수성이나 견실성에서 놀랄 만한 즐거움을 가지고 있는 것 같다. 물론 앎을 가지고 있는 사람이 앎을 추구하는 사람보다 그러한 관조에서 더 즐겁게 삶을 영위할 것이라는 점은 당연하다. 더욱이 우리가 논의하는 자족autarkeia도 다른 무엇보다 관조적 활동과 관련한다. 철학적 지혜를 가진 사람이나 정의로운 사람, 다른 탁월성을 가진

61 같은 책, 1177a.

62 같은 책, 1140b.

사람 모두 삶을 위해 필수적인 것들을 필요로 하지만, 이것들이 충분히 갖춰졌을 경우, 정의로운 사람은 그가 그 사람에 대해 정의로운 행동을 하게 될 상대방, 혹은 그들과 더불어 정의로운 행동을 하게 될 동반자를 필요로 하며, 절제 있는 사람이나 용감한 사람, 또 그 밖의 탁월한 사람들 각각도 역시 마찬가지이다. 하지만 〈철학적〉 지혜를 가진 사람은 혼자 있어도 관조할 수 있으며, 그가 지혜로우면 지혜로울수록 더욱 그러할 것이다. 그가 동반자를 가지면 아마 더 잘 관조할 수도 있겠지만, 그럼에도 그가 가장 자족적이다. 또 이 관조적 활동만이 그 자체 때문에 사랑 받는 것 같다. 관조적 활동으로부터는 관조한다는 사실 이외에 아무것도 생겨나지 않는 반면, 실천적 활동으로부터는 행위 자체 외에 무엇인가를 다소간 얻고자 하기 때문이다. 또 행복은 **여가** 안에 들어 있는 것 같다.[63]

위의 글에서 아리스토텔레스는 인간 활동을 관조적 활동과 실천적 활동으로 구분하고 있다. 관조적 활동은 아무런 현실적 이득도 가져오지 않지만 오로지 이 활동 자체에 대한 사랑 때문에 행해진다. 하지만 실천적 활동은 그 행위 자체 때문이 아니라 이 행위가 지향하는 특정 목적 때문에 행해진다. 그러므로 전자는 자족적이고 여가적인 반면, 후자는 목적 관련적이고 비여가적이다. 후자를 위해 아리스토텔레스가 드는 예는 "여가를 갖기 위해 여가 없이 바쁘게 움직이는" 행위와 "평화를 얻기 위해" 벌이는 "전쟁"인데, 싫어도 해야만 하는 이 두 활동은 모두 "여가와는 거리가 먼 것"[64]이다. 여가schole 혹 여가를 가짐scholazein이

63 같은 책, 1177a-b(추가는 옮긴이, 강조는 필자).

64 같은 책, 1177b.

라는 개념은 앞서 《형이상학》에서 인용했던 한 구절[65]에서는 "필요" 또는 "유용한 쓰임"으로부터 벗어남으로 설명되었는데, 이제 그 구체적인 의미가 드러난다. 여가란 '싫어도 해야 하는 삶의 의무로부터의, 충족시키기 전까지는 결코 벗어날 수 없는 삶의 필요로부터의 **자유**', 그리고 '이 자유에 근거하여 실천적 삶의 관계로부터 눈을 뗌'이다. 이렇게 실천적 삶의 세계의 가지가지의 요구들을 존중하고 있는 육의 눈, 실천의 눈을 감을 때, 혼의 눈, 이론적인 눈이 밝아지고, 이 눈이 비로소 이전까지는 보이지 않았던 신적인 것을 관조하기 시작한다.[66] 마치 뉴턴이 떨어지는 사과를 그의 실천의 눈이 아니라 이론의 눈으로 보았을 때, 그 전에는 볼 수 없었던 중력을 관조할 수 있었던 것과 마찬가지다. 관조적 학문과 자연과학은 모두 그들이 보기를 원하는 것을 보기 위해 실천의 눈을 감아야 한다. 이 눈감음이 두 학문의 공통적인 출발점이다.

> 만약 탁월성에 따른 행위들 중 정치적인 행위들과 전쟁과 관련한 행위들이 그 고귀함이나 위대함에 있어 뛰어나다고 할지라도, 이 행위들은 여가와 거리가 먼 것이며, 어떤 목적을 지향하는 것이고 그 자체 때문에 선택될 만한 것이 아니라면, 반면에 지성의 활동은 관조적인 것으로서 그 진지함에 있어 특별한 것이며 활동 자체 이외에는 어떤 다른 목적도

---

65 아리스토텔레스, 《형이상학》, 981b(4.2 참조).

66 '여가'를 의미하는 희랍어 'schole'는 '강의, 학교' 등을 의미하는 라틴어 'schola'의 어원이다. 오늘날 사용되는 서양어 '학교Schule, school', '스콜라철학Scholastik, scholasticism', '학자scholar' 등의 단어도 모두 같은 어원을 가지고 있다. 근본 의미 관계는 하나다. 공부 또는 학문은 실천적 삶의 관계로부터의 자유를 전제한다는 것이다. 이것이 아리스토텔레스가 생각했던 관조적 학문의 탈실천적, 이론적 특성이다.

추구하지 않고 자신의 고유한 즐거움을 (이 즐거움이 그 활동을 증진시킨다) 가지는 것이라면, 또 〈마지막으로〉 만약 인간에게 가능한 한 자족성과 여가적인 성격, 싫증 나지 않는 성질, 그리고 지극히 복된 사람에게 귀속하는 모든 성질들이 바로 이 활동에 따르는 것임이 분명하다면, 이 활동이 삶의 완전한 길이를 다 받아들이는 한, 이 활동이야말로 인간의 완전한 행복일 것이다. (…) 그러나 이러한 삶은 인간적 차원보다 높은 것일 것이다. 왜냐하면 인간인 한 이렇게 살 수 있다기보다는 인간 안에 신적인 어떤 것이 존재하는 한 그렇게 살 수 있을 것이기 때문이다. (…) 그러므로 만약 지성이 인간에 비해 신적인 것이라면, 지성을 따르는 삶 또한 인간적인 삶에 비해 신적인 것이다. 그러나 '인간이니 인간적인 것을 생각하라', 혹은 '죽을 수밖에 없는 운명이니 죽을 수밖에 없는 것들을 생각하라'고 권고하는 사람들을 따르지 말고, 오히려 우리가 할 수 있는 데까지 우리들이 불사불멸의 존재가 되도록, 또 우리 안에 있는 것들 중 최고의 것에 따라 살도록 온갖 노력을 기울여야만 한다.[67]

관조 및 관조적 삶에 대한 아리스토텔레스의 설명의 기저에는 분명히 하나의 근본적인 대립이 놓여 있다. 그것은 **관조**와 **실천**의 대립이다. 이 근본 관계가 '삶의 배후에 대한 이론적 주시와 삶의 관계에의 실천적 참여의 대립'에서, '관조의 여가성과 실천의 목적 관련성의 대립'에서, '지성을 따르는 삶과 인간적인 삶의 대립'에서, '달리 될 수 없는 형상적 질서와 달리 될 수 있는 삶의 관계의 대립'에서, '신적 형상의 필연성 내지 보편성과 인간적 삶의 개별성의 대립'에서 반복되고 있다. 물론 이

67 아리스토텔레스, 《니코마코스 윤리학》, 1177b.

대립은 아리스토텔레스의 에피스테메론의 관점에서는 '관조적 학문과 실천적 학문의 대립'이고, 우리의 관점에서는 '달리 될 수 없는 자연법칙의 보편성을 추구하는 자연과학과 때와 장소에 따라 늘 달라질 수밖에 없는 인간적 삶의 개별성을 다루는 정신과학의 대립'이다. 실제로 아리스토텔레스도 실천적 학문의 대상, 인간적 삶의 영역을 이 같은 개별성이 지배하고 있다는 사실을 분명히 하고 있다.

> 실천적 지혜는 보편적인 것에만 관계하는 것이 아니라 개별적인 것들까지도 알아야만 하는 것이다. 실천적 지혜는 실천적인 것praktike인데, 실천 혹은 행위praxis는 개별적인 것들에 관련하기 때문이다. 이런 이유로 〈보편적인 것을〉 알지 못하는 사람들이 간혹 〈보편적인 것을〉 아는 사람보다 더 실천적인데, 특히 다른 분야에서 경험을 많이 쌓은 사람들이 그러하다. 만약 누군가가 연한 고기가 소화도 더 잘 되고 건강에도 도움이 된다는 것은 알지만 어떤 것들이 연한 고기인지를 알지 못한다면, 그는 건강을 산출해 내지 못할 것이다. (…) 실천적 지혜는 실천적이다. 따라서 양자를 모두 알아야만 한다. 〈만일 한쪽만을 가질 수밖에 없다면〉 차라리 개별적인 것을 알아야 한다.[68]

인간의 실천적 삶을 지배하고 있는 이 개별적인 것은 이미 살펴본 대로 관조 또는 이론적 인식의 대상이 아니라 헤아림과 숙고의 대상일 뿐이다. 왜냐하면 이것은 달라질 수 없는 것이 아니라 시시각각 달라지는 것이기 때문이다. 이 **다름**이 바로 실천적 삶의 세계를 지배하는 개별

68 같은 책, 1141b; cf. 1143a.

성의 본질이고, 이론의 눈이 늘 **같은** 형상만을 관조하기 위해 우선적으로 외면해 버리는 것이다. 아리스토텔레스는 분명히 상이한 두 개의 현실성에 대해 상이한 두 개의 학문을 지정하고 있다. '결코 달라질 수 없는 같음의 세계, 필연적 신적 형상에 대한 관조적 학문'과 '도무지 같을 수 없는 다름의 세계, 개별자로서의 인간들의 행위에 대한 실천적 학문'이 그것이다. 이 두 학문은 물론 '늘 같은 것으로 표상되는 자연, 그 자연의 필연적 법칙성에 대한 이론을 구성하는 자연과학', 그리고 '사람의 숫자만큼이나 많은 다른 개별성들로 구성된 역사, 그 역사 안에서 수행되는 자유로운 의지의 소유자들의 행위와 이 행위들의 상호 작용을 탐구하는 정신과학'이라는 현대의 두 과학의 먼 정신사적 발원지임은 의심할 여지가 없다.

이렇게 관조적 학문과 실천적 학문이 각기 상이한 두 개의 현실성을 다루는 한, 이 두 학문이 제공하는 앎의 타당성의 범위 또한 같을 수는 없다. 전자는 모든 상황에 대한 보편적 타당성을 갖지만, 후자는 특정 상황에 대한 개별적 적합성만을 갖는다. 예를 들어 "삼각형의 내각의 합이 두 직각의 값을 갖는지 갖지 않는지에 대한 판단"은 언제건, 어디서건 또 누구에게건 다르지 않다. 수학적, 그리고 관조적 판단은 초시간적, 초공간적, 초개인적 타당성, 즉 보편타당성을 갖기 때문이다. 그러나 각양각색의 인간들의 "행위에 대한 판단"은 "즐거움이나 고통"[69] 등과 같은 삶의 관계에 의해 달라질 수 있고,[70] 실제로 시대마다, 지역마다, 개인마다 다를 수밖에 없다. 왜냐하면 어떤 두 시대도, 어떤 두 공간도, 어떤 두 개인도 결코 똑같을 수는 없기 때문이다. 그러므로 실천적

69 같은 책, 1140b.

70 같은 곳 참조.

삶의 영역에는 유일하게 옳은 판단의 기준은 없고, 오로지 현명한 실천적 지혜만이 개별적 상황에 적합한 판단의 주재자일 수 있다. 그러나 이 판단을 내리는 기술은 가르칠 수도 배울 수도 없는 것이고, 오직 삶의 연륜이 준 경험을 통해서만 배양될 수 있을 뿐이다. 이런 맥락에서 아리스토텔레스는 "경험 많고 나이 든 사람들, 혹은 실천적 지혜가 있는 사람들의 증명될 수 없는 말과 의견들을 증명 못지않게 경청해야 한다"[71] 고 말한다. 이 세계에 대한 앎은 증명된 지식이 아니라 훈련된 지혜이기 때문이다. 아리스토텔레스에 의하면 이 지혜는 "다른 종류의 앎", 관조를 통한 앎과는 "큰 차이를 가지지만", 그럼에도 "분명 앎의 한 종류이기는"[72] 하다. 즉 그는 이 큰 차이, '언제, 어디서나, 그리고 누구에게나 타당한 보편성의 인식'과 '지금, 여기서, 나에게만 타당한 개별성의 인식' 간의 무시하지 못할 차이에도 불구하고, 관조적 학문과 실천적 학문을 **모두** 에피스테메로 승인하고 있다. 이것은 그가 앎의 기준을 보편타당성에만 두고 있는 것은 아니라는, 따라서 이 두 학문을 **다른** 두 가지의 앎으로 인정하고 있다는 사실을 의미한다. 이 점에서 이 고대인이 자연과학과 정신과학의 자립성을 모두 승인하는 현대적인 과학 이원론의 선구자임은 분명해 보인다.

그러나 아리스토텔레스가 실천적 학문의 자립성을 인정한다는 사실의 분명함과 꼭 마찬가지로 분명한 또 하나의 사실은 그가 줄곧 실천적 학문에 대한 관조적 학문의 우월성을 승인하고 있다는 것이다. 우리는 지금까지 이 사실을 충분히 자주, 그리고 강하게 확인해 왔다. 그러므로 관조적 학문에 대해서는 최종적으로 이렇게 말할 수 있다. 이 학

71 같은 책, 1143b.

72 같은 곳.

문은 우리 "안에" 있는 "신적인 어떤 것", 즉 "우리 안에 있는 것들 중 최고의 것에 따라",[73] "있는 것들 가운데 가장 고귀한 것을 다루며",[74] 얻을 수 있는 앎 중에 최고도로 타당한 앎을 제공한다. 관조적 학문에 대한 이상의 성찰의 결론도 제작술, 실천적 학문에 대한 앞선 성찰의 결론과 크게 다르지 않다. 두 가지가 분명해졌다. 첫째, 관조적 학문이라는 것이 있다. 둘째, 이 학문은 제작술과 실천적 학문보다 고급의 것이고, 실은 이 셋 중에 "가장 뛰어난 것"[75]이다.

4.5 에피스테메의 분류와 학문의 분류

지금까지 소개된, 에피스테메의 분류에 관한 아리스토텔레스의 견해를 2장 1절에서 우리가 행했던 학문의 잠정적 분류와 비교하는 작업으로 4장의 논의를 마무리한다. 아리스토텔레스는 그 학문적 지위가 근본적으로는 똑같지 않은 세 개의 학문, 제작술, 실천적 학문, 관조적 학문을 구분한다. 특히 관조의 문제를 다루면서 우리는 필연적, 형상적 질서를 관조하는 관조적 학문과 개별적 인간 행위를 다루는 실천적 학문의 관계가 현대적인 의미에서의 자연과학과 정신과학의 관계에 유비적으로 대응한다는 사실을 확인했다. 오늘날의 자연과학 역시 고대의 관조적 학문과 마찬가지로 자연의 달라질 수 없는 법칙적 질서에 관한 이론 구성을 목표로 하고 있다는 점, 그리고 실제로 고대의 실천적 학문

73 같은 책, 1177b.
74 아리스토텔레스, 《형이상학》, 1064b.
75 같은 곳.

의 전통을 계승했다고 평가되는 현대의 정신과학도 개별적이고 일회적인 인간적, 역사적, 사회적 현실성을 탐구한다는 점에서 이 대응 관계는 큰 틀에서뿐 아니라 내용적으로도 정당화될 수 있다. 이런 의미에서 우리는 여러 에피스테메를 분류하는 아리스토텔레스가 현대적인 의미에서의 과학 이원론을 예비한, 먼 시원이라고 말해도 좋을 것이다. 하나의 학문, 하나의 과학이 있을 뿐이라는 실증주의적 과학 일원론을 철학의 시원의 역사가 논박하고 있다. 일단 이 사실을 확인한 것이 가장 큰 성과다.

그 외에도 에피스테메의 분류는 더 상세한 점에서도 현대적 학문 분류법과의 대응 관계를 보여 준다. 우선 아리스토텔레스가 정치학, 가정경제학, 입법, 윤리학 등을 포함시킨 실천적 학문은 직접적으로는 정신과학에 대응하는 것이지만, 부분적으로는 철학에도 대응한다. 윤리학은 철학의 주요 분야이기 때문이다. 관조적 학문 아래 제시된 자연학, 수학, 신학에 대해서도 세세한 대응 관계를 밝힐 수 있다. 우선 신학은 직접적으로 철학에 대응하고, 자연학도 그 실제의 내용이 자연철학이라는 점에서, 수학도 수리철학을 포함한다는 점에서 철학에 대응할 수 있다. 그러나 자연학과 수학은 그 대상 규정에 의하면 현대의 자연과학과 형식적 과학으로서의 수학에 대응한다고 해야 할 것이다. 제작술의 경우는 상황이 좀 복잡하다. 이 학문과 이름을 같이 하는 시학은 오늘날의 문예학과 같은 것이라는 점에서 정신과학에 대응하지만, 여타의 제작술은 현대적인 의미의 응용과학에 대응한다고 해야 할 것이다. 그리고 무엇보다 제작술은 기술의 정의가 잘 보여 주듯 특정 목적에 봉사하는 수단으로서의 지식이라는 점에서 자연 지배라는 목적에 봉사하는 도구적 지식으로서의 현대의 자연과학과 상통하는 면이 있다. 물론 이러한 대응 관계가 완벽할 수는 없다. 큰 틀에서 대응 관계를 말할 수 있지만, 구체적인 내용에 주목하면 이미 많은 상위함이 나타나는 것은 물론이고, 자연학이 철학과 자연과학에, 제작술이 정신과학과 자연과학에 동시에 대응하는 등 대응 관계의 중첩도 피할 수 없다. 이것은 물론 고대와 현대의 학문 개념, 학문의 분화 상태가 정확히 일치하지 않기 때문이다. 어차피 그런 정확한 일치는 기대할 수 없는 것이고, 대응 관계를 보여 주고자 노력했던 나 역시 그런 기대는 갖지 않았었다. 분명한 것은 이러한 한계에도 불구하고 유비적 대응 관계는 확인되었고, 이것만으로도 우리는 많은 것을 얻었다는 점이다. 다음에 제시된 도표는 아리스토텔레스의 에피스테메의 분류와 현대의 학문 분류 사이의 대응 관계를 도식화한 것이다. 실선은 직접적 대응 관계를, 점선은 부분적 대응 관계를 의미한다. 다시 한번 말해 두지만 도표에는 빈틈이 많다. 그러나 그 많은 빈틈에도 불구하고 주목하지 않을 수 없는 유비적 일치도 있다.

에피스테메와 학문의 분류

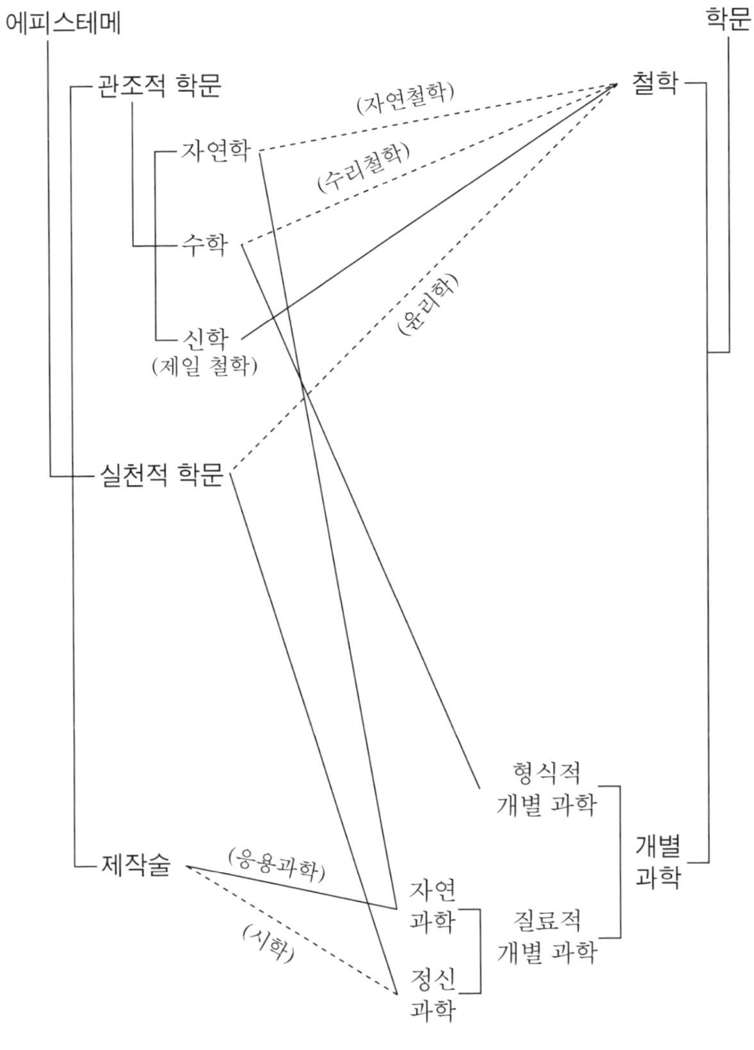

{II부}

과학의 형이상학적 기초

사람들은 과학이 순수한 사실 인식의 체계라고 생각한다. 이 생각은 구체적으로 과학은 세계 자체를 향하고 있고, 이 세계에 대해 과학이 제공하는 앎은 아무런 조건과 제한도 갖지 않는 순수한 앎이라는 것을 의미한다. 과학은 세계 **자체**에 대한 **무전제적** 인식이다. 유지될 수 없는 이 소박한 속설을 해체하는 것이 II부의 과제다. 두 가지가 논증되어야 한다. 과학은 결코 무전제적 인식이 아니라, 분명 어떤, 그것도 형이상학적인 전제 위에 서 있다는 것이 그 하나고, 이 전제가 과학으로 하여금 특정한 세계를 세계 자체로 간주하게 한다는 것이 다른 하나다. 따라서 과학은 특정한 형이상학이 선택한 세계에 대해, 이 형이상학의 기초 위에서만 가능해지는 인식이다. 반형이상학적으로 보이는 또는 형이상학과는 무관해 보이는 **경험**과학의 기초에는 바로 경험을 넘어선다는 그 형이상학이 서 있다. 그뿐 아니다. 과학은 형이상학의 역사를 지배해 온 주된 전통, 이른바 실체 형이상학, 통일성의 형이상학의 전통을 자신의 입장에서, 그러나 정통의 방식으로 계승하고 있다. 말하자면 과학은 **실체 형이상학의 적자**다.

과학자들은 법칙을 **발견**한다고 말한다. 그러나 이들이 별 생각 없이 사용하는 '발견'이라는 말에는 실재론자의 아포리아가 숨어 있다. 발견은 찾으려는 노력인데, 이 노력이 정당화되기 위해서는 최소한 두 가지가 전제되어야 한다. 우선 그들이 찾고자 하는 것은 이미 거기에 있어야 한다. 그렇지 않다면 발견의 시도는 허망한 일일 뿐이기 때문이다. 또한 거기에 있다는 그것은 아직 발견되지 않은 것이어야 한다. 발견되지 않은 것만이 발견될 수 있기 때문이다. 그렇다면 찾아나서는 과학자가 아직 발견되지 않은 것이 거기에 있다고 확신하는 근거는 무엇인가? 발견의 시도는 찾고자 하는 것이 거기에 있다는 실재론을 전제하고 있다. 그러나 이 실재론은 거기에 있다는 그것이 발견되기 전까지는 정당화될 수 없다. 법칙을 발견하려는 경험과학자는 자신이 (아직) 경험으로 확인하지 못한 사실을 확신하고 있다. 이렇게 보면 발견의 시도는 적어도 논리적으로는 정당화될 수 없는 기괴한 작업이다. 우리는 과학의 역사를 통해 이 기괴한 시도에 학문적 정당성을 부여해 온 것이 무엇인지를 물어야 한다. 후설은 근대 과학의 이 같은 모순적 시도를 다소 애매하지만 암시하는 것이 많은 단어, "**본능***Instinkt*"이라고 표현한 바 있다. 즉 과학자의 법칙 발견의 시도를 위해서는 두 가지가 필요하다. '발견되어야 할 것이 거기에 있다는 본능적 믿음', 그리고 '이 믿음을 충족시켜 줄 적합한 방법'. 그러므로 "발견"은 "**본능과 방법**의 결합물"[1]이다. 방법은 물론 본능을 충족시키는, 찾는 것에 도달할 수 있게 해 주는 길이다. 그렇다면 이 길을 요구했던 본능은 어떤 경로를 통해 과학 안으로 들어왔는가?

---

1 E. Husserl, *Die Krisis der europäischen Wissenschaften und die transzendentale Phänomenologie*, 39.

과학자들은 이른바 참된 세계, "그 하나의 동일한 세계"[2]를 찾고 있고, 이 동일한 세계에 대한 역시 **"동일하고 상대적이지 않은 진리"**[3]를 추구하고 있다. 우리의 감관에 주어지는 세계, 우리가 그 안에서 실천적 삶을 영위하는 세계는 물론 가변적이고 상대적이다. 이것은 그 **하나**의 세계가 아니라, 그 세계의 **여러** 모습 중 하나에 불과할 것이다. 과학자들이 찾는 것은 우리의 눈에 비친 이 여러 모습의 배후에 놓여 있을 유일하게 참된 세계다. 근대 과학은 그것이 온전히 수학적 구조를 가지고 있는 세계, "수학적 우주로서의 자연"[4]이라고 생각했다. 실제로 근대 과학의 출범기에 갈릴레이가 이런 식으로 수학적 세계를 찾아 나섰다. 그러나 그의 발견의 시도가 향하고 있던 수학적 세계는 땅속에 묻혀 있는 금이나 은처럼, 발견하려는 자가 마침내 찾아내어 손으로 만지고 눈으로 볼 수 있는 그런 것이 아니었다. 그것은 미지의, 그러나 분명히 실재하고 있는 보물이 아니라, 그의 발견과 추구의 '이념적 끝'으로 사유된 것이었다. 수학적 자연은 "무한 속에 놓인" 것, 말하자면 과학적 탐구의 "무한히 먼 '극'"[5]과 같은 것이다. 끊임없이 반복되는 과학자의 발견의 시도가, 추구하는 것에로의 무한한 "접근"이 향하고 있다고 여겨지는, "비록 도달할 수는 없지만", 그러나 쉬지 않고 다가가야 하는 "이념적이고 동일한 극"[6]이다. 그러므로 과학자의 발견의 시도를 초등학생들이 소풍 가서 즐기는 보물찾기 놀이와 혼동해서는 안 된다. 과학자는 이미 거기에 실재하고 있는 보물을 찾는 자가 아니라, 찾기를 원하는 것

---

2 *Ibid.*, 32.

3 *Ibid.*, 27.

4 *Ibid.*, 26.

5 *Ibid.*, 42.

6 *Ibid.*, 40.

을 세계의 저 '끝'에 이념적 보물로 숨겨 두는 자이다. 즉 수학적 자연이 거기에 있어서 이들이 찾아 나서는 것이 아니다. 이들은 찾아 나서며 이 찾아감이라는 과학적 행위의 '상상적 목표점', 찾아가는 길의 '이념적 끝'을 수학적 자연이라고 사유하고 있는 것이다. 그러므로 수학적 세계의 발견이라는 말은 실제로는 **"자연의 수학화"**이고, "수학의 인도 아래 **자연 자체**를 이념화하는"[7] 작업이다. 이것은 말하자면 과학자가 자신의 입장에서 행하는 세계에 대한 수학적 기획 투사다. 최소한 한 가지는 분명해졌다. '법칙의 발견'이라는 비유적 표현에 현혹되어, 과학자가 '거기에, 모든 과학적 탐구 이전에 이미 스스로 존재하고 있는 수학적 세계 자체'를 발견하여 우리에게 보여 준다고 생각한다면, 그것은 소박한 오해라는 것이다. 그 자체 수학적 구조를 가지고 있는 세계가 거기에 있어서 **발견**되는 것이 아니라, 수학적 세계를 찾고 있는 과학자가 세계를 수학**화**할 뿐이다.

그래도 발견이라는 이 기이한 현상과 관련된 의문은 계속된다. 왜 하필이면 수학화이고, 수학적 기획 투사인가? 왜 근대의 과학자들은 수학적 세계야말로 과학적 탐구가 접근해 가야 할 이념적 목표라고 믿었는가? 이 물음에 대한 후설의 다소 애매한 답변이 바로 '본능'이다. 후설이 이 말을 어떤 의미로 사용했는지는 분명하지 않다. 천부의 능력으로서의 본능이 알려 준 것은 결코 틀리지 않는다는 자연적 경험을 염두에 둔 것일 수도 있고, 아니면 어떻게 알게 되었는지를 설명할 수 없다는 의미에서 이런 애매한 표현을 사용했을 수도 있다. 그러나 분명한 것은 본능적으로 수학적 세계를 향했던 근대 과학은 자신의 기원, 그리고

7 *Ibid.*, 20.

그 기원이 부여한 본성physis에 부합하는 결정을 했다는 점이다. 왜냐하면 과학은 그리스 실체 형이상학의 자식인데, 이 형이상학은 수학적 질서의 참됨을 본능적으로 확신하는 형이상학이기 때문이다. 즉 근대 과학자들로 하여금 세계에 대한 수학적 기획 투사에 임하도록 한 것은, 이 과학의 핏줄 안에 흐르고 있던 그리스 실체 형이상학의 정신, 수학적 질서를 향하던 형이상학의 본능이었다.

근대 과학이 찾아 나선 '수학적 세계'의 원류는 그리스 정신주의 형이상학의 전통이 사유했던 '**우주**', '수학적으로 질서 잡힌 세계'라는 개념에서 찾을 수 있을 것이다. 이 전통은 아름다운 우주와 기하학적 질서를 같은 것으로 본다. 즉 우주가 아름다운 것은 기하학적이기 때문이다. 최초로 '우주kosmos'라는 말, 그리고 '철학philosophia'이라는 말을 사용한 것으로 알려진 피타고라스에 대한 몇 개의 단편을 살펴보면 이 장구한 전통의 시원의 면모를 확인할 수 있다.

> 가장 이지적인 것은 무엇인가? 수이다. (…) 가장 아름다운 것은 무엇인가? 조화이다.[8]

> 우주 전체가 그 자체로 조화에 따라 정렬되어 있고, (…).[9]

---

8 헤르만 딜스 엮음, 《소크라테스 이전 철학자들의 단편 선집》, 184-185쪽.

9 같은 책, 185쪽. 해당 부분을 모두 인용하면 다음과 같다. 피타고라스주의자들이 "'텍트락튀스'[tetractys]로 뜻하는 것은 일차적인 네 가지 수들로 구성되어 가장 완전한 것을 내보이는, 이를테면 10과 같은 어떤 수이다. 1, 2, 3, 4의 합은 10이 되니까. 이 수는 첫 번째 텍트락튀스이며, 언제나 흐르는 자연의 원천으로 불린다. 우주 전체가 그 자체로 조화에 따라 정렬되어 있고, 조화는 세 협화음, 즉 제4음과 제5음 및 옥타브의 체계이며, 이 세 협화음의 비율들이 앞서 언급된

> 피타고라스는 모든 것을 포괄하는 것을, 그 속에 있는 질서taxis에 근거해서 처음으로 **코스모스**라고 일컬었다.[10]

피타고라스가 수의 계열을 지배하는 질서가 음계와 우주 자체 안에도 구현되어 있다고 보았다는 것은 잘 알려진 일이다. 수, 음, 우주는 다 조화로운 질서를 가지고 있고, 이 질서를 공부하는 수학, 음악, 철학은 모두 근본적으로는 기하학적 활동이며, 오직 이 활동들만이 우리의 혼을 '한정되지 않고 무질서한 것들'로부터 순화하여katharsis 구원에 이르게 해 줄 수 있다. 물론 현대적인 관점에서 보면 혼의 구원에 관한 피타고라스주의자들의 종교적 이설은 중요한 문제가 아니다. 그러나 기하학적 질서를 관조하는 활동이 이런 일을 해낼 수 있다는 믿음은 중요하다. 왜냐하면 이들에게 혼은 "작은 **우주**"[11]인데, 우주를 지배하는 원리만이 이 작은 우주를 본래적인 상태로 되돌려 놓을 수 있을 것이기 때문이다. 여기에는 주목할 만한 사상이 들어 있다. 즉 수와 수학적 비례는 소크라테스 이전의 자연철학자들이 열광적으로 추구했던 것, 우주 구성의 원리arche라는 것이다.

> 피타고라스는 처음으로 철학을 바로 이 용어로 불렀으며, '수들'과 이들 사이의 '비례 관계symmetria들'을 (…) 원리들이라고 했다.[12]

네 수, 즉 1, 2, 3, 4에서 발견되는 한에서는 말이다".

10 같은 책, 191쪽.

11 W. K. C. Guthrie, *The greek philosophers: From Thales to Aristotle*, Harper & Row, 1960, 37.

12 딜스, 《소크라테스 이전 철학자들의 단편 선집》, 186-187쪽.

기하학적 질서는 세계 구성의 원리다. 이제 우주 안에서 이 질서가 발견된다는 것이 문제 아니라, 이 질서가 곧 신이 우주를 창조할 때 사용한 원리라는 것이 문제이다.

이런 맥락에서 그리스인들은 이렇게 말한다. "신은 늘 기하학을 하고 있다."[13] 플라톤의 생일에 모여, 플라톤이 했다고 전해지는[14] 이 말의 의미를 묻던 플루타르코스와 그의 논객들은 이 말이 궁극적으로 데미우르고스의 기하학적 세계 창조를 뜻한다는 결론에 도달한다. 즉 질료에 형상을 부여하는 창조의 과정은 기하학적으로, 즉 수학적 질서의 부여를 통해 진행된다는 것이다.

> 질료는 전혀 질서 잡히지 않은 물체이고 형상은 가장 아름다운 원형이고 신은 최상의 원인이다. 신의 의도는 가능한 한 어떤 것도 사용되지 않거나 형상 잡히지 않은 채 남겨 두지 않고, 비례와 한도, 수를 사용하여 자연을 **코스모스로 만드는 일**이다. (…) 창조자는 이성을 사용하여, 그리고 원형과 관련하여, 존재하는 것에 한도를 부여했다.[15]

《티마이오스》 편에 전개된 우주 창조의 이야기는 이 사실, 즉 우주를 창조하던 "신이 기하학을 하고 있었다"는 사실을 확인시켜 준다. 그리스인들이 생각했던 창조는 본paradeigma에 따른 창조이고, 당연히 데미우르고스가 창조한 우주 역시 "어떤 것의 모상eikon"[16]이다. 그렇다면

13 Plutarcos, *Moralia*, vol. IX, trans. by E. L. Minar, Jr., Harvard University Press, 1961, 718c.

14 Cf. *ibid.*

15 *Ibid.*, 720b-c(강조는 필자).

이 모상의 원상, 즉 신이 우주를 창조할 때 모범적인 "본으로 삼았던"[17] 것은 무엇인가? 자신이 창조한 우주가 "아름답고"[18] "훌륭한"[19] 것이기를 원했던 신은 생성, 소멸, 변화, 운동하는 것이 아니라, "언제나 같은 상태로 있는 것",[20] "한결같은 상태로 있는 것, (…) 영원한 것, 똑같은 상태로 있는 것"[21]을 본으로 삼았다. '생성', '소멸', '변화', '운동하는' 여러 질료들에 '있고', '없어지지 않으며', '달라지지 않고', '움직이지 않는' 하나의 형상이 부여된다. 즉 무질서한 **여럿**을 질서 잡힌 **하나**로 만드는 일이 바로 세계 창조이다.

> 이 우주를 창조한 이가 무슨 까닭으로 창조물과 이 우주를 구성했는지를 말하도록 하죠. 그는 훌륭한 이였으니 (…) 모든 것이 최대한으로 자기 자신과 비슷한 상태에 있게 되기를 바랐습니다. (…) 신은 (…) 가만히 있지 않고, 조화롭지 못하며 무질서하게 움직이는 가시적인 모든 것을 (…) 받아서는, 그것을 무질서 상태에서 질서 있는 상태로 이끌었습니다. 질서 있는 상태가 무질서한 상태보다 모든 면에서 더 좋다고 생각해서였죠.[22]

기독교적인 무로부터의 창조creatio ex nihilo와는 달리 그리스적 창

16 플라톤, 《티마이오스》, 박종현 옮김(서광사, 2000), 29a.
17 같은 책, 28a.
18 같은 책, 28b, 29a, 30b, 30d.
19 같은 책, 30a-b.
20 같은 책, 28a.
21 같은 책, 29a.
22 같은 책, 29d-30a.

조는 질료에 형상을 부여하는 과정, 즉 "질서 부여diataxis"[23]인데, 이것은 어떤 중대한 이행을 의미한다. 그것은 "비례logos도 없고 척도metron도 없는 상태"[24]에서 비례와 척도에로의 이행이고, "무질서한 상태"로부터 "균형symmetria"[25]에로의 이행이고, "생성되는 것"으로부터 "영원한 것"[26]에로의 이행이고, **여럿**으로부터 **"하나"**[27]에로의, 여럿들이 좌충우돌하는 혼돈의 카오스로부터 "유일한 종류의 것인 **하나**의 천구ouranos",[28] 코스모스에로의 이행이다. 이 코스모스가 바로 기하학을 하던 신이 창조해 낸 수학적 세계다. 이 기하학적으로 분절된 세계야말로 그리스인들에게는 참된 세계였고, 철학자가 관조해야 하는 세계였다. 왜냐하면 이 세계는 신적 형상이 부여된 질료 또는 신적 형상에 의해 질서 잡힌 질료라는 점에서 곧 "지각될 수 있는 신"[29]이기 때문이다. 바로 이 세계에서, 기하학을 하던 신의 흔적, 신적이고 기하학적인 형상을 발견하는 것이야말로 그리스 실체 형이상학에 부과된 근본 과제였다.

원래의 논의로 돌아가 보자. 근대 과학이 우리의 감관에 주어지는 잡다하고 무질서한 현상들을 넘어 "그 하나의 동일한 세계" 안에 놓여 있을 수학적 질서라는 보물을 찾아 나섰다면, 그들은 근본적으로, 기하학을 하던 신, 데미우르고스가 자신이 창조한 세계 안에 숨겨 놓은 기하

23 같은 책, 53b.
24 같은 책, 53a.
25 같은 책, 69b.
26 같은 책, 29a.
27 같은 책, 31a(강조는 필자).
28 같은 책, 92c, 31b(강조는 필자).
29 같은 책, 92c.

학적 형상을 찾아 나선 것이다. 그리고 그들이 아직 확인하지 못한 법칙적 질서가 거기에 있다는 사실을 그토록 강하게 확신하고 있었다는 기이한 사실을 설명하기 위해서는 '본능'이라는 단어보다 더 적절한 것은 없다. 물론 이 본능은 근대 과학의 정신 안에 되살아난 실체 형이상학의 본능, 무질서에서 **질서**로, 생성의 세계에서 **존재**의 세계로, 눈에 보이는 여럿으로부터 혼의 눈에만 보이는 **하나**에로의 이행을 부추기는 형이상학의 본능이다. 이 본능은—과학이 인정하건 그렇지 않건—과학의 탐구 실천 안에 은밀한 방식으로 숨어 들어가 있다. 과학자들은 수학적으로 정식화될 수 있는 **보편** 법칙을 추구한다고 말한다. 즉 이 또는 저 당구공 하나하나가 아니라, **모든** 당구공에 적용되는 또는 이 개개의 사물들의 배후에 숨어 있는 **그 하나**의 운동 법칙을 찾는 것이다. 말하자면 이들은 '여럿'에 적용되는 '하나'의 법칙을 찾는 것인데, 이런 일은 오직 경험의 한계를 뛰어넘을 때에만 가능하다. 왜냐하면 이것, 저것, 그것 등의 여럿은 경험 가능하지만, 이 모든 것을 관통하는 하나의 법칙적 질서는 감관에 주어지는 일이 결코 없기 때문이다. 말하자면 경험과학은 경험 가능한 개개의 사물들의 배후에 데미우르고스가 숨겨 둔 경험되지 않는 형상적 질서를 추구하고 있다. 이 점에서 근대의 과학자들은 그리스 실체 형이상학의 길을 걷고 있는 셈이다. 다만 이들은 그리스인들이 '형상'이라 불렀던 것을 '법칙'이라 새로이 명명하고 있을 뿐이다.

그리스의 형이상학자들에게 그러했던 것과 꼭 마찬가지로 근대의 과학자에게도 경험 가능한 개개의 현상을 넘어 새로 발견한 법칙적 질서의 세계는 유일하게 참된 세계다. 그러므로 경험적 세계를 떠나 이 참된 세계에로 이행해 감은 경험과학자에게도 지상의 과제가 된다. 마치 플라톤이 동굴 속의 죄수들에게 눈에 보이는 것의 참을 부정하고[30] 눈에 보이지 않는 세계를 향해 "전향"[31]하고 "등정"[32]하라는 과제를 부여했던 것과 결코 다르지 않다. 어두운 동굴을 떠나 빛의 세계로 상승하던 그리스의 형이상학자와 마찬가지로 근대의 과학자도 경험의 세계를 넘어 수학적 형상의 세계로 향한다. 여기서 분명한 것 그리고 중요한 것은 이 두 세계를 동시에 보는 것은 가능하지 않다는 점이다. 어둠에 익숙한 육의 눈은 "진짜라고 하는 것들 중의 어느 것 하나 볼 수 없고",[33] 빛을 관조하던 혼의 눈이 동굴 속으로 돌아온다면 그 눈은 "어둠으로 가득 차"[34] 버리게 되기 때문이다. 인간은 어둠과 빛을 동시에 볼 수 없다는 매우 단순한 논리이다. 지금 내 눈 앞에서 떨어지고 있는 잘 익은 '이' 사과를 주린 배를 채울 먹을거리로만 바라보는 실천의 눈이 뜨여 있는 한, 떨어지는 '모든' 것의 배후에 숨은, 따라서 육의 눈에는 결코 보이지 않는 중력을 관조하는 이론의 눈은 감겨질 수밖에 없다. 그러므로 과학자는 과학적 앎의 눈을 뜨기 위해 실천적 삶의 눈은 감아야 한다. 과학을 하기 위해, 다시 말해 경험 가능한 실재의 배후에 있는 이념적 질서를 발견하기 위해서는 "우선적으로 경험 가능한 그리고 친숙하게 된 우리의 세계 전체로부터 눈을 뗄 것"[35]이 요구된다. 실천적 삶의 세계는 과학자와 이론가를 위한 것이 아니기 때문이다. 과학은 이 세계를 "추상화시켜야"[36] 한다. 바로 이 외면이 근대 과학이 주도했던 수학적 기획

30 플라톤, 《국가》, 515d 참조.
31 같은 책, 518d, 521c.
32 같은 책, 521c.
33 같은 책, 516a.
34 같은 책, 516e.
35 H.-G. Gadamer, *Vernunft im Zeitalter der Wissenschaft*, 55.
36 E. Husserl, *Die Krisis der europäischen Wissenschaften und die transzendentale*

투사, 세계의 수학화를 위한 첩경이었다.

> **갈릴레이**는 유일하게 현실적인 세계, 현실적으로 지각을 통해 주어진 세계, 그때마다 경험되고 경험 가능한 세계, 우리의 일상적 생활 세계를 수학적으로 그 기초가 부여된 이념성들의 세계로 대체했다.[37]

경험과학자가 다루는 그 세계는 가장 경험적인 세계일 거라는, 그리고 경험과학자가 발견하는 그 법칙은 경험적 세계에 대한 진리일 거라는 소박한 기대는 애초부터 과학이라는 추상화하는 작업의 이념성을 이해하지 못한 데서 생긴 오해일 뿐이다. 과학은 이념화, 그리고 형상화의 산물이다. 그러므로 근대 과학이 세계의 수학적 질서를 발견하기 위해 행했던 일은 우리가 그 안에 살고 있는 **실재**하는 세계, "그 자체로 가장 잘 알려져 있고, 모든 인간적 삶 안에서 이미 항상 자명하며, (…) 경험을 통해 이미 항상 우리에게 친숙한"[38] 생활 세계에 "이른바 객관적, 과학적 진리들의 **이념의 옷**",[39] "상징적 수학적 이론의 옷, **상징**[수학적 기호]**의 옷**"[40]을 입히는 일이다. 이렇게 생활 세계가 수학적 기호의 옷을 입었고 실재가 이념화되었기 때문에, 과학은 이른바 이념화된 세계의 수학적 질서를 발견할 수 있었다. 그리고 이념적 세계의 발견을 위한 전제는 실재 세계의 은폐였다. 그러므로 근대의 과학자들은 "**발견의 천재**"이며 동시에 "**은폐의 천재**"[41]이다. 이렇게 혼의 눈에만 보이는 이념

Phänomenologie, 60.

37 *Ibid.*, 49.

38 *Ibid.*, 126.

39 *Ibid.*, 51.

40 *Ibid.*, 52.

성을 위해 육의 눈에 보이는 실재를 포기한다는 점에서 근대 과학은 이념, 이데아의 형이상학, 그리스 실체 형이상학을 그대로 닮았다. 둘 모두 부단히 생성의 세계를 넘어 존재의 세계를 향하고 있고, 후자가 전자의 원인이며, 그런 한에서 유일하게 참된 그 하나의 세계라고 본다는 점에서 그렇다.[42]

물론 나는 단지, 2,500년 전 고대 그리스의 한 형이상학과 17세기에 나타난 근대 과학이라는, 정신사의 두 거물 간의 이론적 유사성을 지적하고 있는 것만은 아니다. 오히려 나는 그리스 실체 형이상학을 시원으로 하여 2,500년에 걸친 인류의 장구한 정신사를 지배해 온 하나의 일관된 전통, 이른바 경험적 사실 인식을 표방했던 과학도 결코 피해 갈 수 없었던 전통의 힘을 지적하고 있는 것이다. 그것은 수다성과 개별성을 버리고 통일성과 보편성을 추구해 온 전통이다. 실로 서양의 정신의 역사는 실재하는 여럿의 숫자를 줄이되, 급기야는 이념적인 하나에 이를 때까지 줄여 온, 말하자면 통일성을 추구하며 보편화를 실천하던 '사유 경제Denkökonomie'의 역사였다.[43] 그리고 근대 과학은 그리스 통일성의 형이상학이 시원으로 되어 있는 이 역사의 본질적인 한 부분이다. 이것이 과학은 실체 형이상학의 적자라는 말의 의미이다.

존재자의 숫자를 줄이기 위해 시원의 형이상학자들이 했던 일은 무엇이었던가? 이들은 '생성, 소멸, 변화, 운동하는 **여럿**'을 넘어 '다만 존재할 뿐이고, 없어지지도 달라지지도 운동하지도 않는 **하나**'에 도달하

41 *Ibid.*, 53.

42 물론 후설도 과학의 이 같은 이념화의 철학사적 기원이 그리스에서 발생한 철학적 인간 이념임을 분명히 밝힌다(cf. *ibid.*, 124).

43 이에 대해서는 6.3 참조.

기를 원했는데, 이를 위해 우선—마치 생활 세계를 부정하는 근대 과학자의 길을 예비하기라도 하듯—, 여럿들이 그 안에서 생성, 소멸, 변화, 운동하고 있는 '실재의, 실천적 삶의 세계'를 최소한 '이념적으로, 이론적으로 ('하나'를 관조하며)' 떠나야 했다. 그리고 이 떠남은 동시에 **시간**의 정지를 전제하지 않을 수 없었다. 왜냐하면 시간이 바로 이들이 떠나고자 했던, 여럿들의 거주지이기 때문이다. 그러므로 시원의 형이상학은 우선 여럿을 거부했고, 여럿의 생성, 소멸, 변화, 운동도 부정했고, 마침내는 생성, 소멸, 변화, 운동의 지평으로서의 시간도 정지시켰다. 그리고 바로 여기에서, 즉 시간이 멈춘 곳, 영원한 현재에서 '그 하나의 존재'를 사유했다. 말하자면 이들은 마지막 '하나'에 이르기까지 사유 경제를 실천한 셈이다. 바로 이것이 결정적인 방식으로, 즉 그 영향력이 결코 줄어들지 않을 방식으로 고대 그리스인들이 행했던 **시간으로부터 존재의 분리**였다. 시간은 존재의 거처가 아니라 존재의 수다한 현상들이 생성, 소멸, 변화, 운동하는 장소이고, 따라서 생성, 소멸, 변화, 운동을 거부하는 존재는 시간의 흐름을 초월해 있지 않으면 안 된다. 존재는 늘 **현재**의 방식으로, 그리고—같은 말이지만—**영원**의 방식으로 있어야 한다. 오직 이 방식만이 존재의 통일성, 하나임을 보장해 주기 때문이다.

근대 과학이 일상적 생활 세계를 수학적 이념성의 세계로 대체할 때, 과학은 근본적으로 그리스 실체 형이상학에 의해 지시된 사유 경제의 길, 통일성과 보편성에로의 길을 간 것이다. 과학은 개개의 현상을 개개의 현상 그 자체로 파악하는 것이 아니라, 이들의 배후에 숨어 있는 보편적 법칙성 아래로 포섭되는 사례들로 간주한다. 떨어지는 사과, 배, 귤, 죽은 새 등의 **실재하는 잡다성**은 중력의 법칙이라는 **이념적 통일**

성에로 환원된다. 이 법칙이 다시 더 보편적인 상위의 법칙에 포섭될 수 있다면, 그렇게 해서 법칙이라는 원리의 수가 줄어들고 이 줄어듦이 최적의 방식으로 이루어질 수 있다면, 그때 과학은 자신이 발견한 법칙에 시간의 흐름에 따라 변하는 상대적인 타당성이 아니라 절대적 타당성, 무시간적, 초시간적 타당성이 부여될 것을 기대할 수 있다. 이 기대가 현실적으로 어디까지 충족될지는 알 수 없지만, 분명한 것은 과학은 이런 기대를 가지고 있고, 이 기대의 실현을 위해 현상의 잡다성을 법칙의 보편성에로 환원하는 사유 경제의 원칙을 실천했고, 또한 이 실천을 통해 가변적인 시간 저 너머의 존재의 통일성도 추구했다는 점이다. 과학 역시 시원의 형이상학과 꼭 마찬가지로 그들이 탐구하는 존재는 시간 안에 있는 것이 아니라 **시간의 흐름 저편**에 있다고 생각했고, 따라서 이 존재에 대한 인식은 이 또는 저 시간에 대해서 각기 다른 방식으로 타당해서는 안 되고, **모든 시간**에 대해 동일한 방식으로, 보편적으로 타당해야 한다고 생각했다.

존재의 통일성과 인식의 보편성을 향한 열광적 추구, 이것은 과학이 그리스 통일성의 형이상학으로부터 물려받아 암암리에 간직하고 있는 형이상학적 **전제**다. 이 통일성은 칸트가 적절하게 지적했듯이 결코 자연 안에 이미 있어서 "자연의 우연적 속성들로부터" 취합하여 비로소 "얻을 수 있는 것이 아니고", 자연을 탐구하는 이성이 탐구에 앞서 이미 "필연적으로" 가질 수밖에 없는 "선험적 전제"다. 물론 과학자들은 자신들이 이런 전제를 가지고 있다는 사실 그리고 이 전제에 따라 과학하고 있다는 사실을 "인지하지도 고백하지도 않겠지만",[44] 그들이 자신들

44 I. Kant, *Kritik der reinen Vernunft*, B679.

의 탐구 실천을 통해 "꼭 필요하지 않다면 시원(원리)을 다수로 하지 말라entia praeter necessitatem non esse multiplicanda"[45]는 사유 경제의 원칙을 실천해 왔다는 것만큼은 부인할 수 없을 것이다. 물론 의식적으로 그렇게 하지는 않았더라도 말이다. 분명한 것은 사유 경제의 실천, 그리고 이를 통한 통일성의 추구는 서양의 정신사 전체를 지배해 온 주된 전통이고, 따라서 이 정신사의 한 부분으로서의 과학 역시 이로부터 자유로울 수는 없고 또 실제로 자유롭지 못했다는 것이다. 이 전통의 힘의 근원은—모든 강한 전통이 본디 그러하듯—바로 그 자명성이다. 무릇 강한 전통은 자신이 있다는 사실까지도 숨기기 때문에, 강한 전통의 지배를 받는 자는 스스로 지배를 받고 있다는 사실조차 깨닫지 못한다. 내가 보기에는 통일성의 형이상학과 근대 과학의 관계가 바로 이와 같은 것이다. 만일 과학이 이 전통의 한 부분이고 따라서 형이상학의 적자라는 나의 주장이 이상하게 들린다면, 그것은 오직 과학에 대한 이 전통의 지배가 자명할 정도로 강하다는 사실에 대한 증거일 뿐이다. 왜냐하면 이 지배는 너무도 자명한 것이어서 눈에 안 띄고, 눈에 띄는 순간 오히려 이상한 것으로 비치기 때문이다.

근대 과학은 눈에 띄지 않는 방식으로 주어지는, 전통의 지시에 따라 또는 후설의 말대로 본능의 명령에 따라 '통일적이고 보편적인 이념의 왕국'을 발견하고자 했다. 정확히 표현하자면 **구성**하고자 했다. 과학이 발견했다는 세계는 '이성 인식의 통일을 추구하라는 전통의 명령이나 통일적인 이념을 향하는 형이상학적 본능으로부터 독립적으로 이미 거기에 있는 세계 자체'가 아니라, '영원, 무시간성의 지평 아래 사유된

45 *Ibid.*, B680.

세계' 또는 '통일성의 이념에 따라 구성된 합법칙적 질서로서의 자연' 이었다. 이것은 말하자면 기하학을 하던 데미우르고스가 아직 아무런 규정도 받지 않은 물 자체에 형상을 부여하여 **만든** 우주와 같은 것이다. 칸트는 이것을 이미 거기에 있는 물 **자체**가 아니라, 지성이 만든 자연, "보편 법칙에 의해 규정되는 **한에서의** 물의 현존"[46]이라고 칭한 바 있다. 그렇다. 데미우르고스가 창조한 우주, 근대 과학이 발견했다는 자연은 모두 이미 거기에 있는 그 세계 자체가 아니라, 형이상학과 형이상학의 적자가 존재의 통일성과 법칙의 보편성이 관철될 수 있도록 **만든** 세계, 통일성과 보편성에 의해 규정되는 **한에서의** 현실성이다. 고대의 신이 기하학을 하듯, 근대의 과학자는 보편화를 한다. 기하학적 질서가 데미우르고스의 세계 제작의 원리였듯이, 보편화는 과학자의 세계 구성의 원리다. 과학은 이 구성을 통해 탄생하고 이 구성을 통해 존립한다. 그리고 그 과학은 자신이 참된 세계를 발견했다고 말한다. 이 애매한 말은 다시, 과학이 스스로 자연을 구성하고 있다는 사실, 자연을 구성하라는 전통의 명령에 충실했다는 사실을 깨달을 수조차 없을 정도로 자명하고 강한 전통의 지배를 암시한다.

나는 이제 과학이 스스로 행하면서도 정작 인지하지 못하고 있는 이 보편화의 과정을 추적하고자 한다. 나의 추적은 이중의 방식으로 진행될 것이다. 첫째는 보편화의 정신, 이른바 과학 정신이 어떻게 그리스의 실체 형이상학으로부터 탄생되었는지의 과정에 대한 추적이다. 여기서는 과학 정신의 탄생을 위해 시원의 형이상학이 행했던 존재와 시간의 분리가 결정적이었음이 밝혀질 것이다. 둘째는 근대 주관주의 형이

46 I. Kant, *Prolegomena*, §14, 294(강조는 필자). 나는 이미 이 '**한에서의**'라는 조건의 의미를 분석한 바 있다(1장 주 38 참조).

상학으로부터 과학적 세계 내지 세계상이 탄생되는 과정에 대한 추적이다. 여기서는 이른바 데카르트의 회의를 통해 순수 사유로서의 주관과 보편화의 관점에서 규정된 기하학적 세계의 대립이 고정되는 과정, 그리고 후자에 대한 전자의 관계가 이론적 대상화로 축소되는 과정이 추적될 것이다. 그러나 두 번째의 추적은 근본적으로는 첫 번째 추적이 확인한 것을 재확인하는 과정일 수밖에 없다. 왜냐하면 주관주의란 고대 실체 형이상학의 근대적 변형물 이상 다른 것이 아니기 때문이다. 그러므로 과학 정신과 과학적 세계상의 탄생 과정에 대한 나의 추적은 고대에서부터 근대에 이르기까지의 과학에 대한 형이상학의 자명하고도 강한—그리고 바로 이 강한 자명성으로 인해 은폐되어 온—지배 과정에 대한 분석일 뿐이다. 여기에는 과학 자체의 탄생 과정에 대한 논의는 포함되지 않는다. 철학하는 나의 관심은 과학 자체의 탄생이 아니라 그 탄생을 위해 철학이 예비해 준 조건에 제한되기 때문이다.

5장

그리스 실체 형이상학으로부터 과학 정신의 탄생

이제 주도적인 물음은 과학이라는 인간적 기획과 시도를 이끌어 간 정신, 그 정신의 철학적 근원에 대한 물음이다. 테제의 형식으로 제시되는, 나의 잠정적 답변은 다음과 같다. 근대 과학을 주도해 간 정신은 경험적 세계 저편에 존립하는 초월적 실체를 추구하던 그리스 실체 형이상학에 근원을 두고 있다. 과학 시대의 지성들에게 이것은 분명 도발적인 주장으로 여겨질 것이다. 왜냐하면 이들의 생각에 형이상학은 경험적 현상계를 넘어서는 사변의 체계이지만, 과학은 근본적으로 경험과학이고 또 언제까지나 경험과학으로 남아야 하기 때문이다. 과학의 과학성, 과학을 초경험적 사변으로서의 형이상학과 구별하여 과학으로 만들어 주는 것은 바로 '경험에 대한 존중'이라는 것이 과학에 대한 과학 시대의 이해다. 따라서 '경험적' 과학과 '초경험적' 형이상학의 양립 불가능성은 시대의 믿음이고, 이 믿음을 지닌 과학 시대의 지성들은 '과학의 근원으로서의 형이상학'이라는 나의 테제를 수용하지 않을 것이다.

물론 과학은 경험 가능한 대상만을 다루고, 경험적 근거를 갖지 않는 어떤 주장도 하지 않는다. 나 역시 그 사실은 잘 알고 있다. 그러나 과학의 관심은 생겨나고 없어지고, 쉬지 않고 운동하면서 끝없이 다른 것으로 바뀌는 각각의 경험 가능한 존재자들이 아니라, 이 모든 존재자들을 관통하고 있는 배후의 질서, 그 자체 결코 경험되지 않는 자연의 법칙성을 향하고 있다. 과학자는 물론 이 법칙의 참을 경험적으로 입증해야 한다. 그러나 이를 통해 증명되는 것은 이 법칙이 경험 가능한 존재자들을 지배하고 있다는 사실뿐이지, 이 법칙이 경험 세계에 속한다는 것은 결코 아니다. 법칙 자체는 경험의 한계를 넘어서 있다. 이것은 경험의 대상이 아니라, 경험을 설명하는 이론적—관조하며 찾아낸—틀이기 때문이다. 법칙은 과학자가 생성, 소멸, 변화, 운동하는 하고많은 이것, 저것, 요것, 조것 들을 '하나'에로 몰아가는 이념화의 과정 중에 비로소 사유해 낸 어떤 것이다. 즉 경험적 현상계를 바라보던 실천의 눈을 감을 때 비로소 밝아진 그의 이론의 눈, 경험 저편을 응시하는 혼의 눈이 관조한 것이다. 간단히 말해 과학은 경험적 대상들을 초경험적 법칙성에 비추어 탐구한다. 그렇지 않다면, 다시 말해 과학자가 경험적 세계를 이념적으로 넘어서지 않는다면, 그는 추구하는 인식의 보편타당성을 결코 손에 넣을 수 없다. 왜냐하면 경험적 세계는 시간 안의 세계인데, 이 세계 안에서는 모든 것이 시간의 흐름에 따라 생성, 소멸, 변화, 운동하여 보편적으로 타당한 것이라곤 아무것도 없기 때문이다.

과학자들은 즐겨 '모든 …'이라고 말한다. 이것은 이들이 과거에는 저러했는데 지금은 이렇고 나중에는 또 달라지는 한시적 타당성이 아니라 이전에도 지금도 나중에도 한결같은, 특정한 시간에 대해서뿐 아니라 모든 시간에 대한 보편타당성을 추구한다는 의미다. 그러나 '모든' 시간은 도대체 어떤 시간인가? 모두를 위한 것은 누구를 위한 것도 아니듯이, 모든 시간은 그 어떤 구체적인 시간도 아니다. 모든 시간이란 개개의 구체적인 시간들이 전부 추상적으로 제거된 후 남는 시간, 시간의 흐름 안에서 수다한 존재자들이 생성, 소멸, 변화, 운동하며 만들어내는 가지가지의 차이들이 전부 삭제된 시간, 이 차이의 생성 기반으로서의 (과거에서 미래로 향하는 시간의) 흐름이 거부된 시간, 항상 현재에 정지해 있는 시간, 즉 '무'시간적이고 '초'시간적인 **영원**이다. 오직 이 영원이라는, '시간도 아닌' 시간이 바로 그리스 형이상학자들이 추구했던 실체, 항상 **현**재의 방식으로 **존**재하는 우시아(현존자)가 거하는 이념적 장소이고 또한 근대 과학자들이 추구했던 모든 시간에 대한 타당성, 보편적인 타당성이 숨겨진 보물 창고다. 이곳에는 시간의 흐름이 없고 따라서 시간의 흐름에 따른 달라짐도 없어서, 이곳에 거하는 그 하나의 존재는 결코 달라질 수 없는 방식, 필연의 방식으로 존재한다. 즉 영원히 같은 것으로 머물러 있다.

그리스 형이상학자들이 시간의 한계를 넘어 영원을 향하던 바로 그 방식으로 근대 과학자들도 인식의 한시적 타당성의 한계를 넘어 영원한 타당성, 보편적인 타당성에로 향했다. 그 방식이란 바로 특정 시간의 거부이고 모든 시간의 수용이다. 모든 시간을 향한 이념적 비약이라는 측면에서 볼 때 형이상학과 근대 과학은 근본적으로 같은 길을 걷고 있다. 그 길은 시간을 넘어 시간 저편을 향하는 길이다. 그리고 이들을 이 길로 이끈 것은 고대 그리스의 존재론에서 발생했던 근본 경험, 즉 '영원의 방식으로 존재하는 것, 지금 있는 것과 결코 달리 있을 수 없는 것, 말하자면 그 하나의 필연적 존재를 우연적인 시간으로부터 분리하던 근본 경험'이다.

5.1. 에피스테메와 독사

파르메니데스 이후 그리스 형이상학의 전개 과정은 경험적 현실 세계, 시간 안에서 변화하는 세계에 대한 **외면**으로 일관해 왔다. 시시각각 달라지는 가시계ho horatos topos에서 눈을 떼고, 이 세계의 저편에 있을 참된 예지계ho noetos topos를 볼 수 있기 위해 시원의 형이상학자들은 사유의 눈, 이념의 눈을 뜨려는 부단한 연습을 해 왔다. 육의 눈에 보이는 것 그리고 이내 달리 보이는 것은 참된 것이 아닐 것이기에 그들은 달라지지 않는 어떤 것을 관조하는 새로운 눈을 필요로 했다. 이 새로운 눈을 부비기 시작했을 때, 그때가 바로 인간이 철학의 길로 들어선 최초의 시점이다. 이때부터 인간은 육의 눈으로 보지 않고 혼의 눈으로 보기, 즉 **사유**하기 시작했다. 그러므로 실재하는 세계를 외면하고 이와는 다른 또 하나의 세계, 이념적 세계를 관조한다는 것, 이것은 특히 사변적이었던 그리스인들만의 특징이 아니라, 그리스인들이 최초로 개척했던 철학과 사유라는 활동 자체의 특징이고, 이들이 철학을 시작한 이래 서양의 사유의 역사 전체를 지배해 온 기본 태도다. 말하자면 이것은 과학자는 물론이고 우리 보통 사람까지 포함하여 사유하는 인간라면 누구나 걷지 않을 수 없는 이념화의 길이다. 사유는 직접적 현실성을 개념화하는 작업이기에, 이 현실에 몰입한 자는 결코 사유할 수 없고 사유하려는 자는 그 현실에 매몰되어 있어서는 안 된다. 사유란 현실성의 삭제이고, 삭제된 현실 위에 이념적 현실을 하나 더 건립하는 작업이다. 언젠가 딜타이가 인상적으로 표현했던 것처럼 "단독적인 것, 우연적인 것, 미리 발견된 것", 시간 안에서 생성, 소멸하는 잡다한 것에 스스로를 내맡기지 말고, 여기서 "출발해서" 이 잡다성 저 너머의 "필연적이고 보편적인 연관에로 나가는 것", 바로 이것이 "항상 다시 반복해서 지정되는 사유의 임무"[1]이다. 사유의 역사는 바로 이 의무의 실행의 역사였다. 이 역사의 시원에 최초로 철학하며 실재하는 세계의 저편에 놓인 이념적 형상을 찾아 나섰던 그리스인들이 있고, 이 역사의 절정기에 과학하며 경험적 세계의 배후에서 작용하는 법칙적 질서를 추구했던 근대 과학자들이 있다. 그러므로 철학사와 과학사는 그 근본에 있어서는 구분되지 않는다. 오직 하나의 정신사, 철학과 과학이 함께 주된 추동력으로 되어 있는 '추상화하는 사유의 역사'가 있을 뿐이기 때문이다.

그 온 과정을 통해 이 역사가 추구해 온 것은 참된 세계에 대한 앎이었다. 그리스인들은 그것을 에피스테메라 불렀고, 근대인들은 과학적 지식이라 불렀다. 이 두 개의 앎은 실재하는 경험들을 괄호 안에 묶고 이념적 형상의 세계로 비약할 때에만 얻어진다는 점에서 모두 추상화하는 사유의 산물이고 따라서 그 근본에서는 같은 것이다. 이 점에서 과학은 본질상 그리스적 작업이다. 과학자는 사유해야 하고, 사유하면서 경험을 넘어서야 하고, 경험을 넘어서면서만 경험에 대한 참된 설명을 제공할 수 있다는 점에서 그렇다. 과학의 추상화하는 사유, 경험 가능한 개별적, 구체적 현상들을 경험 불가능한 보편적, 추상적 법칙에 포섭하여 설명하는 태도는 그 많은 외양의 차이에도 불구하고 그리스인들이 에피스테메를 찾아 이념화의 길을 걸을 때 가졌던 태도와 같은 것이다. 철학이건 과학이건, 인간의 사유란 '직접적 현실성의 거부'이고, 이 '현실성의 이념화, 추상화'이기 때문에 그렇다. 이렇게 말할 수 있다. 추상적 사유의 탄생과 역사는 바로 과학 정신의 탄생과 전개 과정이다. 과

1 W. Dilthey, *Gesammelte Schriften*, Bd. VII, 7.

학은 사유하고, 사유는 추상화이기 때문이다. 이 역사의 출발점에 파르메니데스가 서 있다. 그는 누구보다 강력하게, 자신 또한 그 안에 서 있던 현실 세계에 의문부호를 붙이며 추상화하는 사유의 길을 떠났던 자이다. 이 길이 바로 에피스테메의 길이다. 파르메니데스가 이 길을 떠난 후 플라톤과 아리스토텔레스가 이 길을 따라갔고, 긴 시간이 지난 후 근대의 과학자들도 이 길을 따라갔다. 이들은 모두 사유하는 자들이었기 때문이다.

5.1.1 파르메니데스와 진리의 길

헤겔에 의하면 엘레아의 "파르메니데스와 더불어 본래적인 철학함이 시작되었다". 바로 이 사람이 추상적 사유의 길을 걸은 최초의 사람, 실재하는 것들로부터 눈을 떼고 "이념적인 것의 왕국에로의 고양"[2]을 시도한 철학사의 첫 번째 인물이기 때문이다.

> **한** 사람이 [이제] 표상과 의견들로부터 스스로를 자유롭게 해방하고 있다. 그리고 표상과 의견으로부터 모든 진리를 박탈하며 존재가 참된 것이라는 필연성에 대해 말한다.[3]

그가 걸었던 추상화하는 사유의 길은 《자연에 관하여》라는 제목을 달고 있는 "비교적 잘 보존된"[4] 그의 단편에 나타나 있다. 이 단편들은

---

2 G. W. F. Hegel, *Vorlesungen über die Geschichte der Philosophie*, Bd. I, 290.

3 *Ibid.*

4 헤르만 딜스 엮음, 《소크라테스 이전 철학자들의 단편 선집》, 옮긴이 해제, 746쪽.

흥미롭게도 시의 형식을 취하고 있는데 서시에 해당하는 부분에서 우리는 '철학과 사유의 길', '진리에로의 길'을 떠나는 파르메니데스를 발견할 수 있다. 물론 여정의 출발은 눈앞의 현실, 이에 대한 여러 의견들과의 결별이다. 최초의 철학자는 "충동thymos"[5]에 이끌려, "아주 명민한 암말들이 끄는 마차"[6]를 타고, "뉙스(밤)의 집을 떠나 빛을 향해 온 헬리오스(태양)의 딸들인 처녀들"의 "호위"[7]를 받으며, "인간들이 밟고 다니는 길에서 실로 멀리 떨어져 있는 길"[8]을 향한다. 그리고 이내 "뉙스와 에마르(낮)의 길들"이 갈라지는 어떤 "문"[9]에 이른다. 밤과 어둠에로의 길은 독사의 길이고 낮과 빛에로의 길이 에피스테메의 길임은 부연의 필요도 없다. 낮과 빛의 길로 향하는 문은 "내리잠금목으로 꽉 죄어져"[10] 굳게 닫혀 있다. 바로 여기가 "일상적 세계의 경계선",[11] 실재하는 세계의 끝이고, 이념적 세계의 시작이다. 이 문을 지키는 이, 그리고 그 "열쇠를 가지고 있는" 이는 "많은 대가를 치르게 하는 디케(정의)"[12]이다. 디케의 여신이 누구를 위해 이 열쇠를 사용할지는 분명하다. 이 문은 오직 밤과 어둠을 거부하고 낮과 빛의 진리를 사랑하는 자, 현실을 부정하고 이념을 사유하는 자를 위해서만 열릴 것이다. 파르메니데스를 호위해 온 태양의 딸들이 디케의 여신에게 간청하자 육중하게 잠겨

---

5 같은 책, 270쪽(=단편 1.1).
6 같은 책, 271쪽(=단편 1.4).
7 같은 책, 272쪽(=단편 1.9).
8 같은 책, 274쪽(=단편 1.27).
9 같은 책, 272쪽(=단편 1.11).
10 같은 책, 272-273쪽(=단편 1.16).
11 프리도 릭켄, 《고대 그리스 철학》, 김성진 옮김(서광사, 2005), 65쪽.
12 딜스, 《소크라테스 이전 철학자들의 단편 선집》, 272쪽(=단편 1.14).

있던, 이념적인 것들의 왕국에로의 문이 열리고 한 여신이 젊은 애지자를 맞아들인다. 그리고 이렇게 말한다.

> 불사의 마부들과 더불어
> 그대를 태워 나르는 암말들과 함께 우리 집에 온 젊은이여!
> 잘 왔다. 그대를 이 길로 오도록 보내 준 것은 나쁜 모이라(운명)가 아니라
> (실로 이 길은 인간들이 밟고 다니는 길에서 멀리 떨어져 있으니까 하는 말이다),
> 테미스(옳음)와 디케(정의)이니 말이다.
> 자, 그대는 모든 것을 배워야 한다.
> 설득력 있는 진리의 흔들리지 않는 심장과,
> 가사자들의 의견들doxai을. 그 속에는 참된 확신pistis이 없다.
> 그렇지만 그대는 이것들도 배우게matheseai 될 것이다.
> …라고 여겨지는 것들ta dokounta이 어떻게,
> 내내 전부 있는 것들로서per onta 받아들여질 만하게 있어야 했던가를.[13]

여신의 환영하는 말까지가 《자연에 관하여》의 서시에 해당한다. 여기에는 진리에로의 사유의 길을 걷는 자가 배워야 할 것에 대한 간략한 소개가 들어 있다. 주목할 것은 '…라고 여겨지는 것'이 어떻게 '있는 것'으로 혼동되고 있는지를, 즉 사유할 줄 모르는 사람들이 어떻게 독사에 사로잡혀 있는지를 깨달으라고 여신이 요구하고 있다는 점이다. 물론 이 말은 이제 막 진리에의 길에 들어서려는 젊은이에게 던지는 여신의, '진리를 보기 전에 먼저, 지금까지 당신이 현실 세계 안에서 참이

13 같은 책, 273-274쪽(=단편 1.24-32).

라 여겼던 모든 의견을 버리라'는 촉구로 보아야 할 것이다. 시간 안에서 생성, 소멸, 변화, 운동하고 있는 세계에 대한 외면, 그 세계에 대해 가지고 있던 모든 의견의 포기라는 철학적 결단을 내리는 자만이 진리에로의 사유의 길을 걸을 채비를 마친 것이기 때문이다. 그러나 이 길을 걸으며 배우게 될 진리의 구체적인 내용은 아직 밝혀지지 않았다. 그 내용은 통상 '진리편'이라 불리우는 단편들(2-8.49)에 들어 있는데, 그중 중요한 것들을 중심으로 살펴보자.

> 자, 이제 내가 말할 터이니, 그대는 이야기를 듣고 명심하라,
> 탐구의 어떤 길들만이 사유를 위해 있는지.
> 그중 하나는 있다estin라는, 그리고 있지 않을 수 없다라는 길로서,
> 페이토(설득)의 길이며(왜냐하면 진리를 따르기 때문에),
> 다른 하나는 있지 않다라는, 그리고 있지 않을 수밖에 없다라는 길로서,
> 그 길은 전혀 배움이 없는 길이라고 나는 그대에게 지적하는 바이다.
> 왜냐하면 바로 이 있지 않은 것을 그대는 알게 될gnoies 수도
> 없을 것이고(왜냐하면 실행 가능한 일이 아니니까)
> 지적할 수도 없을 것이기에.[14]

우선 두 가지의 가능한 길이 구분되고 있다. 하나는 존재, 있음의 길이고 다른 하나는 비존재, 없음의 길이다. 물론 전자는 에피스테메의 길, 낮과 빛의 길, 진리에의 길이고, 후자는 독사의 길, 밤과 어둠의 길, 허위에의 길이다. 또한 전자는 존재에 대한 사유의 길이고, 후자는 생성

14 같은 책, 275-276쪽(=단편 2.1-8).

하는 것들에 대한 감각의 길이다. 후자에 대해서는 감각만이 가능할 뿐이지 언표도 사유도 가능하지 않다.

> 말해지고 사유되기 위한 것은 있어야만 한다.
> 왜냐하면 그것은 있을 수 있지만,
> 아무것도 아닌 것meden은 그렇지 않으니까.
> 이것들을 곰곰이 생각해 보라고 나는 그대에게 명한다.[15]

물론 "곰곰이 생각해 보아도" 이 단편의 구체적인 의미는 쉽게 드러나지 않는다. 이 단편은 아주 단순한 것만을 말하고 있기 때문이다. 있는 것은 있고, 있지 않은 것은 있지 않다. 이 말이 동어반복이 아닐 수 있다면, 그 의미는 무엇일까? 또한 단편은 있지 않은 것에 대해서는 말할 수도 사유할 수도 없다고 말한다. 왜, 어떤 의미에서 그러한가? 우리가 참된 의미에서 사유할 수 있고, 사유한 것에 대해 참을 말할 수 있다면, 우리가 사유한 것은 변화하지 말고 우리가 사유하고 말했던 그대로 있어야 한다. 만일 그것이 다른 것으로 되어 버린다면 참이라고 믿었던 우리의 말과 사유도 거짓된 의견으로 바뀌고 만다. 그러므로 흐르는 강물은 결코 인간의 언어나 사유에 포착되지 않는다.[16] 이렇게 '흐르기 때문에 말할 수도 사유할 수도 없는 것'은—감성적 경험계를 이미 떠난 사유의 눈에는—'존재하지 않는 것'이다. 결국 동어반복으로 들리는 단편의 의미는 이것이다: **생성하는 것은 존재하는 것이 아니다**. 그러므로 진리의 길을 걷는 자는 '생성하는 것'이 '있는 것'이라는 의견, 우리가 감관

15 같은 책, 277-278쪽(=단편 6.1-2).

16 같은 책, 243쪽 참조(=헤라클레이토스 단편, 68-71).

에 충실할 때 참으로 여기곤 하는 이 의견을 거부하지 않으면 안 된다.

> 있지 않은 것들이 있다는 것이 결코 강제되지 않도록 하라.
> 오히려 그대는 탐구의 이 길로부터 사유를 차단하라.
> 그리고 습관이 [그대를] 많은 경험을 담은 이 길로 [가도록],
> 즉 주목하지 못하는 눈과 잡소리 가득한 귀와 혀를 사용하도록 강제하지
> 못하게 하라. 다만 나로부터 말해진, 많은 싸움을 담은
> 테스트를 논변으로logoi 판가름하라.[17]

감각, 감각을 통한 경험, 경험에서 생겨난 습관, 그리고 여기에 기인하는 의견을 견제하는 자, 사유하는 자는 이제 진리의 길에 들어선다. 그리고 거기서 확인할 수 있는 것은 단 한 가지이다. 존재는 생성의 부정이라는 것이다.

> 길에 관한 이야기가 아직 하나 더 남아 있다, 있다라는.
> 이 길에 아주 많은 표지들이 있다. 있는 것은 생성되지 않고
> 소멸되지 않으며, 온전한 한 종류의 것이고
> 흔들림 없으며 완결된 것이라는.
> 그것은 언젠가 있었던 것도 아니고, 있게 될 것도 아니다.
> 왜냐하면 지금 전부 함께 하나로 연속적인 것으로 있기에.
> 그것의 어떤 생겨남을 도대체 그대가 찾아낼 것인가?
> 어떻게, 무엇으로부터 그것이 자라난 것인가?

17 같은 책, 279쪽(=단편 7.1-6).

나는 그대가 있지 않은 것으로부터라고 말하는 것도 사유하는 것도
허용하지 않을 것이다. 왜냐하면 있지 않다라는 것은
말할 수도 없고 사유할 수도 없기 때문이다.
그리고 어떤 필요가 먼저보다는 오히려 나중에
그것이 아무것도 아닌 것에서 시작해서 자라나도록 강제했겠는가?
따라서 전적으로 있거나 아니면 전적으로 없거나 해야 한다.
(…)
있거나 아니면 있지 않거나이다. 그런데 필연인 바 그대로,
한 길을 사유될 수 없는 이름 없는 길로
내버려 두고(왜냐하면 그것은 참된 길이 아니므로)
다른 한 길은 있고 진짜이도록 허용한다는
판가름이 내려져 있다.
그런데 어떻게 있는 것이 나중에 있을 수 있겠는가?
또 어떻게 그것이 생겨날 수 있(었)겠는가?
왜냐하면 생겨났다면 그것은 있지 않고,
언젠가 있게 될 것이라면 역시 있지 않기에.
이런 식으로 생성은 꺼져 없어졌고 소멸은 들리지 않는다.[18]

파르메니데스의 단편은 그 화려한 수사학에 비해 실제로는 아주 단순한 결론에 도달하고 있다. 있는 것은 있고, 없는 것은 없다. 그리고 이 둘은 분명 다르다. 바로 이 단순성이 그의 주장이 마치 하나의 동어반복인 듯이 보이게 하는 이유이다. 그러나 이 단순한 결론은 실제로는 매우

18 같은 책, 280-281쪽(=단편 8.1-11, 8.16-21).

무거운 것을 말하고 있다. 이 결론은 우리의 실천적 삶의 세계 전체, 생성하고 변화하는 감성계 전체에 대한 부정이기 때문이다.

우선 있는 것이 있다는 것은 분명하다고 하니, 이것이 어떻게 있게 **되었는지**를 한번 생각해 보자. 이내 밝혀지겠지만 이것은 물론 어리석은 물음이다. 이것은 있는 것의 생성 과정에 대한 물음인데, 있음과 생성은 양립할 수 없다는 것이 바로 파르메니데스의 중심 사상이기 때문이다. 그러나 이 어리석은 물음에 어떤 답변도 가능하지 않다는 사실을 확인하고, 이 어리석은 물음 자체를 폐기하기 위해 일단 이 물음에 대해 가능한 답들을 검토해 보기로 하자. 우선 있는 것이 "있지 않은 것으로부터 (…) 자라났다"는 가능성이다. 물론 파르메니데스는 이를 부정한다. 있지 않은 것을 말하거나 사유하는 것도 불가능한데, 하물며 있지 않은 것으로부터 있는 것에로의 이행은 더더욱 있을 수 없는 일이다. 무로부터 유가, 비존재로부터 존재가 생겨날 수는 없다. 후대의 철학은 파르메니데스의 이 사상을 이른바 근거율Satz des Grundes, 존재하는 어떤 것도 근거 없이, 즉 무로부터 존재하지는 않는다는 규칙으로 정식화하였다. 일단 없음에서 있음에로의 이행의 가능성은 부정된다. 그리고 마찬가지로 있음에서 없음에로의 이행 가능성도 부정되어야 한다. "생성이 꺼져 없어"지면서 "소멸도 들리지 않게" 되었기 때문이다. 두 번째로 검토할 것은 있는 것이 "있었던 것"이거나, 아니면 "있게 될 것"이라는 가능성이다. 파르메니데스는 물론 이것도 부정한다. 만약 있는 것이 '있었**던** 것'이라면, 이는 있는 것이 지금 **더 이상** 있지 **않다**는 불가능한 사실을 말하고, 또한 있는 것이 '있게 **될**' 것이라면, 이 또한 있는 것이 **아직도** 있지 **않다**는 불가능한 사실을 말하기 때문이다. 물론 이 두 문장, '있는 것은 더 이상 있지 않다'와 '있는 것은 아직도 있지 않다'는 모두 자기모순이고, 따라서 논리적으로도 이미 받아들일 수 없다. 그러나 내가 보기에는 파르메니데스의 논변은 단순히 형식논리적인 것 이상이다. 그는 '~있었**던** 시간'으로부터 '~있게 **될** 시간'에로의, '**이미 아님**의 시간(과거)'으로부터 '**아직 아님**의 시간(미래)'에로의 이행, 즉 시간의 흐름 자체를 부정하고 있다. 왜냐하면 이 흐름이 곧 생성과 소멸이 가능해지는 지평이기 때문이다. 시간의 흐름이 없다는 것은 과거도 없고 미래도 없고 오직 '지금nun'만이 있다는 의미이다. 있었던 것도 없고 있을 것도 없고 오직 지금 있는 것만이 있다. 이에 대해 우리가 할 수 있는 말은 아무것도 없다. 모든 생성과 소멸이 이미 부정되었기 때문에 할 수 있는 유일한 말은 '그것은 있다'뿐이다. 그것은 지금 있듯이, 그렇게 하나로, 정지해 있다.

> [있는 것은] (…) 부동이며 시작이 없으며 그침이 없는 것으로 있다.
> 왜냐하면 생성과 소멸이 아주 멀리 쫓겨나 떠돌아다니게 되었는데,
> 참된 확신이 그것들을 밀쳐 냈기 때문이다.
> 같은 것 안에 같은 것으로 머물러 있음으로써, 그 자체만으로 놓여 있고
> 또 그렇게 확고하게 그 자리에 머물러 있다.[19]

이것이 파르메니데스의 《자연에 관하여》라는 글의 최종 결론이다. 하나로서의 존재가 있고, 이 존재는 모든 생성, 소멸, 변화, 운동을 넘어서 있다. 흐르고 변하는 모든 것들은 있는 것이 아니라 있지 않은 것에

---

19 같은 책, 283쪽(=단편 8.26-30).

불과하다. 왜냐하면 생성, 소멸, 변화, 운동하지 않는다는 것이 바로 존재의 의미이기 때문이다. "있는 것들 가운데 어떤 것도 생겨나거나 소멸하지 않고, 다만 그렇다고 여겨질 뿐"[20]이다. 즉 "머리가 둘인 채로 헤매며 (왜냐하면 그들의 가슴 속에서 무기력함이 헤매는 누스를 지배하고 있기에) (…) 아무것도 알지 못하는 가사자들"[21]이 생성하는 것들을 존재하는 것들로 혼동하고 있다. 바로 이것이 사유하지 못하는 자들, "주목하지 못하는 눈과 잡소리 가득한 귀로" 세계를 보고 듣는 자들, "가사자들의 의견"[22]이다. 이 독사의 길을 멀리할 때만 사유하는 자는 "인간들이 밟고 다니는 길에서 멀리 떨어져 (…) 있는 길", "사유를 위해 있는 (…) 길" 위에 설 수 있고, 이 길에서만 존재에 대한 참된 인식, 에피스테메를 얻을 수 있다. 이 사유를 지배하는 것은 존재와 생성의 대립이고, 존재에 대한 에피스테메와 생성에 대한 독사의 대립이다. 그러나 시원의 사유는 이 대립 앞에서 어떤 양자택일도 강요당하지 않았다. 강요당했다면, 그것은 아직도 사유하지 않는다는 의미일 것이다. 그러므로 인류 최초로 사유했던 자는 있는 것과 있는 것에 대한 참된 앎을 위해 생성하는 것과 생성하는 것에 대한 의견들을 단호히 버렸다. 그래서 아리스토텔레스는《자연에 관하여》라는 책의 저자가 실은 "자연 부정론자 aphysikos"라고 비판했다. 파르메니데스가 "자연을 제거했다"[23]고 본 까닭이다.

20 같은 책, 294쪽(=단편 30).
21 같은 책, 278쪽(=단편 6.4-6).
22 같은 책, 286쪽(=단편 8.51).
23 같은 책, 295쪽(=단편 31).

그러나 그 자연을 제거하고 새로 발견한 이념적 자연이야말로 **참된** 자연이라고 말한다면? 분명한 것은 비로소 이때부터 인류는 '참된'이라는 말을 사용할 수 있게 되었고, 그 후 사유의 역사는 참된 것의 추구로 일관해 왔다는 점이다. 이렇게 보면 파르메니데스는 자연을 제거한 자가 아니라, 생성, 소멸, 변화, 운동하는 자연을 **외면**하고 그 배후의 참된 자연을 발견한 자라고 말해야 할 것이다.[24] 이에 대한 역사적 증거는 바로 아리스토텔레스 자신이고 또한 근대 과학이다. 아리스토텔레스가 개진했던 관조적 학문으로서의 자연학도 운동하는 이 또는 저 존재자 자체에 대한 학문이 아니라 이 존재자들을 '운동과 정지의 원리'하에 관조하는 학문이었고, 근대 과학 역시 시시각각 변화하는 겉보기의 자연을 넘어 '그 배후에 놓여 있다고 여겨지는 법칙적 질서', '늘 같은 것, 동일한 것으로 표상될 수 있는 한에서의 세계'를 자연이라고 불렀기 때문이다. 이 같은 의미의 자연은—아마 자연과학자도 이것을 참된 자연이라고 부르는 데 주저하지 않을 것이다—단순한 경험적 관찰이 아니라 관조를 통해서만, 감각이 아니라 사유를 통해서만 접근할 수 있는 이념적인 질서다. 근대 과학이 생성하고 소멸하며 쉬지 않고 달라지는 변화무쌍한 현상계의 배후에서 법칙적 질서로서의 자연을 발견하려 했고, 이 자연에 관해 모든 시간에 대해 보편적으로 타당한 인식을 추구

---

24 왜냐하면 이미 암시했듯 '발견의 천재'는 동시에 '은폐와 외면의 천재'여야 하기 때문이다. 긍정적으로 평가하건 부정적으로 평가하건, 파르메니데스가 "외적 사실의 세계를 무시하는" 놀라운 "천재"(W. K. C. Guthrie, *The greek philosophers: From Thales to Aristotle*, 49)를 가지고 있었다는 것, 그리고 이것이 곧 사유의 전제이고 이념적 질서에 눈뜨기 위한 필요조건이라는 사실만큼은 의심할 수 없다. 후에 갈릴레이가 세계의 수학적 질서를 찾아 나섰다면, 그 또한 파르메니데스가 이미 걸었던 사유의 길을 따라간 것이다.

했다면, 이 **과학을 이끌어 간 정신**은 파르메니데스를 사유의 길로 이끌어갔던 "충동"과 같은 것일 것이다. 바로 이것이 학문사 전체를 지배해 온 '**하나**'에로의, 통일성과 보편성에로의 "**좋은 의지**guter Wille"[25]이다.

5.1.2 플라톤의 존재와 생성의 이분법

사유의 역사는 이미 그 출범기에 앎의 문제와 관련하여 중대한 하나의 **철학적 결단**을 내렸다. 앎은 참된 존재에 대한 인식이며 참됨의 의미는 생성, 소멸, 변화, 운동의 부정이라는 것이 이 결단의 내용이다. 최초로 파르메니데스가 이 관점을 취한 후, 플라톤이 이를 좀더 세련된 형태로 구체화했다. 이미 살펴보았듯이 '있거나 아니면 없거나' 해야 한다는 파르메니데스의 결론은 너무 극단적이어서 상식의 거부를 불러오기 때문이다. 에피스테메와 독사에 대한 플라톤의 성찰은 이 불만에 대한 상식의 답변이라고 할 수 있다. 그러나 파르메니데스가 확정한 존재와 생성의 이분법만큼은 그대로 수용되고, 이 시원의 철학자가 정당성을 부여한 '참된'이라는 말도 유지된다. 다만 이 참됨의 의미가 한결 정치하

25 H.-G. Gadamer, *Gesammelte Werke*, Bd. II, 343. 가다머의 이 표현을 나는 칸트적인 의미에서 사용한다(cf. I. Kant, *Grundlegung zur Metaphysik der Sitten*, 393). 즉 이것은 다른 어떤 것을 위해서 좋은 것이 아니라 그 자체로 좋은 것이다. 다시 말해 이것은 학문의 역사가 그 정당성을 증명함이 없이 좋다고 여기며 존중해 온, '**통일성에로의 의지**'이다. 파르메니데스를 사유의 길로 이끈 충동도 이것이고, 후설이 근대 과학자의 덕목으로 지목했던 본능도 이 의지 이상 다른 것일 수 없다. 이것은 그리스 통일성의 형이상학으로부터 탄생한, 앎을 추구하는 정신의 역사를 초지일관 이끌어 온, '**하나를 향하는 정신**'이다. '그리스 실체 형이상학으로부터 과학 정신의 탄생'이라는 말을 사용할 때 내가 의미했던 것도 바로 이것이었다. 나는 이 문제를 상세히 분석할 것이다(6.3 참조).

게 규정되고, 파르메니데스에서는 다소 그 의미가 불명확했던 '존재하지 않는 것에 대해서는 사유도 언표도 불가능하다'는 주장도 구체적인 의미를 획득하게 되다.

《국가》 제5권의 종결부에서 플라톤은 있는 것에 대해서는 에피스테메가, 있지 않은 것에 대해서는 독사가 성립할 뿐이라는 파르메니데스의 단순 이분법을 좀더 복잡한 구조로 서술하고 있다. 있는 것에 대해 에피스테메가 성립하는 것은 옳지만, 있지 않은 것에 대해서는 독사조차 성립할 수 없다는 것이다. 왜냐하면 없는 것에 대해서는 어떠한 앎도 가능하지 않기 때문이다.

> 어떤 사람이 무엇인가를 알고 있다면, (…) 그 무엇은 있는on 것인가, 아니면 있지 않은me on 것인가?
>
> 있는 것입니다. 있지 않은 것이 어떻게 알려질 수 있겠습니까? (…) '완벽하게 있는 것'은 완벽하게 인식될 수 있지만, '어떤 방식으로도 있지 않은 것'은 무슨 방법으로도 인식될 수 없는 것이겠지. (…) 그렇지만 만일에 어떤 것이 이런 상태의 것, 즉 '있으면서' '있지 않기도' 하는 그런 상태의 것일 때, 그것은 '순수하게(절대적으로) 있는 것'과 어떤 식으로도 있지 않은 것의 중간에 위치하겠지? (…) 그렇다면 '있는 것'에는 인식gnosis이, '있지 않은 것'에는 필연적으로 무지agnosia가 상관할진대, 그것들 사이의 것에 상관하는 것으로는 무지와 인식episteme 사이의 어떤 것을 찾아야만 되지 않겠는가? (…) 그런데 우리가 의견doxa이라 말하는 것이 있지! (…) 그건 인식과는 다른 능력인가 아니면 같은 것인가?
>
> 다른 능력입니다.[26]

한 가지 분명해진 것은 의견도 근본적으로는 '무엇'에 대한 의견일 수밖에 없고, 그런 한에서 의견이 관계하고 있는 바로 그 무엇은 결코 "아무것도 아닌 것",[27] 무는 아니라는 점이다. 왜냐하면 파르메니데스가 말했듯이 무에 대해서는 생각도 언표도 불가능하다면, 무에 대해서는 '불확실해서 가변적인 생각'도 가능하지 말아야 하기 때문이다. 결국 파르메니데스의 이항적 관찰 방식이 조금 더 복잡해져서 이제 삼항적 구조를 갖게 되었다. 있는 것, 없는 것, 있지도 없지도 않은 것, 그리고 이에 대한 정신의 상태로 인식, 무지, 의견이 그 세 개의 항이다.

> '있지 않은 것'에 대해서 의견을 갖게 되는가? 아니면 '있지 않은 것'에 대해서는 의견을 갖는 것조차 불가능한가? (…) 의견을 갖는 사람은 자기의 의견(판단)을 무엇인가에 관련시키고 있지 않는가?[28]

의견 또한 무엇에 대한 의견임은 의심의 여지가 없다. 문제는 의견이 향하고 있는 것이 물론 무는 아니지만, 그러나 한결같지 않다는 의미에서 존재도 아니라는 점이다. 즉 이것은 **참된 방식**으로 존재하지는 **못하는** 것이고 동시에 **참되지 않은 방식**으로 **존재**하는 것이기에 플라톤은 이것을 존재와 무의 중간의 것, 그리고 이에 대한 마음의 상태, 즉 독사를 앎과 무지의 중간으로 규정한다.

> 의견을 갖게 되는 대상은 '있는 것'도 '있지 않은 것'도 아니겠군. (…)

26 플라톤, 《국가》, 476e-477b.

27 같은 책, 478c.

28 같은 책, 478b.

> 그러니까 의견은 무지도 인식도 아니겠군. (…) 그런데 앞서 우리는 이런 말을 하지 않았던가? 만일에 어떤 것이 있으면서도 동시에 있지 않는 그런 것처럼 보인다면, 그런 것은 '순수하게(절대적으로) 있는 것'과 '전적으로 있지 않은 것'의 중간에 위치하게 될 것이고, 따라서 이것에 관계하게 될 것은 인식도 무지도 아니고, 역시 무지와 인식의 '중간 것'으로 나타나게 되는 것일 거라고 말일세. 이제 이들 둘의 중간에 우리가 의견이라고 일컫는 것이 나타난 게지? (…) [그러므로] '있음'과 '있지 않음'의 양쪽 모두에 관여하는 것은 (…) 우리가 '의견의 대상doxaston'이라 일컫는 것이 옳으이.[29]

여기서 플라톤은, 의견이 향하고 있는 것, 즉 있으면서 있지 않기도 한 것이 구체적으로 무엇인지를 밝힌다. 그것은 시간의 흐름 안에 노출되어 생성, 소멸, 변화, 운동하며 다양한 얼굴을 보여 주는 여러 가지의 '것'을 의미한다. 파르메니데스는 이것을 단호하게 존재하지 않는 것으로 규정했다. 왜냐하면 그에게 '참된 방식으로 존재하지 않는 것'은 곧 '존재하지 않는 것'이기 때문이다. 그러나 플라톤은 이제 이렇게 엄격하게 규정된 파르메니데스의 존재의 의미를 다소 약화시킨다. 즉 생성, 소멸, 변화, 운동의 방식으로 있는 것은 전혀 존재하지 않는 것이 아니라, 참되지 않은 방식으로 존재하는 것이다. 그리고 이것에 대해서는 앎의 정반대가 성립하는 것이 아니라 다만 참되지 않은 앎, 의견만이 성립할 뿐이다. 그리고 나서 플라톤은 이 의견이 어떤 의미에서 '참되지 않은지'를 분명히 밝힌다. 의견이 향하고 있는 것은 생성과 변화의 논리

29 같은 책, 478c–e.

에 붙들려 있는 것이고, 흐르는 강물과 같은 이것은 결코 같은 것으로 포착될 수 없다. 의견은 바로 이 점에서 참될 수 없다. 왜냐하면 있는 것이란 "언제나 똑같은 방식으로 한결같은 상태로 있는 것"[30]이고, 이 "있는 것을 있는 그대로 아는 것"[31]이 바로 참된 인식, 에피스테메이기 때문이다. 그러나 독사는 흐르는 것을 대상으로 하기 때문에 이 흐르는 것에 대해서는 역시 가변적인 의견만이 가능할 뿐이다.

우리가 멈추어 있는 것에 대해 뭔가를 알 때, 그것은 에피스테메다. 우리가 흐르며 변하는 것에 대해 뭔가를 안다고 믿을 때, 그것은 독사다. 후자에 대해서 우리는 아무것도 알 수 없고 또 뭔가를 안다고 말할 수도 없는데, 그것은 우리가 그것의 특정 속성을 확정하고 알았다고 말하는 그 순간 이미 다른 것으로 변해 버리기 때문이다. 대화편《크라틸로스》에서 소크라테스는 아름다움의 예를 들어, 참된 아름다움, 즉 에피스테메의 대상으로서의 아름다움은 "언제나 자신과 동일한 것"[32]이라고 말한다. 물론 이렇게 동일한 것으로 머물러 있음이 바로 참된 인식을 위한 조건이다.

> 만약 그것이 [아름다운 것이] 끊임없이 자신을 떠난다면, 그것에 관해 우선 '그것이 이것이다'라고, 그 다음에는 '그것이 그러그러하다'라고 우리가 제대로 말할 수 있을까? 아니면 우리가 그것에 관해 말하는 순간 곧바로 그것은 다른 것이 되고, 자신을 떠나며, 더 이상 같은 상태에 있지 않을 수밖에 없는가? (…) 그렇다면 결코 같은 상태로 있지 않는 것이

30 같은 책, 479e.

31 같은 책, 478a.

32 플라톤,《크라틸로스》, 439d.

> 어떻게 '어떤 것'일 수 있겠나? 그것이 언젠가 같은 상태에 있다면, 적어도 그때는 전혀 변하지 않는다는 것은 분명하네. 그러나 만약 그것이 언제나 같은 상태에 있고 동일한 것이라면, 자신의 형상을 전혀 잃어버리지 않을 텐데 어떻게 변하거나 움직일 수 있겠나? (…) 게다가 그것은 누구에게도 알려질 수조차 없을 것이네. 그것을 알고자 하는 사람이 다가가는 순간 다른 것, 즉 다른 성질의 것이 되어서, 그것의 성질이나 상태가 어떠한지 더 이상 알려질 수가 없을 테니까. (…) 만약 모든 사물이 변하고 아무것도 지속하지 않는다면 앎이 있다고 말하는 것은 이치에 맞지 않네. (…) 그러나 앎을 갖는 자가 있는 한편 알려지는 것들 각각이 하나로서 있다면, 내가 보기에는 방금 우리가 말한 것들은 흐름과도 닮지 않았고 움직임과도 닮지 않은 것 같네.[33]

'존재와 사유의 일치'에 대한 파르메니데스의 이해하기 어려운 주장의 의미가 이제 비로소 분명해진다. 이 주장은 현실적 실재(존재)와 관념적 존재(사유)의 단적인 동일성, 즉 모든 실재론을 관념론에로 무차별적으로 환원해야 할 필연성을 의미하는 것이 아니다. 변하는 것은 참된 방식으로 존재하는 것은 아니기에, 이에 대해서는 역시 변하는 사유만이 가능하고, 이는 본래적인 의미의 사유가 아니라는 것이다. 이것은 다만 사유할 줄 모르는 자들이 변하는 것에 대해 타당한 무언가를 사유하거나 언표하고 있다고 믿고 있는 상태, 의견에 불과하다. 오직 변치 않는 방식으로 존재하는 것에 대해서만 변치 않는 방식으로 타당한 사유, 참된 인식이 가능해진다. '존재와 사유의 일치'는 '참된 존재와 참된

---

33 같은 책, 439d-440c.

사유의 일치'다.

이제 대립은 '있는 것'과 '있지 않은 것' 사이에서가 아니라, '변치 않으며 있는 것'과 '변하는 상태로 있는 것', 즉 '있는 것'과 '있지도 없지도 않는 것' 사이에 존립한다. 마지막에 거론된 것이 중간적인 것으로 규정되는 것은, 이것이 참되지 않은 방식으로 있거나 또는 참된 방식으로 있지는 않는 것이기 때문이다. 바로 여기에 흐름과 변화의 의미가 있다. 이것은 흐르며 쉬지 않고 다른 것으로 변하는 것이고, 이에 대해서는 다만 한시적인 타당성만을 가질 수 있는 의견이 가능할 뿐이다. 반면 '있는 것'은 다른 것으로 바뀌지 않는 것이고, 오직 이에 대해서만 보편적인 타당성을 주장할 수 있는 인식이 가능하다. 그러므로 인식의 대상은 **정지해 있는 하나**이고 의견의 대상은 **흐르는 여럿**이다. 이것이 이제 플라톤이 파르메니데스로부터 다소 거친 형태로 받아들여 설명하는 **존재**와 **생성**의 관계이다. 파르메니데스에게 그런 것과 마찬가지로 플라톤에게도 두 개의 상이한 존재론적 질서, 두 개의 세계가 있다. 그 하나는 "아름다운 것(아름다움) 자체auto to kalon" 또는 "올바른 것(올바름) 자체auto to dikaion"이고 다른 하나는 "많은 아름다운 것(사물)"들 또는 "많은 올바른 것"[34]들이다. 전자의 아름다움은 "하나"이지만, 후자는 "많은 아름다운 것"[35]이다. 전자는 "언제나 존재하는 것이고, 생성을 갖지 않는 것",[36] 따라서 "언제나 같은 상태로 있는 것"[37]인 반면, 후자는 "언제나 생성되는 것", "결코 존재하지는 않는 것",[38] 정확히 말해 "참으

34 플라톤, 《국가》, 479e.

35 같은 책, 479a.

36 플라톤, 《티마이오스》, 27d.

37 같은 책, 28a.

38 같은 책, 27d.

로 존재하는 것은 아닌 것"이다. 전자가 "합리적 설명과 함께하는 지성에 의한 앎에 의해 포착"되는 것이라면, 후자는 "비이성적 감각과 함께하는 의견의 대상으로 되는 것"[39]이다. 간단히 말해 존재하는 것은 사유할 수 있는 이념, 이데아이고, 생성하는 것은 이것이 실재의 세계에 가시화되어 나타난 현상들이다. 인식하는 우리 인간의 입장에서 보자면 하나는 "지각될 수는 없고 단지 지성에〈나〉 알려지는 (…) 전적으로 그 자체로 존재하는 (…) 형상들"이고 다른 하나는 "육신을 통해 지각하게 되는 그 모든 것"[40]이다.

> 이들 중 한쪽은 가르침을 통해서 다른 쪽은 설득에 의해서 우리에게 생기기 때문이죠. 그리고 한쪽 것은 언제나 참된 설명logos을 동반하나, 다른 쪽의 것은 그것이 없습니다. 또한 한쪽 것은 설득에 의해 바뀌지 않으나, 다른 쪽 것은 설득에 따라 바뀝니다. 그리고 한쪽 것에는 모든 사람이 관여한다고 말해야겠지만, 지성에는 신들이, 인간들 중에서는 소수의 부류가 관여한다고 말해야만 합니다. 이것들이 이러하므로, 이 중의 한 가지가, 즉 '똑같은 상태로 있는 형상'이 있다는 데 동의해야만 하는데, 이것은 생성되지도 소멸되지도 않는 것이며, 자신 속에 다른 것을 다른 곳에서 받아들이지도 않고 또한 자신이 그 어디고 다른 것 속으로 들어가지도 않는 것이며, 그리고 눈에 보이지도 않지만 다른 식으로도 지각되지 않는 것이니, 이것은 '지성에 의한 앎'이 그 대상으로 갖게 되어 있는 것입니다. 반면에 형상과 같은 이름을 갖고 그것과 닮은 둘째 것은 감각에 의해 지각될 수 있고 생성되는 것이며, 언제나 운동하는 것

39 같은 책, 28a; cf. 28b.

40 같은 책, 51d(추가는 옮긴이).

이요, 그리고 어떤 장소에서 생성되었다가 다시 거기에서 소멸하는 것이며, 감각적 지각을 동반하는 의견에 의해 포착되는 것입니다.[41]

서양의 정신사를 통해 최초로 사유하기 시작했던 그리고 참된 인식을 추구했던 사람들을 지배했던 것은 실재하는 생성계를 등지고 이념적 존재 질서를 향해야 한다는, 잡다한 현상이 아니라, 그 현상을 있게 한, 눈에 보이지 않는 원상paradeigma, 이데아를 바라보아야 한다는 사유의 의무였다. 사유하기 위해 그들은 육의 눈을 감아야 했고, 사유하면서 혼의 눈으로 생성, 소멸하는 것들의 참된 원인을 관조했다. 출범기의 철학은 언제나 이 보이는 것들로부터 보이지 않는 하나의 원인을 향한 "위로 오름", 즉 "지성에 의해서[라야] 알 수 있는 영역으로 향한 혼의 등정"이었고, 그 "높은 곳에 있는 것들의 구경thea"[42]이었다. 이것이 바로 플라톤의 유명한 동굴의 비유, 선분의 비유, 태양의 비유가 한 목소리로 가르치는 바의 것이다. 육의 눈에 보이는 동굴 속의 실재하는 사물들과 그 그림자의 헛됨을 간파하고, 우리의 눈에는 보이지 않지만, 보이는 모든 것들이 보이게끔 해 주는, 보임의 참된 원인으로서의 빛을 향하여, 나아가 스스로는 "생성이 아니면서 (…) 보이는 것들에 보임의 힘", 빛을, 다시 말해 "생성과 성장, 그리고 영양을 제공해"[43] 주는 유일의 발광체로서의 태양을 향하라는 것이 이 세 비유의 궁극의 가르침이다. 동굴 속의 어둠으로부터 빛과 태양을 향한 "혼 전체의 (…) 전향!"[44] 바로

41 같은 책, 51e-52a.
42 플라톤, 《국가》, 517b.
43 같은 책, 509b.
44 같은 책, 518c; cf. 521c.

이것이 참된 인식을 얻으려는 자, 사유하는 자, 지혜를 사랑하는 자에게 부과된 의무였다.

바로 이 의무가 파르메니데스를 사유의 길로 이끌어 갔고 소크라테스로 하여금 태양을 향한 가파른 "오르막길"[45]을 걷게 만들었다. 물론 이 두 길은 하나의 길이다. 이것은 참된 앎, 에피스테메를 향하는 길이다. 그러므로 앎을 추구했던 인류 최초의 사상가들은 눈에 보이는 흐르는 것들에 대한 가변적인 의견을 넘어 눈에 보이지 않는, 항존하는 것에 대한 보편적 인식에 도달하려 했다. 이 항존성과 보편성이 앎의 참됨을 보장해 준다고 믿었기 때문이다. 유감스럽게도 철학사가들은—이들은 도식적 분류를 위해 종종 근거에 놓인 정신을 외면하곤 한다—이 사유의 지난한 노력을 '초월적' 형이상학이라는 하나의 이름으로 묶어 버렸다. 물론 초기의 사유가들이 실재를 외면하고 이념의 세계에로의 초월을 추구했던 것은 사실이다. 그러나 어떤 정신이 이들로 하여금 그렇게 하지 않을 수 없게 만들었는지를 묻지 않는다면 그것은 본질을 보지 못한 것이다. 마찬가지로 초기 그리스인들이 걸었던 사유의 길을 단지 경험적 현상계로부터 '초경험적' 본체계에로의 비상으로만 간주하고, 여기서 그리스 형이상학과 근대 '경험'과학의 양립 불가능성을 도출한다면, 그것도 참된 앎의 추구로 일관했던 사유의 역사를 이끌어 온 근본 정신을 보지 못한 것이다. 에피스테메라 부르건 과학적 지식이라 부르건, 인간이 **앎**을 추구할 때 그를 이끌어 가는 정신은 늘 하나였다.

그것은 '여럿에도 불구한 하나 또는 여럿을 관통하는 한결같은 하

45 같은 책, 519d.

나'를 추구해 온 정신, **통일성에로의 좋은 의지**이다. 이것은 물론 단지 그리스 실체 형이상학만의 특징이 아니라, 앎을 추구해 온 인류 정신사의 근본 특징이고, 그런 한에서 이 역사의 한 부분으로서의 과학도 공유할 수밖에 없는 특징이다. 시원의 형이상학에서부터 근대 과학에 이르기까지, 그리고 물론 오늘날의 과학적 탐구에서도 늘 여럿보다는 하나가, 분화보다는 통일이, 다름보다는 같음이, 차이와 개별성보다는 동일성과 보편성이 추구되어 왔고 또 추구되고 있다. 추구의 시발점은 물론 '하나의 존재'와 '생성하는 여럿'의 대립, '보편적으로 있음'과 '각기 달리, 개별적으로 생성, 변화함'의 대립이다. 이 대립에 직면해 참된 에피스테메를 추구하던 고대 그리스인들은 **운동의 정지, 변화와 생성의 멈춤, 여럿의 통일**이라는 철학적 결단을 내렸다. 과학적 인식의 객관성과 보편타당성을 추구하는 오늘날의 과학자들도 생성, 소멸, 변화, 운동하는 여럿 그 자체가 아니라, 이 경험 가능한 여러 생성, 소멸, 변화, 운동을 지배하는, 그 자체 결코 직접적으로는 경험되지 않는 원리와 법칙을 추구한다는 점에서, 이들 역시 근본적으로는 같은 철학적 결단에 의거하고 있다. 그렇지 않다면 눈에 보이는 자연 현상들을 눈에 보이지 않는 이론에 포섭하여 설명하는 과학자의 작업 방식은 설명할 길이 없을 것이다. 이론가로서의 과학자가 주시하는 것은 경험이 아니라 경험을 관통하는 규칙성이다. 물론 이 규칙성은 경험 가능한 자신의 사례들을 통해서 자신이 있음을 알려 오므로 경험과학의 탐구 대상이지만 정확하게 같은 이유로 경험을 초월하는 것이기도 하다. 이것은 그 자체 경험되는 것이 아니라, 경험되는 현상들에 비추어 그 배후에 놓여 있다고 과학자가 추정한 것, 이론적으로—혼의 눈으로 관조하며—구성한 것이기 때문이다. 그 하나의 존재에 대한 참된 에피스테메를 찾아 시원의 형이상학자들이 실재를 떠나 이념의 세계에로의 사유의 길을 걸었듯이, 오늘날의 과학자들도 (아마 기하학적으로 창조되었을) 자연에 대한 객관적이고 보편타당한 인식을 얻기 위해 경험을 떠나 법칙성의 세계에로의 길을 걷고 있다. 내가 보기에 이 두 길은 같은 길이다. 두 길의 입구에는 육중하게 닫힌 문이 있을 것이고 이 문의 열쇠는 "많은 대가를 치르게 하는 디케"의 여신만이 가지고 있다. 여신이 문을 열어 주는 대신 요구하는 것은 **실재**, **경험**, **시간의 포기**다. 왜냐하면 이 길은 **이념**, **법칙**, **영원에로의 길**이기 때문이다.

5.1.3 아리스토텔레스의 필연성의 인식으로서의 에피스테메

아리스토텔레스 역시 이념, 법칙, 영원에로의 길, 에피스테메에로의 길을 걸었다. 이 주장이 당장 어떤 의아함을 불러일으킬 수도 있겠다. 왜냐하면 아리스토텔레스는 제작술과 실천적 학문을 분명 에피스테메에 포함시켰는데, 이 둘은 영원한 이념을 관조하는 학문이 아니라 생성하고 변화하는 실재 세계 안에 뿌리를 내린 학문이기 때문이다. 그런 점에서 이념과 영원을 향하는 길로서의 에피스테메에로의 길을 걸었다는 아리스토텔레스는 우리가 앞서 다룬, 세 가지 에피스테메를 분류하던 아리스토텔레스와 충돌하는 것처럼 보일 수도 있다. 그러나 우리는 아리스토텔레스가 세 가지 에피스테메에 동등한 지위를 부여하지 않았고 이들 간에 분명한 학문의 우열을 인정했다는 점을 기억해야 한다. 그는 일단 제작술, 실천적 학문에 대한 관조적 학문의 우위를 인정하고, 나아가 관조적 학문 안에서도 수학과 자연학에 대한 신학의 우위를 인정하고 있다. 이 우열을 판정할 때 그가 고려하는 것은 각각의 학문이 다루는 대상이 생성하고 변화하는 것인지 아니면 영원한 것인지 하는 점이다.

> 모든 원인은 필연적으로 영원할 수밖에 없지만, 방금 말한 것들[46]이 특히 그렇다. 왜냐하면 그것들은 신적인 것들 중에서 눈에 보이는 것들에 대한 원인이기 때문이다. 그러므로 세 분야의 이론적인 철학, 즉 수학과 자연학과 신학이 있을 것이다. 왜냐하면 만일 신적인 것이 어딘가에 [어떤 하나의 에피스테메에] 속한다면, 분명히 본성적으로 그런 것[이론적 학문] 안에 속하고, 가장 고귀한 학문은 마땅히 가장 고귀한 유에 대한 것이어야 하기 때문이다. 그렇다면 이론적 학문들은 다른 학문들에 비해 더 선택할 가치가 있지만, 이론적인 학문들 중에서는 그 학문이 [즉 신학이] 더 선택할 가치가 있다.[47]

제작은 제작되는 도구의 목적에 의존적이기 때문에 그 자체 필연적인 것일 수 없다. 마찬가지로 행위도 매번 상이한 상황(시간!) 안에서 이루어지기 때문에 어떤 행위의 선택도 필연성을 가질 수 없다. 그러나 '운동하는 것들을 지배하는 자연의 원리'와 '질료 안에 구현된 수학

46 자연학의 대상으로서의 "분리 가능하지만 부동적이지 않은 것들", 수학의 대상으로서의 "부동적이지만 아마도 분리 가능하지 않고 질료 안에 있는 상태의 대상들", 그리고 신학의 대상으로서의 "영원하고 부동적이고 분리 가능한 어떤 것"(아리스토텔레스, 《형이상학》, 1026a)을 의미한다.

47 같은 곳. 11권 7장에서도 아리스토텔레스는 이렇게 쓴다. 제작술 및 실천적 학문에 비해 "이론적인 학문들의 부류가 가장 뛰어나지만, 이들 가운데서는 마지막에 언급된 것[신학]이 가장 뛰어나다. 왜냐하면 그것은 있는 것들 가운데 가장 고귀한 것을 다루는데, 각 학문은 그에 고유한 인식 대상에 따라 그 우열이 갈리기 때문이다"(같은 책, 1064b).

적 형상', 그리고 '신'은 모든 시간에 대해 동일한 방식으로 존재하며 지금 있는 그 방식과 결코 달라질 수 없다. 즉 관조적 학문의 대상들은 생성, 소멸, 변화, 운동의 지평으로서의 시간을 넘어서 있고 그렇기 때문에 필연의 방식, 영원의 방식으로 존재한다. 따라서 이 학문들이야말로 가장 고귀한 것이 아닐 수 없다. 아리스토텔레스는 제작술과 실천적 학문을 에피스테메의 일종으로 간주하며 현대적인 의미의 학문 이원론의 초석을 다진 사람이지만, 동시에 제작술, 실천적 학문에 대한 관조적 학문의, 그리고 자연학, 수학에 대한 신학의 우위를 인정한 '이론가'이자 '형이상학자'이기도 하다. 그렇기 때문에 에피스테메에 대한 아리스토텔레스의 사유 역시 근본적으로는 앎의 보편성과 통일성이라는 이상에 지배되고 있고 그런 의미에서 이 사람 역시 이른바 과학 정신의 그리스적 진원지로 간주되어야 한다. 그는 파르메니데스, 플라톤과 함께 우연적 시간을 넘어 영원에로의 사유의 길을 걸으며 필연적인 에피스테메를 추구했고, 따라서 근본적으로는 **운동의 정지**, **시간의 제거**라는 실체형이상학의 정신을 함께하기 때문이다.

이는 학적 인식, 에피스테메에 대한 아리스토텔레스의 정의를 검토하면 분명히 드러난다. 그는 《분석론 후서》의 한 곳에서 에피스테메의 본질적 특징을 두 가지로 제시하고 있다.

> 우리는 사물을 우연적인 방식으로만 아는 소피스트들과는 달리, 사물에 대한 제한되지 않는 지식을 가지고 있다고 생각한다. 우리가 어떤 사태가 의존하고 있는 **원인**을 알 때—그리고 이것을 다른 어떤 사태의 원인이 아니라, 그 사태의 원인으로 알 때—, 그리고 나아가서 이 사태가

지금의 상태와 **달리 될 수 없다**는 사실을 알 때 그렇다.[48]

여기에는 에피스테메가 갖춰야 할 두 가지 조건이 적시되어 있다. 에피스테메는 우선은 원인에 대한 앎이어야 하고, 다음으로는 '달라질 수 없는', 즉 '필연적' 사태에 대한 앎이어야 한다. 이제 이 두 가지를 검토해 보자. 첫째 에피스테메를 추구하는 자는 사물의 상태, '어떻게?'가 아니라, 그 원인, '왜?'를 알아야 한다. 그렇다면 유용한 도구를 제작하는 기술 또는 실천적 지혜를 갖고 잘 판단하고 행위하는 일은 에피스테메의 첫째 조건을 충족시킬 수 없다. 왜냐하면 제작이나 행위는 모두 어떻게 하면 잘 만들고, 잘 행하는가의 문제만을 다루지 왜 그런지는 묻지 않기 때문이다. 둘째 요건, '필연적 사태에 대한 지식'이라는 조건을 생각하면 문제는 더욱 복잡해진다. 기술적 제작의 결과물은 필연적으로 있어야 하는 것도 아니고 필연적으로 지금 있는 그 상태로 있어야 하는 것도 아니다. 실천적 행위 또한 선택과 실행이 이루어지는 상황에 따라 가변적이어서 결코 달라질 수 없는 것이 아니다. 그런데 아리스토텔레스는 에피스테메가 필연적 사태, 달라질 수 없는 사태에 대한 것이라고 말한다. 그렇다면 이 엄격한 조건을 충족시키는 에피스테메는 무엇이고, 그 에피스테메가 얻어질 수 있는 조건은 무엇인가? 이 물음에 답하기 위해 일단 왜 필연적인 것은 달리 될 수 없고, 또 달리 될 수 없음은 구체적으로 무엇을 의미하는지에 대해 생각해 보자. 통상 양상 논리적으로 필연성은 현실성과 가능성의 통일로 여겨진다. 모든 가능성이 현실화되어 더 이상 실현될 가능성이 없을 때, 그때 세계의 상태는 필연적

48 Aristoteles, *Organon, Posterior Analytics*, trans. by J. Barnes, Oxford University Press, 1993, 71b(강조는 필자); 아리스토텔레스, 《형이상학》, 981b, 982b 참조.

이어서 달리될 수 없다. 왜냐하면 가능성이 실현될 때 세계는 다른 것으로 되는데, 더 이상 현실화될 가능성이 없다면 세계가 달라질 여지도 없기 때문이다. 이 '달라질 여지'가 바로 시간 안에서 운동의 여지를 의미하며, 따라서 '달리될 수 없음으로서의 필연성'은 이 여지가 사라짐, 즉 시간의 정지, 운동의 종식을 의미한다. 이 문제를 이해하기 위해 우리는 잠깐 운동의 문제에 대해 생각해야 한다.

아리스토텔레스는 운동kinesis을 "단지 가능태로 현존하는 것의 현실화"[49]로, 즉 디나미스dynamis를 에네르게이아energeia로 바꾸는 과정으로 규정한다. 우리는 다만 가능적으로만 허용되던 존재 상태를 현실화하면서, 우리가 아니던 것으로 된다. 이것이 운동이다. 예를 들어 대입 수험생은 현실적인 입시생이자 가능적인 대학생이다. 입학시험을 성공적으로 치르면서 그는 대학생이라는 가능성을 현실성으로 바꾼다. 그는 운동했고 그가 아니던 대학생으로 되었다. 운동은 이렇게 가능성을 현실화하면서 아직 아닌 어떤 것(가능성)으로 되어 가는 과정을 의미한다. 물론 대학생에게도 여러 가능적 실존이 주어져 있고, 그는 그중 어떤 것들을 현실화하면서 지금과는 다른 사람으로 변해 갈 것이다. 이것이 바로 운동, 운동에 따른 달라짐이다. 시간 안에 놓여 있는 모든 존재자는 이렇게 쉬지 않고 운동하면서, 가능성을 현실화하면서 지금과는 다른 것으로 변하고 있다. 이제 이 운동과 정반대의 상태가 어떤 것일지를 한번 상상해 보자. 그것은 단적인 정지stasis다. 언제, 어떻게 정지라는 존재 상태가 나타나는가? 정지란 운동의 부정이므로, 가능성의 현실화가 더 이상 이루어질 수 없을 때 나타난다. 그러므로 정지란 모든

---

49 Aristoteles, *Physik*, 201a.

가능성이 현실화되어, 가능성과 현실성이 단적으로 통일된 상태를 의미한다. 이때에는 어떤 가능적인 것도 남아 있지 않으므로, 가능성을 현실성으로 바꾸는 운동은 더 이상 일어날 수 없다. 모든 것은 멈춰 있고, 어떤 변화도 없으며, 지금 있는 그대로의 상태는 결코 달리 될 수 없다. 이 '달리 될 수 없음'이 바로 필연성의 의미이다. 말하자면 이것은 시간 안에서 발생하는 모든 운동의 계열, 운동의 원인, 그 원인으로서의 운동의 원인, 그 원인의 상위의 원인을 다시 물어 가는 운동의 계열의 끝에서만 비로소 도달할 수 있는 존재 상태다. 이 계열의 끝에는 운동의 단적인 부정, 달리 될 수 없는 것, 필연의 방식으로 존재하는 어떤 것이 서 있을 것이다. 이 존재자는 운동의 계열의 **끝**이므로 스스로는 '운동하지 않는 자'일 것이다. 그가 운동한다면, 그것은 그가 아직도 계열의 끝에 이르지 못했다는 사실을 의미할 것이기 때문이다. 또한 이 존재자는 그 반대의 계열, 어떤 원인으로 말미암아 최초의 운동이 그 결과로 산출되고, 다시 그 결과가 원인이 되어 제2의 운동이 산출되는 계열의 **시작**이기에, 그는 모든 운동의 원인, '모든 것을 운동하게 하는 자'이다. 이 존재자를 아리스토텔레스는 '스스로는 운동하지 않으면서 모든 것을 운동하게 하는 자', '부동의 동자'라 부른다.

> 운동하면서 운동을 낳는 것은 중간자이기 때문에 (…) 결국 운동하지 않으면서 운동을 낳는 어떤 것, 영원하고 실체이며 현실적인 것이 있다. (…) 그런데 어떤 것이 운동한다면, 그것은 달리 있을 수 있다. (…) 그러나 운동을 낳지만 그 자신은 운동하지 않고 현실적인 활동 가운데 있는 것이 있다면, 그것은 어떤 방식으로도 달리 있을 수 없다. (…) 그것은 필연적으로 있는 것이며, 필연적인 한에서 그것은 좋은 상태에 있으며,

그런 뜻에서 원리다.[50]

운동의 계열의 중간 그 어디에 서 있는 것도 하위의 운동의 원인이며 동시에 상위의 운동의 결과다. 그것은 여전히 운동하는 것이고 그런 한에서 달라질 수 있는 것이고 따라서 필연적인 것은 아니다. 오로지 운동의 계열의 끝, 달라짐의 단적인 끝에 필연의 방식으로 존재하는 따라서 결코 달라질 수 없는 것이 서 있다. 바로 이것이 신이고 이 신을 관조하는 것이 학적 인식이고, 인간이 가질 수 있는 최상의 인식이다.

사유 활동 자체는 그 자체로서 가장 좋은 것과 관계하며, 가장 좋은 것은 가장 좋은 것과 관계한다. 그런데 지성은 사유 대상을 포착함으로써 자기 자신을 사유하는데, 그 까닭은 지성은 대상과 접촉하고 사유하는 가운데 사유 대상이 되고, 결과적으로 지성과 사유 대상은 동일한 것이 되기 때문이다. 왜냐하면 사유 대상, 즉 실체를 수용하는 능력이 지성이요, 그것은 사유 대상을 소유함으로써 현실적으로 활동하기 때문이다. 따라서 수용 능력보다는 소유가 지성이 가진 것으로 여겨지는 신적인 것이며, 이론적 활동은 가장 즐겁고 좋은 것이다. 그런데 만일 우리가 한순간 누리는 좋은 상태를 신이 항상 누리고 있다면, 이는 놀라운 일이요, 그 정도가 더하다면, 더욱 놀라운 일이다. 하지만 실제로 그렇다. 그리고 신에게는 삶이 속하는데, 그 까닭은 지성의 현실적인 활동은 삶이요, 그 현실적인 활동이 바로 신이기 때문이다. 현실적인 활동은 그 자체로서 신에게 속한 것으로서 가장 좋고 영원한 삶이다. 우리는 신이 영

50 아리스토텔레스, 《형이상학》, 1072a-b.

원하고 가장 좋은 생명체이며, 그래서 끊임없이 영원한 삶이 신에게 속한다고 말하는데, 신은 바로 그런 것이기 때문이다.[51]

여기서 '영원'은 곧 생성, 소멸, 변화, 운동을 넘어선 존재자, 신을 위한 시간으로 서술되어 있다. 그러나 영원을 단지 신의 시간이 무한히 연속된다는 선형적인 표상만을 가지고 이해해서는 곤란하다. 영원은 선이 아니라 점이다. 신의 시간은 '순간'이고 '지금'이다. 왜냐하면 지금이라는 순간에서만 영원의 반대, 한정된 시간이 극복되기 때문이다. 영원이란 '지금의 영원한 지속'이다. 그리고 지금이 영원하기 위해서 선의 흐름은 멈춰야 하고 흐르는 선은 점 안에 고정되어야 한다. 이렇게 해서 '신의 영원한 시간'을 추구하는 자는 '인간들의 흐르는 시간'을 넘어서야 하고, 이를 위해 시간의 정지를 요청하지 않으면 안 된다.

영원 자체는 결코 시간적인 계기가 아니다. 왜냐하면 시간 안에 존재하는 어떤 것도 영원의 방식으로 있지는 않고, 다만 시간의 흐름에 따라 생성, 소멸, 변화, 운동하기 때문이다. 영원의 방식이 가능하기 위해서는 운동이 종식되어야 하고, 그러기 위해서는 시간이 부정되어야 한다. 이렇게 시간의 흐름이 멈출 때 이른바 지금이라는 시간, '영원한 지금'이 가능해진다. 그리고 오직 이 시간 안에서만 영원한 존재자는 달리 있을 수 없는 필연의 방식으로 존재할 수 있다. 분명해진 것은《분석론 후서》에서 아리스토텔레스가 제시했던 에피스테메의 두 조건(원인에 대한 앎, 달리 될 수 없는 사태에 대한 앎)을 충족시키는 것은 넓게 보아도 세 가지의 관조적 학문뿐이며, 엄격히 보면 그중에서도 신학뿐이라는

51 같은 책, 1072b.

것이다. 말의 본래적인 의미에서 '달리 있을 수 없는' 존재자, '필연의 방식으로 있는 자'는 신뿐이기 때문이다. 이것은 물론 앞서 논의된 아리스토텔레스의 에피스테메의 분류 자체를 부정해야 할 이유는 아니지만, 최소한 참된 에피스테메의 본성을 사유하고 있는 아리스토텔레스를 지배하고 있는 것은—파르메니데스와 플라톤의 경우와 마찬가지로—생성과 존재의, 그리고 운동과 정지의 이분법이라는 사실을 승인해야 할 필요성은 시사하고 있다. 이 관점에서 보면 에피스테메의 대상에 대한 다음 진술은 특히 음미할 가치가 있다.

> 학적 인식의 대상은 필연적이며, 따라서 그것은 영원한 것이다. 무릇 무조건적인 의미에서 필연적인 것은 모두 영원한 것이기 때문이다. 그리고 영원한 것들은 생성되거나 소멸되는 것이 아니다.[52]

신은 영원의 방식으로 존재한다. 그리고 이 존재 방식의 구체적 내용은 달리될 수 없음, 필연성이고, 이는 다시 생성, 소멸, 변화의 중단, 운동의 종식을 뜻한다. 그리고 이 모든 것들의 궁극의 의미는 **시간의 정지**다. 바로 이것을 아리스토텔레스는 신의 존재 방식, 영원이라 표현하고 있는 것이다.

지금까지의 논의를 통해 분명해진 것은 진리의 길을 걷는 파르메니데스, 독사와는 다른 에피스테메의 본성을 사유하는 플라톤, 에피스테메가 충족시켜야 할 두 조건을 궁리하는 아리스토텔레스는 모두 **생성**, **소멸**, **변화**, **운동의 종식**, 즉 **시간의 정지**를 추구하고 있다는 점이다.

52 아리스토텔레스, 《니코마코스 윤리학》, 1139b.

모름지기 참된 앎이란 시간 안에서 생성, 소멸, 변화, 운동하는 것에 대한 앎이 아니라, 시간을 넘어서 있는, 영원의 지평에 존재하는 것에 대한 앎이어야 한다. 그래야만 에피스테메는 초시간적, 무시간적 타당성을 가질 수 있기 때문이다. 이것이 인류 최초의 '에피스테몰로지', 파르메니데스, 플라톤, 아리스토텔레스가 펼쳤던, '에피스테메에 대한 로고스'로서의 인식론이 취했던 근본 입장이다. 그 핵심은 **시간의 정지**다. 앎은 오로지 시간이 정지된 지평에서만 얻어질 수 있다. 앎을 추구하는 자는 시간을 넘어서야 한다. 바로 이것이 에피스테메를 추구하던 그리스인들을 인도했던 정신이었고, 이후의 학문의 역사 자체를 이끌어 간 정신이다. 근대 과학을 고무하고 주도한 정신도 물론 여기서 발원했다. 시원의 형이상학자들은 이렇게 말했다. **시간을 정지**시키고, **영원의 방식**으로 **사유**하라! 그때 **달리 될 수 없는 필연적 타당성**이 얻어진다. 이 형이상학의 정신이 데카르트와 근대 과학에 이르면 다음과 같이 번역된다. **이 시간**에는 이렇고 **저 시간**에서는 저런 **우연적 속성**을 배제하고, **모든 시간**에 대해 타당한 본질과 실체만을 탐구하라. 그러면 이른바 과학적 **인식의 확실성**, **보편타당성**이 얻어진다. 적어도 이 문제에 관한 한 그리스 형이상학과 근대 과학의 사유 방식은 같다. 두 학문적 전통은 모두 시간을 넘어 참된 존재에 도달하고자 했고, 그 존재에 대해 초시간적으로 타당한 앎을 추구했다. 그리스 형이상학과 근대 과학은 모두 '존재'와 '존재에 대한 인식'을 '시간'으로부터 분리하고 있다. 참된 존재에 대한 참된 앎을 추구해 온 인류의 학문사는 그 근본에 있어 **존재와 시간의 분리**의 역사였다. 시간은 모름지기 생성, 소멸, 변화, 운동하는 **것들**, 즉 존재**자들**의 지평이라고 믿었기에, 존재자가 아닌 존재는 시간을 넘어서야 한다고 생각한 것이다. 이것이 제5장의 마지막 주제이다. **시간으로**

부터 존재와 인식의 분리.

5.2 존재와 시간의 분리

과학은 시간 안에 있는 존재자들을 시간 저 너머의 형상적 질서에 비추어 탐구한다. 경험적 현상들은 초경험적 법칙성에 환원되어 설명된다. 그러나 누구도 과학자에게 '당신은 경험과학자인데 왜 경험과 시간의 한계를 넘어 초경험적, 무시간적 법칙성을 추구하느냐?'고 묻지 않는다. '보편타당한 인식을 위해서!'라는 준비된 답변이 가능한 모든 물음에 대한 면죄부를 주기 때문이다. 무엇이 이 면죄부를 정당화시켜 주는 것일까? 왜 사람들은 '왜 보편타당한 인식인가?'라는 물음은 던지지 않는가? 아무도 이 물음에 답할 수 없는데, 누구도 이 물음을 던지지 않는다. 이 특이한 사태는 보편타당한 인식의 추구를 정당화시켜 주는 전통, 고대 그리스에서 일어났던 '존재와 시간의 분리'라는 경험을 시원으로 하여 이후의 학문사 전체를 지배해 온, 통일성의 추구라는 전통의 지배, 심지어 자신의 정당성에 대한 물음의 제기 자체도 금지시킬 정도로 자명한 전통의 지배를 증거하고 있다.

> 여기서 지배적이 된 전통은 스스로가 '넘겨주는 것'을 우선 대개 접근조차 할 수 없게 만들어 은폐시킨다. 전통은 전수된 것을 자명성에 건네주고, 전수된 범주들과 개념들이 (…) 거기에서 발원한 근원적인 '원천'에로의 통로까지 막아 버린다. 전통은 이 같은 유래 자체까지도 도대체 망각 속에 묻어 버린다.[53]

오늘날 보편타당한 인식을 추구하는 과학자들은 다만 추구하고 있을 뿐, 이 추구 자체의 근거와 정당성에 대한 어떤 물음도 던지지 않는다. 그들은 자신들의 추구의 정신사적 근원이 무엇인지를 묻지 않으며, 도대체 이 추구가 특정 근원에서 유래했다는 사실조차 인지하지 못하고 있다. 이들은 전통 **안**에 머무르고 있고, 그 안에 머무르는 한에서 전통 자체는 물음과 반성의 대상이 되지 않는다. 물론 과학자에게는 새삼 자명한 전통의 근원에 대한 물음을 던져야 할 이유가 없을 것이다. 그들은 전통 안에서 과학만 하면 되기 때문이다. 그러나 철학의 관점에서 보면 전통의 자명성이 이 물음을 제기할 필요를 지양하기는커녕 오히려 물음의 제기를 더욱 시급하게 요구할 이유가 된다. 왜냐하면 과학에 대한 철학의 성찰은 과학이 그 '근원'에 있어 무엇인지를 밝혀야 하기 때문이다. 과학은 전통이 없는 것도 근원이 없는 것도 아니다. 과학 역시 하나의 인간적 기획이고 작업인 한에서, 과학은 "그것이 이미 어떻게 있어 왔고 '무엇'으로 있어 왔는지"[54]의 것 이상일 수는 없기 때문이다. 역사적 존재자로서의 인간이 하는 과학이 무엇인지는 과학의 근원과 역사만이 말해 줄 수 있다. 그 근원에서 출발해서 지금의 과학을 형성해 온 과정이 바로 그 역사이기 때문이다. 그러므로 과학의 '무엇?'이라는 물음에 답하기 위해 우리는 과학의 "출생증명서"를 발급받아 과학의 유래와 원천을 확인해야 한다. 하이데거는 이 같은 작업을 "해체 Destruktion"라 부른다. 이것은 "경직된 전통을 풀어 헤치고 전통에 의해 시간화된 은폐[의 계기]들을 떼어 내는 일, (…) 시원의 그리고 그 후 주도적이었던 존재 규정들을 제공했던 근원적인 [존재와 시간의 분리라는]

53 M. Heidegger, *Sein und Zeit*, 21.

54 *Ibid.*, 20.

경험 위에 서 있는 고대 존재론의 전수된 본령에 대한 해체"의 과제이다. 물론 여기서 하이데거가 기획했던 존재론적 해체의 과제를 온전히 수행할 수는 없고 그럴 필요도 없다. 우리는 다만 과학적 추구를 자명한 것으로 만들어 그 근원을 은폐하고 있는 전통의 자명성을 거슬러 과학의 근원으로 되돌아가고, 거기서 오늘날의 과학이 자명한 것으로 여기고 있는 과학적 지식의 객관성, 확실성, 보편타당성 등의 개념이 고대 그리스 존재론의 존재와 인식의 규정에서 유래했음을 확인하는 것으로 만족해야 할 것이다. 물론 이 같은 작업은 하이데거의 해체의 기획이 그러했던 것과 꼭 마찬가지로 결코 "부정적인 의미를 갖지 않는다".[55] 나는 과학 자체를 해체할 생각은 없다. 그러나 과학의 근원을 확인하여, 과학 시대에 유포되어 있는, 과학에 대한 그릇된 선입견만큼은 해체해야 한다.

잘 알려진 대로 하이데거에 의하면 존재의 의미는 '시간성'이다. 그런데 존재론의 전 역사를 통해 이 존재의 의미는 줄곧 망각 속에 파묻혀 있었다. 존재의 의미가 시간성으로부터 규정된 적은 단 한 번도 없었고, 존재론의 역사 전체를 통해 존재는 시간과는 다른 어떤 것으로 사유되어 왔다. 왜냐하면 서양의 존재론은 시간을 '존재가 아닌 존재자들이 생성하고 운동하는 장소'로 보았기 때문이다. 예를 들어 플라톤의 좋음의 이데아(태양)는 생성하는 모든 것들을 생성하게 해 주면서 스스로는 생성하는 것이 아니고, 따라서 스스로는 생성의 지평으로서의 시간의 저편에 존재한다. 마찬가지로 아리스토텔레스의 부동의 동자도 운동하는 모든 것들을 운동하게 해 주면서 스스로는 운동하지 않고, 따라서

55 *Ibid.*, 22.

스스로는 운동의 지평으로서의 시간의 피안에, 영원의 방식으로 존재하고 있다. 생성과 운동의 궁극의 원인을 추구하던 그리스인들은 이런 식으로 시간을 넘어가 버렸고, '존재'와 '존재에 대한 인식'을 시간의 배후에 위치시켰다.

> 해체는 고대 존재론의 토대를 존재시성의 문제 틀의 빛 안에서 해석해야 한다는 과제에 직면해 있다. 여기서 분명해지는 것은 존재자의 존재에 대한 고대의 해석이 '세계' 내지 가장 넓은 의미의 '자연'에 방향을 잡고 있다는 점, 그리고 이 해석이 존재 이해를 실제로 '시간'으로부터 얻는다는 점이다. 이에 대한 외적 증거는—물론 **오로지** 이것 하나뿐인데—존재의 의미가 파루시아(임재)parousia 내지 우시아(현존)ousia로 규정되었다는 점이다. 이는 존재론적-존재시적으로 '현존성Anwesenheit'을 의미한다. 자신의 존재에 있어 존재자는 '현존성'으로 파악되었다. 즉 존재자는 한 특정한 시간 양상, '**현재***Gegenwart*'와 관련해서 이해되었다.[56]

여기서 하이데거는 그리스 존재론의 근본 특성으로 두 가지를 제시하고 있다. 그 하나는 이 존재론이 자연을 향하고 있다는 것이고, 다른 하나는 이 존재론의 존재 규정이 실제로 시간과 관련을 가지고 있다는 것이다. 이것은 설명을 요한다. 미묘하게 은폐되어 있는 중대한 철학적 결단이 부각되어야 하기 때문이다.

우선 그리스 존재론이 향하고 있던 자연은 시간 안에서 생성, 소멸

56 *Ibid.*, 25.

하는 직접적인 현실성이 아니라 데미우르고스가 기하학적으로 창조했던 자연, 질서 잡힌 코스모스임을 분명히 해야 한다. 이 질서는 시간 안에 놓여 있는 것이 아니라, 시간적으로 진행되는 세계를 시간의 배후에서 지배하는 법칙이다. 그러므로 그리스 존재론이 궁극적으로 향하고 있던 것은 실은 '시간 안의 자연'이 아니라 '시간의 배후에 있는 자연'이다. 그리스인들은 자연을 향하면서 이미 시간을 넘어섰다.[57] 다음으로 설명되어야 할 것은 그리스 존재론이 존재 이해를 얻어 왔다는 그 시간이 어떤 시간인지의 문제이다. 우리의 앞선 논의는 그리스 존재론이 운동과 생성이 삭제된, 시간이 정지된 지평을 추구했고 그런 의미에서 존재와 진리를 시간으로부터 분리해서 사유했다고 했는데, 이것은 그리스 존재론이 시간을 전혀 고려하지 않았다는 뜻은 아니다. 이들의 존재 규정은 분명 '어떤' 시간으로부터 비롯되었다. 그 시간은 아리스토텔레스가 '영원'이라 불렀던 시간, '절대적 지금', '현재'다. 그리고 오로지 이 현재라는 시간 안에만 있는 것이 바로 그리스적 존재, '우시아'이다. 이 개념을 중세인들은 '프레젠타티오praesentatio'로 옮겼고 독일 사람들은 '안베젠하이트Anwesenheit'로 번역한다.[58] 우리말로는 '현존성現

---

57 이미 언급했듯이 바로 이것이 아리스토텔레스가 자연을 부정했다고 비판했던 파르메니데스의 《자연에 관하여》라는 책 제목의 의미이다(5.1.1의 종결부 참조).

58 그리스어 '우시아', 독일어 '안베젠하이트'는 모두 원래는 '땅, 토지'를 의미한다. '땅'을 의미하는 독일어의 다른 단어, '그룬트Grund'는 동시에 '근거'를 뜻한다. 이 모든 말들에 공통의 뉘앙스가 있다. 땅은 근거로 시간의 흐름에도 변함이 없는데, 땅을 근거로 삼아 그 위에 세워진 모든 것(나무, 집, 돌 등등)은 시간의 흐름에 따라 생성, 소멸, 변화, 운동한다. 근거지어진 모든 것은 시간의 흐름, 그 흐름에 따른 변화에 내맡겨져 있는데, 근거로서의 땅은 시간의 흐름에도 늘 현재의 방식으로 자신의 동일성을 유지하고 있다. 철학의 언어로 전자를 존재

存性' 또는 '현전성現前性'이다. 모두 같은 것을 의미한다. '현재 있음' 또는 '현재 앞에 있음'. 그러므로 존재란 과거에서 현재를 거쳐 미래로 흘러가는 시간 안에 있는 것이 아니다. 그런 것은 생성하는 존재자일 뿐이다. 존재는 존재자가 아니기에 흐르는 시간이 아니라 '멈춘 시간', '지금'을 자신의 존재 지평으로 갖는다. 존재는 오로지 현재의 방식으로만 있다. 이렇게 존재를 '현재 존재하는 것'으로 사유하면서 물어지고 있는 것은 과거에 어떠했는가 하는 생성의 기원도 아니고 미래에 어떠할지의 변화의 방향도 아니다. 지금 앞에 있다는 것 그리고 늘 그렇게 있다는 것, 따라서 지금 있음에서 어떤 변화와 운동도 나타나지 않는다는 것이 바로 그리스적 실체, 우시아의 본질이다. 그리스인들에게 존재 이해를 제공한 시간 계기는 과거도 미래도 아니고, 과거에서 미래로 이어지는 시간의 흐름도 아니고, 오직 '현재'라는 **멈춰 선** 시간일 뿐이다. 바로 이것이 앞서 하이데거가 "전통에 의해 시간화된 은폐"를 말할 때 의미했던 것이다. 그리스 존재론은 현재라는 시간 계기에 근거하면서 마치 존재를 시간으로부터 사유하는 듯한 가상을 만들어 내지만, 현재라는 시간이 실재의 흐르는 시간을 정지시킬 때에만 만날 수 있는 무시간적, 이념적 시간 계기에 불과하므로, 이것은 시간화된 은폐이고, 이 존재론은 '시간도 아닌 시간으로 존재와 시간의 분리를 은폐했다'는 뜻이다. 즉 우시아의 존재론은 존재를 현재라는 비시간적 시간 계기로부터 파악하면서 존재를 시간으로부터 분리했다. 이 현재라는 특이한 시간 계기는 과거에서 현재를 거쳐 미래로 흐르는 실재의 시간을 이념적으로 고정시킬 때, 비로소 그리고 추상적으로만 사유할 수 있는 시간 계

자라 부르고 후자를 존재자의 근거로서의 존재라 부른다. 그리고 이 변치 않는 존재에 대한 한결같은 인식이 에피스테메다.

기이기 때문이다. 동기는 물론 이해할 수 있다. 존재를 과거와 미래라는 시간 계기로부터 파악하면 그 존재는 이미 시간 안에 있는 것이고, 따라서 변화와 생성의 논리에 자신을 내맡기게 되는데, 그렇게 가변적인 것은 그리스인들이 생각에 결코 존재가 아니라, 존재자, 헛된 현상에 불과하기 때문이다. 그래서 시원의 존재론자들은 존재를 오직 현재로부터 이해했다. 이렇게 이해된 존재는 당연한 결과이지만 시간의 흐름 안에 존재하는 것이 아니라, 항상 멈춘 시간, 현재의 방식으로 존재한다. 그리고 이 존재에게는 생성, 소멸, 변화, 운동이 있을 수 없다. 이 모든 것을 가능하게 하는 지평으로서의 시간이 이미 정지되었기 때문이다. 흐르는 시간을 정지시키고, 그 고정된 현재로부터 이해된 존재는 시간적으로 이해된 존재가 아니라, 오히려 무시간적으로 이해된 존재다. 이것이 시원의 형이상학에서 일어났던 **존재와 시간의 근원적 분리**다.

존재가 현재로부터 규정되면서 존재에 대한 인식도 현재화하는 구조를 갖게 된다. 인식은 당연히 존재를 반영해야 하기 때문이다. 즉 존재가 시간으로부터 분리됨에 따라 인식도 시간으로부터 분리된다.

> 레게인 자체 내지 노에인은—이것은 뭔가 눈앞에 있는 것을 그 순수한 눈앞에 있음에서 단적으로 받아들임이다. 이미 **파르메니데스**가 이것을 존재 해석의 실마리로 취한 바 있다—무언가를 순수하게 '현재화함'이라는 존재시적 구조를 가지고 있다. 이에 따라, 이렇게 현재화하며 레게인 내지 노에인에게 자기를 보여 주는 존재자, 즉 본래적인 존재자로 이해되는 존재자는 '현재'[59]와 관련하여 해석된다. 즉 그 존재자는 현존성

59 '현재Gegenwart'를 의미하는 독일어 단어는 '대항하여', '직면하여', '마주' 등을 의미하는 'gegen'과 '보다'를 의미하는 'wart'의 합성어이다. 그러므로 이 말

(우시아)으로 파악된다.[60]

이 구절에는 항상 현재의 방식으로 있는 존재에 대한 레게인legein(말함)과 노에인noein(사유함)이 어떤 것이어야 하는지에 대한 설명이 들어 있다. 물론 그 근저에는 말과 사유는 존재에 일치해야 한다는 그리스적 관점이 놓여 있다. 그리스인들은 이미 지성과—말이건 사유건—사물의 일치adaquatio intellectus ad rem로서의 진리 개념을 가지고 있었기 때문이다. 우리는 있는 것이 있는 그대로 말하고 사유할 때 참을 말하고 사유하는 것이다.[61] 즉 '항상 현재의 방식으로 있는 존재'를 '항상 현재의 방식으로 말과 사유로 이끌어 올' 때 우리는 존재에 대한 진리를 가질 수 있다. 이것이 시간으로부터 분리된 존재 개념에 입각하고 있는 그리스적 말과 사유의 개념이고 또한 진리의 개념이다. 이제 '항상 현재의 방식으로 타당한' 진리의 관점에서 말과 사유가 어떻게 시간의 지평을 떠났는지를 살펴보기로 하자.

레게인은 '말하다'이다. 그리스인들에게 말한다는 것은 항상 '무엇에 대해' 말한다는 것이다. 그래서 플라톤의 모든 대화편도 소크라테스와 그의 대화 상대자가 나누는 '무엇'에 **대한** 대화다. 이른바 묻고 답하는 기술로서의 변증법dialektike[62]은 말을 통해 서로의 사유 안으로 '뚫고 들어가며dia', '서로 묻고 답하는 말legesthai을 통해' 논의되고 있는 주제

의 존재론적 의미도 '마주 대함', '지금 내 눈앞에 세움', 즉 '현전' 내지 '현존'이다. 이렇게 존재자를 현존하고 있는 존재자로 기술하고 받아들이는 것이 바로 레게인, 노에인이다.

60 M. Heidegger, *Sein und Zeit*, 25f.

61 아리스토텔레스, 《형이상학》, 1051a-b 참조.

62 플라톤, 《크라튈로스》, 390c; 《국가》, 531a; 《파이돈》, 75d, 78d 참조.

의 참에 다가가는 길이다. 그러므로 말은 무엇보다 말에서 말해지고 있는 것을 보여 줄 수 있어야 한다. 이렇게 존재를 보여 주는 말을 그리스인들은 로고스 아포판티코스logos apophantikos라 불렀다. 이것은 문장인데, 그 유일한 의미는 아포파이네스타이apophainesthai, 말해지고 있는 대상을 보여 줌이다. 이런 관점에서 하이데거도 그리스적 로고스의 일차적인 의미를 "제시하는 보여 줌",[63] "말 안에서 논의의 대상이 되고 있는 것을 드러냄"[64]이라 지적한 바 있다. 즉 말은—이것이 무엇에 대한 말인 한—말이 말하고 있는 그 무엇을 있는 그대로 보여 주어야 한다. 이런 맥락에서 가다머도 그리스적 로고스를 다음과 같이 규정한다.

> 판단[로고스 아포판티코스]은 오로지 존재자를 있는 그대로 보여 준다는 사실에 입각해서만 재단될 수 있다. (…) 말 또는 말 속에서 말하는 지성은 오로지 존재하는 것이 말을 통해 있는 그대로 표현되게끔, 그래서 말이 사물을 있는 그대로 보여 줄 수 있도록 한다는 데 방향 잡고 있다.[65]

말의 우선적인 의미는 말이 말하고 있는 존재를 있는 그대로 제시함이다. 그래서 아리스토텔레스는 로고스란 "이름onoma들의 결합인데, 그것도 뭔가를 제시하며 보여 주는 결합"[66]이라고 했다. 로고스는 바로 이 이름들의 결합으로서 진리의 처소로 인정받게 된다. 왜냐하면 로고스의 보여 줌은 단순한 보여 줌이 아니라, 보여 줌이 검증되거나 반증

63 M. Heidegger, *Sein und Zeit*, 33.

64 *Ibid.*, 32.

65 H.-G. Gadamer, *Gesammelte Werke*, Bd. II, 47.

66 Aristoteles, *De interpretatione. Lehre vom Satz*, übersetzt von E. Rolfes, Hamburg 1974, 16b.

될 수 있는 한에서의, 즉 보여 주는 말이 진리치를 가질 수 있는 한에서의 보여 줌이기 때문이다.[67] 사물이 실제 있는 그대로 제시하는 로고스는 참이고, 그렇지 않은 로고스는 거짓이다. 로고스의 진리 여부를 결정짓는 유일한 기준은 사태와의 일치다. 이 조건이 충족되는 한 로고스는 누가 말하건, 누구에게 말해지건 상관없이 초개인적 진리를 갖는다. 바로 이런 맥락에서 소크라테스는 진리를 듣기만 한다면 누구에게 듣건 개의치 않고 기꺼이 논박 당할 용의가 있다고 하였던 것이다.[68] 여기서 소크라테스를 논박하는 것은 물론 그의 대화 상대자가 아니고, 존재를 있는 그대로 보여 주는 말, 진리의 말이다. 바로 이것이 레게인, 로고스, 즉 그리스인들이 존재의 진리를 보여 주던 언어다. 이 언어의 유일한 과제는 존재를 있는 그대로의 상태로 드러내어 보여 주는 것이다. 바로 이것이 "레게인은 무언가를 순수하게 '현재화함'이라는 존재시적 구조를 가지고 있다"는 하이데거의 주장의 의미다. 즉 참된 말은 말해지고 있는 대상을 드러내어 보여 주어야 하는데, 그 대상을 과거의 '~이었던' 그러나 지금은 아닌 상태로 보여 주어도 안 되고, 미래의 '~될' 그러나 아직은 아닌 상태로 보여 주어도 안 된다. 말은 말해지고 있는 대상을 오직 **지금**과 **현재**에 고정시켜 보여 주어야, 즉 그 대상을 시간의 흐름에 따라 변하는 속성에서가 아니라 늘 현재의 방식으로 불변하는 실체성에서 보여 주어야 한다. 그것이 바로 '항상 현재의 방식으로 있는 존재'에 대한 '항상 현재의 방식으로 타당한 말', 진리의 말이다. 노에인의 경우도 마찬가지다. 이것은 인지함, 인지하며 받아들임인데, 물론 존재자를 '지금 눈앞'에 있는 그대로 받아들임이다. 그러므로 노에인도 레게

67 Cf. *ibid.*, 17a.

68 플라톤, 《고르기아스》, 458a, 461e-462a, 506c 참조.

인과 마찬가지로 현재화하는 구조를 가지며 '마주-대함'의 양식으로 진행되어야 한다. 즉 사유하는 자는 사유되는 것을 그 과거나 미래에 비추어 보면 안 된다. 또는, 같은 말이지만 이 대상에 과거에 속했던 또는 미래에 속하게 될 우연적 속성에 주목해서도 안 된다. 참된 방식으로 사유하는 자는 사유되는 대상을 영원한 현재에 고정시켜 늘 현재의 방식으로 관철되는 실체성에 입각해서 관찰해야 한다. 그래야만 항상 현재의 방식으로 있는 존재에 대해 항상 현재의 방식으로 참된 사유가 이루어지기 때문이다.

과학자들 역시 이처럼 '현재화하는 말함과 사유함'을 실천하고 있다. 예를 들어 잠시 전에 딱딱하던 얼음이 지금은 녹아 물이 되었고 잠시 후면 기화되어 기체가 된다고 하자. 이 현상에 대해 과학자가 할 수 있는 말과 사유는 무엇인가? 잠시 전에는 씹어 먹었지만, 지금은 마실 수 있고, 잠시 뒤에는 코로 마실 수 있다? 이 같은 말과 사유는 시간의 흐름에 따라 변화하는 상태에 주목한 것이므로 전혀 현재화하는 구조를 가진 것이 아니다. 과학자가 보편타당한 앎을 추구한다면, 그는 물에 속하는 가변적 속성들과 그 변화를 말하거나 사유해서는 안 되고, 시간의 흐름에 따른 이 모든 변화 과정을 '늘 현재의 방식으로' 지배하고 있는 실체의 관점에서 대상에 대해 말하고 사유해야 한다. 그때 과학자가 말하거나 사유할 수 있는 것은 다음뿐이다. 'H_2O라는 물체의 빙점은 0°고 기화점은 100°다.' 이것이 시간의 흐름에 지배되지 않는, 늘 현재의 방식으로 타당한 말이고 사유다. 그러므로 보편타당한 인식을 추구하는 과학자 역시 현재화시킴의 구조에 따라 말하고 사유한다고 보아야 한다. 그리고 이 현재화를 위해 과거와 미래를 외면하고, 과거에서 미래에로의 시간의 흐름을 정지시키고, 그 흐름 중에서만 관찰되는 변화와 운동도 제거한다. 시원의 그리스 존재론자들이 그러했듯, 과학자들도 시간을 제거하고 있다. 이 추상적 제거 과정을 통해 과학자가 비로소 얻게 되는 것이 바로 **과학적으로 규정된 물체**이고, **이 물체에 대한 보편타당한 지식**이다. 이 과정은—더 이상의 설명은 지루한 반복일 것으로 보이는데—시원의 형이상학자들이 존재를 시간으로부터 분리하던 과정과 결코 다른 것이 아니다.

고대 그리스인들은 '늘 현재의 방식으로 존재하는 우시아'와 이에 대해 '항상 현재의 방식으로 타당한 말과 사유', 이른바 '시간을 넘어선 진리'를 추구했다. 이 존재와 진리는 단 하나의 시간 안에만 있다. 그 시간이 바로 '존재의 시간으로서의 현재'다. 그러나 이 현재는 '과거와 미래의 사이에 놓인 우연적 시간' 또는 '시간의 흐름 중의 한 시간 계기로서의 현재'가 아니라, '과거에서 현재를 거쳐 미래를 향해 흐르는 시간 자체를 넘어선 현재', '항상 스스로를 현재로 관철시키고 있는 무시간적 시간'이다. 이것은 말하자면 **영원한 현재**이고 **절대적인 지금**이다. 그러나 절대적인 **지금**이란 도대체 어떤 시간인가? 일단 '지금'이라는 시간을 시간의 흐름 안에서 규정해 보자. 일견 지금이라는 시간은 유일하게 존재하는 시간으로 여겨질 수도 있다. 왜냐하면 과거는 "이미 지나가 버려서"[69] 더 이상 "존재하지 않는"[70] 시간이고, 미래는 "아직 오지 않아서"[71] 아직 "존재하지 않는" 시간이기 때문이다. '현재', 즉 '지금 있는 시간'은 '이미 있지 않은 과거'도 아니고 '아직 있지 않은 미래'도 아

69 Aristoteles, *Physik*, 217b.

70 *Ibid.*, 218a.

71 *Ibid.*, 217b.

니기에 유일하게 '있는' 시간처럼 보인다. 그러나 조금만 더 생각해 보면 분명 반대의 가능성이 있고, 일단 거기에 생각이 미치면 현재는 갑자기 매우 비실재적이고 추상적인 시간 계기로 드러난다. 왜냐하면 매번의 '지금'은 결코 지금에 머물러 있지 않고 "계속해서" 다음 순간의 지금에 의해 대체되어 버리기 때문이다. 즉 모든 지금은 '지금의 지금'과는 "다른" 다음의 지금으로 "바뀌어" 버리면서, 과거, 비존재의 시간 안으로 사라져 간다. 지금이란 말하자면 '이미 없는 시간(과거)'과 '아직 없는 시간(미래)' 사이의 "경계"에 불과할 뿐이지, 결코 그 자체 존재하는 것은 아니다. 지금이라는 시간은 "과거와 미래를 분할하는"[72] 추상적인 점, 시간이라는 선분 위에 찍혀진 기하학적 점에 지나지 않는다. 점은 그 기하학적 정의에 따라 위치만을 가질 뿐이지 어떤 크기도 갖지 않기에, 분할점으로서의 지금이라는 시간은 존재하는 것이 아니다. 또는 최소한 우리는 지금이 존재한다고 말할 수 없다. 우리가 그 말을 하는 순간, 말의 대상으로서의 지금은 이미 과거로 바뀌며 비존재의 영역 안으로 던져지기 때문이다. 바로 이런 의미에서 후에 헤겔은 '지금Jetzt'이란 "존재하지 않는 것"[73]이고 이에 대해서는 "가장 빈곤한"[74] 진리만이 가능할 뿐이라고 말한 바 있다.

그래서 영원이라는 실체의 시간을 추구했던 아리스토텔레스 자신도 시간은 각각의 지금이 매번 그 다음의 지금에 의해 추월당하는, 미래가 지금을 거쳐 쉬지 않고 과거로 바뀌는 연속적인 계열, 아직 오지 않은 시간이 지금을 거쳐 이미 없는 시간에로 향하는 일차원적이고 불가

72 *Ibid.*, 218a.

73 G. W. F. Hegel, *Phänomenologie des Geistes*, 81.

74 *Ibid.*, 79.

역적인 흐름이라고 생각한다. 이렇게 보면 실재하는 것은 멈춰 있는 시간이 아니라 시간의 흐름이고, 정지가 아니라 운동이고, 같음이 아니라 달라짐, 변화다. 적어도 우리가 지각할 수 있는 시간은 이 흐름, 무한한 교체의 연속으로서의 시간이지 낱낱의 시간 계기가 아니다. '과거'는 이미 사라져 더 이상 존재하지 않기에 지각될 수 없다. '미래'는 아직 오지 않았기에 역시 지각의 대상이 되지 않는다. '지금'도 우리가 지각하자마자, 과거로 바뀌어 버리기에 역시 지각에 의해 포착되지 않는다. 우리의 시간 경험은 각각의 시간 계기들이 아니라, 오로지 그 계기들로 구성된 하나의 **흐름**, 계기들의 **연속적인 교체**, **운동과 변화의 추이**만을 대상으로 할 뿐이다. 그래서 아리스토텔레스도 명시적으로, 시간이 그 자체 운동인 것은 아니지만, 운동과 변화가 없다면 시간은 존재하지 않고 그 경우 우리는 시간을 지각할 수도 없다고 썼다.

> 시간이 운동과 같은 것이 아님은 분명하다. (…) 그러나 다른 면에서 변화가 없다면 시간도 존재하지 않는다. 우리가 우리의 사유 안에서 어떤 변화도 수행하지 않았거나 또는 어떤 변화를 수행했다는 사실을 인지하지 못했다면, 우리에게 시간은 흘러가지 않은 것처럼 보일 것이다. (…) 시간이 흘러가지 않는다는 인상은, 우리가 어떤 변화도 파악하지 못하고 따라서 우리의 의식이 유일하고 직접적인 [지금에] 머무는 것처럼 보일 때이다. 그리고 또한 다른 면에서 변화를 지각하고, 명시적으로 규정할 수 있을 때, 우리는 '시간이 흘러간다'고 말한다. 이는 운동과 변화 없이는 시간도 없다는 사실을 뜻한다. 그러므로 시간은 운동은 아니지만 운동 없이는 시간도 없다는 사실은 자명하다.[75]

시간이란 미래에서 현재를 거쳐 과거로 흘러가는 하나의 흐름이다. 우리가 경험하는 것은 단지 이 흐름, 더 정확히는 흐름에 있어서의 변화와 추이일 뿐이다. 정확히 말해 이 변화를 보고 우리는 시간의 흐름을 추정하는 것이지, 시간 그 자체는 결코 지각되지 않는다. 따라서 우리 경험하는 인간에 대해 시간이 갖는 의미는 **생성**, **소멸**, **변화**, **운동**이다. 그런데 현재라는 시간 양상은 시간의 흐름 위에 찍혀진 하나의 점, 자신의 정의에 따라 결코 크기를 가질 수 없는 점에 불과하다. 이 점은 오로지 '바로 여기서 과거와 미래가 분할된다는 그 사실'로부터만 고려된 것이다. 즉 이 점은 과거와 미래의 구분이라는 목적을 위해 시간에 고유한 흐름을 추상적으로 고정시킬 때 최초로 나타나는 이념적 위치일 뿐이다. 따라서 현재라는 점에서는 모든 생성과 운동의 가능성이 추상적으로 사상된다. 즉 실제로 우리가 시간을 경험하는 통로인 생성, 소멸, 변화, 운동이 모두 추상적으로 제거된, 시간의 실존론적 의미가 송두리째 삭제된 가장 비시간적인 시간 양상이 바로 현재, 지금이라는 시간이다.

고대 그리스인들의 존재 규정이 현재라는 가장 비시간적인 시간 계기에 근거한다 함은, 이들의 존재 이해에는 **생성, 소멸, 변화, 운동이라는 시간의 실존론적 의미가 모두 추상적으로 제거**되어 있다는 뜻이다. 즉 이념적 사유의 길을 걷던 시원의 존재론자들이 **존재를 실재하는 시간으로부터 분리**시켜 사유했다는 것이다. 나의 주장은 이 분리가 **시간으로부터 독립적인 존재의 추구**라는 학문사 전체의 전통을 형성했고, 이 자명할 정도로 강력해진 전통으로부터 근대 이후의 과학을 이끌어 간 **과학**

75 Aristoteles, *Physik*, 218b.

정신, 과학으로 하여금 **모든 시간에 대해 보편적으로 타당한 인식을 추구하도록 했던** 그 **정신**이 탄생했다는 것이다. 과학은 오직 이 정신에 의거하여 시간의 흐름 안에서 끝없이 생성, 소멸, 변화, 운동하는 실재의 존재자를 **외면**했고, 흐름을 본질로 하는 시간을 인위적으로 정지시켜 존재자를 이 추상적인 시간, 정지된 이념의 시간 안에서 관찰할 수 있었다. 그렇게 관찰할 때에만 시간 안에서는 변화하고 달라지던 존재자가 **늘**, 즉 **모든 시간에 대해** 같은 것으로 표상될 수 있기 때문이다. 왜냐하면 시간의 제거와 더불어 변화, 달라짐의 가능성도 제거되었기 때문이다. 이렇게 확보한 과학적 보편타당성이 자의적인 것은 물론 아니다. 그러나 그것이 실재의 현실성 자체는 결코 아니고, 특정 목적에 입각하여 특정 방향으로 진행된 추상화, 이념적 구성의 산물이라는 사실에는 의심의 여지가 없다. 이 구성의 목적과 방향을 결정했던 것이 바로 그리스 형이상학이었다. 최초로 사유하고 철학하면서, 디케의 여신이 지키던 에피스테메에로의 길의 문을 연 시원의 형이상학자들은 **존재와 시간의 분리**라는 근원적 경험을 했고, 이 근원적 경험으로부터 **존재의 인식**도 실재하는 시간을 넘어 **이념화의 길**을 걸어야 한다는 철학적 결단을 내렸다. 이 결단과 더불어 시원의 형이상학은 이후의 학문사에게 특정한 길을 걷도록 지시했다. 그것은 "인간들이 밟고 다니는" 여럿, 잡다성, 다름의 "길로부터 멀리 떨어져 있는", **하나, 통일성, 같음에로의 길**이다. 학문의 역사는 이 길을 걸었고, 걸으며 자신이 내딛는 행보의 정당성을 결코 의심하지 않았다. 이것은 자명할 정도로 강력해진 또는 강력하기에 자명했던 전통의 길이기 때문이었다. 물론 과학도 이 길을 걸어갔다. 그런 의미에서 과학은 **그리스 실체 형이상학의 적자**이며, **과학을 이끌어 간 정신**도 **이 형이상학의 산물**이다.

6장

근대 주관주의 형이상학으로부터 과학적 세계상의 탄생

존재와 시간의 분리. 이것은 이후의 학문사의 방향과 태도를 결정했던, 고대 그리스인들의 근원적 경험이고 결단이었다. 이 경험과 결단이 '초시간적 동일자로서의 존재' 규정을 가능하게 했고, 그 이후 이 존재 이해에 기초해 있던 서양의 학문의 역사는 시간적 가변성을 넘어서 있는 참된 존재와 이 존재에 대한 초시간적으로 타당한 인식의 추구로 일관해 왔다. 이 역사의 한 단계에서, 그리고 이 역사의 내부에서 우리가 알고 있는 근대 과학이 탄생했다. 그러므로 과학 역시 시간을 초월하려던 이 학문사의 '좋은 의지', 자명한 전통을 결코 벗어날 수는 없었다. 아니 오히려 과학은 한결 적극적인 의미에서 이 전통의 적통의 계승자가 되었다. 왜냐하면 존재를 시간으로부터 분리하던 고대인들의 근원적 경험이 근대 철학의 아버지라는 데카르트를 만나 회의라는 역시 인위적이고, 추상적인, 이념화하는 사유 방식을 통해 고스란히 반복되었고, 이 반복을 통해 가능해진 근대적 세계상이 바로 과학의 철학적 기초가 되었기 때문이다. 과학은 근대 주관주의 형이상학이 제공한 존재의 이념(기하학적 대상성으로서의 존재)과 이 이념에 입각한 인간의 세계 정위(기하학적으로 규정된 대상에 대한 사유하는 주관의 대상화하는 관계) 위에 서 있다. 이 사실을 논증하는 것이 이 장의 목표다. 우리는 분명히 과학의 철학적 기초는 근대 주관주의 형이상학이 제공한 세계상이고, 이 형이상학은 존재를 시간으로부터 분리하던 그리스 실체 형이상학의 근대적 재현 이상 다른 것이 아니라는 점을 확인할 수 있을 것이다.

근대적 사유의 출발점은 회의이다. 이것이 데카르트의 철학적 방법이었다. 회의란 의심스러운 것의 제거이고 이 제거를 통해 확실성의 인식에 도달하는 길이다. 데카르트의 회의의 과정을 따라가 보면, 의심스럽기 때문에 제거되는 것은 모두 시간 안에서 변화하는 우연적 속성들이고 오로지 시간을 넘어 있어서 변하지 않는 실체성만이 회의를 견뎌낸다는 점을 알게 된다. 회의란 시간을 제거하여 실체성을 잔존시키는 추상적 사유의 과정이다. 실제로 데카르트는 이 같은 회의를 통해 '사유하는 것res cogitans'과 '연장을 갖는 것res extensa'이라는, 시간과 시간적 변화를 넘어서 있는 따라서 회의를 견뎌 낼 수 있는 두 유한 실체에 도달했다. 이 둘만이 말의 참된 의미에서 '있는 것'이고, 이에 대해서만 이른바 '확실한 인식'이 가능하다. 그 이외의 것들은 모두 시간 안에 있고 시간의 흐름에 따라 변화하는 것이기에, 참된 의미로 '있는 것'도 아니요 확실하게 '알 수 있는 것'도 아니다. 회의는 시간과 시간 안에 있는 모든 의심스러운 것들을 삭제한다. 이 삭제하는 회의 끝에 남은 것들로 구성된 것이 이른바 근대인들의 주관주의적 세계다. 회의하는 제거의 잔존물로만 구성된 이 세계는 당연히 아주 깔끔하고 단순한 구조만을 갖는다. 이 세계의 중심 또는 '근거sub'에 사유하는 나, '주관sub-iectum'이 '서 있다iectum'. 이 주관에 '대해ob' 연장을 갖는 사물, 오로지 기하학적으로 규정된 대상, '객관ob-iectum'이 '서 있다iectum'. 이 둘의 관계, 구분된 두 유한 실체의 차후적 연결이 바로 인식인데, 인식은 오로지 주관에 대해 서 있는 객관의 상을 주관의 의식 안에 그리고 주관 앞에 세우는vor sich stellen 과정, 표상Vor-stellen이다. 이 표상이 확실성의 인식을 담보한다. 표상되어야 하는 대상은 시간 안에 있는 사물들이 아니라 시간을 제거하는 회의의 끝에 남은 실체, 연장을 갖는 사물이기 때문이다. 존재자의 유일한 규정성은 연장성, '기하학적으로 공간을 채우고 있다'는 한 가지의 사실뿐이다. 시간은 **삭제**되고 시간 안의 질들의 변화도 **외면**되고, 기하학적 공간, 오직 양적으로만 규정된 공간으로서의 세계가 **발견**된다.

우리가, 시간 안의 모든 우연성을 제거하는 회의 끝에 도달한 이 세계만이 **참된 세계**라고 믿고 오직 이 세계에 대해서만 앎을 추구한다면 그 인식은 문자 그대로 확실성의 인식이고, 모든 시간에 대해 보편적으로 타당할 수 있는 인식일 것이다. 왜냐하면 이 세계는 앎의 확실성을 위협하는 시간의 제거를 통해 탄생한 양적 공간이기 때문이다. 이것이 근대 주관주의 형이상학이 시간 안의 의심스러운 것들을 삭제하는 회의를 통해 **발견**한 이른바 '**그 하나의 세계**'다. 근대 과학은 물론 이 세계에 **대한** 학문이고, 결코 다른 것일 수 없다. 과학의 시대, 근대가 다른 모든 세계를 이미 삭제해 버렸기 때문이다. 근대 주관주의 형이상학이 만들어 낸 이 세계, 과학적 탐구의 대상으로 되어 있는 이 세계는 데미우르고스가 창조했던 **기하학적 세계**, 파르메니데스와 플라톤이 철학적 사유의 길을 걸으며 도달했던 **이념의 세계**가 그러했던 것과 꼭 마찬가지로 시간 안에 실재하는 하고많은 '것들'의 외면과 **은폐**를 전제로 해서만 **발견**할 수 있는 세계다. 그러므로 근대 철학의 아버지는—2,500년 전 사유의 길을 떠났던 시원의 형이상학자들처럼—자신의 일상적 생활 세계를 디케의 여신에게 바치는 대가를 치룬 후에 비로소 이 근대적 세계에 도달할 수 있었다. 갈릴레이와 마찬가지로 데카르트도 "발견의 천재"이고 동시에 "은폐의 천재"인 셈이다. 나는 근대의 형이상학이 이 세계에 도달하는 과정, 발견과 은폐의 과정을 추적하고자 한다. 이 세계가 발견된 후에야 비로소 이 세계에 대한 탐구로서의 과학도 가능해지기 때문이다. 그러나 나의 숙고는 과학의 탄생이 아니라, 과학이 다루게 될 대상으로서 근대적 세계(**상**)의 탄생에만 국한된다. 나의 연구는 과학 자체에 대한 것이 아니라, 과학의 철학적 가능 조건에 대한 것이기 때문이다. 이 장에서 전개될 숙고의 끝에 우리가 궁극적으로 던져야 할 물음은 다음이다. **은폐를 통해 발견한 세계**와 **발견을 위해 은폐된 세계** 중에 어떤 세계가 더 참된 세계인지를 판정할 수 있는 척도와 같은 것이 우리에게는 있는가? 다시 말해 우리는 두 개의 안경을 가지고 있고 두 안경은 각기 다른 세계를 보여 주는데, 어떤 안경이 참된 세계를 보여 주는지를 볼 수 있게 해 주는 상위의 안경, '안경의 참, 거짓'을 판정하는 이른바 '안경들의 안경'과 같은 것을 우리는 가지고 있는가?[1]

6.1 데카르트의 회의와 주관주의 형이상학의 생성

근대는 과학의 시대이고, 이 시대를 필두로 해서 인류의 학문사는 초월적 형이상학에 대한 적대적 태도를 형성해 온 것으로 알려져 있다. 이러한 시대적 분위기를 호흡하면서 생성된 근대 과학은 필경 경험적 입각

1 '안경들의 안경' 논의에 대해서는 1.2.2와 2.2 참조.

점을 가질 것이고 따라서 초경험적 형이상학의 대립물일 수밖에 없으리라는 것이 상식의 일반적 기대이다. 그러나 서양의 정신사는 정반대의 경로를 걸었다. 근대 과학이 건립되기 위해서는 과학의 건립 토대로서의 특정한 세계상이 필요했고, 이는 근대의 주관주의Subjektivismus라는 형이상학, 구체적으로는 데카르트가 진행했던 회의를 통해서만 가능했다. 그리고 이 회의를 이끌어 간 정신은 존재와 시간을 분리하던 고대 그리스의 실체 형이상학으로부터 발원했다. 이 일련의 정신사적 맥락을 확인하기 위해 우선 데카르트의 회의라는 것이 어떻게 존재와 시간을 분리했고 시간으로부터 독립적인, '역학적 공간으로서의 세계'라는 이념을 배태했는지를 살펴보아야 하다. 논의를 이끌어 갈 주도적인 물음은 '이른바 근대 과학이 가능하기 위해 먼저 철학은 과학에게 어떤 세계**관**, 세계**상**을 제공했는가?'이다.

6.1.1 우연성의 제거와 실체성의 추구로서의 회의

잘 알려진 대로 데카르트 철학의 궁극의 목표점은 인식의 확실성이다. 그리고 이 확실성에 도달하는 방법적 절차가 회의다. 데카르트를 회의의 길을 거쳐 인식의 확실성이라는 이상에로 이끌어 간 것은 계몽의 정신이었다. 왜냐하면 계몽의 모토는 이성의 자율이고 자율의 구체적 의미는 '스스로 사유하기'인데, 이 계몽의 격률을 실천하기 위해서는 무엇보다 이성의 자율적 사유를 교란하는 외적 요인으로서의 선입견을 타파해야 하고, 이 타파의 과정이 다름 아닌 회의이기 때문이다. 데카르트 역시 확실하지 않으면서도 확실한 것으로 간주되는 모든 것에 대한 전면적인 회의를 수행한다는 점에서 계몽의 전통 위에 서 있다. 바로 이런 관점에서 데카르트는 그의 《방법 서설》에서 확실한 인식을 추구하는 모든 사람에게 권하는 네 가지의 사유 규칙을 제시하는데,[2] 그중 계몽의 관점을 분명히 드러내 보여 주는 것은 첫 번째 규칙이다.

> 명증적으로 참이라고 인식한 것 외에는 그 어떤 것도 참된 것으로 받아들이지 말 것, 즉 속단la precipitation과 편견la prevention을 신중히 피하고, 조금도 의심의 여지가 없을 정도로 명석 판명하게 내 정신에 나타나는 것 외에는 그 어떤 것에 대해서도 판단을 내리지 말 것.[3]

그 어떤 주장이나 현상도 정말 의심할 여지 없이 참이라는 사실이 확연해지기 전까지는 회의적인 태도가 유지되어야 하고, 그것이 나의 사유에 어떤 선입견으로 작용했을 가능성을 배제해서는 안 된다. 가능한 모든 선입견에 대한 전면적인 회의야말로 확실성의 인식을 위한 첩경이기 때문이다. 바로 이 태도가 데카르트의 회의 과정이 기술되어 있는 제1성찰의 서두를 장식하고 있다.

> 유년기에 내가 얼마나 많이 거짓된 것을 참된 것으로 간주했던지, 또 이것 위에 세워진 것이 모두 얼마나 의심스러운 것인지, 그래서 학문에 있어 확고하고 불변하는 것을 세우려 한다면 일생에 한 번은 이 모든 것을 철저히 전복시켜 **최초의 토대에서부터 다시 새로 시작해야 한다**는 것을

---

2 의심스러운 것은 결코 수용하지 말 것, 가능한 한 세세히 분석할 것, 단계에 따른 사유를 전개할 것, 그리고 누락된 것은 없는지 전반적인 검사를 할 것 등의 규칙이다(르네 데카르트, 《방법 서설》, 이현복 옮김, 문예출판사, 2001, 168-169쪽 참조).

3 같은 책, 168쪽.

이미 몇 해 전에 깨달은 바가 있다.[4]

회의란 "내가 지금까지 갖고 있던 모든 의견"에 대한 "진지하고 자유로운 전복"[5]이고, 따라서 "아주 확실하지 않은 것 그리고 의심할 수 없는 것이 아닌" 모든 것, "의심할 만한 이유가 조금이라도 있는" 모든 것은 단호히 "거부되어야"[6] 한다. 만약 이 전면적이고 전폭적인 회의와 부정을 견뎌 낼 수 있는 것이 있다면, 그것은 확실한 것일 것이고, 오로지 이것만이 모든 인식을 위한 "아르키메데스의 일점",[7] 확실한 학문 체계의 기초를 제공해 줄 수 있을 것이다.

회의란 확실한 것에 도달하기 위해 의심스러운 것을 제거해 나가는 사유의 과정이다. 과학의 형이상학적 기초를 탐문하는 우리의 관점에서 주의를 집중해야 할 것은 물론 제거의 **기준**이다. 그러므로 물어야 할 것은 이것이다. '도대체 무엇이, 왜 회의를 통해 제거되는가?' 물론 이 물음에 근대 인식론의 언어는 '의심스러운 것, 확실하지 않은 것'이라고 답한다. 그러나 '무엇이, 왜 확실하지 않은가?'라고 재차 물으면서 우리는 이 답변을 전통적인 형이상학의 언어로 번역할 수 있다. 시간의 지평 안에 서 있는 모든 것, 시간의 흐름에 따라 생성, 소멸, 변화, 운동하는 우연적 속성들은 모두 확실하지 않은 것, 회의와 제거의 대상들이다. 이렇게 본다면 회의란 전통적인 형이상학의 언어로 표현해서 실체에 우연적으로 부속되어 있는 속성들은 모두 제거하고 항상 현재의 방

4 르네 데카르트, 《성찰》, 34쪽.
5 같은 곳.
6 같은 책, 34-35쪽.
7 같은 책, 42쪽.

식으로 존재하는 실체성만을 남기는 작업이고, 현대 철학의 언어로 표현한다면 시간적, 역사적으로 규정되어 있는 우리의 생활 세계적 관련 전체, 시간 안에서 진행되는 우리의 실천적 삶의 의미 연관 전체를 방법적으로 제거해 나가는 과정이다. 물론 이것은 시간을 제거하는 과정, '실체를 시간으로부터 분리'하는 추상화의 과정이다. 확실성의 인식을 위해 불확실한 모든 것을 회의하던 데카르트를 이끌어 간 것은 실은 '시간으로부터 존재를 분리'하던 고대 그리스 형이상학의 이념화의 경향이었다. 이제 이 관점에서 회의의 내용을 검토해 보자.

회의는 이중의 방식으로 진행된다. 첫 번째 회의는 '정신'에 관한 것이고, 두 번째 회의는 '물체'에 관한 것이다. 데카르트는 이 이중의 회의가 참된 의미에서 정신과 물체, '늘 현재의 방식으로 존재하는 정신과 물체'에로의 길을 열어 주리라 믿는다. 물론 여기서 회의의 전 과정이 재구성될 필요는 없을 것이다. 간략한 회상만으로도 충분하다. 데카르트는 "감각으로부터a sensibus 혹은 감각을 통해서per sunsus 받아들인 것"[8]에 대한 회의에서 출발해서, 꿈의 가설을 끌어들여 진행되는, 경험, 관찰을 통해 얻은 지식에 대한 회의,[9] 그리고 이른바 전능한 악마의 가설에 의거하는, 수학적 진리에 대한 회의를 거쳐,[10] 최종적으로 회의하고 있는 자기 자신의 존재 여부에 대한 물음에 도달한다.

> [내가] 세계에는 하늘, 땅, 정신, 물체가 없다고 나 자신을 설득했다면 (…) 이때 나는 또 나 자신도 없다고 설득한 것은 아니었을까? 그렇지는

8 같은 책, 35쪽.

9 같은 책, 36, 38쪽 참조.

10 같은 책, 39-41쪽 참조.

않다. 내가 만일 나에게 어떤 것을 설득했다면, 확실히 나는 있었을 것이다. (…) 아주 유능하고 교활한 기만자가 집요하게 나를 속이고 있다고 치자. 자 이제 그가 나를 속인다면, 내가 있다는 것은 의심할 수 없다. (…) 나는 내가 어떤 것aliquid이라고 생각하는 동안, 그는 결코 내가 아무것nihil도 아니게끔은 할 수 없을 것이다. (…) **나는 있다, 나는 현존한다***ego sum, ego existo*.[11]

이것으로 첫 번째 회의가 종결된다. "사유cogitatio와 (…) 나는 분리될 수 없다"는 것, 사유하는 "나는 있다"는 것, 이것만이 "확실하다". 최소한 내가 "사유하는 동안"[12]에는. 바로 이것이 정신에 대한 데카르트의 회의가 도달한 최종적인 결론, '사유하는 나'라는 하나의 유한 실체, 사유를 자신의 유일무이한 본질로 갖는 '나', '자기의식', '근대적 자아'이다.

사유를 본질로 하는 '나'는 데카르트가 발견한, 학문의 건립을 위한 주춧돌, 아르키메데스적인 기점이다. 데카르트는 이 코기토를 주체 내지 주관sub-iectum이라 부른다. 주관의 형이상학적 의미는 기체sub-strate, hypo-keimenon이다. 이것은 문자 그대로 '아래', '밑에sub, hypo' 놓여 있어서, 자신 위에 존립하는 모든 것을 가능하게 해 주는 어떤 것이다. 그러므로 이것은 스스로 사유의 내용인 것은 아니지만, 이것이 없으면 어떠한 사유도 가능하지 않은, 사유의 근거다. 즉 이것 자체는 사유도 아니고, 언표도 아니고, 활동도 아니지만, 이것이 없다면 어떠한 사유, 언표, 활동도 불가능한, 이 모든 활동성의 순수한 주체다. 바로 이것이 근대적

11 같은 책, 43쪽.

12 같은 책, 46쪽.

인 개념으로서의 자아, 자기의식, 주관이다. 물론 이 주관, 사유를 본질로 하는 정신은 하나의 실체이고, 실체의 정의에 따라 **필연**의 방식, **달리 될 수 없는** 방식으로 존재한다. 정신의 상태는 때에 따라 변한다. 정신은 어느 때에는 흥분하고 다른 때에는 침착하고, 때로는 사랑에 빠지는가 하면 때론 극도의 증오심에 시달리기도 한다. 이 같은 상태들, 정신에 우연적으로 부착된 속성들은 시간의 흐름과 상황의 변화에 따라 가변적이다. 그러나 정신이 사유한다는 것은 시간의 틀 자체를 벗어나 언제나 (늘 현재의 방식으로) 참이다. 정신은 사유하다가 사유를 멈추는 것이 아니고, 사유하지 않다가 다시 사유를 시작하는 것도 아니다. 정신이 존재하는 한 정신은 사유하고 있고 또 사유하는 한 정신은 존재한다. 그런 한에서 사유는 한정된 시간만을 갖는 것이 아니라, 어떤 시간도 갖지 않고 또 모든 시간을 갖는다. 다시 말해 정신의 사유란 늘 **현재의 방식**으로 진행된다. 데카르트는 정신 안에서 한정된 시간만을 갖는 모든 것, 감각적 확실성, 관찰과 경험, 수학적 진리, 그리고 물론 그 전에 이 정신이 속한 역사와 사회, 가족 관계, 그를 통해 형성된 품성과 관습, 습관, 미의식 등을 모두 제거한 후에 비로소 이 '사유하는 나', '정신이라는 실체'에 도달할 수 있었다. 앞서 거론된 것들은 모두 특정한 시간 안의 현상이고, 생성, 소멸, 변화, 운동의 논리에 내맡겨져 있고, 그런 한에서 시간을 제거하는 회의를 견뎌 내지 못한다. 말하자면 이런 것들은 모두 정신의 실체성이 아니라 우연적 속성이다. 즉 실체로서의 사유하는 정신이 근거에 있고, 거기에 이 모든 우연적인, 있을 수도 있고 없을 수도 있는 이 모든 속성들이 부가되었던 것이다. 그러므로 확실한 인식을 추구하는 데카르트는 이 **필연적 실체**(사유하는 정신)를 **우연적 속성**들로부터 분리해 낸다. 마치 그리스 존재론이 **존재**를 **시간**과 분리해서 사유했던 것처럼 말이다. 분명한 것은 데카르트에게 모든 경험과 사유, 언표와 활동의 근저에 놓인 실체라는 의미의 자아가 확보되었고, 이 '생각하는 나'라는 주체는 이른바 **세계의 중심**으로 간주되기 시작했다는 점이다. 데카르트가 추구했던 한 기점, 이 기점을 근거로 해서 지구를 들어 올릴 수 있는 이른바 아르키메데스적인 기점이 주어졌다. 이제 인식의 체계는 이 기점 위에 연역적으로 구성되기만 하면 된다.

이로써 우리는 데카르트의 주관주의 형이상학을 구성하는 두 개의 축 중 하나, 생각하는 나라는 유한 실체에 대해 논의했다. 주관주의란 세계를 주관과 객관의 대립으로 관찰하는 세계상인데, 여기서는 물론 **주관**뿐 아니라 주관에 대립해 있는 **객관**도 하나의 유한 실체, 자립적으로 존재하는 존재자다. 이 실체로서의 객관에 도달하는 사유 과정이 바로 물체에 대한 회의다. 이제 우리는 물체와 관련하여, 일어나는 모든 변화에도 불구하고 또는 그 변화들의 근거에 스스로는 변하지 않으며 서 있는 것, 늘 현재의 방식으로 존재하는 참된 물체가 무엇인지를 물어야 한다. 정신에 대한 회의와 마찬가지로 여기서도 물체에 속한 것으로 간주되는 것들은 모두 불러내어, 이것들이 시간의 흐름 안에서 변하는 것인지 아니면 달라질 수 없는 것인지를 검사해서 가변적인 것, 시간의 규정 아래 놓인 것들을 하나하나 제거해 나가야 한다. 그리고 그 마지막에도 도저히 제거되지 않는 것, 이 모든 제거하는 회의의 최종적인 잔존물을 확인해야 한다. 이렇게 철저하게 진행되는 회의를 끝까지 견뎌 내는 것이 있다면, 그것은 '필연적으로 그렇게 존재하는 것', 즉 '지금 있는 상태와 달라질 수 없는 것', '늘 현재의 방식으로 존재하는 것'일 것이다. 바로 이것이 물체를 물체로 만들어 주는 것, 물체의 실체성일 것이다. 물체에 귀속되는 여러 특성들, 예를 들면, 굳기, 모양, 형태, 냄새,

까칠까칠한 정도가 물체에서 제거된다 해도, 물체 자체에는 아무런 문제도 생기지 않는다. 즉 물체는 여전히 물체다. 왜냐하면 제거된 것들은 물체의 실체성이 아니라 물체에 우연적으로 부착된 속성에 불과하기 때문이다.

이제 데카르트는 물체에서 우연적 속성들을 하나하나 제거해 가는 회의의 끝에 무엇이 남는지를 살피는 사고 실험을 행한다. 이것이 이른바 밀랍의 실험으로 알려진, 물체에 대한 회의다.

> 가장 판명하게 파악된다고 흔히들 믿는 것, 즉 우리가 만지고 보는 물체를 고찰해 보자. 그렇지만 물체 일반이 아니라 개별적인 물체, 예컨대 밀랍 한 조각을 고찰 대상으로 삼아 보자. (…) 이 밀랍은 방금 벌집에서 꺼낸 것이기에 아직도 꿀맛을 간직하고 있고, 꽃향기도 약간은 지니고 있다. 빛깔, 모양, 크기도 뚜렷하다. 단단하고, 차갑고, 쉽게 쥘 수 있으며, 두드리면 소리를 낸다. 요컨대 어떤 물체가 가능한 한 판명하게 인식되기 위해 요구되는 모든 것을 이 밀랍은 갖고 있는 셈이다. 그런데 내가 이렇게 말하면서 밀랍을 불 가까이로 가져갔더니, 남아 있던 맛은 사라지고, 향기는 날아가고, 빛깔은 변하고, 형체는 사라지고 더 크게 액체로 되었으며, 따뜻해지고, 거의 잡을 수도 없으며, 때려도 소리를 낼 수가 없게 되었다. 그럼에도 여전히 동일한 밀랍으로 남아 있는가? 그렇다. 동일한 밀랍이다. 이것을 부정할 사람은 아무도 없다. 그렇다면 밀랍에 있어 그토록 판명하게 인식되었던 것은 과연 무엇일까? 그것이 감각에 의해 포착될 수 있는 것이 아님은 분명하다. 미각, 시각, 촉각, 청각에 의해 감지된 것은 모두 변했지만, 그럼에도 밀랍은 여전히 남아 있기에 말이다.[13]

여기에 특정한 맛과 향이 있고, 딱딱하고, 차고, 손으로 만질 수 있는 밀랍이 있다. 그래서 상식은 당연히 맛, 향, 딱딱함, 불가 침투성 등은 밀랍 자체에 속한 성질이고, 이 속성들이 바로 밀랍을 밀랍으로 만들어 준다고 믿는다. 그러나 밀랍을 불 가까이 갖다 대자마자 밀랍 자체에 필연적으로 속해 있다고 여겨지던 속성들은 전부 달라지고 말았다. 이 실험은 의미심장한 것을 말하고 있다. 거론된 특성들, 우리의 오감에 의해 확인할 수 있는 특성들은 상황이 바뀜에 따라 모두 변화되었다. 맛, 향기, 색채, 형태, 크기, 견고함, 차거나 더운 정도, 그 어느 것도 잠시 전의 상태와 같은 것으로 머물러 있지 않다. 이 모든 특성들은 필연적으로 존재하는 실체성이 아니라 실체에 부착된, 상황의 변화에 따라 언제든 제거될 수 있는 우연적 속성들이다. 이 모든 속성의 변화에도 불구하고 이 밀랍은 여전히 동일한 밀랍, 여전히 하나의 물체이다. 그래서 데카르트는 시간의 흐름에 따라 달라진 모든 우연적 속성들을 제거하며 이렇게 묻는다. 맛, 색, 향, 크기 그리고 굳기를 잃어버린 밀랍을 여전히 하나의 동일한 밀랍으로 만들어 주는 그것, 상황의 여러 변화에도 불구하고 변치 않고 남아서 밀랍을 밀랍으로 만들어 주는 것은 무엇인가? 그것은 **연장**extensio이다. 불 가에 대기 전과 후에도, 그리고 과거의 어느 아득한 시점이건 미래의 아주 먼 어느 순간에도 밀랍이 연장을 가지고 있다는 사실에는 변함이 있을 수 없다. 이 사실은 **모든 시간에 대해** 필연적으로 타당하고, 그 의미에서 연장성은 결코 **달리 될 수 없는** 밀랍의 실체성이다. 이것만이 유일하게 모든 우연적, 가변적 속성을 제거하는 회의를 견뎌 낼 수 있고, 따라서 회의의 끝에 이르기까지 잔존하는 물체의 실체성

13 같은 책, 50-51쪽.

이다. 그러므로 물체와 관련한 회의의 최종 결과는 **연장을 갖는 것**이다. 이것은 '사유하는 것'이라는 유한 실체 곁에 설 수 있는 또 하나의 유한 실체다. 물론 연장의 의미는 '공간을 채우고 있다'는 것이다. 상황에 따라 위치도 변하고, 크기도 변하고, 형태도 변하지만, 물체가 연장을 갖는다는 사실, 기하학적으로 공간을 채우고 있다는 사실은 결코 변하지 않는다. 이것은 물체의 달리 될 수 없는, 필연적인 존재 방식이다. 그러므로 이제 존재자의 의미는 **연장성**, **공간을 채우고 있음**으로 규정된다. 즉 존재자는 **기하학적**으로 규정된다. 이것이 물체의 유일무이한 본질이다. 밀랍이 맛이 좋고, 건강에 좋고, 경제적 가치를 지닌다는 사실들은 모두 외면해도 좋은, 실은 보편타당성의 지평 아래서 밀랍의 실체성을 관찰할 수 있기 위해서는 필히 외면해야만 하는 우연적 속성일 뿐이다. 밀랍은 본질상, 그 실체에 있어 기하학적으로 공간을 채우고 있다는 단 하나의 사실에 의해서만 규정되기 때문이다.

아마 더 이상 데카르트의 회의를 좇아갈 필요는 없을 것이다. 우리가 알고자 원했던 것은 전부 알게 되었다. 두 개의 유한 실체가 있다. 그 하나는 '생각하는 정신'이고 나머지 하나는 '연장을 갖는 물체'이다. 전자에 주관이라는 이름을 주었듯이 이제 데카르트는 후자를 객관이라 부른다. 이것은 사유하는 것이라는 실체에 **대해** 세워진 것이다. 세계의 중심 또는 근거에 '사유하는 것'이 있고, 이에 대해 '연장을 갖는 것'이 서 있다. 이 두 유한 실체는 데카르트의 주관주의 형이상학이 제공한 근대적 세계상을 구성하는 두 개의 축이다. 이제 논의의 초점은 이 두 유한 실체의 '관계'에 맞추어져야 한다. 이 둘은 모두 실체이고, 실체의 정의에 따라 자존적으로, 즉 스스로의 힘으로 존재해야 하고, 이는 다시 두 실체가 일단은 분리되어 있음을 의미하기 때문이다.

6.1.2 두 유한 실체—'생각하는 것'과 '연장을 갖는 것'

데카르트가 기초를 놓은 근대적 세계상에는 단 두 개의 존재자만이 있을 뿐이다. 그 하나는 생각하는 나, 인식하는 주관, 순수 사유로서의 의식이고, 다른 하나는 연장으로서의 물체, 인식되어지는 객관, 물체 사물로서의 대상이다. 이 둘은 일단 서로 분리되어 무관하게 있다. 왜냐하면 둘은 모두 실체고, 실체의 정의상 자기 원인으로 존재하기 때문이다. 따라서 세계는 매우 단순한 이원적 구조를 갖는다. 한편에는 인식하는 주관이, 그리고 다른 한편에는 인식되는 객관이 있다 중요한 것은 우연성을 배제하고 실체성만을 남기는 데카르트적 회의를 통해 세계가 이렇게 이원화되었다는 점이다. 더 이상 생각하고 의욕하고 느끼는 실재의 인간이 아니라 오직 순수 사유로서의 인간이, 그리고 시간 안에서 변하고 우리 인간이 실천적 관계를 맺을 수 있는 실제의 물건이 아니라 오직 기하학적으로만 규정된 물체가 서로 대립하고 있다. 이렇게 의식과 대상, 정신과 물체, 주관과 객관이 분리되면서 '인간'과 '인간이 그 **안**에 살고 있는 세계'가 분리되었고, 이에 따라 인간과 세계의 관계가 **즉물적 대상성**의 관계로 변질된다. 이제 이런 관점에서 두 구분된 실체의 관계를 좀더 자세히 살펴보자.

인간은 더 이상 실천적 삶과 행위의 주체가 아니라 단지 사유하는 자, 인식하는 주관으로 여겨진다. 이것이 가능한 한 모든 것에 대한 회의의 최후에 남은 유일하게 확실한 것이다.

> [모든 것을 회의하고 부정한다 할지라도] (…) 그런 생각을 하는 우리가 무라고 간주할 수는 없다. 왜냐하면 생각하는 어떤 것이 생각하고 있을 때

존재하지 않는다고 믿는 것은 모순이기 때문이다. 따라서 이러한 인식, '나는 생각한다, 고로 존재한다ego cogito, ergo sum'는 누구든 순서에 따라 철학하는 자가 만나는 최초의 인식이고 모든 것 중에서 가장 확실한 인식이다.[14]

회의의 최종 결과로서의 생각하는 나는 데카르트의, 그리고 근세의—물론 과학도 은밀한 방식으로 수용하여 저간에 간직하고 있는—인간 규정이다. 인간은 이제 오직 그가 **사유한다**는 단순한 사실에서 결정되고, 규정되어 있다. 즉 인간은 인식의 주체, 순수 사유로 규정되는데, 이는 동시에 인간으로부터 '그의 실천적 삶의 무대로서의 세계와의 관련', '그 세계 안에서 만나고 교섭하는 다른 주관들과의 관련', 그리고 '자신의 형성의 기반이었던 과거와의 관계', 한마디로 '모든 생활 세계적 내지 의미 세계적 요소들'이 추상적으로 삭제되어야 한다는 사실을 의미한다. 이 모든 관련은 시간 안에서 생성, 소멸, 변화, 운동하는 우연적 속성들에 불과하기 때문이다. 그러므로 인간은 순수한 사유이고, 순전한 의식일 뿐이다.

마찬가지로 세계 안의 존재자들도 세계 안의 인간에 대해 의미 있는—유익하거나 유해하거나—어떤 것이 아니라 단적인 객관 내지 물체로 간주된다. 이 물체성, 연장성은 확실한 세계 인식에 도달하기 위해 데카르트가 물체에 속하는 모든 우연적 속성과 성질들을 하나하나 제거하고 나서 얻은 실체로서의 물의 유일한 본질이다.

14 르네 데카르트, 《철학의 원리》, 원석영 옮김(아카넷, 2004), 12쪽.

물질적인 것들이 존재한다는 데 대하여 확신하고 있지 못한 사람은 아무도 없다. (…) 이제 그것을 확실하게 인식할 수 있는 근거들을 찾아야 한다. (…) 우리는 길이, 너비, 깊이로 연장된 어떤 물질materiam, materia을 감각한다. 더 정확히 말하자면 감관이 자극되어 명석 판명하게 지각한다. (…) 만일 신이 (…) 연장을 (…) 지니지 않은 어떤 것으로 하여금 그런 [연장을 가진 물체라는] 관념을 드러내도록 하는 것이라면, 신이 사기꾼이 아니라고 믿어야 할 하등의 이유가 없다. (…) 그러나 (…) 신이 사기꾼이라는 것은 분명히 신의 본성에 위반되기 (…) 때문에 우리는 길이, 너비, 깊이로 연장된, 그리고 우리가 연장 실체에 속한다고 명석하게 지각하는 모든 성질들을 가진 것이 존재한다고 결론지어야 한다. 그것이 바로 우리가 물체 또는 물질이라고 부르는 연장 실체이다.[15]

결국 데카르트에게 물체란 물체에 속한다고 여겨지는 모든 것 중에서 변화에 노출된 것을 전부 배제하는 회의의 최종 잔여물, "물체 사물에서 **지속적인 잔존**을 충족시키는" 바로 "그것"[16]이다. 물체의 물체성은 이것이 인간에 대해서 갖는 의미(예를 들면 목수에 대한 망치의 관계, 학생에 대한 연필의 관계)나 다른 사물에 대해서 갖는 의미(예를 들면 망치와 못의 관계, 연필과 종이의 관계)가 아니라, 기하학적으로 공간을 채우고 있음이고, 이 기하학적 공간도 우리 인간이 그 **안**에서 여러 존재자들과 실천적 관련을 맺고 있는 존재자 전체로서의 세계와 같은 것이 아니다. 존재자는 순수한 연장 사물, 기하학적 공간을 채우고 있는 순수한 물질 덩어리로 파악되고, 세계는 이 물질들이 채우고 있는 공간으로 규정된다.

15 같은 책, 67-68쪽.

16 M. Heidegger, *Sein und Zeit*, 92.

이중의 회의의 최종 결론으로서의 두 유한 실체, '사유하는 것'과 '연장을 갖는 것'은 동일한 방식으로 시간의 세계를 넘어서고 있다. 그리고 순수한 사유와 순수한 물질의 대립으로 이루어지는 새로운 세계를 보여 준다. 물론 이 세계는 실재의 추상적 제거로서의 회의를 통해 도달한 이념적 세계다. 따라서 이것은 우리가 그 안에 살고 있는 세계가 아니다. 이것은 오히려 후자의 세계의 은폐를 통해서만 발견되는 세계다. 분명히 데카르트는 파르메니데스가 디케의 여신에게 대가를 치르던 그 방식으로 실재의 세계를 포기하고, 시간을 넘어 이념적으로 구성된 세계로 넘어갔다. 이 세계에서, 오직 이 세계에서만 파르메니데스 이래 사유와 학문의 역사가 추구했던 것, 확실하고 보편타당한 인식이 얻어질 수 있다. 왜냐하면 이 세계의 구성원은 단 둘인데, 이 둘은 모두 모든 우연성과 가변성을 배제하는 회의를 끝까지 견디어 냈고 따라서 확실성의 인식의 토대가 될 수 있기 때문이다. 이 관계는 정확히 표현해야 한다. 데카르트가 가변적인 모든 것들을 회의에 부쳐 추상적으로 사상하면서 비로소 참된 세계에 도달한 것이 아니다. 애당초 시간을 넘어선 인식의 타당성을 추구하던 데카르트가 이 보편타당성을 저해하는 모든 우연성을 인위적으로 배제하면서 무시간적 세계를 **구성**한 것이다. 왜냐하면 회의의 길은 추상적 사유의 길이기 때문이다. 이제 시간 저편에 구성된 이 세계가 어떻게 보편적으로 타당한 인식을 담보해 주는지를 검토해야 한다.

6.1.3 주관주의적 세계상과 인식의 문제

데카르트의 회의는 시간적 세계와 그 안의 존재자 전체를 삭제하고 주관(의식)과 객관(대상)이라는 단 두 개의 실체만을 남겼다. 이 둘은 실체이기에 자립적으로, 서로에 대해 독립적으로 존재한다. 의식은 대상 독립적으로 존속한다. 물체가 있건 없건, 정신의 사유는 계속된다. 대상도 마찬가지로 의식 독립적으로 존속한다. 정신이 물체를 사유하건 그렇지 않건 물체는 거기에 그대로 있다. 이렇게 의식과 대상이 서로로부터 분리되어 자립적으로 현존하고 있기 때문에 이제 이 두 실체의 관계가 문제시된다. 바로 이 문제, 분리되어 자존하고 있는 두 실체, 주관과 객관의 차후적 연결이라는 문제가 바로 근대 인식론의 처음이자 마지막 문제인 **인식**의 문제다. 물론 인식은 주관과 객관의 관계의 문제이므로 동시에 주관주의적 세계 관련 또는 **세계상**의 문제이기도 하다.

인식이란 서로로부터 독립적인 현존을 구가하고 있는 자립적 실체로서의 주관과 객관의 만남이요 연결이다. 이 연결은 주관이 자신의 의식 안에 객관에 대한 상像을 만드는 과정이다. 이때 인식하는 자를 이끌어가는 이상은 '지성과 사물의 일치adaequatio intellectus ad rem'라는 아리스토텔레스와 스콜라철학의 진리 개념이다. 이 진리 개념에 따라 인식하는 지성, 주관은 인식되는 사물, 객관에 대해 말하건 사유하건, 그 객관이 거기 있는 그대로 말하고 사유해야 한다. 즉 정신은 대상의 본질적 존재 상태에 대응하는 상을 지성 안에 만들어 내야지, 시간의 흐름에 따라 가변적인 속성에 대한 상을 그려 내서는 안 된다. 그러므로 인식하는 자는 우선적으로 시간을 넘어서야 한다. 이것은 헤겔이 지적했던 이른바 감성적 확실성의 한계를 생각하면 쉽게 이해할 수 있는 단순한 문제다. 예를 들어 내가 **"지금은 밤이다"**라는 말을 문자에 담아 글로 '쓴다'고 하자. 한밤중에 나는 "지금은 밤"이라는 대상 세계의 상태에 대응하는 진리를 문자 안에 고정시킨 것인데, 어느덧 시간이 지나 아침이 되면서 이 글은 그야말로 "김빠진"[17] 것으로 바뀌어 버린다. 내가 시간의 흐름에 따라 변화하는 우연적 속성에 주목한 탓이다. 그러므로 확실한 인식을 얻으려는 자는 대상의 시간적으로 규정된 속성이 아니라 늘 현재의 방식으로 존재하는 실체성에 주목해야만 한다. 다시 밀랍의 예로 돌아가서 내가 '밀랍은 고체다'라고 말하는 순간, 누군가가 밀랍을 불 한가운데로 던져버리면 방금 전까지도 고체였던 밀랍은 이내 액체로 바뀌어 버린다. 이렇게 고체로서의 밀랍이 타 들어가면서 나의 진술의 진리치도 함께 타 없어진다. 마찬가지로 형태, 색채, 맛, 향 등도 가변적인 속성에 불과하므로 밀랍에 대한 확실한 인식을 제공하지는 않는다. 내가 밀랍에 대해 확실하게 말할 수 있는 것은 그것이 연장을 갖는다는 것뿐이다. 이 실체성만이 항상 현재의 방식으로, 즉 모든 시간에 대해 그 타당성을 유지할 수 있다. 따라서 사물 인식은 오로지 연장성, 기하학적 공간을 채우고 있다는 그 사실로부터만 확실하게 얻어질 수 있다. 바로 이것이 인식의 확실성을 얻기 위해 은밀하게 시간으로부터 존재를 분리하던 데카르트를 이끌어 갔던 주도적인 생각이었다.

인식하려는 자의 상황부터 생각해 보자. 추구되어야 할 것, 획득되어야 할 것은 그 자체로 존립하고 있는 대상에 대한 확실하고 불변하는 인식이고, 출발점은 주관과 객관의 분리다. 분리된 둘은 이제 확실한 인식을 위해 다시 연결되어야 한다. 이 결합으로서의 인식은 객관의 존재 상태를 주관의 의식 내부에 **재현**한다는 것, 즉 주관 안에 객관에 대한 표상을 구성하는 것이다. 이때 객관의 상은 '지성과 사물의 일치'라는 진리 이념에 따라 객관이 있는 그대로의 존재 상태에 **일치**하게 구성되

---

17 G. W. F. Hegel, *Phänomenologie des Geistes*, 81.

어야 한다. 물론 일치라는 말은 단순한 지금의 대응 관계뿐 아니라 시간의 흐름에도 불구하고 보존될 수 있는 일치를 말한다. 그러므로 인식하는 자는 대상을 표상하되, 이 표상은 대상의 시간적으로 가변적인 속성이 아니라 모든 시간에 대해 동일하게 머물러 있는 실체성에 대응해야 한다. 대상에 지금은 부착되어 있으나 언제든 떨어져 나올 수 있는 우연적 속성이 아니라 언제 어디서나 그 대상을 그 대상으로 만들어 주는 대상의 실체성이 표상되어야 한다. 이것이 바로 근대가 사유했던 인식, 두 구분된 실체의 보편적으로 타당한 연결로서의 표상이다. 이 표상으로서의 인식이 가지고 있는 은밀한 형이상학적 이상을 드러내기 위해 우선은 주관주의라는 말의 의미부터 명료히 해야 한다.

주관주의란 사유하는 정신과 연장을 가진 물체, 의식과 대상, 주관과 객관의 대립을 고정하는 사유 도식이다. 물론 정신과 물체가 각기 자립적으로 존재하는 두 유한 실체라는 점에서, 이 둘은 동등한 권리를 지닌 대립항이라는 가상이 생겨난다. 그러나 이 둘의 존재론적 지위는 분명 같지 않다. 이 사유 도식의 명칭은 주관주의이지 주객주의가 아니다. 분명히 주관이 세계의 중심에 있고, 객관은 주관에 대해 있다. 그렇기 때문에 대상 세계 일반에 대한 주관의 우위는 이 형이상학의 포기할 수 없는 근본 전제다. 그럴 수밖에 없는 것이 두 유한 실체에 도달하는 회의의 과정은 실체성의 확인이라는 특정 목적 하에 진행되는, 일정한 방향에로의 추상화인데, 그 추상화를 이끌어 가는 자가 바로 주관이기 때문이다. 즉 여기서 추상화의 목적을 설정하고 그 방향을 정립하는 자, 그리고 인식의 확실성이라는 목표 아래 진행되는 추상화를 위해 대상을 장악하고, 조작하는 자 역시 주관이기 때문이다. 이렇게 주관에게 세계 조작의 권리가 부여되었다는 것이 바로 근대의 특징이고 근대의 철학적 세계관으로서의 주관주의 형이상학의 근본 입장이다. 그리고 이것은 물론 대상 세계를 지배하는 인식으로서의 과학의 가능 조건이기도 한다. 일단 주관의 존재론적 우위라는 관점에서 주관주의 세계상을 구성하는 두 축, 주관과 객관이라는 말의 의미부터 분석해 보기로 하자.

주관은 이미 암시적인 방식으로 몇 차례 언급되었듯이 라틴어 '수브익툼sub-iectum'에서 유래한다. 이 말을 구성하는 '숩sub'은 '아래', '밑에', '근거에'를 의미하는 전철이고 '익툼iectum'은 '던져 넣다', '밀어 넣다'를 뜻하는 '이아케레iacere'로 소급된다고 한다. 그러므로 이 말은 의심의 여지없이 그리스인들이 실체를 지칭할 때 사용했던 명칭, 휘포케이메논hypokeimenon에 대응하는 라틴어다. 왜냐하면 그리스어 실체도 '밑에hypo' '놓인 것keimenon'이기 때문이다. 그러므로 근대적인 의미의 주관이라는 말은 "아래 놓인 것das Unter-liegende", "근거에 놓인 것das Zugrunde-liegende", "자기 자신으로부터 이미 앞에 놓여 있는 것das von sich aus schon Vor-liegende"[18]을 뜻한다. 객관 역시 라틴어 '옵익툼ob-iectum'에서 유래하는데, 이것도 이미 설명한 '이아케레iacere'에 '~대항하여', '~대해서', '~반해서'를 뜻하는 전철 '옵ob'이 합성된 말이다. 그러므로 그 의미는 '~에 대해 세워진 것', 즉 세계의 중심점으로서의 '주관 앞에, 주관에 반해, 주관에 대해 놓여 있는 것', '주관에 대해 서 있는 것 또는 서 있는 그림'으로서의 대-상Gegen-stand이다. 한마디로 주관은 이미 스스로 앞에 놓여 있는 것이고 객관은 그렇게 있는 주관에 대해 서 있는 것이다. 주관이 세계의 주主인이라면, 객관은 주인이 초대해서 자기에 대

18 M. Heidegger, *Nietzsche II*, Pfullingen 1961, 141.

해 또는 자기 앞에 세운 손님, 객客이다.

주관이라는 말은 근대 주관주의 형이상학이 인간을 지칭하던 용어다. 그러므로 주관이 세계의 중심이라는 말은 곧 세계에 대한 인간의—중세나 고대에 비해—놀랍게 격상된 지위를 보여 준다. 인간은 세계 안에 존재하는 하고많은 존재자들 중의 하나가 아니라, 세계를 자신 앞에, 자신에 대해 세우는 각별한 존재자다. 그 의미에서 주관은 존재하는 모든 것의 근거에 놓인 것, 즉 세계의 기초이자 중심이다.

> 인간이 주관이 되면서 인간 일반의 본질이 변화한다는 것이 결정적인 일이다. 주관이라는 단어는 물론 그리스어 휘포케이메논의 번역어다. 이 말은 '앞에-놓인 것, 근거로서 모든 것을 자신 안으로 끌어들이는 것'을 지칭한다. 일단 [그리스적] 주관 개념의 형이상학적 의미는 인간에 대한 강조된 관련 그리고 결국 자아에 대한 강조된 관련을 갖지 않는다. 그러나 인간이 제일의 그리고 본래적인 주관이 됨으로써 이 말은 이제 다음을 의미하게 된다. 모든 존재자는 자신의 존재의, 그리고 진리의 방식에 있어서 인간이라는 존재자 위에 근거한다. 인간이 존재자 그 자체의 관련의 중심이 된다.[19]

"존재자들의 관련의 중심"으로서의 주관은 세계를 자신 앞에 세우되, 자신이 원하는 방식으로 세울 수 있는 존재자다. 즉 주관은 스스로 보기를 원하는 것만을 자신에 대해 세울 권한을 갖는다. 이를테면 세계를 모든 시간에 대해 보편적으로 타당한 것으로 표상하기를 원하는 주

19 M. Heidegger, "Die Zeit des Weltbildes", in: idem, *Holzwege*, Frankfurt a. M. 1950, 81.

관의 욕망은 우선 대개 그 자신도 그 안에 있는 세계에서 시간의 흔적들을 제거하고, 오직 '기하학적 공간'과 '그 공간을 채우고 있는, 연장을 가진 것'만을 선택적으로—그 외의 것들은 인위적으로 삭제하며—자신에 대해 세운다. 그리고 그렇게 주관에 의해 선택되고 세워진 그 세계야말로 참된 세계라고 말한다. 그러므로 근대가 발견한 인간, 세계의 기초로서의 인간은 "**스스로 확실한 자기 법칙 부여자로서의 자유**",[20] 즉 자신에 의해, 자신에 대해 세워진 세계에 법칙을 부여하는 자유를 갖게 되었고, 그에 따른 당연한 결과로 "척도로서의 역할"[21]도 떠맡게 되었다. 왜냐하면 무엇이 세계로, 무엇이 세계의 법칙으로 자신에 대해 세워질지를 결정하는 것이 바로 주관으로서의 인간이기 때문이다.

> 도대체 어떻게 [인간이라는] 존재자가 강조되는 방식으로 주관으로 해석되었고, 그 결과 주관적인 것이 [존재자를] 지배할 수 있게 되었는가? 데카르트에 이르기까지 그리고 또한 그의 형이상학의 내부에서도 존재자가 존재자인 한에서의 존재자, 이것은 곧 기체, 스스로 현존하는 자이다. 이것은 그 자체로서 [다른 것의 도움 없이] 그리고 동시에 그의 지속적인 속성들과 변화하는 상태들의 근거에 놓여 있다. 본질적인 면에서 보아 무제약적이기 때문에 탁월한 기체의 (근거로서 근거에 놓여 있는 것의) 우위는 근원적이고 절대적이고 흔들리지 않는 진리에 대한 (확실성이라는 의미에서의 진리의, 자립적이고 동요되지 않는 근거에 대한) 인간의 요구로부터 생겨난 것이다.[22]

20 M. Heidegger, *Nietzsche II*, 147.

21 *Ibid.*, 155; cf. M. Heidegger, "Die Zeit des Weltbildes", 101.

22 *Ibid.*, 98.

주관은 물론 무제약적이다. 왜냐하면 이것은 이 또는 저 사유가 아니면서 사유의 주인이고, 어떤 한 구체적인 활동도 아니면서 모든 활동성의 주체[23]이기 때문이다. 그러므로 그 어떤 가변적, 우연적 속성도 이 이 무제약적인 주관을 온전히—다시 말해 모든 시간에서—규정하거나 제약할 수 없다. 이것은 이 존재자를 어떤 하나의 술어로 규정하는 것이 불가능하다는 사실을 의미한다. 만약 주어의 자리에 올 수 있는 것이 실체라고 한다면,[24] 데카르트의 주관은 문자 그대로 문장의 '주어Subjekt'이고 바로 그 의미에서 모든 술어의 주인이다. 사유하는 주관만이 무시간적으로, 늘 현재의 방식으로 문장의 주어 자리에 있다. 그리고 때에 따라 나타나기도 하고 사라지기도 하는 우연적 속성들은 때에 따라 술어의 자리에 들어서지만 또 이내 사라져 간다. 즉 이 술어들은 주어에 한시적으로만 부가될 뿐이고, 모든 시간에 대해 자신의 자리를 지키는 것은 문장의 주어, 세계의 근거로서의 주관일 뿐이다. 주어는 스스로 이 또는 저 술어일 수는 없고 이 모든 술어의 주인이고, 주관 또한 스스로 이 또는 저 속성인 것이 아니라, 이 모든 속성이 그에게 귀속되기 위해 이 모든 속성들의 근거에 이미 있어야 하는, 모든 객(체)들의 주인이기 때문이다. 중요한 것은 이제 이 주인의 자리에 인간이 서게 되었다는 것이다. 그리고 그는 세계를 구성하는 권한, 스스로 원하는 대로 세계를 '그리는einbilden' 자유를 가지게 되었다. 이렇게 해서 근대 주관주의의 세계상이 그려졌고, 마찬가지의 사유의 길을 통해 과학자들이 자신에 의해, 자신에 대해 세운 '자연'이라는 세계도 구성된다.

---

23 여기서 '주체'라는 말은 '주관'과 마찬가지로 'Subjekt'의 번역어다. 원칙적으로 '주관'이 선호되었으나 맥락과 어감에 따라 '주체'라는 말도 병용되었다.

24 아리스토텔레스, 《형이상학》, 1029a, 1038b 참조.

이제 주관으로서의 인간이 세계의 중심에 서고 이 중심을 둘러싸고 여러 존재자들이 배열된다. 그리고 이 인식하는 주관의 표상의 확실성에서 확실한 인식이 보장된다. 물론 진리 조건은 지성과 사물의 일치다. 그러므로 던져야 할 물음은 다음이다. 주관은 자신에 대립해 있는 물체들을 어떻게 표상vorstellen하는가, 즉 어떻게 자신 앞에vor 세우는가stellen? 그 대상의 있는 그대로의 상이 세워지는가, 아니면 달리 될 수 있는 상이 세워지는가? 정확히 표현해서 대상의 불변하는 실체성의 상을 그리는가, 아니면 그것의 가변적인 속성에 대한 상을 그리는가? 여기서 인식의 확실성과 불확실성이 갈린다. 관건은 다음이다. 대상을 **속성**으로 파악하는가, **연장**으로 파악하는가? **시간적**으로 파악하는가, **공간적**으로—기하학적으로—파악하는가? 주관에 대해 서 있는 객관은 이제 인식되기 위해 주관 앞으로 이끌려 와야 한다. 이렇게 자신에 대립해 있는 것을 자신 앞에, 인식하는 주관 앞에 이끌어 오는 것이 바로 인식이다. 이미 언급했듯이 근대의 인식은 표상의 방식으로 진행된다. 즉 주관은 객관을 표상하며 자신의 의식 안에 하나의 상ikon으로 세운다. 이 표상이 바로 주관이 스스로에게 인식의 확실성을 담보하는 사유 형식이다. 왜냐하면 표상Vor-stellen이란 말의 원래의 의미상 주관이 뭔가를 자기 앞에vor 세우는stellen 과정이기 때문이다. 즉 주관은 자신에 대립해 있는 대상을 자신 앞으로 끌고 와서 자신이 원하는 바로 그 방식으로 자기 앞에 세운다. 그래서 모든 대상들이 주관 앞에 끌려오게 되고, 세계의 중심인 주관, 의식으로서의 인간을 중심으로 배열된다. 그리고 이러한 **앞에 세움**vor-stellen als vor sich stellen은 동시에 **확고하게 세움**sicher-stellen을 의미한다. 확고하게 세워진 것만이 확실할 수 있기 때문이다. 그리고 이 확실성은 내가 그것을 항상, 모든 시간에 대해 **동일하게 표상**할 수 있음을 뜻한다. 그러므로 인식으로서의 표상에는 단 하나의 사유 규칙이 있을 뿐이다. 나는 대상을 그것의 우연적 속성으로 표상하지 말고, 그것의 **실체성**으로, 그것의 **연장성**으로, 다시 말해 **기하학적 본성**으로, **공간을 채운다는 특성**으로부터만 표상해야 한다. 이 같은 식의 진리 탐구, 표상으로서의 인식을 하이데거는 '연구Forschung'라 부른다.

> 연구로서의 인식이, '표상이 어떻게 그리고 어느 정도까지 존재자를 제 멋대로 다루는가'에 대한 설명을 준다. 표상이 존재자를 그 미래의 진행 과정에서 앞질러 계산할 수 있거나 또는 지나간 것으로서의 존재자를 돌이켜 계산할 수 있다면, 표상은 존재자를 멋대로 처리하는 것이다. 앞지르는 계산에서는 자연이, 역사학적으로 돌이키는 계산에서는 역사가 [표상 앞에] 세워진다. 자연과 역사는 설명하는 표상의 대상이 된다. 표상은 자연을 예측하고 역사를 고려한다. 이런 식으로 대상이 될 수 있는 것만이 **존재하고** 또 존재하는 것으로 여겨진다. 존재자의 존재가 이렇게 대상성에서 찾아질 수 있을 때, 최초로 표상은 연구로서의 과학으로 성장한다.[25]

여기에 쓰인 연구라는 개념은 말하자면 대상화하는 사유, 연구자가 원하는 것을 얻을 수 있도록 요청하는 탐구다. 실제로 '연구하다forschen'라는 독일어 단어는 '요구하다', '요청하다'를 의미하는 라틴어 '포스케레poscere'에서 유래했다고 한다. 그러므로 어원에 비추어 추정해 볼 수 있는 연구로서의 과학은 연구자가 존재자에게 대상, 나에 **대한** 상이 될 것을 요청하고 강요하는 탐구다. 물론 이 요청은 존재자가 자신

25 M. Heidegger, "Die Zeit des Weltbildes", 80.

의 모든 시간적 속성을 버리고, 오직 실체성으로, 항상 현재의 방식으로 타당한 실체성에서 자신을 제시하는 그런 대상이 되기를 강요함이다. 주관으로서의 인간이 그 자체 침묵하고 있는 세계와 존재자에게 자기가 원하는 모습을 보여 달라고 강요한다. 다시 말해 거기에 있는 세계 자체를 있는 그대로 발견하는 것이 아니라, 세계를 무시간성의 지평 아래서 관찰하기를 원하는 연구자가 세계를 기하학적 공간으로 구성하고 구상構像하고 있는 것이다. 이것이 본래적인 의미에서의 표상, 즉 원하는 식으로 자기 앞에 세움의 의미이다.

> 존재자의 이 같은 대상화는 '앞에-세움'으로 수행된다. '앞에-세움'이 원하는 것은 모든 존재자를 자신 앞에 이끌어 오되, 계산하는 인간이 존재자에 대해 확고해질 수 있도록, 다시 말해 확실성을 가질 수 있도록 이끌어 오는 일이다. 진리가 표상의 확실성으로 변했을 때, 그때 최초로 그리고 오로지 그때에만 '앞에-세움'은 연구로서의 과학이 된다. 데카르트의 형이상학에서 최초로 존재자는 표상의 대상성으로, 그리고 진리는 표상의 확실성으로 규정되게 되었다. (…) 근대 형이상학 전체는 (…) 데카르트가 선구자로 되어 있는, 존재자 해석과 진리 해석 안에 머물고 있다.[26]

두 가지의 중요한 통찰이 발견된다. 근대의 주관주의 형이상학에서 존재자의 의미는 대상성으로, 진리는 표상의 확실성으로 규정된다는 점이다. 데카르트는 원칙적으로 있는 것을 있는 그대로 인식하려는 진

26 *Ibid.*

리 대응설을 추종했지만, 실제로는 존재자를 거기에 그 자체로 있는 존재자로 본 것이 아니라 인식하는 자에 대해 서 있는 (대)상으로 규정했고, 그 대상을 늘 동일한 방식으로 표상함에서 진리를 추구했다. 그리고 이런 작업의 정당성의 근거는 그렇게 할 때에만 세계는 모든 시간에 대해 동일한 것으로 표상될 수 있다는 것이다. 근본적으로 물어야 할 것은 다음이다. 연장을 가진 것이 실로 존재자 자체이고 이들이 채우고 있는 기하학적 공간은 정말 세계 자체인가? 혹 이것들이 무시간적 확실성을 추구하는 주관의 의식 안에, 이 주관의 지성적 욕구에 비추어 세워진 상Bild에 불과한 것은 아닌가?

> 근대적 표상은 그리스적 인지Vernehmen와는 완전히 다른 어떤 것을 뜻한다. 이 의미는 재현(대표)repraesentatio이라는 용어로 가장 신속하게 드러난다. 여기서 표상함이란, 눈앞의 것을 대립해 서 있는 것으로 자신 앞에 가져옴, 표상하는 자로서의 자기 자신에 관련시킴, 그리고 이와 같은 자신과의 관련 안으로, 척도를 부여하는 영역 안으로 강제로 되돌림을 뜻한다. 이런 일이 생기는 곳에서 인간은 자신을 존재자들 위에 선 하나의 상으로 정립한다. 이런 식으로 인간이 스스로를 상으로 정립하면서 그는 자신 역시 무대 위에, 즉 보편적으로 그리고 공적으로 표상된 것들의 열려진 주변 영역에 함께 세운다. 이를 통해 인간은 스스로를 하나의 무대로 정립하는 것이다. 이 무대 위에서 존재자는 계속 스스로를 앞에 세우고, 현전화해야 한다. 즉 상으로 남아야 한다. 인간은 '대상적인 것이라는 의미에서의 존재자'의 대표자Repräsentant로 된다.[27]

---

27 *Ibid.*, 84.

여기서 하이데거는 '표상하는 자 앞에 세워진 존재자의 상'과 '존재자 자체'의 관계를 '재현' 또는 '대표'라고 번역될 수 있는 '레프레젠타티오re-praesentatio'라는 흥미로운 개념으로 설명하고 있다. 물론 여기서 상세히 다룰 수는 없지만 이 개념에 두 가지 의미가 함께 귀속한다는 사실만큼은 지적해야 한다. 그것은 '재현再現'과 '대표代表 또는 대행代行'이다. 우선 레프레젠타티오는 재현이다. 거기에 현전 또는 현존하고 있는 것praesentatio, ousia이 더 이상 존재하지 않을 때 그것을 다시re 현재화하는 표현이 바로 레-프레젠타티오다. 그러므로 이 개념은 현존의 반복이라는 의미에서 재현이다. 풀어 설명하면 표상하는 자의 의식 안에 만들어진 대상의 상은 그 자체 현존하고 있는 대상 자체는 아니지만 이 현존하는 대상을 온전히 재현한다. 그리고 그 의미에서 주관 앞에 세워진 상으로서의 레프레젠타티오는 거기에 현존하는 물체 자체를 대표할 수 있다. 왜냐하면 레프레젠타티오는 현존자를 다시 표현하고 있고, 이 표현 안에서 현존자가 현존하고 있다고 간주될 수 있기 때문이다. 그러므로 재현re-praesentatio은 현존praesentatio 자체의 권리 있고 "자유로운 대행자"[28]가 될 수 있다.[29] 이것이 관계의 본질이다. 주관이 표상 행위를 통해 주관의 의식 내부에 제작한 상은 원칙적으로 물체가 아니라 물체의 상이다. 이것은 말하자면 현존자로서의 실체praesentatio, ousia의 그림인데, 이 그림이 그려지는 실체 자체를 완벽하게 재현, 다시 표현하는 한, 이 그림은 그려지는 피표현체, 현존자의 권리 있는 대행자로 간주되어

28 B. Haller, Art. "Repräsentation II: Repräsentation in Politik und Recht", in: *Historisches Wörterbuch der Philosophie*, Bd. VIII, hrsg. von J. Ritter, Darmstadt 1992, 812.

29 '재현'의 개념사에 대해서는 다음을 참조: 김창래, 〈상, 재현, 언어—가다머의 언어 개념〉, 《철학》, 110집(한국철학회, 2012), 67-72쪽.

야 한다는 것이다. 그러므로 주관의 의식 안에 세워진 상像, ikon, Bild은 곧 존재 자체로 간주되어야 한다. 바로 이것이 하이데거가 근대에 이르러 존재자의 의미가 표상의 대상성으로, 그리고 존재자에 관한 진리가 표상의 확실성으로 바뀌었다고 말할 때 의미했던 것이다.

현존하는 존재자에 대해 인간이 만든 상이 곧 존재자 자체로 간주된다. 즉 구성된 현실성이 세계 자체로 여겨진다. 이것이 근대의 특징이고, 근대에 고유한 사유 방식인 표상의 특징이다. 있는 것이 그림으로 바뀌고, 존재가 상으로 된다. 왜냐하면 "척도의 역할을 떠맡은" 인간이 그와 같은 상으로서의 세계를 요구하기 때문이다.

> 인간은 대상적인 것으로서의 존재자에 어떤 태도를 취해야 할지를 스스로에게 정해 준다. 존재자 전체를 정복하기 위한 척도의 공간, 그리고 수행의 공간으로서의 인간적 능력의 영역을 점유하는 인간 존재의 방식이 시작된다. 이러한 사건에 의해 규정되는 시대는 단지 돌이켜 보아 앞서간 시대들에 대비해 하나의 새로운 시대인 것만은 아니다. 이 시대는 스스로를 정립하였고 새로운 시대로 고유하게 정립했다. 새롭게 존재한다는 것이 이 세계, 상이 되어 버린 시대에 속한다. 이에 따라 이 세계의 상의 성격은 존재자의 표상되어 있음으로 분명히 드러난다. 그렇다면 우리는 표상되어 있음의 근대적 본질을 온전히 파악하기 위해 '표상하다'라는 닳고 닳은 말과 개념으로부터 '자기 앞에 그리고 자신의 편으로 끌어들여 세움'이라는 근원적인 지칭의 힘을 길어 내어 감지하지 않으면 안 된다. 이렇게 해서 존재자는 대상으로 존립하게 되며 최초로 존재의 봉인을 얻게 된다. '세계가 상으로 되었다는 것Daß die Welt zum Bild wird'은, 인간이 존재자들의 내부에서 주관으로 되는 것과 한가

지의 과정이다.[30]

존재자가 그림이 되었고 세계가 그림책이 되었다는 것, 이것이 데카르트적 회의에 숨겨진 철학적 함축이다. 근대적인 방식으로 사유하는 자는 존재자의 모습 중에서 자신이 보기를 원하지 않는 것은 회의라는 여과지에 걸러 버리고, 이 반복된 여과의 잔존물, 연장을 갖는 사물을 실체, 현존자라 부른다. 그리고 이 실체를 상으로 만들어 자신 앞에 세운다. 그러나 존재자에 속하는 모든 것이 주관 앞으로 이끌려와 세워지는 것은 아니다. 주관의 사유 세계에로의 통로에는 굳게 닫힌 문이 있고, 이 문을 여는 열쇠는 오직 '사유하는 나'만이 가지고 있다. 무엇에게 문을 열어 줄지의 결정권은 오직 주관이 가지고 있다. 시간 안에서 생성, 변화하는 것들에게 표상하는 정신에로의 문은 굳게 닫혀 있다. 시간을 넘어서는 대가를 치른 것들만이 표상하는 자에게로 이끌려와 그에 대해, 그가 원하는 방식으로 세워진다. 왜냐하면 사유하는 인간은 이제 존재자에 대한 "척도"[31]가 되었기 때문이다. 오직 이 척도가 허용하는 그림들로만 세계가 그려진다. 있는 그대로의 세계가 **발견**되는 것이 아니라 주관이 원하는 그대로의 세계가 **구성**되고 **구상**되는 것이다. 바로 이 상으로 된 세계가 근대 주관주의 형이상학이 존재와 시간의 분리이라는 고대인의 경험을 근대적으로 반복하면서 구성한 세계이고, 동시에 근대 과학이 이 형이상학으로부터 물려받아 연구했던 '그 자연'이다.

정리를 좀 해보자. 인간은 주관이 되었고, 존재자는 이 주관에 대한

30 M. Heidegger, "Die Zeit des Weltbildes", 84f.

31 *Ibid.*, 101.

상, 대-상이 되었다. 그리고 이 존재자에 대한 진리는 표상의 확실성으로 규정되었다. 이제 세계는 대-상들의 체계와 같은 것으로 되었다. 바로 이 사건이 〈세계상의 시대〉라는 타이틀이 암시하는 것이다. 이 제목이 의미하는 것은 근대에 새로 세계에 **대한** 또 하나의 상이 정립되었다는 것이 아니라, 세계가 **상으로 되어 버렸다**는, 그리고 세계 자체와 같은 것은 없어져 버렸다는 뜻이다. 이 상으로 된 세계가 세계 해석에 대한 독점권과 주도권을 행사한다. 즉 '그 하나의 세계'로 간주된다. 이제 세계는 우리가 실재로 그 안에 살고 있는 세계가 아니라, 표상하는 주관에 대해 세워진 대상들의 질서 있는 배열에 불과할 뿐이다. 물론 배열의 중심에 주관이 있고, 배열의 원리는 주관이 제공한다. 시간적 질의 배제가 바로 그 원리다. 이렇게 해서 근대적 세계의 **계량화**가 이루어지는 것이다. 존재자는 양적 특성, 기하학적 규정성에 의해서 파악되고 세계는 마치 절대 공간과 같은 것으로 된다. 이제 **주관으로서의 인간**은 세계에 대한 **척도**적인 의미를 갖게 되고, 그는 **진리 기준**의 역할을 맡는다. 그리고 그가 **원하는 방식으로 세계를 구성**할 권리를 갖는다. 확실한 인식, 표상의 확실성을 추구하는 주관은 존재자를 자신에 대한 상으로 세우는데, 이 세움은 다음에 그 존재자를 다시 세울 때에도 **항상 같은 것**, **같은 그림**으로 세워질 수 있어야 한다는 한가지의 이상에 의해 고무되고 있다. 이것이 바로 근대 형이상학과 근대 자연과학의 근본 특성인 **방법**methodos의 의미이다.

방법方法이란 방향을 잡는 법인데, 서양어 '메토도스methodos'는 어떤 길을 의미한다. 이 길은 에피스테메의 보편성을 추구하던 고대 형이상학자들이 걸었던 길이고, 회의하던 데카르트가 걸었던 길이고 또한 데카르트의 형이상학의 세례를 받은 근대 과학자들이 걸었던 길이기도 하다. 이 개념의 흥미로운 어원은 이에 대한 간접 증거다. 방법은 그리스어 '메타meta'와 '호도스hodos'의 합성어다. 메타는 '뒤에', '나중에', '후에'를 의미하며 호도스는 '길' 내지 '통로'를 뜻한다. 그러므로 방법의 길은 '뒤따라 걷는 길'이다. 이 의미심장한 개념에는 '내가 어떤 길을 걸어갈 수 있음'과 동시에 '나중에 언제라도 같은 길을 다시 걸어갈 수 있음'이 함축적으로 표현되어 있다. 물론 이것의 과학론적 의미는 **반복 가능성**이다. 따라서 **방법**은 시간의 흐름, 시간의 흐름에 따른 상황의 변화에도 불구하고 **반복 가능성**을 보장해 주는 절차다. 엄격하게 통제된 방법적 절차는 원하면 언제든지 동일한 사유의 결과를 보장해 준다. 데카르트가 언제, 어디서 사유하건, 이 사유가 방법적으로 잘 규제된다면, 그는 늘 연장을 갖는 것, 공간을 채우고 있는 것만을 표상할 수 있을 것이다. 과학자가 언제 어디서 실험하건, 그 실험실의 조건이 방법적으로 잘 통제된다면, 그는 늘 동일한 실험 결과에 이를 수 있을 것이다. 이들은 방법적으로 사유하고 실험했고, 그 의미는 이들이 동일한 길만을 뒤따라 걸으며, 달라질 수 있는 가능성들은 모두 배제해 버렸다는 것이기 때문이다. 이들에게 방법은 항상 현재의 방식으로 타당한 진리에 이르는 길이다. 진리는 방법을 근본적으로 "넘어선다"[32]고 생각하는 《진리와 방법》의 저자도 방법 개념을 반복 가능성으로부터 설명한다. 여기에는 물론—나중에 상세히 다루겠지만[33]—진리는 방법적 통제에 따라 반복 가능한 어떤 것이 아님이 암시되어 있다. 일단 근대와 근대 과학을 "지배하고"[34] 있는 방법에 대한 가다머의 설명을 들어 보자.

32 H.-G. Gadamer, *Gesammelte Werke*, Bd. I, 1.

33 9.1.2 참조.

34 H.-G. Gadamer, *Gesammelte Werke*, Bd. II, 48.

> 이제 지배적으로 되는 것은 방법의 사고다. (…) 방법의 개념에 의해 규정된 인식의 이상은 다음과 같은 사실에 근거한다. 우리가 어떤 인식의 길을 걷되 [충분히] 의식하고 걸어서, 이 길을 다시 걷는 것이 항상 가능할 수 있어야 한다. 메토도스란 '다시 걸어가는 길'을 의미한다. 누군가 걸어갔던 것처럼 항상 다시 걸어갈 수 있음, 바로 이것이 방법적인 것이며, 과학의 탐구 과정을 두드러지게 드러내는 것이다.[35]

반복 가능성은 자연과학적 인식의 본질이지만, 근원적으로는 그리스 형이상학이 추구했던 에피스테메와 데카르트가 추구했던 확실한 인식의 본질이기도 하다. 왜냐하면 시간적 우연성을 넘어서 있는, 따라서 달리 될 수 없는 것만이 반복 가능하기 때문이다. 반복 가능성이라는 현대 과학철학의 술어에 현혹되어 방법적 사유의 형이상학적 기원을 망각해서는 안 된다. 기본에는 늘 '항상 같은 것', '달리 될 수 없는 것', '모든 시간에 대해 보편적으로 타당한 것'에 대한 추구가 놓여 있다. 과학의 방법적 탐구 과정도 역시 이 근본적인 추구와 다른 것일 수는 없다. 예를 들어 방법적으로 통제된 실험은 항상 반복 가능해야만 한다. 수소와 산소를 결합하여 물이 생성되었다면, 이 실험 결과는 언제, 어디서나 늘 현재의 방식으로 반복되어야 한다. 이 반복 가능성을 위해, 즉 존재자를 늘 현재의 방식으로 관찰하고 인식의 보편타당성을 확보하기 위해 시간의 흐름 안에 있는 모든 우연적 요소를 제거하고, 통제하는 절차를 우리는 정당하게 '방법'이라 부를 수 있다. 방법적으로 잘 조절된 과학이 확립한 자연법칙은 '선행 조건'만 충족된다면 때와 장소를 가리지

35 *Ibid.*

않고 언제, 어디서든 반복해서 실현된다. 데카르트식으로 표현하자면 내가 한 대상을 표상하되 이 표상을 통해 확실한 인식을 얻을 수 있기 위해서는, 나중에 언제라도 동일한 상을 떠올릴 수 있도록 표상해야 한다. 이것만이 인식의 방법적 조건을 충족시키는 것이고 과학적 방법에 충실한 표상 방식이다. 오직 방법만이 확실한 인식을 보장해 준다. 그러므로 이 반복 가능성을 해치는 요인들, 자기만의 시간을 갖고 시간의 흐름에 따라 변화에 노출되어 있는 모든 우연적 속성, 생활 세계적 관련들은 과학자의 실험실에서나 데카르트의 표상 과정에서나 매한가지로 배제되어야 한다. 그래서 방법적 사유에 익숙한 과학적 지성은 물을 마실 물이나 손 씻을 물이 아니라 오로지 H_2O로 관찰하는 것이고, 방법적으로 잘 훈련된 근대의 지성도 밀랍을 비싸고 몸에 좋은 건강식품이 아니라 단지 그 기하학적 규정성으로부터만 표상하는 것이다. 모든 실천적, 생활 세계적 이해관계를 삭제하고 순진무구한 눈으로 관찰할 뿐인 이론적 이성만이 이 같은 방법적 대상화를 수행할 수 있다. 그러므로 결론은 단순하다. 반복 가능성을 보장하는 방법적 인식, 확실한 인식은 존재자를 그 연장성, 기하학적 규정성으로부터 파악하여 대상화할 때만 얻어진다. 과학은 늘 현재의 방식으로 존재하는, 따라서 반복되는 법칙의 지배를 받는 기하학적 세계를 "발견"하기 위해 우리가 실제로 그 안에 살고 있는 세계는 "은폐"한다. 바로 이것이 이른바 근대 철학의 아버지라는 사람이 그 기초를 마련해 준 근대적 세계상의 근본 특징이고, 이 세계상을 관조하는 근대 형이상학자와 근대 과학자의 기본 태도다. 세계는 시간이 아니라 계량화된 공간이고, 과학은 세계를 기하학적으로 응시하는 눈을 가지고 있어야 한다는 것이다. 그러나 이 같은 근대의 요청은 추상적 사유의 길을 떠났던 파르메니데스가, 존재를 생성으로부터 분리해서 사유했던 플라톤이, 영원의 지평 아래서 달리 될 수 없는 사태에 대한 에피스테메를 추구했던 아리스토텔레스가, 그리고 무엇보다도 기하학적으로 세계를 창조했던 데미우르고스가 앎을 얻고자 하는 인간들에게 요구했던 것과 근본적으로 다른 것이 아니다.

6.2 상으로서의 세계와 세계 자체

'추상적 사유의 요구에 따라 세계를 기하학적 상으로 구성하는 인간'과 '표상(이 인간 앞에 세움)에 의해 늘 반복 가능한, 보편타당한 상으로 구성된 세계'가 대립하고 있다. 그렇다면 이 둘의 관계는 무엇인가? 이제 데카르트의 세계 존재론에서 인간과 세계의 관련, 그리고 이 관련의 철학적 의미라는 근원적인 물음이 숙고되어야 한다. 나의 문제의식은 다음과 같다. 회의하며 무시간적 실체성에 도달하는 데카르트의 사유는 혹 인간을 인간이 아닌 것으로, 세계를 세계가 아닌 것으로 만들어 버린 것은 아닌가?

6.2.1 세계상의 시대

근대 주관주의 형이상학에 따르면 인간은 일단 유한 실체로서의 주관이다. 실체로서 이 존재자는 그 자체로서 존재한다. 그에게 부수적인 속성 전체를 제거해도 그는 그 자신으로서, 여전히 자기 동일성을 유지하면서 있다. 그가 어떤 생활 세계에 살고 있고 그의 삶이 어떤 역사적 단계를 거치며 형성되어 왔는지는 무시해도 좋은 우연적 속성일 뿐이다.

인간의 실체성을 이루는 것은 그의 사회성이나 역사성이 아니라, '**사유**'하고 있다는 단 하나의 사실이다. 바로 이것이 하이데거의 데카르트 비판의 포인트다. 데카르트의 인간은 사회적, 역사적 생활 세계의 제거 이후에 남는 순수 사유, 순수 의식에 불과하다는 것이다. 하이데거의 비판적 관점에 따르면 순수한 코기토가 거기에 먼저 있고, 그가 때때로 우연과 시간의 옷을 걸치고 실천적 삶의 세계에 모습을 드러내는 것이 아니다. 먼저 거기에 있는 것은 특정 의미 공간 안에서 도구를 사용하고 또한 다른 인간들과 관계를 맺으면서 사는, 그리고 이 도구 사용과 관계 맺음의 역사를 가진 우리 보통 사람들이다. 그러고 나서 이들이 입고 있는 우연과 시간의 옷을 하나하나 추상적으로 벗겨 나갈 때, 그때 비로소 만날 수 있는 이념적 인간, 헐벗은 인간이 바로 데카르트의 주관이다. 모든 실천적 의미 관계의 배제, 개별자로서의 인간의 삶의 내용의 포기, 바로 이것이 데카르트가 인간을 불변하는 실체로 파악하기 위해 치른 대가였다. 마찬가지로 세계 또한 어떤 의미 세계, 역사적으로 규정된 세계, 사회적 세계가 아니라 순수한 물체의 세계이다. 다시 말해 세계는 내가 못질을 할 수 있는 망치, 액자를 거는 못, 액자 안의 그림, 그림이 걸린 쾌적한 거실, 그 안에서 친구와 나누는 담소, 그렇게 보내는 즐거운 시간으로 구성된 것이 아니라, 오로지 기하학적 공간이고 이 공간을 채우고 있는 물체들로만 이루어진다. 세계는 공간이고 세계 안의 모든 존재자는 **연장**을 갖는 물체 이상 다른 것이 아니다. 적어도 확실한 인식을 얻기 위해 반복 가능성이라는 방법적 사고의 조건을 충족시키고자 하는 자는 그렇게 사유해야 한다. 이것이 존재자의 실체성과 인식의 확실성을 얻기 위해 데카르트의 형이상학이 피할 수 없이 긍정해야 했던 인간과 세계의 관계다.

사유하는 것과 연장을 갖는 것이 서로에 대해 서 있다. 즉 순수한 의식과 순수한 물질이 대립하고 있다. 순수한 의식, 순수한 물체, 이 둘이 대립하는 기하학적 공간, 이 모든 것은 물론 우리가 사유할 수 있는 것이지만 경험할 수 있는 것은 아니다. 이것은 추상화하는 사유의 산물, 인위적 가공물이지, 직접적, 생활 세계적 현실성은 아니다. 이것은 '우리의 생활 세계', '우리가 그 안에서 다른 존재자들과 여러 관계를 맺으며 살고 있는 세계', '우리가 그 안에 거주하는 동안에는 전혀 대상화될 수 없는 세계'가 특정 관점 아래, 특정 방법적 절차에 따라 추상적으로 대상화될 때에 비로소 발견되는 이념적 허구다. 우리는 결코 그런 세계, 기하학적 공간 안에 살지는 않는다. 분명한 것은 이념의 옷, 기하학적 상징의 옷을 입고 있는 데카르트는 참된 세계, 세계 자체를 발견한 것이고, 아직도 우연의 옷을 걸치고 있는 우리는 이 참된 세계가 시간 안에 드러난 헛된 세계에 살고 있다고 말할 권리는 누구에게도 없다는 것이다. 현실성 자체는 참된 것도 헛된 것도 아니다. 참됨, 헛됨이라는 말을 하는 것은 추구하고 평가하는 인간이지, 거기에 그 자체로 있는 현실성이 아니다. 현실성 자체는 침묵한다. 이 현실성 안의 존재자도 스스로는 물체도, 도구도 아니다. 사유하는 자가 그것을 물체로 간주하는 것이고 사용하는 자가 그것을 도구로 해석하는 것이다. 이미 거기에 있는 참된 세계가 인간에 의해 비로소 발견되는 것이 아니라, 거기에 침묵하며 있는 무차별적 현실성이 비로소 인간에 의해 규정되고, "~으로"[36] 해석되는 것이다.

실제로 우리는 세상을 살면서 무수히 많은, 규정되지 않은 현상들을

36 M. Heidegger, *Sein und Zeit*, 149.

접하게 된다. 낮과 밤의 교체, 계절의 순환, 사람의 태어나고 살아 감, 도구를 사용함, 늙고 병듦, 죽음, 사랑과 증오, 아쉬워하고 그리워함, 그리고 과학함과 철학함까지. 이 모든 현상들 그 자체는 무질서한 혼돈이고 무한한 잡다성이다. 우리는 이 잡다한 현상 자체에서 원칙적으로 어떤 질서도 발견할 수 없다. 적어도 우리가 원하지 않는 한. 그러나 실은 우리는 언제나, 거의 항상 그 안에서 질서를 발견한다. 정확히 말해 질서를 발견하는 것이 아니라 부여하는 것이다. 이 무한한 '여럿들' 사이에 존립하는 필연적 관계가 거기에 있어서 우리가 '그 하나'의 질서를 발견하는 것이 아니라, 우리가 이 여럿들을 더 적은 수의 여럿에로, 그리고 다시 이것을 더욱 적은 수로 정리, 정돈하고 있는 것이다. 이렇게 무질서한 잡다를 포괄적인 법칙에 포섭하여 법칙적 질서로 정리하려는 노력이 바로 과학이라는 작업의 본질이다. 이런 맥락에서 칸트도 학문의 학문성의 첫째 조건으로 체계성을 지목한 바 있다.[37] 왜냐하면 무한한 잡다의 정리와 정돈, 통일은 근본적으로 체계에로의 편입을 뜻하기 때문이다. 칸트가 생각했던 체계는 잡다한 것들의 단적인 통일이 아니라, "하나의 이념", 원리 "아래서의 통일"[38]이었다. 따라서 우리가 그 자체 잡다한 현상들을 하나의 체계로 정리, 정돈한다고 할 때, 필경 우리는 체계화의 원리, 어떤 현상은 체계에 포함시키고 어떤 것은 배제할지를, 그리고 포함시키더라도 어디에 포함시킬지를 결정하는 기준을 가지고 있어야 한다. 그런데 이 기준, 현상들을 분류하는 원리는 다시 현상들 중에 발견될 수 있는 것이 아니라, 분류하는 인간이 분류에 앞서 이미 가지고 있어야만 한다. 그렇지 않다면 분류 자체가 불가능하기 때

37 Cf. I. Kant, *Kritik der reinen Vernunft*, B860f.

38 *Ibid.*, B860.

문이다. 바로 이것이 포인트다. 나의 주장은 이 같은 정리, 정돈의 노력이 잘못되었다는 것이 아니다. 이것은 늘 세계의 무한한 현상을 접하고 사는 우리 인간에게는 불가피한 일이다. 그러나 또한 분명한 것은 모든 정리, 정돈이 하나의 분류이고 질서지우기인 한, 이것은 불가피하게 어떤 **원칙**, **기준**, **관점**을 전제하지 않을 수 없다는 것이다. 예를 들어 칸트의 자연으로서의 세계는 일반화라는 관점 아래 구성된 것이다. 칸트의 이성은 이 관점의 인도 아래 잡다를 통일하기 때문에 현상의 "역학적 전체로서의 자연"[39]을 만나게 된다. 데카르트의 과학적 세계상 역시 실체성이라는 관점에 입각하여 이루어진 것이다. 그리고 이 관점의 인도하에 우리는 기하학적 세계를 접하게 된다. 그러나 인정하지 않을 수 없는 것은 칸트의 체계화나 데카르트의 회의는 모두 '세계 발견'이 아니라 '세계 **해석**'의 과정이라는 점이다. 현상들의 통일로서의 체계화나 우연적인 것의 배제로서의 회의는 모두 특정한 관점의 인도에 따라 이루어진 세계 해석이지, 거기에 있는 세계 자체를 드러내어, 있는 그대로 보여 주는 일이 아니다. 그들이 사유를 통해 도달한 것은 그 하나의 세계가 아니라, **하나**의 세계 **해석**, **하나**의 세계**관**이다. '하나의'라는 말로 내가 의미하는 것은 물론 해석과 관점의 복수성이다. 하나의 관점 곁에 또 다른 관점이 올 수 있고, 하나의 세계 해석과 공존하는 또 다른 세계 해석은 언제나, 얼마든지 가능하다. 물론 어떤 세계 해석도 이유가 없는 것은 아니다. 그러나 어떤 해석도 자신이 유일한 참이라고 주장할 권리를 갖지는 못한다.

물론 어떤 사람들은 종교적으로 왜곡된 중세의 세계상에 비해 근대

---

39 *Ibid.*, B447.

주관주의 세계상은 더 과학적이고 그래서 더 좋은 것이라고 말할지도 모른다. 그들은 중세에 비해 근대의 삶의 조건은 좋아졌고, 이것은 역사의 진보이고, 이 진보를 가능하게 했던 것은 과학의 힘이고, 과학의 동력은 주관주의라는 유전에서 길어온 것이라고, 따라서 근대의 세계 해석은 옳고 중세의 세계 해석은 그릇된 것이거나 최소한 전자가 후자보다 세계 자체에 더 가깝다고 말할지도 모른다. 물론 이런 생각은 근대인들에게는 타당할지도 모르지만, 중세인도 납득할 수 있는 것은 아니다. 이렇게 주장하는 사람이 있다면 나는 우선 현대인들은 "호텐톳인들보다 자신의 삶의 조건에 대해 더 잘 알고 있느냐?"[40]는 베버의 비판적 질문을 반복하고 싶다. 그러고 나서 그들이 근대가 중세보다 더 나은 시대라고 말할 때, 그 나음을 판정하기 위해 사용한 기준이 무엇이냐고 묻고 싶다. 생활 조건의 개선? 이것이 그들의 답이라면 그들은 순환의 오류를 범한 것이다. 생활 조건이 나아진 것은 인류가 자연을 지배한 탓이고, 자연의 지배를 가능하게 한 것은 과학의 힘이다. 그런데 그들은 다시 과학의 힘이라는 기준으로 종교의 시대와 과학의 시대를 비교하고 있다. 무릇 두 시대를 비교하면서 그중 한 시대의 특징을 기준으로 삼는다면, 그것은 비교가 아니거나 최소한 폭력적인 비교일 뿐이다. 철학적으로 볼 때, 중세와 근대의 두 세계 해석이 다른 두 세계 해석이라는 사실을 부정할 수 있는 길은 없다. 또한 논리적 오류를 범하지 않으면서 하나가 다른 것보다 더 나은 것이라고 주장할 수 있는 길도 없다. 그러므로 이 다름을 다름으로 승인하지 않으면 안 된다.

---

40 M. Weber, *Wissenschaft als Beruf*, in: idem, *Gesammelte Aufsätze zur Wissenschaftslehre*, 593.

데카르트가 취했던 관점, 기하학적 세계 해석의 관점은 결코 절대적인 관점일 수는 없고, 마지막 관점도 유일한 관점도 아니다. 이것은 단지 가능한 여러 관점들 중의 하나이고, 따라서 원칙적으로 관점의 복수성이라는 측면에서 상대화되어야 한다. 그러나 이렇게 근대 주관주의의 세계상이 세계 자체는 아니고, 여러 관점들 중의 하나를 가지고 진행된 세계 해석들 중의 하나라는 사실을 보이는 것으로 하이데거의 데카르트 비판이 완결되는 것은 아니다. 하이데거는 더욱 비판적인데, 그는 근대의 세계 해석이 가능한 여러 세계 해석 중에서도 유난히도 인위적이고, 추상화하는 조작에 의해서만 가능한 **허구**라는 문제점을 지적하고 있다. 이 문제의 복잡성, 그리고 문제 해결의 시급성은 과학 시대를 살아가는 현대인들이 이 허구를 하나의 '실재', 상대화할 수 없는 '순수 사실'로 착각하고 있다는 데에 있다. 즉 데카르트와 근대의 형이상학자들, 그리고 이 형이상학을 은연중에 따라간 근대 과학자들, 종국에는 과학 시대를 살아가고 있는 우리 현대인 모두 마치 '물속을 헤엄치며 자신이 물속에 있다는 사실을 깨닫지 못하는 물고기'와 같이, 과학이라는 **그림책**, 과학을 가능하게 하는 **허구의 세계상** 속을 거닐면서 이것이 유일한 그리고 절대적인 세계라고 믿고 있다. 그러나 이들의 생각과는 달리 이 세계, 데카르트의 세계, 과학자들의 세계, 기하학적 공간 규정에 의해 파악되는 양화된 세계는 실재하는 세계가 아니라, 세계를—존재한다고 여겨지는 무규정적 잡다를—**무시간성**, **실체성**, **보편타당성**이라는 관점에 입각하여 극단적으로 이끌고 간, 추상화의 끝에 얻어지는 하나의 가공물일 뿐이다. 이것은 발견된 실재가 아니라 추상적 사유, 이념적 구성 내지 구상構像의 결과이고, 따라서 하나의 상, 그림일 뿐이다. 그래서 하이데거는 **데카르트의 시대**, **과학의 시대로서의 근대**를 **세계상의 시**

대*Zeitalter des Weltbildes*라 부른다. 세계가 상으로, 실재가 그림으로 바뀌었다는 것이 근대의 본질을 이룬다.

> 세계가 상으로 될 때 존재자 전체는 인간의 방향 잡음의 목표물과 같은 것으로 되어 버린다. 즉 인간이 그리로 방향을 잡고 있기 때문에 그에 상응하여 자기 앞으로 데려오고, 자기 앞에 갖기를 원하는, 그리고 결정적인 의미에서 자기 앞에 세우려는 목표물과 같은 것이 되어 버린다. 본질적으로 이해할 때 세계상이란 '세계에 대한 하나의 상ein Bild von der Welt'이 아니라, '상으로 파악된 세계Welt als Bild begriffen'를 뜻한다. 존재자 전체에 대해 다음과 같은 해석이 등장한다. 존재자는 단지, '앞에 세우며 자신에게로 데려와 세우는vorstellend-herstellend'[41] 인간에 의해 거기에 세워지는 한에서만 최초로 존재한다. 존재자 전체가 상으로 될 때 존재자 전체에 대한 본질적인 결단이 내려진다. 존재자의 존재는 존재자의 표상성에서 [그것이 표상하는 의식 앞에 이끌려 와 하나의 상으로 세워졌다는 사실에서] 추구되고 발견된다. (…) '존재자가 표상성을 통해 존재하게 된다는 사실'이야말로 '존재자를 상으로 만드는 이 시대'를 그 이전 시대에 대비해 새로운 시대로 만들어 준다. '근대의 세계상', '근대적 세계상'이라는 말은 동일한 것을 두 번씩 말하고 있으며, 이전에는 결코 있을 수 없었던 것, 말하자면 중세적 세계상, 고대적 세계상이라는 것을 상정하고 있다.[42] 이전의 중세적 세계상으로부터 근대적 세계상이

---

41 "앞에 세우며, 자신에게로 데려와 세우는"에 해당하는 원문은 "vorstellend-herstellend"이다. 이것은 직역하면 "표상하고 제작하는"이다. 표상이 '앞에 세움'이라는 설명은 이미 이루어졌다. 마찬가지로 상의 제작Herstellen도 '존재자를 자신에게로 데려와her 세우는stellen 일'이다. 표상하는 인간이 곧 세계의 중심이고 존재자들의 배열의 기준이기 때문이다.

생성되어 나온 것이 아니다. 오히려 도대체 세계가 상으로 되어 버렸다는 그 사실이 근대의 본질을 이룬다.[43]

근대가 세계상의 시대라는 말은 세계에 대한 어떤 하나의 상이 이 시대를 지배했다는 것이 아니다. 본질적인 것은 세계 자체가 하나의 상, 그림으로 되어 버렸다는 것이다. 그러므로 이 시대는 세계와 세계상의 구분을 망각했고, 시대의 형이상학이 그려 낸 세계상을 세계 자체로 간주했다. 더 큰 문제는 이 같은 소박한 믿음을 근대 과학과 이 과학의 성과가 참으로 확증해 주었다는 점이다. 그렇다면 이렇게 상으로 되어 버린 세계와 인간의 관계는 무엇인가? 세계가 추상적 상으로 정립되었고 존재의 의미가 대상성으로 규정된 만큼, 세계에 대한 인간의 관계도 추상적 대상화의 관계일 수밖에 없다. 그리고 이 관계가 인간이 세계와 관련하는 지배적인 방식으로 정착됨에 따라, 세계에 대한 인간의 실천적

---

42 '근대'의 시대적 본질이 '세계가 상으로 되어 버림'에 있기 때문에 '근대적 세계상'이라는 말은 동어반복이다. 같은 의미에서 중세적, 고대적 세계상이라는 말은 자기모순이다. '세계상'이란 근본적으로 근대적 현상이기 때문이다. 따라서 '그 하나의 세계'가 있고 그 세계에 대해 여러, 예를 들면 고대적, 중세적, 근대적 세계상이 존재하는 것이 아니다. 근대는 세계와 상을 동일시한 시대이고, 따라서 말의 본래적 의미에서의 '세계상', '상으로서의 세계'는 오로지 근대에만 있을 수 있다. 반면 다른 시대의 다른 사람들은 우리 인간이 "우선 대개"(M. Heidegger, *Sein und Zeit*, 113) 그 안에 살고 있는 세계를 세계 자체로 간주했는데, 이 세계는 결코 하나의 상이 아니다. 이는 물론 '세계 현상'을 '세계 자체'로 간주하는 하이데거의 입장이다. 나는 약간 견해를 달리한다. 나의 철학적 입장에 따르면 우리 유한한 인간은 어떤 경우에도 '세계상'이 아닌, '세계상들의 배후에 서 있는 세계 자체'를 만날 수는 없다. 따라서 하이데거가 세계 자체라 여기는 일상적 생활 세계도 넓은 의미에서 보자면 하나의 세계상, 인간의 '세계 해석' 이상일 수는 없다.

43 M. Heidegger, "Die Zeit des Weltbildes", 82f.

교섭의 관련은 학술적 관심의 변두리로 내몰리고 만다. 그래서 근대 주관주의 형이상학과 이에 기초한 자연과학이 득세함은 당연히 인간의 실천적 세계 관련에 대한 학문으로서의 정신과학의 위기를 불러오게 된다. 일단 근대가 확정한 존재의 의미로서의 대상성과, 대상으로 파악된 존재자에 대한 인간의 관련의 문제부터 검토하기로 하자.

6.2.2 존재의 의미로서의 대상성과 인간의 세계 관련으로서의 대상화

대상이란 무엇인가? 사람들은 그저 생각 없이 대상이란 거기에 존재하고 있는 사물 자체라고 말한다. 그리고 이것은 역시 그 자체로 존재하는 의식에 대립되어 있다고 생각한다. 철학은 대상에 대한 이러한 입장을 **소박실재론**이라 부르는데, 이 소박한 입장이 철학적으로 유지될 수 없다는 것은 철학의 문외한이 아니라면 누구나 다 아는 사실이다. 칸트 이후의 시대에 철학하는 사람이라면 누구나 물 자체와 대상의 구분에 익숙하고, **사물 자체**가 철학적으로는 "전적으로 알려질 수 없는",[44] "공허한"[45] 개념임도 잘 알고 있다. 칸트가 생각했던 물 자체도 우리가 경험하고 인식할 수 있는 현상(대상)이 아무것도 아닌 것은 아니라고, 즉 이것이 무에서 온 것이 아니라고 사유할 수 있기 위해 이 현상에 "대응해야만 한다"[46]고 생각해 상정한 이념, 우리가 구성한 현상의 이념적 "대응물Correlatum"[47]일 뿐이었다. 이것은 실재하는 것이 아니라, 우리가 어

44 I. Kant, *Kritik der reinen Vernunft*, B344.

45 *Ibid.*, B345.

46 *Ibid.*, A251.

47 *Ibid.*, A250.

떤 식으로든 그렇게 정립한 가공물이고 추상화하는 우리의 사유가 실재성의 "한계 개념Grenzbegriff"[48]으로 요청한 것이다.

물론 데카르트는 표상하는 의식에 대립된, 연장을 그 본질로 하는 물체 자체가 하나의 실체로 자존하고 있다고 말한다. 그러나 지금까지의 논의는 연장성을 본질로 하는 이 물체가 실은 그 자체로서 존재하는 것이 아니라, 표상하는 의식이 자신에 대립해 세운 '상'임을 밝혀 왔다. 즉 기하학적 공간성이라는 관점을 세계 해석의 안경으로 취한 데카르트의 지성이 이 안경의 필터로 모든 생활 세계적 요소, 삶의 실천적 관계를 제거하는 추상화를 수행한 끝에, 거기에 남은 것, 기하학적 공간성이라는 안경이 선택한 하나의 측면을 자신 앞에 끌어다 놓고 그것을 '연장을 가진 사물'이라 부르고 있는 것이다. 그러므로 이른바 하나의 유한 실체로서 자기 원인에 의해 존재한다는 물체는 실은 그 자체로 존재하는 물 자체가 아니라, 오직 기하학적 안경을 낀 의식에 **대해서**만 존재하는 상이다. 이것이 대상이라는 말의 원래의 의미이다. 대상이란 문자 그대로 **대**-상*Gegen*-stand, 무엇에 '대해, 반해gegen' '서 있는 것stand', 정확히는 표상하는 의식에 대립해 세워진 상, 생각하는 나를 기준으로 해서 정렬된 그림이다. 왜냐하면 이것이 먼저 거기에 있고 차후에 내가 이것을 표상하는 것이 아니라, 오히려 내가 나의 특정 관심, 기하학적 규정성이라는 관점에 입각해서 내 앞에 끌어다 놓은 그림이 바로 대상이기 때문이다. 그러므로 대상은 내가 나의 관점에 따라 내 앞에 갖다 놓은 그 모양 그대로 멈추어 있는 것, 내가 정지시킨 그 모습 그대로의, 말하자면 죽은 사물이다.[49] 여기서 우리에게 매우 중요한 물음 하나가 제

48 *Ibid.*, B310.

49 이미 여기서 '**대상 자체**'라는 표현이 마치 '둥근 사각형'처럼 '형용의 모순

기된다. 이 죽은 사물과 표상하는 의식의 관계는 무엇인가?

물론 여기서는 지면상의 이유로 이 물음에 상세한 답을 줄 수는 없다. 그러나 이 관계에 대한 피상적인 분석만으로도 근대 과학의 본질, 이 과학의 근거에 놓인 사유 도식에 대한 비판적 반성은 가능할 것이다. 의식과 대상의 관계는 무엇보다도 **대상화**의 관계, 세계 안에서 만나는 존재자를 단적인 대상, '~대해 서 있는 상'으로 만드는 관계다. 그리고 이것은 곧 **관찰**, **봄**의 관계다. 여기서는 실천이 아니라 관찰이, 함이 아니라 봄이 문제다. 하이데거는 이러한 세계 관련을 "이론적"[50] 또는 "단적인 주시"[51]라 칭하고, 이렇게 이론적으로 주시되는 **한에서의** 존재자를 대상이라 부른다. 대상이란 '이론적인 봄이 향하고 있는 것'이다. 이론, 즉 테오리아는 실천적 개입 없는 바라봄이고, 이 관조 행위의 철학적 의미는 실천의 제거, 실천적 앙가주망의 삭제임은 앞선 논의에서 충분히 밝혀졌다.[52] 이론적인 인간은 실천적으로 전개되는 삶의 현장에 직접 개입함이 없이 불편부당한 관조의 눈길만을 던지고 있다. 그러므로 데카르트가 밀랍을 바라보면서, 이것이 건강에 좋다거나 맛이 좋다거나 내다 팔 수도 있다거나 하는 모든 실천적 관계를 배제하고 순수한 연장성에만 주목할 수 있었던 것은 그가 이론가였고, 이론가로서 밀랍을 대상으로 취했다는 의미이다. 오직 현실과 실천에 무관심한 이론가

---

contradictio in adjekto'임이 드러난다. 대상이란 '대對해 서 있는 상'인 반면 자체란 '모든 대對함이 끊어진絶' 절대적絶對的 존재 상태를 뜻하기 때문이다. 그러므로 '대상 자체'는 '**상대적 절대자**'처럼 우스운 표현일 뿐이다. 서양 말 '절대적 absolutus'의 어원에 대해서는 7장 주 36 참조.

50 M. Heidegger, *Sein und Zeit*, 138.

51 *Ibid.*, 149; cf. 61, 69, 79.

52 4.4 참조.

만이 자신과 존재자 간에 혹 성립할 수도 있는 실천적 관계를 제거하고 존재자를 순수한 주시, 사심 없는 관찰의 대상으로 삼을 수 있기 때문이다. 이렇게 무관심한 관조에 포착될 수 있는 **한에서의** 존재자가 바로 데카르트의 물체이고 대상이다. 바로 이 '한에서의'가 데카르트적 '사유'의 조건이고, 존재자가 이론적으로—실천적 관심을 배제하며—'관조'될 수 있는 조건이고, 따라서 존재자가 '대상'으로 그리고 존재의 의미가 '대상성'으로 규정될 수 있는 조건이다. 바로 이것이 데카르트가 '추상화하는 회의'를 수행하며 충족시켰던 조건, 사유하는 주관이 자신에게 순수한 '관조, 관찰' 이외의 어떤 것도 허용하지 않는 조건, 사물에 대한 '이론적' 탐구로서의 과학이 비로소 가능해지는 조건이다.

근대 주관주의 형이상학이 내가, 그리고 나의 아내와 친구와 원수가 그 안에 살고 있는 세계를 무관심하고 사심 없이 관찰할 수 있는 눈을 얻었을 때, 그리고 이 같은 실천 없는 관조만이 사물의 본질을 파악하는 길(방법)이라는 주장과 이 길을 걸어 비로소 보게 된 세계가 참된 세계라는 주장이 철학적으로 정당화되었을 때, 그때 비로소 근대 과학이 탄생할 수 있었다. 그러므로 이 형이상학에 기초하고 있는 근대 과학도 이론가로서의 데카르트와 마찬가지로 아무런 실천적 관심도, 사심도 없이 세계와 세계 안의 존재자를 다만 이론적으로 관찰할 뿐이다. 그리고 이 관찰은 '모든 시간 안에서 동일한 것을 관찰할 수 있어야 한다는 방법의 이상'에 의해 인도되고, 실제로 언제 어디서나 동일한 것을 반복해서 관찰할 수 있는 방법의 길을 마련한다. 그것은 세계를 **계량화**하는 길이다. 그렇기 때문에 과학자가 존재자를 표상하며 자신의 눈앞에 끌어다 세우는 이론적 관계는 곧 측량, 측정이라는 특징을 갖는다. 오직 양화되어 숫자로 표시된 것만이 모든 시간에 대해 동일한 결과를 산출할 수 있고, 이 경우에만 정확한 예측이 가능해지기 때문이다. 수의 힘은 예측을 가능하게 하고, 예측을 통한 자연의 지배는 과학의 성공을 의미한다. 그리고 이 성공은 과학 시대의 소시민들에게는 범접할 수 없는, 과학의 권위를 의미한다. 그러나 과학은 있는 그대로의 세계와 존재자들을 있는 그대로 기술하여 보여 주는 세계 복제 기술이 아니다. 과학은 이론화, 계량화될 수 있는 **한에서의** 세계와 존재자에 대한 탐구다. 이렇게 근대 과학이 본질상 이론화, 계량화하는 과학이라는 것은 과학의 근거에는 세계를 기하학적 공간으로 파악했던 근대 주관주의 형이상학이 놓여 있다는 사실에 대한 단적인 증거다. 그러므로 '신은 늘 기하학을 하고 있다'는 플루타르코스의 말에 이제 다음과 같이 덧붙여야 한다. '형이상학자와 과학자도 기하학을 하고 있다'. 이들은 근본적으로 데미우르고스가 창조한 기하학적 질서, 코스모스의 탐구자들이기 때문이다.

주관주의적 세계 관련의 핵심은 그 이론적 방향 잡음에 있다. 여기서는 모든 실천적 관계, 생활 세계적 관련을 넘어 대상의 대상성을 향하는 이론적 주시와 무관심한 관찰만이 인간과 세계의 관계를 설명한다. 이 같은 개인적 관심의 제거, 무관심성의 요청은 이른바 객관성, 보편타당성의 이름으로 정당화된다. 이것을 가능하게 하는 것이 바로 방법, 반복 가능성을 충족시키는 절차로서의 방법적 사유다. 근대에 이루어진 철학의 이 같은 방향 전환은 이중의 의미를 갖는다. 이것은 우선 과학철학의 술어로 표현한다면 보편적 자연법칙의 발견, 정확히는 세계를 존재자의 역학적 전체로, 보편 법칙의 체계로 구성하는 것이고, 존재론의 술어로 표현한다면 존재자를 시간으로부터 떼어 내어 항상 현재의 방식으로 있는 듯이 관찰하는 것, 세계를 하나의 기하학적 공간으로 표상하는 것을 의미한다. 이 모든 사유 과정의 결과 세계는 기하학적 공간으로 규정된다. 이 공간으로서의 세계의 중심에는 느끼지도 않고 의욕하지도 않고 오직 사유할 뿐인 순수 의식, 그의 "혈관에는 실제의 붉은 피가 아니라 투명한 이성의 과즙만이 흐르고 있는"[53] 근대적 인식 주관이 있다. 그리고 이 의식 앞에 실천적 의미라고는 아무것도 갖지 않는 역시 순수한 물질들이 대립해 서 있다. 이것이 바로 근대인의 세계, 데카르트가 자신의 회의를 통해 비로소 찾아냈다고 생각했던 참된 세계, 세계 자체라는 것이다. 그러나 이 세계는 지금까지의 논의가 보여 왔듯이 거기에 이미 있었던 세계, '회의하던 데카르트'와 '연구하던 과학자'가 오랜 각고 끝에 비로소 발견한 '**그 하나의**' 세계가 아니라, 이론적, 계량적 관찰의—'회의'건 '연구'건—대상이 될 수 있는 '한에서의', 시간으로부터 분리될 수 있는 '한에서의', 따라서 무시간적 타당성을 가질 수 있는 '한에서의' 세계, 즉 해석된 여러 세계들 곁에 놓인 '**또 하나의**' 해석된 세계일 뿐이다.

6.3 '하나'와 '통일성'에로의 좋은 의지

과학 시대의 소시민들은 과학적 세계상이—그리고 그 배후에 놓인 주관주의적 세계상이—즉자 존재임을 긍정하며 통상 이렇게 생각한다. 먼저 순수한 사물, 연장된 사물들로 채워진 기하학적 공간으로서의 자연이 거기에 있다. 이 자연은 물론 세계 자체고, 이 세계 안에 공간을 채우고 있는 사물들은 물체 자체다. 그리고 이 세계 자체에 데카르트의 회

53 W. Dilthey, *Gesammelte Schriften*, Bd. I, xviii.

의가 하나하나 제거해 갔던 실천적 삶의 의미들, 이를 테면 세계의 심미적, 종교적, 문학적, 사회적, 역사적 측면 등을 나중에 추가하여 비로소 실천적인, 즉 심미적, 종교적, 문학적, 사회적, 역사적 세계 해석이 가능해진다. 상식은 그렇게 생각할 수도 있다. '해석'이란 모름지기 '무엇에 대한 해석'이고, 해석이 가능하기 위해서는 '해석되는 것'이 먼저 거기에 있어야 한다는 것은 사뭇 당연해 보이기 때문이다. 그러나 우리는 이미 모든 세계 해석 이전의 세계 자체, 물 자체가 얼마나 빈곤한 개념인지를 살펴본 바 있다. 이것은 그야말로 규정되지 않은 잡다, 무차별한 현실성이다. 그렇다면 데카르트가 제공한 주관주의적 세계상은 모든 '규정 이전'의 세계 자체인가? 결코 그럴 수 없다. 이 세계상에 도달하는 추상적 사유로서의 회의는 시간 안에서 변하는 모든 속성들을 배제했고, 그렇게 해서 '기하학적으로 공간을 채우고 있음'이라는 단 하나의 사실만을 남겼는데, '시간의 배제'와 '기하학적 규정의 부각'이 이미 하나의 '규정'이고 '해석'이기 때문이다. 모든 우연적 규정성을 배제하던 데카르트가 도달한 것은 무규정적 현실성이 아니라, 기하학적 규정성이라는, 각별한 이유에서 선택되고 강조된 하나의 규정성이었다. 이 선택과 강조는 이미 특정 관점에 의해 인도되는 해석 행위다. 근대 주관주의 형이상학이 회의를 통해 발견했다는 세계는 해석되는 세계 자체가 아니라 하나의 세계 해석, 세계**상**이다.

그렇다면 해석으로서의 데카르트적 회의를 이끌어 간 관점은 무엇이었던가? 표방된 것은 인식의 확실성이었다. 무엇이 확실한 것인가? 의심할 수 없는 것이다.[54] 의심스러운 것은 무엇인가? 변화하는 것이

54 르네 데카르트, 《성찰》, 34쪽; 《철학의 원리》, 9쪽 참조.

다.[55] 그렇기 때문에 인식의 확실성을 추구하는 회의가 제거한 것은 '변화의 지평으로서의 시간'이었다. 시간 대신 공간이, 변화 대신 정지가, 달라짐 대신 같음이 선택된다. 이러한 선택의 정신사적 기원이 무엇인지는 이미 여러 차례 지적되었다. '주관주의 형이상학에 의한 확실성의 추구'는 '늘 현재의 방식으로 존재하는 따라서 결코 달리 있을 수 없는 우시아, 일자에 대한 그리스 형이상학의 추구'의 근대적인 반복이다. 이 반복에 '모든 시간에 대해 타당한 보편 법칙을 향한 근대 과학의 열렬한 추구'의 철학적 기원이 있다. 이렇게 보면 과학의 뿌리는 근대 주관주의 형이상학이고, 다시 이 형이상학의 근원은 고대 그리스 실체 형이상학이다. 그러나 세 학문은 한결같이 '시간적 변화를 넘어선 초시간적인 같음'을 추구한다는 점에서, 하나의 모태에서 나온 형제들이라고 해야 할 것이다. 그 근원은 '여럿多, plethos'이 주어지면 그 여럿을 자신 안에 포괄하는 '하나一, hen'를 추구하고, 다름이 주어지면 다름을 넘어서는 같음을 추구하고, 잡다한 현상이 주어지면 그 배후에 숨은 단일한 실체를 추구하는, 인간의 형이상학적 본능이다. 즉 스스로도 시간 안에 존재하는 여럿이면서 이 다의 시간을 넘어선 무시간적, 초시간적 일자를 추구하는, 우리 마음 저 깊은 곳에 자리 잡은 '자연의 소질로서의 형이상학', 하나와 통일성에로의 "자연스러운 성벽"[56]이다. 시원의 형이상학이 잡다한 현상계를 통일적인 이데아계로 편입시켜 사유한 이래, 2,500년에 걸친 인류의 학문사를 이끌어 온 것은 바로 이 통일성을 지향하는 형이상학적 성벽이었다. 그리고 이 성벽의 거주지가 곧 인간 이성이다. 그래서 칸트도 이성은 "본성상 건축술적"[57]이어서 잡다한 인식

55 르네 데카르트, 《성찰》, 50쪽 참조.

56 I. Kant, *Kritik der reinen Vernunft*, B670.

들을 잡다의 상태에 방치하지 않고 이로부터 "하나의" 통일적 "체계를 만들어 낸다"[58]고, 그리고 이 "**체계**", 즉 잡다한 "인식을 원리에 따라 질서 있게 만든" 통일적 "전체"가 곧 "과학"[59]이라고 말한다. 그러므로 과학은 보편화하고, 통일성을 부여하고, 체계를 형성하는 '이성의 작품'이다. 이제 과학의 형이상학적 기초를 다루는 마지막 순서로 이 문제를 잠시 살펴보자. 숙고의 통로는 칸트가 제공해 준다. 이 숙고를 통해 몇 가지의 실재론적 고정관념이 해체되어야 한다. 자연은 그 자체로 거기에 존재하는 즉자적 현실성이라는 생각, 그 현실성 안에는 자연의 내적 구조로서의 자연법칙이 이미 있어서 과학자는 이를 발견하기만 하면 된다는 생각, 과학은 이 객관적 질서에 대응하는 지성의 구조물이라는 생각이 그것이다. 실제로는 반대가 참이다. 세계 자체가 통일적이어서 과학이 통일적인 세계를 기술하는 것이 아니라, 과학이 통일적인 세계를 원하기 때문에 과학은 세계를 통일적인 자연으로 해석한다.

자연의 정의에서 출발하자. 칸트는 자연을 우리가 구성한 "대상의 역학적 **전체**"[60]로 정의한다. 자연이란 물 자체의 총화가 아니라 우리가 구성한 대상, 현상의 총화이고, 그것도 단적인 전체가 아니라 역학적 전체다. 즉 자연은 힘의 법칙이라는 관점에 의해 관찰되는 **한에서의** 대상의 총화다. 《프로레고메나》에서도 자연은 "일반 법칙에 의해 규정되는 한에서의 물의 현존"[61]으로 규정된다. 분명히 자연은 '~한에서의' 현실

57 *Ibid.*, B502.

58 *Ibid.*, B860.

59 I. Kant, *Metaphysische Anfangsgründe der Naturwissenschaft*, hrsg. von K. Pollok, Hamburg 1997, IV.

60 I. Kant, *Kritik der reinen Vernunft*, B446.

성, 조건부의 현실성이다. 이 '한에서의'가 사라지면 우리는 무조건적 현실성으로서의 물 자체를, 우리가 특정 조건 아래서 구성한 자연이 아니라 그 자체로서의 세계를 만날 수 있겠지만, 우리 유한한 인간, 정확히는 '유적 이성'이라는 안경을 끼고서야 현실성을 볼 수 있는 존재자에게 그런 가능성은 허용되지 않는다. 분명하게 말할 수 있는 것은 잡다한 현상을 정리, 정돈하여 통일적 체계에 귀속시키고, 그렇게 해서 이른바 자연을 구성할 때, 이 구성을 이끌어 가는 원리가 바로 이 '한에서의'라는 조건, 일반 법칙이고 역학의 관점이라는 것이다. 이것이 곧 인간을 위한 안경이고 우리 인간은 이와 다른 안경은 가지고 있지 않다. 그러므로 자연은 스스로 거기에 존재하고 있는 세계 자체와 같은 것이 아니라, 다만 통일성, 체계성, 질서를 추구하는 우리 이성의 추상화하는 사유의 산물이고, 형이상학적 구성의 결과일 뿐이다. 마찬가지로 자연법칙도 세계 자체에 내재하는 객관적 구조가 아니라 자연을 구성하는 이성의 주관적 구조, 인간 이성이 끼고 있는 안경의 구조일 뿐이다. 그러므로 일반 법칙에 의해 규정되는 한에서의 현실성으로서의 자연을 구성하는 지성은 자연법칙의 발견자가 아니라 "원천"[62]이다. 그래서 칸트는 우리 인간이 곧 "자연의 입법자"[63]라고, 그리고 자연의 법칙성도 잡다한 현상들을 더 적은 수의 원리 아래 묶어 세계를 경제적으로 정리하고 통일적으로 파악하려는 이성에 의해 "**기획 투사된** 통일성"[64]일 뿐이라고 말한다. 법칙은 이미 있어서 발견되는 것이 아니라 과학자의 이성이 자연

61 I. Kant, *Prolegomena*, 294.

62 I. Kant, *Kritik der reinen Vernunft*, A127.

63 *Ibid.*, A126.

64 *Ibid.*, B675.

안에 "집어넣은"[65] 것이고, 칸트의 흥미로운 표현을 빌리자면 이성이 자연에 "강요한"[66] 것이다. 이 노력, 자신이 구성한 자연에 심지어 강제적으로라도 질서와 통일성을 부여하려는 이성의 주관적 노고의 산물이 바로 자연과학이다. 그러므로 이 학문은 그 자체 존재하는 현실성에 대한 객관적 인식의 체계가 아니다. 다시 말해 세계 자체가 법칙적이어서 과학이 이 법칙적 질서를 다만 좇아가며 기술한 것이 아니다. 오히려 우리의 이성이 "마치 자연의 도처에서 무한에 이르도록 체계적이고 합목적적인 통일성이 발견되기라도 하는 듯이als ob 자연을 연구하려"[67] 했기 때문에 혼돈의 물 자체가 '대상들의 질서 있는 총화', 이른바 통일적인 자연으로 구성된 것이다. 자연의 통일성은 "자연 안에서 길어 내어져" 나중에 이성에게 주어진 것이 "아니다". 정확히 반대다. 이성은 자신이 구성한 자연이 체계적이기를 원했고, 따라서 통일성의 "이념에 의거하여 자연을 탐문했고",[68] 그래서 자연은 비로소 통일적인 **듯이** 파악될 수 있었던 것이다. 그러므로 자연의 통일성이라는 이념은 실재 안에서 발견되어 객관의 사실로 "주어지는 것이 아니라nicht gegeben",[69] 다가가야 할 먼 목표, 추구해야 할 과제로서 "부과되는aufgegeben"[70] 것이다. 칸트는 우리 인간이 이 목표에 "단지 근접하며 따라가기는 하지만 결코 도달할 수는 없다"는 의미에서 통일성을 추구하는 이성을 "점근선"[71]

65 *Ibid.*, A125.

66 *Ibid.*, BXIII.

67 *Ibid.*, B728.

68 *Ibid.*, B673.

69 *Ibid.*, B675.

70 *Ibid.*, B697.

71 *Ibid.*, B691.

에 비유한다. 자연의 통일성이란 추구되어야 할 이념이지 발견될 수 있는 사실이 아니다. 그리고 바로 여기에 우리 추구의 필연성과 불가피성이 있는 것도 사실이다.

이렇게 결코 온전히는 도달할 수 없는 먼 목표에 점점 더 다가가기 위해 우리의 이성 사용은 하나의 "주관적 법칙"[72] 또는 "**논리적 원리**"[73]를 갖는다. 그것은 경제적으로 사유하여 자연의 통일성에 다가가라는 학술적 명령이다. 즉 (형이상학을 하는 고대인과 근대인, 과학을 하는 근대인과 현대인까지 포함하여 도대체) 학문하는 자라면 누구나 "지성의 저장물들", 잡다한 지성 인식을 "경제적으로 처리하여" 자연을 다루는 학문의 원리가 "가능한 한 최소가 되도록 해야"[74] 한다는 규칙이다. 이성은 무규정적 현실 안에서 발견되는 잡다한 여럿을 더 적은 수의 여럿으로 묶고, 이를 한결 더 적은 원리에로 환원하여 가능하다면 마지막 '하나'의 원리에 이르기까지 정리하고 정돈해서 자연의 통일성이라는 이념이 마치 하나의 객관의 사실인 **듯이** 보이게 해야 한다. 이것이 바로 그리스 통일성의 형이상학에서부터 현대의 자연과학에 이르기까지 학문의 역사를 지배해 온 이른바 **사유 경제***Denkökonomie*의 원칙이다. 칸트는 〈순수 이성의 이념들의 규제적 사용〉이라는 제목을 가진, 《순수 이성 비판》, 선험적 변증론의 부록 A절에서 자연의 통일성이 즉자적 현실성의 객관적 구조가 아니라 체계적 인식을 추구하는 이성을 이끌어 가는 이념이고, 이 이념 사용은 오로지 학문의 역사를 지배해 온 사유 경제라는 원칙에 의해서만 정당화될 수 있음을 분명히 하고 있다.

---

72 *Ibid.*, B362.

73 *Ibid.*, B676.

74 *Ibid.*, B362.

특수한 자연법칙은 한결 더 보편적인 법칙 아래 포섭되고 원리의 [수의] 절약은 이성의 경제적인 원칙일 뿐 아니라, 자연의 내적 법칙이기도 하다. 객관 자체에 부속하는 것으로서의 체계적 통일이 아프리오리하게 필연적이라고 가정될 수 있게 해 주는 어떤 선험적 원리가 [즉 자연의 통일성이라는 이념이] 전제되어야만 한다. 그렇지 않다면 실제로 우리는 [지성의] 규칙들에 대한 이성 통일이 어떻게 일어나는지를 내다볼 수가 없다. (…) [자연 현상들의] 통일성을 추구하는 이성의 법칙은 필연적이다. 왜냐하면 이 법칙이 없다면 우리는 어떤 이성도 가질 수 없고, 이성이 없다면 어떤 연관된 지성 사용도 가질 수 없고, 지성 사용이 없다면 경험적 진리에 대한 어떤 충분한 징표도 가질 수 없기 때문이다. 그러므로 우리는 이 징표와 관련하여 자연의 체계적 통일성이 철저하게 객관적으로 타당하고 필연적이라고 전제하지 않을 수 없다. 우리는 이 같은 선험적 전제가 놀라운 방식으로 철학자들의 원칙 안에 숨어들어 있다는 사실을 발견한다. 비록 철학자들이 자신의 원칙 안에 들어 있는 이 전제를 인지한 것도 아니고 또 가지고 있다고 고백한 것도 아니지만 말이다. 개개의 사물들의 온갖 잡다성이 **종***Arten*의 동일성을 배제하지 않는다는 점, 수다한 종들도 더 적은 **유들***Gattungen*의 상이한 규정일 뿐이라는 점, 그러나 유들 또한 한층 더 상위의 **족들***Geschlechtern* 등등의 상이한 규정으로 취급되어야 한다는 점, 그리고 이렇게 모든 경험적 개념들이 더 상위의, 더 보편적인 개념에서 도출될 수 있는 한에서, 필경 모든 가능한 경험적 개념들의 어떤 체계적 통일성이 추구되어야만 한다는 점, 이 모든 것은 하나의 학술적 규칙 또는 논리적 원리여서, 이것이 없다면 어떤 이성 사용도 있을 수 없다. 왜냐하면 우리는 사물들의 보편적 속성이 근저에 놓여 있어서 특수한 속성들은 이 보편적 속성에 포섭되는 한에서만 보편으로부터 특수에로의 추리를 행할 수 있기 때문이다. 철학자들은 자연 안에서도 이와 같은 일치를 찾을 수 있다고 전제하는데, 이는 '꼭 필요한 경우가 아니라면 시원(원리)을 다수로 하지 말라 *Entia praeter necessitatem non esse multiplicanda*'라는 유명한 학술적 규칙에 따른 것이다. 이는 다음을 의미한다. 사물들 자체의 본성이 이성 통일을 위한 재료를 제공한다. 그리고 무한한 다양성이 눈에 띈다 할지라도 이 다양성의 배후에 근본 속성의 통일성이 있음을—잡다성은 그저 이 통일성으로부터 여러 규정을 통해 도출될 뿐이다—추정함을 주저할 필요는 없다. 물론 이 통일성은 단지 하나의 이념일 뿐이다. 그러나 이 통일성은 모든 시대를 통해 열렬하게 추구되어 와서 [이제는] 이 통일성을 향한 욕망을 고무하기는커녕 오히려 완화해야 할 이유까지 발견될 정도이다. (…) 누구나 다음과 같은 사실을 전제한다. 이성 통일은 자연 자체에 부합할 뿐 아니라, 이성은 여기서 [자연이 이미 가지고 있는 통일성을 달라고 자연에게] 구걸하는 것이 아니라, 오히려 [통일성을 가지라고 또는 통일적인 듯이 보이라고] 명령한다. 비록 이 통일성의 한계를 규정할 수는 없지만 말이다.[75]

이 명령은 물론 **자연스러운**, 즉 이성의 '자연적 **본성***physis*'에 부합하는 것, 따라서 "필연적이고"[76] 피할 수 없는[77] 것이다. 왜냐하면 이성은 그 건축술적 본성에 따라 질서 잡고 체계 세우기를 즐겨서 늘 잡다들의 카오스로부터 통일적인 코스모스를 세우려 들기 때문이다.

75 *Ibid.*, B678-681.

76 *Ibid.*, B679; cf. 490.

77 Cf. *ibid.*, B380, 384, 697.

여기서 근본적인 물음이 제기될 수 있다. 왜 통일성이고 잡다성은 아닌가? 왜 하나는 여럿보다, 질서는 혼돈보다 좋은가? 생각해 볼 수 있는 칸트의 답변은 단순하다. 그것이 이성의 자연적 본성이고 그렇게 하지 않으면 그건 이성이 아니기 때문이다. 한마디로 칸트 그리고 학문의 역사가 이 물음에 주었던 답은 '이성은 본래 그렇다'이다. 여기서 '이성은 왜 그런가?'라고 거듭 묻는다면, 그것은 '생명체는 왜 사는가?'라고 묻는 것처럼 어리석은 일이다. 이성은 사유의 기관이고 사유함은 개념적으로 사유함인데, 개념을 사용하는 것은 이미 여러 개물들을 하나의 개념 아래로 통일하는 것이기 때문이다. 인간이 사유하고 개념적으로 사유하는 한, 개념의 수를 줄여 사유 경제를 실천하고 자연을 통일적인 것으로 파악하는 것은 당연한 의무다. 지금까지의 논의를 통해 최소한 다음만큼은 분명해졌다. 경제적으로 사유하는 이성은 통일성과 보편성을 추구할 수밖에 없고 이 추구에 따른 당연한 결과가 바로 자연의 통일성, 자연법칙의 보편성이다. 따라서 과학의 권위란 학문의 역사를 통해 암암리에 긍정되고 수용되어 온, 그러나 그 마지막 정당성은 입증하지도 않았고 또 입증할 필요도 없었던 '사유 경제의 권위' 이상 다른 것이 아니다. 여기서 놀라운 것은 실은 과학의 힘이 아니라 특별한 정당화 과정 없이도 스스로를 정당화할 수 있었던 사유 경제라는 전통의 힘이다. 이 전통은 그 정도로 강했다. 본디 전통이라는 것이 딱히 정당화를 필요로 하지 않고 스스로가 "자신의 정당성의 근거"[78]가 되는 까닭이다.

사유 경제의 지침은 너무도 자명해서 그 정당성의 근거에 대한 물음

78 H.-G. Gadamer, *Gesammelte Werke*, Bd. I, 285.

이 제기되지도 않았고 또 제기될 필요도 없었던, 사유의 대전제였다. 이것은 말하자면 유럽 정신의 역사 전체를 통해 자신의 정당성을 관철해 왔고, 의심받지 않고 전수되어 온, 이성의 본성이자 본능이었다. 존재를 시간으로부터 분리하고, '늘 현재의 방식으로 존재하는 일자'를 추구했던 그리스 통일성의 형이상학자의 이성에서 발원해서, 가변적 우연성을 회의의 여과지로 거르며 불변의 실체성을 추구했던 근대 주관주의 형이상학자의 이성을 거쳐, "한 손에는" 자연에 투사할 "원리들"을, 그리고 "다른 한 손에는" 이 원리를 입증하기 위해 "고안된 실험"을 가지고 "자연에로 향했던",[79] 후설의 흥미로운 표현을 다시 사용한다면 찾고자 하는 것이 거기에 있다고 꼬드기는 **"본능"**과 이 본능적 확신의 증명을 위해 필요한 **"방법"**[80]을 양손에 나눠 쥐고 **"자연을 수학화하던"**[81] 근대 자연과학자의 이성에까지 전수된 보편화와 통일화에로의 의지다. 이렇게 이성이 여럿이 아니라 하나에, 잡다성이 아니라 통일성에, 다름이 아니라 같음에 주목했기 때문에 세계는 비로소 질서 있는 코스모스, 반복 가능한 법칙적 자연으로 구성될 수 있었다. 물론 이러한 구성에 무슨 현실적인 쓰임이나 쓸모가 개입하는 것은 아니다. 하나와 통일성을 추구하는 것이 바로 자신의 본성이고 본능이기 때문에, 이성은 하나와 통일성을 추구하고 의욕하되 이 추구와 의욕의 정당성의 근거는 묻지 않는다. 이것은 말하자면 '하나에로의, 통일성에로의 좋은 의지guter Wille zum Einen, zur Einheit', "아무런 **제한 없이** 좋다고 여겨질 수

79 I. Kant, *Kritik der reinen Vernunft*, BXIII.

80 E. Husserl, *Die Krisis der europäischen Wissenschaften und die transzendentale Phänomenologie*, 39(이 책 5장의 도입부도 참조).

81 *Ibid.*, 20.

있는"[82] 의지다. 이성을 가진, 따라서 사유하는 인간이라면 누구나 이 의지의 좋음의 근거에 대해 묻지 않고 본능적으로 이 의지의 명령을 수행한다. 그렇기 때문에 이 의지는 자명한 것으로 간주되었고, 그 정당성의 근거에 대한 비판적 물음에 부딪힐 필요도 없이 학문사의 전통이 되었던 것이다. 과학은 이 전통의 한 부분, 그것도 매우 주요한 부분이다.

그렇다면 이 전통의 자명성이 증명하는 것은 무엇인가? 이 자명성은 과학의 참을 증명하는가? 또는 과학적 세계상이 세계 자체라고 말해주기라도 하는가? 이 자명한 전통의 정당성의 근거에 대한 비판적 물음이 제기되지 않았다는 사실은 또 무엇을 의미하는가? '제기되지 않았음'에서 '제기될 수 없음'이 도출되는가? 그렇지 않다. 물음은 제기되어야 한다. 왜냐하면 내가 보기에 이 자명성은 단지 '과학자의 세계가 하나의 세계 해석임을 긍정하는 데서, 그리고 이 세계 해석을 상대화하여 이것이 유일한 세계 해석이 아님을 간파하는 데서, 다시 말해 통일성과 보편성이라는 원리에 이끌리는 세계 구성 외에 또 다른 세계 구성이 있을 수 있다는 사실을 깨닫는 데서, 우리가 겪는 어려움'만을 의미하기 때문이다. 하나와 통일성을 향하는 무조건적으로 좋은 의지의 명령과 **다르게** 사유하는 것은 물론 어렵다. 그러나 이 의지의 무조건성이 이 의지에 따라 구상해 낸 세계의 무조건적 참을 증명하는 것은 아니라는 사실을 밝히는 것은 철학의 의무다. 분명 통일성의 형이상학자와 이 형이상학을 함께하는 과학자가 걸었던, 하나와 통일성을 향하는 보편화의 길 말고 다른 길이 또 있다. 정확히는 있지 않으면 안 된다. 왜냐하면 그들이 다양한 개물個物에서 출발해서 상위의 보편적 원리, 한결 상위

82 I. Kant, *Grundlegung zur Metaphysik der Sitten*, 393(강조는 필자).

의 더 보편적인 원리를 향해 그리고 궁극적으로는 최상위에 있을 '그 하나'의 마지막 원리로 향하는 오르막길을 올라갔다면, 그 길을 다시 내려오는 것도 가능해야 하기 때문이다. 이것은 언젠가 헤라클레이토스가 말했던 매우 단순한 진리다. "올라가는 길과 내려가는 길은 하나이며 동일하다"[83]는, 즉 그 하나의 길이 올라가는 자에게는 오르막길이지만 내려가는 자에게는 내리막길이라는 진리다. 이제 그 오르막길이 유일한 길은 아니라는 사실에 대한 지적, 그리고 실제로 이 책의 III부가 그와 다른 내리막길을 걸을 것이라는 점에 대한 예고만으로 예상 외로 길어진, 과학의 형이상학적 기초에 대한 비판적 숙고를 천천히 마무리해도 좋을 것이다. 본디 II부의 목표는 과학적 세계상의 허위를 밝히는 데 있었던 것이 아니라, 과학의 형이상학적 토대와 근거에 대한 탐문을 통해 과학적 세계 해석이 여러 세계 해석 중의 하나이며 그 이상일 수는 없다는 것을 보여 주는 데 있었기 때문이다. 이 목표는 어느 정도 이루어진 것 같다.

이제 끝으로 하나의 물음만 더 던져 보자. 이것은 철학하는 나의 입장에서 과학 시대의 소시민들에게 던지는 물음이다. '대관절 과학이 무엇이기에 사람들은 유독 과학자는 모든 이성적 존재자에게 공통된 이 형이상학적 의지, 자연의 소질로서의 형이상학이 우리에게 강제하는 통일화, 보편화의 의무로부터 자유로울 수 있다고 생각하는가? 왜 이들은 과학자가 보여 주는 세계는 경제적 세계 구성이라는 원리에 이끌리는 세계 해석이 아니라 세계 자체라고 믿고 있는가?' 과학자들 역시 감

83 헤르만 딜스 엮음, 《소크라테스 이전 철학자들의 단편 선집》, 242쪽.

관에 주어진 자료를 바탕으로 자신들의 세계를 구성할 뿐이다. 그들 역시 우리와 꼭 마찬가지로 세계 자체를 볼 수 없고 더욱이 그 세계의 모든 모습을 동시에 보지는 못한다. 그들에게는 그들의 관점이 있고, 그들의 세계상이 있다. 그리고 이 세계상에 어긋나는 현상들이 발견되면 그들은 그 현상을 설명하려 한다. 물론 이 설명은 기존에 구성되어 있던 과학의 세계상 안에 생긴 틈과 균열을 메우려는 시도이고, 가설은 이 시도를 위한 구체적인 수단이다. 제시된 가설이 틈을 메우는 한, 설명은 성공적인 것이고 과학이 구성한 기존의 세계상은 계속 세계로 인정된다. 말하자면 과학자들도 지속적으로 무질서하게 주어진 인상의 잡다를 가지고 하나의 통일적 세계를 구성하고, 그렇게 구성된 세계상을 유지하고 보수하고 관리한다. 이것은 이들 역시 세계의 발견자가 아니라 **해석자**이고, 이 해석하는 세계 구성은 늘 보편성 및 통일성에로의 의지에 의해 주도되고 있다는 사실을 의미한다. 과학자들은—스스로 인지하건 하지 못하건, 인정하건 하지 않건—희랍 존재론 이래 인류의 정신사를 지배해 온 통일성의 형이상학의 정신을 실천하고 있다. 그러므로 이렇게 말할 수 있다. **과학은 형이상학의 적자다**.

그럼에도 과학 시대의 소시민들은 초경험적 형이상학과 경험과학은 결코 공존할 수 없다고 생각하고, 독단적 형이상학은 세계를 구성하고 해석하는 데 반해, 경험에 근거한 과학은 있는 그대로의 세계를 있는 그대로 보여 준다고 생각하고 기대한다. 그러나 이런 생각과 기대는 내가 보기에는—이미 몇 차례 설명되었듯이—결과에 있어서의 과학의 성공, 과학이 제공한 편리에서 도출된 결론일 뿐이다. 과학적 세계상이 세계 자체고, 과학적 진리가 마지막 진리라는 철학적 보장은 어디에도 없다. 결국 과학적 세계상의 유일성, 과학적 진리의 절대성이라는 믿음이 소급되어야 할 곳으로 나는 '과학의 성공, 자연 지배라는 목적이 성취되고 있다는 사실에 대한 과학 시대의 소시민들의 경탄이라는 심리적 사실' 이외에 아무것도 찾을 수 없다. 과학이 결과적으로 성공했다는 사실로부터 과학적으로 해석된 세계가 세계 자체라는 결론은 도출되지 않는다. 왜냐하면 과학은 애당초 자연의 지배라는 목적을 가지고 있었고, 이 목적에 따라 세계를 합법칙적 질서, 반복 가능한 자연, 규칙성에 의거해 예측 가능한 자연으로 구성(해석)했기 때문이다. 말하자면 자연의 지배는 과학적 세계 해석의 목표이므로, 지배의 성공이 증명할 수 있는 것은 과학의 세계 구성(해석)이 그 목적에 비추어 성공적이었다는 사실뿐이지, 그렇게 구성(해석)된 세계가 세계 자체라는 사실은 아니다.

근본적으로 보면 자연의 설명, 예측, 지배라는 목적을 위해 세계를 합법칙적이고 규칙적인, 따라서 반복 가능한 자연으로 구성하는 과학이나, 세계의 통일적인 파악을 위해 실재하는 현실성을 떠나 시간을 넘어 늘 현재의 방식으로 존재하는 실체들의 처소로서의 이념의 세계를 구성하는 형이상학이나 종국에는 다른 일을 하는 것이 아니다. 경험과학이건 형이상학이건 하는 일은 하나다. 그것은 말의 본래적인 의미에서의 '사유', 실재 세계를 괄호 안에 묶고 이념적 현실성을 향해 비상하는 일이다.[84] 형이상학의 비상이건 과학의 비상이건, 이 비상을 이끄는 것은 보편성과 통일성에로의 좋은 의지다. 과학자의 이성이라고 해서 다른 인간, 이를테면 형이상학자의 이성과 다를 수는 없다. 그의 이성 역시 '자연의 소질로서의 형이상학'의 거주지이고, 본성상 건축술적이어서 체계를 세우기를 좋아하고, 통일성에로의 좋은 의지의 지배를 받

84 이 같은 사유 규정에 대해서는 5.1 참조.

으며, 이 의지에 따라 여럿은 하나에, 잡다는 체계에 병합시키며 통일성을 추구한다. 이 이성이 자신의 형이상학적 본성에 따라 진행해 온 보편성의 추구의 그때마다의 결과, 이 노고의 잠정적인 중간 결산이—이것은 물론 아직도 그리고 언제까지나 최종 결과는 아니다—바로 각 시대가 저술하는 과학 교과서, 각각의 시대가 그때까지 일궈 낸 형이상학의 눈으로 그려 낸 세계 그림책이다. 물론 이 책의 궁극의 저자는 시대의 과학자라기보다는 다多를 넘어 일一로, 분화를 넘어 통일로, 현상을 넘어 실체로, 시간을 넘어 존재로 비상하는, 그 비상을 위해 잡다한 세계에서 통일적인 자연을 구성해 내는 **형이상학적 이성**이다. 과학자 역시 인간이라면, 그리고 과학의 역사 또한 장구한 인류 정신사의 한 줄기일 뿐이라면, 과학을 하는 사람들, 그들의 탐구, 그 탐구의 결과 역시 근본적으로는, 통일성을 추구해 온 인류의 정신사, 통일성의 형이상학의 역사로부터 이해되지 않으면 안 된다. 왜냐하면 지금까지의 논의가 논증해 왔듯이—논증되었기를 기대한다—보편성을 추구하는 과학의 정신은 그리스 실체 형이상학에서 탄생했고, 보편 법칙이 관철될 수 있는 기하학적 공간으로서의 자연이라는 과학적 세계상은 근대 주관주의 형이상학에서 배태되었기 때문이다. 과학은 형이상학의 역사의 절정기에, 이 역사가 과학이 탄생하기 위해 필요했던 철학적 조건들, 즉 과학 정신과 과학적 세계상을 모두 갖추어 주었을 때, 바로 그때 탄생했다. 정확히 말하자면 존재를 시간으로부터 분리하고, 잡다한 현상의 배후에 숨은 하나의 실체를 추구하던 시원의 형이상학의 근본 경험이 근대 주관주의 형이상학과 그 형이상학에 기초한 근대 과학 안에서 반복되고 있는 것이다. 이것이 바로 '존재와 시간의 분리'라는 그리스인들의 근본 경험으로부터 발원한 통일성의 형이상학의 지적 전통이다. 그리고 이것이 스스로 경험적이기를 원하고 결코 경험의 한계를 넘어서기를 바라지 않는 근대 과학 또한 속해 있는 인류의 정신사다.

이 역사는 거기에 그 자체로 존재하고 있는 세계를 발견하고, 그 세계 자체에 대해 결코 틀리지 않는 절대적인 인식을 제공해 온 역사가 아니라, 거기에 있으리라 추정된 세계를 통일성의 정신에 의거하여 구성해 온 역사다. 그리고 이 정신의 역사가 이렇게 세계 발견의 역사가 아니라 세계 구성의 역사인 한에서, 이것은 동시에 인간 유한성의 확인의 역사이기도 하다. 우리 유한한 인간의 학술 활동이라는 것은 세계 자체를 발견하고 진리 자체를 획득하는 과정이 아니라, 그저 유한한 인간의 관점에서 진행되는, 그리고 이 관점에게 비교적 일관되어 보이는 세계상을 제작하는 과정, 반복해서 시도되고 수정되는 세계 해석의 과정일 뿐이다. 물론 과학도—이것이 하나의 인간적 기획이고 작업인 한에서—그 이상일 수는 없다. 고대 그리스인들은 유한한 인간이 무한한 진리의 주인이 아니라, 진리의 영원한 추구자에 불과하다는 통찰을 가지고 있었다. 그래서 델포이의 신전에는 '너 자신을 알라!'라는, 네가 무한한 진리의 소유자인 신이 아니라, 다만 유한한 인간에 불과함을 알라는 문구가 각인되어 있었다. 플라톤은 이 각명의 의미가 인간에게 허용된 한도를 넘어 "너무 많이 취하려 들지 말라!"[85]라고 설명했다. 그래서 그는 인간의 학술 활동은 신적 지혜의 소유가 아니라 추구이고 사랑이라고,[86] 그리고 지혜를 소유한 신들은 철학하지 않는다고[87] 말했다. 이 고전적인 철학 규정에는 철학하는, 애지하는 인간은 단지 지혜에로의 무

85 플라톤, 《프로타고라스》, 강성훈 옮김(EjB, 2011), 343b.

86 플라톤, 《향연》, 202d, 204a 참조.

87 같은 곳 참조.

한한 도상에 머물러야 할 필연성이 암시되어 있다. 애지로서의 철학, 이른바 필로소피아philo-sophia라는 말 안에는 우리 유한한, 그래서 지혜를 사랑하고 추구할 뿐인 인간은 끝내 세계 자체에 대한 진리 자체의 소유자일 수는 없다는 심오한 통찰이 포함되어 있다. 물론 이 근본적인 한계는 과학자도 결코 넘어설 수 없다. 왜냐하면 그도 결국은 추구하는 인간이지 추구할 필요가 없는 신은 아니기 때문이다. 과학 역시 세계 자체의 추구이고 진리 자체에 대한 사랑이지, 세계 자체의 제시, 진리 자체의 획득일 수는 없다. 그들도 철학하는 우리와 꼭 마찬가지로 세계 자체를 향한, 그리고 그 세계에 대한 절대적 인식을 향한 무한한 동경과 사랑을 가지고 **해석하고** 있을 뿐이다. 과학 아니라 무엇을 하건, 인간이라면 원래 그 이상을 할 수는 없다.

{III부}

] 정신과학이 갈 길 [

정신과학이 갈 길은 무엇인가? 정신과학은 나름의 역사를 가지고 있고 어떤 길을 걸어 오늘에 이르렀다. 그런데 지금 정신과학이 가야 할 길에 대한 물음이 새삼스럽게 제기되고 있다. 이것은 무엇을 의미하는가? 이 학문이 '가야 할 길'은 이 학문이 '걸어온 길' 그리고 '걷고 있는 길'이 아니고, 이 학문의 '내일'은 이 학문의 '어제' 그리고 '오늘'과는 달라야 한다는 사실을 의미한다. 이 학문은 분명 자신의 어제와 오늘로부터 자라났음에도, 자신의 역사, 형성의 기반과의 단절을 요구받고 있고 자신의 앞날과 관련하여 뭔가의 전환이 필요한 처지에 놓여 있다. 이것은 우리 시대의 정신과학에 고유한 위기성의 표징이다. 위기란 본디 어떤 결정적인 전환, 이 전환을 통해 위협적인 현실과의 단절이 요구되는 상황이기 때문이다.[1] 이 학문이 지금껏 걸어온 길, 지금도 걷고 있는 길은 어떤 길이었고, 이 길을 걸어 정신과학은 무엇으로 되었기에 위기에 빠졌

1 '위기'를 의미하는 서양어 '크리제Krise', '크라이시스crisis'의 어원으로 알려진 라틴어 '크리시스crisis', 그리스어 '크리시스crisis'는 '결단', '결정적 전환'을 의미한다. 본디 이 말은 병세가 극에 달해 결정적 전환이 요구되는 상황을 지칭하는 의학 용어였다고 한다.

고, 이 위기의 본질은 무엇이고 또 이를 벗어나게 해 줄 새로운 길은 무엇인가? 그리고 그 길을 통해 정신과학은 무엇으로 되어야 하고, 그 정신과학과 자연과학의 관계는 무엇일 수 있는가? 나는 이 일련의 물음들에 답하려 한다. 본격적인 논의에 앞서 미리 분명하게 해 둘 것이 하나 있다. 정신과학과 관련한 나의 모든 물음, 숙고, 답변은 여러 과학들 중의 하나로서의 정신과학의 역사, 지위, 미래 그리고 이 학문이 빠진 위기에 대한 과학론적 성찰에 불과한 것은 아니라는 점이다. 나의 사색은 필경 인간학적인 것이다. 정신과학이 자유로운 그리고 자유로워야 하는 인간[2] 그리고 이 인간의 삶과 형성을 다루는 한에서,[3] 정신과학에 대한 모든 사유는 동시에 인간에 대한 사유이기 때문이다. 그러므로 정신과학의 위기와 앞날에 대한 물음은 곧 인간의 위기와 앞날에 대한 물음이고 이 학문의 본질에 대한 탐문은 동시에 인간의 본질에 대한 탐문이다. 여기에 이 문제의 중요성과 심각성이 있다. 정신과학에 대해 물으며 우리는 인류가 가진 하고많은 학문들 중 임의의 하나에 대해서가 아니라, 바로 우리 자신에 대해, 스스로 정신과학을 하는 그리고 자신이 하는 정신과학의 본질에 대해 묻고 있는 우리 자신은 누구이고 누구여야 하는지에 대해 묻고 사유해야 한다.[4]

2 3.3 참조.

3 1.3.2 참조.

4 그러므로 이 작업 자체가 말의 본래적인 의미에서 '정신과학적'이다. 정신과학을 하는 자는 외부의 특정 대상에 대해서가 아니라 바로 자기 자신에 대해 사유하기 때문이다. 정신과학은 **자기 인식**, **자기 이해**의 문제 이상 다른 것이 아니라는 것이 III부의 논의 전체를 관통하는 나의 테제다.

7장

인간의 위기로서의 정신과학의 위기

정신과학Geisteswissenschaften, Humanities이란 무엇인가? 이 물음은 정신과학의 '무엇Was, quiditas, ti estin'에 대해 묻고 있다. 이 '무엇'을 철학은 본질Wesen, essentia, ousia이라 부르고 본질의 제시를 정의Definition, definitio, horismos라 칭한다. 정의는 통상 유개념에 종차를 더하여 이루어지는데, 유개념은 정의되어야 하는 하나의 종과 그 다음 종이 함께 속하는 상위 개념이고 종차는 두 개의 종 사이의 본질적 차이다.[1] 예를 들어 인간을 "문법을 배울 수 있는 동물"[2]이라 정의한다면, '동물'은 인간이라는 종과 인간과는 다른 종으로서의 원숭이가 함께 속하는 유개념이고 '문법을 배울 수 있음'은 두 종 간의 본질적 차이, 종차다. 정의의 핵심을 이루는 것은 유개념이 아니라 종차다. 이 차이가 바로 정의되는 것의 무엇임, 본질이기 때문이다. 이 인간의 정의에서도 중요한 것은 인간과 원숭이는 매한가지로 동물이고 그 점에서 같다는 사실이 아니라, 문법 습득 가능성에서 인간과 원숭이는 다르고, 이 다름을 척도로 둘은 구

1 나는 이 문제를 이미 간략히 언급한 바 있다(2.2 참조).

2 Aristoteles, *Topik*, 102a.

분되어야 한다는 사실이다. 이렇듯 '정의한다de-finio' 함은 물어지고 있는 종과 그 다음 종 사이의 경계finis를 확정하여 둘을 떼어 내는de 일이다. 이 한정과 분리의 기준, 두 종 간의 차이와 다름이 바로 '이것은 무엇인가?'라는 물음이 묻고 있는 이것의 본질, 이것을 이것으로 만들어 주고 이것이 아닌 것과 구분해 주는 이것의 '무엇'이다.

나는 '정신과학은 무엇인가?'라고 물었다. 이는 정신과학의 본질에 대한 물음이고, 이 물음에 대한 답이 곧 정신과학의 정의이다. 정신과학은 통상 과학이라는 유개념에 자연과학과의 종적 차이를 더해 '~한 과학'이라고 정의된다. 이 정의는 정신과학과 자연과학은 매한가지로 과학이고 그 점에서 둘은 같지만, '~하다'라는 점에서 정신과학은 자연과학과 다르다는 사실을 말하고 있다. 여기서도 중점은 유개념이 아니라 종차에 놓인다. 중요한 것은 정신과학과 자연과학이 꼭 같이 과학이라는 것이 아니라, 정신과학은 자연과학과 **다른** 과학이라는 점이다. 정신과학의 본질을 묻고 이 본질로 정신과학을 정의하는 일은 곧 정신과학과 자연과학의 '다름'을 제시하는 일이다. 이 다름이 곧 정신과학의 본질, 정신과학을 정신과학으로 만들어 주고 정신과학이 아닌 과학(자연과학)과 구분해 주는 정신과학의 '무엇'이기 때문이다. 그러므로 정신과학이 무엇이고 무엇으로 되어야 하는지를 묻고 있는 우리가 다루어야 할 문제는 바로 이 **다름**, 정신과학과 자연과학의 **차이**다.

정신과학의 학문적 자립성을 정당화했던, 학문사의 주목할 만한 연구들이 정신과학과 자연과학의 차이와 다름에 대한 언급에서 출발했다는 사실은 결코 우연이 아니다. 예를 들어 딜타이는 그의 미완의 저서 《역사 이성 비판》에서 정신과학의 문제를 다룬 두 개의 주요한 장에 모두 "정신과학의 구획"[3]이라는 타이틀을 내걸고 두 과학의 구분 가능성을 집중적으로 논구했다. 가다머 또한《진리와 방법》의 첫 번째 장에서 '정신과학은 자연과학의 방법을 취해야 하고 이를 통해 자연과학과 같아져야 한다'라는 밀의 과학 일원론을 비판하면서,[4] 정신과학에는 과학적 "방법이라는 것이 없으며"[5] 그런 의미에서 정신과학은 방법의 이상에 고무된 근대 과학의 자식이 아니라 오히려 "휴머니즘의 참된 옹호자"[6]라고 말하고 있다. 정신과학에서 문제가 되는 것은 자연, 자연의 일부로 관찰되는 한에서의 인간이 아니라 인간, 인간으로서의 인간이고, 그 의미에서 인간 연구로서의 정신과학은 자연 연구로서의 자연과학과는 "전적으로 다른"[7] 학문이어야 한다는 것이다. 이들은 왜 '정신과학과 자연과학의 다름', 그리고 '인간과 자연의 다름'에 주목했던가? 이유는 단순하다. 이 다름이 다름으로 승인되지 않을 때 **정신과학의 위기**가 출현하고 이는 동시에 **인간의 위기**를 의미하기 때문이다.[8]

---

3 W. Dilthey, *Gesammelte Schriften*, Bd. VII, 70, 79.

4 Cf. H.-G. Gadamer, *Gesammelte Werke*, Bd. I, 9f.

5 *Ibid.*, 13.

6 *Ibid.*, 14.

7 H.-G. Gadamer, "Wahrheit und Methode: Der Anfang der Urfassung", hrsg. von J. Grondin u. a., *Dilthey-Jahrbuch*, Bd. 8(1992-93), 131.

8 이른바 **인문학의 위기**란 무엇인가? 이 말과 관련해서 두 가지의 흔한 오해가 있는 것 같다. 첫째, 요사이 세간에 자주 들리는 담론들은 이 말로 인문학자들의 직업상의 위기를 말한다. 고맙게도 사람들은 젊은이들이 인문학 공부에 게으르고 그래서 인문학자들의 돈벌이가 시원치 않다고 걱정해 준다. 물론 그런 문제가 없는 것은 아니지만 그것이 인문학의 위기의 본질은 아니다. 적어도 철학이 논의해야 할 문제는 아니다. 따라서 나는 이 문제는 다루지 않는다. 둘째, 인문학의 위기는 인문학이 '과학의 얼굴에 묻은 얼룩'이라는 치욕적인 이름을 가져야 할 정도로 그 성과가 미미하다는 의미로 이해되기도 한다. 이것은 밀이 당시의 도덕과학에 대해 가지고 있던 견해였고, 그 후로 모든 실증주의적 과학 일원론자들이 함께해 온 견해다. 나는 이것도 옳지 않다고 생각한다. 인문학은 자

이 사실은 정신과학의 불행했던 최근 역사가 잘 보여 준다.[9] 적어도 근대 자연과학의 탄생, 그리고 이 과학의 성공적 부흥에 대한 사람들의 경탄 이후 정신과학의 역사는 이 과학을 자연과학과 **같은** 것으로 만들어 버리려는 실증주의자, 자연주의자, 과학 일원론자들의 공세 앞에 선 정신과학의 위기의식의 역사였고, 이 위기에 직면해 자신만의 **다름**을 증명해야 했던 정신과학의 힘겨운 "자기변명의 역사"[10]였다. 밀의 공세

연과학과는 달리 그 성과의 효용에 따라 평가될 수 있는 학문은 아니기 때문이다. 그 이유는 이미 어느 정도 설명되었고 이 책의 III부가 마무리되기 전에 한결 분명하게 설명될 것이다. 내가 보기에 **인문학의 위기**는 **인간의 위기**다. '인간으로서의 인간'이 사라지고 그 자리에 '자연의 일부로서의 인간'이 들어설 때, 그리고 이에 따라 인간 자신에 대한 공부로서의 인문학이 사라지고 그 자리에 자연의 순수 사실만을 확정하는 실증과학이 들어설 때, 말의 본래적인 의미에서의 인문학의 위기가 도래한다. 한 세기 전 후설이 유럽 학문의 위기를 "유럽 인간성의 위기"(E. Husserl, *Die Krisis der europäischen Wissenschaften und die transzendentale Phänomenologie*, 10)에서 찾을 때에도 근본적으로는 이런 생각을 가지고 있었다. 그에 따르면 "학문의 이념이 실증주의적으로 제한되었고"(*ibid.*, 3, 5) 그래서 "순전한 사실인事實人"에 의한 "순전한 사실 과학"(*ibid.*, 4)이 득세해서, 이성에 대한(cf. *ibid.*, 10), 이성의 학문으로서의 철학에 대한(cf. *ibid.*, 8, 10), 그리고 이성을 가지고 철학하는 인간 자신에 대한 불신이 만연하게 되었다는(cf. *ibid.*, 11) 것, 한마디로 "실증주의가 철학의 목을 베었다"(*ibid.*, 7)는 것이 학문의 위기의 본질이었다. 학문의 위기에 대한 후설의 통찰은 인문학의 위기에도 정확하게 들어맞는다. 실증주의와 자연주의가 인간을 자연의 일부로 보고 자연과학의 대상으로 삼았다는 것, 그래서 '인간으로서의 인간', '자유로운 인간'이 죽었다는 것이 내가 보기에는 인문학의 위기라는 말이 가질 수 있는 가장 끔찍한 그래서 가장 중요한 의미다.

9 내가 의미하는 것은 19세기 이후의 학문의 역사다. 17세기에 근대 자연과학이 탄생하고 이 근대적 현상은 근 200년에 이르는 시간 동안 엄청난 성과를 거두어 급기야 정신과학도 자연과학으로 환원하려는 시도가 이루어진 시기가 바로 19세기이기 때문이다. 이 시기는 '밀의 과학 일원론'과 '딜타이, 리케르트, 베버의 과학 이원론'이 충돌하던 시대다. 이른바 인문학의 위기란 19세기에 그 연원을 두고 있는 문제다.

에 대한 딜타이의 치열했던 대응은 이에 대한 단적인 증거이고,[11] 모든 면에서 딜타이와 입장을 같이했던 것은 아니지만 원칙적으로는 자연과학과는 다른 또 하나의 과학(문화과학)의 자립성을 입증하려던 리케르트[12]와 베버[13]의 노고 또한 결코 덜 중요하지는 않은 증거다. 이 점에서 19세기 독일 철학계에 부여되었던 가장 주요한 과제들 중 하나는 실증주의자들의 자연주의적 환원의 공세에 맞서 '인간의 사회적, 역사적 삶'이라는 '자연과는 전적으로 다른 현실성'을 지켜 내는 일이었다고 할 수 있다. 사정은 20세기에도 달라지지 않았다. 마치 100년 전 밀이 걷던 길을 따라가기라도 하듯 헴펠은 역사학자들에게 일반 법칙에 의거한 설명을 강요했고,[14] 실증주의자들의 통일 과학 운동은 이른바 구획 기준을 들어 '자연과학이 아닌 과학'에게 '사이비 과학'이라는 낙인을 찍었다. 한마디로 19세기 이후 정신과학의 역사는 이 학문의 존폐 위기의 역사였고 이 위기에서 살아남기 위한 투쟁의 역사였다. 이것이 지난 150년 동안 정신과학이 걸어온 길이다. 그리고 지금은? 위기와 위기의 조짐은 줄어들었는가? 그렇지 않다. 위기는 오히려 더 위험한 것으로 되어 가고 있다. 특히 안타까운 것은 이 위기의 진원지가 정신과학의 외부로부터 그 내부로까지 확대되어 가고 있다는 점이다. 스스로 무엇을 하고 있는지, 무엇을 해야 하는지도 모르고 있는 "정신 나간"[15] 정신

10 김창래, 〈언어철학적으로 살펴본 정신과학의 의미〉, 76쪽.

11 3.2.3 참조.

12 Cf. H. Rickert, *Kulturwissenschaft und Naturwissenschaft*, Kap. 3-5.

13 Cf. M. Weber, *Gesammelte Aufsätze zur Wissenschaftslehre*, 179f., 202f., 542f., 546f.

14 3.1 참조.

15 김창래, 〈빌헬름 딜타이의 죽음, 그리고 100년 후〉, 《지식의 지평》, 11호(한국

과학자들의 그릇된 자기 이해가 바로 위기의 새로운 원천이 되고 있다. 오늘날의 사회과학은 사회를 지배하는 법칙의 정립, 이에 따른 예측 가능성의 확보라는 미명 아래, 100년 전 밀이 도덕과학에게 강요했던[16] 그리고 베버가 그 위험을 그토록 강력하게 경고했던 길,[17] 이른바 행위의 자유로운 주체로서의 개인을 사회 연구에서 배제하는 집단 사회학의 길을 걸으며 경험과학으로의 변신을 꾀하고 있다. 여기에 적지 않은 인문학자들까지도 경험적 관찰, 실험, 통계 처리를 통해 자신들의 연구물에 자연과학적 화장을 하고 있다. 그들은 결과에 있어 성공적이었던 자연과학을 부러워하고 자연과학자와 같아지기를 원하기 때문이다. 이 같아짐의 시도에서 가장 큰 성공을 거둔 학문은, 내가 보기에 우리 시대의 학문들 중에서 가장 부도덕한 학문인 실험 심리학이다.[18] 이 학문은

학술협의회, 2011), 279쪽.

16 3.2.1 참조.

17 Cf. M. Weber, *Gesammelte Aufsätze zur Wissenschaftslehre*, 552f.

18 이 학문의 부도덕성은 이 학문이 인간은 자연의 일부일 뿐이라는 자신의 전제에 따라 인간의 자유를 부정하고 이를 통해 도덕의 근간을 송두리째 삭제해 버린다는 점에 있다. 물론 이 학문에 종사하는 사람들은 스스로 그렇게 하고 있다는 사실, 하고 있는 일이 부도덕하다는 사실에 대해 전혀 모른다. 그러나 모른다 해서 그들의 학문적 실천의 부도덕함이 탕감되는 것은 아니다. 나는 늘 실험 심리학자에게 다음의 물음을 던지고 싶어 했다. 그들이 인간을 피험자로 삼아 인간을 지배하는 자연의 법칙을 정립하고 이를 통해 인간의 자유를 삭제할 때, 이들은 자연법칙의 강제에 따라 그렇게 한 것인가, 아니면 자유로운 선택에 따라 그렇게 한 것인가? 내가 보기에 실험 심리학자가 가질 수 있는 답은 두 가지뿐이다. 첫째, 자신의 학문적 선택이 자유로운 것이라는 사실을 인정하는 것이다. 그러나 이 인정을 통해 그는 인간은 자연법칙의 강제로부터 자유롭지 않다는 자신의 학문적 전제를 부정해야 한다. 둘째, 실험 심리학을 자신의 전공으로 선택한 것도 자연법칙의 강제에 따른 것이라는 사실을 인정하는 것이다. 그러나 이 인정을 통해 그는 자신의 자유, 자유로운 자기 자신을 부정해야 한다. 그는 자신의 학문을 부정하거나 학문하는 자신을 부정해야 한다. 전자의 경우라

정신과학 고유의 대상이었던 '인간'을 자연과학의 방법으로 다루는데, 이 과학의 성공은 마치 밀과 헴펠이 제시했던 길이 곧 정신과학이 가야 할 길임을 입증하는 사례처럼 보인다. 문제는 이 길이 과학의 성공을 보장하는 대가로 인간의 자유에 종지부를 찍어 인간을 오로지 자연법칙에 구속되는 생명체만으로 규정해 버린다는 점이다. 더 큰 문제는 과학 시대의 소시민들 사이에 이 학문의 인기가 대단해서 '자연의 일부로 관찰되는 한에서의 인간에 대한 경험과학'으로서의 실험 심리학은 말하자면 '참된 인간학' 대접을 받고 있고, 이 과학이 다루는 인간이 마치 유일한 인간, 인간 자체라는 속견이 유포되고 있다는 점이다. 이에 대한 흥미로운 증빙 자료는 과학 시대 소시민들의 언어 사용과 이에 따르는 사유 방식이다. 사람들은 더 이상 사랑, 기쁨, 흥분을 말하지 않고, 도파민, 엔도르핀, 아드레나린의 분비에 대해 말한다. 그러면서 그들은 비로소 인간 자체에 대한 '참된 말verbum cordis'[19]을 발견했다고 생각한다. 사람들은 그렇게 말하고 생각하면서 그렇게 말하고 생각하는 자기 자신을 자연의 일부로, 좀 험하게 표현해서 짐승으로 규정하고 있다. 그리고 스스로의 말과 생각에 의해 바로 자신이 짐승으로 되었다는 점에는 말

면 자유로운 자기는 살아남지만, 이 자기는 자신의 학문적 실천의 부도덕성을 자유의지를 가지고 선택한 파렴치한이라는 비난을 피할 수 없다. 후자의 경우라면 스스로의 선택에 의해 부도덕을 택했다는 비난은 면할 수 있겠지만 이를 통해 그는 정말 자연의 일부, 속된 말로 짐승이 되어야 한다. 실험 심리학자의 상황은 매우 좋지 않다. '자신의 학문'을 부정하거나 '자유롭게 그 학문을 선택한 자신'을 부정하거나. '자유로운 파렴치한'이 되거나 '순진무구한 짐승'이 되거나.

19 나는 이 개념을 아우구스티누스로부터 취했다. 그는 있는 그대로의 사태 자체를 보여 주는 말을 '참된 말'이라 불렀다(cf. A. Augustinus, *Die Dreieinigkeit*, XV, 11:20, 14:24, 16:25).

과 생각이 미치지 못한다. (그 점에서는 철없는 짐승과 비슷한 점이 있기는 하다.) 내가 보기에 이 모든 사태는 단 하나의 시대적[20] 비극만을 말하고 있다. **인간과 자연 간의 다름의 실종**, 이른바 **인간의 위기로서의 정신과학의 위기**.[21]

그런데, 정말 인간은 자연의 일부일 뿐이고 인간 연구로서의 정신과학은 자연 연구로서의 자연과학의 한 부류에 불과한가? 이것은 보편적인 진리인가, 아니면 과학 시대의 믿음일 뿐인가? 모든 시대의 모든 사람들이 이 믿음을 공유했던 것은 아니라는 사실은 정신의 역사가 보여준다. 고대 희랍인들은 신이 기하학적 질서를 투여해서 만든 피지스와 인간에 의해 정립된 노모스가 두 개의 다른 현실성임을 알고 있었고,[22] 르네상스기의 인문주의자들도 이른바 '스투디아 디비니타티스'와 '스투디아 후마니타티스'를 분명하게 구별했었다.[23] 칸트에게도 인간은 자연과 자유라는 상이한 두 존재론적 질서에 속하는 이중적 존재자였

20 이 비극을 근대 과학의 부흥기 이전의 인간들은 결코 알지 못했다. 그 점에서 이 비극은 과학 시대의 시대적 비극이다. 니체는 이렇게 말했다. "코페르니쿠스 이래 (…) **인간**은 동물이 되어 버렸다." 인간은 "경사면에 놓여 (…) 점점 더 빨리 떨어져 굴러간다.—어디로? 허무로? (…) 그렇다"(니체, 《도덕의 계보》, 김정현 옮김, 니체전집 14, 책세상, 2002, 531쪽).

21 이것이 바로 인문학의 위기라는 닳아빠진 유행어 뒤에 숨어 있는, 그래서 과학 시대의 소시민들이 들여다보지 못하고 있는 이 말의 심각한 의미다. 위기의 본질은 인문학자의 돈벌이와 관련된 것도 인문학의 성과와 관련된 것도 아니다. 위기란 '자연 이상이고 자연 이상이어야 할 인간'이 그저 자연의 일부로, '자유롭지 않고 자유로울 수도 없는 짐승'으로 간주되고 있다는 것이다. 위기는 과학 시대의 인간들의 자기 이해의 문제다. 그러므로 위기의 진원지는 바로 스스로에 대해 더 이상 사유하지 않는 우리 자신이다.

22 3.2 참조.

23 Cf. R. Rieks, Art. "Humanitas", in: *Historisches Wörterbuch der Philosophie*, Bd. III, hrsg. von J. Ritter, Basel/Stuttgart 1974, Sp. 1231.

다.[24] 이 문제에 관한 한 동양인들의 생각도 다르지 않았다. 인간은 그저 자연의 일부에 불과한 것이 아니라 주어진 자연에 "인간의 무늬", 이른바 "인문文"[25]을 새겨 넣어 새로운 현실성을 창조하는 자이다.[26] 이 모든 입장들은 한목소리로 자연 이외의 또 다른 현실성이 있다고 말한다. 그러나 이 중 어떤 입장도 인간이 자연에 속하지 않는다고 말하지는 않는다. 이는 다음을 의미한다. 자연이 인간의 세계가 아닌 것은 아니지만 우리가 속한 유일한 세계는 아니요, 자연에 대한 법칙적 인식이 앎이 아닌 것은 아니로되 우리가 가져야 할 유일한 앎은 아니다. 다시 말해 자연은 '하나'의 세계이지 세계 자체는 아니고, 자연과학 역시 '하나'의 앎이지 앎 자체는 아니다. 자연과학적 세계의 유일성과 자연과학적 인식의 절대성에 대한 반대 그리고 자연과는 다른 또 하나의 세계의 긍정과 그 세계에 대한 또 하나의 과학적 인식의 승인. 이것이 바로 자연과학과는 다른 정신과학을 이 학문의 위기, 그 위기의 역사로부터 구출해 낼 수 있는 유일한 길, 정신과학이 갈 길이다.[27]

나는 인간이 자연의 일부이고 자연이 인간이 속한 세계임을 부정하

24 3.2.2 참조.

25 이승환, 〈동양의 학문과 인문 정신〉, 한국학술협의회 편, 《인문 정신과 인문학》(아카넷, 2007), 28쪽.

26 같은 글, 28-30쪽 참조.

27 여기에 이미 언급했던(2.2 참조) 과학 일원론과 이원론 사이의 고유한, 그러나 원칙적으로 불유쾌한 비대칭성이 있다. 자연과학이 과학이 아니라고 주장하는 사람은 없지만 자연과학만이 과학이라고 주장하는 사람들은 있다. 정신과학만이 과학이라고 주장하는 사람은 없지만 정신과학은 과학이 아니라고 주장하는 사람은 있다. 이 비대칭성은 이미 정신과학에 대한 과학 일원론의 공격적 태도, 그리고 이에 직면한 정신과학의 태생적 위기 상황을 잘 보여 준다.

지는 않는다. '자연의 일부로서의 인간', '인간의 세계로서의 자연'은 말하자면 하나의 '사실fact'이다. 그러나 사람들이 흔히 잘못 생각하듯 이것은 '있는 그대로 주어진 것'이라는 의미에서의 사실은 아니다. 주어진 것은 사실이 아니라 데이터이고, 사실은 주어지는 것이 아니라 만들어지는 것이기 때문이다.[28] 우리는 이미 데카르트가 확실성의 인식이라는 목적을 가지고 시간의 배제라는 원리의 인도 아래 세계를 기하학적 공간으로, 존재자를 연장을 가진 물체로 만드는 추상화의 과정을 살펴본 바 있다.[29] 칸트는 이를 그 자체로 무규정적인 인상의 잡다들을 보편 법칙의 정립이라는 원리 아래 정리, 정돈해서 "대상들의 역학적 전체"로서의 자연을 구성하는 과정으로 설명했다.[30] 이것이 바로 과학이 자신의 세계를 만드는 과정이다. 자연은 있는 그대로의 세계, 세계 자체로서 과학에게 주어진 것이 아니라, 특정 목적을 위해, 특정 원리에 따르는 인간에 의해 **만들어진 세계**다. 이 만듦이 지향하는 목적은 세계의 법칙적 파악(보편 법칙에 입각한 설명, 설명에 의거한 예측, 예측 가능한 세계의 지배)이고 이 만듦을 이끄는 원리는 이 목적을 위해 무한히 잡다한 현상들을 가급적이면 통일하여 그 수를 최소화하라는 사유 경제의 지침

28 '사실'을 의미하는 서양어 'Faktum', 'fact'는 '만들다'라는 뜻의 라틴어 '파케레facere'에서 유래했다. 반면 데이터Data는 '주다'를 의미하는 라틴어 '다토dato'에서 유래한 말이다. 주어진 것은 데이터이고, 이 데이터를 재료 삼아 만들어진 것이 사실이다. 이를테면 우리는 감관에 **주어진** 다양한 감각 자료, 망막에 맺힌 상, 후각에 주어진 향, 피부에 느껴지는 자극 등을 가지고 '한 송이의 장미'라는 대상, '한 송이의 장미가 지금 여기에 있다'는 사실을 **만든다**. 그러나 '장미 자체' 그리고 '장미의 여기에 있음'은 어떤 경우에도 직접적으로 주어지지 않는다. 우리 지성의 사유가 자발적인 만듦에 착수하기 전에는 그렇다.

29 6.1.1-6.1.2 참조.

30 6.3 참조.

이다. 이 목적과 원리를 가진 인간에 의해 그 인간 쪽으로 '이끌려 온her-gestellt', 한마디로 그 인간에 의해 '만들어진hergestellt' 세계가 바로 자연이다.[31] 분명한 것은 이 세계는 특정한 세계 구성의 목적과 원리를 가진 인간에 **대한** 세계이지, 스스로에 대해 있는 세계 **자체**는 아니라는 점이다. 모름지기 '자체 존재kath hauto'란 가능한 모든 대함의 제거, 모든 관계의 삭제 속에 존재해야 하기 때문이다. 말하자면 어떤 것이 다른 것과 맺을 수 있는 그 어떤 관계도 없이 오로지 자기 자신에 대해서만 존립할 때 우리는 그것을 자체 존재, 즉자 존재라 부른다. 그리고 이 자체 존재만이 '절대絶對적', '대對함을 단절絶하는' 방식으로 존재한다. 반면 '상대相對적인' 모든 것은 다른 어떤 것과 '서로相 대對함의' 방식으로 있는 것이지 스스로에 대해서만 있는 것이 아니다. 바로 이 의미에서 자연은 세계 자체, 절대적 세계가 아니라 과학자에 **대**한 세계, 상대적인 세계다.[32] 자연은 결코 '그 하나의 세계'가 아니다.

그렇다면 '그 하나의 세계'는 무엇인가? 우리는 도대체 모든 세계 해석을 자신에 **대한** 해석으로 거느리고 있을 해석되는 세계 자체, 이렇

31 인간은 이렇게 존재자를, 존재자의 총화로서의 세계를 자신이 원하는 대로 '자신에게로 이끌어her' '세운다stellen'. 이것이 곧 존재자와 세계를 '만듦Her-stellung'이다. 이 과정은 근대가 세계를 자신이 원하는 그 방식으로 '자신 앞에vor' '세우는stellen', 그리고 그렇게 존재자와 세계를 '~에 대해 서 있는 상, 대상'으로, '앞에 세워진 상, 표상Vor-stellung'으로 만드는 과정과 같다(6.1.3, 6.2.1 참조).

32 '절대적absolutus'이라는 단어는 '떼어 냄', '분리'를 의미하는 전철 '압ab'과 '자유롭게 하다', '분리하다', '떼어 내다'를 의미하는 동사 '솔베레solvere'의 합성어다. 이 어원에 함축된 절대자의 철학적 의미는 모든 관계와 대함의 단절이고 이 단절의 상태에 존재하는 것은 다른 어떤 것에 대해서가 아니라 오로지 자기 자신에 대해서만 있다. 이것이 바로 자체 존재, 절대자의 의미다.

게 저렇게 해석되면서도 스스로는 이렇고 저런 해석들과는 무관하게 자체적으로 존재하고 있을 '그 하나의 세계'에 대해 알 수 있는가? 내가 '그' 하나의 세계는 이런 또는 저런 것이라고 말하거나 생각할 때, 그 세계는 이미 나에 의해 말해지거나 사유된, 따라서 말하고 사유하는 나에 대해 있는 세계가 아닌가? 이 모든 대함의 단절 속에 오로지 스스로에 대해서만 있는 세계 자체를 나는 "알 수도 없고, 알 필요도 없다".[33] 이것은 칸트 이후에 철학하는 자에게는 부정할 수 없는 진리다. 중요한 것은 내가 이 진리 앞에 무력한 것과 꼭 마찬가지로 과학 역시 무력해야 하고, 이 자명한 진리에도 불구하고 과학이 자신이 만든 세계의 (상대적) 참을 주장하듯 나 역시 나의 세계의 (상대적) 참을 주장할 수 있어야 한다는 것이다. 그러므로 나는 '본래의 세계', '세계 자체'에 대한 물음을 던질 수는 없으되, '**나에게** 본래적인 세계'에 대한 물음은 던질 수 있고, 이 물음에 대한 **나의** 답을 당당하게 과학자의 세계 곁에 세울 수 있어야 한다. 왜냐하면 인간이 만든 세계가 여럿이라는 것, 세계 구성의 복수성은 결코 있을 법하지 않은 일이 아니기 때문이다.

세계는 (나에게) **본래** 무엇인가? **이** 경우 '본래'라는 말로 나는 모든 인위적 추상화 이전의 상태를 의미한다.[34] 이를테면 세계를 규칙적이고 반복 가능한 법칙의 질서로 파악하기를 원했던 갈릴레이가 행한 세계에 대한 수학적 기획 투사, 가변적인 모든 것을 세계로부터 탈락시키려던 데카르트가 행한 시간을 제거하는 회의와 같은 것이 이루어지기 이

---

33 I. Kant, *Kritik der reinen Vernunft*, B332f.

34 나는 이 의미의 본래적 세계와 이 세계로부터 과학자의 세계가 구성되는 과정을 상세히 다룬 적이 있다. 다음을 참조: 김창래, 〈《존재와 시간》에 나타난 세 가지 실존〉, 《철학논집》, 44집(서강대학교 철학연구소, 2016), 320-327쪽.

전의 원래 세계다. 이 세계는 땅이 돈다고 생각하고 말하던 갈릴레이를 종교재판에 회부하여 가택 연금시키고 교황청의 명령에 복종하지 않을 수 없게 만들었던 세계이고, 과학적 진리에 대한 종교의 박해 소식을 전해들은 데카르트로 하여금 지구라는 별의 운동에 관한 자신의 글의 출간을 포기하게끔 강요하던 세계다. 이 세계가 수학적 우주, 기하학적 공간과 **다르고** 또 그런 세계가 **아님**은 자명하다. 과학의 세계에는 인간들 사이의 관점의 차이, 그 차이에 따른 인간적 강제와 박해, 충돌과 저항, 그리고 더욱 인간적인 포기와 쪼쫀함 같은 것은 없기 때문이다. 정확히 말해 그런 인간적인 것들의 인위적 제거를 통해 비로소 '탈인간적 자연'이 만들어지는 것이다. 그러나 도대체 제거가 가능하기 위해서는 제거되어야 할 것이 **먼저** 거기에 있어야 하고, 탈인간적 자연이 만들어지기 위해서도 '자연 이전의 인간'이 **앞서** 존재해야 한다. 그러므로 과학자와 철학자가 과학하거나 철학하기 이전에 인간으로서 이미 속해 있는 하나의 우선적인 세계가 있다. 바로 나, 너 그리고 우리가 '본래', 즉 '썩 자연스럽지는 않은 사유의 추상화를 통해 탈인간적 자연에 도달하기 이전에' 이미 항상, "우선 대개"[35] 그 안에 살고 있는 세계가 있다. 모든 인간적 삶과 실존의 공동의 기반으로서의 우리의 일상적 생활 세계가 바로 그 세계다. 우리는 인간으로서 우선 대개 이 세계에 속하고 이 세계의 인위적 축소, 외면, 은폐 등을 통해 비로소 자연과 같은 것을 발견하게 된다.[36] 그런데도 과학 시대의 소시민들은 이렇게 이차적으로

35 M. Heidegger, *Sein und Zeit*, 16, 43, 113.

36 하이데거는 세계의 근원성과 자연의 파생성을 인상적으로 서술한 바 있다. "숲은 삼림이고, 산은 채석장이다. 강은 수력이고, 바람은 '돛 안'의 바람이다. 발견된 '주위 세계'와 함께 그렇게 발견된 '자연'도 만난다. '손안의 것 Zuhandenes'으로서의 자연의 존재 양식을 외면하며, 자연 자체를 단지 순수한

발견된 자연이 세계 자체라고 말한다. 과학적 세계가 먼저 거기에 있고 그 세계 자체에 대한 인간적 해석의 결과가 일상적 생활 세계라고 믿기 때문이다. 내가 보기에는—적어도 우리 인간에게는—정반대가 참이다. 우리는 우선 대개, 이미 항상 우리의 일상적 생활 세계 안에 살고 있고, 특정 목적의 인도 아래, 모종의 인위적 추상화를 통해 이 우선적인 인간 세계가 비로소 외적 자연으로 추상화되는 것이다. 이를테면 H_2O를 H_2와 O_2로 분해하는 화학 실험실에서, 수분 항상성이 심각하게 깨진 부종 환자의 진단과 치료가 이루어지는 진료실에서 물과 인간은 각기 H_2O와 70%의 수분 항상성이 유지되는 생명체로 **해석**된다. 분명한 것은 물이 H_2O가 아닌 것은 아니지만 우선 대개는 마실 물, 씻을 물이고, 사람이 유기체가 아닌 것은 아니지만 우선적으로는 의사의 도움이 필요한 환자고 돈을 내고 치료를 받는 고객이라는 점이다. 인간의 세계가 특정 조건 아래서 비로소 자연으로 해석되는 것이지 그 반대가 아니다. 적어도 우리 인간**에게는** '자연 이전의 인간 세계'가 '탈인간적 자연'을 논리적으로뿐 아니라 존재론적으로도 앞서 간다. 그 의미에서 **우리에게**는 이 세계가 본래의 세계다.[37]

'눈앞에 있음Vorhandenheit'에서 발견하고 규정할 수도 있다. 그러나 이 같은 자연의 발견에는 '꿈틀대고 움직이며' 우리를 덮치는 자연, 경치로서 우리를 사로잡는 자연은 은폐된다. 식물학자의 식물은 논둑에 핀 꽃이 아니고 지리학적으로 확정된, 강의 발원지는 '원래의 샘'이 아니다."(M. Heidegger, *Sein und Zeit*, 70)

37 인간이 '자연 이전적 세계'와 '탈인간적 자연'을 **발견하는** 관점에서 사유한다면 전자가 후자에 앞서 있음을 적어도 **인간으로서** 우리는 부인할 수 없다. 일상적 삶의 세계에서 인간적 세계성을 탈락시키는 추상화가 없다면 우리는 자연이라는 추상적 개념을 가질 수 없다는 의미에서 논리적으로logisch, 자연 이전의 세계가 탈인간적 자연이라는 개념의 생성의 모태라는 점에서 존재론적으로

적어도 인간으로서 우리는 이렇게 말해야 한다. 자연과는 다른 인간적 삶의 세계가 있고 자연에 앞서 있다. 이 세계, 그리고 이 세계 안의 나와 타인들은 아주 근원적인 물음에 대한 매우 단순한 답이다.(그래서 틀릴 수 없는 답이다.) 그 물음은 다음이다. 내가 그 안에 살고 있는 세계는 무엇이고, 세계 안의 나는 누구이고, 나와 세계의 관계는 무엇인가? 그리고 그 세계 안에서 내가 그때마다 만나고 교섭하는 다른 존재자들은 누구인가? 이것은 '세계', '인간', '존재자'에 대한 물음이다. 이 물음에 세계는 '기하학적 공간'이고, 나는 '사유하는 의식'이고, 존재자는 '연장을 갖는 물체'라고 답한다면, 그 답은 완전히 틀린 것은 아니지만 유일하게 옳은 것은 아니고 또 **우선 대개** 옳은 것은 결코 아니다. 본래, 즉 우선 대개 나는 사유만 하는 의식이 아니라 행위하고 느끼는 자, 밀랍을 내다 팔거나 먹는 자이고, 그렇게 해서 얻을 돈과 건강을 기대하거나 있을 수 있는 비만을 우려하는 자다. 밀랍 또한 연장을 갖는 물체일 뿐 아니라 맛있고 몸에 좋은, 그래서 팔아서 돈을 벌 수 있는 재화이고, 세계 역시 사유하는 주관이 기하학적으로 규정된 물체를 자신 앞에 세우는 공간이 아니라, 생각하고 행위하고 느끼는 내가 나와 마찬가지로 생각하고 행위하고 느끼는 타인과 가치 있고 없는 물건들을 양도하고, 판매하고, 구입하고, 빼앗거나 뺏기기도 하는, 오늘은 내가 승자이고 내일은 그가 승자가 되는 불안정한 각축장이다. 나는 우선 대개 그리고 이미 항상 이 세계에 속한다. 내가 규칙적 자연의 일부임을 부정할 수 없는 것

ontologisch도 그렇다. 시간적인chronologisch 선후 관계에 대해 철학하는 인간은 아무것도 판정할 수 없다. 신이 '자연'을 창조한 연후에 그 자연에 인간의 손길이 가해져 인간의 세계로서의 '문화'가 구성되었다는 주장은 종교적 믿음의 사안이지 철학적 증명의 사안은 아니기 때문이다.

과 꼭 마찬가지로 내가 실천적 삶의 세계의 일원임도 부인할 수 없다.

그러므로 이렇게 말해야 한다. 두 개의 세계가 있다. 그중 하나의 세계에서 나는 보편 법칙의 사례이고 규칙적인 자연이다. 다른 하나의 세계에서 나는 나의 선택과 책임 아래 삶을 이끌어 가는 자유로운 의지다. 전자의 세계는 통일적인 법칙성이 지배하고 있다. 여기서는 '사유하는 나'가 '연장을 갖는 물체'를 보편적으로 타당한, 즉 늘 반복 가능한 방식으로 대상화하고, 관찰하고, 표상하여 법칙을 구성한다. 그리고 이와 꼭 같은 태도와 방식으로 과학적 인간학자(의학자, 심리학자 등)는 '자연의 일부로 관찰되는 한에서의 인간'에 대한 보편 법칙을 정립한다. 물론 이렇게 정립된 보편 법칙의 강제로부터 자유로운 인간은 한 명도 없다. 후자의 세계에서는 이른바 사람과 사람이, 자유로운 한 사람과 또한 자유로운 다른 사람이 서로에 대해, 때로는 서로를 위하여 때로는 서로에 반하여 말하고 행위한다. 대화하며 때로는 동의하고 때로는 반대하고, 서로 돕고 화합하는가 하면 이내 반목하고 충돌하면서 자신들의 삶의 기반으로서의 역사와 사회를 만들어 간다. 오늘의 친구가 내일의 적일 수 있고 그 반대도 가능하고 또 그 반대의 반대도 가능하다. 이 세계에서 모든 시간에 대해 보편적으로 동일한 따라서 모든 시간 안에서 예측 가능한 인간의 행위는 없다. 행위는 자유의 산물이(거나 그렇다고 간주되)기 때문이다.

이 두 세계는 얼마나 다른가? 그리고 어떤 점에서 결정적으로 다른가? 근본적인 차이는 이것이다. 하나의 세계에서는 '주관으로서의 정신이 객관으로서의 물체와 이론적 대상화의 관계'를 맺는다. 다른 하나의 세계에서는 '살아 있는 인간이 또한 살아 있는 인간과 실천적 삶의 관계'를 맺는다. 이것은 '**정신과 물체로 구성된 세계**'와 '**사람과 사람으로 구성된 세계**'의 차이이다. 타인과 대화하고 실천적으로 교섭하는 세계를 부정한다는 것은 교황청의 박해를 받는 갈릴레이라는 사람을 그리고 비슷한 박해를 예상하고 두려워하는 데카르트라는 소심한 사람을 부정한다는 뜻이다. 이들이 자연 이전의 세계를 떠나 탈인간화의 과정을 거쳐 자연을 발견하기도 전에 말이다. 자연 이외의 세계가 존재하고 자연에 앞서 존재한다는 것을 의심할 수는 없다. 그렇다면 왜 실체 형이상학의 역사와 이 형이상학의 피를 물려받은 근대 과학은 그 세계를 하나의 세계로 인정하지 않았는가? 그 세계를 보지 못하는 사람은 없다. 형이상학자와 과학자이기에 앞서 생활인이 아닌 사람은 있을 수 없기 때문이다. 그러나 그 세계의 배후에 서 있을 이른바 참된 세계에 도달하기 위해 그 세계를 헛된 세계로 간주해서 외면해 버릴 수는 있다. 이것이 바로 파르메니데스가 보통 사람들이 많이 "밟고 다니는 길"을 버리고 존재와 에피스테메에로의 길을 떠난 이후 근대 과학의 역사까지 포함하여 인류의 학문의 역사가 걸어온 길이다. 시간 안에서 생성, 소멸, 변화, 운동하는 현상들이 아니라 그 배후에 놓인 초시간적 규칙성을 발견하라! 인간적 현상들의 개별성에서 신적 질서의 보편성에로 이행하라! 잡다한 삶들에서 통일적인 존재로! 이것이 형이상학의 역사가 내세운 기치였다. 그리고 철학이 인간적, 사회적, 역사적 삶에 주목할 수 있기 위해서는 무려 2천3백 년이 넘는 긴 시간이 흘러야 했다. 그 이전까지 시간과 역사, 인간의 삶은 철학의 문제가 아니었으며 문제로 되더라도 형이상학적 이념의 틀 안에서 신적 질서의 가상으로만 다루어졌다.[38] 그리고 '그 배후에 어떤 참된 실체도 숨기고 있지 않은, 오로지 시간의 흐름 안에서 형성되고 재형성되는 인간의 삶'이 그 자체로 철학의 눈길을 끈 것은 19세기 중반 이후였다. 인간과 인간적 삶의 세계는 19세기의 위대한 발견의 산물이고, 이 발견은 동시에 철학의 의미 있는 전환을 뜻했다. 이제 기하학적 공간과 법칙적 자연이 아니라 시간의 흐름과 인간적 생활 세계가, 사유하는 의식과 물체 간의 인식의 관계가 아니라 인간과 인간 간의 실천적 소통과 왕래의 관계가 문제로 된다. 인식론의 시대는 가고 해석학의 시대가 온 것이다. 이제 초점은 인간과 물체, 주관Subjekt과 객관Objekt 간의 인식의 관련에서 인간과 인간의 관계, 상호 주관적inter-subjektiv 이해와 상호작용의 관련에로 이동한다. 이것이 19세기의 학문사적 의의이다. 그래서 19세기에는 인간들 간의 전달과 이해의 문제를 다루는 해석학이 철학의 중심부에 들어섰고 이와 동시에 인간에 대한 학문으로서의 정신과학의 문제가 시급성을 가지고 제기된 것이다. 그 이후 해석학의 역사는 동시에 정신과학의 역사이기도 했다. 초기의 철학으로서의 해석학은 정신과학의 방법론이기를 원했고, 다음 단계의 해석학은 과학자의 자연에 대한 일상적 삶의 세계의 존재론적 근원성을 주장했고, 최근의 해석학은 이른바 과학의 방법을 앞서 가는 삶의 경험의 근원적 진리에 대해 논했다. 이 각각의 단계에 빌헬름 딜타이, 마르틴 하이데거, 한스-게오르크 가다머라는 이름이 상응한다. 이 세 개의 이름 그리고 덜 중요한 다른 많은 이름들로 구성된 철학적 해석학의 역사는 정신과학의, 그리고 이 학문이 다루는 인간적 삶의 세계의 철학적 권리 회복의 역사였다. 그리고 이미 암시했듯이 이 역사는 동시에 자연과학주의, 자연주의의 환원의 공세 앞에 선 정신과학과 생활 세계의 위기의 역사이기도 했다. 철학이 인간의 삶의 세계에

38 헤겔에 이르기까지의 모든 역사철학은 그 단적인 증거다.

주목하고 인간과 인간 간의 소통의 학문으로서의 해석학을 성립시켰던 그 시대는 동시에 실증주의의 시대였고, 자연 이상이어야 할 인간을 자연의 일부로 간주하는 자연주의의 시대였기 때문이다.[39] 해석학과 정신과학의 역사, 정신과학의 위기의 역사, 그리고 이 학문이 다루는 인간의 위기의 역사는 근본에서는 하나의 역사다. 나는 이제 그 위기의 역사 안에서 실증주의와 자연주의에 반대해 정신과학이 자신에 대해 그리고 자신이 다루는 인간에 대해 무엇을 말해 왔는지를 생각해 보려 한다. 그 숙고는 동시에 인간으로서 우리가 가질 수 있는 가장 중요한 물음, '인간이란 무엇이고 또 무엇이어야 하는가?'에 대한 답을 줄 수 있어야 한다. 왜냐하면 정신과학은 인간에 대한 학문이고, 정신과학의 위기는 인간의 위기이고 따라서 정신과학의 운명과 갈 길에 대한 철학의 숙고는 인간의 자기반성, 가장 본래적인 의미에서의 인간학 이상 다른 것이 아

39 19세기 독일의 철학계에서는 자연과 법칙이 아니라 인간과 역사가 논의의 중점에 놓이게 되었다. 그러나 유감스럽게도 오직 그곳에서만 그러했다. 잘 알려진 대로 19세기의 유럽은 실증주의와 자연주의의 무대였고 낭만주의와 역사주의의 나라, 독일의 철학과 정신과학은 그 유일한 예외였다. 200년 넘게 성과를 누적해 온 자연과학의 성장은 자연을 유일한 현실성으로 인정하라 강요하고 있었고, 이 요구는 유럽의 지식인들에 의해 다방면에서 수용되었다. 영국에서는 밀의 과학 일원론이 지배적이었고, 뒤르켐으로 대표되는 프랑스의 사회과학자들은 집단 사회학의 길을 걸었고, 심지어 독일에서도 인간의 모든 심적 요소들을 물리적 요소로 환원하려는 심리물리학Psychophysik이 대유행이어서, 사랑하고 기뻐하고 열정에 휩싸이는 인간이 도파민과 엔도르핀과 아드레나린을 분비하는 유기체로 객체화되었다. 자연으로부터 사람에게로 철학적 관심을 돌린 그 세기는 동시에 사람도 자연을 탐구하듯 탐구하라는 강제가 증폭된 시기이고, 인간 연구로서의 정신과학의 초석이 놓인 이 시기는 동시에 이 과학을 자연 연구로 환원하려는 시기이기도 하다. 살아 있는 내가 살아 있는 너를 대하는 상황이 사유하는 정신이 연장을 가진 물체를 객체화하는 상황으로 대체된 것이다. 이것이 바로 인간의 위기로서의 정신과학의 위기다.

니기 때문이다. 인간이 자기 자신을 되돌아보며 스스로에게 던지는 물음, '지금의 나는 누구이고 되어야 할 나는 누구인가?', 이 물음의 답을 찾는 것이 정신과학이 갈 길이다.[40]

40 나의 논의는 딜타이와 가다머의 정신과학론에 제한한다. 해석학의 역사의 중요한 한 단계를 차지하고 있는 하이데거는 자연과학의 파생성에 대해서는 많은 논의를 하였으나 정신과학에 대해서는 충분한 사유를 전개하지 않았고(당연하다. 그는 본디 존재론자이기만을 원했기 때문이다!), 과학자의 세계에 대한 일상적 생활 세계의 근원성에 대한 그의 견해는 이미 상세히 다루어졌기 때문이다.

8장

정신과학과 '역사적' 이해

빌헬름 딜타이

딜타이는 해석학을 고르기아스가 제기한 세 번째 아포리아의 해결의 시도로 간주하면서,[1] 이 난제와 결부된 정신과학적 해석학의 근본 문제를 다음과 같이 정식화한 바 있다. "어떻게 한 개별자가 감성적으로 주어진 생소한 타인의 **개별적** 삶의 표출을 **보편타당한** 객관적 **이해**의 수준으로 이끌어 올릴 수 있는가?"[2] 이 물음에는 정신과학의 정체성, 특히 이 학문의 '대상', '방법', '이념'과 관련하여 주목할 점 세 가지가 들어 있다. 첫째 여기서는 보편 법칙 아래 포섭되어 설명되는 자연 현상, 보편의 사례가 문제가 아니다. 인식하는 자는 한 개별자이고 인식되는 것

1 Cf. W. Dilthey, *Gesammelte Schriften*, Bd. V, 333f. 고르기아스의 세 난제는 다음과 같다. 첫째, 아무것도 존재하지 않는다. 둘째, 설령 무언가가 존재한다 하더라도 인간에게는 그 어떤 인식도 불가능하다. 셋째, 설령 인식 가능하다 하더라도 이를 타인에게 전달하고 이해시킬 수는 없다(cf. Sextus Empiricus, *Adversus mathematicos*, §65). 자연 연구가는 두 번째 난제를 해결해야 한다. 인간 연구가로서의 정신과학자는 세 번째 난제를 해결해야 한다. 이미 언급했듯, 여기서는 '객관에 대한 주관의 인식'이 아니라 '주관 간의 상호적 전달과 이해'가 문제이기 때문이다.

2 W. Dilthey, *Gesammelte Schriften*, Bd. V, 334(강조는 필자).

역시 한 **개별자**다. 이미 개별자In-dividuum라는 말에는 이것이 보편의 사례일 수는 없다는 의미가 포함되어 있다. 개별자는 보편을 분할하여 가는 길의 끝에 서 있는, 따라서 더 이상 '분할할dividere' 수 '없는in' 것이기 때문이다.[3] 정신과학적 인식의 '대상'은 보편의 사례로서의 인간이 아니라 개별자로서의 인간, 이 개별자의 개별성이다. 이 대상 규정에는 두 번째 주목할 점, 이 학문의 '방법'에 관한 지침도 들어 있다. 정신과학은 생소한 타인의 개별적 삶의 표출(행위 또는 텍스트 등)을 보편의 사례로 환원하지 말고 그 개별성 자체로 파악해야 한다. 이것이 바로 생소한 개별자의 체험에 대한 추追체험으로서의 **이해**다.[4] 그런데 딜타이는 분명

3 인간이라는 보편을 남자와 여자로 분할할 수 있다. 다시 남자라는 보편을 대머리와 정상인으로 분할할 수 있다. 이런 분할이 더 이상 진행될 수 없는 곳, 나눔dihairesis의 끝에는 '나로서의 나'가 서 있다. 이 나는 '인간, 남자, 대머리의 한 사례로서의 나'가 아니다. 후자의 나는 다른 인간, 다른 남자, 다른 대머리와 많은 것을 공유하고 따라서 이 공통성은 계속 분할될 수 있다. 그러나 분할의 계열의 끝에 '남과 아무것도 공유하지 않는 따라서 더 이상 분할되지 않는 나', '개별자로서의 나'가 서 있다. 정신과학은 바로 이 '나'를 이해해야 한다.

4 '이해'는 독일어 일상어의 의미에 따라 '추수행 가능성Nachvollziehbarkeit'을 뜻한다. 독일어로 '나는 너를 이해할 수 있다Ich kann dich verstehen'는 '네가 너의 상황 안에서 이러저러하게 행위했는데, 나라도 네가 처한 상황에 놓인다면 네가 행한 대로 따라하게 될 것이다Ich kann dich nachvollziehen'를 의미한다. 이 같이 타인의 원래의 수행Vollzug을 따라하는 추수행Nachvollzug 또는 원래의 체험Erleben을 따라 하는 추체험Nacherleben이 딜타이의 이해 개념이다. 예를 들어 루비콘강을 건너는 카이사르를 인간의 정치욕이라는 보편적 속성의 한 사례로 보는 것이 아니라, 당시 카이사르가 처했던 그 고유한 상황 안에서 그의 선택과 행위를 반복하며 그를 이해하는 것이다. 나는 나의 세계에서 그를 이해하는 것이 아니라 그의 세계 안에서 그를 이해한다. 이것이 바로 위에서 언급한 세 번째 논점, 정신과학적 인식의 객관성이라는 '이념'이다. 그러나 주의할 것은 타자의 개별성에 대한 객관적인(즉 타자의 입장에서 이루어지는) 이해가 이해하는 나의 자기 해체를 뜻하는 것은 아니라는 점이다. 타자의 다름을 경험하면서 개별자로서의 나의 경험의 지평이 확장되고 이를 통해 나 또한 달라지고 새로

하게 이해는 학문성의 조건, 보편타당성 및 객관성을 담보해야 한다고 말한다. 왜냐하면 정신과학은 하나의 학문이고 이해는 이 학문의 '방법'이기 때문이다. 그러므로 딜타이의 정신과학의 해석학에는 본디 하나의 문제밖에 없다. 그것은 개별자로서의 인간에 대한 보편타당한 인식의 획득이다. 정신과학은 이해의 방법을 통해 이 인식을 추구하는 학문이고, 이해의 기술론으로서의 해석학은 (밀이 그 존재를 부정했던) 정신과학의 논리학이다. 여기서 세 번째 주목할 점이 다음의 물음의 형식으로 드러난다. 개별성에 대한 **보편타당한 인식**이 도대체 가능한가? 외적 자연은 보편 법칙의 구현체이므로 이에 대해서는 보편타당한 인식이 가능하겠지만, '개별자'에 대한 '보편타당한' 인식은 마치 '둥근 사각형'처럼 형용의 모순이 아닌가? 여기에다 모든 개별자는 "각자의 개별적", 사적, 주관적 "의식 안에 갇혀 있다"[5]는 점을 고려하면 그 어려움은 더욱 커지지 않는가? (이것이 고르기아스의 세 번째 난제를 해결하기 어려운 이유이기도 하다.) 개별자로서의 나는 개별자로서의 너와 다르고 나와 너는 공유하는 것이 없다. (만약 공유하는 것이 있다면, 그건 더 분할될 수 있다는 뜻이고 따라서 아직도 분할의 운동이 개별자에 도달하지 못했다는 뜻이기 때문이다.) 여기서 지배적인 것은 나와 너의 '다름'이다. 그런데 이해의 목표는 생소한 너의 개별성의 공유, 나와 너의 '같아짐'이다. "이해는 너 안에서 나의 재발견이기"[6] 때문이다. 그러나 나와 다른 너를 어떻게 이해하고 또 너와 다른 내가 어떻게 너와 같아질 것인가? 개별성의 이해는 애초부터 하나의 자기 모순적 시도처럼 보인다. 물론 정신과학적 인식은

워질 수 있다는 것이 바로 이해의 가치다.

5 W. Dilthey, *Gesammelte Schriften*, Bd. V, 333.

6 *Ibid.*, Bd. VII, 191.

자연과학적 인식의 보편타당성과 같은 의미에서 보편적으로(즉 모든 시간과 모든 인간에 대해 무차별적으로) 타당할 수는 없다. 그럼에도 불구하고 딜타이는 '한' 분명한 의미에서 이 인식의 보편성과 객관성에 대해 말하는데, 그것은 '개별성과 주관성의 한계의 극복'이다. 나와는 다른 개별자의 삶의 표출과의 만남은 (이 만남이 없었더라면 나의 개별성의 한계를 결코 벗어날 수 없었을) 나를 나의 주관적, 사적, 개별적 세계의 밖으로 끌어내어 객관적, 공적, 보편적 세계에로 이끌어 가고 그 의미에서 객관성, 공공성, 보편성을 허용한다.[7] 나와는 달리 생각하고, 느끼고, 행위하는 타자에 대한 이해를 통해 나의 개별적 지평의 한계가 지양되고, 나는 나와 나의 타자의 공동성의 국면으로,—그리고 이런 일이 반복되면서 궁극적으로는—보편 인간적인 타당성의 수준에로까지 고양될 수 있고 또 되어야 한다. 바로 이것이 역사적 존재자로서의 인간의 상대성의 극복이고, '상대성에서 총체성에로Von der Relativität zur Totalität!'라는 딜타이 철학의 모토이고 또한 정신과학적 인식의 보편타당성의 의미다. 물론 이것은 하나의 '이념', 정신과학적 이해가 그때마다 실재로 획득하는 것이 아니라 무한한 추구를 통해 쉬지 않고 다가가야 할, 이념상의 "목표"[8]다. 나는 이상의 세 가지 초점, '개별자'에 대한 '이해'의 '보편성'에 맞추어 딜타이의 정신과학론을 재구성하려 한다. 첫 번째 주제는 두 과학의 구획이다.

---

7 정신과학에서 이해의 보편타당성은 보편 법칙의 일률적 강제를 의미할 수는 없다. 여기서의 보편성은 이해하는 자의 주관성과 개별성의 한계로부터의 해방이라는 의미에서 이해되어야 한다. 그러나 이것이 단지 소극적인 의미만을 갖는 것은 아니다. 소극적으로 보이는 이 해방은 궁극적으로 '이해되는 타자의 매개를 통한, 이해하는 나의 형성'이라는 적극적 의미로 이행해야 하기 때문이다.

8 W. Dilthey, *Gesammelte Schriften*, Bd. VII, 3.

8.1 정신과학의 구획

8.1.1 자연과 인간—분리된 두 대상인가?

정신과학을 자연과학과 구획하는 것은 무엇이고, 이 구획이 이루어져야 하는 이유는 무엇인가? 두 학문 사이에는 어떤 본질적인 차이가 있어서 둘은 하나로 통합되어서는 안 되는가? 답하기 쉽지는 않은 물음인데, 쉽게 주어지곤 하는 답이 하나 있다. 현실 안에 다른 두 대상 영역, '외적 자연'과 '내적 정신'이 먼저 있고, 그 후 이 각각을 탐구하기에 적합한 다른 두 방법, '설명'과 '이해'가 도입되고, 이에 따라 '외적 자연을 설명하는 자연과학'과 '내적 정신을 이해하는 정신과학'이 구획된다는 것이다. 언급했듯이 이 주장은 쉽지 않은 물음에 대한 쉬운 답이고 그러다 보니 소박하다. '쉽게 답했다' 함은 철학적 숙고를 거치지 않았다는 뜻이고 '답이 소박하다' 함은 비판적이지 않다는 뜻이다. 즉 이 답에는 비판적 철학이 거부하는, 상식의 고정관념 **두 개**가 숨어 있고, 이 둘로부터 두 과학의 구획이라는 복잡한 문제에 대한 단순, 소박한 오해가 따라 나온다. 첫 번째 고정관념은 '대상의 현존을 비판 없이 긍정하는 소박실재론'이고, 두 번째는 '내적 정신과 외적 자연 간의 구별이라는 실체 형이상학적 이분법'이다. 전자에 의해 정신과 자연이라는 대상의 실재가 소박하게 긍정되고, 후자에 의해 두 대상 영역은 서로로부터 분리된 것으로 간주된다. 두 과학의 구획 문제와 관련하여 이 견해는 다음과 같이 정리된다. 내적 정신과 외적 자연은 이미 그 자체 실재하고 있고, 각자에 내재한 속성의 차이에 의해 서로로부터 분리된다. 그리고 두 대상의 질료적 차이가 방법의 형식적 차이를 결정한다. 탐구의 '무엇'이 탐구의 '어떻게'를 결정하는 것이다. 물론 전자, 대상의 차이가 두 과학의 구획의 기준이다. 이 같은 입장을 편의상 질료적 과학 이원론이라 부르자.[9] 물론 딜타이는 이 입장을 수용하지 않는다. 그의 철학적 입장은 이 이원론의 근거에 놓인 두 고정관념, 소박실재론과 실체 형이상학을 거부하기 때문이다. 그는 실재론자가 아니라 선험철학자이고, 형이상학자가 아니라—그의 표현에 따르면—**"진짜 경험적"**[10] 철학자다. 선험철학자로서 딜타이는 대상은 그 자체로 실재하는 것이 아니라 의식의 구성의 산물이라고 말하고, 경험을 존중하는 철학자로서 그는 정신으로부터 분리된 자연, 자연으로부터 분리된 정신은 실재의 경험적 현실성이 아니라 오로지 추상을 통해서만 도달할 수 있는 개념이라고 말한다. 이제 딜타이의 입장에서 이 두 문제를 비판적으로 살펴보자. 그러면 우리는 '선험적인' 따라서 소박실재론을 넘어서는, 그러면서도 '구체적 역사의 경험을 존중하는', 즉 정신주의적 실체 형이상학을 넘어서는 구

9 대상의 질적 특징이 방법의 형식적 특징을 결정하며 따라서 두 과학을 구분하는 기준도 대상 영역의 질적 차이라고 보는 입장이다. 강조점은 물론 과학의 탐구 형식, 방법이 아니라, 탐구 질료, 대상에 놓인다. 과학 일원론도 질료적일 수 있다. 《도덕 과학의 논리학》의 저자가 두 개의 과학의 존립 가능성을 부정할 때 사용했던 논리도 '인간의 사고, 느낌, 행위'가 외적 자연과는 다른, 또 하나의 독립적 현실성이 아니라는 것이었다. 즉 하나의 대상뿐이니 하나의 방법, 하나의 과학만이 존재한다는 것이다. 밀에 반대하는 딜타이는 얼핏 두 개의 대상이 있으니, 두 개의 방법이 필요하고 따라서 두 개의 과학의 구획도 필요하다고 말해야 할 것 같다. 그러나 이 문제에 대한 딜타이의 입장은 조금은 복잡하다.

10 W. Dilthey, *Gesammelte Schriften*, Bd. V, lxxiv. 여기서 진짜 경험론은 감관에 주어진 경험 자료를 유일하게 타당한 인식의 원천으로 인정하는 영국의 경험론적 인식론을 뜻하는 것이 아니다. 참된 경험론은 초월적 형이상학에 반대하고 현실 안의 인간의 구체적, 역사적 경험의 세계를 존중하는 태도를 말한다. 그러므로 여기서의 경험은 이성의 반대말이 아니라 초월적 형이상학의 공허에 대한 반대말이다.

획의 이론을 대할 수 있을 것이다.

질료적 과학 이원론은 외적 물적 세계äußere physische Welt로서의 자연과 내적 심적 세계innere psysische Welt로서의 정신이 대립한다고 말한다. 외적, 물적 속성을 가진 하나의 현실성과 내적, 심적 속성을 가진 다른 하나의 현실성이 분리되어 있고 이 두 세계는 공통점이 없다는 것이다. 그러나 조금만 생각해 보면 이런 주장에는 정당화될 수 없는 부조리가 숨어 있음을 알 수 있다. 정말 두 개의 분리된 세계가 있고 두 세계 사이에 아무런 가교도 없다면, 자연과학도 하고 정신과학도 하는, 자연도 탐구하고 정신도 탐구하는 우리 인간은 둘 중 어떤 세계에 속해야 할까? 자연과학자는 자연계에만 속하고 정신과학자는 정신계에만 속해야 하나? 만약 두 학자가 만나야 한다면 그 만남의 장소는 어디여야 할까? 두 사람은 만날 수 없다고 치자. 두 세계 간에 통로는 없다니까. 만약 여자 물리학자와 남자 문예학자가 결혼을 한다면 그들의 결혼 생활은 순탄할까? 아마 연이 닿지 않아 결혼할 수 없을 것이다. 만날 수도 없다니까. 그렇다면 다른 예로 '시를 쓰는 생물학자' 또는 '해부학이 취미인 철학자'는 무슨 신묘한 순간 이동의 기술이 있어 분리된 두 세계를 오갈 수 있는가? 이 물음은 마치 400년 전 데카르트의 인간학이 빠져들어 해결할 수 없었던 난제와 같다. 잘 알려진 대로 '사유하는 정신'과 '연장을 갖는 물체', 이 두 유한 실체 간에는 아무런 교집합도 없다. 이를 인간학적으로 해석하면 인간의 내적 정신과 외적 신체 사이에는 아무런 연결 고리가 없다. 데카르트의 송과선 가설에도 불구하고 '하나'의 인간이 마음과 몸으로 이분되어 다시 하나가 될 수 없었다는 것은 잘 알려진 일이다. 왜 하나의 인간이 둘로 갈라졌고 이것이 철학적으로 문제가 되어, 그 하나의 인간, '해부학이 취미인 우리의 철학자'를 고심하게 만들었는가? 아마 그의 고민의 참된 이유는 '해부학자 데카르트'와 '철학자 데카르트'가 다른 두 사람일 수 없다는 데 있었을 것이다. 그가 이 사실을 고민했다는 것, 심지어 군색한 송과선 가설까지 동원하면서 이 문제를 해결하기를 원했다는 것은 그가 어느 정도는 진실에 가까이 서 있었음을 보여 준다. 그는 분할된 두 데카르트의 비현실성을 알고 있었던 것이다. 진짜 데카르트는 사유도 아니고 신체도 아니고, '하나의 데카르트가 혹 둘로 나뉠까 안절부절못하는 바로 그 데카르트'다. 비록 이 데카르트가 반복해서 '사유하는 정신'과 '연장을 갖는 물체'만이 참된 존재라고 말한다 해도 그렇다. 이미 우리는 데카르트가 두 유한 실체에 도달하는 인위적 회의의 과정을 살펴본 바 있다. 그는 '하나'의 인간, '하나'의 밀랍에서 출발해서, 여기서 시간을 제거하고 존재를 남기는 인위적 추상화의 끝에 비로소 사유하는 정신과 연장을 갖는 사물에 도달했다. 그러므로 (내가 7장에서 전개한 논리에 따라) 진짜 현실적인 것은 회의의 끝이 아니라 시작이고 그 결과가 아니라 출발점이라면, 이제 우리는 다음과 같이 말해야 한다. 실재하는 것은 '몸과 마음을 가진 하나의 인간'이고 이로부터 탈인간화의 과정을 거쳐 '신체 없는 정신'과 '정신 없는 신체'가 비로소 도출된다. 학문의 구획이라는 우리의 문제 맥락에서도 꼭 마찬가지다. 여기서도 실재하는 것은 '자연 안의 정신 또는 정신을 포함한 자연'이고, 이로부터의 탈정신화, 탈자연화의 과정이 진행되어 '정신에서 분리된 외적, 물적 자연'과 '자연에서 분리된 내적, 심적 정신'이 추상화의 산물로 비로소 도출되는 것이다. 이른바 두 과학의 대상으로 지목된 외적 자연과 내적 정신이 그 자체로 실재한다는, 질료적 과학 이원론의 주장은 정당화될 수 없다. 이 주장은 역시 정당화될

수 없는 소박실재론에 근거하기 때문이다.[11]

그렇다면 자연과 정신이 서로로부터 분리되어 존재한다는 주장은 어떠한가? 이 문제를 숙고하기 위해 데카르트를 큰 고민에 빠뜨렸던 '인간'이라는 개념에 조금 더 머물러 보자. 이 개념은 외적 자연과 내적

11 칸트 역시 자연을 우리가 구성한 현상들의 "역학적 전체"(I. Kant, *Kritik der reinen Vernunft*, B446), "보편 법칙에 의해 규정될 수 있는 한에서의 물의 현존"(I. Kant, *Prolegemena*, §14, 294)으로 규정했다. 중요한 것은 순수한 자연은 물 자체가 아니라 '~한에서'라는 조건 아래 관찰되는 물이라는 것이다. 바로 이 조건이 이른바 자연이 구성되는 조건이다. 그렇다면 순수한 정신은 무엇을 뜻하는가? 정신은 동일한 시간 내에서는 물론이고 시간의 흐름에도 불구하고 자기동일성을 유지하는 정신적 실체다(cf. I. Kant, *Kritik der reinen Vernunft*, B402, A361). 역시 '동일성이 유지되는 한에서의'라는 조건이 바로 이 실체가 사유되는 조건이다. 데카르트의 회의가 시간 안의 가변적인 계기들을 삭제해 나갔던 것도 바로 이 동일성의 조건을 충족시키기 위함이었다. 칸트는 분명히 말한다. 우리의 지성은 "자연법칙의 정립자"(*ibid.*, A126)이고 그런 한에서 자연에 대한 우리의 인식은 보편타당하다. 그러나 '모든 인간에게 타당한' 이 인식은 물 자체에 대한 인식은 아니다. 또한 칸트는 "나의 모든 표상을" 필연적으로 "수반하는" 근원적인 자아, "나는 생각한다"(*ibid.*, B131)에 대해, 즉 나의 사유, 언표, 느낌, 의욕 등 모든 활동의 근거에 하나의 동일한 정신적 실체가 있지 않으면 안 되는 필연성에 대해 말한다. 그럼에도 불구하고 그는 다음과 같이 덧붙이기를 잊지 않는다. "자기 자신에 대한 의식은 아직도 여전히 자기 자신에 대한 인식이 아니다"(*ibid.*, B158). 자연은 이미 거기에 있는 세계 자체가 아니라 지성이, 자연이 마치 거기에 그런 식으로 있기라도 하는 **듯이** 자신의 사유의 구조를 투사하여 그려 낸 것이고, 정신 역시 거기에 있는 실체가 아니라 이성이 거기에 있지 않으면 안 된다고 **여겨서** 거기 세운 것hypo-thesis, sub-iectum, sub-positio이다. '거기 있는 것'과 '거기 있다고 사유된 것'은 다르다. 전자는 스스로 있겠지만, 후자는 우리가 구성한 대로 존재한다. 전자의 경우라면 실재에 부합하게 주관의 인식이 이루어져야 하겠지만, 후자의 경우에는 주관이 취한 구성의 원리가 대상의 존재 방식을 결정한다. 이것이 선험철학이고 이른바 "코페르니쿠스"적인 "사고방식의 전환"(*ibid.*, BXXIII)이다. 이 전환을 함께하지 못하는 자는 소박한 실재론에 머물러야 한다.

정신의 엄격한 분리라는 실체 형이상학적 주장의 해체에 이르는 훌륭한 통로를 제공해 줄 것이다. 이렇게 머무는 데는 물론 이유가 있다. 무엇보다 자연과 구분된 정신이 실제로는 인간의 정신 또는 정신적 존재자로서의 인간을 뜻하고, 또 이 개념은—이내 보게 되겠지만—정신이라는 애매한 개념에 비해[12] 매우 포괄적이고 유연하기 때문이다. 게다가 딜타이도 정신과학의 대상으로 정신이 아니라 인간을 지목하고 있다. 그에게 정신과학은 "인간을 표현하는 과학"[13]이고, 이 과학의 유일한 대상은 "인류" 또는 "인간적-사회적-역사적 현실성"[14]이다. 주목할 것은 다음의 물음이다. 어떤 의미에서 또는 어떤 조건 아래서 인간은 정신과학의 대상으로 규정되는가? 이 물음이 주목을 요하는 것은 인간은 자연과학의 대상이 될 수도 있기 때문이다.

> 나는 정신과학에 관한 여러 생각들에 확고한 기초를 제공하는, 어떤 포괄적인 사실 상태로부터 출발하고자 한다. 자연과학의 곁에서 일군의

12 딜타이는 전통적인 용어 사용을 존중하여 정신과학이라는 말을 사용하기는 하지만 이 용어가 "전적으로 적절한 것은 아니"(W. Dilthey, *Gesammelte Schriften*, Bd. VII, 86)라고 말한다. 왜냐하면 사람들은 통상 '내적 정신'이라는 말로 개별자의 "심리적 삶의 흐름"(*ibid.*, 84), 개별자의 "심적 과정"(*ibid.*, 85) 등을 떠올리기 때문이다. 이것은 그야말로 "흔한 오류"다. 만약 정신이 이런 제한된 의미만을 갖는다면 정신과학은 "심리학"(*ibid.*, 84)으로, 정신과학적 이해는 "심리학적 설명", "동감, 감정이입"(*ibid.*, 215)으로 환원되어 버릴 것이다. 딜타이는 정신이라는 말을 "몽테스키외가 법의 정신을 말할 때, 헤겔이 객관 정신을 말할 때, 예링이 로마법의 정신을 말할 때"(*ibid.*, 86)의 의미로 사용한다. 정신의 이 같은 의미는 후에 '객관 정신'을 다룰 때 한결 분명해질 것이다(8.3.1 참조).

13 *Ibid.*, 88.

14 *Ibid.*, 81; cf. Bd. I, 4.

> 인식들이 자연스럽게, 삶 자체의 과제로부터 발전되어 나왔다. 이 과학들은 모두 그 **대상의 공통성**에 의해 서로 연관되어 있다. 이러한 과학들로는 역사학, 국민경제학, 법학, 국가학, 종교학, 문학과 시에 관한, 공간 예술과 음악에 관한, 철학적 세계관 및 철학의 체계에 관한 연구, 그리고 끝으로 심리학[15]을 들 수 있다. 이 모든 과학들은 하나의 동일한 거대한 사실에 관계하고 있다. 그것은 바로 인류다. 이 과학들의 기술記述, 설명, 개념 형성, 이론 형성은 모두 이 사실에 관계하고 있다.[16]

여기서 딜타이는 정신과학을 연관짓는 것은 "대상의 공통성"이라고 분명히 말한다. 이 구절은 인간이라는 고정된 대상이 이미 거기에 있고, 그 대상을 탐구하는 과학들은 모두 정신과학으로 분류되어야 한다는 의미로 읽힌다. 그렇다면 딜타이는 이른바 질료적 과학 이원론자인가? 위의 표현이 다소 애매해서 그런 의혹을 불러일으키는 것은 사실이다. 그러나 결코 그렇지 않다. 우선 그는 자연이 아닌 정신으로서의 인간이 고정된 대상으로 존재한다고 보지도 않았고, 또 설령 그런 대상이 존재한다 해도 두 과학의 구획의 기준은 대상이 아니라 대상이 구성되는 방식이라고 말하기 때문이다. 그는 인간과 자연이라는 "두 개의 사실 영역"을 가지고 정신과학과 자연과학을 "정확하게 두 개의 집단으로 구분하는 것은 가능하지 않다"라고 말하며, 그 중복의 예로 "생리학"을 든다. 이 학문은 분명 "인간의 한 측면을 다루고" 따라서 그 대상

15 여기서의 심리학은 딜타이적 의미에서의 구조 심리학, 내적 체험을 분석하고 해부하는 심리학을 말한다. 이 심리학은 인간 행동에 대한 자연과학적 연구로서의 심리학과는 다르다.

16 W. Dilthey, *Gesammelte Schriften*, Bd. VII, 79f.(강조는 필자).

규정에 의하면 정신과학이어야 하지만 실은, 즉 취하는 방법에 따르면 "자연과학이다".[17] 더 좋은 예는 아마 **"심리학"**,[18] 인간의 정신이라는 대상을 자연과학적 방법으로 탐구하는 과학일 것이다. 인간을 대상으로 하는 자연과학이 현존한다는 사실은 일단은 대상을 기준으로 삼은 과학의 구획은 예외를 남기고 따라서 완전할 수 없다는 사실, 질료적 과학 이원론에는 분명한 한계가 있음을 보여 준다. 그러나 이 예들이 지시하는 진짜 중요한 것은 인간이라는 하나의 대상이 자연과학적으로도 탐구될 수 있다는, 인간은 결코 자연의 외부에 놓인 것이 아니어서 자연의 일부로도 관찰될 수 있다는 점이다. 자연에 대해서도 같은 것이 말해져야 할 것이다. 자연은 일단은 외적 물적 과정이지만 내적 심적 과정과 엄격하게 구분된 것이 아니라 오히려 후자의 토대를 이룬다. 이 관점에서 다음 인용문은 각별히 음미할 가치가 있다.

> 언어 연구는 단어의 의미와 문장의 뜻에 대한 이론뿐 아니라, 발음 기관에 관한 생리학도 포함한다. 현대전의 과정 역시 화생방 무기에 노출된 병사들과 관련된 도덕적 쟁점들뿐 아니라, 화생방 무기의 화학적 작용 자체도 포함하고 있다.[19]

언어학이라는 하나의 학문이 정신과학이면서 동시에 자연과학일 수 있고, 전쟁이라는 전형적인 인간적-사회적-역사적 현실성의 토대에도 자연의 물리, 화학적 과정이 있다. 언어 행위 자체는 외적 물적 과

17 *Ibid.*, 81.

18 H. Rickert, *Kulturwissenschaft und Naturwissenschaft*, 13.

19 W. Dilthey, *Gesammelte Schriften*, Bd. VII, 82.

정인 것만도 내적 심적 과정인 것만도 아니다. 탐구자가 취하는 관점에 따라 둘 중 어느 것도 될 수 있기 때문이다. 우리는 그 하나의 행위를 의미론적으로(정신과학적으로)뿐 아니라 음성학적으로(자연과학적으로)도 관찰할 수 있다. 화생방전 그 자체도 역사적 현실성일 뿐이거나 화학적 사실인 것만은 아니다. 이 역시 우리의 관심에 따라 어느 쪽으로도 규정될 수 있기 때문이다. 우리는 그 하나의 전쟁을 도덕철학적(정신과학적) 관점에서 그러나 동시에 화학적(자연과학적) 관점에서 다룰 수 있다. 내-외 간의 이분을 조장하는 실체 형이상학적 사유 도식은 우리로 하여금 외적, 물리적 현실성과 내적, 정신적 현실성을 구분하도록 유혹한다. 그리고 우리는 곧잘 이 유혹에 빠져 '인간과 무관한 자연'과 '자연과 무관한 인간'이 거기에 있을 뿐 아니라 서로로부터 분리되어 있다고 생각한다. 그러나 이렇게 구분된 두 대상은 우리의 실제의 경험과 충돌한다. 그것은 우리가 알고 있는 인간, 우리가 경험하는 자연이 아니다. 말하자면 그것은 현실이 아니라 추상이다. 그렇다면 추상화 이전의 현실성 자체는 무엇인가? 그것은 예를 들면 의미론적으로뿐 아니라 음성학적으로도 탐구될 수 있는 발화 행위이고, 도덕철학적으로는 물론이고 화학적으로도 논의될 수 있는 전쟁이다. 이 현실성 그 자체는 물적인 것도 심적인 것도 아니다. 그러나 그렇게 규정될 수는 있다. 우리는 자체 무규정적인 현실성이 어떤 조건 아래서 자연의 사실로, 어떤 조건 아래서 역사적 현실성으로 규정되는지를 물어야 한다.

나는 3장에서 다루었던 근원적인 물음으로 되돌아간다. "인간이란 무엇인가?" 이 물음에 대한 밀의 답변은 '자연의 일부'였고, 칸트의 답변은 '자연과 자유, 두 세계의 시민'이었다. 밀은 자유를 부정하는 과학 일원론자고 칸트는 자유를 긍정하는 과학 일원론자다. 그렇다면 딜타이, 자유를 긍정하는 과학 이원론자는 이 물음에 어떻게 답하는가? 칸트와 딜타이는 모두 인간의 자유를 긍정하기에 밀과는 입장을 달리한다.[20] 그는 이렇게 답한다. 인간은 "심리-물리적 삶의 통일체psycho-physische Lebenseinheit"[21]이다. 실체 형이상학이 구분하기를 원하는 심리적 현실성과 물리적 현실성이 한 인간 안에 공존하고 있다. 인간은 물리적인 한에서 자연에 속하지만 심리적인 한에서 자연을 넘어선다. 그러나 자연에 속하는 인간과 자연을 넘어서는 인간이 다른 두 인간은 아니고 다만 하나의 인간의 두 측면일 뿐이다. 그러므로 그 하나의 인간이 자연 **안에** 그리고 동시에 자연 **위에** 있다. 화생방 무기의 화학적 작용을 피해 갈 수 없다는 의미에서, 자연법칙의 "철저한 지배"[22]로부터 자유로울 수 없다는 의미에서 모든 인간은 자연 안에 있고 그런 한에서 자연의 일부다. 그러나 이 무기 사용의 도덕적 문제를 제기할 수 있다는 점에서, 인격과 자유의 왕국에서 "의지의 주권과 행위의 책임성"[23]을 갖는다는 점에서 인간은 자연 위에 있고 그런 한에서 자연 이상이다. 그러나 인간이 아무리 자연을 넘어서도 이 인간에 대한 자연법칙의 강제

---

20 칸트와 딜타이의 차이는 자유의 영역에 대한 인식 가능성의 인정 여부다. 칸트는 이를 부정하기에 과학 일원론자고 딜타이는 이를 긍정하기에 과학 이원론자다. 여기에 포함된 중요한 차이가 하나 더 지적되어야 한다. 칸트가 자유의 영역에 대한 인식 가능성을 부정한 것은 자유가 이성의 요청의 산물, 예지계noumena의 사안으로 경험의 한계를 넘어서기 때문이다. 그런데 딜타이가 자유의 영역에 대한 인식 가능성을 긍정한다면, 여기에는 자유가 현실적인 자유, 경험적 현상계 내부의 사안임이 함께 의미되어 있다. 그는 형이상학적으로 요청된 자유가 아니라 역사적으로 경험된 현실적이고 실재적인 자유를 긍정하는 것이다. 이 점에서 그는 스스로의 표현대로 '진짜 경험적인' 철학자다.

21 W. Dilthey, *Gesammelte Schriften*, Bd. I, 6; VII, 159, 257.

22 *Ibid.*, Bd. XX, 327.

23 *Ibid.*, Bd. I, 6; cf. XX, 129

가 중단되는 것은 아니다. 역사를 만드는 영웅도 중력과 수력과 풍력의 강제를 벗어날 수는 없기 때문이다. 물론 자연을 이겨 낼 수는 없다. 그러나 이용할 수는 있다. 그래서 자연의 힘 앞에 무력한 바로 그 인간이 땅과 물과 바람의 힘을 이용해서 전쟁을 승리로 이끌고 승전이라는 역사, 자연 이상의 현실성을 만드는 것이다. 이 맥락에서 딜타이는—리터를 인용하며—"역사적 민족"과 "역사 없는 민족"을 구분한다. 후자는 자연의 강제에 무력하게 방치된 민족이고, 전자는 "정신적, 인륜적 힘"을 가지고 자연을 이용하며 "자연에의 예속성을 지속적으로 경감시켜 온"[24] 민족이다. 여기서 '역사적'이라는 술어는 '반자연적'이 아니라 '자연의 토대 위에서 자연에 순응하며 자연을 넘어서는'이라는 의미다.[25] 바로 이 인간, 자연에 속하며 자연을 넘어서는 인간이 현실적인 인간이

24 *Ibid.*, Bd. I, 20.

25 이런 맥락에서 딜타이는 자유로운 인간이 자연에 대해 갖는 관련을 "순응을 통한 지배"(*ibid.*, 20)라 표현한다. 자연법칙의 구속력에 역행하는 것이 아니라 순응하면서 자연을 지배하는 것이다. 예를 들어 흐르는 물의 힘을 이용해 방아를 찧고 바람의 힘을 이용해 풍차를 만드는 식이다. "역사의 주요 구성 요소"라 할 수 있는 "전쟁"도 적에게 "물리적인 폭력"을 가하기 위해서는 "물리적인 것에 대한 인식에 의존할"(*ibid.*, 19) 수밖에 없다. 즉 물의 힘과 바람의 힘을 이용하지 않을 수 없다. 역사는 자연에 반해서가 아니라 자연에 순응하며 만들어진다. 그래서 딜타이는 베이컨의 한 문장을 인용한다(cf. *ibid.*, 20). "자연은 오로지 복종함으로써만 복종시킬 수 있다Natura enim non nisi parendo vincitur."(프랜시스 베이컨, 《신기관》, 39쪽) 바로 여기서 딜타이의 과학 이원론의 독특성이 잘 드러난다. 자연주의적 과학 일원론자는 자유는 부정하고 자연의 힘만을 강조할 것이다. 반면 유심론적 일원론자는 자연의 힘을 부정하고(또는 자연을 정신의 소외태로 간주하고) 인간의 무한 자유를 주장할 것이다. 과학 시대에 후자는 전자에게 여지없이 논박당한다. 이 시대에 실증주의의 폭력에 항거하며 자유를 옹호할 수 있는 유일한 길은 아마 자연의 강제력은 일단 인정하고, 인간을 구속하는 자연에 대한 인간의 반작용을 승인하는 입장일 것이다.

고, 이 인간이 자연의 토대 위에 만든 역사 그리고 역사의 토대로서의 자연이 현실적인 세계다. 역사는 자연 위에 세워지고 자연은 역사의 토대다.

> 정신의 사실들은 자연의 사실들의 최상위의 경계이고 자연의 사실들은 정신적 삶의 하부의 조건들을 형성한다. (…) 심리-물리적 통일체는 이중의 의존성을 가지고 자연의 운행에 대면한다. 한편으로 자연의 운행은 (…) 원인들의 체계로서 사회적 역사적 현실성을 제약한다. (…) 그러나 다른 한편 인격의 왕국의 목적들로부터 자연에 대한 반작용이 생겨나온다.[26]

이것이 심리-물리적 통일체로서의 인간이 자연 안에서 자연을 벗어나는, 즉 자연의 토대 위에서 역사를 만드는 방식이다. 이제 우리는 현실적인 인간이 누구이고 실제의 현실성이 무엇인지를 알게 되었다. 현실적인 인간은 '심리-물리적 통일체'이고, 그런 한에서 외적, 물적 과정과 내적, 심적 과정을 구분할 수는 없다. 그리고 자연과 역사 사이에 작용과 반작용의 관련이 성립하고 이 관련 전체를 통해 '자연 위의 역사'라는 현실성이 생겨나는 한에서, 자연과 역사도 구분할 수 없다. 그러므로 외적 자연과 내적 정신(또는 인간, 역사)이라는 두 대상 영역이 구분되어 있고, 이 두 영역에 대해 각기 외적, 법칙적 관련을 설명하는 자연과학과 내적 정신을 이해하는 정신과학이 성립한다고 말할 수는 없게 되었다. 즉 대상의 차이를 과학 구획의 기준으로 취하는 질료적 과학

---

26 W. Dilthey, *Gesammelte Schriften*, Bd. I, 17f.

이원론은 현실 안의 인간, 현실 안의 역사에 의해 논박당한다. 이것은 이미 예상된 바다. 이미 경험적 현실은 이 이원론의 근거, 실체 형이상학적 두 세계 이론을 논박하기 때문이다.

8.1.2 현실성의 이중 구성

현실성에서 시작하자. 역사와 자연이라는 구분된 두 대상 영역이 있어서 이 각각에 대해 '설명하는 자연과학'과 '이해하는 정신과학'이 건립된 것이 아니다. 정반대다. 현실성 자체는 그 어떤 규정도 이루어지기 이전의 무차별적 현상일 뿐이어서 역사로도, 자연으로도 규정될 수 있다. 예를 들어 '후두의 떨림을 통해 난 소리'는 그 자체 외적, 물적 현상도 내적, 심적 현상도 아니다. 우리는 이 소리를 음성학적으로 '설명'할 수 있다. 이 소리 자체가 자연에 속하기 때문에 우리가 설명하는 것이 아니라, 설명되는 한에서 소리는 자연에 속하는 것, 공기의 파동으로 여겨지는 것이다. 또한 우리는 이 소리를 의미론적으로 '이해'할 수도 있다. 그러나 이 소리가 그 자체 의미 세계에 속하기 때문에 우리가 이해하는 것이 아니라, 이해되는 한에서 소리는 의미 세계에 속하는 것, 특정 의미를 지시하는 기호로 여겨지는 것이다. 마찬가지로 심리-물리적 통일체로서의 하나의 인간, 예를 들어 '부종에 걸린 한 시인'이 병리학자에 의해 설명되기도 하고 그의 독자에 의해 이해되기도 한다. 그러나 '유기체로 설명된 인간'이 이해되어야 할 개별성을 갖지 않는 것도 아니고, '개별자로 이해된 인간'이 자연에 속하지 않는 것도 아니다. 하나의 규정되지 않은 현실성이 우리가 갖는 관심과 취하는 관점에 따라 자연의 사실로도, 역사적 현실성으로도 해석될 수 있다. 이 해석, 보기를 원하는 면의 강조와 부각, 보기를 원하지 않는 면의 축소와 외면, 이것이 이른바 추상화, 과학이 자신의 대상을 만드는 과정이다. 물적 자연과 심적 정신은 모두 이 추상화의 결과다.

> 흔히 물적인 것과 심적인 것을 구분하는데, 이 사실[인간]과 관련해서는 이러한 구분이 허용될 수 없다. 이 사실은 이 둘의 살아 있는 연관을 포함하고 있다. 우리 자신이 [이미] 자연이며, 또한 자연이 우리 안에서, 무의식적으로, 어두운 충동 속에서 우리에게 작용하고 있다. [이렇게 자연의 영향을 받은] 의식의 상태들은 [우리의] 몸짓과 표정, 말 속에 지속적으로 표현되고, 제도와 국가, 교회, 학문적 조직들에서 객관화된다. 바로 이러한 연관들 안에서 역사가 움직이고 있다. 그렇다고 해서 정신과학이 '자신의 목표가 요구하는, 물적인 것과 심적인 것의 구분법'을 사용하지 않는다는 것은 물론 아니다. 단지 정신과학이 이러한 구분법을 사용할 때, 그들은 실재가 아니라 추상[화된 개념]을 다루고 있다는 사실 그리고 이러한 추상은 [현실성 자체 안에서가 아니라] 단지 그들의 관점의 내부에서만 (…) 정당성을 갖는다는 사실만큼은 의식하고 있어야 한다.[27]

이 추상적 개념의 형성과 사용을 정당화하는 것은 관찰자의 관심이다. 병리학자는 그 하나의 인간을 수분 항상성이 깨진 유기체로 추상화할 것이다. 그 결과는 물론 "충족된 현실성은 아니지만", 그래도 "타당하게 형성된 추상"이다. 부종이라는 병리학적 현상을 치료해야 한다는

---

27 *Ibid.*, Bd. VII, 80.

목적이 이 추상화에 정당성을 부여해 준다. 그리고 그런 한에서 이 심리-물리적 통일체는 물적 현상, 자연과학의 대상으로 된다. 문학 애호가는 동일한 인간을 사랑의 열정을 노래하는 개별자로 추상화할 것이다. 이 결과도 물론 "충족된 현실성은 아니지만" 역시 "타당하게 형성된 추상"[28]이다. 그의 작품들을 한 개별자의 일관성 있는, 내면의 표출로 공감하고 이해해야 한다는 목적이 이 추상화에 정당성을 부여해 준다. 그런 한에서 물적 현상, 자연과학의 대상이었던 그 심리-물리적 통일체는 다시 심적 현상, 정신과학의 대상으로 된다.

이 같은 방식으로 자연과학자와 정신과학자도 각자의 대상, 물적인 것das Physische과 심적인 것das Psychische을 형성한다. 이른바 물적 실체는 우리의 "체험 안에 나타난 인상과 상들의 (…) 아래 놓인 것으로 가정된 것"이다. 예를 들어 우리에게 주어진 것은 (코끼리의) 앞, 옆, 뒤를 보여주는 상들이다. 그리고 이 상들은 동시적으로가 아니라 계기적으로만 주어진다. 즉 우리는 앞면, 옆면, 뒷면을 동시에 보지는 못하고, 한 면을 보고 나서 다른 면을 보게 된다. 우리는 당연히, 시간의 흐름을 두고, 순서대로 우리가 본 다양한 상들 아래 놓여 있을 기체, 저 상들의 주인으로서의 '그 코끼리'를 물적 실체로 가정한다. 이 코끼리 자체를 지각하지는 못했지만 말이다. 그럼에도 이 가정은 정당하다. 이것의 "정립을 통해서만" 우리가 받은 "인상들이" 통일적으로 "구조화될 수 있기"[29] 때문이다. 통상 사람들은 그 코끼리가 거기에 먼저 있고 그 코끼리로부터 코끼리의 여러 상들이 감각 자료로 주어졌다고 생각한다. 실제는 거꾸로다. 감관에 주어진 여러 상들에서 출발한 우리의 이성이 이 상들의

---

28 *Ibid.*, 81.

29 *Ibid.*

저변에 있을 상들의 주인, 물적 실체로서의 코끼리를 상정한 것이다. 이성은 상들은 있는데 상들의 주인이 없다는 것은 부조리하다고 사유하기 때문이다.[30] 심적 실체의 경우도 다르지 않다. 우리는 (나의 또는 너의) '사유, 언표, 약속, 계약 등의 행위', '기쁨, 슬픔, 분노, 열망 등의 내적 상태'에 대한 인상을 갖는다. 그리고 이 모든 상들의 근거에 이 모든 활동과 정동의 주인, 그것도 "온 삶의 흐름을 통해 여러 변화에도 불구하고 항구적으로 지속하는"[31] 심적인 실체로서의 '나' 또는 '너'를 상정한다. 그 '나'와 '너'에 대한 직접적인 인상은 갖지 못했음에도 말이다. 이 상정 역시 타당하다. 이를 통해서만 우리가 받은 인상들이 통일적으로 구조화될 수 있기 때문이다. 그러나 이 심적 실체에서 상들이 주어진 것이 아니다. 거꾸로 우리가 상들에서 출발해서 그 상들을 자신의 것으로 거느리고 있을 주인으로서의 '나' 또는 '너', 더구나 시간의 흐름과 상황의 변화에도 불구하고 자신의 동일성을 유지하는 '나' 또는 '너'라는 심적

---

30 이것이 바로 딜타이가 '전체 표상'이라 부르는 문제다. "한 나무에 대한 지각에서 출발해 보자. 나무와 관련하여 사실상 (…) 주어진 것은 한 특정 관점에서 관찰한 줄기, 가지의 부분들, 그리고 잎들이다. 나는 이 개개의 상을 재현들을 통해 보충한다." 가지를 볼 때 줄기는 더 이상 보지 못한다. 따라서 나는 잠시 전에 본 줄기의 상을 재현해야 한다. 마찬가지로 잎을 볼 때 앞서 보았던 줄기와 가지의 상을 재현해야 한다. 그리고 이 여러 상들이 한 그루의 나무에 속하는 것으로 사유해야 한다. 이 모든 사유의 "결과는 한 그루의 나무라는 동일한 대상에로의 관계 맺음을 통해 얻어진 [개개의 상들의] 통일성이다. (…) 이 같은 관계 체계의 총체성을 나는 전체 표상이라 부른다"(*ibid.*, 33f.). 우리는 물론 거기 있는 그 나무의 여러 모습을 보았다고 생각하지만, 실은 우리의 의식에는 계기적으로 주어진 상들만이 있었고 그 상들 아래 놓여 있을, 이 상들의 주인으로서의 나무는 우리가 상정한 것이다. 그렇게 해야만 우리가 가졌던 여러 상들이 통일적으로 구조화될 수 있기 때문이다. 이것이 바로 물적 실체라는 개념의 의미다.

31 *Ibid.*, 80.

실체를 상정한 것이다. 사유함, 말함, 기뻐함, 약속함 등의 활동은 있는데, 이 활동의 '누구'가 없다는 것 또는 '어제 약속한 너'와 '오늘 약속을 지켜야 하는 너'가 동일한 인격이라는 보장이 없다는 것은 부조리하다고 우리 이성은 사유하기 때문이다. 물적인 것이건 심적인 것이건 그 자체 존재하는 현실성이 아니라, 우리가 가진 상들을 통일적으로 구조화하기를 원하는 이성의 상정의 산물이다. 그러므로 물적 또는 심적 대상이 먼저 거기에 있어서 우리가 자연과학적으로 설명하거나 정신과학적으로 이해하는 것이 아니다. 우리 이성이 설명하는 한 대상은 물적인 것으로, 이해하는 한 심적인 것으로 세워진다. 대상의 존재 방식이 그 대상에 대한 관찰 방식을 결정하는 것이 아니라, 관찰 방식, 관찰하는 우리가 추상화하는 방식이 대상의 존재 방식을 결정한다. 이렇게 다른 방식으로 상들을 구조화하기를 원하는 두 과학이 있기 때문에 그리고 실제로 달리 구조화하기 때문에 우리에게는 자연과 역사라는 두 개의 세계가 생겨나게 된다.

> 정신과학에서나 자연과학에서나 모두 대상은 사실 상태들[자체가 아니라, 사실 상태들]의 법칙으로부터 창조된 것이다. 이 점에 관한 한 두 과학은 일치하지만, 대상을 형성하는 경향과 [과학의] 집단을 구성하는 절차는 다르다. 정신과학에서는 이해를 통해 정신적 객체가 생성되지만, 자연과학에서는 인식을 통해 물리적 대상이 생성된다.[32]

자연과학에서는 외적 지각을 통해 주어진 상들이 동형성의 확보, 보

---

32 *Ibid.*, 85f.

편 법칙의 정립이라는 관점에서 구조화된다. 여기서 이성의 관심은 이 외적인 것들 간의 규칙적인 관계, 보편 법칙을 향한다. 지각의 내용들을 이 보편적인 법칙의 사례로 포섭함이 '설명', 여기서의 인식이고, 이 법칙의 구현체, 이 구현체로 간주되는 한에서의 세계가 바로 자연이다. 반대로 정신과학에서는 외적인 것이 지시하는 내적, 정신적 연관의 이해라는 관점에서 세계가 구성된다. 여기서 이성은 외적인 상 자체, 이 상들 간의 관계에는 아무런 관심이 없다. 외적, 감성적으로 주어진 것들은 모두 내적, 정신적인 것이 외면화, 감성화되어 나타난 표출에 불과하고, 중요한 것은 이 표출에서 내적, 정신적 현실성에로의 되돌아감, 재내면화, 재정신화의 길이기 때문이다. 이 같은 내면에로의 "회귀"가 바로 "자각Besinnung"[33]으로서의 '이해'라는 과정이고 이를 통해 도달한 세계가 내면적 체험의 현실성, 이해되어야 할 정신의 세계다.

한편으로 외적, 물적인 것들이 보편 법칙 아래 상호적으로 연관된 세계가 구성되고, 다른 한편으로 외적, 물적인 것들이 내적, 심적인 것을 지시하고 소멸되어, 체험되고 이해되어야 할 정신의 연관이 또 다른 현실성으로 구성된다. 과학의 구획이란 현실성을 구성하는 다른 두 방식의 구획의 문제다. 이제 이 각각의 방식을 비교해 보자. "모든 과학적 작업에는 두 가지의 큰 경향",[34] 과학의 대상으로서의 현실성이 구성되는 두 가지의 방식이 있다. 첫 번째는 자연이라는 현실성이 구성되는 과정이다.

---

33 *Ibid.*, 83.

34 *Ibid.*, 82.

인간은 명백히 자기 자신을 자연으로부터 규정한다. 그리고 자연도 드물기는 하지만 여기저기서 나타나는 심적인 과정들을 포함하고 있다. 이렇게 보자면 인간과 자연은 마치 물리적 세계라는 거대한 텍스트 안에 서로 맞물려 있는 것처럼 보인다. 동시에 공간적 연장성에 기반한 세계 표상은 [자연의] 동형성에 관한 모든 인식의 근원적 소재지다. 우리는 처음부터 이 동형성을 기대하고 있다. 우리는 물리적 세계의 법칙에 대한 연구를 통해 물리적 세계를 정복할 수 있다. 그러나 이러한 법칙들은 단지 [다음과 같은] 은폐를 통해서만 발견된다. 즉 '자연에 대한 우리의 인상의 체험적 성격'이, '자연적 존재자로서의 우리가 저 체험적 성격을 가지고 그 안에 서 있는 연관'이, 그리고 '우리가 자연을 즐길 때 갖게 되는 생생한 감정'이 자연에 대한 추상적 파악, 그것도 '공간, 시간, 양, 운동의 관계에 따른 추상적 파악'의 배면으로 점점 더 은폐됨을 통해서만 발견될 수 있다. 이 모든 계기들은 [공간, 시간, 양, 운동 등은] 오로지 하나의 목적을 위해서 작용하고 있다. 그 목적은 인간이 자신의 인상들을 가지고 이 거대한 대상으로서의 자연을 법칙적 질서로 구성해야만 한다는 것이다. 그러나 이를 통해 인간은 정작 인간 자신을 [현실성으로부터] 배제하고 있다. 그리고 이제 이것이 [이렇게 현실성의 추상화를 통하여 '구성된 질서'로서의 자연이] 인간에게 오히려 현실성의 중심이 되어 버린다.[35]

---

35 *Ibid.*, 82f. 마지막 문장은 행간을 살피며 조심스럽게 읽어야 한다. 구성된 자연이 현실성의 중심이라는 것은 딜타이의 생각이 아니다. 오히려 딜타이는 구성되었을 뿐인 자연을 자연주의자들, 실증주의자들, 과학 시대의 소시민들이 현실성의 중심으로 간주하고 있다는 매우 유감스러운, 시대의 사태를 지적하고 있다.

이것은 분명 하나의 세계, 근대 이후 "현실성의 중심"으로 간주되어 온 그래서 흔히 세계 자체로 혼동되는 현실성이다. 그러나 우리가 자연이라 부르는 이 현실성은 구성된 현실성이지 "충족된" 현실성, '현실적인' 자연은 아니다. 이 자연은 아름다운 자연도 아니고, 우리가 다가가 느끼고 즐기는 혹은 먼발치에서 바라보며 두려워하는 자연도 아니다. 아름답거나 아름답지 않거나 할 수 없다는 데, 그리고—긍정적이건 부정적이건—인간의 느낌과 같은 것은 설 자리가 없다는 데, 자연이라는 현실성의 독특성이 있다. 이 현실성은 보편 법칙의 정립이라는 유일한 목적을 위해, 우리가 우선 대개 만나는 자연에서 갖게 되는 모든 "체험적 성격", 인간적 의미를 은폐시키면서 탄생한 세계이기 때문이다. 나에게 안나 네트렙코가 아름다웠던 과거와의 작별을 고하며 부르는 비올레타의 아리아는 더 이상 가련할 수 없는 체념 그 자체고, 디아나 담라우가 부르는 '밤의 여왕'의 아리아는 더 이상 잔인할 수 없는 복수심 그 자체다.[36] 나로서는 비교조차 할 수 없는, 이 두 마음의 상태가 자연에서는 공기의 파동의 양적 차이로 환원된다. 죽음을 앞둔 노인에게 서녘 하늘을 붉게 물들이며 기우는 해와 건강을 회복하는 니체에게 희망을 돌려주는 위대한 정오의 다름을 광학은 가시광선의 파장의 양적 차이로 설명한다. 모든 것을 포기하는 가련한 체념과 끓어오르는 지옥의 복수심, 죽음 앞의 절망과 삶을 향한 희망, 이 모든 인간적 다름은 자연의 동형성, 법칙의 보편성이라는 장막에 덮여 사라진다. 모든 붉음은—

36 2005년 잘츠부르크에서 공연된 베르디의 〈라 트라비아타〉의 '지난날이여 안녕'과 이듬해 같은 곳에서 공연된 모차르트의 〈마술 피리〉의 '지옥의 복수'를 들어 보라. 여기에는 음성학적으로는 설명되지 않는 '느낌의 인간적 다름'이 있다.

노을이건, 피건, 짬뽕 국물이건, 고춧가루건—620-750nm의 파장을 갖는 가시광선이고 그 의미에서는 같다. 40%의 알코올을 함유하고 있는 모든 액체는—블렌디드건, 싱글 몰트건, 배갈이건, 소주건 그리고 그 각각의 맛과 향, 값이 얼마나 다르건—화학적으로는, 즉 자연 사물로는 같다. 모든 것은 양화되어 수치로 표기된다. 왜? 오로지 수치화된 것만이 인간적인 다름을 이겨 내고 늘 같은 것으로 표상될 수 있기 때문이다. 물마다 맛도 다르고 나라마다 물값도 다르고, 사람마다 그 맛과 값에 대한 평가도 다르지만, 물의 빙점은 0°고 기화점은 100°라는 사실은 모든 시간과 공간의 물에 대해 보편적으로 타당하다. 말하자면 물은 '이' 또는 '저' 물로 파악되는 것이 아니라 빙점과 기화점에 관한 법칙의 한 사례로 이 보편 아래 포섭되어 설명되는 것이다. 이렇게 설명되는 것만이 예측 가능하고 예측 가능한 자연만이 지배의 대상이 될 수 있다. 그러므로 지배되어야 하는, 그러기 위해 예측되어야 하는, 그러기 위해 보편 법칙에 의해 설명되어야 하는 자연에서 이 법칙을 벗어나는 모든 인간적인 다름은 삭제되어야 한다. 바로 이 삭제가 자연이라는 현실성이 구성되는 과정이다. 자연과학은 자연을 발견하기 위해 현실성에서 인간을 삭제한다. 자연은 탈인간화의 산물이다.

이 구성된 법칙의 질서, 자연 안에서 인간은 무엇일 수 있는가? 인간은 노발리스가 아니라, 수분 항상성이 깨진 유기체, 자연 사물이다. 시인 노발리스가 환자 노발리스를 거쳐 유기체로 추상화되었다. 진료가 끝나면? 이 추상화를 정당화하던 목적(부종의 치료)이 실현되어 지양되면? 그때도 인간은 자연 사물인가? 진료실을 나서며 그는 최소한 환자다. 그리고 환자는 이미 자연 사물이 아니다. 환자는 진료비를 지급하고 약을 구입하고 치유에의 희망을 갖는다. 이 희망을 갖기가 무섭게 시인 노발리스가 돌아온다. 그리고 병 때문에 잠시 잊고 있던 조피에 대한 그리움, 시에 대한 열정, 이루고 싶은 문학적 목표 등도 함께 돌아온다. 이것은 탈인간화를 거슬러 가는 길, 말하자면 탈자연화다. 이 길에서 자연의 구성을 위해 삭제되었던 인간적 의미, 가치, 목적 그리고 이것들이 갖는 체험적 성격이 복원된다. 이 길의 끝에는 물론 자연의 구성된 현실성에서는 배제되었던 인간이 서 있다.

> [자연적 존재자로서의] 인간은 다시 자연으로부터 눈을 떼고 삶에로, 자기 자신에로 향하지 않을 수 없다. 인간의 이러한 회귀, 인간에게 자연의 현존을 가능하게 했던 체험에로 되돌아감, 모든 의미와 가치와 목적의 장場인 삶에로의 회귀가 또 다른 하나의 거대한 경향을 이루고, 이 경향이 바로 [정신]과학적 탐구를 규정한다. 즉 [현실성의] 두 번째 중심이 생겨나게 되는 것이다.[37]

이것이 자연에 대립된 인간적 삶의 현실성이다. 여기서 딜타이는 회귀를 통해 도달한 인간적 삶을 현실성의 "두 번째 중심"이라 쓰고 있다. 어떤 이유에서 이런 (부적절한) 표현을 사용했는지는 알 수 없지만,[38] 분

---

37 W. Dilthey, *Gesammelte Schriften*, Bd. VII, 83.

38 아마 탈인간화를 통해 생겨난 자연을 다시 탈자연화한다는, 즉 이중의 추상화가 이루어진다는 의미에서 그랬을 것이다. 그러나 이유가 무엇이건 "두 번째 중심"으로서의 삶은 적절한 표현은 아니다. 그 이유는 두 가지다. 첫째, 앞서 이미 지적되었듯이(위 주 35 참조) 자연은 현실성의 첫 번째 중심이 아니라 첫 번째 중심으로 간주된 것일 뿐이다. 첫 번째 중심으로 잘못 간주된 것에서 두 번째 중심이 생겨날 수는 없다. 둘째, 탈자연화는 회귀인데 이를 통해서는 이차적 현실성에 도달할 수 없다. 회귀의 운동은 선형적 전진이 아니라 원형적 복귀이기 때문이다. 간단한 문제다. 두 번째 추상화(탈자연화)의 목표지는 첫 번째 추

명한 것, 중요한 것은 이 표현에서 '자연이 일차적, 근원적 현실성이고 거기서 탈자연화를 통해 형성된 인간적 삶은 이차적, 파생적 현실성이라'는 결론을 도출해서는 안 된다는 점이다. 왜냐하면 앞의 두 인용문 모두 자연을 구성하는 추상화의 출발점을 현실적 인간에서 찾고 있기 때문이다. 즉 인간적인 의미, 가치, 목적을 가지고 있던 '시인 노발리스'가 먼저 있었고, 이 인간의 탈인간화를 거쳐 자연 사물로서의 인간이 나중에 구성되었다. 그러므로 발생의 차원에서 보자면 오히려 인간 노발리스가 유기체 노발리스에 앞서 있는 셈이다. 여기서 까다로운 물음 하나가 제기된다. 그렇다면 거꾸로 '인간적 삶'이 일차적, 근원적 현실성이고, '자연'은 이 현실성의 탈인간화를 통해 구성된, 이차적 파생적 현실성인가?[39] 그렇다고 생각한다면, 그것은 방금 언급한 인간적 삶을 이차적 현실성으로 간주하는 오류와 꼭 같은 오류를 정반대 방향에서 범하는 것이다. 내가 아는 한 딜타이에게서 자연과 인간적 삶 사이의 존재론적 선후 관계의 확정은 무의미하다. 둘 모두 추상화를 통해 구성된 현실성이고 그 점에서 다르지 않기 때문이다. 이 둘 중 어느 것도 일차적일 수 없다. 일차적인 것은 이 같은 추상화 이전의 현실성, '후두의 울

상화(탈인간화)의 출발점이다. 예로 풀어 설명하면, 집에서 출발해서 첫 번째 출장지에 도달하고 거기서 다시 집으로 돌아간다면, 그곳은 집이지 두 번째 출장지가 아니다. 그럼에도 불구하고 역사적 삶이 자연의 존재론적 근거이고 자연은 그 파생태라고 말하는 것은 아니다. 그 이유는 다음 주에서 밝힌다.

39 그렇게 본다면, 그것은 20세기 철학의 관점을 가지고 19세기의 철학자를 해석하는 것이다. 인간의 역사적, 사회적 삶의 존재론적 지위를 그토록 강화하는 철학은 1920년대에 하이데거와 더불어 최초로 철학사에 등장하게 된다. 아직은 실증주의의 영향력이 매우 강했던 19세기 말에 철학했던 딜타이에게 기대할 것은 20세기적인 '현사실성의 해석학'이 아니라 자연과 역사라는 구성된 두 현실성을 인정하는 이원론적 선험철학이다.

림을 통해 난 소리'와 같이 자연과학적으로도 정신과학적으로도 규정되기 이전의 무차별적 현실성이다. 이 무규정적 현실성이 보편 법칙의 정립이라는 관점에서 구조화되면 자연이라는 현실성이 구성되고, 인간의 체험적 성격에 따라 구조화되면 인간적 삶이라는 현실성이 구성된다. 이렇게 구성된 두 현실성 사이에서 탈자연화(자연→인간)와 탈인간화(인간→자연)가 반복해서 이루어진다.[40] 따라서 둘 간의 선후 관계는 아무런 의미가 없다. 분명한 것은 현실성은 이중의 방식으로 구성되며 각각의 구성을 이끄는 원리는 '체험적 성격의 강화'와 '보편 법칙의 정립'이라는 점이다. 후자에 대해서는 이미 충분한 설명이 이루어졌다. 이제 전자의 원리가 무엇인지에 대해 생각할 때다.

우선적으로 주어진 것은 외적, 감각적 인상들뿐이다. 예를 들어 굴러가는 하양 당구공과 그 공에 맞아 움직이는 빨강 당구공의 인상, 서쪽 하늘을 물들이며 사라지는 해와 어두운 동쪽 하늘을 밝히며 다시 나타나는 해의 상이다. 이렇게 우리의 오감에 주어지는 감각 자료가 참으

40 그러므로 딜타이에서 현실성이 구성되는 과정은 다음의 순서로 정리할 수 있다: **물 자체 ⋯›‖ → 촉발 → 인상들 → 자연 ⟷ 인간적 삶**. 출발점은 감관에 주어진 외적 인상 또는 촉발을 통해 주어진 인상이다. 물론 이 감각 자료는 물 자체에서 온 것으로 추정된다. 그러나 감각 자료와 물 자체의 관계는 실재적realiter 대응이 아니라 이념적idealiter 대응일 뿐이므로(cf. I. Kant, *Kritik der reinen Vernunft*, A250), 이 둘은 점선 화살표(⋯›)로 연결된다. 그리고 물 자체의 세계와 현상들의 세계 사이에는 단절이 있다(‖). 직관에 주어진 것은 일단 외적, 감각적 상들이다. 이 상들이 일반화의 원리에 의해 인도되는 우리의 지성에 의해 자연으로 구성된다. 이것이 칸트의 선험철학의 결과이고 또 딜타이의 선험철학의 출발점이다. 이 자연이 탈자연화되어 인간적 삶이 구성되고(진료실의 환자 노발리스가 일상으로 돌아오고), 그 인간적 삶의 탈인간화를 통해 다시 자연이 구성된다(시인 노발리스가 부종에 걸려 진료실을 찾는다). 이런 일들이 반복된다. 그래서 자연과 인간적 삶의 관계는 양방향의 화살표(⟷)로 표시된다.

로—우리가 구성한 것은 아니라는 의미에서—존재하는 유일한 것이다. 이 인상에서 현실성의 구성이 출발한다. 외적, 감각적 인상들은 다른 외적, 감각적 인상들과의 관계에서 규정될 수 있다. 하양 당구공이 굴러가 빨강 당구공을 치고, 그 힘에 빨강 당구공도 움직인다. 움직이는 두 당구공의 관계, 그리고 이들의 운동을 지배하는 것은 역학의 법칙이다. 정확히 말해 많이 반복된 관찰은 당구공의 운동의 규칙성을 발견하고 귀납의 비약을 통해 이를 보편 법칙으로 정립한다. 그러면 모든 움직이는 당구공들은 이 보편 법칙의 사례로 포섭되어 설명된다.[41] 이렇게 구성된 현실성이 바로 법칙적 질서로서의 자연, '우리가 구성한 대상의 역학적 총화!'다. 그런데 관찰자의 관심이 외적, 감각적 인상들 간의 역학적 관계가 아니라 다른 관계에 집중될 수도 있다. 외적, 감각적 인상이 내적, 정신적 사태를 의미할 수 있기 때문이다. 하양 당구공이 빨강 당구공을 스치고 지나감은 뼈아픈 패배를, 아쉽게 내기에 졌음을, 짜장면 값을 내야 함을 의미한다. 이 경우 현실을 보는 눈은 움직이는 두 당

41 여기에 이른바 자연과학적 설명에 고유한 '순환'의 문제가 있다. 자연 연구가는 떨어지는 사과를 관찰한다. 그리고 이 관찰이 반복되어 그 사례가 충분히 많아지면 그는 귀납의 비약을 통해 '모든 것은 떨어진다'는 보편 법칙을 정립한다. 그리고 그때부터는 이 법칙을 가지고 떨어지는 모든 것을 설명한다. 떨어지는 사과들을 가지고 중력에 관한 보편 법칙을 만들고, 이 보편 법칙으로 떨어지는 사과를 설명한다. '떨어지는 사물들에서 추출한 중력의 법칙'과 '중력의 법칙에 의해 설명되는 떨어지는 사물들' 사이에는 순환이 발생한다. 이것이 이른바 과학이 결코 풀지 못하는 문제, 흄이 제기한 인과성 내지 귀납의 문제다. 반복 관찰이 아무리 많아도 원리적으로는 결코 충분하지 않다. 원리적으로 충분하지 않아도 자연과학은 일반화를 서두른다. 현실적으로는, 즉 자연의 예측과 지배라는 현실적 목적의 충족을 위해서는 충분하기 때문이다. 이 충분함이 자연이라는 대상 구성을 정당화한다. 그러나 이 충분함도 구성된 현실성을 세계 자체로 바꿀 수는 없다.

구공의 관계가 아니라 당구공의 움직임이라는 외적, 감각적 인상이 지시하는 내적, 정신적 사태를 향한다. 아침, 저녁으로 반복되는 해의 나타남과 사라짐, 이에 수반되는 밝음과 어둠의 교체에 대한 인상에서 출발해서 지구가 자전하는 세계를 구성할 수 있다. 그러기 위해 우선 자연연구가는 해가 뜨고 지는 세계를 떠나야 한다. 당구공의 운동에 관한 역학 법칙을 발견하려는 자가 내기 당구에 지고 애통해하는 인간을 외면하지 않으면 안 되는 것과 같다. 그러나 우리는 지구가 자전하는 세계에서 해가 뜨고 지는 세계로 돌아올 수 있다. 이 세계에서 지는 해와 뜨는 해, 중천에 걸린 해는 각기 (지구의 자전 법칙과는 무관하게) 노인의 절망, 청년의 희망, 정오의 위대함을 의미한다. 이 세계에서 우리가 만나는 모든 외적, 감성적인 것은 보편 법칙의 사례가 아니라 내적, 정신적인 것의 외면화, 감성화로서의 표현이고, 따라서 우리의 온 관심은 이 외적, 감성적 기호에서 이것이 지시하는 내적, 정신적 의미에로 되돌아가는 데 집중된다. 이 되돌아감, 재내면화가 바로 딜타이가 이해라 부르는 과정이다.

이해는 '인간의 역사에 감성적으로 주어진 것'에서 출발하지만, 이제 이해는 '결코 감관에는 주어지지 않는 것, 그러나 이 외적인 것에서 작용하고, 또 스스로를 표현하는 것'에로 되돌아가게 된다. 그리고 앞서의 첫 번째 경향이 심적 연관 자체를 자연과학적 사유의 언어로, 자연과학적 사유의 개념하에, 자신들의 방법으로 파악하려 했다면—물론 이를 통해 자기 [인간] 자신을 소외시켰지만—, 이제 여기서는 인간적 사건의 감성적, 외적 과정은 감관에는 주어지지 않는 것[정신적 체험 내용]에 다시 관련되고, 또 이 외적 과정을, 외적 과정 안에서 스스로를 표현하는 것에 [피표현체로서의 내적인 것에] 관련짓는 자각이 진행된다. 그리고 바로 여기에 두 번째 경향이 나타난다. 인간에 관계하는 과학들이 어떻게 인간 자신에 대한 자각이라는 먼 목표를 향해 부단히 접근해 갔고, 그 와중에 어떻게 개념화되어 왔는지는 역사가 잘 보여 준다.[42]

이 세계에서 외적, 감성적으로 주어진 모든 것은 내적, 정신적인 것의 표현이다. 문고리를 잡는 동작은 출입 의사의 표현이고, 눈물이나 웃음도 단순한 생리 작용이나 미소 근육의 운동 결과가 아니라 특정한 심적 상태의 분출이다. 말도 단지 '후두의 떨림을 통해 생겨난 소리'가 아니라 뜻을 전달하는 음성이고 문자도 종이 위에 뿌려진 잉크 자국이 아니라 정신적 의미를 보관하고 있는 기호다. 사회제도, 예술 작품, 철학 체계 등도 모두 같은 의미에서 정신의 객관화다. 여기 역사책이 한 권 놓여 있다. 책을 펼치니 '한참을 고심하던 카이사르는 주사위는 던져졌다고 내뱉고는 서둘러 루비콘강을 건넜다'라는 외적, 감성적 기호들이 나타난다. 글을 모르는 이에게 이 기호는 아무것도 아니겠지만, 글을 이해하는 자에게 기호는 루비콘강을 앞에 두고 갈등에 빠진 카이사르의 내적 세계 안의 생생했던 체험의 현실성을 지시한다. 오랜 원정 생활의 피로감, 자신을 배신한 원로원에 대한 분노와 복수심, 그럼에도 어머니와의 근친상간의 꿈에 시달릴 정도로 강했던, 모母국을 공격해야만 한다는 사실에서 생겨난 갈등,[43] 그 곁에 불타오르던 공명심과 명예욕 등등이 한데 모여 이룬 체험의 현실성에로의[44] 통로가 바로 이 문자 기호

42 W. Dilthey, *Gesammelte Schriften*, Bd. VII, 83.

43 플루타르코스, 《로마가 만든 영웅들》, 178쪽, 옮긴이 주 125 참조.

44 이상의 내용은 같은 책, 176-178쪽 참조.

들이다. 철학 책의 경우도 다르지 않다. 책장을 넘기니 "너의 지성을 사용할 용기를 가져라!"[45]라는 감성적 기호가 눈에 들어온다. 이것도 정신의 표현이다. 칸트의 철학적 내면, 그의 시대를 채우고 있던 계몽의 정신, 이성을 신뢰하는 철학 정신이 이 문자로, 이 글로 가시화, 객관화된 것이다. 이렇게 내적 정신이 감성화, 객관화되어 문자로 고정되어 주어지지 않았더라면, 그 정신의 세계는 헤로도토스의 우려대로 망각되어 소멸되었을 것이고,[46] 우리는 과거 어느 한때의 고심하며 갈등하고, 갈등하다 결단했던 개별자의 생소한 체험의 현실성으로 그리고 우리의 시대와는 비할 수 없이 이성을 신뢰하고 이성 사용을 촉구했던 계몽 시대의 정신에로 되돌아갈 수는 없었을 것이다. 바로 여기에 표현의 해석학적 의미가 있다. 표현Ausdruck, expressio은 내적, 정신적 의미를 밖으로 aus-, ex- 밀어내어-druck, -pressio 외적, 감성적 매체(문자, 음성) 안에 고정시킨 것이다. 이 고정의 의미는 분명하다. 내적이어서 사적이고 주관적일 뿐인 체험 내용을 외면화, 객관화하여 다른 개별자에게도 접근 가능하게 만드는 것이다. 표현은 이해에게 체험에로의 통로를 열어 준다. 모든 이해는 표현을 거치고 궁극적으로 체험을 향한다. 그러므로 이해는 표현에서 출발해서 체험의 내적 현실성을 찾아가는 과정, "감성적으로 주어진 기호로부터" 이 기호가 지시하는 "하나의 내적인 것을 인식하는 과정"[47]이다. 바로 이것이 정신과학이 대상으로 삼는 인간적 삶의 세계

45 I. Kant, *Beantwortung der Frage: Was ist Aufklärung?*, 35.

46 헤로도토스, 《역사》, 천병희 옮김(숲, 2009), 1쪽 참조.

47 W. Dilthey, *Gesammelte Schriften*, Bd. V, 318; cf. VII, 83f., 309. 내적, 정신적 의미(체험 내용)가 외면화, 감성화되는 과정이 표현이다. 그리고 이 외적, 감성적 표현에서 내적, 정신적 의미로 되돌아가는 과정이 이해다. 전자의 과정에 대한 학문이 수사학이고 후자의 과정에 대한 학문이 해석학이다. 그러므로 표현

다. 현실성이 체험되고, 체험된 내적, 정신적 현실성은 외면화, 감성화되어 표현되고, 이 표현을 통로로 다시 내적, 정신적 현실성에로 되돌아가며 타인의 체험을 이해한다. 이렇게 체험되고 이해되는 삶이 바로 정신과학의 대상이다.

> 이제야 우리는 비로소 우리에게 주어진 '정신과학의 본질 규정'이라는 앞서의 요구를 충족시킬 수 있게 되었다. 즉 이제야 아주 명료한 특징들에 입각하여 정신과학을 자연과학으로부터 구분하는 일이 가능해 진 것이다. 이 특징들은 이미 제시된 정신의 태도에 놓인 것인데, 이를 통해 자연과학적 인식과는 다른 정신과학의 대상이 형성된다. 지각과 인식에 의해 파악된 인간이란 우리에게 하나의 물리적 사실에 불과할 뿐이고, 이것 자체는 단지 자연과학적 인식에 의해서만 접근 가능할 것이

과 이해, 수사학과 해석학은 서로에 역행의 방식으로 대응한다. 철학적 해석학의 초기 단계, 슐라이어마허와 딜타이에 의하면 이 대응에도 불구하고 표현과 이해, 수사학과 해석학은 서로로부터 분명히 구별되어야 한다. 수사학은 "말하는 기술", 내적 사유 내용을 외면화하는 기술이고, 해석학은 "이해하는 기술", 외면화된 표현에서 내적 사유의 세계로 되돌아가는 기술이다. 따라서 전자의 기술은 "사고의 외적 측면"에 속하는 반면, 후자의 기술은 "사유하는 기술과의 관련에 입각하여 철학적"(F. D. E. Schleiermacher, *Hermeneutik und Kritik*, hrsg. von M. Frank, Frankfurt a. M. 1977, 76)이기 때문이다. 이 단계에서는 플라톤 이래 철학의 주된 전통 중의 하나로 자리 잡은 '사유의 기술로서의 철학과 표현의 기술로서의 수사학 간의 오랜 불화'가 해석학을 지배하고 있다. 이 학문은 수사학과의 구별에서 자신의 정체성을 찾기 때문이다. 후에 가다머의 이른바 대화의 해석학에 이르면 상황은 많이 달라진다. 그는 이해를 대화, 즉 말하고 듣는, 표현하고 이해하는 과정으로, 해석학을 표현의 기술로서의 수사학과 이해의 기술로서의 (좁은 의미의) 해석학의 통일로 규정하기 때문이다. 나는 이런 관점에서 표현의 문제를 상세히 다룬 적이 있다(김창래, 〈해석학적 문제로서의 표현〉, 《철학》, 66집[한국철학회, 2001], 181-205쪽 참조).

> 다. 정신과학의 대상으로서의 인간이 나타나는 것은 오로지 인간적 상황이 체험되고erlebt, 이것이 삶의 표출 안에서 자신의 표현Ausdruck을 발견하고, 이 표현이 이해될verstanden 수 있는 한에서 뿐이다. (…) 그러므로 체험, 표현, 이해의 연관은 일반적으로 정신과학의 대상으로서의 인간이 우리에게 현존하게 되는 고유한 과정이다. 따라서 정신과학들이란 바로 이 삶,[48] 표현, 이해의 연관에 기초하고 있다. 바로 여기서 정신과학과 자연과학 간의 명시적 구획을 위한 아주 명료한 특징이 발견된다. 어떤 과학의 대상이 삶, 표현, 이해의 연관에 근거한 태도 방식을 통해서 우리에게 접근 가능해질 때, 이 과학은 정신과학에 속한다.[49]

두 과학의 구획에 대한 물음이 답해졌고 이와 더불어 정신과학 자체의 본질도 밝혀졌다. 구획의 기준은 현실성을 구성하는 정신의 태도다. 주어진 외적, 감성적 인상들 간에 존립하는 법칙적 관련에 초점이 맞춰지면 자연이라는 대상이 구성된다. 이 인상들과 이들이 지시하는 내적 정신적 내용들 간의 의미 관련에 초점이 맞춰지면 인간적 삶이라는 대상이 구성된다. 전자의 현실성, 자연을 설명하는 학문이 자연과학이고, 후자의 현실성, 삶을 이해하는 학문이 정신과학이다. 정신과학은 체험되고, 표현되어 이해되는 한에서의 삶을 대상으로 하는 학문이고 바로 이 점에서 자연과학과 구획된다.[50]

---

48 여기서의 삶은 체험을 의미한다. 딜타이는 종종 삶Leben을 체험Er-leben의 동의어로 사용하는데 그것은 체험이 심화된er 삶Leben을 의미하기 때문이다.

49 W. Dilthey, *Gesammelte Schriften*, Bd. VII, 86f.

50 물론 두 개의 상이한 대상이 존재하고 그에 따라 다른 두 과학이 성립한 것이 아니고, 무규정적인 현실성을 바라보는 두 개의 상이한 관점이 각기 다른 방식으로 대상을 구성했고, 이에 따라 두 개의 과학이 존립하게 되었다는 사실은 다

8.1.3 체험과 이해

이 독자적인 학문으로서의 정신과학의 궁극의 목적은 '삶에 대한 인식'이다. 그렇다면 이 인식은 어떤 인식이고 어떻게 얻어지는가? 물론 체험, 표현, 이해의 연관을 통해서다. 그러나 여기에 삼 단계로 진행되는 인식의 어떤 기계적 절차와 같은 것이 있는 것은 아니다. 이미 언급했듯이 표현은 자기 목적이 아니다. 표현은 이해하는 자에게 타인의 내적 체험에로의 통로를 열어 주는 "수단"에 불과하고, 따라서 우리는 이 수단을 "써먹고"[51] 그 목적이 달성되면 내버린다. 결국 체험과 이해만이 남게 되는데, 이 둘 역시 구분된 두 개의 과정은 아니다. 이해는 추체험, 체험의 반복이기에 성공적으로 수행된 이해는 체험과 내용적으로 동일해야 하기 때문이다. 이 내용상의 동일성은 체험과 이해의 대상의 동일성에서 비롯한다. 그 대상은 물론 삶이다. 즉 삶이 체험을 통해서 그리고 이해를 통해서 파악되는 것이다. 두 과정의 차이는 간단하다. 내가 직접 나의 삶을 파악하면 그것은 체험이고 내가 타인의 삶을 그의 표현을 통해 파악하면 그것이 이해다. 그래서 딜타이는 정신과학적 탐구가 진행되는 두 과정으로 "자신의 고유한 상황에 대한 체험"과 "외부 세계에 객관화된 정신적인 것에 대한 이해"[52]를 구분해서 제시하고는 있지만, 이 둘이 분리된 두 과정은 아니다. 그것은 체험과 이해 사이에 부단한 순환, 상호적인 매개가 발생하고 이 순환적인 매개의 운동 자체를 통해 삶에 대한 인식이 얻어지기 때문이다. 이 하나의 운동의 분리할 수 없는

시 한번 강조한다. 딜타이는 분명한 의미에서 선험철학적 과학 이원론자이다.

51 W. Dilthey, *Gesammelte Schriften*, Bd. VII, 82.

52 *Ibid.*, 119.

두 측면이 바로 체험과 이해다.

이해와 체험은 서로에 의존한다. 모든 이해는 체험에 근거하지만 동시에 그 이해가 체험 가능성의 범위를 확대해 준다. 즉 이해를 가능하게 하는 것은 체험이지만 그 체험을 더욱 풍부하게 해 주는 것도 이해다. 여기에는 두 측면이 있다. 한편, 내가 생소한 타인의 삶의 표현을 이해할 수 있는 것은 그의 체험과 나의 체험이 어느 정도는 같기 때문이다. 그의 삶의 표현 안에는 내가 이미 체험했던 어떤 것, 뭔가 "친숙한 것"이 포함되어 있다. 그렇지 않다면 나는 그의 표현을 이해할 수 없었을 것이다. 모든 타자 이해는 자신의 고유한 체험에 근거한다. 다른 한편, 내가 타인의 삶의 표현을 이해하며 뭔가 새로운 것을 배울 수 있는 것은 그의 체험과 나의 체험이 어느 정도는 다르기 때문이다. 그의 표현 안에는 내가 아직 체험하지 못한 어떤 것, 뭔가 "생소한 것"이 포함되어 있다. 그렇지 않다면 나는 그의 표현을 이해할 필요조차 없었을 것이다. 이미 완벽하게 이해하고 있을 테니 말이다. 모든 타자 이해는 생소함과 새로움의 경험이고 이 경험이 나의 체험 세계를 늘 더 풍요롭게 해 준다.

타인은 물론 나와 다르다. 그러나 전혀 이해할 수 없을 정도로 생소한 타인은 없다. 그 점에서 나와 타인 간에는 같음이 존립한다. 그러나 아무런 새로울 것도 없을 정도로 완전히 친숙한 타인도 없다. 개별자들 간의 다름이 완전히 삭제되는 경우는 없기 때문이다. 그래서 타인은 생소한 한편 친숙하고, 친숙한 한편 생소하다. 이런 이유에서 딜타이는 타자에 대한 이해와 해석의 장소를 생소함과 친숙함의 중간으로 지정한다.

> 삶의 표출이 전적으로 생소하다면, 해석은 불가능할 것이다. 그러나 그 안에 아무런 생소한 것도 들어 있지 않다면, 해석은 불필요할 것이다. 이 두 극단적인 대립 항의 중간에 해석의 자리가 있다.[53]

두 극단 중의 하나는 삶의 표출의 완전한 **생소함**, 나와 나의 타자의 완전한 **다름**이고, 다른 하나는 삶의 표출의 완전한 **친숙함**, 나와 나의 타자의 완전한 **같음**이다. 전자의 극단에서 이해는 **불가능**해지고 후자의 극단에서 이해는 **불필요**해진다. 그러나 이 둘은 다만 생각만 해 볼 수 있는 추상적 극단이고 현실적인 이해는 언제나 이 두 극단의 중간에 놓이게 된다. 그러므로 이해는 가능할 뿐 아니라 필요하기도 하다. 나는 나의 체험에 근거하여 타인의 표현을 이해할 수 있을뿐더러 이해하며 새로운 것을 배울 수도 있다.

나는 나의 체험에 비추어 타인의 삶을 이해한다. 내가 몸소 겪었던, 사랑하는 이와의 이별의 경험이 없었다면 나는 조피와 사별한 노발리스가 그 아픔을 객관화한《밤의 찬가》를 결코 이해할 수 없었을 것이다. 두 개별자의 같음이 이해를 가능하게 해 준다. 그래서 이해는 나와 너의 같음의 확인이다. 그러나 나는 낭만주의자가 아니고 노발리스는 더욱 아니다. 나는 애인과 이별해 본 적은 있지만 사별해 본 적은 없고, 밤과 죽음을 향한 낭만주의자의 동경도 심정적으로 공유하지 않는다. 이 다름이 이해의 성공을 가로막는다. 그래서 이해는 결국 완성에 이르지는 못한다. 그러나 반복된 시도는 늘 더 나아진 이해를 허용해 준다는 것도 경험이 알려 주는 분명한 사실이다. 완벽하게는 아니지만, 나는 새롭고

53 *Ibid.*, 225.

생소한 낭만주의자의 세계관을 조금씩 공감해 간다. 그리고 이 공감은 나의 체험 세계를 더욱 풍부하게 하고 이렇게 풍부해진 체험을 바탕으로 나는 낭만주의자들의 저술을 더 잘 이해할 수 있게 된다. 이렇게 더 잘 이해하면서 나의 체험 세계는 한결 더 풍부해지고 나는 더 많은 이해 가능성을 갖게 된다. 이런 일은 무한히 반복된다. 이 모든 과정을 통해서 실제로 무슨 일이 일어나고 있는가? 나는 나와는 다른 개별자를 이해하고 인식한다. 이 인식은 물론 당구공의 운동 법칙에 관한 인식과는 다르다. 이 인식은 나와는 무관한 객체에 대한 객관적 인식도 아니고, 인식되는 객체를 장악, 정복할 수 있게 해 주는 지배지支配知도 아니다. 정신과학적 인식, 타인의 삶에 대한 이해를 통해서 변하는 것은 오히려 인식하는 나, 그리고 나의 삶과 정신이다. 점점 나아지는 이해와 더불어 나의 체험 세계, 체험하는 나의 현존재도 그만큼 고양되고 확장되고 풍부해진다. '과거를 동경하고 자연을 예찬하는 한 낭만주의자의 관점', '욕망과 죄에 대해 자책하고 떠나온 신을 향한 열렬한 그리움을 털어놓는 어느 중세 교부의 종교심', 이 모든 것은 지금까지의 나의 삶 안에서는 생각할 수 없는 가능성이었다. 적어도 내가 노발리스와 아우구스티누스를 읽고 이해하기 전까지는 그랬다. 그리고 지금 나는 이 같은 삶의 가능성을 이해했고 나의 것으로 만들었다. 나의 삶은 변했고 그와 더불어 나도 변했다. 나는 지금, '이해, 나와는 달리 보고 느끼는, 나와는 달리 자책하고 희망하는 타자와의 만남'이 아니었다면 '결코 보지 못했을 나'를 보고 있고 '결코 갖지 못했을 나'를 갖게 되었다. 타자와의 만남은 다름과 새로움의 경험이고, 이 경험의 결과는 과거의 나의 전도, 새로운 나의 형성이다. 그러므로 이해의 가치는 '**나와 너의 같아짐**'에만 존립하는 것이 아니다. 더 중요한 것은 '**너와의 같아짐을 통한 나의 달라짐**'이다. 체험을 통해 다름을 이해하고 다름을 이해하면서 나 또한 달라진다. 달라진 나는 더 많은 것을 체험할 수 있고 따라서 더 많은 것을 이해할 수 있다. 체험과 이해는 이렇게 서로를 매개하며 함께 상승해 간다. 이상적으로는 내가 세상의 모든 다름을 완전히 이해하고 나와 다른 모든 사람들도 나를 완전히 이해해서 세상에는 '모든 다름을 자신 안에 포괄하는 단 하나의 보편적인 관점'만이 남을 때까지, 그리고 이에 따라 다름을 극복하는 도구로서의 이해가 불필요해지고 이해의 기술론으로서의 해석학도 지양될 때까지.

물론 이것은 정신과학이 도달할 수 있는 목표는 아니다. 그러나 이 과학이 지향하고 다가가야 할 목표이기는 하다. 물론 이 지향과 접근이 도달이라는 최종 목적을 끝내 성취할 수는 없겠지만, 그것이 중요한 것은 아니다. 중요한 것은 지향과 접근을 통해 우리의 '정신의 삶', '삶의 정신'에 어떤 일이 일어나는가이다. 이를 통해 우리의 정신은 천천히 그러나 점점 사적, 주관적 개별성의 한계를 넘어 공통적, 객관적 보편성을 향해 상승해 간다. 완전한 보편성에는 결국 도달할 수 없겠지만 조금이나마 더 보편적으로 되고 있다는 것, 그리고 이를 통해 내가 더 보편적인, 덜 편협한 나를 형성해 가고 있다는 점이 중요하다. 이것이 곧 다름이 갖는 해석학적 의미다. 다름은 같음과 다투지 않는다. 같음의 보편성을 높여 줄 뿐이다. 이 다름을 통해 나는 나와는 달리 사유하고, 느끼고, 의욕하는 타인이 있음을 알게 되고, 그가 사유하고, 느끼고, 의욕하는 방식이 하나의 가능성일 뿐 아니라, 현실성일 수 있고 또 나의 현실성일 수 있음도 알게 된다. 이제 나는 어제는 볼 수 없었던 것을 보게 되고, 어제의 나보다 더 멀리 보게 된다. 이렇게 더 많이 더 멀리 볼 수 있음, 이것이 곧 정신과학적 인식의 보편성의 의미다. 자신의 좁은 우물 안에서 맹목적인 “자기-내-충돌”[54]만을 일삼던 편협한 개구리는 이제 좁은 우물을 벗어나 더 넓은 세계로 나가기 위해, 더 보편적인 세계로 올라가기 위해 점프를 한다. 더 상위의 관점, 더 보편적인 관점에서 사유하고, 느끼고, 의욕할 수 있는, 말하자면 보편적인 개구리가 되기 위해서다. 우물 안의 개구리가 우물 밖의 세상을 알게 되고 보편성에로의 점프를 시도하게 되었다는 것은 의미 있는 변화다. 설혹 우물에서의 탈출이 완전히 성공하지는 못한다 하더라도 그렇다. 이 점프가 바로 정신과학의 방법, 이해다.

8.2 정신과학의 방법—이해

딜타이의 관심은 자연과학과는 구분되는 또 하나의 자립적인 과학이 있고, 있어야 한다는 사실을 보이는 데만 있는 것은 아니었다. 두 과학의 구획은 그의 철학적 노동의 출발점이었을 뿐이고, 그가 궁극적으로 원했던 것은 정신과학의 정초, 이 새로운 자립적 과학의 인식론적 정당성을 확보해 주는 것이었다. 이를 위한 것이 이른바 칸트의《순수 이성 비판》곁에 세워진 ‘역사 이성 비판’이라는 기획이었다. 칸트가 자연을 구성하는 순수 이성의 비판적 자기 검진을 통해 아프리오리한 종합판단의 가능성을 밝힘으로써 “현실적인”[55] 자연과학들에 철학적 정당화를 제공해 주었듯이, 딜타이는 역사적 삶을 구성하는 역사 이성의 비판

54 G. W. F. Hegel, *Wissenschaft der Logik*, Bd. II, hrsg. von E. Moldenhauer u. a., Frankfurt a. M. 1986, 27.

55 I. Kant, *Kritik der reinen Vernunft*, B20.

적 자기 검진을 통해 "역사의 보편타당한 종합판단의 가능성"[56]을 밝힘으로써 역시 현실적인 정신과학들에 철학적 정당화를 제공해 주고자 했다. "역사의 보편타당한 종합판단"이라는 흥미로운 표현에는 정신과학에게 요구되는 두 개의 조건이 함축되어 있다. 첫째, 이해를 통해 새로운 것이 인식되어야 하고 이를 통해 인식의 확장이 이루어져야 한다. 즉 정신과학적 인식의 명제는 종합판단이어야 한다. 둘째, 이해는 보편타당성의 조건을 충족시켜야 한다. 즉 인식은 인식하는 나의 주관적, 역사적, 시대적 한계를 넘어, 나, 너 그리고 가급적이면 많은, 가능하면 모든 사람들의 보편적 동의를 구할 수 있어야 한다.[57] 이 두 요건은 모두 역사적 상대성이라는 인간의 근본적 한계의 극복을 전제로 해서만 충족될 수 있다. 이것이 관건이다.

8.2.1 삶과 과학의 사이에서 철학하기

편협한 주관성으로부터의 해방과 보편성에로의 고양은 정신과학이 우

56 W. Dilthey, *Gesammelte Schriften*, Bd. VII, 278.

57 칸트의 '아프리오리한 종합판단'이라는 표현이 딜타이에서 "역사의 보편타당한 종합판단"으로 바뀌었다. 이것은 표현의 흥미로운 변경이다. 역사의 판단은 물론 종합판단이어서 인식의 확장을 이루어야 한다. 그러나 그 판단이 굳이 아프리오리할, 즉 "경험 독립적"(I. Kant, *Kritik der reinen Vernunft*, B2)일 필요는 없고, 보편타당성의 조건만 충족시키면 된다는 것이다. 아마 이 보편타당성도 칸트적인 의미, "모든 인간에게 타당한"(*ibid.*, B848)을 의미하지는 않았을 것이다. 왜냐하면 역사의 영역에 그런 보편타당성은 가능하지 않기 때문이다. 딜타이는 아마 경험을 통해, 아포스테리오리하게 역사의 보편타당성에 접근하는 길을 생각했을 것이다. 나는 이 문제를 비교적 상세히 다룬 적이 있다(김창래, 〈고르기아스의 세 번째 난제에 대한 해석학적 대응〉, 81-83쪽 참조).

리에게 줄 수 있는 최고의 결실이다. 왜냐하면 유한한, 탄생과 죽음으로 한정된 시간만을 가진 인간은 본디 자신이 속한 역사에 의해 규정되기 마련이고, 따라서 자신의 시대가 지정한 사유, 의지, 느낌의 방식을 벗어날 수 없기 때문이다. 이것이 딜타이의 정신과학 정초 작업의 출발점이었다. 인간에 대한 역사적 상대성의 구속이 강한 만큼 이를 상대로 한 그의 투쟁도 열정적으로 전개되었다. 그는 이 투쟁을 평생을 두고—초기의《정신과학 입문》의 시기부터, 정신과학의 기초 과학을 심리학에서, 그러고는 해석학에서 찾던 시기를 거쳐[58] 철학의 철학이라는 만년의 기획에[59] 이르기까지—반복했다. 역사적 상대주의의 유령을 상대로 한 그의 투쟁은 죽음에 이르기까지 멈추지 않았다. 아니, 오로지 죽음만이 이 멈출 줄 모르던 투쟁에 종지부를 찍을 수 있었다. 이것은 두 가지를 의미한다. 그가 인간의 역사적 상대성의 한계를 그만큼 진지하게 수용했고 중대한 극복의 과제로 여겼다는 것이 그 하나이고, 이 투쟁은 마치 '거인족과의 싸움'처럼 승산 없는 싸움, 죽어서야 멈출 수 있는, 죽어서도 완결될 수 없는 시도였다는 것이 다른 하나이다. 중요한 것은 끝까지 이길 수 없었다는 것이 아니라 이길 수 없는 싸움을 끝까지 포기하지 않았다는 것이다. 왜? 목표는 달성되지 않으면서도 끝까지 유혹을 멈추지 않기 때문이다. 여기서 우리는 딜타이가 '역사적 상대성의 한계를 벗어나게 해 주는 논리적 도구로 제시한 이해'의 **힘과 무력***Macht und*

58 정신과학의 기초 과학으로서의 심리학과 해석학, 그리고 전자에서 후자에로의 이행에 대해서는《전집》VII권의 편집자 서문을 참조(W. Dilthey, *Gesammelte Schriften*, Bd. VII, vi-vii).

59 여기서 '철학의 철학'에 대한 논의로 일탈할 수는 없다. 이 흥미로운 기획에 대해서는 다음을 참조: 김창래, 〈빌헬름 딜타이의 '철학의 철학'에 대한 철학적 성찰〉,《철학탐구》, 38집(중앙대학교 중앙철학연구소, 2015), 121-161쪽.

*Ohnmacht*을 동시에 예견한다. 이해는 그때마다 우리로 하여금 역사적 상대성의 한계를 벗어나게 해 주지만 결국 이 한계를 완전히 벗어나게 해 주지는 못한다.[60] 이해의 이 같은 양면성은 딜타이가 처했던 시대적 상황의 양면성, 그리고 이와 무관하지 않았을 그의 철학적 시도의 양면성을 상징적으로 보여 준다.

한편 딜타이는 19세기의 역사주의자로서 역사적 상대성, 시대의 관점 구속성을 인간의 근본 조건으로 승인하지만, 다른 한편 실증주의 시대의 철학자로서 정신과학에 부과되는 과학성의 요구를 외면할 수도 없었다. 이것이 그의 시대였다. 또 있다. 한편 그는 삶의 철학자로서 우리가 "결코 그 배면으로 들어가 볼 수 없는", 그래서 "이성의 법정에 소환될 수 없는" 삶, 전 개념적, 전 과학적 현실성으로서의 "삶"[61] 자체를 파악하려 하지만, 다른 한편 정신과학의 방법론자로서 이 삶에 대한 이해를 "보편타당한 앎을 추구하는 과정", "넓은 의미의 인식"[62]으로 간주한다. 이것이 그의 철학적 상황이었다. 그는 역사주의와 실증주의가 교차하는 지적 공간에서 '상대적인 삶의 현실성'과 '과학적 인식의 보편

---

60 이해가 역사적 상대성의 한계를 벗어나는 데 아무런 도움도 주지 못했다면 딜타이는 이 시도를 포기했을 것이다. 반면 이해를 통해 이 한계를 완전히 벗어날 수 있었다면 그는 이 시도를 더 이상 진행할 필요가 없었을 것이다. 어느 정도 되기는 되는데 결코 충분하지는 않다. 그래서 늘 다시 시도해야 한다. 충분하지는 않지만 늘 어느 정도는 이룬다. 그래서 포기할 수도 없다. 인간의 이성이 하는 일이 다 이렇다. 그래서 플라톤도 말했다. "항상 배우기를 기꺼이 원하고, 모든 학문 분야를 습득하기를 꾀하는 자, 또한 즐거움을 가지고 배우지만 결코 충분한 지식을 얻지는 못하는 자, 이런 사람을 우리는 당연히 애지자라 불러야 하지 않겠는가?"(플라톤, 《국가》, 475c) 딜타이는 플라톤적인 의미에서 철학자였다.

61 W. Dilthey, *Gesammelte Schriften*, Bd. VII, 359.

62 *Ibid.*, Bd. V, 332.

타당성'을 동시에 추구하며 철학했어야 했다. 이것이 위에서 언급한 이해의, 그리고 딜타이의 시대와 철학의 양면성이다. 우선 그의 시대적 상황부터 검토하자. 나는 언젠가 이 문제를 아래와 같이 정리했었다.[63]

> 가다머는 딜타이 탄생 100주년에 쓴 한 추모의 글에서 "딜타이는 시대의 숙명을 넘어섰다기보다는 오히려 충족시켰다는 점에서 의미가 있고", 이것이 우리가 그를 잊지 못하고 "기리는"(H.-G. Gadamer, *Gesammelte Werke*, Bd. IV, 425) 이유라고 말한 바 있다. 이 숙명은 동시에 그 시대 "독일의 특징적인 숙명"(*ibid.*, 426)이기도 했다. 자연과학의 비약적 발전에 감탄한 유럽의 모든 지성들이 미련 없이 낭만주의를 버리고 실증주의의 방파제 뒤에 숨어 역사의 질풍과 노도를 피하고 있던 19세기에, 유독 독일에서만은 낭만주의가 역사주의라는 형태로 살아남았다. 과거와 개별성에 대한 낭만주의적 존중은 이제 과거 각 시대의 고유성과 상대성에 대한 역사의식이 되어 돌아왔다. 이 전형적으로 독일적인 정신은 인간의 역사적 상대성에 대한 자각이라는, "위험하기에"(*ibid.*, 427) 달갑지 않은, 그러나 분명하기에 거부할 수 없는 십자가를 이 나라 지성들의 어깨 위에 올려놓았다. 이 십자가를 짊어지고, 도래한 과학 시대를 살아가야 한다는 것, 이것이 딜타이의, 그리고 그의 시대와 조국의 숙명이었다. 한편으로 과학 시대의 요구에 부응하여 이성 인식의 보편타당성을 추구해야 했지만, 다른 한편으로는 인간적 삶의 시대적 구속성을 외면할 수도 없었다. 이 점에서 딜타이는 마치 "두 얼굴"(*ibid.*)을 한 사람 같았다. 그러므로 이 사람에게는 그가 평생토록

63 이 글은 2011년, 딜타이의 죽음 100주년을 추모하며 내가 썼던 글의 일부다. 글은 약간 수정되었다.

붙들고 늘어졌던 '역사 이성'이라는 자기모순적 개념보다 더 어울리는 이름은 없다. '역사 **이성**'이라는 그의 한 얼굴은 초역사적 인식의 객관적 타당성을 향하고 있었고, '**역사** 이성'이라는 또 다른 얼굴은 모든 인간이 짊어진 역사적 상대성이라는 십자가에 시선을 고정시키고 있었다. 한편에서는 보편타당한 과학을 향한 무한한 욕구가, 다른 한편에서는 역사적 삶의 상대성에 대한 진지한 자각이 딜타이의 철학 안에서, 19세기 독일의 시대정신 안에서 요동치고 충돌하며 투쟁하고 있었다. 이 갈등을 가라앉히되, 어느 한쪽의 완전한 패배도 불러오지는 말아야 한다는 것이 딜타이와 그의 시대의 숙명적 과제였다. 물론 이 과제는 결코 해결될 수 없었다. 실증주의자와 역사주의자가 한 배를 탈 수는 없고, 과학과 삶은 한 그릇에 말아 먹을 수 있는 국과 밥 같은 것이 아니었기 때문이다. 갈등을 해결할 수도 없었고, 갈등 해결이라는 숙명적 과제를 외면할 수도 없었던 딜타이가 할 수 있었던 유일한 일은 이 갈등을 갈등으로 감내하며 "끝까지 견뎌 내는"(*ibid.*, 425) 것뿐이었다. 그리고 그의 시대도 이 이상의 일을 할 수는 없었다. 이것이 바로 딜타이가 결코 "넘어설 수 없었던", 자신과 시대의 "숙명을 충족시키는" 방식이었다. 그렇기에 딜타이 탄생 100주년을 맞아 추모의 글을 쓰는 33살의 젊은 가다머는 삶과 과학이 갈등하던 시대에 태어나, 삶과 과학 사이의 균열을 메우기 위해 철학했고, 그 평생에 걸친 숙명적 과제를 결국 해결하지 못한 채 78세의 나이로 눈을 감았던 딜타이의 철학과 삶은 비단 한 개인의 불행이 아니라, 시대의 불행에 대한, 그리고 하필이면 실증주의의 시대에 배태되었던 "역사의식의 불행에 대한 상징"(*ibid.*, 426)이라고 쓰고 있다.[64]

이렇게 보면 딜타이의 철학은 마치 '무용한 파시옹passion inutile'(사르트르)인 것처럼 보인다. 오르지 못할 나무는 쳐다보지도 말아야 한다는 선인들의 지혜에 따르자면 그렇다. 그런데, 정말 그럴까? 아름다운 신적 지혜를 갖지 못해 추구하지만, 이 열렬한 추구에도 바라던 지혜는 가질 수 없고 그 사실을 알면서도 추구를 멈출 수 없는 것은 철학의 정신이고,[65] "답할 수 없는" 그렇다고 "거부해" 버릴 "수도 없는 물음에 시달려야" 함은 "인간 이성의 특수한 운명"[66]이 아닌가? 일단 이 한 가지만 분명히 한다. 딜타이는 철학자다. 디오티마의 가르침의 의미에서 그리고《순수 이성 비판》의 첫 문장의 의미에서 그렇다. 그를 몰아친 것은 가진 것에 만족하지 못해 결핍된 것을 사랑하는, 처한 현실에 안주할 수 없어 꿈과 이상을 향하는 철학의 욕구였다.

> 딜타이를 휘몰아친 이 철학의 욕구는 그를 처해 있는 현실**로부터** 처하기를 원하는, 그러나 결코 처할 수 없는 곳**에로** 끝없이 "유혹해 갔다"(W. Dilthey, *Gesammelte Schriften*, Bd. VII, 3, 74). 이 '~로부터', 그가 처한 현실과 이 '~에로', 그의 욕구가 향하던 곳, 바로 이것이 딜타이의 두 얼굴이고, 한 사람 안에서 벌어지고 있는 이 두 얼굴의 갈등은 그의 철학함 자체였다. 이는 '상대성**에서** 총체성**에로**! *Von der* Relativität *zur* Totalität!'라는 역사주의의 모토에 여실히 드러나 있다.[67]

---

64 김창래, 〈빌헬름 딜타이의 죽음, 그리고 100년 후〉, 262-264쪽.
65 플라톤, 《향연》, 202d-e 참조.
66 I. Kant, *Kritik der reinen Vernunft*, AVII.
67 김창래, 〈빌헬름 딜타이의 죽음, 그리고 100년 후〉, 265쪽.

딜타이가 갖지 못해 사랑하고 추구했던, 이상 속의 목표는 정신과학적 인식의 보편타당성(모든 상대성을 포괄하는 총체성)이었다. 그러나 그가 처했던 실제의 현실은 전 과학적인 삶의 역사적 상대성이었다. 문제는 공존할 수 없는 이 둘을 양손에 나눠 쥔 딜타이는 둘 중 어느 하나도 포기할 수 없었고 또 포기하지도 않았다는 것이다. 때로는 정신과학의 방법론자 딜타이가 인식의 "객관성을 향한 열정, 이를 위한 자기희생과 자기헌신"을 촉구하지만, 이내 삶의 철학자, 역사주의자 딜타이가 나타나 삶은 과학적 "개념 안에 용해되어 버리지 않는다"[68]며 "의식적으로 제약된 자로 남을 것mit Bewußtsein ein Bedingtes zu sein"[69]을 요구한다. 물론 이 두 딜타이는 충돌한다. 그러나 이 둘 중 하나만을 택하라는 강요는 가장 비딜타이적인 요구다. 왜냐하면 이 둘은 '한 딜타이의 두 얼굴'이기 때문이다. 딜타이는 누구인가? 바로 여기에 답이 있다. 그는 이 두 얼굴의 무한한 교체, 이 둘의 끝없는 갈등과 충돌, 이 두 항 사이를 무한히 오가는 그리고 어느 한쪽에 머물러 안식을 취할 수 없는 진자 운동 그 자체였다.

> 낭만주의와 실증주의의 사이에서 [역사적 삶의 상대성과 과학적 인식의 객관성 사이에서] 그는 위대한 학자의 길, 항상 새롭게 다시 시작하는, 그리고 항상 완수될 수 없는 것 안에서 다시 자신을 잃어버리고 마는 사상가의 힘겨운 길을 추구했다.[70]

---

68 W. Dilthey, *Gesammelte Schriften*, Bd. VII, 331.

69 *Ibid.*, Bd. V, 364.

70 H.-G. Gadamer, *Gesammelte Werke*, Bd. IV, 435.

83살의 노인 가다머가 딜타이 탄생 150주년을 기념하는 글의 종결부에서 했던 말이다. '완수될 수 없는' 일을 무한히 '다시 시작하'되 자기 '자신을 잃어버리기'까지 반복해야 함은 물론 "비극적"[71]이다. 그러나 이것은 딜타이 개인 또는 그가 속했던 시대의 비극만은 아니고, 또 가다머가 말했던 '실증주의의 시대에 배태된 역사의식'의 비극만도 아니다. 이것은 얻을 수 없는 것을 추구하고, 추구하는 것을 얻을 수 없고, 그러면서도 추구를 중단할 수도 없는 자, 철학하는 자의 "비극적 모순"[72] 또는 모순된 비극이다. 그렇다면 이 비극 또는 모순은 딜타이의 경우 구체적으로 어떤 종류의 것인가? 언젠가 나는 이 물음에 답한 적이 있다.

> 딜타이는 분명 역사적 존재자로서 인간이 갖는 상대성과 정신과학적 인식의 보편타당성의 요구 간의 갈등의 중심에 서 있었다. 그는 일단 역사주의자로서 "각각의 시대의 고유 가치"(W. Dilthey, *Gesammelte Schriften*, Bd. XI, xvii)와 모든 시대의 "상대성"(*ibid.*, Bd. XI, xix)을 승인하지 않을 수 없었지만, 동시에 해석학자로서 "역사적 회의주의와 주관의 자의에 대항하여 이해의 확실성을 수호"(*ibid.*, Bd. VII, 217f.; cf. V, 331)해야만 했다. 이것은 그가 양립 불가능한 두 목표에 대한 모순된 추구를 하고 있었다는 단순한 의미는 아니다. 정확히 표현하면 그의 문제 상황은 이렇다. 오히려 그가 역사의식, 역사적 상대성에 대한 의식에 강하게 고취되어 있었다는 바로 그 사실 때문에, 그에게는 "더 무전제적으로, 더 비판적으로, 그리고 더 엄밀하게"(*ibid.*, Bd. VII, 138) 객관적인 역사 인식을 추

71 *Ibid.*, 430.

72 W. Dilthey, *Gesammelte Schriften*, Bd. XIX, 357.

구해야 할 필요가 있었다. 그리고 이 추구의 “목표가 아직도 멀고”(*ibid.*, Bd. VII, 3), 객관적으로 이해되어야 할 삶은 여전히 “생소한 것, 무시무시한 것”(*ibid.*, Bd. VIII, 81), “어둡고 소름끼치는 것”(*ibid.*, Bd. VIII, 140)으로 남아 있다는 바로 그 사실이 그를 다시 이 무한한 추구에로 “유혹한다”(*ibid.*, Bd. VII, 3, 74). 바로 여기서 그의 모순의 본질이 드러난다. 모순은 그저 삶과 과학 사이에서가 아니라, 그의 현실과 그의 목표 사이에서 발생한다. 모순의 한 항은 인간은 본질상 “역사적 존재자”(*ibid.*, Bd. VII, 135, 151, 291; cf. 137, 147f., 185f., 277f., 279, Bd. VIII, 6, 204, 226, Bd. XIX, 276)라는 넘어설 수 없는 현실이고, 다른 한 항은 보편적으로 타당한 역사인식이라는 멀기만 한 이상과 목표다. 이렇게 현실과 기대 사이에서 발생하는 모순은, 인간은 통상 자신이 갖지 못한 것을 추구한다는(플라톤, 《향연》, 202d; cf. 200a, e 참조) 디오티마의 오랜 가르침에 따르면 사뭇 자연스러운 것이다. 왜냐하면 우리의 기대는 늘 우리의 현실을 앞서가기 때문이다. 이렇게 보면 딜타이의 모순은 그가 자신의 시대의 정신과학이 놓인 현실적인 처지에 만족하지 못하고 그 현실을 넘어서려는 끝없는 욕구를 가지고 있었다는 사실에 근원을 두고 있다. 이것은 단지 모순을 빚고 있는 두 항 중의 하나의 제거를 통해 해결되어야 하는 형식논리적 모순에 불과한 것은 아니다. 오히려 이것은 지금의 나에 만족할 수 없는 그래서 지금 내가 갖지 못한 것을 추구하는 모든 인간을 따라다니는 존재론적 모순이다. 이 같은 모순 내지 모순된 시도를 우리는 애지, 철학이라 부르고, 이 시도에 헌신하는 자를 애지자, 철학자eros philosophos라 부른다. 이것은 곧 딜타이를 위한 이름이기도 하다.[73]

73 김창래, 〈딜타이는 누구인가?〉, 272-273쪽.

철학하는 자라면 어떤 철학을 하건, 누구나 알고 있다. 우리 인간은 철학할 필요가 없는 신[74]이 아니고, 철학이 불가능한 대중[75]도 아니라는 것, 우리는 신적 지혜와 대중의 무지, 친숙함과 생소함의 중간에 서 있기에 철학을 해야 하고 또 할 수 있다는 것을 말이다. 이 작업의 지속을 위해 굳이 '완성의 약속'은 필요 없다. 완성에 이를 수 없음을 알고 있지만 쉬지 않고 추구해야 함이 철학의 "의무"[76]라는 생각만으로도 충분하다. 딜타이 역시 자신이 하는 철학의 완성보다 죽음이 먼저 찾아올 것임을 알고 있었다.[77] 그럼에도 아니 정확히 말해 그랬기 때문에 그는 더 열광적으로 완수되지 않을 작업에 매달렸다.[78] 정말 죽음에 이르기까지 말이다. 이제 딜타이의 모순된 철학적 기획의 행로를 따라가 보자. 물론

---

74 플라톤, 《향연》, 204a 참조.

75 플라톤, 《국가》, 494a 참조.

76 I. Kant, *Kritik der reinen Vernunft*, B731.

77 너무 빨리 찾아올지도 모를 죽음에 대한, 정확히는 그 전에 자신의 철학적 작업을 완결할 수 없을 거라는 사실에 대한 두려움은 딜타이의 저술 여러 곳에서 찾아볼 수 있다(cf. W. Dilthey, *Gesammelte Schriften*, Bd. V, 9; VII, 28, 139). 죽기 석 달 전 후설에게 보낸 편지는 이에 대한 더없이 좋은 증거다(cf. W. Dilthey, "Brief an Husserl, 29. VII, 1911", in: K. Schumann, Hrsg., *Edmund Husserl. Briefwechsel*, Bd. VI, *Philosophenbriefe, Husserliana - Dokumente*, Dordrecht 1994, 47).

78 만년의 이 같은 모습을 가다머는 인상적으로 술회한 바 있다. "그는 쉬지 않고 일했다. 늘 여름 휴양지로 먼저 엄청난 책들을 보냈다. 1911년 여름 그는 마지막으로 산장에 머물렀는데—거기서 결국 돌아오지 못했다—이 휴가도 어마어마한 연구 계획을 짜기 위한 것이었다. 그의 제자들의 표현대로 이 '수수께끼 같은 노인'은 결코 도달할 수 없는 총체성을 향하는 길 위에서 스스로를 자기 자신의 [철학적] 직조물 안에 촘촘하게 늘 더 촘촘하게 짜 넣어 가두려는 것처럼 보였다. (…) 그는 '일찍 완성된 자ein früh Vollendeter'가 아니라 '늦도록 미완인 자ein spät Unvollendeter'로 우리 앞에 서 있다."(H.-G. Gadamer, *Gesammelte Werke*, Bd. IV, 431)

이 길은 완성으로 끝나는 길이 아니라 죽음으로 끝나는 길이다. 그러니 완성에 대한 기대는 하지 말기로 하자. 그러나 아무런 소득도 거두지 못하리라는 우려도 할 필요가 없다. 분명 인간적인 무언가가 주어질 것이다. 우리는 (철학할 필요가 없는 신도 아니고 철학을 할 수 없는 대중도 아니고 바로) 철학하는 인간이니까.

8.2.2 역사적 이해의 논리 구조

딜타이의 이해의 이론은 이 장의 모두에서 제기되었던 그의 근본 물음, '어떻게 한 개별자가 감성적으로 주어진 생소한 타인의 개별적 삶의 표출을 보편타당한 객관적 이해의 수준으로 이끌어 올릴 수 있는가?'에 대한 답이다. 이제 이 물음에 한 가지 조건을 추가하자. 이해되어야 하는 전승은 시간적인 간격을 두고 주어지고, 이 간격은 의미 소외의 기원이다. 이것이 정신과학의 본래적 과제인 다른 시대 간의 이해, 이른바 '**역사적 이해**'의 문제다. 이 문제는 각별한 주목을 요한다. 이 이해가 동시대의 타인들에 대한 이해보다 더 난해한 과제라는 의미에서도 그렇지만, 그보다 이 문제에서 우리가 지금까지 논의해 온 딜타이의 두 얼굴, 그의 '철학적 전제'와 '철학적 목표'가 교차하기 때문이다. 그의 전제는 인간의 역사적 상대성이고 목표는 정신과학적 인식의 보편타당성(객관성)이다. 역사적 이해가 완벽하게 성공하면 역사적 상대성이라는 딜타이의 철학적 전제는 극복되고 정신과학적 인식의 객관성이라는 목표는 달성된다. 반대로 역사적 이해가 완벽하게 실패하면 인간은 역사적 상대성이라는 한계를 전혀 넘어설 수 없고 정신과학적 인식의 보편타당성은 포기해야 한다. 어느 경우건 딜타이의 두 얼굴 중의 하나는 삭제되고 남은 하나가 딜타이를 참칭하게 된다. '두 얼굴의 한 딜타이'가 '한 얼굴의 두 딜타이'로 나뉘게 되는 것이다. 이 둘은 물론 가짜 딜타이이다. 진짜 딜타이는 이 두 얼굴의 무한한 교체와 공존이기 때문이다.

한 가짜 딜타이는 자신의 철학적 전제만 알고 목표는 모른다. 그의 유일한 주장은 인간의 **역사적 상대성**, 어떤 인간도 자신의 시대의 지평에서 벗어날 수는 없다는 것이다. 그렇다면 현대의 해석자는 다른 시대에 속한 타인의 삶을 자신의 시대의 관점으로 이해하게 될 것이다. 이 경우 이해의 결과는 정신과학적 인식의 객관성의 훼손이고, 왜곡하는 해석자와 왜곡되는 텍스트 사이에는 온전한 다름과 생소함만이 존립할 것이다. 이럴 경우 우리가 그 어떤 노고를 기울일지라도 역사적 이해는 **불가능**할 것이다. 다른 가짜 딜타이는 자신의 철학적 목표만 알고 전제는 모른다. 그래서 시간적인 간격과 의미상의 거리에도 불구하고 학문으로서의 역사적 정신과학은 이해의 객관성, **보편타당성**의 조건을 충족시켜야 하고 또 할 수 있다고 말한다. 해석자는 자신의 시대에서 벗어나 다른 시대 안으로 들어가고, 그 시대의 관점으로 그때의 삶을 이해한다. 이 경우 이해의 성공은 역사적 상대성의 완전한 극복을 의미할 것이고, 두 시대 사이를 순전한 같음과 친숙함이 지배할 것이다. 그러나 그렇게 될 때, 정신과학의 방법으로서의 역사적 이해는 스스로를 지양해야 한다. 아무런 해석학적 노고 없이도 이해는 자동으로 산출되고, 그런 동어반복적 이해를 통해 우리는 아무런 새로운 인식도 얻지 못하기 때문이다. 그런 이해는 본디 **불필요하다**.

두 가짜 딜타이가 지배하는 이 사태는 무엇을 의미하는가? 역사적 이해의 가능성에 대한 물음에 줄 수 있는 가장 부정적인 답과 가장 긍정적인 답, 즉 이해의 완전한 실패와 완전한 성공이 모두 사유만 해 볼 수 있는 추상적 극단이고, 현실적인 이해는 늘 이 두 극단의 중간 어딘가를 움직이고 있다는 사실을 의미한다. 그리고 동시에 딜타이의 역사적 이해의 모델을 앞에 두고 우리는 인간의 역사적 상대성의 완전한 극복을 기대해서도 안 되지만 정신과학적 인식의 보편타당성이라는 목표의 완전한 포기를 우려할 필요도 없다는 사실도 의미한다. 상대성은 늘 어느 정도 극복된다. 그리고 이 극복과 더불어 인식의 객관성도 늘 어느 정도 성취된다. 그러나 성취된 어떤 객관성도 우리를 만족시킬 수는 없기 때문에 이해의 시도는 무한히 반복되어야 한다. 우리 철학하는 인간에게 허용된 것, 따라서 우리가 희망해도 좋은 것은 하나뿐이다. 이 이해의 반복이 우리를, 우리가 이미 떠나온 우리의 출발점, 역사적 상대성의 완전한 구속으로부터 조금씩이나마 멀어지게 해 주고, 또 우리가 아직도 향하고 있는 우리의 먼 목표, 정신과학적 인식의 보편타당성에 조금씩이나마 가깝게 해 주지 그 반대가 아니라는 믿음이다. 우리 인간이 행하는 모든 철학적 노고가 퇴보나 답보가 아니라—설령 아주 느리더라도—진보를 결과하고 이를 통해 점진적이나마 먼 목표를 향한 접근이 이루어지고 있다는 사실에 대한 믿음! 이것만이 딜타이적인 것이고 인간적인 것이다. 다시 말해 철학할 필요가 없는 신도 아니고 철학을 할 수 없는 대중도 아닌, 그래서 철학을 해야 하고 또 할 수 있는 우리 인간에게 허용된 유일한 길이다. 이 사실을 분명히 하고 딜타이의 이해의 이론 안으로 들어가자. 우리는 이해의 두 얼굴, 이해의 '힘과 무력'을 동시에 확인하게 될 것이다.

자신이 속한 시대와는 다른 과거의 삶을 탐구하는 정신과학자의 상황 역시 딜타이의 상황과 다르지 않다. 그 역시 일단 역사적 상대성의 지배 아래서 인식의 객관성이라는 목표를 향한다. 그래서 전자의 현실이 반복해서 나타나는 '삶의 경향'과 이 경향에도 불구하고 또는 바로 그 때문에 반복해서 설정되는 '과학적 목표' 간에 갈등이 나타난다. 이 갈등이 바로 정신과학자의 학문적 처지를 특징짓는다.

> 오로지 삶으로부터의 출발, 그리고 삶과의 지속적 연관만이 정신과학의 구조에서 그 최초의 근본 특성을 형성해 준다. 정신과학은 [일단] 체험, 이해, 삶의 경험 간의 직접적인 관계 위에 근거한다. 이 관계 안에서 삶과 정신과학은 물론 서로에 대해 존재하기는 하지만, 정신과학에서는 이 관계가 '삶의 경향'과 '정신과학의 과학적 목표' 간의 갈등으로 전개된다. 역사학자, 국민경제학자, 국법학자, 종교 연구가들은 자신이 삶 안에 서 있는 것처럼, 또한 삶 자체에 어떤 영향을 미치고자 한다. 그들은 역사적 개인, 집단의 운동과 방향성 등을 자신의 판단 아래 놓는다. 그리고 이 판단은 그들의 개별성, 그들이 속해 있는 국가, 그들이 살고 있는 시대에 의해 제한된 것이다. 물론 그들 스스로는 아무런 전제도 없이 탐구한다고 믿고 있지만, 이때에도 그들은 그들 자신의 시야에 의해 규정되고 있다. 과거의 어떤 세대에 관해 형성된 개념들을 분석해 보면, 이 개념들 안에는 [개념 형성자가 속한] 시대의 전제들로부터 생겨난 요소들이 포함되어 있다는 사실을 볼 수 있다. 그러나 동시에 모든 과학 그 자체에는 또한 보편타당성의 요구가 포함되어 있다. 과학이라는 말의 엄격한 의미에서의 '정신과학'이라는 것이 존재해야만 한다면, 정신과학은 항상 더욱 의식적으로, 그리고 더욱 비판적으로 이 목표를 설정하지 않으면 안 된다. 최근 정신과학의 논리학에서 정당하게 제기되었던 학문적 대립의 대부분은 바로 이 두 경향 간의 갈등 위에 존립했었

> 다. 그리고 이 갈등이 가장 극단적으로 나타났던 곳은 역사학이었다. 그런 이유로 역사학이 이 논쟁의 핵심이 되어 왔다.[79]

자주 인용되는 이 구절에는 문제의 본질이 무엇인지가 분명히 드러나 있다. 역사 연구에 종사하는 전문적 학자들이라 할지라도 역시 역사적 존재자이고 따라서 자신이 속한 시대의 개념, 관점, 척도를 가지고 과거의 삶을 볼 수밖에 없다. 이것은 아주 자연스러운 '삶의 경향'이지만 또한 인식의 객관성, 보편타당성이라는 '과학의 목표'를 위해 극복해야 할 경향이기도 하다. 역사적 상대성의 한계를 극복하고 역사적 인식의 객관성을 확보하기 위한 첩경은 역사 연구가가 자신이 속한 시대의 관점 구속성으로부터 자유로워지는 일이다. 그리고 과거는 현재가 아니라 과거로부터, 해석자, 이해하는 주관의 관점이 아니라 원래의 저자, 이해되는 객관의 관점에서 파악되어야 한다. 바로 이것이 딜타이에서 이해의 객관성의 의미다. 객관적 이해라 함은 주관적 관점에 의해 왜곡되지 않고 이해되는 객관에 준하는 이해를 말한다. 따라서 이해의 객관성은 역사적 주관성의 제거를 통해서만 얻어질 수 있다. 이런 관점에서 딜타이는 과거를 대하는 괴테의 "예술가적" 태도와 대비시키며 과거를 대하는 정신과학자의 객관적 태도를 다음과 같이 서술한 바 있다.

> 과학으로서의 역사에는 [과거를 대하는 예술가적 태도와는] 또 다른 측면이 있다. 역사적 대상은 이 대상을 배태한 전체 안에서만 이해될 수 있다. 이 대상의 인과적 관계와 의미를 이해하기 위해 역사 서술가는 늘

79 W. Dilthey, *Gesammelte Schriften*, Bd. VII, 137.

보편사적 연관을 염두에 두어야 한다. 그는 자신의 객관과의 거리를 유지해서 이 객관이 그 자체 하나의 세계가 되도록 해야 하고, 이 세계에 아무런 편견 없이 태도를 취할 수 있어야 한다.[80]

요구 자체는 매우 간단한 것이다. 역사적으로 주어진 객관은—하나의 텍스트이거나, 특정 개인의 삶 또는 역사적 사건이거나, 일련의 사건들로 구성된 역사적 운동이거나—모두 특정 전체 안에서 생겨난 부분이다. 그러므로 부분으로서의 역사적 대상은 그 생성의 기반, 원래 속했던 전체 안에서 이해되어야지, 현대의 해석자가 속한 전체 안에서 이해되어서는 안 된다. 예를 들어 플라톤의 《국가》, 《법률》도 모두 고대 그리스라는 전체 안에서, 우선은 플라톤이 속했던 아테네라는 도시국가의 정신적 지평 안에서, 나아가 여러 도시국가들 간의 정치적 역학 관계 안에서만 객관적으로 이해될 수 있다. 플라톤은 철학자에게 독배를 건네는 당시의 타락한 아테네의 대중들에게 환멸을 느끼고, 이상적인 나라, 아름다운 나라kallipolis가 무엇인지를 물으며 《국가》를 집필했고, 자신의 이상적인 정치철학을 현실에 이식하기 위해 절친했던 친구 디온의 조카가 왕으로 있던 시라쿠사를 방문한다. 물론 《국가》가 묘사한, 현실에는 존재하지 않는 이상적인 나라를 실현하기 위해서였다. 그러나 현실 정치의 벽은 높았고 두 번에 걸친 시라쿠사 여행을 통해 플라톤은 아무런 결실도 거둘 수 없었다. 오히려 시라쿠사의 참주는 플라톤을 죽이려 했고, 또 사람들은 그를 심지어 노예로 팔아 버리려고까지 했다. 겨우 목숨만 건져 아테네로 돌아온 플라톤의 자괴감, 이 자괴감의 성립 배

80 W. Dilthey, *Das Erlebnis und die Dichtung*, Wiesbaden 1921, 233.

경을 이해하지 못한다면, 늙고 지친 플라톤의 만년의 저술,《법률》이 왜 《국가》보다 현실에 더 타협적인지를 이해할 수 없을 것이다.

이 모든 사태는 현대의 정신과학자의 탐구 상황과 관련하여 아주 단순한 것만을 말하고 있다. 지금 내 앞에는 이해해야 할 한 권의 텍스트가 놓여 있다. 이것은 원래의 저자의 삶의 표현, 그의 내적, 정신적 체험 내용의 외면화, 감성화다. 나는 이 객관화를 통로로 해서 이 텍스트가 지시하고 있는 원래의 저자의 체험 내용에로 되돌아가야 한다. 물론 원래의 저자는 특정 전체 안에 살았고 그 안에서 부분으로서의 텍스트를 생산했다. 문제는 이 텍스트는 문자적 객관화로서 시간 간격을 넘어 지금 내 앞에 현존해 있지만, 이 텍스트가 속했던 과거 어느 한때의 전체는 시간의 흐름과 더불어 이미 사라지고 없다는 것이다. 그러므로 역사적 이해의 첫 번째 과제는 부분으로서의 텍스트가 속했던 전체, 이미 사라지고 없는 전체의 복원이다. 그리고 현대의 해석자는 이렇게 복원된 과거 전체 안으로 들어가야 하고 그 전체 안에서 원래의 저자가 이 전체 안에서 사유하고, 의지하고, 느끼던 그 방식으로 저자의 체험의 과정, 텍스트 산출 과정을 따라가며 반복해야 한다. 사라진 과거의 재구성, 재구성된 과거 안으로의 자기 투입, 저자의 입장에로의 전위와 전치, 그리고 원래의 체험의 반복으로서의 추체험으로 이루어지는 일련의 지성적 과정이 이른바 딜타이가 제시한 정신과학의 방법으로서의 역사적 이해의 모델이다. 그리고 이렇게 정신과학의 방법적 도구 내지 기관Organon을 인식 이론적으로 제공하는 작업이 바로 정신과학의 건립Aufbau이다. 그런데 흥미롭게도 딜타이는 과거를 탐구하는 정신과학자의 처지, 역사적 이해의 아포리아를 설명하면서 이렇게 말했다. 역사적 상대성이라는 "삶의 경향과" 인식의 객관성이라는 "정신과학적 목표 사이의 갈

등의 해결은 정신과학의 건립을 통해 이루어질 것이다".[81] 딜타이의 생각 또는 기대에 따르면 제시된 이해 모델은 우리를 과거 어느 한때의, 이미 사라지고 없는 원래의 저자의 삶과 체험으로 인도하는 길을 열어 주어야 한다. 우리가 이 길을 올바르게 갈 수 있다면 우리는 딜타이 철학의 궁극의 과제, 역사적 삶의 상대성과 정신과학적 인식의 보편타당성 사이의 갈등의 해결을 기대할 수 있다. 지금부터는 이 기대가 정말 충족될 수 있는지를 확인하기 위해 딜타이의 이해 모델을 몇몇 단계로 나누어서 그 구조만 간략히 살펴보기로 하자. 도식화하면 이해는 대략 삼 단계로 구성된다. 1. 전체의 상상적 재구성, 2. 재구성된 전체 안에로의 자기 투입, 3. 저자의 입장에서 원래의 체험 과정의 반복, 즉 추체험.

특정 전체 안에서 생성된 부분으로서의 텍스트는 있다. 그 부분의 생성의 기반으로서의 전체는 없다. 그러므로 과거로부터 전수된 타인의 삶의 표출을 이해하려는 현재의 해석자에게 제기되는 첫 번째 과제는 부분으로서의 표현이 속했던 전체, 원래 저자가 속했던, 그러나 이제는 사라지고 없는 세계의 현재화다. 딜타이는 사라진 과거가 상상적으로, 최소한 "표상의 상"[82]으로라도 복원 가능하다고 생각하며, 복원의 한 방도를 제시한다. "주어진 것[부분]에서 삶의 연관[전체]을 발견하라!"[83] 즉 주어진 부분들의 귀납적 총괄을 통해 전체를 구성하라는 것이다. 그러나 힐끔 보아도 이 방도에는 뭔가 미심쩍은 면이 들어 있다. 지금 해석자의 문제는 전체가 없어서 부분을 이해하지 못한다는 것이

81 W. Dilthey, *Gesammelte Schriften*, Bd. VII, 138.

82 *Ibid.*, Bd. V, 276.

83 *Ibid.*, Bd. VII, 213.

다. 그것이 전체를 복원하는 이유인데, 그 전체를 다시 부분에서 발견하라 하면, 이는 명백히 하나의 순환 논법이다. 엄밀히 말해 전체 없이는 부분이 이해되지 않고 따라서 아직 이해되지 않고 있는 부분에서 사라진 전체를 발견하는 것도 불가능하다. '전체 안에서만 이해될 수 있는 부분'과 '부분에서 발견해야 하는 전체' 사이에 순환이 발생하고 있다. 해석학자들은 이 순환을 형식논리적인 의미에서의 논증의 '나쁜 순환 circulus vitiosus'과 구별하여 해석학적 순환이라 불러 왔다. 이것은 고대 수사학에서 유래한 해석학의 오랜 규준들 중 하나인데, 통상 다음과 같이 정식화된다. '전체는 부분으로부터, 그리고 부분은 전체로부터 이해하라!' 물론 이 규준도 그 형식적인 구성만 놓고 보면 '전체로부터 이해되는 부분'과 '부분으로부터 이해되는 전체' 사이의 순환에 빠져 있다. 그러나 이 순환은 이미 언급했듯 형식논리적인 것이 아니라 해석학적인 것이다. 즉 텍스트 해석의 과정에서 실제로 이런 순환이 발생하고 바로 이 순환을 통해 그리고 오직 이 순환을 통해서만 해석학적 인식이 성장한다는 의미에서 그렇다.

플라톤을 읽는 예로 돌아가 보자. 과제는 《국가》의 이해다. 그런데 이 텍스트는 하나의 부분이고 이 부분은 플라톤의 철학 체계라는 전체 안에서만 올바르게 이해될 수 있다. 이 전체에 대한 인식이 앞서 주어져 있지 않다면 부분에 대한 독서는 시작조차 할 수 없다. 그러나 문제는 이 세상 어느 누구도 플라톤 철학 전체에 대한 지식을 가지고 태어나지는 않았다는 것이다. 형식논리적으로 보자면 누구도, 그의 삶의 어떤 단계에서도 《국가》의 독서를 시작할 수 없고 따라서 사유의 형식적 규칙에 충돌하지 않으면서 플라톤을 이해할 수는 없다. 형식논리적으로 그렇다. 그러나 형식논리적으로만 그렇다. 경험은 전혀 다른 실제를 보여 준다. 우리 주변에는 너무도 많은 플라톤주의자와 전문가, 그의 팬과 적들이 있다. 형식논리적으로는 불가능하다는 이 엄연한 사실을 어떻게 설명할 것인가? 경직된 형식논리는 이 사실을 설명할 수 없다. 그것은 이 논리가 고집스럽게 시작이 어디냐고 묻기 때문이다. 반면 해석의 순환을 긍정하는 해석학은 이렇게 말한다. 시작은 어떻게든 이루어진다.

> 형식논리의 무력은 아마 이 지성적 사유가 부분과 전체의 순환의 **시작**이 어디냐고 묻는다는 데서 찾을 수 있을 것이다. 그러나 이것은 명백한 우문이다. 왜냐하면 형식논리학자가 닭과 달걀 간의 순환의 시작이 논리적으로 확정될 수 없다고 한다 해서, 생식을 멈추는 닭은 세상에 단 한 마리도 없고, 그 어떤 계란도 닭으로의 성장을 포기하지는 않을 것이기 때문이다. 형식논리는 시작은 불가능하다고 말한다. 그러나 실제로 시작은 어떻게든 이루어진다. 우리는 **"평균적이고, 애매하나마** (…) **이미 항상"** (M. Heidegger, *Sein und Zeit*, 5) 주어져 있는 선이해에서 출발하기 때문이다.[84]

철학에 관심을 가진 자라면 누구나 플라톤 철학 전체에 대한 나름의 선이해를 가지고 있다. 물론 언제, 어디서 이 이해를 갖게 되었는지를 명확히 알 수는 없다. 그러나 그 '알 수 없음'이 '있음'의 사실을 부정하는 것은 아니다. 플라톤 해석은 바로 이 선이해에서 출발한다. 우리는 이 선이해의 인도를 받으며 플라톤 철학 전체를 대충 그려 본다. 물론 이렇게 선취된 전체가 완벽하게 옳을 필요는 없다. 독서의 시작이 이

84 김창래, 〈고르기아스의 세 번째 난제에 대한 해석학적 대응〉, 87쪽.

루어질 수 있다면 충분하다. 그리고 이 전체 안에서 부분에 대한 독서를 진행한다. 부분의 독서는 선취된 전체의 결함과 한계를 밝혀내고, 이에 따라 전체가 수정, 보완된다. 그리고 이 수정된 전체 안에서 부분을 다시 읽으면 부분에 대한 이해 내용 역시 수정, 보완된다.

슐라이어마허는 전체를 선취하는 과정을 예감divinatio, 선취된 전체 안에서 진행되는 부분들의 정밀한 독서를 비교comparatio라 칭했다.[85] 예감과 비교, 이 둘은 서로를 전제할 수밖에 없는 의존적인 과정이고 또 서로로부터 분리될 수 없는 과정이다. 그때그때마다 예감은 비교를 위한 큰 틀을 제공하고 비교는 이 큰 틀의 구체적이고 상세한 내용들을 확정해 주기 때문이다. 그러므로 비교 없는 예감은 공허하고 예감 없는 비교는 맹목이다. 이 두 과정의 상호적인 규정과 보완이 이해를 가능하게 한다. 일단 예감이 비교를 인도하지만 비교가 새로운 예감을 가능하게 하고, 새로운 예감에 의해 새로운 전체가 선취되어 다시 비교를 이끌어 간다. 그때마다의 예감과 비교를 통해 전체와 부분은 지속적으로 새롭게 규정되고 형성된다. 이 두 과정의 상호적 매개를 통해 전체와 부분을 형성해 가는 운동이 바로 해석학적 순환이다. 코레트는 이 과정에 대해 훌륭한 설명을 제공한 바 있다.

> 여기에는 논리적 순환이 아니라, 전적으로 다른 구조를 가진 하나의 해석학적 순환이 있다. 더군다나, 엄격히 보자면, 이것은 스스로 폐쇄된 원환을 따라 움직이는 순환이 아니라, 오히려—비유적으로 표현해서—나사의 골 모양으로 움직이는 생기, 그 안에서 하나의 요소가 다른

85 Cf. F. D. E. Schleiermacher, *Hermeneutik und Kritik*, 97, 169f.

> 요소에 의해 변증법적으로 계속 규정되고, 형성되는 생기다. 이해 세계의 전체는 [전체에 대한 이해는] 그 어떤 새로 얻어진 이해를 통해서도 풍부해지고 심화된다. 바로 이렇게 해서 새로 얻어진 이해는 개개의 의미 내용에 대한 이해를 [전체 안에서 서로 비교되어야 하는 부분들에 대한 이해를] 더 충만하고 심오하게 만들 수 있다.[86]

이를 도식화하면 아래와 같다.[87] 단순하게 보아도 분명한 것은 첫 번째 예감을 통해 선취된 첫 번째 전체(Gn)와 비교를 통해 수정된 두 번째 전체(Gn+1)는 논리적으로 동치가 아니므로, 그리고 첫 번째 전체 안에서 해석된 첫 번째 부분(Tn)과 두 번째 전체 안에서 해석된 두 번째 부분(Tn+1)도 논리적 동치가 아니므로, 여기에는 아무런 형식논리적으로 나쁜 순환도 발생하지 않는다는 점이다.

형식논리적 나쁜 순환 circulus vitiosus	해석학적 순환 hermeneutischer Zirkel
G ⇄ T	… G_n G_{n+1} G_{n+2} G_{n+3} … … T_{n-1} T_n T_{n+1} T_{n+2} T_{n+3} …
G와 T 간의 지루한 원환 운동	나선형으로 상승하는 변증법적 형성 운동

* G: Ganzes(전체), T: Teil(부분)

형식논리적 나쁜 순환에서는 순환이 발생하는 두 개의 항(G와 T)은 순환 중에 아무런 변경, 발전, 형성을 겪지 않는 논리적 실재들인 데 반

86 E. Coreth, *Grundfragen der Hermeneutik: Ein philosophischer Beitrag*, Freiburg 1969, 103.

87 김창래, 〈고르기아스의 세 번째 난제에 대한 해석학적 대응〉, 87쪽 참조.

해, 해석학적 순환에서 나선형의 운동이 거쳐 가는 여러 계기들은 이 운동을 통해 지속적으로 새롭게 규정되며 형성되는 역사적, 현실적 실재들이다. 이 계기들은 순환의 진행과 더불어 질적, 내용적으로 계속 매개되며 더 풍부해진다. 이 풍부는 전체와 부분에 대한 우리의 인식의 풍부를 의미한다. 즉 순환은 정신과학에서 인식이 성장해 가는 과정이다. 지금까지의 논의를 통해 분명해진 것 중의 하나는 이 순환을 통해 전체가 재구성될 수 있다는 점이다. 이제 이 전체 안에서 부분을 이해하면 된다. 그러나 이미 암시되었듯이 이 이해는 일회적으로 수행되고 종료되는 과정은 아니다. 그때마다 새롭게 선취된 전체는 부분에 대한 이해를 새롭게 하고, 부분에 대한 새로운 이해는 전체를 다시 수정해야 할 필연성을 불러오기 때문이다. 이 무한하고 역동적인 과정이 정신과학의 방법으로서의 이해이지만, 우리는 일단 이 동적 과정을 정적으로 고정시켜 그 논리적 구조만을 살펴보기로 한다. 그것이 이 장의 과제이기 때문이다.

주어진 부분들의 귀납적 총괄을 통해 일단 부분으로서의 텍스트가 속했던 과거의 전체가 복원되었다. 이 단계에서 현재의 해석자에게 요구되는 과정이 자기 투입Sichhineinversetzen, 전위Übertragung, 전치Transposition 등이다. 딜타이가 이 세 과정을 구분된 용어로 표기하고는 있지만—내가 아는 한—이 셋 사이에 방법론적으로 유의미한 차이는 없다. 이 모든 과정은 현재의 해석자가 자신의 현재적 상황에서 벗어나 복원된 과거의 상황 안으로 스스로를 투입해서 과거의 위치에 설 수 있게 해 주는 절차이고, 그 방법론적 의의는 해석자의 역사적 상대성, 시대적 구속성을 통제하여 자의적 해석과 주관적 왜곡을 방지하는 데 있다. 이 과정들은 일단은 과거와 현재 간에 현존하는 '다름'을 극복하게 해 주는 방법적 기관들이다. 그러나 동시에 두 시대 간의 '같음'이 어느 정도 전제되지 않는다면 이 기관들은 전혀 작동할 수 없다. 완전한 같음(친숙함)뿐 아니라 완전한 다름(생소함)도 해석이 지양되는 극단이고—전자에서 해석은 불필요해지고 후자에서 해석은 불가능해진다—, 해석은 오로지 이 둘의 중간에서만 필요하고 또 가능하기 때문이다. 이해의 모델에 대한 논의는 이 두 측면에 유의하면서 진행되어야 한다. 이유는 단순하다. 딜타이가 이 두 측면을 자신의 두 얼굴로 가지기 때문이다.

> 고차적 이해가[88] 자신의 대상과 관련하여 가질 수 있는 지위는 '주어진 것에서 하나의 삶의 연관을 발견해야 한다'는 그의 과제를 통해 규정된다. 그러나 이는 단지 삶의 연관이—이 연관은 각자의 고유한 체험 안에 존립하고, 또 무수히 많은 사례들에서 경험되는 것인데—자신 안에 놓인 모든 가능성과 함께 항상 현재적으로 거기 있어야 한다는 조건 아래서만 가능하다. 이 같은 이해의 과제 중에 주어진 상태를 우리는—한 인간에로의 투입이건, 한 작품에로의 투입이건—자기 투입이라 부른다.[89]

---

88 딜타이는 이해의 기초적 형식과 고차적 형식을 구분한다. 전자는 주어진 삶의 표출로부터 이 표현이 지시하는 피표현체에로의 직접적인 이행이 가능한 이해를 말한다. 예를 들어 문고리를 잡는 행위에서 출입의 의사를 읽어 내는 경우이다. 여기서는 표현의 의미가 직접, 이해와 해석의 도움 없이도 간취되기 때문에 이 이해는 학문의 방법이라기보다는 삶의 직접적 실천에 속한다(cf. W. Dilthey, *Gesammelte Schriften*, Bd. VII, 207f.). 반면 이해의 고차적 형식은 부분으로서의 삶의 표출을 이 표출이 생성되어 나온 전체 안에서 이해하는 경우이다(cf. *ibid.*, 210f.). 지금 논의되고 있는 과거의 재구성, 전치, 추체험으로 이루어지는 일련의 과정은 이해의 고차적 형식만을 의미한다.

89 *Ibid.*, 213f.

이해되어야 할 삶의 표출을 산출해 낸 전체 지평이 거기에 있고, 원래의 저자에게 제공되었던 "모든 가능성과 함께" 거기에 있다. 이제 나는 나 자신을 이 전체 안으로 투입하면서 이 전체와 함께 주어진 가능성들을 나의 것으로 해야 한다. 여기서 혼동해서는 안 될 것은 이 같은 저자의 전체 안으로의 투입이 해석자의 자기 해체를 전제하지도 결과하지도 않는다는 점이다. 나는 나를 죽이고 내가 아닌 다른 사람이 되면서 비로소 타인을 이해하는 것이 아니다. 나는 너 안에서 해소되기는커녕 "너 안에서 나를 재발견하기에" 너를 "이해할"[90] 수 있다. 복원된 전체와 함께 내 앞에 주어진 가능성들은 단지 생소한 시대의, 생소한 삶의 가능성이 아니라, 나 또한 언젠가 겪었고 향유했던 삶의 가능성임에 틀림없다. 나는 내 자신의 고유한 체험들, 이 체험들을 하며 시달리고 기뻐했던 나의 삶의 역사와 함께 저자의 연관 안으로 들어간다. 그렇지 않으면 자기 투입에 이은 입장의 변경(전위, 전치)은 결코 가능하지 않다. 이해란 나의 체험의 근거 위에서 너의 체험을 이해함이기 때문이다. "전위의 궁극의 전제를 형성하는 것은 어떤 연관들", 텍스트와 그 생산자로서의 저자가 속했던 연관들인데, 이 연관은 현재의 해석자 "또한 스스로 체험한 것"[91]이기도 한다. 자기 투입과 전위의 전제는 나의 체험과 너의 체험의 공통성이다.

> 이렇게 될 때 [자기 투입이 이루어지고 난 후] 하나의 시 작품 안의 모든 시구들이, 이 시가 출발했던 체험 안에 놓인 [그리고 지금 상상적으로 복원된] 내적 연관을 통해 다시 생명을 부여받는다. 기초적인 이해의 실행을 통

90 *Ibid.*, 191.

91 *Ibid.*, 161.

해 파악된 외적인 말들은 [해석자의] 영혼 안에 놓인 많은 가능성들을 불러일으킨다. 영혼은 이제 언젠가 유사한 삶의 상황에서 스스로 향유했고, 겪었고, 요구했고, 행동했던 익숙한 선로線路를 지나가게 된다. 과거에로, 미래의 꿈에로 무수히 많은 길들이 열려 있다. 셀 수 없이 많은 사유의 기차들이 읽혀진 말에서 출발하여 [이 길을 간다]. 한 편의 시가 [특정] 외적 상황을 언급할 때, 이미 시인의 말이 이 외적 상황 안에 속하는 기분을 불러오기에 좋은 조건을 만든다. 바로 여기서 우리가 앞서 언급했던 [해석학적] 관련, 체험의 표현은 시인이나 예술가의 의식 안에 포함되어 있던 것보다 더 많은 것을 포함할 수 있고, 더 많은 것을 불러올 수 있다는 관련이 정당화된다.[92] 이렇게 이해의 과제가 갖는 지위로부터

92 이해의 논리적 구조를 분석하기 전에 딜타이는 이해가 이해되는 타인의 내면적 개별성과의 유보 없는 동일화에 불과한 것이 아님을 분명히 밝힌 바 있다. "여기서 하나의 매우 중요한 차이가 정당화된다. 그리고 이 차이 위에 정신과학에서 체험 표현이 스스로를 고양해 도달할 수 있는 최고의 의미가 근거한다. 일상적 삶으로부터 생겨난 것은 자신의 이해관계의 힘 아래 놓이게 된다. 끝없이 무상성 속으로 빠져드는 것 그리고 이에 대한 해석Deutung 역시 시간에 의해 규정된다. 가공할 점은 실천적 이해관계의 투쟁으로 인해 어떤 표현도 [우리를] 기만할 수 있고, 우리의 입장이 바뀜에 따라 해석 역시 변한다는 사실이다." 모든 텍스트 왜곡은 시대의 상대성과 이에 의존적인 이해관계에서 비롯한다. 그리고 대부분의 왜곡에서 이 이해관계는 은닉되고 저자의 이름의 권위가 전면에 내세워진다. 그렇기 때문에 삶의 표현은—그것이 정신적인 것을 지시하는 하나의 문자적 텍스트인 한—저자의 이름으로부터 분리될 필요가 있다. "위대한 **작품 안의 정신적인 것**이 그의 창조자, 즉 시인, 예술가, 저술가로부터 떨어져 나오면서, 우리는 이러한 기만이 종식되는 영역으로 들어가게 된다. 어떠한 위대한 작품도 지금 지배적인, 그리고 나중에 더 전개되어야 할 [이해]관계에 따라 저자가 모르고 있던 정신적 내용을 미혹하여 진실인 듯이 위장하려 할 수는 없다."(*ibid.*, Bd. VII, 206f., 강조는 필자) 이해되어야 할 것은 물론 '작품 안의 정신적인 것'이다. 그러나 이것은 저자의 심리적 내면과 동일한 것이 결코 아니다. 그러므로 텍스트를 왜곡하면서 '이것이 원래 저자의 생각mens auctoris이었

> [영혼이] 스스로 체험했던 정신적 연관의 현존이 주어지면, 이를 우리는 삶의 표출들의 주어진 총 개념에로의, 자기 자신의 [해석자의 자아의] 전위라 칭할 수 있다.[93]

이렇게 해서 객관적 이해를 위한 조건, 최소한 주관적 오해를 피하기 위한 조건은 충족된 셈이다. 이제 자신의 시대의 주관적 지평을 벗어난 해석자는 원래의 저자의 체험의 행로를 뒤따라가며 텍스트 형성 과정을 반복한다. 이것이 바로 딜타이에서 이해의 정의인 추체험

다'고 주장하는 것은 유지될 수 없는 억지다. 텍스트가 지시하는 정신적인 것은 저자의 "내부에서 일어나는 내적 과정을 의미하는 것이 아니라, 이 과정을 통해 창조되었으나 이로부터 떼어 낼 수 있는 어떤 [정신적] 연관"이고, 이에 대한 이해 역시 "심리학적 인식이 아니라 스스로 고유한 구조와 합법칙성을 가지고 있는 정신적 형성체에로의 회귀"(*ibid.*, 85)이다. 예를 들어 아우구스티누스의 《고백록》을 통해 우리에게 말하는 것은 한 초기 중세 교부의 개별성이 아니라 세계화된 보편 종교로서의 '기독교의 정신'이고, 칸트의 《'계몽이란 무엇인가?'라는 물음에 대한 답변》을 통해 우리에게 말하는 것도 칸트라는 개별자의 심적 내면이 아니라 이 개별자도 속했던 '계몽의 정신'이다. 이 정신이 바로 이해되어야 할 것이다. 그러므로 "위대한 작품은 저자에 대해서는 도대체 아무것도 말하려 하지 않는다. 작품은 참으로 자신 안에, 가시적으로, 지속적으로 고정되어 있기 때문에 이에 대한 기술적이고 확고한 이해가 가능해진다. 그러므로 앎과 행위의 경계에 하나의 순환이 발생하고, 이를 통해 관찰, 반성, 이론 등으로는 도저히 접근할 수 없는 심연에 있어서의 삶이 해명된다"(*ibid.*, 206f.). 그리고 이 심연의 삶, 정신의 연관은 "그 어떤 내성법이 알아낼 수 있는 것보다 더 많은 것을 포함한다"(*ibid.*, 206). 만약 이해가 단지 저자의 심리적 내면에로의 회귀만을 의미한다면, 그런 이해는 결코 성공할 수 없다. 개별자의 심리적 내면은 헤아릴 수 없는 비밀이기 때문이다. 칸트의 속내 그 구석구석을 이해하는 일은 결코 가능하지 않다. 그러나 계몽의 정신에 대한 이해는 방법적 기관Organon으로서의 해석학의 도움 아래 언제나 가능하다. 그 정신은 다른 두 시대를 어떤 공통성으로 연결해 주기 때문이다.

93 *Ibid.*, 214.

Nacherleben, 추형성Nachvollzug이다. 전자는 원래 저자의 체험의 길을 추적하며 반복하는 과정이고 후자는 원래 텍스트의 형성의 길을 추적하며 반복하는 과정이다. 물론 이 둘은 같은 과정이다.

> 이러한 자기 투입, 전치의 근거 위에서 이제 이해에서 정신적 삶의 총체성이 작용하는 최고의 형식, 추형성 또는 추체험이 생겨난다. 이해란 그 자체 작용 과정의 역조작이다.[94]

저자는 자신의 내적, 정신적 체험 내용을 외면화, 감성화하여 표현 안에 객관화시켰다. 해석자는 이제 주어진 외적 표현에서 출발해서 이 표현이 지시하는 내적, 정신적 체험 내용으로 되돌아간다. 그래서 이해는 표현의 역전이고 해석학은 수사학에 역행의 방식으로 대응한다. 그러나 이 '정신적인 것이 외면화되는 길'과 '외적 표현에서 정신적인 것으로 되돌아가는 길'은 방향만이 반대일 뿐 정확히 같은 길이다.

> 이해가 생기함의 [체험, 표현의 진행] 계열을 따라 진행된다는 사실 때문에 [저자와 해석자의] 완전한 '함께 삶Mitleben'이 가능해진다. 이해는 '삶의 흐름' 자체를 따라가며 [저자의 근원적 삶과 체험의 과정을 따라서, 그 각각의 단계를 되짚어 올라가며] 계속 진행된다. 이런 식으로 자기 투입과 전치의 과정이 확대되어 간다. 추체험은 생기의 계열에서의 창조다. 우리는 이런 식으로 어떤 먼 나라에서 일어났던 사건과 함께 또는 우리 주변의 어떤 인간의 영혼 안에서 일어나는 일들과 함께 시간의 진행을 따라 전진한다. 이 사건이 시인과 예술가 또는 역사 서술가의 의식을 관통해

94 *Ibid.*

지나가, 하나의 작품으로 고정되어 우리 앞에 항구적으로 현존할 때 이해는 완성에 이르게 된다. 서정시는 계속 이어지는 시구들을 통해 [시인의] 체험 연관에 대한 추체험을 가능하게 한다. (…) 한 편의 연극에서 이어지는 장면들도 극의 단편적 부분들을 등장인물들의 삶의 흐름으로부터 추체험할 수 있게 해 준다. 소설가의 이야기나, 역사적 흐름을 뒤따라가는 역사 서술가의 설명도 우리가 추체험을 할 수 있게끔 해 준다. 만일 어떤 삶의 흐름의 단편들이 보충되어, 우리가 이 흐름의 연속성을 볼 수 있게 되었다고 믿을 수 있다면, 그것은 추체험이 최고의 개가를 올린 것이라 말할 수 있다.[95]

그 어떤 역사적 전승에 대한 이해에도 빈틈은 있을 수밖에 없다. 전승에 대한 정밀한 독서는 점점 더 작은 그리고 적은 빈틈만을 가진 전체를 제공해 줄 것이다. 그리고 그 전체의 인도 아래 다시 부분들을 비교하는 독서가 이루어지고 이는 한결 더 연속적이고 균열 없는 전체를 제공해 준다. 이렇게 해서 현재의 해석자가 이해되어야 할 과거와 관련하여 끊어짐이 없는 연속적 역사, 빈틈이 거의 없는 연관 전체를 가질 수 있다면 이것이 바로 이해의 완성, 해석자와 저자의 '완전한 함께 삶'의 의미일 것이다. 정리해 보자. 부분들의 비교를 통한 전체의 선취, 선취된 전체 안으로의 자기 투입, 그 안에서의 전위와 추체험, 이를 통한 더 나은 전체의 예감, 그 전체 안에서 다시 전위와 추체험의 방식으로 이어지는 비교, 한결 더 나은 전체의 획득… 이 과정은 무한히 진행되어야 한다. 적어도 해석자가 저자와 완전히 함께 살 수 있게 되었다고 믿을

95 *Ibid.*, 214f.

수 있을 때까지. 이것이 딜타이가 제시했던, 정신과학의 방법으로서의 이해의 논리적 구조다.

8.2.3 이해의 힘과 무력

이제 이해의 성과에 대한 물음이 제기되어야 한다. 무엇이 얻어졌는가? 이해는 우리에게 무엇을 줄 수 있는가? 이 물음에 답하기에 앞서 분명히 기억해야 할 것이 두 가지가 있다. 그 하나는 딜타이가 역사적 상대성이라는 '삶의 경향'과 인식의 객관성이라는 '정신과학의 목표 사이의 갈등'이 정신과학의 건립을 통해 해결되리라는 기대를 가졌다는 사실이고, 다른 하나는 이 갈등의 두 항(역사적 상대성과 인식의 객관성)이 각기 그의 학문적 전제와 목표를 이루고, 이 둘이 바로 한 딜타이 안에서 갈등을 빚던 그의 두 얼굴이라는 사실이다. 이 두 사실이 이해의 성과에 대한 물음을 다음과 같이 정식화하게 한다. 이해는 정신과학의 전제와 목표 사이의 갈등, 이른바 두 얼굴의 딜타이 자신의 내적 갈등을 해결하였는가? 이 물음에 우리는 세 개의 답, 두 개의 틀린 답과 하나의 옳은 답을 갖는다. '그렇다'와 '그렇지 않다'가 두 틀린 답이고, '그렇기도 하지만 그렇지 않기도 하다'가 옳은 답이다. 이 양면적兩面的인 정답은 두 얼굴의 딜타이가 주는 답이고 일면적一面的인 두 오답은 그의 두 얼굴 중 하나에만 집착하는 두 가짜 딜타이가 각기 주는 답이다. 정신과학적 인식의 객관성이라는 목표에만 집착하여 역사적 상대성이라는 자신의 학문적 전제를 잊은 가짜 딜타이는 위의 물음에 단적인 긍정으로 답하고 그런 한에서 이해의 힘만을 본다. 역사적 상대성이라는 학문적 전제에 빠져들어 인식의 객관성이라는 목표를 망각한 다른 가짜 딜타이는 이 물음에 단적인 부정으로 답하고 그런 한에서 이해의 무력만을 본다. '인간의 근원적 역사성이라는 피할 수 없는 현실'과 '정신과학적 인식의 객관성이라는, 포기할 수 없는 이상'을 자신의 두 얼굴로 갖는 딜타이는 이 물음에 이의적으로 답할 수밖에 없고 그런 한에서 이해의 힘과 무력을 동시에 본다. 그래서 두 얼굴의 딜타이는 말한다. '갈등의 해결은 그때마다 이루어지지만 그 어떤 해결도 충분하지 않다. 어떤 해결도 완전한 것은 아니지만 그렇다고 아무것도 아닌 것은 결코 아니다.' 이것이 정신과학의 건립이 위의 갈등을 해결해 주리라 기대했고 그 기대에 고무되어 정신과학의 방법으로서의 이해의 모델을 발전시켰던 딜타이가 보았던 이해의 두 얼굴, 그 힘과 무력이다. 모든 이해는 과거에로의 가교를 놓는다. 그러나 그 어떤 가교도 이해되는 과거와 이해하는 현재를 하나의 세계로 만들지는 못한다. 둘은 영원히 다른 두 세계로 남지만 둘 간의 연결 통로만큼은 늘 열려 있다. 과거는 어떤 해석도 불가능해질 정도로 완전히 생소한 것도 아니고, 모든 해석이 불필요해질 정도로 완전히 친숙한 것도 아니기 때문이다. 그러므로 이해되는 과거와 이해하는 현재의 관계는 늘 같음과 다름의 섞임이고 공존이다. 현재는 과거와 같아지지만 다름이 지양되지는 않고, 남은 다름에도 불구하고 어느 정도의 같음은 언제나 성취된다.

이것은 무엇을 말하는가? 아주 단순한 것만을 말한다. 그것은 해석학자 딜타이는 철학자이고 그의 해석학적 노고는 철학함이라는 사실이다. 두 얼굴의 딜타이와 꼭 마찬가지로 철학자 역시 두 개의 극단, 철학의 불가능성(무지한 대중)과 불필요성(지혜로운 신들)의 중간에 자신의 처소를 갖는다. 이 중간이 곧 대중을 떠나 신적 지혜를 향하는 철학자의 길이다. 추구되는 지혜가 좋은 것이라는 사실조차 몰랐다면 철학의 길은 **시작**도 할 수 없었을 것이다. 추구되던 지혜가 획득된다면 철학의 길은 **끝**나 버릴 것이다. 그러나 길의 시작과 끝은 길에 속하지 않는다. 이들은 길이 사라지는 경계이고 거기서는 어떤 걸음도 가능하지 않기 때문이다. 이 둘은 각기 철학할 수 없는 대중과 철학할 필요가 없는 신들의 처소다. 대중도 아니고 신도 아닌 철학자는 길의 시작이나 끝이 아니라, 오로지 길 위에 있어야 한다. 그는 정의상 (지혜에로의) 길을 걷는 자(애지자)이기 때문이다. 이 '도상에 있음'을 거부하면 그것은 곧 철학(애지)의 죽음이다. 철학이 도상에 있음을 거부하는 방식에는 두 가지가 있다. 그 하나는 원하는 것을 이미 얻었다고 여기고 철학적 추구의 길을 끝내는 것이고, 다른 하나는 원하는 것을 얻는 일이 전적으로 불가능하다고 여겨 이 추구의 길을 걷기를 시작도 하지 않는 것이다. 전자는 철학의 완성을 확신하는 "만용"을 부리는 독단론Dogmatik이고, 후자는 철학의 실패를 주장하고 "절망"에 빠지는 회의주의Skeptik다. 이 둘은 모두 "건전한 철학의 죽음"[96]을 의미한다. 길의 끝에 도달하여 걷기가 불필요한 자에게뿐 아니라, 길의 시작을 부정하여 걷기가 불가능한 자에게도 '걷기로서의 철학'은 지양되어 버리기 때문이다.[97]

철학의 죽음을 의미하는 이 두 극단적인 가능성에 역시 자신의 죽음을 의미하는 두 극단적인 해석학이 대응한다. 그 하나는 이해의 성과에 대한 물음에 단적인 긍정으로 답하는, 정신과학적 인식의 객관성이라는 목표에 도취되어 인간의 역사성이라는 전제를 망각하는 가

96 I. Kant, *Kritik der reinen Vernunft*, B434.

97 칸트가 독단론과 회의주의를 모두 거부하고 자신만의 비판 철학의 길을 걷듯이(cf. *ibid.*, B789), 딜타이 역시 자신의 해석학적 길을 이 두 극단의 중간으로 간주한다. 나는 이 관점에서 딜타이의 철학을 해석한 적이 있다(김창래, 〈고르기아스의 세 번째 난제에 대한 해석학적 대응〉, 90-95쪽 참조).

짜 딜타이가 주장하는 해석학이다. 이에 따르면 이해는 완전히 성공하여 자신의 **끝**에 도달하며, 거기서 이해하는 나와 이해되는 너는 완전히 같다. 이것은 말하자면 '단적인 같음의 해석학eine Hermeneutik der schlechthinnigen Gleichheit'이다. 그러나 이 표현은 이미 형용의 모순이다. 완전한 같음은 해석학의 필요성을 지양하기 때문이다. 이 같음의 주장은 본디 '해석을 해야 하는 자'가 아니라 '만용에 고무되어 해석을 끝냈다 믿는 독단론자'만이 할 수 있다. 다른 하나는 이해의 성과에 대한 물음에 단적인 부정으로 답하는, 인간의 역사성이라는 전제에 집착하여 인식의 객관성이라는 목표를 포기한 가짜 딜타이가 주장하는 해석학이다. 이에 따르면 이해는 완전히 실패하여 **시작**조차 할 수 없고, 이해하는 나와 이해되는 너는 완전히 다르다. 이것은 말하자면 '단적인 다름의 해석학eine Hermeneutik der schlechthinnigen Andersheit'이다. 그러나 이 표현 역시 형용의 모순이다. 완전한 다름은 해석학의 가능성을 지양하기 때문이다. 이 다름에 대한 우려는 본디 '해석을 할 수 있는 자'가 아니라 '절망에 빠져 해석의 시작조차 거부하는 회의주의자'를 위한 것이다. 독단의 만용과 회의적 절망이 건전한 철학의 죽음을 불러오듯, '이해의 성공, 나와 너의 완전한 같음을 주장하는 만용'과 '이해의 실패, 나와 너의 완전한 다름에 주저앉는 절망'도 해석학의 죽음을 뜻할 뿐이다. 분명히 말할 수 있는 것은 딜타이는 '절망해, 길의 시작에 멈추어 서 버린 회의주의자'도 아니고 '길의 끝에 도달해 환호하는 독단론자'도 아니고, 다만 '지혜를 향하는 길을 걷는 자', '해석을 해야 하고 또 할 수 있는 자'였다는 점이다. 철학자로서 그리고 해석학자로서 그는 이미 걷기를 시작했지만 그 끝에 이를 수는 없다. 그리고 끝에 이를 수는 없지만 걷기를 중단할 수도 없다. 종결되지 않을 이 행보를 죽음에 이르기까지 지속해야 한다는 것이 우리 철학하는 자들의 운명이다.[98] 이 운명이 딜타이에게 두 얼굴을, 그리고 두 얼굴 간의 끝없는 갈등을 선사한다. 철학을 한다는 것, 해석학을 한다는 것은 이 갈등을 수용하고 견뎌 냄을 의미한다. 이것이 그의 철학이었고 그가 제시한 정신과학의 방법, 이해의 힘과 무력이었다.

8.3 정신과학의 근거, 한계, 본질

딜타이는 누구인가? 나는 그를 두 얼굴의 철학자라 칭했다. 한편 이성과 개념으로 포착할 수 없는 생생한 현실성으로서의 삶, 유한한 인간의 역사적 삶에 대한 직관이 그의 한 얼굴을 이루고, 다른 한편 그 유동적인 삶을 개념과 방법으로 포착하여 그에 대한 보편타당한 인식을 얻으

98 이 사실을 몸소 보여 주기라도 하듯 딜타이는 자신의 70회 생일 기념 강연에서 이렇게 말했다. "'역사 이성 비판'으로 나는 역사적 의식의 본성과 [가능성의] 조건들을 [선험철학적으로] 탐구하고자 시도했다. 그리고 나는 이 과제를 통해 결국 가장 보편적인 과제에로 이끌리게 되었다. 역사적 의식이 자신의 최종적인 귀결에 이르기까지 따라가 본다면 외관상 화해될 수 없는 대립이 생겨난다. 종교건, 이상이건 또는 하나의 철학 체계건 간에 모든 역사적 현상의 유한성, 그리고 이에 따라 사물들의 연관에 대한 모든 종류의 인간적 파악의 **상대성**. 이것이 역사적 세계관의 '마지막 말'이다. 모든 것은 과정 속에서 흘러가고 존속하는 것은 아무것도 없다. 그리고 이에 반대해서 **보편타당한 인식**을 향하는 사유의 욕구와 철학의 추구가 제기된다. (…) 침입해 올 듯 위협하는, 확신들의 무정부 상태를 극복하게 해 주는 수단은 어디에 있는가? 이 문제, 이에 연결된 무수한 문제의 해결을 위해 나는 평생을 두고 작업해 왔다. 목표는 보인다. 내가 **도상**에 머물게 될 뿐이라면 나의 젊은 동반자들이, 나의 학생들이 그 **끝**에 이르기를 바란다."(W. Dilthey, *Gesammelte Schriften*, Bd. V, 9, 강조는 필자)

려는 이성의 요구가 그의 다른 얼굴을 이룬다. 이 두 얼굴의 무한한 교체 또는 두 얼굴 사이를 부단히 오가는 진자 운동 자체가 바로 딜타이다. 이는 그의 두 얼굴 중 어느 하나를 위해 다른 하나를 삭제함은 전혀 딜타이적인 일이 아니라는 사실을 의미한다. 그럼에도 그 같은 삭제가 딜타이 수용사를 통해 반복되어 왔고 그 결과가 바로 앞서 논한 두 가짜 딜타이다. 어떤 사람들은[99] 딜타이가 회의주의적 가짜 딜타이, 이해의 완전한 실패를 주장하는 다름의 해석학자라고 생각했고, 또 어떤 사람들은[100] 딜타이가 독단론적 가짜 딜타이, 이해의 완전한 성공을 주장하

99 예를 들면 리케르트와 후설이다. 리케르트에 의하면 딜타이의 철학은 "오로지 삶 자체와 더불어 성립하고 (…) 삶 이외에 아무것도 필요로 하지 않는"(H. Rickert, *Die Philosophie des Lebens*, Tübingen 1922, 5f.) 삶의 일원론이다. 이것은 말하자면 "삶의 **철학***Philosophie* des Lebens"이 아니라 "**삶**의 철학Philosophie des *Lebens*"(*ibid.*, 64)일 뿐이어서, 이 철학도 아닌 철학은 "그 어떤 개념의 도움도 없이"(*ibid.*, 6) 진행되는, "이해하는 직관, 삶의 총체성 내지 삶의 연관의 직관"(*ibid.*, 28) 이상 다른 것이 아니다. 리케르트는 분명하고도 단호하게 "이성 혐오증Misologie에 빠진 [이] 유행의 철학이 학문으로서의 철학의 죽음을 불러오리라"(*ibid.*, IX) 예견한다. 후설 역시 딜타이는 "천재적인 직관의 소유자" 이기는 했지만 유감스럽게도 "학문적인 이론화의 소유자는 아니었고" 따라서 정신과학에 "학문적인 정초를 제공하지는 못했다"(E. Husserl, *Ideen zu einer reinen Phänomenologie und phänomenologische Philosophie II*, *Husserliana*, Bd. IV, hrsg. von M. Biemel, Den Haag 1952, 172f.)라고 비판한다. 결국 이론적 개념화를 거부하고 오직 직관에 의존하는 딜타이의 철학은 "엄밀한 학문에 대한 의지를 포기한"(E. Husserl, *Philosophie als strenge Wissenschaft*, hrsg. von W. Szilasi, Frankfurt a. M. 1965, 67), "상대주의"(*ibid.*, 49), "회의적 주관주의"(*ibid.*, 51), "회의적 부정주의"(*ibid.*, 70), "역사적 회의주의의 자식"(*ibid.*, 55)일 뿐이다. 두 사람에 의하면 딜타이는 삶 자체의 현실성을 위해 개념적 인식을 포기한, 따라서 학문의 가능성 자체를 포기하고 학문의 길을 걷기를 **시작**도 하지 못한 회의주의자다.

100 예를 들면 가다머와 하버마스다. 가다머에 의하면 "아프리오리한 종합판단"의 가능성을 묻던 《순수 이성 비판》이 자연 인식의 가능 근거를 확보해 준 것과

는 같음의 해석학자라고 생각했다. 전자의 해석이 옳다면 딜타이의 이해는 어떤 가능성의 근거도 가질 수 없어서 인간의 역사적 상대성을 결코 극복할 수 없고, 후자의 해석이 옳다면 이해는 어떤 한계도 모르는 무한無限한 신적 방법이어서 정신과학적 인식의 보편타당성은 유보 없이 보장될 것이다. 이제 이 두 그릇된 해석, 두 가짜 딜타이가 논박되어야 한다. 물론 논박은 내가 하지 않고 진짜 딜타이가 한다. 나는 그저 회

꼭 마찬가지로, 딜타이의 '역사 이성 비판'도 "역사의 보편타당한 종합판단"(W. Dilthey, *Gesammelte Schriften*, Bd. VII, 278)의 가능성에 대한 물음과의 대결을 통해 역사 인식의 가능 근거를 마련해 주고자 했다. 당연한 일이지만 이 근거 마련은 인간의 역사적 상대성의 제거를 전제하지 않을 수 없었다(cf. H.-G. Gadamer, *Gesammelte Werke*, Bd. I, 240). "딜타이는 유한하고 역사적인 인간의 관점 구속성에서 정신과학적 인식의 가능성에 대한 어떤 근본적인 장애도 발견하지 않았다. 역사의식은 자신의 고유한 상대성을 넘어서는 고양을 이루어 내고, 이를 통해 정신과학적 인식의 객관성이 가능해진다."(*ibid.*, 238) 인간의 역사적 상대성과 정신과학적 인식의 객관성이라는 두 항 사이에서 갈등하던 딜타이는 후자를 위해 전자를 포기한 것이다. 왜냐하면 이 모든 과정에서 《순수 이성 비판》은 역사 이성 비판의, 그리고 이미 "현실적인"(I. Kant, *Kritik der reinen Vernunft*, B20) 학문으로서의 자연과학은 정신과학의 "모범"(H.-G. Gadamer, *Gesammelte Werke*, Bd. I, 12, 13; II, 29)으로 작용했기 때문이다. 가다머에 의하면 결국 딜타이는 칸트의 이성 비판이 "자연 인식을 위해 성취한 것과 같은 것"(*ibid.*, Bd. I, 224)을 역사 인식의 영역에서 이루기를 원했고 또 실제로 이루었다. 즉 딜타이는 칸트가 자연의 영역에서만 수행한 이성 비판을 자유의 영역에서도 수행하여 《순수 이성 비판》을 역사 이성 비판으로 "보완하여"(*ibid.*, Bd. I, 223; III, 214; IV, 426), '인식의 지구의globus intellectualis'의 온 영역에서 이성 비판을 완수하였으니, 그야말로 "계몽주의의 자식"(*ibid.*, Bd. I, 243)이고 또 "계몽의 완성자"(*ibid.*, Bd. I, 244, 280; II, 32, 124)라는 것이다. 같은 맥락에서 하버마스도 정신과학적 인식의 객관성을 위해 삶의 역사성을 포기한 딜타이는 "은밀한 실증주의자"(J. Habermas, *Erkenntnis und Interesse*, 224)였다고 비판한다. 두 사람에 의하면 딜타이는 자신의 이성 비판을 통해 역사적 삶의 상대성을 극복하고 정신과학적 인식의 객관성을 확보했다고 믿은, 그래서 철학적 추구를 끝낸 만용의 독단론자다.

의주의적 딜타이의 논박을 위해 이해의 가능 근거로서의 객관 정신에 대한 딜타이의 숙고에(8.3.1), 그리고 독단적인 딜타이의 논박을 위해 이해의 한계에 대한 그의 성찰에(8.3.2) 잠시 머물 뿐이다. 두 가짜와의 부정적 구획을 통해 우리는 딜타이가 진짜 누구인지를 더 잘 이해할 수 있게 될 것이다.

8.3.1 이해의 근거—딜타이는 회의주의자인가?

이 물음은 이해의 가능성의 근거에 대한 물음이다. 회의주의자는 결코 이해의 근거를 제시할 수 없고 제시할 수 있는 자는 회의주의에 빠질 필요가 없다. 이해의 근거에 대한 물음은 해석자의 역사적, 주관적 상대성의 극복 가능성에 대한 물음이다. 이 상대성의 극복이 바로 정신과학적 인식의 객관성에 도달하는 첩경이기 때문이다. 이제 역사성의 극복 가능성에 대한 물음이 딜타이가 제시한 이해의 모든 단계를 되짚어가며 제기된다. 가장 먼저 문제시되는 것은 물론 이해의 마지막 단계, 추체험이다. 인간이 역사적으로 규정된 존재자이고 따라서 자신의 고유한 체험의 한계를 벗어날 수 없다면, 어떻게 타인의 생소한 체험에 대한 추체험이 가능한가? 혹자는 추체험의 가능 근거로 전위와 전치를 들지도 모른다. 즉 나의 입장에 머물러서는 안 되고 저자의 입장에로 전위, 전치를 해야 객관적인 추체험이 가능해진다는 것이다. 그러나 이것은 의문을 종식시키는 답이 아니다. 이내 추체험의 근거로 제시된 전위와 전치의 가능 근거에 대한 물음이 다음과 같이 제기될 것이기 때문이다. 인간이 자신의 입장과 관점에 구속된 존재자라면, 어떻게 자신의 입장과 관점을 버리고 저자의 입장에 서서 저자의 관점으로 보는 일이 가능할 수 있는가? 이 거듭된 물음에 다시 과거의 재구성과 자기 투입이 전위의 근거라는 답이 주어질지도 모르지만, 이 역시 역사적 상대성에도 불구하고 어떻게 재구성과 자기 투입이 가능한가라는 회의주의적 물음을 불러오지 않을 수 없다. 실제로 그렇다. 추체험의 가능성을 전위에로, 전위의 가능성을 자기 투입에로, 자기 투입의 가능성을 다시 전체의 재구성에로 소급해 간다 한들, 회의주의 논란은 그치지 않는다. 왜냐하면 철저하게 이해된 그리고 엄격하게 준수된 인간의 역사적 상대성의 테제는 타인의 체험의 추체험뿐 아니라 타인의 입장에로의 전위와 전치, 과거의 재구성 및 그 전체 안으로의 투입 등 이해의 모든 단계가 시대의 구속 아래 놓여 있다는 사실을 의미하기 때문이다. 이해의 모델은 인간의 역사적 상대성을 극복하는 방법으로 제시되었지만, 역사적 상대성은 바로 그 이해가 불가능하다는 사실을 말하고 있다. 그렇다면 '보편타당하고 객관적이어야 하는 이해'와 '이해하는 인간의 주관성, 상대성'의 관계는 무엇인가? 상대성의 극복은 이해의 결과, 성과가 아니라 오히려 성공적인 이해를 위한 전제가 아닌가? 그렇다. 이해가 인간의 역사적 상대성을 극복하게 해 주는 무소부지의 도구인 것이 아니라, 이 상대성이 극복되어야만 이해라는 도구가 비로소 작동할 수 있다. 이해라는 방법적 기관을 사용하기에 앞서 이해의 가능 근거에 대한 물음을 던지고 답해야 하는 이유다.

이해, 즉 과거의 재구성과 자기 투입, 전위와 전치 그리고 추체험으로 이어지는 일련의 지적 과정의 가능 근거는 무엇인가? 회의주의적 가짜 딜타이는 결코 답할 수 없는 이 물음에 진짜 딜타이는 이렇게 답한다. 사적, 주관적 체험의 세계에 머물러 있는 개별자들은 외관상 창 없는 단자들로 이들 간에는 어떤 소통도 가능하지 않을 것처럼 보인다. 그러나 이 "개별자들 간에 존립하는 공통성Gemeinsamkeit"이 분명히 있고, 이 "공통성의 근본 경험"이 바로 "이해의 전제를 형성한다".[101] 이 공통성을 딜타이는 객관 정신objektiver Geist이라 부르는데, 이것이 바로 이해의 가능 근거다. 결론을 간략히 선취하자면 이른바 객관 정신이라는 것이 있어서, "모든 개별자는 항상" 이 정신의 "공통성의 범위 내에서만 체험하고, 사고하고, 행동하고", "오로지 그 안에서만 이해할 수 있다".[102] 이 공통 정신의 매개를 통해 개별자들의 "체험의 주관성"은 "삶의 객관화",[103] 객관 정신의 공통성의 국면으로 고양된다.

> [개별자들 간의] 상호적인 이해가 우리에게 개별들 간에 존립하는 공통성이 있음을 확신시켜 준다.[104] 즉 개별자들은 공통성에 의해 서로 연결

---

101 W. Dilthey, *Gesammelte Schriften*, Bd. VII, 141.

102 *Ibid.*, 147.

103 *Ibid.*, 146.

104 이 문장은 그 행간을 꼼꼼히 살피며 읽을 필요가 있다. 여기서 딜타이는 '공통성이 존립하기 때문에 이해가 성공한다'고 말하지 않고 정반대로 말한다. 즉 '실제로 이해가 성공한다는 사실에서 공통성이 존립함을 알 수 있다'는 것이다. 이것은 정신과학의 건립을 위한 딜타이의 인식론적 기획이 정신과학의 '현실성'에서 출발하고 있음을 보여 준다. 즉 이해는 이미 성공하고 있다. '역사 이성 비판'은 그 가능성의 논리만을 보여 주면 된다. 그러므로—뒤에 논의하겠지만—이해가 이루어지지 않고 있는데 딜타이가 이해를 가능하게 만들어 주었다고, 즉 정신과학은 아직 현실 안에 존재하지 않는데 '역사 이성 비판'이 비로소 이 학문을 현실화했다고 주장함은 (예를 들어 가다머!) 결코 타당한 딜타이 비판이 아니다. 칸트도 지적했듯이 이성 비판을 통한 학문의 근거 마련이라는 작업은 논리적으로는 실재하는 학문들을 앞서 가야 하지만, 실질적으로는 더 늦게 나타나곤 하기(cf. I. Kant, *Kritik der reinen Vernunft*, B9) 때문이다. 이것이 이성 비판과 "현실적인"(*ibid.*, B4) 학문들 간의, 철학과 과학 간의 관계다.

되어 있고, 바로 이 공통성 안에서 상호 귀속성, 연관, 동종성 또는 근친성이 상호적으로 결합된다. 연관과 동종성 간의 이 같은 관계는 인간 세계의 모든 영역을 관통한다. 이러한 공통성은 **이성**의 동일성에서, **감성**적 삶의 동감에서, 그리고 **당위**의 의식에 의해 수반되는 의무와 권리의 상호적 결속에서 드러나 보인다.[105]

주의를 끄는 것은 객관 정신의 매개가 더 이상 공통의 원천으로 소급될 수 없다[106]는, 인간의 가장 근원적인 심적 능력 세 가지, '인식 능력', '쾌, 불쾌의 감정', '욕구 능력' 등 정신의 삶의 온 영역에 걸친 것이라는 점이다. 개별자에 대한 객관 정신의 매개는 말하자면 '사유하고 느끼고 의욕하는 전인全人'에 대한 것이다. 이 보편적인 매개가 개별자들을 상호적으로 연결해서 학문, 예술, 도덕 등의 영역에서 상호 주관적 이해를 가능하게 해 준다. 분명한 것은 이렇게 객관 정신의 매개가 사적이고 주관적인 개별자들을 공적이고 객관적인 공통성의 국면에서 결합해 주는 한에서, 적어도 사적, 주관적 개별성의 한계는 극복될 수 있고 이해는 상호 주관적 공동성의 차원에서 움직일 수 있게 되었다는 점이다.

그러나 이 극복만으로 이해의 가능 근거에 대한 물음이 완전히 답해졌냐 하면, 아직 그건 아니다. 왜냐하면 이 극복이 단지 '동시대 내에서의 개별들 간의 다름의 극복'인지 아니면 '역사적이고 시간적인 극복', 다시 말해 '다른 두 시대 간의 다름의 극복'까지 포함하는지는 아직 밝혀진 바 없기 때문이다. 실은 두 번째 극복이 문제의 핵심이다. 정신과

105 W. Dilthey, *Gesammelte Schriften*, Bd. VII, 141(강조는 필자).

106 Cf. I. Kant, *Kritik der Urteilskraft*, XXIIf.

학의 방법으로서의 역사적 이해의 근본 문제는 바로 '현재의 해석자의 시대적 관점 구속성'이고, 성공적인 이해를 위해 궁극적으로 극복되어야 하는 것도 '해석자의 현재와 텍스트가 속한 과거 간의 다름'이기 때문이다. 객관 정신의 매개에 이 다름의 극복도 포함되는지가 밝혀져야 한다. 이 물음에 답하기 위해 이 문제와 관련하여 자주 인용되는 다른 구절을 하나 더 읽어 보자.

> 객관 정신의 영역은 [개별적] 삶의 스타일과 교류의 방식에서부터 사회가 스스로 형성한 목적들의 연관에까지, 그리고 인륜, 법률, 국가, 종교, 예술, 과학, 철학에까지 이른다. 왜냐하면 천재의 작품이라 할지라도 시대와 환경 속에서 가능한 이념, 정서적 삶, 그리고 이상의 공통성을 표현하고 있기 때문이다. 우리는 이미 우리의 유아기부터 객관 정신의 세계로부터 우리 자아의 자양분을 섭취해 왔다. 또한 이 세계는 그 안에서 타자와 타자의 삶의 표출에 대한 이해가 수행되는 매개체이기도 하다. 그 까닭은 정신이 객관화하여 나타난 모든 것은 나와 너에게 공통적인 것을 자신 안에 포함하고 있기 때문이다. 나무가 심어진 어떤 광장, 의자가 배열된 그 어떤 방도 우리는 어릴 적부터 이해할 수 있었다. 왜냐하면 공동적인 것으로서의 인간의 목적 설정, 질서 잡음, 가치 규정이 광장에게, 그리고 방 안의 대상에게 [있어야 할] 자리를 지정해 주기 때문이다. 어린이는 가족과 공유하고 있는 가정의 질서와 인륜 안에서 성장하고, 아이에 대한 어머니의 훈육 또한 이 질서와의 관련 속에서 아이에게 수용된다. 어린이는 이미 말을 배우기 이전부터 공통성의 매개체에 흠뻑 적셔져 있다. 어린이가 표정과 얼굴빛, 몸짓과 외침, 말과 문장을 이해하는 것도 이것들이 어린이에게 항상 공통성으로, 그리고 이것

들이 의미하고 표현하는 것에 대한 공통성의 관계로 다가오기 때문이다. 개인은 객관 정신의 세계에서 정위된다. 이로부터 이해의 과정에 대해 매우 중요한 결론 하나가 도출된다. 개별이 파악하는 삶의 표출은 이 개별에게 통상 개별적인 것으로서의 삶의 표출인 것처럼 보이지만, 그렇지만은 않다. 오히려 이것은 말하자면 동시에 공통성에 관한 앎, 그리고 이 표출 안에 주어진 내적인 것에로의 관계로 채워져 있다.[107]

모든 개별자는 객관 정신이라는 보편적 매개체 안에서 태어났고 자라났다. 그의 정신의 성장을 위한 자양분도 시대의 공통 정신이 준 것이다. 그가 사유하는 방식, 좋음과 나쁨을 구별하고 좋음을 의욕하는 방식, 아름다움과 추함을 판정하는 방식까지도 이 정신의 매개 아래 놓여 있다. 말하자면 개별자의 정신적 삶 전체가 객관 정신의 공통성에 "흠뻑 적셔져" 있는 셈이다. 그러므로 개별자는 단지 개별자에 불과한 것이 아니라, 공통성의 반영이고 시대의 자식이다. 나아가 이 공통성을 자신의 작품 안에 담아내는 탁월한 개별자, 천재는 이 "공통성의 담지자"이고 이를 "재현하는 대표자Repräsentant"[108]이다. 그러므로—천재건 둔재건, 범상한 개별자건—이해해야 할 '너'의 삶의 표출은 '너로서의 너', '나와는 다른 개별자로서의 너'의 표현이 아니라, '나와 너에게 공통적인 것', 정확히는 '우리들을 양육하고 매개한 정신의 공통성'의 표현이다. 따라서 나는 너를 그리고 너는 나를 이해할 수 있다. 나와 너를 하나의 같은 정신이 매개하고, 나와 너는 이 같음의 토대 위에 서 있기 때문이다. 하나의 동일한 시대정신이 이 시대의 구성원들 간의 다름을

107 W. Dilthey, *Gesammelte Schriften*, Bd. VII, 208f.

108 *Ibid.*, 151.

지양하고 상호 이해를 가능하게 해 준다.

여기서 앞서 암시적으로 예고되었던 물음이 본격적으로 제기된다. 하나의 시대가 이런 식으로 하나의 같음을 형성하고 다른 시대가 같은 방식으로 또 하나의 같음을 형성하되 이 두 같음이 서로 다르다면, 각기 다른 같음에 정위하고 있는 두 시대 간의 이해가 과연 가능할 것인가? 근대인들은 인간이 세계의 중심이라는 데 생각을 같이하고, 고대인들은 인간은 자신의 시간과 운명의 주인이 아니라는 데 생각을 같이한다. 현대인들은 인간의 자유와 실존이 먼저라는 데 생각을 같이하고, 중세인들은 인간은 신의 피조물이라는 데 생각을 같이한다. 과연《성찰》의 저자가《오이디푸스 왕》의 저자를 이해할 수 있으며,《실존주의는 휴머니즘이다》의 저자가《고백록》의 저자를 이해할 수 있을 것인가? 한 시대 내부의 공통 정신의 매개가 강하면 강할수록 따라서 이 시대 내부의 같음의 공감대가 강력하면 강력할수록, 이 시대와 다른 시대의 간격은 더 커지는 것이 아닌가? 그렇다. 근대인들이 주관성의 신화에 대해 생각을 같이하는 그 강도만큼 고대인들의 모이라moira에 의거한 삶의 태도를 이해할 가능성은 줄어들고, 현대인들이 인간 실존의 자유에 대해 생각을 같이하는 그 정도만큼 중세인들의 신에 대한 외경을 이해할 가능성도 줄어든다. 객관 정신의 매개가 한 시대 내부에 제한된다면, 즉 모든 시대를 관통하는 어떤 보편적인 정신의 매개가 존재하지 않는다면, 한 시대 내부의 같음은 다른 시대와의 다름을 의미할 뿐이다.[109] 적

---

109 같음과 다름은 사람들이 잘못 생각하듯 단적인 대립 개념이 아니다. 같음과 다름을 만들어 내는 단위가 커지고 작아짐에 따라 이 둘은 교체되기 때문이다. 예를 들어 나는 철학과의 구성원으로서 이 학과의 다른 구성원들과 같음을 공유한다. 국문학과의 구성원들 간에도 그런 식으로 같음이 존립할 것이다. 그리고 철학과와 국문학과가 각기 특정 같음을 공유하는 부분들의 전체로 간주되

어도 역사적 매개와 시대적 간격의 극복의 문제가 해결되지 않는다면, 이해의 가능 근거로 제시된 객관 정신은 오히려 이해의 장애물일 뿐이다. 이는 거꾸로 다음을 의미한다. 객관 정신이 역사적 이해의 가능성의 조건인 한에서, 이 정신은 시대 간의 간격을 초월한 **보편 정신**이어야 한다. 그래서 딜타이는 이렇게 말한다.

> 과거는 이 객관 정신 안에서 지속하고 항존하는 현재로 우리 앞에 현존해 있다.[110]

과거와 현재가 각기 다른 객관 정신의 매개를 받는 것이 아니라, 다른 두 시대가 하나의 객관 정신 안에 현존하고 이 정신이 두 시대를 이어 준다는 것이다. 그렇다면 객관 정신은 특정 시대의 공통 정신이 아니라 모든 시대에 대해 보편적으로 타당한 정신일 것이다. 실제로 딜타

는 한에서 이 두 학과 사이에는 분명히 다름이 존립한다. 그러나 이 다른 두 학과가 다시 문과대학이라는 더 큰 전체의 부분으로 간주되는 한에서 둘 사이에는 같음도 존립한다. 그러므로 '철학과와 국문학과는 같은가, 다른가?'는 단적으로 답할 수 있는 물음이 아니다. 두 학과가 각기 하나의 전체로 간주되는 한에서 둘은 다르지만, 둘이 문과대학의 부분들로 간주되는 한에서 둘은 같기 때문이다. 두 학과 사이의 같고도 다른 관계가 한 단계 더 올라가서 문과대학과 이과대학 사이에도 존립한다. 다름이 완전히 삭제되고 순수하게 같음만이 지배하는 곳은 더 이상 상위의 전체를 생각할 수 없는 마지막 전체일 것이다. 그것은 모든 인간과 다양한 공동체를 모두 포괄하는 하나의 인류, 모든 시대를 자신의 부분으로 갖는 하나의 보편사다. 객관 정신의 매개의 보편 인간적 타당성에 대해 묻는 이유도 바로 여기에 있다. 나는 '전체와 부분 간의 같음과 다름의 교체'라는 이 흥미로운 문제를 집중적으로 다룬 적이 있다. 다음을 참조: 김창래, 〈다른 문화 간의 이해〉, 169-176쪽.

110 W. Dilthey, *Gesammelte Schriften*, Bd. VII, 208.

이는 우리는 타인의 표현을 "**보편 인간적** 토대 위에서 그리고 이것의 매개에 의해서 이해하고 파악한다"[111]고 쓴다. 지금까지의 논의에만 입각한다면 객관 정신의 매개는 시대 간의 다름을 넘어 모든 시대의 모든 인간이 이해하고 동의할 수 있는 초역사적, "**보편 인간적 타당성**"[112]을 확보해 이해의 '완전한 성공'을 보장해 줄 것처럼 보인다. 그리고 이 가상으로부터 다음의 물음들이—외관상 정당하게—제기된다. 인간이 정말 역사적으로 규정된 존재자라면 객관 정신의 이토록 보편적인 매개가 과연 가능한가? 이 정신이 이해의 초역사적, 보편 인간적 타당성을 보장해 준다면, 이 정신은 '자신의 시대에 구속된 시간적, 역사적 존재자로서의 인간'의 형성물인가, 아니면 '모든 시간을 하나의 시간으로 취합하는 무시간적, 초역사적 존재로서의 신'의 선물인가? 적어도 역사 안에 존재하는 모든 것을 "역사적 발전의 산물로 파악하는"[113] 역사주의자로서의 딜타이, 그리고 자신의 말로 모든 초월적 형이상학에 반대하고 오로지 역사적 경험만을 존중한다는 이른바 '진짜 경험론자'로서의[114] 딜타이가 이 같은 초역사적, 보편 인간적 타당성에 대한 요구를 해도 좋은 것인가? 논의의 지금 단계에서는 딜타이의 객관 정신은 역사적 형성의 산물이 아니라, 역사적 경험에 앞서 아프리오리하게 기능하는 형이상학적 실체가 아닌가 하는 의구심을 지울 수 없다. 이 정신이 이해의 초역사적, 보편 인간적 타당성을 담보해 준다면 말이다. 딜타이가 이 개념을 헤겔의 정신 철학에서 차용해 왔다는 사실도 이 의구심에 무게

111 *Ibid.*, 151(강조는 필자).
112 *Ibid.*, 161(강조는 필자).
113 *Ibid.*, 105.
114 위 주 10 참조.

를 더한다.

암시했듯이 이 모든 의심은 가상과 오해의 산물일 뿐이다. 지금부터는 이 가상과 오해의 제거를 통해 딜타이가 '객관 정신의 보편적 매개', '이 매개의 보편 인간적 타당성'이라는 말로 실제로 의미한 것이 무엇인지를 분명히 밝혀야 한다. 우선 딜타이는 자신의 객관 정신이 헤겔의 형이상학적인 의미의 객관 정신과 완전히, 즉 "이 개념의 체계적 지위" 뿐 아니라, "그 목표와 범위"[115] 등에서도 상이한 것임을 분명히 한다.

> 지금까지 나는 삶의 객관화를 '객관 정신'이라는 명칭으로 표시해 왔다. 이 단어는 헤겔에 의해 심오하게 그리고 성공적으로 형성되었다. 그러나 나는 내가 이 단어를 사용하는 의미와 헤겔이 이 단어에 결부시키는 의미를 정확하고도 명료하게 구별하고자 한다.[116]

헤겔에서 객관 정신은 "주관 정신과 절대 정신의 사이"에 놓인, "정신의 발전의 한 단계"를 지시한다. 이 변증법의 과정은 "주관 정신", "개별 정신의 잡다성"에서 출발해서 "법, 도덕, 인륜" 등의 "정신의 객관화"를 거쳐, "예술, 종교, 철학에서 모든 현실성을 창조하는 힘"으로서의 "절대 정신"에 이르는 과정이다. 물론 절대 정신은 주관 정신과 객관 정신의 "통일"이고, 정신의 행로의 "최후, 최고 단계"다. 정신의 전개의 모든 단계들은 이 최후 단계를 향하는 변증법의 필연적 매듭에 의해 묶여 있고, 이 필연성은 모든 "시간적, 경험적, 역사적 관계들"을 자신

115 W. Dilthey, *Gesammelte Schriften*, Bd. VII, 148.

116 *Ibid.*

의 "배후에 은폐시키는" 형이상학적, "이념적 구성"[117]에 의해 정당화된다. 핵심은 19세기의 후반의 철학자 딜타이가 19세기 전반의 철학자, 헤겔의 이 같은 형이상학적 정신 개념을 같이할 수 있는가의 문제다. 이에 대한 딜타이의 답변은 다음과 같다.

> 헤겔이 이 개념을 제시하기 위해 필요로 했던 [형이상학적] 전제들은 오늘날 더 이상 유지될 수 없다. 그는 보편적, 이성적 의지로부터 공동체들을 구성해 낸다. 그러나 오늘날 우리는 삶의 실재성에서 출발해야 한다. 삶 안에는 정신적 연관의 총체성이 작용하고 있다. 헤겔은 형이상학적으로 구성했지만, 우리는 [역사적으로] 주어진 것을 분석한다. 오늘날의 인간 실존의 분석은 우리 모두를 불안정감, 어두운 충동의 힘에 관한 느낌, 이 어두움과 환상을 감내해 내야만 한다는 느낌, 삶의 구석구석에 놓인—심지어 삶으로부터 공동체적 삶의 최고의 형성체가 생성되는 경우에도—유한성이라는 느낌들로 채우고 있다. 그러므로 우리는 객관 정신을 이성으로부터 이해할 수는 없다. 오히려 우리는 '공동체들 안에서 스스로를 전개해 나가고 있는, 삶의 통일체들의 구조 연관'에로 되돌아가지 않으면 안 된다. 우리는 객관 정신을 하나의 이념적 구성물 속에 병합시킬 것이 아니라, 그것의 현실성의 근거를 역사에서 발견해야 한다. 우리는 바로 이 [역사적] 현실성을 이해하려 하고 이를 적절한 개념으로 표현하고자 한다. 이렇게 객관 정신이 보편적 이성의, 세계정신의 본질을 운위하는 이성의 일방적 근거 놓음과 이념적 구성에서 자유로워짐에 따라 객관 정신의 새로운 개념이 가능해진다. 여기에는 언어,

117 *Ibid.*, 149.

인륜, 모든 종류의 삶의 형식과 삶의 스타일뿐 아니라, 가족, 시민사회, 국가, 법률과 같은 것들도 포괄된다. 그리고 헤겔이 절대 정신이라 하여 객관 정신과 구분했던 예술, 종교, 철학 역시 여기에 포함된다.[118] 바로 이것들 안에서 창조적인 개별자가 나타나 스스로를 공통성을 '대표하는 재현Repräsentation'으로 드러낸다. 정신은 바로 예술, 종교, 철학 등의 가장 강한 형식들에서 스스로를 객관화하며, 또한 이 형식들 안에서 인식된다.[119]

여기에는 객관 정신과 관련한 헤겔과 딜타이의 입장 차이가 선명하게 드러나 있다. 헤겔의 객관 정신이 이념적으로 사유되어 그 유래, 지위와 기능, 심지어 지양의 필연성까지 전제된 형이상학적 실재라면, 딜타이의 객관 정신은 역사 안에서 형성되었고, "역사적 탐구의 길을 통해 발견되고",[120] 오로지 역사 안에서만 기능하는 역사적 실재다. 이 정신을 논하는 딜타이의 출발점은 역사 안에 실제로 "주어진 것"이고 그의 방법은 이 주어진 것들의 비교다.[121] 개별자들을 초월하며 포괄하는 어떤 상위의 정신이 역사에 앞서, 역사를 넘어 전제된 것이 아니라, 역사적 경험, 그 경험들의 비교가 개별들 간에 어떤 공통성이 있고 또 작

---

118 따라서 딜타이에게 객관 정신과 구분된 절대 정신은 없다. 다시 말해 정신의 자기 전개 운동의 완성, 그 끝은 없다. 개별자들은 상호적으로 소통하고 그 결과 이들 간의 공통성이 객관화되는 과정이 반복되고 있을 뿐이다.

119 W. Dilthey, *Gesammelte Schriften*, Bd. VII, 150f.

120 *Ibid.*, 150.

121 역사 연구의 방법으로서의 '비교Vergleich'에 대해서는 다음을 참조: *Ibid.*, Bd. VIII, 85f., 99, 212; 김창래, 〈빌헬름 딜타이의 '철학의 철학'에 대한 철학적 성찰〉, 140-142쪽.

용하고 있다는 분명한 사실을 말해 준다. 이 공통성이 각종 사회 제도, 삶의 형식, 문화 체계 등으로 객관화된 것이 바로 객관 정신이다. 그래서 딜타이는 객관 정신을 "개인들 간에 존립하는 공통성이 감성계에 객관화되어objektiviert 나타난 다양한 형식"[122]이라고 정의한다. 객관 정신은 개별적 주관을 단적으로 넘어서 있다는 의미에서 그 자체 객관적인 정신이 아니라, 개별적 주관들 간의 공통성이 객관**화**되는 역사적 과정의 결과물이다.

이 같은 공통성의 형성 및 객관화의 과정을 딜타이는 '삶의 경험Lebenserfahrung'의 누적과 일반화라는 맥락에서 설명한다. 여기에는 앞서 언급했던[123] '자신에 대한 체험'과 '타자에 대한 이해'가 서로를 보완하는 "이중의 관계"[124]가 작용한다. 타자 이해는 늘 나의 고유한 체험에 근거해 이루어지지만, 그 이해가 동시에 나의 체험의 가능성을 확장해 준다. 두 과정은 물론 서로를 매개하면서 함께 그리고 상승적으로 진행된다.

> [이해를 통해] 체험의 어두움은 명료해지고, 주관의 협소한 견해에서 생겨나는 오류들은 수정된다. 즉 체험 자체가 확장되어 타인에 대한 이해에서 완성된다. 마치 다른 면에서 타인들이 나의 고유한 체험에 입각하여 이해되듯 말이다.[125]

122 W. Dilthey, *Gesammelte Schriften*, Bd. VII, 208.
123 8.1.3 참조.
124 W. Dilthey, *Gesammelte Schriften*, Bd. VII, 143.
125 *Ibid.*, 145.

그리고 반복되는 체험과 이해의 내용들은 "지속적으로 늘어나" 다양한 상황들에 대한 "실존의 상들"로 형성되어 "회상" 안에 보존된다. 이 모든 것들이 "귀납의 절차와 유사한 절차"를 거쳐 "일반화되고", 이를 통해 이른바 "개별자의 삶의 경험이 형성된다". 이 경험은—과거의 다양한 체험과 타자 이해의 핵심들의 침전물이라는 점에서—앞으로 펼쳐질 다양한 삶의 상황에서 체험하는 개별자에게 판단과 선택의 지침을 제공해 주고 타인에 대한 이해의 토대가 될 수 있을 정도로 "확실성을 갖는다".[126] 그리고 '이 개별자의 삶의 경험'이 '더 상위의 삶의 통일체의 삶의 경험'과 만나 개별자의 한계를 넘어 보편성에로 고양되면 될수록 이 확실성은 그만큼 더 강화된다.

> 개인적인 삶의 경험에 부착된 개별적 관점은 '보편적인 삶의 경험'에서 수정되고, 확대된다. 후자로 내가 의미하는 것은 어떤 개인들이 함께 속하는 집단에서 형성되고, 따라서 이들 개인들에게 공통적으로 적용될 수 있는 정리들이다. 즉 삶의 흐름, 가치 판단, 삶의 운영의 규칙, 목적과 재화의 규정 등에 관한 진술들이다. 이것은 공동적인 삶의 창조물이라는 특성을 갖는다. 따라서 이들은 공동체의 삶뿐 아니라 [공동체의 구성원으로서의] 개별자의 삶에도 해당된다. 일견해서 이들은—인륜 또는 구습으로서, 개별적인 사인私人들에 적용될 때는 공공의 의견으로서, 수적인 우세에 힘입어 그리고 개별적 삶들을 넘어 지속하는 공동체의 영속성에 힘입어—개별적인 인격들에 그리고 그들의 삶의 경험과 힘에, 통상 개별자들의 삶의 의지를 능가하는 힘을 행사한다. 이 보편적 삶의

126 *Ibid.*, 132.

경험은 개인적 삶의 경험에 비해 '개별적 관점들이 이 보편적 경험에서 서로서로 평균화되는 그 정도만큼', 즉 '귀납이 이루어지게 하는 사례들의 숫자가 증가하는 바로 그만큼' 더 확실한 것이다.[127]

정리해 보자. 나의 체험에 근거한 타자 이해의 실천은 나의 "체험의 협소함과 주관성을 넘어" 개별자로서의 나를 "전체와 보편의 영역으로"[128] 이끌어 간다. 여기에는 '우리의 실제 역사적 경험에 부합하는, 어떤 단계를 거쳐 진행되는 보편화의 과정'이 있다. 출발점에는 물론 '체험하는 나'가 있다. 그 곁에는 '이해되어야 하는 너'가 있다. 둘은 물론 다른 개별자이지만 둘의 체험 영역에 아무런 공통분모도 없는 것은 아니므로, 최소한 그 공통의 영역에서 이해가 이루어진다. 그렇게 이루어진 이해가 나의 개별성의 한계를 제거해 주고 나는 더 넓은 영역에서 너를 이해하게 되고, 이 과정의 반복을 통해 나와 너 사이의 공통성은 점점 확대되어 간다. 딜타이가 생각했던 것은 오로지 "자기-내-집중적"[129]일 뿐인 개별자로서, 따라서 "유일한 자기 가치"[130]로서의 나의 주관적 체험에서 출발해서, 반복되는 타자 이해와 이를 통한 체험의 주관성의 철폐를 통해 개별 간에 존립하는 공통성이 계속 확대되어 결국 보편 인간적 타당성에로까지 고양되는 과정이다.

우리가 삶의 현실성을 체험을 통해, 그 관계의 잡다성에서 경험한다고

127 *Ibid.*

128 *Ibid.*, 143.

129 *Ibid.*, 106, 154, 155 u. ö.

130 *Ibid.*, 212.

가정해 보자. 이런 관점에서 보면 우리가 체험 속에서 인식하는 것은 단지 단독적인 것 또는 우리 자신의 고유한 삶에 불과한 것처럼 보일 것이다. 이것은 단지 일회적인 것에 대한 인식에 지나지 않고, 따라서 어떠한 논리적 보조 수단도 우리로 하여금 체험의 경험 방식에 포함된, 이와 같은 일회적인 것에로의 제한[이라는 한계]을 극복하게 하지는 못할 것이다. 최초로 이해가 이런 개별적 체험의 한계를 지양한다. 그렇게 해서 이해는 더 나아가 개인적 체험 내용들에 삶의 경험이라는 성격을 부여한다. 이해는 [개별적 체험을 넘어] 다수의 타인들, 그리고 [타인들의] 정신적 창조물과 공통성[의 국면]에로 뻗어 나간다. 이해는 개별적 삶의 지평을 확장하고, 정신과학의 내부에 [개별성에서 출발해서] 공통적인 것을 거쳐 **보편적인 것에 이르는 길**을 마련한다.[131]

'보편적인 것에 이르는' 이 '길'! 이것이 이른바 공통성의 객관화, 이해의 가능 근거로서의 객관 정신의 형성 과정이다. 흥미로운 것은 이 과정이 곧 이해의 실천을 통해 이루어진다는 점이다. 왜냐하면 체험의 주관적 한계를 철폐하고 공통성의 객관화를 가능하게 해 주는 것이 타자 이해이기 때문이다. 여기에 주목과 설명을 요하는 문제가 하나 숨어 있다. '이해를 통해 형성된다는 그 객관 정신'이 앞서 '이해의 가능 근거'로 제시되었다는 점이다. 이해는 이해의 실천을 통해서만 형성되는 객관 정신에 근거하여 수행되고, 객관 정신은 이 정신의 근거 위에서만 수행되는 이해의 실천을 통해 형성된다. '이해의 가능 근거로서의 객관 정신'과 '객관 정신의 형성 과정으로서의 이해의 실천' 사이에 명백히

131 *Ibid.*, 141(강조는 필자).

순환이 발생한다. 형식논리적 지성은 이 순환을 다음과 같은 부정적인 언어로 표현할 것이다. 아직 객관 정신이 형성되지 않았다면 어떤 이해의 실천도 가능하지 않고, 이해의 실천이 이루어지지 않은 마당에 공통성의 어떤 객관화도 가능하지 않다. 그러므로 이해의 시작도, 객관 정신의 형성의 시작도 있을 수 없다. 그렇다면 딜타이는 이해의 시작조차 거부하는 회의주의자인가?

물론 여기에 순환은 있다. 그러나 이 순환에 대해서는 앞서[132] '예감을 통한 전체의 선취'와 '그 전체 안에서의 부분들의 비교' 간의 순환에 대해 말해졌던 긍정적인 모든 것이 다시 말해져야 한다. 형식논리적으로 시작을 확정할 수는 없지만 실제로 시작은 어떻게든 이루어지고 순환의 운동도 폐쇄된 원환을 벗어나 계속 상승, 확장된다. 어느 정도의 공통성을 보유한 객관 정신(G_n)에 의거하여 이해(V_n)가 수행되고, 이 이해가 객관 정신의 공통성을 제고하고(G_{n+1}), 제고된 공통성에 의거하여 더 확실한 이해(V_{n+1})가 수행된다. 물론 이 이해는 다시 한결 높은 수준의 공통성을 갖는 객관 정신(G_{n+1})을 가능하게 하고…[133] 순환은 '객관 정신에 의거한 이해'와 '이해를 통해 형성되는 객관 정신' 사이를 오가며 나사의 골 모양으로 상승한다. 이것이 바로 자신의 확실성을 높여 가는 이해의 운동이고, 스스로의 보편성을 고양해 가는 객관 정신의 자기 형성 운동이다. 그리고 우리 존재의 역사적 상대성을 가급적 줄여 나가며 정신과학적 인식의 보편타당성이라는 목표에 점진적으로 접근

132 8.2.2 참조.

133 G는 정신Geist의 약호이고 V는 이해Verstehen의 약호다. 여기서도 G_n과 G_{n+1} 그리고 V_n과 V_{n+1}은 논리적으로 동치가 아니다. 따라서 형식논리적인 의미에서 논증의 나쁜 순환circus vitiosus은 나타나지 않는다.

해 가는 '해석의 길'이다. 이것이 바로 앞서의 인용문에서 딜타이가 '개별자에서 출발해 공통적인 것을 거쳐 보편적인 것에 이르는 길'이라 칭했던 것이다.

딜타이 스스로 이 길 위에 서 있었고 쉬지 않고 이 길을 걸어갔다. 걷고 있는 길의 끝에 이르기 전에는 걸음을 멈추어서는 안 된다는 것이 걷는 자의 운명이기 때문이다. 그 길을 쉬지 않고 걸으면서, 그는 체험하는 개별자의 개별성에서 출발한 이 행보가 개별자들 간의 공통성의 점진적 확장을 통해 궁극적으로는 보편 인간적 타당성이라는 먼 목표에 **다가가리라**고 기대했고 또 **다가가야 한다**고 요구했다. 이것이 '객관 정신의 매개의 보편 인간적 타당성'이라는 표현으로 그가 의미했던 것이다. 그러나 '먼 목표에 점점 더 다가감'이라는 기대와 요구에 '그 목표에 단적으로 도달함'이라는 보장과 독단은 포함되어 있지 않다. 그저 우리가 내딛는 한 걸음, 한 걸음이 퇴보도 아니고 답보도 아닌 진보라는 믿음만으로도 족하다. 이 믿음에는 우리가 이해의 가능 근거에 대한 숙고를 시작하고 진행하며 던졌던 두 물음, '딜타이는 회의주의자인가?'와 '객관 정신은 이해의 완성을 보장하는 형이상학적 실재인가?'에 대한 답이 모두 들어 있다. 객관 정신의 매개는 이해의 완성에로의 '접근의 경험'만을 보장하지 '도달의 경험'을 보장하지는 않는다. 물론 접근하는 자는 도달하기를 원하지만, 도달은 접근을 지양한다. 그러므로 접근하는 자는 다만 접근하는 자로 남아야 한다. 여기에는 완성과 도달을 약속하는 형이상학이 들어설 여지가 없다. 접근은 또 하나의 극단적 가능성을 이미 배제했는데, 그것은 '시작하지 않음'이다. 걷고 있는 자로서의 딜타이는 이해의 시작을 거부하는 회의주의자가 아니다. 그는 이미 시작했고, 아무리 지쳐도 걷기를 "중지함"[134]이라는 유혹에 빠지지 않았기 때문이다.

8.3.2 이해의 한계—딜타이는 독단론자인가?[135]

딜타이가 이해의 시작을 거부한 회의주의자가 아니라면, 그는 이해의 끝에 도달했다고 자부하는 독단론자인가? 이해의 실천과 객관 정신의 형성 간의 순환 운동의 끝은 어디인가? 물론 그 끝에서 타자의 모든 생소함은 완벽하게 삭제되고 이해는 보편 인간적 타당성을 획득해 완성에 이르게 된다. 그리고 완전한 이해는 자신의 불필요성을 입증하여 스스로를 지양한다. 이것이 모든 해석학적 노고가 추구하는 최종 목표다. 해석학은 스스로를 지양하기 위해 '해석의 길'을 걷는다. 그렇다면 딜타이는 이 길의 끝에 도달했는가? 내가 아는 한, 딜타이는 쉬지 않고 이해의 완성을 기대하고 요구했지만, 단 한 번도 그 목표에 도달했다고 주장하지도 생각하지도 않았다. 그는 죽음에 이르도록 이 먼 목표에 도달하기 위해 어마어마한 노고를 멈추지 않았는데, 그것은 그가 길을 걷는 자이지 이미 끝에 도달해서 더 이상 걸을 필요가 없는 신이 아니라는 사실을 알고 있었기 때문이다. 1911년 10월 그는 죽었고, 그의 철학적, 해석학적 행보도 종결되었다. 그는 이제 철학하고 해석해야 하는 인간이 아니라, 더 이상 철학할 필요도, 해석할 필요도 없는 (귀)신이 되었기 때

134 I. Kant, *Logik, Physische Geographie, Pädagogik*, *Kants Gesammelte Schriften*, Bd. IX, hrsg. von Königlich Preußischer Akademie der Wissenschaften, Berlin 1923, 84.

135 이 절(8.3.2)의 첫 번째 단락과 마지막 두 문장을 제외한 모든 내용은 이미 다른 곳에 발표한 글이다. 기존에 쓰여진 글이 이 절의 목적에 부합한다고 보아 여기에 다시 실었다. 물론 필요에 따라 다소간의 수정과 가필이 이루어졌다. 출처는 다음과 같다: 김창래, 〈딜타이는 누구인가?〉, 273-281쪽.

문이다. 그러나 이 편안한 휴식이 '인간' 딜타이에게는 단 한 번도 주어지지 않았다. 그의 이성은 결코 태만을 즐기지 않았기 때문이다.[136] 그가 추구했던 목표, 그가 걷던 길의 끝은 말하자면—그의 동시대인 후설이 즐겨 사용했고 딜타이 스스로도 암암리에 동의했던[137] 표현 그대로—"먼 극極"[138]과 같은 것이었고, 이 극을 향해 부단히 걸어가는 자신은—그가 닮기를 원했던 철학자, 칸트의 표현대로—하나의 "점근선"[139]이었다. 말하자면 딜타이는 다만 접근의 대상이지 도달의 대상은 아닌 것에 끝없이 다가갔지만 결국 거기에 이르지 못했던 자, 그리고 이를 수 없음에도 다가감의 시도를 포기하지 않았던 자, 지혜에로의 길, 이해의 완성에로의 길을 걷는 자로 남았다. 왜? 그가 이해하고자 했던 삶은—이것이 우리 자신의 삶임에도 불구하고 또는 바로 우리 자신의 삶이기 때문에[140]—이성과 학문의 그 어떤 노력에도 불구하고 결국에는 "헤아릴 수 없는unergründlich"[141] 것으로 남기 때문이다. 삶은 비밀이고, 끝까지 풀어헤칠 수 없는 비밀이다. 이해는 이 한계를 결국 넘어설 수 없다.[142]

136 칸트는 추구해야 할 것을 이미 얻었다 생각하고 성급한 휴식을 취하는 독단론자의 우를 "태만한 이성의 오류ignava ratio"(I. Kant, *Kritik der reinen Vernunft*, B718)라 비판한 바 있다.

137 Cf. W. Dilthey, *Gesammelte Schriften*, Bd. VII, 227, 236.

138 E. Husserl, *Die Krisis der europäischen Wissenschaften und die transzendentale Phänomenologie*, 500; cf. 388.

139 I. Kant, *Kritik der reinen Vernunft*, B691.

140 인간에게 인간 자신은 가장 큰 수수께끼, 그리고 가장 위험한 수수께끼다. 자신이 답인 수수께끼를 풀지 못하는 자는 스핑크스에게 잡아먹히기 때문이다. 이에 대한 숙고가 나의 책의 결론을 이룰 것이다(10장 참조).

141 W. Dilthey, *Gesammelte Schriften*, Bd. VII, 224; VIII, 70, 145, 224; XIX, 307, 329, 330, 347, 358, 359, 361, 362, 364, 372.

142 이하의 숙고(8.3.2)는 결코 적절하다 할 수 없는, 그러나 딜타이 수용사를 통

철학자로서의 딜타이가 눈앞에 가지고 있던 것은 늘 삶이었다. 삶은 "다양한 면"[143]을 갖고 있다. 그의 얼굴은 "모순"[144]이고, "비밀"[145]이고, "수수께끼"[146]고, 또 "우연"[147]이다.

> 전체를 향하고 있는 파악[자]에게 변화하는 삶의 경험으로부터 삶의 얼굴이 떠오른다. 이것은 모순으로 가득하다. 생생함으로, 동시에 법칙으로, 이성과 자의로, 항상 새로운 측면을 제시하면서, 각각의 측면에서는 아마 명료하겠지만, 전체적으로 보아 완전한 수수께끼다.[148]

삶은 하나의 수수께끼이되, 매우 특이한 수수께끼다. 이것은 그저

해 "가장 강한 영향력을 행사했고"(*Materialien zur Philosophie Wilhelm Diltheys*, hrsg. von F. Rodi und H.-U. Lessing, Frankfurt a. M. 1984, 27) 그 옳음이 "거의 의심받지 않았다"(T. Nennon, "Hermeneutical Truth and the Structure of Human Experience: Gadamer's Critique of Dilthey", *Dilthey-Jahrbuch*, Bd. 8[1992-93], 75)는, 가다머의 딜타이 비판을 논박하기 위한 것이다. 가다머에 따르면 딜타이의 객관 정신은 "모든 생소함, 모든 타자 존재를 제거해서"(H.-G. Gadamer, *Gesammelte Werke*, Bd. I, 233) 스스로를 "역사적 당파성에 사로잡혀 있음으로부터 해방하고"(*ibid.*, Bd. X, 176), 이를 통해 역사적 상대성을 넘어서 "객관적 역사 인식을 얻어 냈다"(*ibid.*, Bd. I, 239). 말하자면 딜타이는 이해의 완성을 낙관하고 자부한 독단론자다. 실제로 그러한지는 지금부터 살펴볼 일이다.

143 W. Dilthey, *Gesammelte Schriften*, Bd. VIII, 69, 143.

144 *Ibid.*, 80, 143.

145 *Ibid.*, 208, 209.

146 *Ibid.*, 80, 140, 143, 209; Bd. XIX, 344, 346; XX, 236.

147 *Ibid.*, Bd. VII, 74, 169.

148 *Ibid.*, Bd. VIII, 80. 이 다소 애매한 구절의 의미를 나는 인간을 심리-물리적 통일체로 규정하는 딜타이의 인간학의 관점에서 해명한 바 있다. 다음을 참조: 김창래, 〈빌헬름 딜타이의 '철학의 철학'에 대한 철학적 성찰〉, 134-136쪽.

풀리지 않는, 그래서 그 해결 불가능성으로 인해 우리가 이내 외면해도 좋은 수수께끼가 아니다. 그것은 우리에게 "해결을 요구하며 서 있고", 그러면서도 "항상 헤아릴 수 없는 것으로 남아 있다".[149] 삶은 수수께끼를 던지며 그 해결을 요구하고 위협하는, "동물의 몸과 인간의 얼굴을 한 스핑크스"[150]이다. 이것이 바로 삶의 "이중의 얼굴"[151]이다. 일단 삶은 "가장 친숙한 것, 가장 친밀한 것"이지만, 동시에 "가장 어두운 것, 전적으로 탐구될 수 없는 것, 해결할 수 없는 수수께끼"[152]이다. 삶 자체는 이미 "우리의 경험 안에 주어져 있고" 우리는 늘 직접적으로 "삶을 체험한다"[153]는 점에서 우리는 삶이 무엇인지를 잘 알고 있다. 그러나 이렇게 친숙한 삶이 사유에 의해서는 결코 "언표될 수도"[154] "인식될 수도 없다"[155]는 점에서 우리는 삶이 무엇인지를 개념적으로는 전혀 모른다. 바로 이 같은 삶의 이중성이 삶에 대한 우리의 태도, 즉 철학에도 "이중의 얼굴"[156]을 부여한다.

삶은 우선은 그 어떤 개념적 사유도 완강히 거부하는, 그리고 "모든 과학적 해석을 좌초시키는"[157] 전前 개념적 현실성으로 다가온다. "관찰은 체험을 파괴하기"[158]에 삶은 오직 직접적으로만 "내면화"[159]된다. 그

149 W. Dilthey, *Gesammelte Schriften*, Bd. VIII, 145.
150 *Ibid.*, 140.
151 *Ibid.*, 143.
152 *Ibid.*, Bd. XIX, 345; cf. 344.
153 *Ibid.*, 344.
154 *Ibid.*, 329, 353.
155 *Ibid.*, 353.
156 *Ibid.*, Bd. VIII, 224.
157 *Ibid.*, 70.
158 *Ibid.*, Bd. VII, 194.

러나 동시에 삶의 직접성은 "허망하고, 가변적이고, 어둠에 싸인"[160] 것이기에 "우리 안에는 우리 현존재의 우연성과 씨름하며 확고함을 향하는 추구"[161]가, "보편타당한 앎을 통해 삶의 수수께끼에 대한 결단을 내리려는"[162] 철학의 욕구가 자라 나온다.[163]

> 삶의 연관 자체로부터 삶에 대한 사유를 세계의 연관에로, 결국에는 현실적인 것의 연관에로 확장하려는 **욕구**가 생겨난다. 이러한 추구에는 온 현실성의 한결 포괄적인 것들로부터의 삶에 대한 인식이 포함되고 주어져야 할 것이다. (…) 동물은 전적으로 현재 안에 살고 있다. 이 현재 안에 동물의 충동적 삶이 지배하고 있다. 동물은 탄생과 죽음에 대해 아무것도 모른다. 그러므로 동물은 인간보다 훨씬 덜 시달린다. 비록 우리가 동물의 세계의 곳곳에서 끔찍함, 고통스러운 [신체의] 절단, 싸움과 죽음을 인지하지만, 인간의 삶은 훨씬 더 거대하고 항존하는 고통에 노출되어 있다. 우리의 삶은 뒤로는 회상을 통해 과거로 뻗쳐 나간다. 그리고 앞으로는 기대를 통해—공포건, 희망이건—미래를 향한다. 그리고 두 방향 모두에서 삶은 어둠 속에서 스스로를 잃어버리고 만다. 삶의 시작이 어둡고, 삶의 끝이 어둡다. 바로 이 어둠으로부터 공포와 희

159 *Ibid.*, 218; cf. 26ff., 359; V, 317f.

160 *Ibid.*, Bd. XIX, 357.

161 *Ibid.*, Bd. VII, 169.

162 *Ibid.*, Bd. VIII, 224.

163 딜타이에게 철학이란 본질상 보편성의 추구다. 그 자체 무정형적이고 "단독적인 것, 우연적인 것, 미리 발견된 것에서 출발해서" 이 삶의 직접적 현실성들 안에 "포함된 필연적이고 보편적인 연관에로 나가는 것", 이것이야말로 "항상 다시 반복해서 지정되는 사유의 임무"(*ibid.*, Bd. VII, 7)이다(cf. *ibid.*, Bd. VIII, 8, 141, 208f., 210, 224; cf. XVIII, 17; cf. XIX, 24; cf. XX, 235f.).

망, 모든 종류의 격정이 생겨난다. 그리고 이들의 작용 아래 신앙과 문학, 형이상학이 생겨난다. 종교, 예술, 형이상학은 적대적인 형제들이다.[164] 인간은 어둠으로부터 어둠 안으로 달려가는 삶을 하나의 연관 안으로, 이 삶이 개념적으로 파악될 수 있는 연관 안으로 병합시키기를 **원한다**. (…) 인간은 삶이 점점 심하게 그의 심성 위에 올려놓는 짐으로부터 자신을 해방하기를 원한다. (…) 이렇게 해서 인간에게는 자신의 자기를 객관적인 것, 영원한 것, 무제약적으로 가치 있는 것 안에 밀어 넣으려는 **추구**가 생겨난다. 즉 현실적인 것들의 이해할 수 없는 침묵을 지양하고, 예술을 통해 자연을 해석하고 과학을 통해 자연을 파악하려는 **욕구**가 생겨난다.[165]

결국 삶에 대한 보편타당한 인식의 추구는 바로 이 욕구에 대한 딜타이의 적극적 답변이라고 보아야 할 것이다. 원래 욕구는 현실적인 충족 가능성을 고려하지 않은 채 생긴다. 아니 오히려 충족되지 않음이 욕구의 고갈되지 않는 원천이다. 이렇게 본다면 '무형적이고 불확정적인

164 이 세 가지는 삶의 어두움을 극복하려는 피할 수 없는 충동이라는 공통의 어머니를 가지므로 형제들이지만, 이들 각각이 이 충동을 충족시키는 방법이 다르다는 점에서 서로 적대적이다. 종교는 "비가시적인 것 (…) 초감성적인 것"(*ibid.*, Bd. VIII, 89; cf. VII, 266)과의 교류를 통해 삶을 구원하려 하고, 예술은 현실성의 논리를 넘어서는 "상상적" 세계에 대한 "동경"(*ibid.*, 92)으로 삶의 고통에서 벗어나려 한다. 철학은 보편타당한 개념의 세계 안에서 삶의 문제를 해결하려 한다(cf. *ibid.*, Bd. V, 365, 400f.; cf. VII, 6f., 169; cf. VIII, 141, 151, 186, 209, 215, 224). 여기에 철학의 독특성이 있다. "문학의 천재와 선지자, 그리고 사상가들은 모두 (…) 현존재의 수수께끼, (…) 세계 자체의 수수께끼에 (…) 대한 답을 추구해 왔다. 유독 사상가는 이 물음에 대한 답변을 보편타당한 인식에서 추구한다는 점이 다를 뿐이다."(*ibid.*, 208f.; cf. 141, 224)

165 *Ibid.*, Bd. XIX, 356f.(강조는 필자).

삶의 현실성에 개념의 옷을 입히고, 이 삶에 대해 "보편타당한 이해"[166]를 얻으려는 딜타이의 시도'는 '삶을 삶 자체로부터 파악하려는 그의 삶의 철학적 근본 입장'과 충돌하는 것은 아니다.[167] 왜냐하면 삶이 무겁게 침묵하고 있다는 바로 그 사실이 딜타이를 삶의 개념화의 시도에로 이끌어 갔기 때문이다. 따라서 삶과 과학 사이의 갈등에 직면한 딜타이가 후자를 위해 전자를 포기했다는 비판은 결코 정당화될 수 없다. 그 이유는 두 가지다. 삶이 개념화될 수 없다는 그 사실이 개념화의 시도를 불러왔다는 것이 첫째 이유고, 그 시도에도 불구하고 삶의 온전한 개념화, 삶에 대한 객관적 인식은 결코 얻어지지 않는다는 것이 둘째 이유다.

> 사유는 삶 자체를 밝게 할 수는 있지만, 삶의 배면에 이르지는 못한다. 그래서 비극적인 모순이 생겨나는 것이다. 이 모순에 의하면 사유는 그 안에서 삶이 형성되는 연관을 파악하기를 추구한다. 그러나 사유 자체는 이 삶 안에서 나타난 것이고, 따라서 결코 그 안에서 자신이 생겨난 것의 배면에로 나아가 파악할 수는 없다.[168]

삶에 대한 객관적 인식은 늘 딜타이의 추구의 대상이었지, 결코 손안에 넣은 포획물이 아니었다. 왜냐하면 딜타이 자신도 쓰고 있는 것

---

166 *Ibid.*, Bd. V, 317; cf. 331, 334.

167 가다머는 딜타이가 '정신과학적 인식의 보편타당성'을 얻기 위해 '인간의 역사적 상대성과 삶 자체의 생동성을 인정하는, 자신의 삶의 철학적 입장'을 포기했다고 비판한 바 있다(cf. H.-G. Gadamer, *Gesammelte Werke*, Bd. I, 235, 240; cf. IV, 438).

168 W. Dilthey, *Gesammelte Schriften*, Bd. XIX, 357.

처럼 이것이 "불가능"[169]함은 사유의 본성에 따라 자명한 일이기 때문이다.[170] 이 불가능성에도 불구하고 추구가 이어지고, 반복되는 추구에도 불구하고 추구되는 것은 얻어지지 않는다는 데에 바로 딜타이의 "모순"과 "비극"[171]이 있다. 그리고 이 모순적이고 비극적인 추구를 멈추지 않는다는 데에 늘 "불가능한 것에로 난파할 수밖에 없는" 그의 "숙명",[172] 이 숙명을 충족시키며 평생 애지의 길을 걸어간 철학자로서의 딜타이의 본모습이 있다.

내가 보기에 딜타이는 독단론자라 주장하는 가다머의 오류는 딜타이의 '욕구와 시도'를 '충족과 완성'으로 간주한다는 점에 있다. 만일 정말 계몽의 완성자로서의 딜타이가 보편타당한 정신과학적 인식을 획득한 것이라면, 그는 더 이상 추구하는 철학자가 아니라 철학할 필요가 없는 신일 것이다. 그러나 우리가 알고 있는 인간 딜타이, 자신의 노년에 이르기까지 "쉬지 않고 작업했고",[173] 그러면서 이미 시작한 자신의 책을 죽기 전에 끝내지 못할까 봐 두려워하는[174] 그의 모습은 분명 신의 모습은 아니다. 가다머는 딜타이가 객관 정신의 매개를 근거로 한 이해의

169 *Ibid.*, 355.

170 그 이유는 삶은 근원 사실이고, 인식은 이 삶의 가능한 한 양식, 그것도 "추상화"를 통해서만 얻어질 수 있는, 삶의 파생적 또는 "전도된"(*ibid.*, 330) 양태에 불과하기 때문이다. "인식은 삶의 배면으로 들어갈 수 없다. 인식은 삶의 기능이기 때문이다. 삶은 줄곧 인식을 위한 전제로 남는다. (…) 인식의 전제로서 삶 자체는 인식에 의해 분해될 수 없다. 그러므로 자신의 전제를 피할 수 없이 자신 안에 간직하는 인식의 기초는 삶 자체다."(*ibid.*, 329; cf. 344, 346f.)

171 *Ibid.*, 356.

172 *Ibid.*, 357.

173 H.-G. Gadamer, *Gesammelte Werke*, Bd. IV, 431.

174 Cf. W. Dilthey, *Gesammelte Schriften*, Bd. VII, 28, 139.

방법을 제공했고, 이를 통해 객관적인 역사 인식이 마치 기계적으로 보장되는 것처럼 말한다. 그러나 딜타이의 해석학적 이해는 결코 완성된 방법이 아니었다. 그것은 철학자에 의해 설계되고 제작된, 그리고 그 성능에 대한 검증도 마친, 따라서 개별 과학자로서의 정신과학자가 이제 사용하기만 하면 타인의 삶에 대한 객관적인 인식이 자동으로 산출되는 그런 환상적인 기계가 아니다.[175] 이해의 반복된 수행에도 불구하고 타인의 삶은 마지막까지 "비밀"[176]로 남는다. 물론 이해는 "체험 내용의 포착과 완전한 발굴을 지향"하고 또 지향하지 않으면 안 된다. 그러나 체험과 삶은 그 본성상 "헤아릴 수 없고",[177] 결코 완전히 "길어 내어지지 않는다unerschöpflich".[178] 매번의 성공적인 이해에도 불구하고 삶의 헤아릴 수 없음은 결코 온전히 지양되지 않는다.

> 해석은 자신의 과제를 항상 특정한 정도로만 수행할 수 있을 뿐이다. 그러므로 모든 이해는 항상 상대적일 수밖에 없고 결코 완결에 이를 수 없

---

175 이해는 그 사용에 앞서 이미 완성되어 있어야 하는 기계가 아니고, 오히려 실제로 걸어감을 통해 걷기가 점점 더 편해지는 길과 같은 것이다. 이런 맥락에서 정신과학의 방법과 관련한 딜타이의 다음 주장은 음미할 가치가 있다. "칼을 더 날카롭게 가는 것은 소용없는 일이다. 잘라야 할 나무는 거기에 있다. 곱사등이가 그토록 용감하게 재단했다면, 그 탁월함은 실제의 작용을 통해 그에게 주어진 것이다. 방법의 사용 가능성은 방법의 사용에서 나온다. 마치 칼이 잘 드는지를 우리가 시험해 보아야 하는 것처럼 말이다. 또는—같은 말이지만—이론은 실천을 따라간다."(*ibid.*, Bd. XVIII, 1) 칼의 반복된 사용은 한결 날카로운 칼을 제공해 준다. 이것은 아마 실제의 역사 연구를 통해 딜타이가 직접 확인했던 긍정적 경험일 것이다.

176 *Ibid.*, Bd. VII, 212, 213.

177 *Ibid.*, 224.

178 *Ibid.*, Bd. VIII, 70; XI, xix.

다. 개별자는 말로 표현할 수 없다Individuum est ineffable.[179]

이해는 동전을 넣으면 진리가 나오는 '진리 자판기'가 아니고, 객관 정신도 이 자판기에 무한대의 전력을 공급해 주는 '자력自力 발전소'가 아니다. 삶 자체의 본성 때문에 이해에는 불가피하게 어떤 "비합리적인 것이 포함되고", 그런 한에서 이해는 "그 어떤 논리적인 실행의 공식으로도 재현되지 않는다".[180] 그렇기 때문에 딜타이는 이해를 숙달된 자의 "손 기술"[181]에 비유하기도 하고, 성공적인 이해를 위한 해석자의 천재성을 요구하기도 한다.[182] 마찬가지로 객관 정신도 이해에 객관성을 늘 동일한 정도로 보장해 주는 확립된 공통성이 아니라, 객관화되고 있는 정신이고, 매번의 이해 실천을 통해 자신의 공통성을 제고해 가는 정신이다. 이미 우리는 '객관 정신의 매개를 통해 서로를 이해하는 개별자들'과 '이 개별자들의 매개를 통해 보편화의 길을 걷고 있는 정신' 간의 무한한 순환에 대해 충분한 논의를 행한 바 있다. 이제 이에 대한 딜타이 자신의 글을 한번 읽어 보자. 순환의 과정이 한결 구체적으로 서술되어 있다.

> 이해의 한계는 주어진 것의 존재 방식과도 관계가 있다. 시는 하나의 내적 연관을 형성한다. 이 연관 자체가 시간적인 것은 아님에도 불구하고, 우리는 이를 단지 연속적으로 이어지는 독서나 시간적으로 진행되

179 *Ibid.*, Bd. V, 330.
180 *Ibid.*, Bd. VII, 218.
181 *Ibid.*, Bd. XIX, 277.
182 Cf. *ibid.*, Bd. V, 332, 335; VII, 216.

는 청취를 통해서만 파악할 수 있다. 내가 한 편의 드라마를 읽을 때, 이것은 마치 삶 자체와 같다. 나는 앞으로 나아가고, 지나온 것은 명료성과 규정성을 상실한다. 그렇게 장면들은 어둠 속으로 사라져 간다. 중심 문장: 나는 연관을 확정하면서 장면들에 대한 통일적인 조망을 얻는다. 그러나 내가 가진 것은 여전히 하나의 골격일 뿐이다. 나는 이 골격을 기억 안에 수용하면서 전체의 직관에 접근하고, 그렇게 해서 연관의 모든 계기들이 함께 수용된다. 그러므로 이해는 최고도의 긴장을 요구하는 지적 과정이며 결코 **완전히 실현될 수는 없다**. (…) 과거로부터 주어진 이 잔여에 대한 파악은 어디서나 같은 것이다. 그것은 이해다. 다만 이해의 방식만이 상이할 뿐이다. 무규정적-규정적 부분의 파악으로부터 전체의 뜻[183]을 파악하려는 시도로 나아가고, 다시 방향을 바꿔 이 뜻에서 부분을 확고하게 규정하는 시도가 뒤를 잇는 진행 과정—이것은 모든 이해의 방식에 공통된 것이다. 이때 만일 부분들이 이런 방식으로 [부분들의 귀납추리를 통해 파악된 전체로부터] 이해되지 않는다면, 이것은 이해의 실패를 뜻한다. 그리고 이것은 뜻에 대한 만족스러운 새 규정의 필요성을 제기한다. 이 시도는 삶의 표출 안에 포함되어 있는 온 뜻이 완전히 발굴될 때까지 반복해서 이루어지지 않으면 안 된다. (…) 규정의 시도. **결코 완결에 이를 수 없음**, 부분과 전체의 교체.[184]

이해란 가다머가 오해했던 것처럼 일회적으로 수행되어 완결에 이

183 딜타이는 뜻Sinn을 부분에 대한 전체의 관계로(cf. *ibid.*, 197f., 199, 235), 그리고 의미Bedeutung를 전체에 대한 부분의 관계로(cf. *ibid.*, 233f., 235) 이해한다. 그러므로 위의 텍스트에서도 궁극적으로는 '뜻을 갖는 전체'와 '의미를 갖는 부분' 간의 해석학적 순환이 문제다.

184 *Ibid.*, 226f.(강조는 필자).

르는 기계적 과정이 아니다. 여기서는 '비밀스러운 개별자와 객관화되고 있는 공통 정신 간'의, '반복되는 예감과 비교 사이'의, 이를 통한 '부분과 전체 간'의 무한한 상호 규정 운동이 문제다. 그때마다의 객관화된 정신이 예감을 통해 전체를 선취하게 하고 이 위에서 실제의 이해 실천이 이루어진다. 그리고 이 이해의 실천은 부분들의 비교를 통해 선취된 전체를 확대, 고양하고 이는 다시 객관 정신의 공통성을 상승시킨다. 그리고 이 상승된 공통성이 다시 이해의 근거를 제공한다. 이것이 이른바 정신과학에서 인식이 얻어지는 과정, 해석학적 순환이다. 중요한 것은 이 순환이 "결코 완전하게 수행될 수는 없는 관계"[185]이고, 따라서 순환에 근거하는 이해 역시 궁극적으로는 "해결 불가능"[186]하다는 점이다. 즉 이해는 "무한한 과제"[187]이고, 바로 이것이 이해의 "한계"[188]다. 그러나 이 한계는 이해가 단적으로 불가능하다고 말하지 않고, 이해의 **끝**, 이해의 **완성**이 불가능하다고 말한다. 반복된 이해의 시도에도 불구하고 우리는 삶에 대한 온전한 앎이 아니라 "부분 진리들"[189]만을 얻을 수 있다.[190] 그리고 이 진리의 부분성이 우리에게 "더 새로운 작업

185 *Ibid.*, 233.

186 *Ibid.*, 225.

187 *Ibid.*, Bd. V, 335, 336; cf. VII, 225.

188 *Ibid.*, Bd. V, 330; VII, 218.

189 *Ibid.*, Bd. XVIII, 3; cf. VIII, 224, 273.

190 바로 이런 맥락에서 딜타이는 자신의 철학적 입장을 "제한된"(*ibid.*, Bd. XVIII, 3) 또는 "고상하고 온건한 회의주의"라 부른다. 그리고 이 회의주의가 "진보하는 과학에 대한 믿음과 결합되는" 한, 이것이야말로 "세계, 과학과 관련하여 인간에게 유일하게 가능한 세계관"(*ibid.*, 215)이라고 말한다. 이 입장이 회의적인(독단적이지 않은) 것은 삶에 대한 완전한 인식의 가능성을 회의하고, 얻어진 모든 인식이 "부분 진리"에 불과하다는 사실을 승인하기 때문이다. 그러나 또한 이 입장이 온건한 것은 삶에 대한 인식의 "진보"에 대한 믿음

(…) 더 새롭고 심오한 이해"[191]를 요구한다. 이해는 추구되는 삶의 인식을 소유하게 해 주는 기계가 아니다. 이해는 추구 자체이며 또한 무한한 "접근"[192]의 시도다. 이미 접근이라는 말에는 서로 충돌하는 두 가지, '무한히 가까워짐'과 '결코 도달할 수 없음'이 함께 의미되어 있다. 따라서 이해란 "결코 완전히 다가갈 수 없는 (…) 삶 자체에 (…) 지속적으로 접근"[193]하라는 과제다. 이 과제의 이중성은 결코 지양되지 않는 우리의 삶 자체의 이중성에서 비롯된 것이다. 우리는 우리의 역사적 상대성을 넘어 온전한 이해에 결코 도달할 수 없다는 "극복할 수 없는 한계"를 갖지만, 이 한계는 동시에 우리 삶의 "강점", 삶의 고갈되지 않는 "생동성의 (…) 다른 면"[194]이기도 하다. 그러나 이 "위대함"은 동시에 우리의 모든 추구를 추구에 머물게 하는 근원적인 "약함"이다. 우리 삶의 근원적 양면성에 따라, 삶의 한계와 위대함, 강함과 약함의 사이에서, 이해의 힘과 무력의 사이에서 우리 인간은 얻을 수 없는 것을 추구하고 또 도달할 수 없는 것에 접근하고 있다. 그렇다. 인간은 플라톤의 용어로 '애지자'이고 칸트의 용어로 '점근선'이다. 서양의 철학사를 지배해 온 이 추구의 정신에 따라 딜타이는 그 어떤 "결과들에 의해서도 보상받을 수 없는 싸움"[195]에 매달린다. 그러나 이 무한한 싸움에도 불구하고 삶

을 가지고 있고, 따라서 매번의 이해의 결과가 아무것도 아닌 것은 아니고 최소한 삶에 대한 부분 진리만큼은 제공해 준다고 믿기 때문이다. 이 입장은 분명 이중적, 정확히 말해서 중간적인 것이다. 딜타이는 삶에 대한 인식을 온전히 부정하는 회의주의자와 온전히 긍정하는 독단론자의 중간에 자신의 길을 발견한다.

191 *Ibid.*, Bd. VII, 225.

192 *Ibid.*, Bd. XIX, 277, 276.

193 *Ibid.*, Bd. VII, 236.

194 *Ibid.*, Bd. XIX, 358.

의 '헤아릴 수 없음Unergründlichkeit'[196]이라는 근본 경험은 사라지지 않는다. 그리고 이 헤아릴 수 없음이 남음에 따라 삶을 해명하려는 그의 욕구도 고갈을 모른다.[197] 모순은 유지되고, 유지되는 모순은 철학적 추구의 원천이 된다. 내가 보기에 바로 이것이 지친 딜타이를 이끌어 그칠 줄 모르는 투쟁에 임하게 했던 힘이었다. 딜타이는 바로 이 힘의 화신이었고, 그런 한에서 말의 본래적인 의미에서 **모순의 힘에 따라 지를 추구하는 자, 철학자**eros philosophos였다. 그리고 철학자인 한에서 그는 그가 원하는 것을 결코 가질 수 없었다. 본디 철학이란 가질 수 없는 것에 대한 사랑이기 때문이다.

---

195 *Ibid.*, 277.

196 이뿐 아니다. 삶은 "탐구할 수 없고unerforschlich"(*ibid.*, 346), "측량할 수 없고unermeßlich"(*ibid.*, Bd. V, 332; VIII, 224; XIX, 327), "언표할 수 없고unaussprechbar"(*ibid.*, 329, 353), "포착할 수 없고unfaßlich"(*ibid.*, Bd. VIII, 70, 224), "파악할 수 없고unbegreiflich"(*ibid.*, Bd. XX, 236), "침투해 들어갈 수도 없다undurchdringlich"(*ibid.*, Bd. VIII, 143).

197 가다머 역시 이와 관련하여 다음과 같이 쓴 적이 있다: "딜타이를 항상 쫓아다녔던 '헤아릴 수 없음Unergründlichkeit'이라는 단어에는 분명 무시무시한 암흑 앞에서의 전율뿐 아니라, '헤아림Ergründen'에로의 중단 없는 충동이 만들어 내는 한계 경험도 들어 있다."(H.-G. Gadamer, *Gesammelte Werke*, Bd. IV, 446f.) 유감스럽게도 가다머는 이 한계 경험에서 딜타이의 숙명과 비극만을 보았을 뿐 비극을 넘어 추구하는 철학의 정신은 보지 못했다. 이런 점에서 나는 가다머의 딜타이 해석이 삶의 "생산적인 헤아릴 수 없음"과 이해가 "점근적이고 무한하다"(F. Rodi, *Erkenntnis des Erkannten: Zur Hermeneutik des 19. und 20. Jahrhunderts*, Frankfurt a. M. 1990, 97)는 점을 경시하고 있다는 로디의 지적은 전적으로 타당하다고 본다.

8.3.3 이해의 본질—자유와 자기 인식

이해의 한계는 끝내 극복되지 않았다. 이겨 내길 원했던 인간의 역사적 상대성에서도 완전히 벗어나지 못했고, 추구하던 정신과학적 인식의 보편타당성도 온전히 손에 넣을 수는 없었다. 이것이 정신과학의 방법으로서의 '이해의 한계'다. 이 한계는 정신과학에 대해 무엇을 의미하는가? 이는 밀이 지적한 대로 "과학의 얼굴에 묻은 치욕스러운 얼룩"이고, 자연과학의 엄청난 성과에 대비한 정신과학의 후진성인가? 두 과학을 동일한 인식으로 간주하고 동일한 척도로 재단한다면 그렇게 말할 수 있을지도 모른다. 그러나 두 과학은—추구하는 인식의 이념과 본질, 그 학문성의 척도 등 모든 면에서—서로 '다른' 과학이다. 이해의 한계, 그리고 이와 관련된 보편타당한 인식의 문제도 이 '다름'으로부터 숙고되어야 한다. 왜냐하면 인식의 보편성은 두 과학에서 각기 다른 것을 의미하기 때문이다.

자연 연구의 경우 방법적으로 잘 통제된 탐구 절차는 보편타당한 인식의 산출을 약속한다. 방법은 관찰 및 실험의 반복 가능성을 보장해 주는 길이기 때문이다.[198] H_2O를 쪼개서 H_2와 O_2가 생성되었다면 그리고 H_2와 O_2를 합쳐서 H_2O가 합성되었다면, 실험실의 조건이 방법적으로 잘 통제되는 한, 실험은 늘 반복 가능하고, 언제 어디서든 동일한 결과를 내놓는다. 다시 말해 실험은 모든 시간과 모든 공간에 대해 보편적으로 타당하다. 이렇게 자연 인식을 얻는 과정은 마치 자판기에 동전을 넣고 커피를 뽑아 먹는 과정과 유사하다. 찌그러진 동전, 가짜 동전만 아

198 6.1.3 참조.

니라면 정직한 자연은 언제나 똑같은 커피를 내놓는다. 그러나 이미 언급했듯이 이해는 진리 자판기가 아니고, 정신과학적 인식은 자판기 커피가 아니다. 정신과학자는 때로는 부드러운 커피를 때로는 향이 강한 커피를, 때로는 뜨거운 커피를 때로는 시원한 커피를 찾는다. 이 매번의 다름의 정신과학적 의미는 무엇인가? 같음만을 추구하는 자연 연구가에게 다름은 같음의 반대이고 따라서 단적인 극복의 대상이다. 그리고 이 극복을 통해 자연 인식의 보편타당성이 획득된다. 그러나 정신과학에서는 이미 언급했다시피[199] 다름은 같음과 다투지 않고, 이 다름의 극복이 아니라 도리어 이 다름 자체가 인식의 보편성에로의 길이다. 두 과학에서 같음과 다름의 관계, 인식의 보편성을 위한 다름의 역할이 확연히 다른 것이다. 자연과학에서는 다름의 제거를 통해 모든 시간과 공간, 모든 인간에 대해 무차별적으로 같음이라는 의미에서의 인식의 보편타당성이 얻어진다. 그러나 정신과학에서는 자신의 주관성과 개별성에 유폐되어 있는 해석자는 생소한 타자와의 만남을 통해 비로소 객관성과 보편성에로 고양될 수 있다. 분명한 것은 '다름의 제거를 통해 얻은 자연 인식의 보편타당성'과 '다름의 매개를 통해 얻은 정신과학적 인식의 보편타당성'은 다르다는 점이다. 이제 우리는 정신과학에서 인식의 보편타당성의 본질은 무엇이고, 이것이 자연 인식의 보편타당성과 어떻게 다른지를 밝혀야 한다. 그것이 바로 설명을 통한 자연 인식과 구별되는 정신과학적 인식, 타자 이해를 통한 자기인식의 본질이기 때문이다.

딜타이는 분명하게 그리고 반복해서 정신과학적 '이해는 역사적-

199 3.2.3과 8.1.3의 종결부 참조.

시대적 상대성을 넘어 보편 인간적 타당성에로 고양되어야 한다'고 말했다. 이로써 딜타이가—자연 연구가들이 그러하듯—모든 시대 간의, 모든 개인 간의 차이를 자신 안에 흡수하여 용해시켜 버리는, 무차별적인 같음을 요구했다고 생각한다면, 그것은 오해다. 여기서는 너의 다름을 삭제하고 너의 개성을 중화하여 '나와 같은 너'를 발견하는 것이 문제가 아니다. 그런 같음은 우물 안 개구리의 맹목적인 동어반복일 뿐이어서, "역사의 보편타당한 종합판단"이라는 과제 안에 포함된 두 요구 중의 하나, '인식의 확장'을 이루지 못한다. 그것은 한낱 분석판단에 불과하기 때문이다. 이해를 통해 나는 '나의 같음'을 확인하려는 것이 아니라 '나에게는 없는 새로운 것'을 배우려 한다. 그 새로움은 '나와 같은 너'에서가 아니라 '나와 다른 너'에서만 길어 낼 수 있고, 오로지 이것만이 나의 우물의 협소함을 깨닫게 해 준다. 그러므로 '**역사적 상대성을 극복한 이해의 보편성**'으로 딜타이가 의미했던 것은 오로지 다음이다. 인간은 자신과는 다른 타자를 이해하면서 자신의 '사적, 주관적, 시대적 편협함'에서 벗어나 '공통적, 객관적, 보편적 차원'으로 고양되어야 한다. 이것이 역사적으로 상대적인 존재자, 우리 인간에게 필연적으로 부과되는 보편 인간적 타당성의 추구라는 과제다. '**보편적 인간이어야 한다는 것, 보편적인 눈으로 타인을 보아야 한다는 것**', 이것은 인간의 의무다. 나와는 다른 인간, 그 또한 인간임을 내가 인정해야 한다고 그가 생각하고, 나와는 다른 그 인간도 자기와는 다른 나 또한 인간임을 인정해야 한다고 내가 생각하기 때문이다. 이렇게 '나'와 '너' 모두 각자의 같음 안에만 머물지 않고 서로의 다름을 이해함으로써 더 넓어지고, 이 확장된 보편성 안에 '우리'의 같음이 존립한다. 이것이 그 분명한 한계에도 불구한 이해의 그때마다의 성과이고 또 성과임에도 불구하고 그 불

충분함으로 인해 늘 다시 과제로 남는 것이다. 이 이중적 관계는 '상대성에서 총체성에로!'라는 역사주의의 모토에 더할 나위 없이 잘 표현되어 있다. 이 모토는 두 가지를 말한다. '인간의 상대성이라는 피할 수 없는 현실', '상대적이기에 보편적 총체성을 향해야 한다는 거부할 수 없는 의무'!

인간의 역사적 상대성, 시대적 구속성에서 출발해 보자. 모든 인간은 자신의 시간과 시대의 자식이다. 시대 구속성은 일단 그와 그의 동시대인들의 같음을 의미한다. 그러나 동시에 다른 시대의 다른 사람들과의 다름을 의미하기도 한다. '인간은 자신의 시간의 주인이고 세계의 중심인가?'라는 물음에 긍정적으로 답하는 근대인들 간에는 같음이 존립하고, 이에 부정적으로 답하는 고대인들 간에도 같음이 존립하지만, 이 두 같음 중 어느 것도 보편 인간적 타당성을 주장할 수는 없다. 근대인과 고대인들 간의 다름이 지양되지 않고 있고, 이들은 서로를 이해할 수 없기 때문이다. 근대 철학의 아버지는 '코기토를 아르키메데스적인 기점으로 삼아 지구를 들어 올리겠다'고 말한다. 그리스 비극의 코러스단은 모이라를 이겨 낼 수 있다고 자부하는 모든 이들에게 "우리 눈이 그 마지막 날을 보기 전에는, 삶의 저편으로 건너가 고통에서 풀려날 때까지 행복하다 일컫지 말라!"[200]라고 경고한다. 고대인과 근대인이 각자의 관점과 제약 아래서만 생각하고 느끼고 의욕하는 한, 이들은 각자의 좁은 우물, 그 우물 안에서의 '상대적인 같음'에서 벗어날 수 없다. 이것이 곧 우물의 선입견이다. 상대적인 같음을 절대적인 같음으로 간

200 소포클레스, 《오이디푸스 왕》, 천병희 옮김(범우사, 1999), 84쪽.

주하는 선입견이다. 이 선입견은 자신이 선입견임을 쉬이 드러내지 않는데, 그것은 우물 안의 모든 개구리들이 이 선입견을 공유하고 그 참을 서로에게 확인해 주기 때문이다. 그리고 이로부터 이 선입견 자체보다 더 위험한 결론이 도출되어 확산된다. 이 선입견이 지배하는 우물은 세계 전체고, 그 안에 머무는 개구리들은 인류 전체라는 생각이다. 우물 안의 상대적인 같음은 절대적 같음을, 국지적 타당성은 보편 인간적 타당성을 참칭한다. 이것이 역사적 존재자로서의 인간, 우리 우물 안 개구리들의 운명이다. 시대의 좁은 우물에 머물러 있는 한 결코 피해 갈 수 없는 운명이다. 이는 거꾸로 우물에서 벗어나야 할 그리고 우물 밖의 다른 개구리들을 만나야 할 필연성을 의미한다. 다름과의 만남만이 나의 우물의 협소함을 깨닫게 해 주고 나를 더 넓은 세계로, 더 높은 보편성에로 이끌어 주기 때문이다. 이 만남의 통로가 바로 역사적 이해, 다른 시대에 속한 다른 사람들의 삶의 표출에 대한 이해다.

'역사적' 이해는 '역사' 안의 인간이 자신의 '역사성'을 극복해 가는 방식이다. 여기서 '역사적 이해', '인간의 역사성' 등의 표현에 포함된 '역사'라는 말의 의미에 대해 생각해 보자. 딜타이는 이 말을 이의적으로 사용한다. 우선 '인간의 역사성'에서 '역사성'은 '역사적 상대성', '인간은 자신이 속한 역사와 시대의 구속에서 벗어날 수 없음'을 의미한다. 반면 '역사적 이해'에서 '역사적'은 '시대 초월적', '자신의 시대의 한계를 넘어 다른 시대에 관계하는'이라는 의미를 갖는다. 역사적 이해는 시간적으로 간격이 있는 다른 시대의 삶의 표출에 대한 이해이기 때문이다. 첫 번째 역사성은 '내가 속한 시대 안에 빠져 있음'이고, 두 번째 역사성은 '나의 시대의 한계를 넘어 다른 시대 안으로 들어갈 수 있음'이다. 왜 역사라는 하나의 개념 안에 '시대의 한계를 설정함'과 '그 한계를 넘어섬'이라는 두 의미가, 그것도 정면으로 충돌하는 두 의미가 공존하고 있는가? 답하기가 쉽지는 않은 물음이다. 그러나 얼핏 보아 이해하기 어려운 이 이의적 용어 사용은 실은 이유 없는 것이 아니고 따라서 이해할 수 없는 것도 아니다. 인간은 오로지 역사성의 방식으로 존재하는데, 이 존재자의 존재 구조가 양면적이라는 것이 바로 그 이유다. 이는 역사 자체의 이의성이 아니라, 오로지 역사 안에, 역사적인 방식으로만 존재하는 우리 인간의 근원적 존재 방식의 양면성이다. 한편 인간은 시대의 같음에서 벗어날 수 없고 그런 한에서 시대에 구속된 존재자로, 즉 자신의 현재로부터만 사유된다. 다른 한편 이 동일한 인간이 다른 시대의 삶의 표출을 이해하기를 원하고 또 이해하는 한, 그는 시대를 넘어서는 존재자로, 즉 자신의 현재가 아닌 타인의 시간으로부터 사유된다. 현재의 규정하는 힘으로부터 사유되는 한에서 인간은 자신의 시대적 상대성에서 벗어날 수 없다고 여겨지고, 타인의 시간과 관계하는 가능성으로부터 사유되는 한에서 인간은 자신의 역사적 상대성을 이겨내고 보편 인간적 타당성에 도달할 수 있다고 간주된다. 그러나 이 두 인간이 실은 한 인간의 두 얼굴인 한에서 현재를 제약하는 힘으로서의 시대의 상대성은 완전히 삭제되지는 않고, 다른 시대와의 공통성으로서의 보편 인간적 타당성도 온전히 획득되지는 않는다. 역사적 이해가 완전히 성공하지 않는다면 말이다. 그러나 동시에 상대성은 지속적으로 극복되고 있고 보편 인간적 타당성이라는 먼 목표가 점점 더 가까워지고 있다는 것도 부정할 수 없는 사실이다. 수행된 모든 역사적 이해가 완전히 실패한 것이 아니라면 말이다.

'자신의 시대 안에 빠져 있음'과 '다른 시대를 이해할 수 있음' 사이의 팽팽한 줄다리기가 계속된다. 역사의 이의성은 '걷는 자로서의 인간'의 야누스적 본질이다. 역사적 존재자로서 인간이 걷는 길은 '상대성에서 총체성에로' 향하는 길이다. 역사의 두 의미, 시대적 상대성과 보편적 총체성은 각기 이 길의 출발점과 목표점, 길이 시작하고 끝나는 경계다. 물론 이 두 경계는 모두 걷는 자로서의 인간에게는 '비현실적인, 길의 극단'이다. 여기서는 걷는 자의 걸음이 '불가능해서 시작할 수 없거나' '불필요해서 끝나 버리기' 때문이다. 그리고 그 의미에서 길이 시작하고 끝나는 두 경계는 길에 속하지 않는다. 걸을 수 없다면, 그건 길이 아닌 까닭이다. 걷는 자가 걷는 자인 한, 즉 도상에 서 있는 한, 그에게 길의 두 극단은 모두 부정된다. 그는 이미 길의 시작을 떠났기에 역사적 상대성이라는 하나의 극단은 물론 부정된다. 완전하게는 아니지만 상대성은 이미 어느 정도 극복되었다. 그는 성공적으로 다른 시대를 이해해 왔고 또 이해하고 있기 때문이다. 그러나 이 이해가 완전한 성공을 거둔 것은 아니기에 보편 인간적 총체성이라는 다른 극단도 부정된다. 걷는 자는 이 먼 목표에 접근해 갈 뿐이지 아직도 도달한 것은 아니다. 역사적 이해의 많은 성과에도 불구하고 그는 자신의 시대로부터 완전히 벗어날 수는 없다. 그런 의미에서 역사적 상대성은 이 길을 걷는 자에게 여전히 '위협적'이다. 그의 내면에서는 '자신이 아직도 길의 시작에 머물러 있는 것은 아닌가 하는 우려'가 그치지 않는다. 이 우려에도 불구하고 수행된 역사적 이해의 적잖은 성과로 인해 먼 목표는 여전히 '유혹적'이다. '조만간 길의 끝에 도달하리라는 기대'가 걷는 자를 부추기고 바쁜 걸음을 재촉한다. 걷는 자에게 비현실적인 길의 두 극단('길의 시작, 시대적 상대성'과 '길의 끝, 보편 인간적 총체성')은 이런 식으로 걷는 자의 삶 안으로 들어와, 그의 두 얼굴을 이루고 그의 내면에서 우려와 기대의 충돌이라는 방식으로 무한한 갈등을 빚어낸다. 이 갈등이 자신의 시대에 구속된 채 다른 시대를 이해해야 하는 자, 역사적 상대성의 구속 아래서 보편 인간적 타당성을 추구해야 하는 자, '상대성에서 총체성'에로 향하는 길을 걷는 자, '**역사적**' 존재자로서의 우리 인간의 숙명을 이룬다. 이제 이 숙명적 갈등, '역사성' 자체의 내적 분열, 인간의 '역사적' 상대성과 '역사적' 이해의 가능성의 충돌의 문제가 숙고의 대상이다. 놀랍게도 이 숙고는 우리를 인간의 자유라는 의외의 문제 영역에로 이끌어 갈 것이다.[201]

일단 인간은 시대의 자식이고, 따라서 그의 시대와 현재가 사유하고, 느끼고, 의욕하는 방식에, 한마디로 그의 정신의 삶 일반에 부과한 제약을 벗어날 수 없다. 이 제약은 유한한, 즉 탄생과 죽음으로 한정된 시간만을 가진, 따라서 이 시간 이외의 삶을 결코 누릴 수 없는 인간에게는 피할 수 없는 것이다. 이것이 그의 현재의 현실성, 그가 그 안에 살고 있고 거기서 벗어날 수 없는 시간, 니체의 표현으로 이른바 거미의 집, "거미줄"[202]이다. 인간은 그의 시대와 현재의 현실성에서 벗어날 수 없다. 이것이 인간의 역사성이라는 말의 첫 번째 의미다.

> 어떤 사람에게나 그의 삶의 흐름으로부터 주어지는 지속적인 결정 Determination이 있어서, 그의 앞에 놓인 가능성들은 제한되기 마련이다. 어떤 사람이건 그의 본성의 [지금까지의] 형성 과정이 [앞으로의] 계속되는 발전을 규정한다. 간단히 말해서 누군가가 자신의 상황의 확정을 또

201 그러므로 이 숙고는 인간을 '자연'의 일부로 간주하고 인간에게 고유한 '자유'를 삭제해 버린 밀, 그리고 밀이 예비한 길을 따라 걸은 현대의 모든 자연주의자들에 대한 논박이기도 하다.

202 니체, 《아침놀》, 박찬국 옮김, 니체전집 10(책세상, 2004), 134-135쪽.

는 얻어진 삶의 연관의 형식을 고려할 때면 언제나 그는 삶에로의 새로운 전망의 범위나 자신의 개인적 현존재의 내적 전환의 범위가 제한된 것이라는 사실을 경험하게 된다.[203]

그러므로 인간의 삶과 현실은 스스로에서自 유由래한 힘에 의해서가 아니라, 역사에서 유래해서 시대를 지배하는 외부의 힘에 의해 이미 **결정**된 것이다. 그리고 이 결정은 논리적으로 자신과 자신의 현실을 스스로의 결정에 따라 형성하는 자유를 배제한다. 일단 우리는 다음과 같이 말하지 않으면 안 된다. **역사가 우리의 자유를 앗아 간다**. 그러나 '역사'와 '역사성'이라는 말로 '내가 속한 시간'과 '그 시간의 지배'뿐 아니라, '내가 속하지 않은 다른 시간'과 '그 시간과 관계할 가능성'도 이해한다면, 즉 인간은 자신의 시간의 한계를 넘어 이미 가 버린 먼 옛날의 그리고 아직 오지 않은 먼 훗날의 시간을 "회상과 미래에로의 의욕"을 통해, 즉 "상상의 힘"을 통해 경험할 수 있다는 의미에서 역사적 존재자라고 말한다면, 모든 상황은 급작스레 긍정적으로 전환된다. 나는 다른 시간에 속한 다른 사람의 삶을 상상적으로 경험하면서 나의 "자기 안에서 체험하고 현실화할 수 있는 것을 넘어서서" 나의 상상력이 추체험했던 "다양한 삶의 가능성"[204]을 나의 것으로 만든다. 이것이 바로 역사적 존재자로서의 인간이 첫 번째 의미의 역사가 부과한 "제약을 넘어" 두 번째 의미의 역사를 만나는 방식, 역사적 이해다. 이 이해가 나의 "결정된 현실적 삶 안에는 결코 현존하지 않는 가능성들의 광활한 왕국을 열어 주고",[205] 이 가능성들의 상상적 추체험이 나의 주관적 개별적 세계

203 W. Dilthey, *Gesammelte Schriften*, Bd. VII, 215.

204 *Ibid.*, 259.

의 편협함을 제거해 준다. 이제 이 관점에서 우리는 역사와 자유에 대해 앞서 말한 것과 정반대의 진리를 말해야 한다. "**역사가** (…) **우리를 자유롭게 한다**."[206] 역사가 우리의 자유를 앗아 간다는 것 그리고 역사가 우리를 자유롭게 한다는 것, 이 둘은 모두 진리다. 인간이 시대의 구속에서 벗어날 수는 없다는 주장은 참이고, 이 상대성에도 불구하고 다른 시대의 다름에 대한 이해가 이루어진다는 주장도 참이기 때문이다. 중요한 것은 이 둘을 서로를 배제하는 양자택일의 선택지로 간주하지 않는 것이다. 시대적 구속성에도 불구하고 그때마다 다른 시대에 대한 역사적 이해가 이루어지고, 이 반복을 통해 우리의 자유는 확대되고 우리 관점의 보편성도 고양되고 있다는 점, 역사적 존재자로서 우리가 걷는 길이 '상대성에서 총체성'에로 향하는 길이지 그 반대의 길은 아니라는 것만이 중요하다. 지금부터는 이 행보의 구체적 과정, 이른바 상상적 추체험으로서의 역사적 이해의 진행 과정을 보편성의 확대라는 관점에서 분석해 보자.

딜타이에 의하면 역사적 이해의 "실행은 두 계기 위에 근거한다". 하나는 타인의 "환경과 외적 상황에 대한 생생한 현재화"이고, 다른 하나는 "상상"이다. "현재화"는 전위와 추체험의 기반을 제공한다. 이때 전위와 추체험은 앞서 언급했듯이 자기 해체는 아니지만, '나의 시간 안에 속해 있는 나'의 "유연한" 변형을 요구한다. 이것이 상상, 현실성과는 전혀 다른 실존의 방식을 표상 속에서 사유하는 능력의 과제다. 현실적으로 나는 너가 아니지만 나는 마치 '나 아닌 너'인 듯이, 현실적으

205 *Ibid.*, 215.

206 *Ibid.*, 252.

로 나는 나의 세계 안에 있고 이 세계는 너의 세계가 아니지만 마치 내가 '나의 세계가 아닌 너의 세계' 안에 있는 듯이 상상적 사유가 펼쳐진다. 말하자면 나의 현실적인 삶의 조건들을 필요에 따라 "강화하거나 약화하며"[207] 상상적으로 나와는 다른 너의 삶 안에 들어선다.

> 무대가 열리고 리처드가 등장한다. 이제 유연한 영혼은 리처드의 말과 표정, 몸짓을 따라가며, 자신의 실재의 삶, 현실적 삶의 가능성의 내부에는 결코 없었던 무언가를 추체험한다. 〈뜻대로 하세요〉의 환상적인 숲은 우리를 모든 기행奇行을 추형성하고 싶게 만드는 기분 안으로 투입한다.[208]

이해는 이 전혀 현실적이지 않아서 생소한 세계, 상상된 가능성 안으로의 모험적 여행이다. 그러나 이 세계는 단지 비현실적인 것이 아니라 과거 어느 한때 현실적이었거나 미래의 어느 날에 현실적일 수 있는 세계다.[209]

---

207 *Ibid.*, 215.

208 *Ibid.*

209 이 세계가 역사 서술가의 손을 거쳐 우리에게 실재성으로 주어진다면 그것은 과거의 현실성이고, 시인의 손을 거쳐 실재성으로 주어진다면 그것은 (아직 오지 않은 시간 언젠가에 현실화될 수 있다는 의미에서) 미래의 현실성이다. 그래서 딜타이는 이렇게 쓴다. "추체험 안에는 우리가 역사 서술가나 시인 덕분에 얻을 수 있었던 정신적 사물의 매우 중요한 부분이 들어 있다."(*ibid.*) 역사가와 시인은 시대에 구속된 인간에게 그 시간으로부터의 자유를 허용해 주는 자들이다. 이 자유의 원천은 물론 이미 가 버린 시간에 대한 '기억'과 아직 오지 않은 시간에 대한 '상상'이다. 이를 통해 모든 현대인은—한편 역사가에 힘입어, 다른 한편 시인에 힘입어, 그리고 부분적으로는 자신의 상상력에 힘입어—과거와 미래를 함께 살 수 있다. 이미 존재하지 않는 시간으로 여겨지

딜타이는 '루터 이해'의 예를 든다. "대부분의 현대인들에게" 루터가 처했던 "종교적 상태를 체험할 가능성은 매우 제한된" 것이다. 우리가 전수된 자료들, "루터의 편지와 저술, 그의 동시대인들의 보고서, '종교적 대화와 공의회, 루터의 공적 교류에 관한 서류'를 훑어본다면", 우리는 "분출하는 권력에 관한 그리고 삶과 죽음을 좌지우지하는 그 같은 에너지에 관한 종교적 과정"[210]에 맞닥뜨리게 되어, 마치 루터는 우리 현대인의 "체험 가능성의 저편에 있는 것처럼"[211] 보일 것이다. 말하자면 루터의 삶과 체험은 우리의 삶 안에서는 일단은—우리가 다른 시대의 다른 사람, 루터를 공감하려는 노력을 하지 않는다면—생각할 수 없는 가능성이다. 그러나 이해가 나를 루터의 삶 안으로 데려간다. 그리고 이 경험이 아니었다면 결코 보지 못했을 세계와 삶의 방식을 경험하게 해 준다.

> 나는 그를 추체험할 수 있다. 나 자신을 [루터가 처했던] 상황에 투입한다. 이 상황 안에서 모든 것이, 종교적 심성의 삶의 그토록 기이한 전개 과정을 [따라가라고] 독촉한다. 나는 수도원에서는, 눈에 보이지 않는 세계와 교통하는 기술을 가르침받은 수도사들의 영혼은 지속적으로 피안의 사물에로의 시선을 잃지 않았다는 사실을 본다. 모든 신학적인 논쟁은 여기에서 내적 실존의 문제로 바뀐다. 또한 나는 이렇게 수도원에서 형성된 것들이 어떻게, 무수히 많은 경로를 통해—설교와 고해, 강단

는 과거는 기억을 통해, 아직 존재하지 않는 시간으로 여겨지는 미래는 상상을 통해 현재 안에 공존한다. 이 같은 시간성 개념에 대해서는 다음을 참조: *ibid.*, 201f., 232f.

210 *Ibid.*, 215.

211 *Ibid.*, 216.

과 저술을 통해—평신도들의 세계에로 확대되어 나갔는지를 본다. 그리고 나는 '어떻게 공의회와 종교적 운동이 보이지 않는 교회unsichtbare Kirche에 대한 교리를, 그리고 성직자 일반에 대한 교리를 곳곳으로 확산시켰는지', '이 교리가 세속적 삶에서 개인의 해방과 어떤 관련을 맺었는지', 또한 '이렇게 감옥의 고독 속에서 그리고 [앞서] 서술된 강도 높은 투쟁을 통해 얻은 것이 어떻게 교회에 대항하여 자기를 주장하는지'도 인지하게 된다. '삶 자체를 가정, 직업, 정치적 관계 안에서 형성하는 힘'으로서의 기독교, 이것은 하나의 새로운 힘이다. 이것은 모든 도시에서, 그리고 고급 노동이 이루어지던 모든 곳에서의 시대정신이, [예를 들면] 한스 작스Hans Sachs와 뒤러Dürer의 정신이 반겨 마지않았던 새로운 힘이다. 이 운동의 첨단에서 루터는 죽었다. 여기서 우리는 한 연관의, 즉 '보편 인간적인 것으로부터 출발해서 종교적 국면에 이르고, 다시 이로부터 종교적 국면의 역사적 규정성을 거쳐 루터의 개별성에까지 이르는 연관'의 근거 위에서 루터의 [삶의] 전개 [과정]을 체험한다. 이러한 과정이 '루터의 내부에 그리고 초기의 종교개혁기 그의 동료들의 내부에 있던 종교적 세계'를 우리에게 열어 준다.[212]

물론 나는 나고 루터는 루터고 나와 루터는 서로 다른 개별자다. '루터의 종교적 세계'와 '종교의 영향력이 비교적 약화된 현대에 살고 있는 나의 세계'도 같은 것일 수는 없다. 나와 루터는 각자의 세계 안에 자기 자신으로 머물러 있고, 그런 한에서 '나'와 '그' 사이를 우선은 철저한 다름이 지배한다. 이렇게 서로 다른 두 개별자가 이해의 가교 위에서

212 *Ibid.*

만난다. 그리고 무슨 일이 일어나는가? 지금까지 나에게는 비가시적인 존재와 지속적인 관계를 맺는 내적 영혼의 종교적 삶의 방식, '보이지 않는 교회'에 대한 헌신을 위한, '보이는 교회'를 상대로 한 투쟁의 삶은 생각할 수 없는 가능성이었다. 그래서 이 다른 시대의 다른 개별자의 다른 삶의 방식은 우선은 공감할 수 없는 생소함으로 다가온다. 그러나 상상적 이해의 방법들(과거의 재구성, 자기 투입, 전위, 추체험)이 나를 이 개별자가 속했던 다른 세계 안으로 인도해 간다. 그 안에서 나는 우선 '종교개혁가들의 도전과 수난, 보이지 않는 교회의 강조'를 보이는 교회의 폭력과 전횡으로부터 이해한다. 이것이 루터의 투쟁의 삶(부분)이 그 안에 속했던 시대의 종교적 역사적 연관(전체)이다. 그리고 이 연관은 다시 루터를 "앞서 간 그리고 뒤이은 구체적인 것의 더욱 포괄적인 연관"[213] 안에서, 말하자면 중세 말의 교회사적 연관과 종교개혁 이후 자본주의 정신의 형성 과정까지 포함하는 더 큰 지평 안에서 이해될 것이다. 궁극적으로 보이는 교회의 폭력, 이 폭력에 대한 저항은 폭력 자체에 대한 보편 인간적 이해에 근거를 둘 것이다. 거꾸로 말해 부당한 폭력에 항거하고 그로부터 해방되려는 보편 인간적 태도가 종교개혁기의 시대적 연관 안에서 구체화되고 나아가 루터라는 한 성직자의 특수한 삶의 상황 안에서 더욱 구체화되어 종교개혁이라는 운동, 종교적 시대의 삶의 표출로 전수된 것이다. 물론 이 보편 인간적 태도가 나의 시대에는 종교개혁의 운동과는 전혀 다른 양상을 띠고 나타날 것이고 다른 외관을 갖춘 삶의 표출로 주어질 것이다. 그러나 이렇게 시대마다 달라지는 양상에도 불구하고 각각의 시대의 삶의 표출을 통해 궁극적으로

213 *Ibid.*, 237.

이해되는 것은 폭력과 자유의 관계에 대한 인간의 근본 태도다. 그러나 동시에 이 근본 태도가 다른 시대와 상황을 만나 달리 현현한다면, 이 또한 단순한 양상과 겉보기만의 변화에 불과한 것은 아니다. 동일한 태도가 완전히 달리 표현되어 달리 이해되기 때문이다. 이해의 과정에는 얼핏 충돌하는 것 같지만 실은 서로를 보완해 주고 있는 두 측면, '같음의 확인'과 '다름의 발견'이 공존하고 있다. 같음의 근거 위에서 다름을 이해하고, 다름의 이해를 통해 같음의 정도를 높이고, 고양된 같음 위에서 더 많은 다름을 이해하는 것이 바로 정신과학적 인식, 역사적 이해이기 때문이다. 일단 이해의 이 두 얼굴 그리고 그 상호 귀속성에 주의를 모으기로 하자.

한편, 나와 루터는 '폭압에 항거하고 자유를 추구하는 태도'를 공유한다. 이것이 바로 나와 루터가 함께 참여하고 있는 보편 인간적 같음이다. 그리고 이 같음이 루터의 시대와 나의 시대에 각기 다른 양상으로 구체화된다. 바로 여기에 다른 시대들의 다름에도 불구한 역사적 이해의 가능성이 있다. 그래서 딜타이는 우리가 이해할 때 우리는 "보편 인간적 타당성이라는 특성을 갖는 것에로 전위한다"[214]라고, 그리고 "우리는 스스로 체험하지 못한 어떤 감정도 타자 안에서 재발견할 수는 없다"[215]라고 분명히 말한다. 궁극적으로 이해되는 것, 나와 루터가 공유하는 것은 폭력과 자유에 대한 보편 인간적 태도다. 그렇기 때문에 이해는 "당신 안에서 나의 재발견",[216] 우리들의 같음의 확인일 수 있다. 그러나 **다른 한편**, 이 보편 인간적 같음이 나와 루터의, 나의 시대와 루터

214 *Ibid.*, 161.

215 *Ibid.*, 196.

216 *Ibid.*, 191.

의 시대의 다름을 자신 안에 흡수, 지양, 소멸시켜 버리는 무차별적 같음이냐 하면, 그건 아니다. 보편 인간적인 것은 늘 다른 시대, 다른 개별자의 삶 안에서 달리 구체화되어 다른 역사와 삶으로 나타나기 때문이다. 역사적 이해는 이 다름을 '향한' 그리고 이 다름을 '통한' 이해다. 이해는 "개별자들의 [단적인] 같음"에 대한 이해가 "아니라", "**전적으로 다른** 성향의 개별자의 표현과 작용에서 출발해서 이 [표현과 작용의] 내적 상태와 과정을"—보편의 한 사례로서가 아니라—"바로 **이** 개별자에 귀속하는 내적인 것으로 추체험하는"[217] 상상적 과정이다. 루터 이해의 예로 설명해 보자. 나는 루터의 삶에서 나 또한 공감하고 있는 '폭력 일반에 대한 부정적 태도'만을 발견하는 것이 아니라, 이 태도가 유일무이한 개별자로서의 루터의 일회적 삶과 시대 안에서 어떻게 표출되었고, 어떤 지지와 저항을 만났고, 어떤 방식과 방향으로 전개되었는지를 이해한다. 이것은 인류의 역사에서 딱 한 번 있었던, 그래서 바로 '그' 사건, '그' 운동으로 이해되어야 하는 바로 '그' 역사다. 이렇게 보편 인간적 같음은 상이한 시대, 상이한 개별자의 삶 안에서 그때마다 상이한 이해를 요구하며 다가온다. 예를 들어 '같은' 종교적 폭력에 대해서도 '다른 해석을 요구하는' 대응들이 있을 수 있다. 루터처럼 강력한 항거의 방식으로 대응할 수도 있지만, 스피노자처럼 조용한 거부의 방식으로, 갈릴레이처럼 마지못한 수용의 방식으로, 데카르트처럼 굴종적인 회피의 방식으로 대응할 수도 있다. 동일한 폭력에 각기 달리 반응하는 이 네 방식은 하나의 같음을 그저 달리 담아내는 네 개의 상이한 그릇에 불과한 것이 아니라, 바로 이 네 개별자의 각기 다른 삶과 실존의 태도들

---

217 *Ibid.*, 259(강조는 필자).

이고 따라서 달리 이해되어야 하고 또 달리 이해될 수밖에 없는 네 개의 다른 텍스트들이다. 말하자면 여기에는 동일한 물이 고여 있는 그러나 근본적으로 상이한 네 개의 우물과 역시 근본적으로 상이한 네 마리의 우물 안 개구리가 있는 셈이다. 이들은 서로를 만나 서로의 다름을 경험하면서만 폭력에 반응하는 자신의 방식이 유일한 방식이 아님을, 자신의 우물이 유일한 세계가 아님을 깨달을 수 있다. 물론 그 다름의 경험 속에서 보편 인간적 동일성이 함께 울리고 있음도 동시에 발견한다. 이것은 말하자면 '하나to hen'가 '여럿plethos' 안에서 다양한 방식으로 변주되고, '여럿'을 통한 다양한 변주에도 '하나'의 같음이 유지되는 긴장이다. 이 긴장이 바로 '역사적' 존재자로서 인간이 다른 역사에 속한 다른 인간들과 함께하는 정신의 삶, '역사적' 이해다. 이해의 이 같은 긴장 안에서 '나와 타자', '같음과 다름', '자기주장과 타자 승인'의 충돌과 화해가 반복된다. 역사란 말하자면 이 충돌과 화해의 긴장된 협연이다.

'여럿 안에서 다양한 방식으로 변주되는 하나'와 '그 하나를 늘 다른 방식으로 연주하는 여럿'이, 그리고 '다른 변주들 안에서도 유지되는 같음'과 '그 같음을 그때마다 달리 구체화하는 여러 연주들'이 정신과학적 이해의 두 얼굴을 이룬다. 여기서 이해란 '역사적(자신의 시대에 구속된)' 존재자가 행하는 '역사적(다른 시대에 대한)' 이해이기 때문이다. 이해는 자신의 한계(시대 구속성)를 벗어날 수도 없고 또한 그 과제(시대 초월의 요구)를 외면할 수도 없다. 그래서 우리가 역사의 협연장에서 실제로 듣게 되는 것은 '하나'의 독창만도 '여럿'의 불협화음만도 아닌, '여러' 다른 목소리들 안에서 반복되는 '하나'의 울림이고 이 울림과 공명하는 '여럿'의 코러스다. 이것 자체가 바로 '역사적' 이해이고 따라서 이 이해의 두 얼굴 중 어느 하나에 대한 다른 하나의 우위를 최종적으로 결정할 수는 없다. 원칙적으로는 그렇다. 그러나 정신과학에서 학문적 관심은 늘 후자에 놓인다. 학문적으로 중요한 것은 같음의 동어반복적 자기 확인이 아니라, 다름을 통한 인식의 "확장"[218]이기 때문이다. 지금부터는 이 확장의 의미에 대해 생각해 보자. 정신과학에서 인식의 확장은 단지 지식의 양이 늘어남을 뜻하는 것이 아니다. 다름의 매개를 통해 정신과학이 인식의 확장을 이루는 정도는 이해하는 자가 다름의 경험을 통해 자신의 주관적, 사적 편협성을 벗어나 상호 주관적이고 보편적인 관점을 획득하는 정도, 이 새로운 눈으로—이 눈이 아니었다면 보지 못했을—새로운 삶의 가능성을 보는 정도, 이 가능성에 비추어 새로운 자기 자신을 이해하고 이를 현실화하며 새로운 자기를 형성해 가는 정도에 상응한다. 그러므로 정신과학은 고정된 대상에 대한 객관적 인식이 아니라, 인식하는 자, 이 인식을 통해 지속적으로 새로워지고 있는 자의 자기 인식, 자기 이해의 문제다. 언젠가 딜타이는 이렇게 말했다. "여기서는 삶이 삶을 파악한다."[219] 나는 이를 다음과 같이 번역한다. '여기서는 내가 나를 파악한다.' 정신과학에서 스스로를 파악하려는 자는 스스로에게 묻는다. '나는 무엇이고 또 무엇이어야 하는가?' '역사적인(시대에 구속된)' 자로서 그 홀로는 이 물음에 답할 수 없다. 오로지 '역사적인(시대를 넘어서는)' 자만이 다른 시대의 다른 사람의 눈과 입을 통해 이 물음의 답을 구할 수 있다.

모든 '역사적인(시대에 구속된)' 존재자는 자신의 현재 안에 갇혀 있다. 이것은 같음의 감옥이다. 이 좁은 감옥 안에서는 늘 동일한 것이 반복되고 회귀하여, 이것만이 유일한 현실성으로 간주된다. 그러나 역사

218 I. Kant, *Kritik der reinen Vernunft*, B10.

219 W. Dilthey, *Gesammelte Schriften*, Bd. VII, 136.

서술가와 시인들이 우리에게 현재가 아닌 시간에로의 통로를 열어 주어 우리를 '역사적인(시대를 넘어서는)' 자로 만들어 준다. 이들이 우리에게 제시하는 과거의 실재성과 상상된 실재성이 현재와 현실의 같음 안에 잠들어 있는 "우리를 흔들어 깨우고, 우리의 영혼을" 과거와 미래로 그리고 상상의 세계로 "확장하고 고양한다".[220] 이것이 우리 안의 해석학적 힘이다. 이 힘에 의해 추동되는 이해의 최종 전제는 나와는 다른 너를 역시 하나의 개별자로, 나의 삶과는 다른 너의 삶을 역시 하나의 삶으로 승인하는 것, 즉 타자의 다름에 대한 존중이다. 이 개방적 태도가 '다른 역사, 다른 시간과의 만남'을 가능하게 하고 이 만남이 우리를 '각자의 역사, 각자의 시간'으로부터 자유롭게 해 준다.

> [역사적 이해를 통해 만나게 된] 새로운 세계가 우리의 지평을 인간 삶의 [새로운] 가능성에로 확대시켜 준다. 우리는 오로지 추체험을 통해서만 이 가능성에 다가갈 수 있다. 인간은 내부로부터 결정된 존재자이지만, 이렇게 상상력의 작용을 통해 많은 다른 실존을 체험할 수 있다. 상황에 의해 제한된 인간 앞에 세계의 생소한 아름다움이, 그가 결코 디뎌 본 적이 없는 삶의 영역이 열린다. 아주 일반적으로 말해 삶의 실재성에 의해 규정되고 매여 있는 인간은—흔히 주장되듯—예술만이 아니라 역사적인 것에 대한 이해를 통해서도 **자유롭게** 된다.[221]

이 자유는 역사적 이해의 성과이며 동시에 전제다. 우리는 이해, 다른 시간과의 만남을 통해 우리 자신의 역사로부터 자유로워지지만, 동

---

220 *Ibid.*, 228.

221 *Ibid.*, 216(강조는 필자).

시에 현재의 구속에서 자유롭지 못하는 한 다른 시간을 만날 수는 없기 때문이다. 여기서도—어쩌면 또다시 고개를 내밀지도 모를—형식논리의 반대는 무의미하다. 분명하고 중요한 것은 이해의 반복되는 순환을 통해 우리는 매번 다름을 만나고, 그 다름이 선사한 자유가 우리가 보지 못했던 것을 보게 해 주고, 알지 못했던 것을 알게 해 주고, 살 수 없었던 방식의 삶을 살 수 있게 해 준다는 점이다. 다른 시대의 다름을 이해하지 않았더라면 결코 갖지 못했을 이 새로운 눈과 앎과 삶이 곧 정신과학적 인식의 보편성의 의미이고 자기 인식으로서의 역사적 이해의 본질이다. 이제 이 문제를 정리하면서 생각보다 길어진 논의를 마무리하자.

이해는 나와는 다른 너와의 만남이다. 나와는 다른 너를 경험하면서 나가 달라지고, 너와는 다른 나를 경험하면서 너도 달라진다. 그러나 이를 통해 이전의 나와 너가 사라지는 것은 아니다. 나의 단적인 같음 안에 너가 소멸되는 것이 아니고 너의 단적인 같음 안에 나가 지양되는 것도 아니다. '나의 나임'과 '너의 너임'은 더 보편적인 '우리의 우리임' 안에 고양되어 보존된다. 나와 너가 서로의 같음에만 집착하며 서로의 다름을 물리치지 않고, 서로의 다름을 이해하고 수용하면서 함께 달라질 수 있다는 것, 그래서 '개별자로서의 나와 너'의 다름을 포괄하는 한결 '보편적인 우리'의 관점에로 고양될 수 있다는 것, 이것은 다름의 축복이다. 자신의 시대의 구속을 스스로의 힘만으로는 벗어날 수 없는 역사적 존재자로서의 인간에게는 경이로운 축복이다. 다름의 축복은 또 있다. 너를 이해하고 너의 다른 삶을 이해하면서 과거에는 생각조차 하지 못했던 삶의 가능성을 보게 되었고, 이 새로운 삶의 방식이 현실화될 수 있는 가능성으로 변환되어 나의 삶 안으로 들어왔다는 것이다. 나는 물론 이 삶의 방식을 수용할 수도 거부할 수도 있다. 어떤 결정을 내리건 분명한 것은 '이 가능성을 만나기 전의 나'와 '만난 후의 나', '이 가능성을 모르고 있던 나'와 '이 가능성을 알고 수용하거나 거부하는 나'는 다르다는 점이다. 후자의 나는 타자의 삶의 방식에 비추어—긍정적으로건 부정적으로건—나의 삶의 방향을 결정한 나, 타자의 입과 눈을 통해 '나는 무엇이고 또 무엇이어야 하는가?'의 물음에 이미 어떤 식으로건 답한 나이다. 그리고 이 대답이 지시하는 방향으로 나는 나를 새롭게 만들어 간다. 어떤 방향으로 나의 형성이 이루어지건, 분명한 것은 그 형성은 나와는 다른 너의 삶과의 만남이 없었더라면 있을 수 없었다는 점이다. 또한 분명한 것은 그렇게 형성되어 가는 나, 과거에는 몰랐던 나를 지금 내가 새롭게 알아 가고 있다는 점이다. 내가 고집스럽게 나의 거미줄 안에만 머물러 나와는 다른 너의 눈과 입을 빌리지 않았더라면, 나는 이 새로운 나를 가질 수 없음은 물론이고, 그 나를 알 수도 없고, 심지어 '그런 나'가 있을 수 있다는 사실조차 깨닫지 못했을 것이다. 이것이 이른바 반성Reflexion이라는 인간적 자기 이해의 고유한 가능성이다. 반성이란 본디 "타자 관계인 한에서의 자기 관계"[222]다. 즉 타자와 관계하면서 궁극적으로는 자기 자신과 관계하는 일이다. 외부로 시선을 던지는 인간은 본디 자기 자신은 볼 수 없고 외부를 바라보는 자신의 눈은 더욱 볼 수 없다. 외부로 던져진 시선이 타자에 부딪쳐 자신에게 되돌아올 때에만, 인간은 비로소 자기 자신을 보게 된다. 그러므로 모든 인간은 자신이 누구이고 누구여야 하는지를 이해하기 위해 자신과는 다른 타자의 눈을 필요로 한다. 타자는 나의 거울로는 볼 수 없는 나를 보

222 G. W. F. Hegel, *Enzyklopädie der philosophischen Wissenschaften im Grundrisse (1830)*, §112.

여 주는 마법의 거울이다. “인간은 오로지 [타자] 이해라는 우회로를 거쳐서만 자신을 알아 갈 수 있다.”[223] 이것이 바로 타자의 삶을 통해 나의 삶을 보고 타자의 눈을 통해 나를 보는 과정, 이해의 힘이다. 역사적 이해의 참된 성과는 내가 나와는 다른 타자를 알았다는 것이 아니라 그 타자를 알게 되면서 **나를 알았다**는 것이고 동시에 내가 타자와 같아졌다는 것이 아니라 오히려 이 같아짐을 통해 (또는 같아짐의 거부를 통해) **내가 달라진다**는 것이다. 이 의미에서 **이해**는 **타자를 통한 인간의 자기 성찰**이고, **정신과학**은 **타자 이해를 통한 자기 이해의 학문**이다.

딜타이는 이 다름의 힘을 그가 역사주의의 형태로 수용한 낭만주의, 낭만주의적 개별성의 사상으로부터 받아들였다. 이 힘은 보편적 이성의 설득이 아니라 다양한 개별자들의 삶과 체험에 대한 긍정에서 자라났다. 19세기 독일의 지성계를 지배하던 이 긍정의 정신은 “다양한 현존의 여러 방식을 뒤따라가며 이해하라”라고, 이를 통해 “온갖 다양성에 관해 향유”하고 “이해의 지평을 확대하라”라고 요구했다. 그리고 그 대가로 “모든 생소한 것에 침잠할 수 있는 자유”를 선사했다. 이것은 그야말로 “새로운 자유”,[224] 각종 폐쇄된 우물과 형이상학적 거미줄로부터의 자유였다. 이 자유는 인간을 그가 자신의 힘으로 도달할 수 있는 최대한의 보편성, 편협함을 극복함이라는 의미에서의 보편성에 도달하게 해 준다. 물론 역사주의자로서 딜타이는 이 보편성을 결코 완성된 보편성, 최종적 보편성으로 간주하지는 않았다. 인간은 ‘역사적(시대 초월적)’이기에 그때마다 보편적인 인식에 도달할 수 있지만 또한 ‘역사적(시대 구속적)’이기에 그의 인식은 언제나 그리고 필연적으로 시대적 상

223 W. Dilthey, *Gesammelte Schriften*, Bd. VII, 87.

224 *Ibid.*, 95.

대성과 다양한 개별자의 개별성에 구속될 수밖에 없다. 그러므로 타자 이해를 통한 정신과학적 인식은 단적인 거짓은 물론 아니지만 온전한 참도 아니다. 말하자면 이 인식은 부분 진리만을 갖는다. 마치 코끼리의 특정 부위만을 만져 보고 코끼리에 대해 설명하는 일곱 장님들의 진술이 코끼리 전체를 보여 줄 수는 없지만 그 한 부분은 보여 주는 것과 같다. 그러므로 인간이 이 또는 저 역사적 상황 안에서, 이렇게 또는 저렇게 구속된 관점만을 가지고 얻어 낸, (상대성을 어느 정도는 극복했다는 의미에서) 보편적인 인식들은 모두 삶과 세계에로의 창이고 문이다. 우리는 이 창과 문을 통해 삶과 세계의 부분을 들여다볼 수 있기 때문이다. 그러나 이 창과 문 중 어떤 것도 삶과 세계 전체를 보여 주지는 못한다. 그러므로 '역사적' 존재자로서의 인간은 여전히 '상대성에서 총체성에로' 향하는 길 위에 서 있을 뿐이다. 물론 이 도상의 존재자가 이 길의 끝에 이를 수 있다는 보장은 없다. 그러므로 특정 창과 특정 문을 통해서만 삶과 세계를 들여다볼 수 있는 우리 인간이 할 수 있는 유일한 일은 우리가 이 어두운 삶과 세계의 더 많은 부분을 볼 수 있도록 우리의 창을 넓게 하고 우리의 문을 많게 하는 것이다. 이것이 형이상학이 무너진 시대, 일격에 세계 전체와 삶, 삶 저편의 비밀까지도 볼 수 있게 해 주겠노라 약속하던 '만학의 여왕regina scientirum'이 자취를 감춘 시대, 19세기의 위대한 발견이고 겸손한 선택이었다. '역사적인(시대 구속적인)' 인간은 진리 자체에 이르는 '그 하나의 창', '그 하나의 문'은 가지고 있지 않다. 그러나 '역사적인(시대 초월적인)' 인간은 부분 진리에 이르는 많은 창과 많은 문을 가지고 있다. 이것이 절망의 이유인지, 희망의 이유인지는 숙고할 일이다. 니체 역시 "우리의 새로운 무한"에 대해 말한다. 우리에게 세계 자체의 비밀을 알려 주던 무한자는 "죽었다".[225] 그리고 남은 것은 세계에 대한 우리 유한한 인간들의 무한히 많은 해석들뿐이다. 유한자의 저편에 거하는 무한자가 아니라, 유한자들의 유한한 해석의 무한한 시도가 인간에게 허용되는 유일한 무한이다. "유럽 최초의 완전한 니힐리스트"[226]는 이 새로운 무한에 희망을 걸었다.[227] 니체와 동시대를 살았던 딜타이도 그의 기획된 미완의 저서《역사 이성 비판》의 3부,〈정신과학에서 역사적 세계의 건립의 계승 계획〉의 마지막을 다음의 구절로 마무리한다.

> 모든 역사적 현상과 모든 인간적 사회적 상태의 **유한성에 대한**, 모든 종류의 믿음의 상대성에 대한 **역사적 의식**은 인간 해방을 위한 마지막 발걸음이다. 이 발걸음과 더불어 인간은 하나의 자주권에, 모든 체험에서 그 내용을 획득해 내고, 이 내용에 몰두할 수 있는 자주권에 도달한다.

225 니체,《즐거운 학문》, 199쪽.

226 니체,《유고》, 백승영 옮김, 니체전집 20(책세상, 2000), 518쪽.

227 니체는 이렇게 쓴다. "**우리의 새로운 '무한'**.—현존재의 관점적 성격은 그 범위가 어디까지 미치는가, 현존재는 그 외의 다른 어떤 성격을 지니고 있는가, 해석과 '의미'가 없는 현존재란 '부조리한 것'이 아닌가, 모든 현존재가 본질적으로 **해석하는** 현존재인 것은 아닌가—(…) 우리는 우리의 가장자리 바깥을 볼 수 없다. (…) 하지만 내 생각에 오늘날 우리는 적어도 인간이 오로지 이 가장자리 내부의 관점만 **지녀야 한다**고 규정하는 가소로운 오만에서는 멀리 떨어져 있다. 오히려 우리에게 세계는 다시금 '무한한 것이' 되었다. **세계가 무한한 해석을 자체 내에 내포하고 있다**는 가능성을 우리가 배제하지 않는다는 점에서 그렇다. 다시 한 번 커다란 전율이 우리를 사로잡는다—하지만 과연 누가 도대체 **이** 미지의 엄청난 세계를 즉시 다시금 신성화하려 하겠는가? 이 미지의 것을 '미지의 것'으로서 경배하려 하겠는가? 아, **신성하지 않은** 너무나 많은 해석의 가능성이 이 미지의 것에 함께 내포되어 있다. 너무나 많은 악마적이고 우둔하고 어리석은 해석이.—우리가 알고 있는 인간적인, 너무나 인간적인 해석이……"(니체,《즐거운 학문》, 380-381쪽)

그것도 마치 철학과 믿음의 그 어떤 체계도 더 이상 인간을 구속하지 못하기라도 하는 듯이 자유롭게 말이다. 이제 삶은 개념을 통한 인식으로부터 자유로워졌다. 인간은 독단적 사유의 그 어떤 거미줄에 대항해서도 자주적으로 되었다. 추체험되고 해석되는 그 어떤 아름다움, 그 어떤 성스러움, 그 어떤 희생도 하나의 실재성을 해명해 주는 관점을 열어 준다. 마찬가지로 우리는 나쁜 것, 끔찍한 것, 추한 것도 [예를 들어 인간의 상대성도] 우리 안에 수용한다. 더구나 이것을 '세계 안에 자신의 자리를 차지하는 것'으로, 그리고 '세계 연관 안에서 정당화될 수 있는 실재성을 자신 안에 포함하는 것'으로 수용한다. 이것은 결코 속여서 덮어 버릴 일이 아니다. 그리고 이 상대성에 대항하여 '창조하는 힘의 연속성'이, [그것도] '핵심적인 역사적 사실로서의 창조하는 힘의 연속성'이 정당화된다. (…) 우리는 삶과 역사의 연관, 그 안에서 모든 부분들이 의미를 갖는 그런 연관을 경험한다. 한 단어의 철자들과 마찬가지로 삶과 역사도 하나의 뜻을 갖는다.[228] [접속사 등의] 불변화와 [동사의] 변화와 마찬가지로 삶과 역사에도 구문론적인 계기들이 있다. 이 계기들은 하나의 의미를 갖는다. 모든 종류의 인간의 추구는 이 의미를 좇는다. 일찍이 사람들은 [형이상학적으로 이해된] 세계로부터 삶을 파악하려고 애써 왔다. 그러나 존재하는 것은 오로지 '삶의 해명에서 세계로 나아가는 길'뿐이다. 그리고 삶은 오로지 체험, 이해, 역사적 파악 안에만 현존한다. 우리는 결코 [형이상학적] 세계로부터 삶에로 그 어떤 뜻도 옮겨 심지 않는다. 우리는 뜻과 의미가 최초로 인간과 그의 역사 안에서 생성될 가능성을 열어 두고 있다. 그러나 이것도 물론 개별 인간에서가

228 딜타이에서 '의미Bedeutung'와 '뜻Sinn'의 구분법에 대해서는 위 주 183 참조.

아니라 역사적 인간에서다. 왜냐하면 인간은 역사적(인 존재)이기 때문이다.[229]

평생을 역사적 상대주의의 유령에 맞서 투쟁하던 딜타이는 그의 생애의 마지막 10여 년간은 이른바 '철학의 철학'이라는 학문적 기획에 몰두한다. 이는 정신과학의 방법으로서의 이해와 그 논리학으로서의 해석학의 제공을 통해 정신과학적 인식의 상대성을 극복하려던 평생의 노력이 여의치 않자 만년에 새로 모색한 상대주의 극복의 길이다. 딜타이는 철학사를 풍미했던 온갖 철학 체계들을 유형화하여 '그 하나의 철학'에 이르고자 했다. 그 결과 그는 모든 철학 체계를 단 세 개의 유형(자연주의, 자유의 관념론, 객관적 관념론)으로 보편화할 수 있었다. 그러나 거기까지였다. 더 이상의 보편성은 없었다. 철학의 철학에 몰두하기 몇 해 전[230] 딜타이는 그의 오랜 친구 요크 백작을 방문하여 밤이 깊도록 철학적 대화를 나눈 후, 자신의 침실에 걸려 있던 라파엘의 〈아테네 학당〉의[231] "아름다운 붓질"[232]을 감상하다 잠이 들었다. 그리고 이 작품에 그려진 많은 철학자들이 세 부류를 지어 나타나는 꿈을 꾼다. 물론 후에 그가 유형화한 최종적인 세 철학 체계다. 이 셋이 마지막 숫자였다. 이 꿈은 '그 하나의 철학'이 불가능함을 암시한다. 이 꿈에서 깨어난 딜

229 W. Dilthey, *Gesammelte Schriften*, Bd. VII, 290f.

230 1893년경으로 보인다. 아래 인용문은 딜타이가 그의 70회 생일에 베를린대학에서 발표한 글인데, 이때가 1903년이었다. 이 글에서 그는 문제의 꿈이 10년이 좀 더 된 일이라고 회고하고 있다(cf. W. Dilthey, *Gesammelte Schriften*, Bd. VIII, 221).

231 실제로 걸려 있던 것은 볼파토의 동판화였다(cf. *ibid.*).

232 *Ibid.*

타이는 형이상학적 별들이[233] 빛나고 있는 하늘을 바라보며 이렇게 적었다.

> [나의] 시선은 성좌들이 펼치는 여름밤의 휘황함을 향하고 있었다. (…) 마치 아침 햇살이 넘쳐 흘러내리듯 별들로 가득한 하늘은 점점 더 밝아지며 빛을 내고 있었다. (…) 미소를 머금은 입과 무겁게 내려다보는 눈을 가진 삶, 이 비밀스럽고 헤아릴 수 없는 삶의 용모. 그 어느 때보다도 더 긴장되게 우리 인류는 이 용모를 읽어 내려 노력하고 있다. 그렇다. 나의 친구들이여. 이 빛에로, 현존재의 자유와 아름다움에로 서둘러 다가가자. 그러나 과거를 털어내 버리는 새로운 출발을 통해서는 아니다. 그 어떤 새로운 고향으로라고 해도 우리는 오랜 신들과[234] 함께 가야 한다. (…) [인간의] 근원적인 본성, 그 역사 없는 본질을 추구하는 것은 소용없는 짓이다. [역사에 의해 규정된 살결은 참된 것이 아니므로 피부 내부의 참된 본질에 도달하기 위해] 살결을 하나하나 벗겨 나간다. 그러면 무엇이 남는가? 오로지 '역사적으로 제약된 것'만이 있을 뿐이다. (…) 인간이 무엇인지는 오로지 그의 역사만이 그에게 말해 줄 수 있다. 어떤 이들은 말하자면 자신의 삶을 어떤 선입견도 없이 새롭게 시작하기 위해 온 과거를 자신의 뒤로 내던져 버린다. 이것도 소용없는 짓이다. 그들은 '그들이 ~이었던 것was gewesen'을 털어 낼 수 없다. 과거의 신들이 그들을 쫓는 유령이 될 것이다. 우리 삶의 멜로디는 이 멜로디를 노래하는 과거의 음성에 의해 제약된다. 인간은 거대하고 객관적인 힘, 역사가 만들어

233 하늘에 빛나는 별들은 딜타이에게는 늘 형이상학적 유혹이었다(cf. *ibid.*, Bd. I, 364).

234 이 신은 인간의 과거, 역사라는 신이다.

낸 힘에로의 귀의를 통해서만 순간의 고통, 모든 도락의 덧없음으로부터 자유로워질 수 있다.[235]

그렇다. 우리의 과거, 그리고 우리의 역사가 우리의 신이다. 우리를 역사 저편으로 이끌던 신은 죽었고, 인간은 오로지 '역사적'일 뿐이기 때문이다. 역사 안에 서 있던 많은 사람들이 역사 저편에 서 있다는 신에 대해 말해 왔다. 딜타이는 인류 최초로 그 신이 역사 안에 있다고 말했던 바로 그 사람이다. 그것이 20세기 초의 일이다. 파르메니데스가 '철학과 사유에로의 길'을 떠난 뒤 무려 2,400년 후의 일이다.

---

235 *Ibid.*, Bd. VIII, 225f.

9장

정신과학과 '자기' 이해

한스-게오르크 가다머

9.1 정신과학과 해석학

9.1.1 다시 묻는 정신과학이 갈 길

다시 묻자. 정신과학은 무엇이고 무엇이어야 하는가? 이 학문이 걸어온 길, 걷고 있는 길, 그리고 걸어야 할 길은 무엇인가? 우리는 이미 이 물음에 대한 답을 하나 들었다. 자연과학이 유일한 과학이 아니며 그 곁에 또 하나의 자립적인[1] 과학으로서 정신과학이 있고, 이 과학은 '역사의 보편타당한 종합판단'을 가능하게 해 주어야 한다는 것이다. 이것은 평생을 두고 실증주의적 과학 일원론에 맞서 싸우며 두 과학의 병존의 필연성을 입증하려던 19세기의 해석학자, 딜타이의 답이다. 그는 이렇게 답하고 1911년에 죽었다. 그리고 그해에 11살 소년이던 가다머는 50년의 시간을 보내고 60 노인이 되어, 정신과학에 대한 그의 오랜 숙고들을

1 '자립적'이란 말의 의미는 '독립적인 방법론을 갖춘', 따라서 '자연과학의 방법을 전용하지 않는'이다.

한데 모아 《진리와 방법》이라는 책을 펴냈다. 이 책은 정신과학이 '걷고 있는 길'과 '걸어야 할 길', '이 학문이 처한 현실'과 '이 학문에게 의무로 주어지는 가능성'에 대한 물음에 20세기 독일 해석학이 주었던 가장 귀중한 답변이다. 미완의 저서 《역사 이성 비판》의 저자가 자연과학과 "동등한 권리"[2]를 갖는 정신과학의 방법론적 근거 부여에 몰두하던 시기와 《진리와 방법》의 저자가 '정신과학적 진리'와 '자연과학적 방법'의 관계에 대해 사유하던 시기 사이에는 대략 반세기의 시간 간격이 있다. 이 간격은 무엇을 의미하는가? 물론 단지 50여 년이라는 물리적 시간 간격 이상을 뜻한다. 이것은 19세기의 정신과학에 대비해 오늘날의 정신과학이 처한 상황의 변화, 그리고 이로 인해 이 과학이 가야 할 길 또한 달라졌음을 의미하기 때문이다.

정신과학의 학문적 지위와 관련하여 20세기의 상황은 19세기의 상황과는 사뭇 다르다. 19세기에는 '하나의 과학'을 주장하는 실증주의적 과학 일원론(밀)의 영향력이 지대했지만, 이에 반대해 '두 개의 과학'을 주장하는 독일의 철학(딜타이, 리케르트)과 이론 사회학(베버)의 저항도 만만치 않았다. 이 시기 정신과학이 처했던 현실은 그 방법(설명과 이해)이 완연히 다른 두 과학의 대립, 그리고 그 배후에 서 있던 방법론적 과학 일원론과 이원론의 대립이었다. 그러나 오늘날의(가다머의 시점에서는 20세기 중·후반의) 현실에서 볼 때, 이 대립은 "이미 넘어선 것"[3]이 되어 버렸고 따라서 "더 이상 존재하지 않는다".[4] 오늘날 누구도 정신과학

2 H.-G. Gadamer, "Das Problem des historischen Bewußtseins", in: idem, *Kleine Schriften*, Bd. IV, Tübingen 1977, 143.

3 H.-G. Gadamer, "Die Zukunft der europäischen Geisteswissenschaften", in: idem, *Hermeneutische Entwürfe. Vorträge und Aufsätze*, Tübingen 2000, 122.

의 위기의 근원이 고유한 방법의 결핍에 있고 따라서 타당한 논리학의 제공이 위기 극복의 첩경이라고 주장하지는 않는다. 이제 아무도 정신과학'만'의 방법에 대해 말하지 않는다. 현실 안에서 정신과학자는 자연과학의 방법을 수용하고 있고 그것도 자발적으로 수용하고 있다. 인간과 사회의 현상까지 포함하여 모든 것은 이른바 "과학화"[5]된다. 즉 자연과학에 의해 설명되고 예측된다. 하나의 과학! 이것이 오늘날의 정신과학의 **현실성**, 이 과학이 **걷고 있는 길**이다. 바로 이 길에서 정신과학의 위기가 발원하고 또 이 위기로부터 위기 극복의 길도 지시된다. 지금 걷고 있는 길이 위기에로의 길이라면, 위기를 벗어나기를 원하는 자는 이와는 다른 길을 걸어야 함이 자명하기 때문이다. 그 다른 길은 '자연과학적 방법을 넘어서 있고 이 방법에 앞서 있는 진리'를 찾아가 거기에 정신과학의 거처를 마련하는 것이다. 이것이 오늘날의 정신과학에게 던져진 **가능성**, 이 학문이 **걸어야 할 길**이다. 그러므로 20세기의 '변화된 상황'은 양면적이다. 한편 현실성으로서의 이 상황은 정신과학의 '위기의 심화'를 뜻한다. 그러나 다른 한편 이 부정적 현실이—부정적으로, 즉 자신의 부정을 통해—지시하는 가능성은 '구원의 길'이기도 하다. 과제는 분명하다. '현실성으로서의 정신과학이 걷고 있는 길'을 떠나 '가능성으로서의 정신과학이 걸어야 할 길'을 걷는 것이다. 이 두 개의 길은 어떤 길인가?[6]

---

4 H.-G. Gadamer, *Gesammelte Werke*, Bd. X, 183.

5 H.-G. Gadamer, *Vernunft im Zeitalter der Wissenschaft*, 122.

6 '선험적 주관성의 영역의 구성에 몰두하는, 현실성으로서의 후설 현상학'을 거부하고 '삶의 현사실성에로 향하는 새로운 현상학'을 가능성으로 제시하는, 한 획기적인 책의 서론을 마무리하며 하이데거는 이렇게 말한 바 있다. "**가능성**은 현실성보다 더 높은 곳에 있다. 현상학의 이해는 오로지 가능성으로서의 자신

20세기의 정신과학이 처한 현실은 어떠한가? "지난 수십 년간 정신과학의 얼굴은" 거의 "폭력적으로", 이 학문의 본질이 망가질 정도로 "변했다".[7] 가장 중요한 변화는 정신과학 스스로가 더 이상 자신만의 고유한 방법을 원하지 않게 되었다는 점이다. 이것은 "정신과학의 **내부에서** 시작된" 어떤 "관점의 이동"이다. 즉 정신과학자의 시선이 '설명이 아닌 이해'를 떠나 '설명과 예측, 이를 통한 자연의 지배'로 이동했다는 것이다. 그 단적인 증거 중의 하나는 "사회과학"에서 "수학적, 통계학적 방법의 점증하는 비중"이다. 사회과학은 '자연과 구분된 사회'가 아니라 "사회라는 자연Natur der Gesellschaft"을 설명하여 "예측 가능하게" 만들고, 이를 통해 이 "자연의 지배라는 목적"[8]을 충족시킨다. 그뿐 아니다. 정신과학은 이른바 일회적이어서 법칙적 파악이 불가능하다는 "역사의 과정까지도" 설명을 통해 "인식하고"[9] "모든 예측 불가능성을 추방하여"[10] '역사라는 자연' 또한 "지배 가능한 것으로 만든다".[11] 역사

을 파악하는 데 있다"(M. Heidegger, *Sein und Zeit*, 38). 꼭 같은 것이 정신과학에 대해서도 말해져야 한다. '**가능성**으로서의 정신과학은 현실성으로서의 정신과학보다 더 높은 곳에 있다. 정신과학이 무엇인지를 이해하기 위해서는 가능성으로서의 정신과학을 파악하여야 한다.' 가야 할 길은, 가고 있는 길보다 현실성에 따르면 더 멀지만 가능성에 따르면 걷는 자의 본질에 더 가깝다. '본질, 무엇'에 대한 물음은 물어지는 것의 현실성으로부터뿐 아니라, 그 가능성으로부터도 답해져야 한다. 이 장에서 수행되는 정신과학의 본질에 대한 숙고는 이런 방식을 취할 것이다.

7 H.-G. Gadamer, *Gesammelte Werke*, Bd. X, 184.

8 H.-G. Gadamer, "Die Zukunft der europäischen Geisteswissenschaften", 121(강조는 필자).

9 H.-G. Gadamer, *Vernunft im Zeitalter der Wissenschaft*, 121.

10 *Ibid.*, 120.

11 *Ibid.*, 121.

역시 법칙에 의거한 설명과 예측의 대상으로 되었다. 이제 '인간의 행위와 정신적 전승의 보고'라는 의미의 역사라는 말이 오히려 생소하게 들린다. 역사라는 말로 과학 시대의 소시민들은 우선 "지구의 역사, 생명의 역사, 우주의 역사"를 떠올리기 때문이다. "정신과학의 전통적 대상을 이루었던 역사"는 이제 이 거대한 자연사의 아주 작은, "거의 중요하지 않은, 사소한" 부분에 불과하고 정신과학도 "진화론에 종속된 한 응용 분야에 지나지 않는다".[12] 체계적 정신과학은[13] 물론이고 역사적 정신과학까지도 설명하고 예측하며 사회와 역사를 지배하는 데 여념이 없다. 놀랍고 기가 막히는 것은 19세기의 정신과학의 위기가 이 학문을 자연과학화하려는 외부의 (실증주의적 과학 일원론의) 공세에서 비롯되었다면, 우리 시대의 위기는 정신과학 안에서, 정신과학자들에 의해 자라났다는 점이다. 정신과학은 스스로의 의지로 자신을 지워 나가며, 본디 '자신이 아닌 것'(자연과학)을 닮아 가고, '자신이 아닌 것'과 "거의 다르지 않게"[14] 되었다. 즉 스스로 자기 자신을 없애 가고 있는 것이다. 그 당연한 결과로 "자연과학과 정신과학의 통일"도 무난하게—과학 이원론자들의 저항 없이—이루어졌다. 그러나 바로 그렇기 때문에 이 통일은 상호적인 통일일 수는 없고, 오히려 상호적인 "종합"을 "포기하는"[15] 통일, 정신과학의 자발적 자기 해체일 뿐이다. 두 과학이 하나로 된 것

12 H.-G. Gadamer, *Gesammelte Werke*, Bd. X, 184.

13 체계적 정신과학, 즉 사회과학의 자연과학화는 물론 새로운 일은 아니다. 집단 사회학적 연구는 이미 밀의 주요한 요구 중의 하나였고, 19세기 실증주의적 사회학자들이 실천했던 바이기 때문이다(3.2.1 참조).

14 H.-G. Gadamer, "Die Zukunft der europäischen Geisteswissenschaften", 121.

15 H.-G. Gadamer, "Das Faktum der Wissenschaft", in: idem, *Das Erbe Europas*, Frankfurt a. M. 1989, 100.

이 아니라 하나가 다른 하나에 예속되었기 때문이다. 이렇게 스스로 자기 지양을 원하는 한, 아마 정신과학은 "머지않아 그 소임을 다하게"[16] 될 것이고, 학문의 역사에서 "정신과학이라는 이름은 완전히 옛 시대의 유물"[17]로만 기억에 남게 될지도 모를 일이다. 이것이 20세기 후반기에 가다머가 목도했던 정신과학의 현실이다. 그리고 몇 십 년의 시간이 더 지나갔지만 상황은 전혀 나아지지 않았다. 아니 오히려 더 나빠졌다.[18]

---

16 H.-G. Gadamer, "Die Zukunft der europäischen Geisteswissenschaften", 122.

17 *Ibid.*, 121.

18 그래서 나는 딜타이 서거 100주년을 추모하는 한 글에서—2011년의 일이다—이렇게 썼다. "딜타이의 죽음 이후 100년의 시간이 흐른 오늘날 이 다름의 [정신과학과 자연과학의 다름의] 의미가 점점 잊혀져 가고 있다. 이 다름에 주목해야 할 이유가 사라져서 그런 것인가? 그렇지 않다. 19세기에 밀이 딜타이에게 그 다름을 포기하라고 압박하던 것과 꼭 같은 방식으로, 아니 더한 강도로 20세기의 논리 실증주의자들과 통일 과학주의자들은 다름은 없다고 말해 왔다. 자연과학과 다름을 주장하는 정신과학이 나타나는 모든 곳에서, 이 과학에 사이비 과학이라는 낙인을 찍어 이들을 과학의 영역에서 몰아내려는 시도가 우리 시대 내내, 이른바 과학의 이름으로 반복되어 왔다. 정신과학자들의 상황은 어떠한가? 자연과학의 놀라운 성과를 부러워하고 동경하는 사회과학자들은 개량적 사회 연구에 여념이 없고, 인문학자들까지도 경험과 관찰, 실험과 통계를 배우고, 익히고, 사용한다. 인간 행동은 물론이고, 인간의 정서와 욕망, 심지어 창조성까지도 모두 물리학의 언어로 번역하여 설명할 수 있다고 믿고 있는 우리 시대의 심리학은 극단적이지만 전형적인 방식으로 **다름의 실종**, **인문학의 위기**를 시사하고 있다. 오늘날 정신과학의 위기는 실증주의자들의 공세로부터뿐 아니라, 정신과학의 내부로부터도 자라나고 있다. 적지 않은 정신과학자들이 자연과학과 **같아지려** 노력하고 있다. 내세우는 이유야 물론, 그렇게 해서만 정신과학의 한계를 넘어설 수 있고, 원하는 것을 [자연 연구와 같은 수준의 인식의 객관성을] 얻을 수 있다는 것이다. 그들은 왜 딜타이가 그토록 다름에 집착했고, 원하는 것을 포기해 가면서까지 정신과학의 한계를 넘어서지 않았는지 그 심오한 의미를 이해하지 못하고 있다. 우리는 우리의 **한계**까지도 사랑할 줄 알아야 한다. 이 한계가 바로 자연과학과의 **다름**이고, 이 다름이 곧 정신과학의 **자립성**의 원천이기 때문이다. 이 성찰이 이루어지지 않는 한, 100년 전에 죽은 딜

과학의 힘은 더욱 증대되었고 과학이 주는 더 큰 편리는 더 큰 유혹이 되어 '과학의 모방'이라는 운동을 가속화하고 있기 때문이다. 정신과학은 스스로의 선택에 의해 자신을 부정했고, 자신이 아닌 것에 더 다가가기 위해 본래의 자기에서 더 멀어지는 길을 걷고 있다. 딜타이의《정신과학 입문》이 출간되고(1883년) 정신과학의 독자성을 확보하려는 독일 해석학의 노력이 시작된 후 100년이 조금 넘은 시점(1985년)에서 가다머는 묻는다. 정신과학, "그것은 본디 존재하기는 하는 것인가?"[19] 자발적 자기 부정, 이것이 오늘날의 정신과학이 처한 **현실**이고 **걷고 있는 길**이다.

무엇이 문제인가? 가다머의 진단에 따르면 자연과학의 성공에 현혹된 정신과학이 자신이 무엇인지를 망각하고 자신이 아닌 것을 흉내 내고, 자신이 아닌 것이 걷는 방법의 길을 따라 걸었다는 것이 문제다. 그러나 정신과학은 근대 자연과학이 과학이라는 의미에서는 과학이 아니고,[20] "정신과학에는" 근대 과학의 고유한 무기인 방법과 같은 것도 "존재하지 않는다".[21] 따라서 자연과학은 정신과학이 흉내 낼 모범이 아니고, 자연과학이 걷는 방법의 길은 정신과학이 따라갈 길이 아니다. 정신과학과 자연과학은 그 탄생과 성장의 과정, 학문적 지위, 추구하는 이념 등 모든 면에서 다르기 때문이다. 이 **다름**에 대해 숙고해 보자. 이 숙고

타이가 벌떡 일어나, 자연과학 흉내 내는 '정신 나간' 정신과학자들에게 '정신 차리라'고 말할지도 모를 일이다."(김창래, 〈빌헬름 딜타이의 죽음, 그리고 100년 후〉, 278-279쪽)

19 H.-G. Gadamer, *Gesammelte Werke*, Bd. X, 179.

20 Cf. *ibid.*, Bd. VII, 383.

21 *Ibid.*, Bd. I, 13.

가 '가능성으로서의 정신과학'이 갈 길을 알려 줄 것이다. 이미 논의된 바와 같이 자연과학은 근대의 산물이다. 이 과학은 사유하는 주관과 연장을 갖는 사물로서의 객관의 대립이라는 근대 주관주의 세계상의 기초 위에서 객관 내지 대상으로서의 존재자 전체를 이른바 보편 법칙 아래 포섭하여 장악하려는 기획이다. 그러므로 과학의 우선적 목표는 '법칙적 질서로서의 자연의 구성'이고 최종 목적지는 '자연의 온전한 지배'다. 과학은 이 목적지를 향해 "앞으로 나아가는 길이고 아직 탐구하지 못한, 아직 지배하지 못한 영역들 안으로 밀고 들어가는 길"[22]이다. 이 길을 걷되 그 모든 행보에서 보편 법칙이 반복될 수 있도록 해 주는 근대의 고안물이 바로 방법이다. 근대 과학은 방법의 길을 걸으면서 고전적인 의미에서의 학문episteme, 정신과학의 뿌리를 자신 안에 간직하고 있는 앎 일반과 결별한다. 바로 이것이 방법적 과학의 탄생, 근대 과학이 자신의 본래의 모태로서의 그리스적 에피스테메에서 벗어나는 과정이다.[23]

> 과학의 근대적 형태는 이제 그리스적, 그리스도교적 서양의 앎의 형태와 단호한 단절을 수행한다. 이제 지배적으로 되는 것은 방법의 사고다. 방법은 여러 과학들 안에서 다양성을 갖지만, 그럼에도 근대적 의미에서의 방법은 단일한 것이다. 방법의 개념에 의해 규정된 인식의 이상은 다음과 같은 사실에 근거하고 있다. 우리가 어떤 인식의 길을 걷되 [충분히] 의식하고 걸어서, 이 길을 다시 걷는 것이 항상 가능할 수 있어야 한다. 메토도스methodos란 '다시 걸어가는 길'을 의미한다. 누군가 걸어

22 H.-G. Gadamer, *Vernunft im Zeitalter der Wissenschaft*, 55.

23 상세한 것은 6.1.3 참조.

갔던 것처럼 항상 다시 걸어갈 수 있음, 바로 이것이 방법적인 것이며, 과학의 [탐구] 과정을 두드러지게 드러내는 것이다. 그리고 바로 이를 통해 도대체 진리 요구로 나타날 수 있는 것도 필연적으로 제한된다. 어떤 형식이건 간에 검증 가능성이 진리veritas를 이루는 것이다. 그렇다면 인식을 재단하는 척도는 더 이상 인식의 진리가 아니라 인식의 확실성이다. 그러므로 데카르트의 확실성의 규칙의 고전적인 정식화, 근대 과학의 본래적인 에토스라 할 수 있는 이 정식화 이후로 근대 과학은 '확실성의 이상을 충족시키는 것'만을 '진리 조건을 충족시키는 것'으로 허용할 수 있었다.[24]

근대 과학은 근본적으로 주관이 객관을 표상하는 방식인데, 여기서 객관은 모든 시간에서 동일한 방식으로 표상되어야 한다. 즉 표상은 모든 시간에서 보편적으로 반복 가능해야 한다. 그런 표상만이 근대 과학의 진리 조건, 확실성의 조건을 충족시키기 때문이다. 이 반복 가능성을 보장하는 절차가 이른바 과학적 방법이다. 그러므로 근대 과학은 존재자는 '보편 법칙의 사례로서의 대상, 연장을 갖고 기하학적으로 규정될 수 있는 물체'라는 존재 이해와, 세계는 '이 보편 법칙이 유지되는 한에서의 물의 현존으로서의 자연'이라는 세계 이해를 갖는다.[25] 이 존재 이

24 H.-G. Gadamer, *Gesammelte Werke*, Bd. II, 48. 이 인용문의 중간 부분("이제 지배적으로 되는 것은 방법의 사고이다. […] 과학의 [탐구] 과정을 두드러지게 드러내는 것이다")은 앞서 인용된 바 있다(6.1.3의 주 34가 지시하는 인용문 참조).

25 물론 이 두 관점은 과학의 창조물이 아니라, 과학의 철학적 토대를 이루는 근대 주관주의 형이상학이 만들어 과학에게 준 것이다. 이 문제는 이내 다시 논할 것이다.

해와 세계 이해 아래서 가능한, '사유하는 주관과 연장을 갖는 객관 간의, 보편 법칙에 입각한 대상화의 관련'이 바로 과학이다. 그러나 이 같은 대상화의 관련이 우리 인간이 존재자를 만나는 방식 자체도 전체도 아니며, 가장 중요한 방식은 더욱 아니다. 이미 소개되었듯이[26] 인간은 우선 대개 '연장을 갖는 사물res extensa'이 아니라 밀랍을 만나고, '사유하는 사물res cogitans'이 아니라 밀랍을 들고 내 앞에 서 있는 사람을 먼저 만난다. 그는 내게 밀랍을 선물하려거나 팔려는 자일 수 있고, 나의 밀랍을 훔쳐 가는 자일 수도 있다. 어떤 경우건 그는 보편 법칙에 무차별적으로 포섭되는 하나의 사례가 아니다. 그러므로 이 만남에는 반복 가능성 같은 것은 없고 반복 가능성을 보장하는 방법과 같은 것도 없다. 왜냐하면 내가 만나고 상대하는 인간은 나와 꼭 마찬가지로 "보편 법칙에 의해 규정되는 한에서의"[27] 존재자가 아니라, 설명될 수도 예측될 수도 없는, 그 사유, 느낌, 의욕의 방식이 보편 법칙으로부터 자유롭다고 생각되는 한에서의 인간이기 때문이다. 정신과학에서는 주관과 객관의 대상화하는 관련이 아니라, 자유로운, 최소한 자유롭다고 여겨지는 한 사람과 역시 자유로운 그리고 자유롭다고 여겨지는 다른 사람의 '만남'이 문제다. 여기서 정신과학은 자연과학의 방법적 사유와 세계 지배의 관심을 근본적으로 벗어난다. 정신과학에서 "앎"의 문제는 자연의 규칙성에 대한 "객관적 인식", 이에 힘입은 자연의 "지배 가능성에 대한 물음"이 "아니라",[28] 나와 꼭 같은 인간, 그러나 나와는 다른 역사와 문화에 속해 다른 관점을 가진 타자와의 상호적인 이해 가능성의 문제

26 7장의 종결부 참조.

27 I. Kant, *Prolegomena*, 294.

28 H.-G. Gadamer, *Gesammelte Werke*, Bd. II, 323.

이다. 그러므로 정신과학은 철두철미 인간적인 일이다. 이 학문은 자연적 대상의 설명, 예측, 지배가 아니라, 한 인간과 다른 인간의 만남, 이 만남을 통한 대화, 이 대화를 통한 서로 간의 매개를 목표로 하고 또 결과로 갖기 때문이다. 자연과학이 주관의 활동을 통해 대상들을 조작하고, 이 대상들의 "역학적 전체"[29]로서의 자연을 장악하는 "지배지"[30]라면, 정신과학은 "역사적 문화적 전승"의 형태로 우리에게 다가오는 타자에 의해 "매개되는 인간 자신에 대한 지식",[31] 매개지라 할 수 있을 것이다.

이 두 개의 '지'는 서로 **다르다**. 이 다름은 내가 언젠가 지적했듯이 아주 "철저한 의미"에서의 다름이다. 왜냐하면 이 다름은 정신과학은 **"자연과학과 다른 과학"**이라고 말하지 않고, 정신과학은 **"과학과는 다른 인식"**[32]이라고 말하기 때문이다.[33] 전자의 다름을 주장하는 자는 여전히 방법론적 과학 이원론의 내부에 머물러 있고 따라서 두 개의 방법(이해와 설명)의 대립을 주장할 것이다. 설혹 이해가 설명과는 완전히 다른 방법이라 할지라도 이 역시 하나의 과학적 방법이라면 근대 주관주의의 방법의 이상, 반복 가능한 인식으로서의 확실성의 이상을 완전히 벗어

---

29 I. Kant, *Kritik der reinen Vernunft*, B446.

30 H.-G. Gadamer, *Gesammelte Werke*, Bd. I, 316; C. Dutt, Hrsg., *Hans-Georg Gadamer im Gespräch*, 16.

31 H.-G. Gadamer, *Gesammelte Werke*, Bd. IV, 265.

32 김창래, 〈언어철학적으로 살펴본 정신과학의 의미〉, 69쪽.

33 여기서 우리가 앞서(2장) 이미 논증했던 사실이 다시 드러난다. 과학이 학문(앎)이 아닌 것은 아니지만 학문 전체는 아니다. 즉 학문이면서 과학이 아닌 것이 존재한다. 그것이 곧 철학과 정신과학이다. 가다머의 입장의 독특성은 과학이 아닌 앎과 과학의 관계를 근거와 파생태의 관계로 보고 있다는 점이다. 이 관계가 바로 가다머가 생각하는 '진리와 방법의 관계'다.

날 수는 없다. 이것은 과학의 내부에서 정신과학의 자립성을 추구하는 모든 시도를 따라다니는 근본적인 한계, 아무리 독자적인 방법론을 구성한다 하더라도 결국 과학이 걷는 길을 따라갈 수밖에 없다는 한계다. 방법은 과학이—자연과학이건 자연과학이 아닌 과학이건—걸을 수밖에 없는 길이기 때문이다. 바로 이 한계가 20세기의 정신과학으로 하여금 자신과는 근본적으로 다르다는 자연과학적 방법의 길을 따라 걷게 했고 이를 통해 자기 부정에 이르게 했던 단초였다. 문제는 과학이 아닌 정신과학이 하나의 과학으로 간주되었고, 방법을 갖지 않는 정신과학에 과학의 방법이 강요되었다는 점이다.

이런 이유에서 가다머는 정신과학은 자연과학과 다른 과학이 아니라 과학과는 다른 앎이라 말한다. 이로써 그는 '과학에 대한 앎의 포괄성'과 '앎에 대한 과학의 특수성'을 동시에 주장한 것이다. 즉 앎은 과학을 포함하며, 과학적 인식 역시 앎의 한 종류다. 그러나 모든 앎이 과학적이어야 하는 것은 아니고, 앎 중의 일부만이 유독 과학적이라 칭해진다. 그렇다면 앎은 어떤 과정을 거쳐 과학적으로 되는가? 가장 일반적인 따라서 포괄적인 의미에서의 앎을 시원의 철학은 '에피스테메'라 불렀는데, 이를 가다머는 "사태 자체와 그 참된 근거에 관여함"[34]이라 정의한다. 에피스테메는 사태에 대한 파악이고 파악하며 관여함이지, '인식하는 자가 인식에 앞서 이미 가지고 있는 목적'에 봉사하는 수단이 아니었다. 그러나 이 자기 목적적인 앎이 다른 목적의 실현을 위한 수단으로 바뀔 수는 있다. 이를테면 사태 자체에 대한 파악이 사태를 법칙에 따라 반복 가능한 것으로 구성하여, 설명, 예측, 지배한다는 목적의 실

34 H.-G. Gadamer, *Gesammelte Werke*, Bd. X, 292. 아리스토텔레스에서 에피스테메의 근원성과 보편성은 이미 상세히 논한 바 있다(4.1 참조).

현을 위한 도구적 지식으로 변형, 추상화될 수 있다. 바로 이것이 앎의 한 특수 형태로서의 방법적 인식, 근대 과학의 탄생 과정이다. 물론 이 탄생의 배후에는 앞서 언급한 근대 주관주의 형이상학의 독특한 존재 이해와 세계 이해가 서 있다. 존재자는 연장을 갖는 사물, 기하학적으로 대상화되는 물체이고 세계는 이 물체들 간의 역학적 관련에 따라 구성된 자연이라는 것이다. 물론 우리는 존재자와 세계를 이렇게 과학적으로, 근대의 방법적 이상에 따라 물체와 자연으로 대상화하여 관찰할 수 있다. 그러나 이것은 우리가 그 안에 살고 있는 세계를 경험하는 방식, 그리고 그 세계 안에 함께 있는 다른 존재자를 만나는 '일차적인' 방식은 아니다. 일차적으로 우리는 역사와 사회 안에서 친구와 적을 만난다. 타자는 죽어 침묵하는 객체가 아니라, 살아 움직이며 내게 말을 걸어오는 하나의 '너Du'다. 내가 이 너와 너의 삶의 흔적을 만난다. 그리고 이를 통해 너를 인식하고 이 인식에 비추어 나도 인식한다. 타자 이해를 통한 자기 이해![35] 이것이 우리가 세계 안에서 타자를 경험하는 일차적인 방식이다. 예를 들어 우리가 누군가를 만나 직접 대화를 나눈다거나, 시라쿠사의 방문과 관련한, 플라톤의 쓰라린 기억이 담긴 편지 또는 루비콘강을 건너기로 결단을 내리는 카이사르에 관한 플루타르코스의 기록을 만난다거나 또는 예술 작품을 접할 때도 같은 일이 일어난다. 우리는 늘, 말하는 타자를 만나 대화를 나누며 이 타자에 대해 그리고 나에 대해 뭔가를 배운다. 이 **일차적**인 관계 안의 타자가 법칙적 질서로서의 자연의 구성이라는 목적을 위해 인위적으로, 보편 법칙의 한 사례일 뿐인 자연 사물로 중성화되어 버리면,[36] 그때 비로소, 즉 **이차적**으

---

35 "너를 통해서만 보이게 되는 진리, 그것도 너가 나에게 뭔가를 말하게끔 함을 통해서만 보이게 되는 그러한 진리"(*ibid.*, Bd. II, 445)가 곧 정신과학적 진리다.

로 자연 사물에 대한 과학적 인식이 얻어진다. 이 이차적인 한에서의 타자 경험, 즉 타자를 보편의 사례로 중성화하여 규정함이 과학의 방법으로서의 설명이고, 이 이차적인 설명을 유도해 내는 추상화 과정의 출발점으로서의 일차적 타자 경험이 이해다. 그러나 이때의 이해는 설명에 대립된, 정신과학의 방법으로서의 이해가 아니라, 나와 너가 말하고 듣고, 묻고 답하고, 표현하고 이해하는 과정으로서의 대화, 말하자면 인간의 타자 경험 일반의 형식이다. 타자를 무차별적인 보편 법칙의 동일성 아래 포섭, 용해, 삭제해 버리는 것이 아니라, 그 타자를 나와는 다른 타자로서 긍정하고 경험하고 수용하는 삶의 실천이 (방법이 아니라) 정신과학의 수행 방식으로서의 이해다. 이 이해는 방법이 우리에게 주는 것과는 "뭔가 다른 것",[37] 방법적 과학으로서는 결코 "사유할 수 없는 어떤 것"[38]을 우리에게 준다. 그것이 바로 "과학적 방법론의 통제 영역을 벗어나 있는",[39] 따라서 "과학의 방법적 수단에 의해서는 검증될 수 없는 진리"[40]이다. 진리는 물체, 물체들 간의 관계에서 오는 것이 아니라 사람과 사람의 만남, 이해에서 온다. 방법(설명)은 인식에로의 유일한 통로가 아니라, 타자를 법칙의 사례로서의 자연 사물로 중성화하는 한에

---

36 예를 들어 플라톤의 편지들이 문체 분석과 어휘 분석을 통해 진위 판독의 대상이 된다거나, 같은 목적으로 천경자 화백의 미인도가 엑스레이 촬영대 위에 놓인다거나, 또는 정동진의 동쪽 하늘을 붉게 물들이며 뭇 사람들을 흥분시키는 새해의 첫 해가 지구의 자전 법칙에 환원되는 경우다. 이 경우 우리가 플라톤의 철학 정신에서, 화가의 붓질에서, 일출의 장관에서 경험하는 '진리'는 '방법'에 의해 삭제된다.

37 C. Dutt, *Hans-Georg Gadamer im Gespräch*, 15.

38 H.-G. Gadamer, *Gesammelte Werke*, Bd. II, 50.

39 *Ibid.*, Bd. I, 1.

40 *Ibid.*, 2.

서의 타자 관계, 즉 근원적 타자 관계로서의 이해의 자연적 변양이며, 과학 또한 인식의 보편 개념이 아니라, 이 변양된 타자 관계를 통해 얻어진 변양된 인식, 즉 법칙에 포섭되는 자연 사물로서의 타자(연장을 갖는 사물로서의 객체)에 대한 이론적 인식일 뿐이다. 이 인식은 방법적으로 통제되었기에 합법칙적이고, 합법칙적이기에 보편적일 수 있다. 이 보편성이 설명과 예측, 그리고 자연의 지배를 가능하게 해 준다. 그러나 과학은 이 보편성을 위해 정신과학이 이해하는 세계, "우선적으로 경험 가능하고" 따라서 이미 "친숙해진 우리의 세계 전체"를 "외면" 내지 "포기해야만"[41] 한다. 과학의 모든 성과는 이 인위적 "은폐"[42]의 산물이다. 결국 설명하는 방법은 이해의 진리의 파생적 양태이고, 자연과학은 정신과학의 한 변양, 그것도 우리의 근원적 타자 및 세계 경험의 내용적 풍부를 중성화하여 제거한다는 의미에서 결손적 양태일 뿐이다.

이상의 논의로부터 진리와 방법의 관계가 분명히 드러났다. 그리고 이에 따라 이 장의 모두에서 제기된 물음, 정신과학의 갈 길에 대한 물음도 답해졌다. 과학적 방법은 근원적 타자 관계를 통한 정신과학적 진리 경험의 구체적 내용을 보편적 자연 인식을 위해 중성화하여 제거하는 추상의 산물이다. 진리는 방법의 근거이고 방법은 진리의 파생태다. 파생태가 자신의 근거의—비록 결여적이기는 하지만—한 양태라면, 가다머는 두 방법적 과학의 공존을 주장하는 '방법론적 과학 이원론'을 떠나 밀이 주장했던 것과는 다른 의미에서 '학문 일원론'을 주장할 훌륭한 이유를 갖게 된다. **하나의 근원적인 학문, 하나의 근원적인 진리**가

41 H.-G. Gadamer, *Vernunft im Zeitalter der Wissenschaft*, 55.

42 H.-G. Gadamer, "Wahrheit und Methode: Der Anfang der Urfassung", 134.

있다. 그리고 근대 과학과 방법적 인식은 이 근원적 진리의 한 파생태일 뿐이다. 그럼에도 오늘날 현실 안의 정신과학들은 자신의 결여적 파생태로서의 방법에로 향하는, 그리고 이를 통해 종국에는 자기 해체에 이르는 길을 걷고 있다. 이것이 이른바 정신과학의 위기라는 것이다. 위기가 자신으로 인해 유발된 곤궁Not에 전환Wende의 계기를 마련해야 하는 시기라면,[43] 위기는 필연적으로not-wendig 구원에로의 길도 지시할 수 있어야 한다. 이 필연성Not-wendigkeit이 다음과 같이 말한다. **가능성으로서의 정신과학**은 **그 하나의 진리에로의 길**을 걸어야 하고, 이를 통해 자기 자신으로 되어야 한다. 그것도 필연적으로!

9.1.2 진리와 방법의 관계

방법은 반복 가능성으로 규정되었다. 근대 과학, 과학주의, 그리고 이 모든 것의 배후에 서 있는 주관주의는 이 반복 가능성으로서의 확실성의 조건을 진리 조건과 동일시했다. 그렇다면 이제 방법이 진리의 파생태로 규정되고 난 이후에, 진리는 무엇인가? 확실성으로서의 진리를 자신의 파생태로 거느리고 있는 그 하나의 진리, 근원적인 진리는 무엇인가? 진리의 본질을 묻는 한 글에서[44] 가다머는 진리 물음이 본디 "빌라도의 물음Pilatusfrage"[45]이었음을 지적한다. 잘 알려진 대로 빌라도는 예수에게 "진리가 무엇인지"[46]를 물었다. 이에 대한 예수의 답은 물음에

43 III부의 주 1 참조.

44 H.-G. Gadamer, "Was ist Wahrheit?", in: idem, *Gesammelte Werke*, Bd. II, 44-56.

45 *Ibid.*, 44.

46 요한복음, 18:38.

앞서 이미 주어져 있었다. 예수는 스스로를 "길이요, 진리요, 생명"[47]이라 칭했고 "진리에 대해 증거하려 세상에 왔다"[48]고 말했다. '확실성으로서의 과학적 진리'와 '진리로서의 예수', 이 둘은 너무도 다르지 않은가? 실제로 이 다름은 너무도 커서 다름 자체의 의미를 무시하게 만든다. 예수의 대답에 빌라도가 "중립적이고" 냉담한, 즉 그 주장 자체는 긍정도 부정도 하지 않은 채 자신의 "나라와는 아무런 상관이 없다"[49]는 태도를 취한 것도 아마 이런 이유에서일 것이다. 그리고 현대의 과학자, 과학주의자들도 아마 예수의 진리 주장에 크게 놀라지도 개의치도 않을 것이다. 그것은 이 종교적 진리의 자기주장이 과학적 진리의 왕국과는 아무런 '상관이 없는' 일이라는 확신을 가지고 있기 때문일 것이다. 그런데 정말 그럴까? 그건 한번 따져 볼 일이다. 만약 예수와의 만남뿐 아니라, 플라톤, 릴케, 카이사르와의 만남도 진리 경험이라고 주장한다면? 종교적, 철학적, 예술적, 역사적 삶에서도 진리를 경험할 수 있을 뿐 아니라, 과학을 통한 자연 경험에서보다 더 근원적으로 경험할 수 있다고 말한다면? 지금부터 나는 바로 이 관점에서 인간적 삶의 '진리'와 자연에 대한 과학의 '방법'의 관계에 대해 생각해 보려 한다. 물론 이 둘 사이에 서로를 배제하는 대립의 관계가 성립하는 것은 아니다. 흔히 오해되어 온 것과는 달리 가다머는 방법 자체, 방법적 인식 자체를 부정하지는 않는다. 그는 오히려 '방법만을 긍정하고 방법 외의 어떤 진리도 인정하지 않는 입장'을 부정한다. 가다머의 비판은 과학과 방법이 아니라, '근대 주관주의 형이상학의, 그 형이상학 위에 근거하는 근대 과학

47 요한복음, 14:6.

48 요한복음, 18:37.

49 H.-G. Gadamer, *Gesammelte Werke*, Bd. II, 44.

의, 그리고 이 과학만을 절대적인 것으로 승인하는 과학주의의 협소한 진리관'을 향하고 있다. 이들은 방법의 진리와 다른 진리도 있고 더 근원적인 방식으로 있다는 사실을 깨닫지 못하기 때문이다. 방법적 진리만이 유일한 진리이고 다른 모든 (종교와 예술, 철학과 역사의) 진리 주장은 그저 비유적 표현 내지 수사학적 과장에 불과하다는 과학주의의 편견이야말로, 자신이 진리라는 예수의 주장에 직면한 과학의 냉담함에 대한 적절한 설명일 것이다. 이 냉담함의 근원적인 한계와 삶의 경험의 살아 있는 진리들이 단지 표현과 수사의 문제 이상임이 드러나야 한다. 잊지 말아야 할 것은 공고하던 빌라도의 나라는 역사 속으로 사라졌지만 예수는 살아남았다는 것이다.[50]

잘 알려진 대로 가다머의 주저 《진리**와** 방법》, 정확히는 이 제목이 포함하는 "와und"라는 접속사의 본래적인 의미의 관련하여 그간 적잖은 논란과 오해들이 있어 왔다. 그중에서도 진리와 방법의 관계를 대립적인, 상호 배제적인 관계로 해석하는 견해가 특히 관심을 끄는데, 그 이유는 이러한 대립적 해석의 배후에 정신과학과 자연과학을 이원화하여 대립시키는 정신과학 초기의 전통이 작용하고 있기 때문이다. 대표적인 예로 하버마스는 이 저서의 제목과 관련하여 "가다머는 해석학적 경험을 방법적 인식 자체와 추상적으로 대립시키는 진리와 방법의 대결을 오도하지 말았어야 했다"[51]고 쓴 바 있다. 허시에 의하면 가다머

50 다음 단락부터 이 장(9.1.2)의 끝에서 두 번째 단락까지의 내용은 가다머에서 정신과학의 문제를 다룬 나의 한 논문에서 옮겨 온 것이다. 맥락상의, 이론적인, 논리적인 그리고 수사학적인 이유에서 글은 수정, 보완되었다. 출처는 다음과 같다: 김창래, 〈언어철학적으로 살펴본 정신과학의 의미〉, 86-93쪽.

51 J. Habermas, *Zur Logik der Sozialwissenschaften*, Frankfurt a. M. 1982, 301.

에서 역사적으로 매개된 "중핵적" 진리에 어떠한 방법도 병치시킬 수 없기 때문에, 《진리와 방법》이라는 제목의 구성은 "의도된 아이러니"[52] 이상 다른 것이 아니다. 이 이외에도 흥미롭지만 수용할 수 없는 제목 변경의 제안들이 있어 왔다: "진리 대versus 방법",[53] "진리 반대contra 방법",[54] "진리 또는oder 방법",[55] "방법 없는ohne 진리".[56] 특히 《진리와 방법》이 출간된 지 40년이 지난 후에 발간된 가다머의 100회 생일 기념 논문집에서조차 이런 오해가 반복된다는 것은 특기할 일이다.[57] 물론—부브너가 적절히 지적하고 있듯이—이 모든 오해들에 대해 가다머 자신이 전혀 책임이 없다고 할 수는 없다.[58] 왜냐하면 가다머 자신의 저작

52 E. D. Hirsch Jr., *Validity in Interpretation*, Yale University Press, 1967, 245.

53 D. Böhler, "Philosophische Hermeneutik und hermeneutische Methode", in: *Text und Applikation. Theologie, Jurisprudenz und Literaturwissenschaft im hermeneutischen Gespräch*, hrsg. von M. Fuhrmann, u. a., München 1981, 500; E. Tugendhat, "The Fusion of Horizons", in: idem, *Philosophische Aufsätze*, Frankfurt a. M. 1992, 428.

54 W. Kamlah, "Plädoyer für eine wiedereingeschränkte Hermeneutik", in: *Propädeutik der Literaturwissenschaft*, hrsg. von D. Harth, München 1979, 131.

55 H. Turk, "Wahrheit oder Methode? H.-G. Gadamers »Grundzüge einer philosophischen Hermeneutik«", in: *Hermeneutische Positionen. Schleiermacher - Dilthey - Heidegger - Gadamer*, hrsg. von H. Birus, Göttingen 1982, 120; P. Ricœur, "The Task of Hermeneutics", in: *Heidegger and modern Philosophy. Critical Essays*, ed. by M. Murray, New Haven and London: Yale University Press, 1978, 157.

56 H. Ineichen, *Philosophische Hermeneutik*, Freiburg/München 1991, 182.

57 피갈은 여전히 진리와 방법을 배제적 양자택일의 두 항으로 간주하고 있다(cf. G. Figal, "Philosophische Hermeneutik, hermeneutische Philosophie: Ein Problemaufriß", in: *Hermeneutische Wege: Hans-Georg Gadamer zum Hundertsten*, hrsg. von G. Figal u. a., Tübingen 2000, 335).

58 Cf. R. Bubner, "Über die wissenschaftstheoretische Rolle der Hermeneutik: Ein Diskussionsbeitrag", in: idem, *Dialektik und Wissenschaft*, Frankfurt a. M. 1973, 90.

에서도 이러한 오해를 유발할 만한 구절들이 간간이 눈에 띄기 때문이다.[59] 그러나 가다머는 진리와 방법을 본질상 같은 위계에 놓인 인식들 간의 대립으로 해석하는 모든 시도에 단호히 반대하며, 이를 "유치하고도"[60] "단순한 오해"[61]로 규정한다.

> 《진리와 방법》은 그 제목이 암시하는 대립을 결코 [대립 항들이] 서로를 배제하는 것으로 의미하지는 않았었다.[62]

진리의 경험이 결코 방법의 배제를 뜻하는 것은 아니다. 진리란 "과학에 대한 비판적 심급이 아니며",[63] 따라서 "과학의 엄밀성의 정신과 (…) 결코 모순 관계에 있는 것도 아니다".[64] 심지어 가다머는 진리는 과학의 선이해의 해명을 통해 오히려 "방법적 작업에 간접적으로나마 기여할 수 있다"[65]고 쓰고 있다. 이러한 표현은 (정신과학적) 진리에 대한 철학적 해명이 마치 (자연)과학적 방법에 대한 과학론적 정당화를 제공한다는 듯한 인상을 심어 준다. 그러나 같은 곳에서 가다머는 다음과 같은 명백한 제한을 덧붙인다. "그러나 해석학적 반성이 과학에 대한 이 반성의 의미 안에서 고갈되는 것은 아니다."[66] 진리와 방법은 대립된 것은 아니지만—이로써 "진리 대 방법", "진리 반대 방법", "진리 또는 방

59 Cf. H.-G. Gadamer, *Gesammelte Werke*, Bd. II, 186f., 453.
60 *Ibid.*, 453.
61 *Ibid.*, 449.
62 *Ibid.*, 238.
63 *Ibid.*, 459.
64 *Ibid.*, 449.
65 *Ibid.*, 248; cf. 450.
66 *Ibid.*, 248.

법" 등의 주장들이 논박된다—, 그렇다고 무관한 것도 아니라면—이로써 "방법 없는 진리"라는 주장 역시 논박된다—이 둘의 본래적 관계는 무엇인가? 그리고 이로부터 우리가 유비적으로 추론해야 할 정신과학과 (자연)과학의 관계는 무엇인가?

가다머가 그의 철학적 해석학을 통해 정신과학에 대해 행하고자 했던 바는 그가 반복해서 밝혔듯이[67] 인식의 가능한 조건들에 대한 방법론적 정당화는 아니다. 그러나 철학적 해석학은 방법에 대한 간접적 기여를 할 수 있는데, 그것은 단지 다음과 같은 사태 때문이다. 가다머는 인간적 현존재의 보편적 존재 구조를 해명하려 하는데, 이 근원적 존재 구조의 한 파생태가 바로 과학과 방법적 인식이다. 따라서—논리적으로 볼 때—보편적 존재 구조의 해명은 과학론적 해명에 "또한auch"[68] 타당하게 적용될 수 있다. 왜냐하면 후자는 전자의 가능한 한 양태이기 때문이다. 이를 확인하기 위해 다음의 구절들은 음미할 가치가 있다.

> 이하의 탐구는 하나의 철학적 물음, (…) '어떻게 이해가 가능한가?'라는 물음을 던진다. 이 물음은 **단지**nur 이른바 정신과학들에게만 [과학으로서의 정신과학들에게만] 던져지는 것이 **아니며**nicht, (…) 또한 **단지**nur 과학과 과학의 경험 방식에게만 던져지는 것도 **아니다**nicht. 물음은 인간적 세계 경험과 삶의 실천 전체에게 던져진다.[69]

우리는 **단지**nur 해석학적 선행 조건에 있어서의 현대 과학의 원칙들뿐

67 Cf. *ibid.*, Bd. I, 1, 3, 478, 494; II, 394, 427, 439ff., 446; X, 436f.

68 *Ibid.*, Bd. II, 443.

69 *Ibid.*, 439(강조는 필자).

만이 **아니라**nicht, (…) 우리의 경험적 삶 전체를 제시했었다. 그렇다면 우리는 과학의 경험 또한 다시 우리 자신의 보편적이고 인간적인 삶의 경험에 연결시킬 수 있어야 한다.[70]

텍스트에 대한 이해와 해석은 **단지**nur 과학의 관심사인 것이 **아니라** nicht, 명백히 인간적 세계 경험 전체에 속한다.[71]

주목을 끄는 것은 위의 모든 인용문에서 '~뿐 아니라nicht nur'라는 표현은 보이지만, 그에 뒤따를 것이 예상되는 '~이기도 하다sondern auch'는 나타나지 않고 있다는 것이다. 이 문장들은 모두 '방법뿐 아니라, 진리 또한'이 아니라—이 경우 방법과 진리는 등치 관계에 놓이게 될 것이다—, '방법에 멈추는 것이 아니라, 그 이상의 진리를'이라는 형태로—따라서 '근원적으로는 진리를, 파생적으로만 방법에도'라는 형태로—표현되어 있다. 이런 미묘한 표현법에 이미 진리와 방법의 관계의 본성이, 즉 진리의 근원성과 방법의 파생성이 암시되어 있다. 일단 해석학적 반성이 방법에도 기여를 하는 것은 사실이지만, 그러나 "근원적으로 (…) 우선적으로"[72] 이 반성의 의미는 진리 자체를 향하고 있다. 철학적 해석학은 다만 방법론 내재적으로만 반성 가능한 방법적 인식의 가능 조건이 아니라, "진리 조건을, 즉 탐구 논리의 내부에 놓인 것이 아니라 이에 앞서 있는 진리 조건을"[73] 문제 삼는다. 이러한 반성이 방

70 *Ibid.*, 228(강조는 필자).

71 *Ibid.*, Bd. I, 1(강조는 필자).

72 *Ibid.*

73 *Ibid.*, Bd. II, 450.

법적 인식에도 타당한 이유는 단지 근원적 진리 조건이 자신의 파생태로서의 방법적 인식의 조건을—물론 추상화와 결여의 과정을 역행하는 방식으로이겠지만—자신 안에 포함하기 때문일 뿐이다. 그러나 방법에 대한 철학적 해석학의 반성이 다만 부차적 기능이라는 사실에는 아무런 변함도 없다.

이런 맥락에서 진리와 방법의 관계는 다음과 같은 이중의 규정을 받는다. 방법은 그 자체 아무것도 아닌 것은 아니지만nicht nichts, 그렇다고 모든 것도 아니다nicht alles. 가다머가 논증하려는 것은 결코 방법이 아무것도 아니라는 사실은 아니다. 왜냐하면 방법은 명백히 특정 목적에—예를 들면 "자연의 지배"[74]에—기여하기 때문이다. "수단으로서의 방법은 항상 좋은 것"[75]이다. 문제는 이 수단이 목적을, 이 파생태가 자신의 근거를 구축할 때, 다시 말해 방법이 자신을 진리와 동일시하고, 과학이 절대적 진리의 이름을 참칭할 때 발생한다. 가다머는 "방법의 개념을 지양하려는 것이 아니라, 다만 상대화"[76]시킬 뿐이다. 따라서 방법이 결코 "아무것도 아닌 것은 아니지만",[77] 그렇다고 방법만으로 "진리를 보장하기에 충분한 것도 아니다".[78]

> 과학이 우리에게 제공하는 진리란 세계에로의 특정 태도와 관련한, 상대적인 것이고, 따라서 이는 결코 자신이 [세계 태도] 전체임을 주장할 수 없다.[79]

74 *Ibid.*, 37; X, 289f.

75 C. Dutt, *Hans-Georg Gadamer im Gespräch*, 16.

76 *Ibid.*

77 H.-G. Gadamer, *Gesammelte Werke*, Bd. II, 453; cf. I, 263f.; II, 37.

78 *Ibid.*, Bd. I, 494; cf. IV, 265.

방법에 대한 가다머의 입장은 방법 자체에 대한 직접적 비판이라기보다는 방법적으로—오로지 방법적으로만—정위된 과학주의에 대한, 그리고 이 과학주의적 세계 태도의 협소한 세계상 및 진리관에 대한 비판이다. 거부해야 할 것은 과학 자체가 아니라, "과학이라는 이상의 절대화",[80] 또는 "과학을 신앙하는 시대의 과학에 대한 미신"[81]이고, 추구해야 할 것은 거의 신격화되어 버린 "과학의 탈신화화"[82]이다.[83] 그런 한에서 방법은 물론 전부도 아니지만, 아무것도 아닌 것도 아니다. 과학을 앎 자체와 동일시하는 과학주의도 문제이지만, 과학을 단순히 지양하는 반과학주의 또한 가다머의 입장은 아니다. 중요한 것은 과학의 파생성과 상대성을 지적하고, 이를 통해 과학 시대에 망각 속에 파묻힌 더 근원적 앎의 의미를 회복하는 것이다. 이 근원적 앎이 바로 가다머가 '정신과학'이라 칭하는 것이다.

방법 내지 방법적 인식은 "이해의 한 파생태일 뿐이다. 이는 '눈앞의 것Vorhandenes'[84]을 그의 본질적 몰이해성에서 합법칙적으로 파악하려는 과제에 몰입해 버린 [비본래적인] 이해"[85]의 형식이다. 이렇게 방

---

79 *Ibid.*, Bd. I, 453.

80 *Ibid.*, Bd. II, 452.

81 *Ibid.*, 450; cf. 452ff.

82 H.-G. Gadamer, *Vernunft im Zeitalter der Wissenschaften*, 124.

83 독단적 형이상학이 죽은 시대에 과학은 거의 유일한 신으로 군림하고 있다. 그러나 인간의 작품인 과학이 과연 신일 수 있는가? 어떤 새로운 "독단"의 개입이 있지 않다면 말이다. 가다머는 이렇게 쓴 일이 있다. "과학은 하나의 존재 이해에서 생겨났는데, 이 존재 이해는 과학에게 스스로 [세계 안의] 모든 자리에 대한 권리를 주장하라고 그리고 과학의 외부에 어떤 자리도 도대체 빈자리로 놔두지 말라고 강요한다. 이는 오늘날 '독단적으로' 오용되는 것은 형이상학이 아니라 과학이라는 사실을 의미한다."(*ibid.*, 140)

84 이것은 하이데거가 '물체 사물'을 표현할 때 사용하는 용어다.

법적 인식이 이해의 (진리의) 한 형태로 간주되는 한, 진리는 방법에 대립될 성질의 것은 아니지만, 또한 방법이 자신의 결손적인 파생태인 한, 방법과 동일시될 수 있는 것도 아니다. 정확히 표현하자면 이 관계는 근거와 파생태 간의 존재론적 관계이다. 그러므로 가다머에서 진리와 방법의 관계는 다음과 같이 규정된다. 진리는 방법의 "외부에 außerhalb",[86] "저편에jenseits",[87] "상위에über"[88] 또는 그 "배후에hinter"[89] 존재한다. 즉 진리는 방법에 "앞서 있거나vorausliegt",[90] 방법을 "앞서 가거나vorausgeht"[91] "넘어서 있다übersteigt".[92] 진리는 방법적 인식보다 "**더** 근원적인urspüngliche*r*",[93] 그리고 그런 한에서 전혀 "다른 종류, 다른 지위von anderer Art und anderem Rang"[94]의 인식이다. 존재론적으로 우리는 진리를 먼저 만나고 이렇게 만난 진리에 대한 차후 추상화를 통해 비로소 진리의 파생태로서의 방법적 인식을 얻게 된다. 이런 의미에서 《진리**와** 방법》이라는 제목은 실은 "방법에 **앞선** 진리Wahrheit *vor* der Methode"[95]로

85 H.-G. Gadamer, *Gesammelte Werke*, Bd. I, 263f.; cf. M. Heidegger, *Sein und Zeit*, 153.

86 H.-G. Gadamer, *Gesammelte Werke*, Bd. I, 2; II, 238.

87 H.-G. Gadamer, "Was ist Wahrheit?", in: idem, *Kleine Schriften*, Bd. I, Tübingen 1976, 51.

88 H.-G. Gadamer, *Gesammelte Werke*, Bd. I, 3; II, 52.

89 *Ibid.*, Bd. II, 49.

90 *Ibid.*, 50, 238, 439, 440, 454; cf. H.-G. Gadamer, *Vernunft im Zeitalter der Wissenschaft*, 139.

91 H.-G. Gadamer, *Gesammelte Werke*, Bd. II, 450.

92 *Ibid.*, Bd. I, 1, 3.

93 *Ibid.*, Bd. II, 427; X, 437(강조는 필자).

94 Cf. *ibid.*, Bd. II, 37; cf. 27; cf. IV, 265.

95 J. Grondin, *Hermeneutische Wahrheit: Zum Wahrheitsbegriff Hans-Georg Gadamers*, Königstein T/s. 1982, 4, 194; idem, "Zur Entfaltung eines hermeneutischen

이해되어야 한다는 그롱댕과 푀겔러의 주장은 매우 적절해 보인다.

진리가 방법을 앞선다 함은 과학적 인식에 대한 실천적 삶의 근원성을 뜻한다. 인식은 삶의 한 방식이고 과학자로서의 실존은 우리의 하고 많은 실존 방식들 중 하나일 뿐이다. 물론 삶이 다시 인식의 대상이 될 수도 있겠지만 그렇게 대상화된 삶은 근원에 있어서의 삶이 아니다. 과학의 대상화는 보편타당성을 얻기 위해 대상화되는 것에서 반복 가능성의 실현을 저해하는 모든 역사적, 사회적, 우연적 요소들을 방법적으로 제거하는데, 그렇게 제거된 모든 것이 우리 삶의 풍부이고 이 풍부가 곧 삶의 진리의 거처이기 때문이다. 주목할 것이 하나 더 있다. 모든 과학자는 과학자이기에 앞서 삶 안에서 삶을 사는 자, 스스로도 삶에 결속되어 있는 자이다. 과학의 "방법"은 불편부당한 인식의 획득을 위해 이 같은 "삶과의 결속을 해체하고 대상화하는 거리"[96]를 유지하라 요구한다. 마치 스스로는 삶에 속하지 않기라도 하는 듯이 삶의 외부로 나와 저만치 떨어져 대상화된 삶을 관찰하라는 것이다. 대상화란 이 외부의 시점을 방법적으로 보장하는 절차 이외의 다른 것이 아니다. 그러나 그 시점에서 관찰된 삶은 살아 있는 삶이 아니고 살아진 삶도 아니다. 그것은 말하자면 문체와 어휘 분석의 대상으로서의 플라톤의 서간이고 엑스레이 촬영대 위에 놓인 회화 작품이다. 내가 진작인지 위작인지를 한번 가려보라는 말만 할 뿐 그 외 어떤 다른 말도 하지 않는 타자와는 대

Wahrheitsbegriffs", in: idem, *Der Sinn für Hermeneutik*, Darmstadt 1994, 141; O. Pöggeler, "Dialektik und *Topik*", in: *Hermeneutik und Dialektik*, Bd. II, hrsg. von R. Bubner u. a., Tübingen 1979, 277f.

96 H.-G. Gadamer, "Wahrheit und Methode: Der Anfang der Urfassung", 137.

화가 있을 수 없고, 대화가 없는 곳에는 삶의 진리도 없다. 방법에 앞선 진리를 경험하려는 자는 원래의 삶, 그 안에서 예수와 철학자가, 예술 작품과 역사적 전승이 살아 숨 쉬며 우리에게 물음을 던지고 대답을 촉구하는 삶에로 향해야 한다. 그곳이 진리의 장소이다.

9.1.3 상호적 대화로서의 이해

이렇게 정신과학적 이해가 우리의 근원적 삶의 실천, 인간적 현존재의 세계 경험 및 타자 경험에로 향하는 한, 이해는 단순한 방법이 아니고 정신과학 역시 자연과학과 다른 또 하나의 과학에 불과한 것은 아니다. 그리고 철학이 이 근원적인 삶의 실천에 대해 뭔가 의미 있는 것을 말할 수 있으려면, 그 철학 역시 과학론, 특히 방법론적 과학 이원론의 내부에 머무는 정신과학의 논리학이어서는 안 된다.[97] 진리가 방법을 앞서 가듯, "진리 조건"도 "탐구 논리를 앞서 가기"[98] 때문이다.

> 정신과학의 '방법적' 독자성에 대한 논의를 '방법적인 것'에 제한하는 것은 헛된 일이다.[99] 여기서는 [설명과는] 다른, 하나의 독자적인 성질의 방법이 문제가 아니라 인식과 진리에 대한 완전히 다른 이념이 문제다.

---

97 과학론으로서의 철학의 한계에 대해서는 다음을 참조: H.-G. Gadamer, *Gesammelte Werke*, Bd. II, 239, 248, 450; H.-G. Gadamer, *Vernunft im Zeitalter der Wissenschaft*, 125, 145f.

98 H.-G. Gadamer, *Gesammelte Werke*, Bd. II, 450.

99 한 문장 안에서 '방법적'이라는 말이 두 가지 의미로 사용되었다. 전자는 '정신과학의 수행 방식에 관련되는'이라는 의미이고, 후자는 그야말로 '근대 과학의 방법에 관련되는'이라는 의미로 읽어야 할 것이다.

> 이 같은 [진리에의] 요구를 정당화하는 것은 철학이다. 이 철학은 '과학의 진리 개념 안에서 요구되는 철학의 [과학론으로서의 철학의] 요구'와는 완전히 다른 요구를 자신에게 제시할 수 있어야 한다.[100]

정신과학 자체와 이 학문에 대한 철학의 성찰이 '근대의 방법적 과학의 이상'과 '과학론으로서의 철학이 과학에 대해 행하는 역할'을 넘어서야 한다는 것은 분명해졌다. 그럼에도 몇 가지 물음이 남는다. 파생태로서의 방법적 인식의 근원이라는 정신과학적 진리는 구체적으로 어떤 것이며, 이렇게 과학의 "방법적 자기의식을 넘어선 (…) 정신과학은 진정 무엇이고" 또 "무엇이", 즉 어떤 철학이 "정신과학을 우리의 세계 경험 전체와 결합시켜"[101] 주는가? 마지막 물음에 대한 답을 선취하며 논의를 풀어 가기로 하자.

근원적 삶의 경험으로서의 '이해'에 대한 철학적 숙고를 위해서는 이른바 '해석학'이라는 학문이 규범적인 의의를 갖는다. 해석학은 본디 헤르메노이에인hermeneuein, "공표와 통역, 설명과 해석의 기술", 그리고 "물론 이 기술의 근거에 놓인 이해의 기술"[102]을 의미했고, 19세기 이후 철학적으로 문제시된 해석학은 통상 문자적으로 고정되어 주어진 텍스트에 대한 해석의 기술론을 뜻했다.[103] 이 해석학을 딜타이는 정신과학의 근거 학문이라 여겼고, 정신과학에 대한 19세기 철학의 기여도

100 H.-G. Gadamer, "Wahrheit und Methode: Der Anfang der Urfassung", 131f.
101 H.-G. Gadamer, *Gesammelte Werke*, Bd. I, 3.
102 *Ibid.*, Bd. II, 92.
103 Cf. W. Dilthey, *Gesammelte Schriften*, Bd. V, 319f., 332f.; cf. VII, 216f.

바로 이 학문을 통해 가능했음을 우리는 이미 살펴본 바 있다. 그러나 가다머에 따르면 이 해석학은 인정할 수밖에 없는 분명한 성과들에도 불구하고 또한 지적하지 않을 수 없는 근본적인 한계를 갖는다. 이 해석학이 제시한 이해는 정신과학의 "방법"이었고, 이 해석학 역시 정신과학의 "**방법론**"[104]이었기 때문에, 딜타이는 여전히 "과학론적 비교秘敎의 울타리 안에 머물러"[105] 있고, 근대 과학의 방법적 이상을 벗어나지 못했다는 것이다.[106] 그래서 가다머는 묻는다. 딜타이의 정신과학적 해석학은 "정신과학이 제기하는 철학적 문제들을 충분히 그리고 완전히 측량한 것인가?"[107] 답은 물론 부정적이다.[108] 그렇다면 정신과학에 대한 철학의 과제는 무엇이고 또 어떤 철학이 이 문제들에 답해야 하는가? 가다머 역시—그가 비판했던 딜타이와 꼭 마찬가지로—이 문제의 해결

104 H.-G. Gadamer, "Wahrheit und Methode: Der Anfang der Urfassung", 138.

105 H.-G. Gadamer, *Gesammelte Werke*, Bd. X, 181.

106 가다머의 딜타이 비판을 그의 《초고》를 중심으로 약간 더 보충한다. 딜타이의 해석학은 "역사학파의 생생한 직관"에서 출발했고, 늘 다시 역사적 삶의 "생동성으로 되돌아갔고", 그래서 정신과학을 "삶 자체를 끝까지 사유함ein Zuendedenken des Lebens selbst, 삶 자체 안에 놓여 있는 방향, 자각에로의 방향을 끝까지 사유함"(H.-G. Gadamer, "Wahrheit und Methode: Der Anfang der Urfassung", 136)으로 간주했다. 이 같은 적절한 출발점에도 불구하고 딜타이는 "'도대체 과학이 무엇이고, 과학의 내부에서 방법이 무엇을 의미해야 하는가?' 하는" 물음에 대한 답은 "자연과학으로부터 넘겨받았고"(*ibid.*, 137) 따라서 "과학에 의해 요구된 객관성"과 "보편타당성이라는 목표"(*ibid.*, 138)를 존중할 수밖에 없었다. 이 점에서 그의 해석학은 "근대의 방법적 사유에" 온전히 "부합한다"(*ibid.*, 137).

107 *Ibid.*, 138.

108 가다머의 딜타이 비판을 나는 매우 상세히 정리한 바 있다(김창래, 〈딜타이는 누구인가?〉, 260-270쪽 참조). 그리고 8장의 논의 전체를 통해(특히 8.3.2 참조) 이 비판을 비판적으로 검토한 바 있다. 가다머의 딜타이 비판의 타당성에 대한 판단은 독자의 몫으로 남긴다.

을 위해 해석학이라는 학문에로 향한다. 그러나 이때의 해석학은 "문헌학의 방법적 자기 자각"도 아니고 정신과학의 방법론도 아닌, "철학의 체계적 문제 제기",[109] 이른바 **철학적** 해석학, 인간적 현존재의 존재 방식으로서의 이해에 대한 학문이다.

가다머는《진리와 방법》의 서론의 첫 문장에서부터 이 사실을 분명히 밝힌다.

> 아래의 연구는 해석학적 문제와 관계한다. 이해의 현상, 이해된 것에 대한 올바른 해석의 현상은 정신과학적 방법론의 특수 문제에 불과한 것은 아니다. 고래로 신학적 해석학과 법학적 해석학도 있어 왔는데, 이들은 과학 이론적 성격이라기보다는 학문적으로 양성된 법관 또는 목사의 실천적 행동에 대응했고 또 이 행동에 기여했다. 그래서 해석학의 문제는 이미 자신의 역사적 기원에서부터 근대 과학의 방법 개념에 의해 설정된 한계를 넘어선다. 텍스트에 대한 이해와 해석은 과학의 관심사일 뿐 아니라, 명백히 인간적 세계 경험 전체에 속한다. 근원적으로 볼 때 해석학적 현상은 도대체 방법의 문제가 아니다. 이 현상에서는 다른 모든 경험 대상과 마찬가지로 텍스트를 과학적 인식에 예속시키는 이해의 방법이 문제가 아니다. 여기서는 과학의 방법의 이상을 충족시키는 확고한 인식의 건립이 우선적으로 중요한 것은 결코 아니다.[110]

그렇다면 이 해석학에서 중요한 것은 무엇인가? 방법적 인식의 근거로서의 삶의 진리다. 이해는 이 진리의 경험이고, 해석학은 이 경험의

---

109 H.-G. Gadamer, *Gesammelte Werke*, Bd. I, 478.

110 *Ibid.*, 1.

분석론이다. 이에 따라 해석학은 "우리의 인간적 세계 경험 일반의 본래적 수행 방식",[111] "인간적 세계 경험과 삶의 실천 전체"[112]에 대한 학문으로 정의된다. 이 의미에서 해석학은 이제 '철학적'이라는 수식을 받는다. 해석학은 단순한 문헌 해석의 보조 수단이 아니고, 스스로 인간의 보편적 삶의 경험과 존재 방식을 탐구하기 때문이다. 주관의 객관적 문헌 해석 행위는 이 근원적 삶의 경험으로서의 이해의 한 파생태이고, 정신과학적 해석학 역시 철학적 해석학의 한 변양일 뿐이다.

> 이해는 주관의 다양한 행동 방식 중의 하나가 아니라, 현존재 자체의 존재 방식이다. 여기서 '해석학'의 개념은 이 의미에서 사용되었다. 해석학은 현존재의 유한성과 역사성이 이루어 내는 현존재의 근본 운동성을 표현하며, 따라서 현존재의 세계 경험 전체를 포함한다.[113]

해석학은 주어진 문헌에 대한 객관적 해석을 가능하게 하는 방법적 규준의 체계가 아니라, 세계 안에 있는 인간, 세계-내-존재의 방식으로 존재하는 현존재의 실존에 대한 분석이다. 이로써 가다머는 해석학이라는 학문의 활동 공간을 문헌학, 신학, 법학, 역사학 등 (정신)과학들의 세계에서 선先과학적 삶의 세계로 옮겨 놓는다. 물론 철학적 해석학이 이렇게 과학 이전의(정확히는, 과학에 존재론적으로 앞서 있는) 삶의 경험을 문제시하기 때문에, 이 해석학은 정신과학적 인식의 객관성의 요구를 충족시킬 수 없다는 비판을 받기도 한다. 실제로《진리와 방법》이 출

111 *Ibid.*, Bd. II, 229.

112 *Ibid.*, 439.

113 *Ibid.*, 440.

간되었을 때 독일 낭만주의 해석학의 전통을 잇는 에밀리오 베티가 그 같은 비판을 제기했다. 이해해야 할 텍스트는 저자의 "정신의 객관화"이고 그의 "사유의 표명"이기 때문에, 저자의 권위와 텍스트의 "자율성"[114]을 존중하여 해석의 "객관성을 수호하고 정신과학의 가능성의 인식 이론적 조건을 증시"하는 것만이 "정신과학자의 의무"[115]인데, 《진리와 방법》에 전개된 해석학은 이 의무를 외면했다는 것이다. 이에 대한 가다머의 대응은 매우 흥미로운데, 여기서는 '과학론적 해석학자'와 '존재론적 해석학자'의 관심과 관점의 차이를 극명하게 보여 주는 두 개의 구절을 인용한다. 첫째 것은 가다머가 베티에게 개인적으로 보낸 편지이고, 둘째 것은 《진리와 방법》의 제2판 서문에서 베티를 염두에 두고 쓴 한 구절이다.

> 내가 제안했던 것은 근본적으로 **방법이 아닙니다**. 나는 '**있는 것***was ist*'을 기술했을 뿐입니다. 사태가 내가 기술한 바와 같다는 것은 내 생각에는 누구도 진지하게 비판할 수 없을 겁니다. (…) 나는 '~이어야 하는 것was sein sollte' 또는 '~이기를 원하는 것was sein möchte'에서 출발하느니 '**있는 것***was ist*'을 **인정하는** 태도만을 과학적이라 간주합니다. 이런 의미에서 나는 현대 과학의 방법 개념을 넘어서는 사유를 원했고 '무엇이 **늘** 일어나고 있는지was *immer* geschieht'를 원칙적인 보편성을 가지고 사유하기를 원했습니다.[116]

114 E. Betti, *Die Hermeneutik als allgemeine Methodik der Geisteswissenschaften*, Tübingen 1962, 14.

115 *Ibid.*, 35.

116 H.-G. Gadamer, *Gesammelte Werke*, Bd. II, 394.

나는 정신과학의 방법적 절차를 서술하거나 또는 심지어 이 절차를 이끌어 갈 수 있는 기술적 규칙들의 체계를 발전시키려 했던 것이 아니다. (…) 나의 본래의 요구는 철학적인 것이었고 지금도 그렇다. 중요한 것은 '우리가 행하는 것was wir tun'도 아니고 '우리가 행해야 하는 것was wir tun sollten'도 아니다. [오로지] '우리의 의욕과 행위를 넘어 우리에게 일어나는 것was über unser Wollen und Tun hinaus mit uns geschieht'만이 문제다. 그런 한에서 여기서는 정신과학의 방법은 논의의 대상이 아니다.[117]

그렇다. 중요한 것은 당위quaestio iuris가 아니라 존재quaestio facti다. 더욱이 (정신)과학론으로서의 해석학이 아니라 인간의 세계 경험 이론으로서의 철학적 해석학에게 중요한 것은 문헌 해석의 객관성을 확보하기 위해 과거를 어떻게 이해**해야 하는가**의 문제가 아니고, 우리가 이해할 때 도대체 우리에게 무슨 일이 일어나고 **있는가**의 문제다. 이해는 인식 방법이기 이전에 인간의 존재 방식이고, 해석학은 과학론이 아니라 인간의 존재 방식에 대한 분석론이기 때문이다. 물론 (정신)과학자로서의 인간의 학문적 의무가 중요하지 않은 것은 아니고, 과학론으로서의 해석학이 이 문제에 주목하는 것이 잘못된 것도 아니다. 그러나 분명한 것은 과학적 실존은 우리의 보편적 실존의 한 가능성일 뿐이고, 과학자로 실존하는 자의 의무가 인간의 보편적 실존을 모두 포괄할 수는 없다는 점이다. 동시에 과학론도 하나의 철학이기는 하지만, 이 철학의 협소한 문제의식은 철학의 보편성을 대변할 수 없다는 것도 마찬가지로 분명하다. 우리의 관심이 철학적인 한에서, 우리가 보편적인 철학의 관

117 *Ibid.*, 438.

점에서 정신과학의 문제를 성찰하기를 원하는 한에서, 해석학은 과학자로서의 정신과학자의 의무가 아니라 실존하는 현존재의 보편적 인간 조건에 관심을 기울여야 한다. 베티의 비판에 대한 가다머의 대응은 말하자면 방법만을 알고 있는 과학론자에게 근거와 파생태의 관련으로서의 진리와 방법의 관련을 다시 한번 제시하여 보편적 철학의 의무와 전문적 과학의 의무 간의 차이를 환기시킨 것이다. 방법이 중요하지 않은 것은 아니지만, 방법을 앞서 가는 진리가 자신의 차후적 추상화의 산물로서의 방법보다 더 보편적, 포괄적이고, 그런 한에서 과학론을 넘어선 철학이기를 원하는 해석학의 우선적인 대상을 이룬다.

정신과학에 대한 철학의 성찰을 수행해야 하는 철학적 해석학의 관심은 과학과 인식이 아니라 인간의 존재와 실존에 그 초점을 맞춘다. 그러나 선과학적 삶의 세계라 해서 인식, 진리와 무관한 세계는 물론 아니다. 앞서 인용했던 《진리와 방법》의 서론의 이어지는 구절에서 가다머는 이렇게 말한다.

> 그러나 여기서도 인식과 진리가 문제이기는 하다. 전승의 이해에서는 단지 텍스트만 이해되는 것이 아니고, 통찰도 얻어지고 진리도 인식된다. 이것은 어떤 종류의 인식이고 또 어떤 종류의 진리인가?[118]

물론 과학과 방법을 넘어서 있기에 이들은 줄 수 없는, 즉 "과학의 외부에 놓인 경험의 방식"을 통해 주어지는 진리들이다. 가다머는 이

118 *Ibid.*, Bd. I, 1.

과학 외적 진리 경험으로 "철학의 경험", "예술의 경험", "역사 자체의 경험" 세 가지를 제시한다. "위대한 사상가의 텍스트에 대한 이해를 통해, 다른 길로는 도달할 수 없는 진리가 인식되고", "예술 작품에서도 다른 길을 통해서는 이를 수 없는 진리가 경험된다".[119] 마찬가지로 "역사적 전승"에 대한 경험도 "방법적 인식의 영역을 넘어서는" "진리를 매개해" 준다. 이 모든 진리들은 인식 주관이 객관을 대상화하여 획득하는 진리가 아니라, 경험하는 자가 "거기에 참여해야 하는" 진리, 이른바 방법에 앞선 진리다. 가다머는 이 모든 과학 외적 진리 경험들을 "철학적으로 정당화하여" "우리의 해석학적 경험 전체에 상응하는 인식 및 진리의 개념을 발전시키려"[120] 한다. 이것이 《진리와 방법》이 추구하는 진리다.

한 가지 의문이 떠오른다. 왜 하필이면 예술, 역사, 철학인가? 이에 대해서는 흥미롭지만 가다머적이라 볼 수는 없는 설명이 하나 있다. 이 설명은 예술, 역사, 철학의 진리 경험은 각기 《진리와 방법》의 I, II, III부의 주제에 대응한다는 외적 사태에서 출발한다. 다시 말해 동등한 권리를 가진, 따라서 나란히 세워질 수 있는 세 개의 과학 외적 진리가 있고, 가다머는 이에 대응하여 자신의 주저의 차례를 삼원적으로 구성했다는 것이다. 실제로 이 책의 I, II, III부가 각기 예술 작품의 해석학, 역사적 전승에 대한 이해, 철학적 언어적 세계 경험의 보편성의 문제를 다루고 있다는 사실은[121] 이 설명에 설득력을 더한다. 이른바 《진리와 방법》의

---

119 *Ibid.*, 2.

120 *Ibid.*, 3.

121 《진리와 방법》의 I부의 제목은 '예술의 경험에서 진리 물음을 드러냄'이고, II부의 제목은 '정신과학에서 진리 물음을 이해에로 확장함'이고, III부의 제목은 '언어를 실마리로 한, 해석학의 존재론적 전향'이다. 각각이 예술의 경험,

삼원적 구성의 테제이다.[122] 나는 몇 가지 이유에서 이 테제를 수용하지 않는다. 첫째, 이른바 세 진리 경험들 간의 경계가 뚜렷하지 않다. 많은 철학적 전승은 역사적 전승에 속하고, 이는 예술 작품의 경우도 마찬가지다. 그리고 예술 작품 중에서도 철학적 함축을 가진 것들이 있다. 병치될 수 있는 세 진리 경험의 대상들이 구분되어 존재하는 것은 아니다. 둘째, 《진리와 방법》의 I, II부가 각기 예술 작품과의 대화로서의 이해, 역사적 전승과의 대화로서의 이해를 다루는 것은 사실이지만, III부는 철학적 텍스트와의 대화로서의 이해의 문제를 다루지는 않는다. 세 개의 전승이 있고, 이 각각에 대한 세 개의 이해가 있고, 이 이해를 통해 세 가지 진리가 매개되고, 《진리와 방법》이 이 셋을 순서대로 다루는 것은 아니다. 여기서 삼원성의 테제에 반대하는 마지막 그리고 가장 중요한 논점이 드러난다. 이 책의 III부의 주제는 '언어를 통해 수행되는, 해석학의 존재론적 전향'이다. 해석학은 언어에 힘입어 스스로를 보편적 존재론으로 증시하고, 언어는 이 "해석학적 존재론의 지평"[123]을 이룬다. III부에서 언어는 예술과 역사에 이어지는, 세 번째 과학 외적 진리 경험의 방식이 아니라, 예술과 역사의 경험까지 포함하여 인간적 세계 경험 일반을 가능하게 하는 보편적 매체다. 언어는 예술과 역사의 뒷자리가 아니라 이 둘의 근거에 있다. 예술의 경험과 역사의 경험도 모두 언어적으로 수행되기 때문이다.

역사의 경험, 언어를 매개로 한 철학의 경험을 다루고 있음은 분명하다.

122 이 테제와 이에 대한 비판에 대해서는 다음을 참조: J. Grondin, "Zur Komposition von *Wahrheit und Methode*", in: idem, *Der Sinn für Hermeneutik*, Darmstadt 1994, 6, 14.

123 H.-G. Gadamer, *Gesammelte Werke*, Bd. I, 442.

표현 안에서 자신의 존재를 갖는 것이 예술 작품만의 특수 규정은 아니다. 마찬가지로 자신의 의미 안에서 이해된다는 것이 역사의 존재만이 갖는 특수성도 아니다. (…) 예술과 역사만이 의미를 언표하는 언어는 아니다. 이해될 수 있는 한에서 모든 존재자는 의미를 언표한다.[124]

그러므로 언어는 예술, 역사에 이어지는 세 번째 진리 경험이 아니라, "모든 존재자를 앞서 가는 포괄 존재"[125]이고, 예술과 역사는 이 포괄적인 "해석학적 존재의 보편적인 존재 방식으로부터 비로소 분절되어 나와" 구체화된 "해석학적 경험의 형식", 즉 이 보편적인 존재가 구체적으로 "파악될 수 있는 형식들"[126]이다. 그러므로 세 개의 해석학적 진리 경험이 있는 것이 아니다. '모든 언어적 형식 안에서 스스로를 표현하는 하나의 보편적인 존재'가 있고, 이 하나의 존재가 예술 작품과의 만남, 역사적 전승과의 만남이라는 구체적인 해석학적 경험 안에서 스스로를 이해될 수 있고 파악될 수 있게 드러내는 것이다. 후자의 두 구체적 경험이 각기 《진리와 방법》의 I, II부의 주제를 이루고, 이 두 구체적 진리 경험의 근거에 있는 보편적인 존재가 이 책의 III부의 주제이다. 하나의 보편적 근거(언어로서의 존재) 위에 두 개의 구체적인 해석학적 진리 경험(예술과 역사의 경험)이 증축된 것이 《진리와 방법》의 구조다. 그러므로 세 개의 과학 외적 진리 경험이 있고 이에 따라 《진리와 방법》이 구성되었다는 테제는 유지될 수 없다.

물론 이 테제의 논박 자체가 중요한 것은 아니다. 그러나 우리는 이

124 *Ibid.*, 480; cf. II, 72, 79, 111, 237.

125 *Ibid.*, Bd. II, 72; cf. 219.

126 *Ibid.*, Bd. I, 480; cf. III, 357.

논박을 통해 매우 중요한 사실을 하나 알게 되었다. 과학적 방법의 한계를 넘어서 있는 진리 경험은 둘이다. 그것은 예술의 경험과 역사의 경험이다. 그리고 이 둘의 근거에는 모든 인간적 경험의 방식을 매개하는 보편적인 존재, **"이해될 수 있는 존재"**로서의 **"언어"**[127]가 있다. 즉 두 개의 구체적 진리 경험에서 그때마다 스스로를 이해 가능하게, 언어로서 보여 주는 것은 하나의 존재다. 달리 말해 이 두 과학 외적 진리 경험은 모두 **언어적으로 수행**된다. 이로써 가다머는 '우리가 예술 작품과 역사적 전승을 만날 때 도대체 우리에게 무슨 일이 일어나는가?'라는 질문에 답한 셈이다. 우리에게는 하나의 **언어적 대화가 생기하고** 이 **대화에의 참여가 생기한다**. 무릇 우리는 예술 작품과 역사적 전승을 우리 앞에 대상화하여 세우고 불편부당한 인식 주관이 되어 그 객관을 관찰하지는 않는다. 우리는 릴케의 시를 읽으며 그가 본디 무엇을 생각했는지, '저자의 의도'만을 묻지는 않고, 플루타르코스를 읽으며 실제로 카이사르에게 일어난 일만을 찾지도 않는다. 물론 전문적인 문학사가와 역사학자는 그렇게 전승을 대해야 할 수도 있다. 그러나 그런 대함은 전승과의 본래적인 만남은 아니다. 오로지 '과학자로서의 자신의 의무'를 위해 '인간으로서의 자신에게 일어나는 일'을 외면할 때에만 전승은 객관적 해석의 대상으로 된다. 그러나 정신과학에서는 이 같은 객관적 인식이 전혀 중요한 것이 아니다.

> 앎은 오로지 타자와 생소한 것의 지배 가능성에 대한 물음 위에만 존립하는 것은 아니다. 물론 이것은 [즉 타자에 대한 지배의 관심은] 우리 시대

---

127 *Ibid.*, Bd. I, 478.

의 자연과학 안에 생생히 살아 있는 파토스, 현실에 대한 과학적 탐구의 근본 파토스다. 그런데 나는 오히려 이렇게 주장한다. '정신과학'에서 본질적인 것은 객관성이 아니라 대상과의 선행적인 관계 맺음이다. 이러한 앎의 영역[정신과학]에서는 과학성의 에토스에 의해 유지되고 있는, 객관적 인식의 이상을 '참여'의 이상을 통해, 인간적 경험의 본질적인 언명들, 즉 예술과 역사에서 각인되는 언명에의 참여를 통해 보완해야 한다. (…) 이 같은 참여의 형식을 위해서는 대화의 모델이 [이 참여의] 구조를 분명히 드러내는 의미를 갖는다. 왜냐하면 대화는 다음과 같은 점을 통해 특징지어지기 때문이다. 한 사람이 대화에서 생겨나는 것을 개관하고 그래서 오직 자신만이 사태를 지배했다고 주장할 수는 없고, 오히려 대화 상대자들은 '함께 함Miteinander'을 통해 진리에 참여하고 또 그렇게 서로서로에 참여한다는 점 말이다.[128]

대화는 일방적인 지배 관계가 아니라 "상호적인 관련"[129]이다. 대화의 본질은 (최소한) 두 대화 상대자가 서로에게 말하고 서로의 말을 듣는다는 것이기 때문이다. 그러므로 대화에서는 대화 참여자 중 하나가 홀로 말하고 상대를 침묵케 하여 이 대화를 온전히 자신의 것으로 만드는 일은 일어날 수 없다. 그런 것을 우리는 대화라 부르지 않고 독백Monolog이라 부른다. 이 기형적인 대화의 형식으로는 두 가지를 생각할 수 있다. 한편 전승이 홀로 말하고 해석자는 침묵한다. 이 경우 해석자는 자신의 관점과 입장을 완전히 배제하고 순수한 귀가 되어 오로지 전승이 전해 주는 객관적 의미만을 수동적으로 수용해야 한다. 해석자의

128 *Ibid.*, Bd. II, 323.
129 *Ibid.*, Bd. I, 383.

자립성은 해체되고 오로지 객관적인 의미와 사실만 남는다. 다른 한편 전승은 침묵하고 해석자가 홀로 말한다. 이 경우에는 전승이 무엇을 말하고 무엇을 전달하건, 귀를 닫은 해석자는 자신에 대한 전승의 의미에만 주목하여 자신의 관점에서 원하는 대로 전승을 해석한다. 말하는 전승은 사라지고 오로지 해석자의 주관적 왜곡만 남는다. 전자의 결과는 극단적으로 객관적인 해석이고 후자의 결과는 역시 극단적으로 주관적인 해석이다. 이 둘은 모두 상호적 대화의 결과가 아니고, 따라서 대화를 통한 참여의 구조를 가진 예술과 역사의 경험을 설명하지 못한다. 이제 방법의 한계를 넘어서 있는 이 두 진리 경험의 형식적 구조를 파악하기 위해 우리는 우선 대화의 상호적 구조를 드러내야 한다.

이해는 대화, 상호적인 말함이고 들음이다. 대화 상대자 중 누구도 침묵하지 않는다는 데 그리고 누구도 상대의 말을 흘려듣지 않는다는 데 바로 이해의 힘이 있다. 그러므로 대화에의 참여는 우선은 타자의 타자성에 대한 승인을 전제한다.

> 하나의 텍스트를 이해하려는 자는 텍스트로부터 뭔가가 말해질 수 있도록 할 준비가 되어 있다. 그러므로 해석학적으로 훈련된 의식은 처음부터 텍스트의 타자성을 수용할 수 있어야 한다. 그러나 이 같은 수용성이 사태적인 '중립성'이나 자기 해체를 전제하는 것은 아니다. 오히려 이는 자신의 선견과 선입견의 부각하는 자기화를 포함한다. 해석자는 자신의 선취된 입장을 내면화하여, 텍스트 자체가 자신의 타자성에서 스스로를 표현할 수 있고 이를 통해 텍스트의 사태적 진리와 해석자의 고유한 선견이 서로 **겨룰** 수 있게 해야 한다.[130]

해석자는 전승이 침묵하는 객체가 아니라 말하는 전승, "진정한 의사소통의 상대자"[131]라는 사실을 승인해야 하고, 이 전승의 말에 귀를 기울이고 이 말의 의미를 수용해야 한다. 그러나 이 수용성의 의무가 마치 외부에서 쏟아붓는 물을 빨아들여 자신의 형체까지 잃어버리는 솜과 같이 되라는 것은 아니다. 해석자는 전승의 말을 듣되, 늘 "자신의 방식으로",[132] "자신의 고유한 시간과 미래에 비추어"[133] 듣는다. 그러나 이같이 자유롭게 자기화하는 해석은 동시에, 역시 자신의 입장에서 말하는 타자의 말의 다름을 존중하지 않으면 안 된다. 모든 해석은 전승에 대한 해석이기 때문이다. 우선은 전승이 자신의 입장에서 해석자에게 "태도를 취하며"[134] 말을 건넨다. 그리고 전승의 태도를 접하는 해석자 역시 자신의 입장에서 전승에게 "태도를 취하며"[135] 건네진 말에 답한다. 말하자면 전승과 해석자 사이에는 서로 말하고 듣고, 서로에게 묻고 답하는 상호적인 대화가 일어나는 것이다.

> 텍스트가 침묵하는 한에서 이해는 아직 시작된 것이 아니다. 그러나 하나의 텍스트가 말하기 시작한다. 그때 텍스트는 생명 없이 경직되어 늘 똑같은 자신의 말만을 되풀이하는 것이 아니라, 자신에게 묻는 자에게 늘 새로운 답을 주고, 자신에게 답하는 자에게 늘 새로운 물음을 던진다. 텍스트 이해란 대화의 방식으로 자신을 이해시키는 것이다. 우리가

130 *Ibid.*, 273f.; II, 60f.(강조는 필자).

131 *Ibid.*, Bd. I, 364.

132 *Ibid.*, 301.

133 *Ibid.*, 105.

134 *Ibid.*, 364.

135 *Ibid.*, 286.

> 하나의 텍스트와 구체적으로 왕래할 때 이해 내용이 언제 최초로 그리고 완전히 얻어지는지를 생각해 보면 이것이 참임을 알 수 있다. 이해 내용은 텍스트에 말해진 것이 해석자의 고유한 언어로 표현될 수 있을 때 얻어진다. 해석은 이해의 본질적인 통일에 속한다.[136] 해석자는 자신에게 말해진 것을 수용하되, 이 말해진 것이 해석자 자신의 언어의 고유한 말로 표현되고 또 답을 찾을 수 있게 수용해야 한다.[137]

이 관계는 명백히 쌍방향적이다. 이해란 본디 전승에 대한 이해이기 때문에, 이해한다는 것은 우선적으로는 전승이 내게 걸어오는 말을 듣는다는 것이다. 그러나 또한 나는 나의 입장에서 들을 수밖에 없기 때문에 전승에게 하는 나의 말은 나의 입장에서의 답이다. 물론 이 답은 전승의 물음에 대한 답이지만 동시에 나의 입장에서 던지는 반문이기도 하다. 그리고 이 반문에 대한 전승의 답 역시 내가 답해야 할 또 하나의 물음이다. 이렇게 말하고 듣고, 묻고 답하는 과정은 이른바 이해의 통일에 이르도록 또는 이해의 통일이 얻어졌다고 간주될 수 있을 때까지, 즉 대화의 결과가 단지 객관적이지도 주관적이지도 않고 이 둘의 참된 합일에 이르렀다고 여겨질 수 있을 때까지 반복된다. 대화로서의 이해는 이렇게 말하는 전승과 자유로운 해석자 간의 상호적인 겨룸이다. 서로 다른 텍스트와 해석자 간의 겨룸으로서의 이해는 잠정적으로 확인된

---

136 여기서 해석은 이해의 완성을 뜻하고(cf. *ibid.*, 402, 475) 이해의 통일은 텍스트와 해석자의 통일을 의미한다. 이 통일의 구체적 의미는 이어지는 문장에 나온다.

137 *Ibid.*, Bd. II, 131. 다른 곳에서 가다머는 이렇게 말한다. "이해란 [텍스트가] 말한 것이 해석자 자신에게 고유한 것이 되게 하는 것, 즉 말해진 것의 자기화다."(*ibid.*, Bd. I, 402)

둘 간의 같음에서 한시적으로 종결된다. 같음의 확인이 잠정적인 것은 이내 다시 다름의 현존이 인지되기 때문이고, 이해의 종결이 한시적인 것은 이 인지와 더불어 곧 이해의 운동이 재개되어야 하기 때문이다. 이해란 전승과 해석자가 그때마다 둘 사이에 놓인 다름을 극복하며 최종적인 같음에로 다가가는, 그러나 이 목표에 결코 완전히 이르지는 못하는 무한한 운동이다.

중요한 것은 이해의 운동이 완성될 수 없다는 것이 아니라 그때마다의 잠정적인 완성에서, 텍스트와 해석자 간의 다름의 한시적인 지양에서 무엇이 얻어지는가의 문제다. 이것은 정신과학에서 다름의 역할에 대한 물음이고 동시에 정신과학적 인식 자체의 생산성에 대한 물음이다. 모든 이해는 다름의 현존에서 출발해서 같음의 획득을 지향한다. 다름이 없다면 대화할 필요조차 없었을 것이고, 또 대화를 나누고 서로를 이해하려는 것도 합의를 도출하기 위함이지 간격과 틈을 존속시키기 위함은 아니기 때문이다. 이해의 운동의 궁극적인 지향점, 같음과 매개의 산출을 위해 다름은 물론 극복되어야 하겠지만, 그렇다고 이 다름이 단지 지양되고 삭제되어야 할 부정적인 계기에 불과한 것은 아니다. 다름은 같음의 매개를 위해 분명 긍정적인 해석학적 의미를 지니고 있다. 이것이 곧 정신과학적 진리가 우리 인간, 지속적인 같음 안에서만 자기동일성을 확인할 수 있으면서도 동시에 끊임없이 달라지고 새로워지기를 원하는, 그리고 이를 통해 자신의 동일성을 확장하기를 원하는 인간의 삶에 대해 갖는 의미이다.

상호적 대화로서의 이해가 경이로운 것은 내가 "너 안에서 나를 재발견한다"[138]는 데 있는 것이 아니라, 내가 너 안에서 '나와는 다른 나'를 발견하고, 너 또한 나 안에서 '너와는 다른 너'를 발견한다는 데 있다.

나와 너는 서로 다르다. 그렇게 다른 나와 너가 우리 안에서 함께 만나며, 나는 나와는 다른 너의 매개를 통해 '지금의 나와는 다를 수 있는 나'를 그리고 너 역시 너와는 다른 나의 매개를 통해 '지금의 너와는 다를 수 있는 너'를 새롭게 그리고 최초로 보게 된다. 분명한 것은 너가 없었다면 나는 그리고 나가 없었다면 너 역시 이 다른 자기를 볼 수 없었으리라는 것이다. 나와 너는 서로에게 다름을 매개한다. 그러나 이 매개는 일단은 서로에 대한 충격이고 도전이다. 새로움과 다름을 보여 줌은 동시에 옛것의 같음의 "무성無性의 경험", 지금까지의 나는 아무것도 아니었다는 사실의 폭로이기 때문이다. 그런 한에서 다름의 경험은 일단 나의 "전도顚倒"[139]의 경험이고 따라서 "부정적"이다. 그러나 이 전도를 경험한 자로서 나는 이 경험이 아니었다면 결코 하지 못했을 "어떤 것을 경험할 수 있게 해 주는 새로운 지평을 얻게 된다"라는 점에서 이 경험은 또한 "생산적"[140]이기도 하다. 과거의 나를 전도시킨 자만이 전도 이전에는 결코 볼 수 없었던 미래의 나를 볼 수 있는 눈을 갖게 된다는 의미에서 그렇다. 이 눈을 뜨게 해 주는 것이 바로 지금의 나와 다른 너가 있다는 그리고 나 역시 그 너와 같아질 수 있다는 사실의 인식, 나와는 다른 너로 인해 갖게 된 나에 대한 인식이다. 이 인식, **타자 인식을 통한 자기 인식**이 곧 정신과학적 인식이다.

> 우리가 역사적으로 인식하는 것, 그것은 결국 마지막 근거에 있어서는 우리 자신이다. 정신과학적 인식은 늘 자기 인식 자체에 대한 무언가를

138 W. Dilthey, *Gesammelte Schriften*, Bd. VII, 195.

139 H.-G. Gadamer, *Gesammelte Werke*, Bd. I, 360.

140 *Ibid.*, 359.

포함한다. 그 어디에서도 자기 인식에서보다 더 쉽고 흔하게 기만이 나타나지는 않는다. 그러나 성공적일 경우 자기 인식 이외의 그 어떤 것도 인간의 존재에 대해 더 많은 것을 의미하지는 않는다. 그러므로 정신과학에서는 우리가 이미 알고 있는 우리 자신을 역사적 전승에게 들어서 확인하는 것만이 문제가 아니다. 여기에는 뭔가 다른 중요한 것이 있다. 역사적 전승으로부터 하나의 충격을, 우리를 우리 자신 위로 이끌어 올리는 충격을 경험하는 것이 중요하다. 그러므로 여기서는 충격을 주지 않는 것, 우리의 기대를 단순히 만족시키는 탐구는 우리의 [우리 현존재의] 본래적인 촉진을 불러오기에 충분하지 않다. 여기서는 오히려 어디서 새로운 충격이 우리 자신에 반해서 주어지는가를 인식하는 것이 중요하다.[141]

이 부정과 전도의 충격, 지금 너는 아무것도 아니니 전도시켜 버리라는 경고는 지금까지의 현실적인 나에 대한 부정이지만, 동시에 새로운 나, 가능적인 나에 대한 긍정이기도 하다. 전승은 지금의 나가 유일한 나가 아니며 복수의 가능한 나가 있다는 사실을 도발적으로 알려 주며, 그 다른 나를 보라고 그 나가 되라고 촉구한다. 현재의 같음이라는 어두운 장막에 덮어씌워진 자기에게 미래성의 빛이 비추이고 새로운 자기의 상이 떠오른다. 이 가능적 자기가 곧 내가 되어야 할 것, 언젠가 하이데거가 "본디의 너로 되어라Werde, was du bist!"[142]라고 요구했을 때

141 *Ibid.*, Bd. II, 40f.

142 M. Heidegger, *Sein und Zeit*, 145. 차라투스트라도 꼭 같은 것을 말했다. "본래의 네가 되어라Werde, der du bist!"(니체, 《차라투스트라는 이렇게 말했다》, 394쪽)

의 그 나, 가능적이지만 현실적인 나보다 더 본래적인 나이다. '현실적으로 나는 누구인가?'라는 물음에 답할 수 있는 자는 분명 일종의 자기 인식을 가진 자이다. 그러나 '가능적으로 나는 누구일 수 있고 또 의무에 따라서는 누구여야 하는가?'라는 물음에 답할 수 있는 자는 한결 확장된 의미에서 자기 인식을 가진 자다. 인간의 문제는 이 후자의 인식을 스스로의 힘만으로는 가질 수 없다는 것이다. 이것이 바로 우리 인간, 자신의 같음 안에 갇혀 있으면 다름을 볼 수 없고, 다름의 매개 없이는 같음의 한계를 볼 수 없는 인간의 문제다. 그래서 이 유한한 인간은 "자신의 길만을 바라보고 있을 때에는 결코 볼 수 없는 새로운 것, 생산적인 것을 인식하기"[143] 위해 자신의 길과는 다른 길을 걷고 있는 타자를 만나지 않으면 안 된다. 이것이 인간이 자신과는 다른 타자를 통해 자기 자신을 인식하는 방식이다. 그러므로 "서로를 이해한다는 것"은 나와는 다른 너를 대상화, 관찰, 분석해서 이 객체가 실제로 무엇인지를 확인하는 것이 아니라, 나와는 다른 "어떤 것 안에서", 내가 아닌 너 안에서 "나를 이해함"[144]이고 지금의 나와는 다른 나를 새롭게 이해함이다. 이것이 대화에서 타자의 역할이고 정신과학에서 다름의 의미이다. 이 의미는 나와는 다른 방식으로 가상의 현실을 창조하는 예술가의 작품, 그리고 나와는 다른 시대와 문화에서 생겨나 다른 역사를 거쳐 온 역사적 전승과의 만남에서, 즉 예술의 경험과 역사의 경험에서 우리가 가질 수 있는, 다시 말해 자연과학적 대상지가 아니라 오로지 정신과학적 매개지만이 우리에게 줄 수 있는 독특한 의미이다.

---

143 H.-G. Gadamer, *Gesammelte Werke*, Bd. II, 41.

144 *Ibid.*, Bd. I, 55.

정신과학적 앎은 타자 인식을 통한 자기 인식이고, 이 인식은 "인간에 대한 앎",[145] "자기 자신에 대한 인간의 **앎**"[146]이다. 이 앎은 정신과학의 유일무이한 물음인 '인간이란 무엇인가?', 더 구체적으로 표현해서 '인간으로서의 나는 현실적으로 무엇이고, 가능적으로 무엇일 수 있으며, 의무에 따라서는 무엇이어야 하는가?'에 대한 답이다. 여기서는 묻는 자도 인간이고 물어지는 자도 인간이다. 그러므로 자신의 본래적 의미에 충실한 정신과학은 인간학일 수밖에 없다. 그러나 이 인간학은 심리학적, 생물학적, 의학적 인간학 등의 (자연)과학적 인간학과는 다르다. 정신과학에서는 자연이 아니라 인간이 문제이되, 자연의 일부로 객체화되어 규정될 수 있는 한에서의 인간이 아니라 오로지 자기 자신에 대해 끝없이 묻고, 이 물음에 스스로 답하는 인간만이 문제이기 때문이다. 이 인간은 탐구하는 인간(인식 주관)에 의해 일방적으로 보편 법칙의 사례로 대상화(중성화!)되어 관찰, 규정되는 인간이 아니라, 인간으로서의 '나'와 다른 또 하나의 인간으로서의 '너'가 함께 '우리'로서의 인간에 대해 대화하고, 이 대화를 통해 함께 사유하며, 이 함께 사유함을 통해 서로를 매개하고, 이 매개를 통해 인간에 대해 그리고 무엇보다 자기 자신에 대해—물론 현실적인 자기뿐 아니라 가능적인 자기와 요청되는 자기에 대해서도—알아 가는 인간이다. 전자의 인간에 대한 지식은 '과학적 대상화'가 주고, 후자의 인간에 대한 앎은 '해석학적 대화'가 준다. 자연과학적 대상화가 근대 주관주의 형이상학이 확정한 주관과 객관의 분리와 대립을 전제함은, 그리고 이 주객 '대립'의 사유 도식으로는 '상호' 주관적 대화를 설명할 수 없음은 이미 이 개념들의 이름에서 미루어

145 *Ibid.*, Bd. IV, 243.

146 *Ibid.*, 265; H.-G. Gadamer, *Vernunft im Zeitalter der Wissenschaft*, 120.

쉬이 짐작할 수 있다. 여기서 우리의 논의를 다음 단계로 이끌어 줄 하나의 물음이 제기된다. 해석학적 대화의 근거에는 어떤 철학이 놓여 있는가? 과학의 근거에 주관주의 형이상학이 놓여 있고, 정신과학은 그 과학이 아니라면 말이다.

9.2 진리 경험

과학이 존재자와 세계를 대상화하는 활동이고, 이 활동의 배후에 이른바 주관주의 형이상학이 서 있음은 이미 분명히 한 바 있다.[147] 주관주의란 무엇인가? 두 유한 실체로서의 '사유하는 것'과 '연장을 갖는 것', 주관과 객관의 대립을 고정하는 세계상이다. 이에 따르면 언제나 세계의 근거에sub 놓여 있는iectum 주관sub-iectum이 자신에 대해ob 세워진iectum 객관ob-iectum에 대한 존재론적, 인식론적 우위를 갖는다. 말하자면 주관은 이 세계의 주主인이고 객관은 주인의 초대를 받아야만 주인집에 발을 들일 수 있는 손님客에 불과하다. 왜냐하면 인식하는 자는 주관이고, 객관은 주관이 원하는 대로 인식될 뿐이기 때문이다. 과학자와 그의 대상의 관계는 바로 이 인식론적 주객 관계의 구체화이다. 그러므로 이른바 과학적 인식, 방법적 통제는 모두 고정된 객관에 대한 주관의 일방향적인 활동이다. 그런데 가다머는 예술과 역사의 진리 경험은 과학적 방법과 인식의 한계를 벗어나 있다고 말한다. 이 말은 이 경험들이 단지 과학을 넘어설 뿐 아니라, 과학의 형이상학적 기초로서의 주관주의의

---

147 6.1 참조.

세계상도 넘어선다는 것을 의미한다. 즉 예술과 역사의 경험은 이른바 주객 대립의 도식에 의해서는 결코 적절히 파악될 수 없고, 이 두 경험이 매개하는 과학 외적 진리도 객관에 대한 주관의 활동의 산물이 아니다. 그러므로 우리가 예술의 경험과 역사의 경험에 적절하게 다가가기 위해서는 주객 대립과 대상화 이외의 뭔가 다른 사유 도식이 필요하다. 이것이 이른바 현대의 존재론이 근대 주관주의를 비판하며 이를 대체하는 사유로 제시한 이른바 '존재 사유'라는 것이다.[148] 과학의 한계를 넘어서 있는 예술과 역사의 진리를 경험하기 위해서는 존재 사유의 실천이 필수적이다. 왜냐하면 예술의 경험과 역사의 경험은 고정된 대상에 대한 주관의 활동성이 아니라 근본적으로 존재의 생기이기 때문이다. 우리는 존재**를** 사유해야만 그리고 존재**의** 사유에 참여해야만 이 진리를 경험할 수 있다.[149]

148 여기서 존재das Sein는 존재자의 근거Grund, 존재자를 존재자로 있게 해 주는 것을 말한다. 그리고 근거는 근거지어진 것과는 달라야 하기 때문에(근거지어진 것의 근거가 다시 근거지어진 것이라면 이것의 근거를 또 물어야 하고, 이 물음은 무한 소급에 빠지기 때문에), 존재 스스로는 존재자가 아니다. 이것이 이른바 '존재와 존재자 간의 존재론적인 차이'다. 이 복잡한 문제를 지금 더 자세히 설명할 수는 없다. 두 가지만 생각하자. 존재는 존재자의 근거이고 스스로 존재자가 아니다. 상세한 내용은 다음을 참조: 김창래, 〈인간의 원상idea에 관한 연구〉, 《철학연구》, 75집(철학연구회, 2006), 206-209쪽; 김창래, 〈철학의 욕망 I—끝으로부터 철학하기〉, 《철학연구》, 41집(고려대학교 철학연구소, 2010), 234-242쪽; 김창래, 〈철학의 욕망 III—끝의 끝?〉, 《철학탐구》, 34집(중앙대학교 중앙철학연구소, 2013), 97-103쪽.

149 '존재**의** 사유Denken *des* Seins'의 '의'는 목적격적 소유격genitivus objectivus일 수도 있고 주격적 소유격genitivus subjectivus일 수도 있다. 전자라면 우리 유한한 인간이 존재를 사유하는 것이고, 후자라면 존재가 스스로를 사유하는 것이다. 잘 알려진 대로 후기 하이데거는 존재 사유를 후자에 제한했다 (cf. M. Heidegger, *Identität und Differenz*, Pfullingen 1957, 53; idem, *Über den*

9.2.1 인간 유한성과 존재 사유

정신과학에서 진리는 탁월한 주권을 지닌 인식 주관, 자신이 원하는 바에 따라 대상을 재단할 수 있는 주관의 활동의 결과가 아니다. 마찬가지로 진리 경험 또한 주관이 자신의 의도에 따라 계획하고, 관리하고, 장악하는, 즉 그의 의지에 환원되어 온전히 설명될 수 있는 과정이 아니다. 여기에는 우리 유한한 인간은 어찌해 볼 수 없는 그래서—긍정적인 의미에서건 부정적인 의미에서건—오로지 '겪어 내야erleiden' 하는, 우리를 능가하는 힘(존재)이 작용하고 있다. 과학에서는 세계의 주인으로서의 주관이 객관에 대한 인식의 주인이겠지만, 정신과학에서 인간은 진리의 주인이 아니다. 왜냐하면 여기서 진리는 주관의 의지와 활동의 산물이 아니라 존재의 생기의 결과이고, 이 진리는 우리가 원하건 원하지 않건 존재로부터 우리에게 이르는 것이기 때문이다.

가다머는 《진리와 방법》의 본문을 시작하기 전에 매우 흥미로운, 릴케의 시 한 편을 인용한다. 이 시는 방금 설명된 인간과 진리의 관계를 상징적으로 보여 주며 《진리와 방법》 전체의 논의가 갈 길을 앞질러 제시한다. 그 점에서 하나의 이정표와 같은 글이다.

그대가 스스로 던진 공을 받아 잡는 동안은
모든 것이 그대의 솜씨요, 그대 노력의 대가이지만—;

Humanismus, Frankfurt a. M. 1949, 7). 그러나 가다머의 존재론의 독특성은 이 둘을 같은 것으로 본다는 데 있다. 내가 존재**를** 사유하면서 나는 존재 자신**의** 사유에 참여한다. 또는 나는 존재**의** 사유에 참여하면서만 존재**를** 사유할 수 있다. 이 이중의 구조를 설명하는 것은 변증법이다. 이에 대해서는 이내 설명이 주어질 것이다.

함께 놀이하는 영원한 여신이 그대에게
그대의 중심으로 정확하고 민활한 스윙 동작으로
신이 만든 거대한 다리의
저 곡선들 중의 한 곡선을 따라 던진 공을
그대가 불시에 잡게 되는 경우
그때 공을 잡을 수 있음은 그대가 아닌
세계의 능력이라오.[150]

나는 릴케가 이 시를 썼을 때 표현하고자 의도했던 바가 무엇이었는지는 모른다. 그러나 가다머가 이 시를 인용했을 때 시에 대한 그의 해

---

150 가다머, 《진리와 방법 I》, 이길우 등 옮김(문학동네, 1990), 17쪽. 우리말 번역본에서 인용한 이 시는 한 시인이 우리말로 옮긴 것을 《진리와 방법》의 번역자들이 손질한 것이라 들었다. 나는 이 번역에서 두 개의 표현을 바꿨다. 3행의 "Mitspielerin"은 "공연자共演者"로 번역되어 있는데—시인과 나눈 사적 대화에서 시인의 원래 번역은 "함께 놀이하는 자"였는데 옮긴이들이 이렇게 고쳐 쓴 것이라 들었다—, 이를 나는 "함께 놀이하는 여신"으로 고쳐 옮겼다. 물론 시인의 원래 번역에 대한 존중도 작용했지만, 무엇보다 철학적인 이유가 있었다. 여기서 "Mitspielerin"은 존재자에 대한 존재론적 우위를 지닌 존재를 의미하는데, 가다머에서 존재는 유한한 존재자들의 피안에 머무는 초월자가 아니라 존재자와 함께 놀이하며 형성되고 진행되는 운동이다. 인간적 존재자가 아니라 인간을 능가하는 존재라는 의미에서 (그리고 이 독일어 단어가 여성명사이기 때문에) "여신"으로 하되, 이 존재가 인간적 존재자와 "함께 놀이한다"는 사실을 강조하기 위해 "mit-spielen"은 직역했다. 9행의 "Welt"의 우리말 번역어는 원래 "세상"이었는데, 이 시적으로 부드러운 표현 대신 나는 "세계"를 택했다. "세상"이라는 표현이 속세의 뉘앙스를 풍겨 존재자들만의 거주지라는 인상을 주기 때문이다. 가다머에서 'Welt'는 존재자뿐 아니라 존재도 거주하는 곳, 존재와 존재자가 함께 놀이하는 실존 공간이다. 이 난해한 시를 환상적인 우리말로 옮겨 주신 시인에게 감사 드린다. 그리고 아름다운 문학 작품을 전공 논리상의 이유에서 무참히 훼손할 수밖에 없었음에 대해서는 양해를 구한다.

석이 무엇이었는지는 알 것 같다. 그는 이 시에서 인간 능력의 한계를 초월해 있는 진리의 생기를 보았을 것이다. 이 해석을 간략히 정리해서 이 이정표가 앞질러 지시하는 길을 미리 한번 내다보기로 하자.

여기서 "공"은 앎, 진리를 의미한다. 물론 주관으로서의 인간이 모든 인식 과정을 그의 의도에 따라 계획하고, 방법적으로 통제하여 어떤 인식을 얻을 수 있다. 그런 "공", "스스로 던지고" 스스로 "받아 잡는" 공은 인식 주관의 활동의 산물이고 따라서 그 자신의 "솜씨"이자 "노력의 대가"임이 분명하다. 그러나 그렇게 내가 던지고 받는 공이 유일한 공은 아니다. 때때로 공은 누가 던진 것인지도, 어디서 날아온 것인지도 모르는데, 갑자기 나를 덮친다. 사랑의 열정이나 분노의 격정 같은 파토스가 나의 의욕과는 무관하게 나를 덮치듯, 공은 나에게 닥치고 나는 그 공을 "불시에" 잡는다. 내가 원해서 잡는 것도 아니고 원하지 않는다고 잡지 않을 수 있는 것도 아니다. 공이 덮치기에 그저 잡을 뿐이다. 여기에 나의 의지와 사유가 개입할 여지는 없다. 말하자면 이 공을 잡을지 말지 또는 잡는 것이 유리할지 그 반대가 유리할지를 생각을 통해 결정하려 든다면, 그건 항상 "너무 늦다".[151] 파토스는 로고스의 개입 이전에 이미 닥치고, 존재가 던진 공은 존재자의 계산적 사유의 대상이 되기에는 너무 강한, 거부할 수 없는 방식으로 닥치기 때문이다. 그렇다. 이 공은 존재가 나에게 던진 공이지, 존재자인 내가 내게 던진 공이 아니다. 내가 공을 던지고 받는다면야 이는 물론 주관의 활동이고 나의 능력의 결과이겠지만, 존재의 던짐은 존재자로서는 어찌해 볼 수 없는 존재 자체의 생기이다. 나에게는 존재의 공을 받지 않을 자유가 없다. 그래서

---

151 H.-G. Gadamer, *Gesammelte Werke*, Bd. I, 494.

"불시에" 얼떨결에 공을 잡는다. 이것이 존재자가 존재의 운동에 참여하는 방식, 그러나 존재자의 의지에로 환원해서 설명할 수는 없는 참여의 방식이다. 그러므로 존재의 "공을 잡을 수 있음"은 나의 능력이 "아니라", "세계의 능력" 덕분이다. 이 세계는 데카르트적 인식 주관이 주인으로 버티고 있는 세계가 아니라, 나와 나의 존재가 "함께 놀이하며" 만드는 세계 또는 나와 나의 존재의 함께 놀이함이 펼쳐지는 세계, 우리의 놀이터다. 나는 여기서 내게 진리의 공을 던진 여신과 함께 놀이하며, 마치 공을 던지고 되던지듯 물음과 답변을 던지고 되던지며 '우리'의 세계를 만든다. '여신과 인간이 함께하는 이 놀이' 그리고 '이 놀이가 펼쳐지는 세계'는 주관으로서의 나의 의지, 의욕에로 소급되어 설명될 수는 없는 '우리의 놀이'이고 '공동의 세계'다. 나는 이 놀이와 세계의 주인일 수 없고 오직 이 놀이에 실려 있고 이 세계에 속해 있을 뿐이라는 것이 존재 사유, 존재자는 존재에 귀속한다는 사유의 핵심을 이룬다. 시는 이 사실을, 그리고 《진리와 방법》이 걷게 될 길이 인간 유한성에 대한 사색의 길임을 더할 나위 없이 인상적으로 보여 준다.

인간은 세계와 진리의 주인이 아니다. 존재 사유의 핵심은 인간 유한성, 인간은 그의 탄생과 죽음으로 한정된 유한한 시간만을 가지고 있어서 결코 그의 "시간과 미래의 주인이 될 수 없다"[152]는 것이다. 이것이 근대 주관주의 형이상학에 비해 달라진 현대의 인간 이해다. 근대가 인간을 지칭하기 위해 사용했던 용어는 '주관'이었다. 이것은 '인간이 세계의 중심이고 세계의 근거에 서 있다'라는 근대적 인간 이해를 전형

152 *Ibid.*, 363.

적으로 보여 주는 이름이다. 하이데거는 주관이라는 이 익숙하고도 화려한 이름 대신 우리 인간에게, 생소하지만 겸허한 따라서 우리의 유한한 본질에 부합하는 이름을 부여했다. 그 이름은 "**현존재***Dasein*"[153]다. 이를 직역하면 '거기da 있음sein'이다. 인간은 거기에 있다. 어디에? 세계 안에다. 그러나 이 세계는 시간의 흐름에 따라 변화하는 모든 우연성을 방법적으로 (회의를 통해) 제거하고 모든 시간에 대해 보편적으로 타당한 실체성만이 남아 이룬 데카르트적 세계, 시간이 멈춘 기하학적 공간이 아니다. 인간이 거주하는 세계는 시간의 흐름에 따라 생성되고 형성되는 세계다. 그리고 이 '세계-안에-있음'의 방식으로 존재하는 현존재 역시 시간 안에 있다. 그는 시간의 흐름에 따른 변화에 노출되어 있고 시간의 흐름 안에서의 자기 형성에 지시되어 있다. 무시간적 공간이 아니라 시간이 인간의 존재를 이루고 인간을 인간으로 만들어 주는 인간의 근거다. 반면 근대적 주관, 오로지 사유만 하는 정신은 시간을 넘어서 있다. 이 주관은 시간 안에서 가변적인, 이 시간에 대해서는 이렇지만 저 시간에 대해서는 저런 모든 우연적 속성들을 제거하고 모든 시간에 대해 보편적으로 타당한 실체성만을 남기는 회의의 끝에 만난 실체이기 때문이다. 사유하는 주관은 시간의 흐름을 삭제하는 추상화의 결과물이기 때문에, 이 실체에게는 모든 시간이 현재다. 또는 이 실체는 늘 현재의 방식으로 존재한다. 실체는 자신만의 한정된 시간이 아니라 모든 시간을 갖는 까닭이다.

그러나 현존재는 시간 안에 있고 시간의 흐름에 내맡겨져 있되, 그의 시간은 모든 시간이 아니라 탄생과 죽음으로 한정된, 유한한 시간이

153 M. Heidegger, *Sein und Zeit*, 7; cf. 11.

다. 탄생과 더불어 시간이 흐르기 시작하면 그는 이 흐름 안에서 자신을 만들어 가되 죽음과 더불어 흐름은 멈추고 자기를 만들어 감도 끝난다. 이 흐름이 이어지는 동안이 그의 삶이고 그의 시간이다. 중요한 것은 늘 현재의 방식으로 존재하는 영원한 실체로서의 주관과는 달리 유한하게 실존하는 인간 현존재의 시간은 현재가 아니라 미래라는 점이다. 그는 실존하며 늘 현재를 떠나 미래에로 나가 있다. 이것이 이른바 현존재가 자기 자신을 이해하는 방식, '기획 투사Ent-werfen로서의 이해'다. 그는 자기를 지금의 자기에서 떼어 내어ent 미래에 비로소 만나게 될 자기를 향해 내던진다werfen. 그리고 그 자기에 비추어 자기가 본디 누구이고 누구여야 하는지를 이해한다. 그러므로 현존재는 '인간은 무엇이고 또 무엇이어야 하는가?'라는 물음에 '나는 시간의 흐름 안에서 나 자신을 형성해 가는 자이고, 지금의 나를 내가 되어야 할 본디의 나, 미래의 가능적인 나로 만들어야 한다'고 답한다. 이 가능적 자기가 그의 형성의 본paradeigma이고, 그의 형성은 부단히 지금의 나를 떠나 '내가 아직은 아닌 그러나 끝내 되어야 할 본'에로 다가감이다. 그래서 현존재의 실존은 나가 있음, 탈존脫存이고, 같은 이유로 현존재에게는 미래가 현재의, 미래의 가능적 자기가 현재의 현실적 자기의 근거aitia가 된다. 바로 이 의미에서 '시간은 현존재의 존재'이고 '현존재는 시간 안의 존재'다. 이것이 유한한 인간이 시간 안에서 자기를 이해하고 형성해 가는 방식이다.

가다머는 하이데거에 의존하며 '유한성과 시간성에 입각한 인간의 새로운 자기 이해'를 '무한성과 무시간성에 입각한 근대인의 자기 이해'와 극명하게 대비시킨다.

내가 보기에 근대 주관주의에 대한 하이데거의 비판의 생산성은 그의 시간적인temporal 존재 해석이 (…) [인간] 유한성의 관점을 확고히 붙들게 하는 (…) 고유한 가능성을 열었다는 데 있다. 시간의 지평으로부터의 존재 해석은—사람들이 늘 반복해서 오해하듯—현존재가 철저하게 시간화되어 더 이상 그 어떤 것도 항존하는 것, 영원한 것으로 타당할 수 없다는 사실을 뜻하는 것이 아니다. 오히려 이 해석은 현존재가 전적으로 자신의 고유한 시간과 미래에 입각하여 자신을 이해한다는 것을 말한다. (…) 여기서 문제가 되고 있는 철학의 물음은 주관주의 자체를 겨냥하고 있다. 그렇기 때문에 주관주의가 극단에 이끌려 물음의 대상이 되는 것이다. 철학의 물음은 [주관주의에 의거한 인간의] 자기 이해의 존재가 무엇인지를 묻는다. 이 물음과 더불어 [즉 이 자기 이해에 대해서가 아니라 이 자기 이해의 존재에 대해 물으며[154]] 철학의 물음은 이 같은 [근대적 인간의] 자기 이해의 지평을 근본적으로 넘어선다. 철학의 물음이 시간을 자기 이해에게는 은폐되어 있는 근거로 드러내면서 (…) 이 물음은 지금까지 은폐되어 있던 경험, 주관성에 의거한 사유를 뛰어 넘는 경험, 하이데거가 존재라 칭한 경험을 스스로에게 개방한다.[155]

주관주의에 입각한 근대인의 자기 이해는 시간의 흐름을 초월하여 늘 현재의 방식으로 존재하는 무시간적 주관이다. 도대체 무엇이 시간 안의 인간에게 인간은 시간을 벗어날 수 있고 그것이 그의 참된 본질이라고 가르쳤는가? 주관주의는 자생적인 철학이 아니어서—철학

154 다시 말해, 근대의 인간이 스스로를 무엇으로 이해했는지가 아니라 이 인간이 스스로를 그렇게 이해하도록 만든 근거가 무엇인지를 물으며.

155 H.-G. Gadamer, *Gesammelte Werke*, Bd. I, 105.

의 역사에 그런 것은 없다—분명 자신의 유래를 가지고 있다. 우리는 이미 이 근대적 관점의 철학사적 기원으로 고대 그리스의 실체 존재론을 지목한 바 있다.[156] 근대적 주관의 배후에는 고대 그리스 존재론이 실체라 불렀던 것, 우시아가 서 있다. 우시아란 현재現 앞前에 있어서 "마주-대함Gegen-wart"[157]의 방식으로 있는 것이고 따라서 그 의미는 "현전성Anwesenheit"[158]이다. 우시아로서의 실체는 시간의 흐름 안에서 생성, 소멸, 변화, 운동하는 존재자들과는 달리 멈춘 시간, 영원한 "**현재** *Gegenwart*"[159] 안에만 존재한다. 그리스인들이 보기에 시간의 흐름 속에서 함께 흘러가며 달라지는 것은 참된 존재가 아니기에,[160] 시간의 흐름을 벗어나 늘 현재의 방식으로 있으며 자신의 같음을 유지하는 우시아만이 존재라는 이름을 받기에 합당하다. 존재란 시간의 흐름 저편에 있는 것이다. 이것이 그 시원에서 이미 서양의 존재론사의 행로를 결정해버린 그리스인들의 근본 경험, 이른바 **존재와 시간의 분리**라는 경험이다. 시간은 존재자를 위한 지평이고, 존재자가 아닌 존재는 시간 저편에 있다. 그 이후 서양의 존재론사에 나타난 모든 존재 개념은 외양의 차이는 있을지언정 원칙적으로는 시간으로부터 존재의 분리라는 그리스적 근본 경험의 반복이었다.[161] 그래서 서양 존재론의 역사 전체가 이른바 "해체"[162]의 대상이 되는 것이다. 이제 우리는 위의 인용문에 나타

156 6장 도입부 참조.
157 M. Heidegger, *Sein und Zeit*, 26.
158 *Ibid.*, 25.
159 *Ibid.*, 26.
160 플라톤, 《크라틸로스》, 439d-440c 참조.
161 Cf. M. Heidegger, *Sein und Zeit*, 22f.
162 *Ibid.*, 19.

난 '근대적 인간의 자기 이해의 존재'가 무엇인지를 말할 수 있게 되었다. 그것은 시간과 분리된 존재, 늘 영원한 지금 안에 존재하는 현전자, 우시아다. 그런데 존재는 시간의 저편에 있는 초월자가 아니라 시간 안에서 스스로를 형성해 가는 운동이고, 인간적 존재자의 존재의 의미는 시간성이라는 것이 《존재와 시간》의 저자의 생각이다. 이 생각과 함께 그리고 이 생각의 실천과 함께 "주관성에 의거한 사유", 그리고 그 배후에 서 있는 우시아의 무시간적 현재성에 의거한 사유를 "뛰어넘는" 새로운 "경험", 존재와 시간을 함께 사유하자고 제안한 이가 "존재라 칭한 경험"이 펼쳐진다. 이 경험에 상응해야만, 과학과 방법의 외부에 놓인 따라서 근대적 주객 대립의 도식을 통해서는 결코 다가갈 수 없는 예술과 역사의 경험, 그리고 이 경험이 매개하는 진리에로의 길이 열릴 것이다.

지금부터는 이른바 시간 안에서 스스로를 형성해 가는 존재의 운동에 대해, 정확히는 우리 유한한 존재자가 이 운동에 참여하고 이 운동을 경험하는 방식에 대해 생각해 보자. 가다머는 존재를 다양한 이름으로 부른다. 그것은 놀이, 역사, 대화, 전통, 영향사, 언어 등이다. 이 이름들은 서로 "교체 가능하다".[163] 이들은 모두 하이데거가 '존재자의 근거이면서 스스로는 존재자가 아닌 존재'라 칭한 것을 이 존재가 생기하는 맥락에 따라 구체화한 존재의 여러 이름들이기 때문이다. 여기서 나는 하이데거의 존재 개념에 대한 설명은 포기한다. 그것은 우리 논의의 중심으로부터의 일탈을 의미할 것이기 때문이다.[164] 그러나 이와 관련하여

163 W. Schulz, "Anmerkungen zur Hermeneutik Gadamers", in: *Hermeneutik und Dialektik*, Bd. I, hrsg. von R. Bubner u. a., Tübingen 1970, 311.

164 이에 대해서는 이 장의 주 148에서 제시한 간략한 설명과 거기서 제시한 문

한 가지는 분명히 해 두어야 하겠다. 그것은 하이데거가 다소 은자적이고 신비하기까지 한 색조로, 우회적 내지 비유적으로만 설명하여 어둠에 쌓여 있던 존재 개념이 가다머에서 매우 구체화되어 이해 가능성을 갖게 된다는 점이다.[165] 이는 방금 나열한 존재의 다양한 이름들의 친숙함에서도 익히 알 수 있다. 그러나 이 이해 가능성은 무엇보다 가다머가 존재를 실체화하지 않고—그의 독자들에게 실체화의 오류의 빌미를 주지 않으면서—우리가 이해할 수 있는 방식으로, 다시 말해 존재를 우리로서는 이해할 수 없는 존재 자체 쪽에서가 아니라 바로 우리 자신인 존재자 쪽에서 설명하고 있다는 데에 성립할 것이다. 그는 존재를 존재자를 넘어서 또는 존재자에 대립해서 이미 거기에 있는 그리고 존재자에 대해 부단히 자신의 힘을 행사하고 있는 어떤 '것'으로 보지 않고,[166] 오히려 인간적 존재자의 유한성의 경험에 대한 이념적 대응물로[167] 사유

헌들을 참고하라.

165 Cf. J. Habermas, "Urbanisierung der Heideggerschen Provinz", in: *Das Erbe Hegels*, Frankfurt a. M. 1979, 13f.

166 존재는 어떤 '것'이라고 말하는 순간 우리는 이미 실체화의 오류에 빠지고 만다. 존재는 이것, 저것, 요것, 조것 등의 '~것', 존재자(있는 것)가 아니기에, 어떤 '행위나 속성(술어)'의 '주인(주어)'이 아니고, 따라서 문장의 주어 자리에 와서 술어를 자신의 소유물로 거느리는 실체(라는 존재자)로 사유되어서는 안 된다. 존재Seyn는 명사가 아니라 동사다. 존재는 운동이고 일어남이기 때문이다.

167 나는 이 개념을 칸트적인 의미로 사용한다. 칸트에 따르면 우리가 경험할 수 있는 것은 우리가 구성한 대상, 현상뿐이다. 그런데 현상은 본디 '무엇의 상'이므로 현상의 배후에는 "그 자체 현상이 아닌" 무언가가 서 있지 않으면 안 된다. 그렇지 않으면 상의 원본에 대한 물음의 계열은 "끝없는 순환"에 빠지기 때문이다. (추가 설명: 하나의 현상이 '다른 현상'의 상이라면 우리는 이 '다른 현상'이 무엇의 상인지를 물어야 하고, 그것이 '또 다른 현상'의 상이라면 그 '또 다른 현상'이 무엇의 상인지를 물어야 한다. 이 물음의 답으로 '현상이 아

한다. 잠시 이 문제에 머무르기로 하자. 바로 이 경험이 존재 사유의 핵심을 이루기 때문이다.

인간으로서 나는 내가 하는 모든 일을 나의 의지와 계획에 따라 실행하기를 원하고 또 통상은 그렇게 한다고 믿고 있다. 그러나 이 원함과 믿음은—방법적으로 잘 통제된 과학자의 실험실과 같이 특수한 공간에서가 아니라면—거의 충족되지 않는 주관성의 환상이다. 나는 이내 나의 의지와 계획이 무력해지고 일의 진행이 나의 바람에 따르지 않는다는 사실을 깨닫게 된다. 나로서는 어찌해 볼 수 없는 일이 나의 의지에 반하여 발생하고 전혀 내다보지 못했던 일이 나의 계획에 거슬러 일어난다. 일은 완전히 엉뚱한 방향은 아니더라도 내가 원하지도 않았고 생각지도 못했던 방향으로 진행되기 일쑤다. 그리고 이 진행을 되돌리기에 나는 충분히 강하지 못하다. 물론 나는 나름의 의도를 가지고 이 일의 진행에 참여했고 나의 의도를 실현하려 노력했다. 그러나 분명한 것은 나는 이 일의 진행 과정 전체에 대해 국외자는 아닐지라도 유일한 주

닌 것'이 제시되지 않는 한, 물음의 계열에는 끝이 없다. 즉 물음은 무한 퇴행에 빠진다.) 따라서 우리는 현상에는 현상이 아닌 것이 대응해야 한다고 생각한다. 물론 이 결론은 사유의 필연성에 따라 "자연스러운"(I. Kant, *Kritik der reinen Vernunft*, A251) 것이지만, 우리는 이 필연성에 대해 그 어떤 경험의 증거도 갖지 못한다. '현상이 아닌 것'은 경험의 한계를 넘어서기 때문이다. 우리는 우리가 구성한 현상에 대응하는 물 자체를 상정하지만, 이 대응 관계는 실재로 확인된 것이 아니라 다만 이념적으로 상정된 것이다. 이것이 물 자체는 현상의 이념적 "대응물"(*ibid.*, A250)이라는 칸트의 말의 의미다. 내 생각에는 이 이념적 대응 관계가 가다머에서 존재자와 존재 사이에도 성립한다. 존재는 존재자의 배후에 서 있어서 존재자에 그 근거로 대응하는 것이지만 그 자신 존재자는 아니어서 이 대응 관계가 실재로 확인될 수는 없다.

인도 아니라는 것이다. 여기에는 나 말고 나보다 더 강한 어떤 것, 나를 능가하고 지배하는 힘이 작용하고 있다. 그렇지 않고서야 지금 내가 하고 있는 이 무력의 경험, 능가 당함과 지배 당함의 경험을 설명할 길이 없기 때문이다. 그래서 나는 묻게 된다. 내가 주인이 아니라면, 누가 주인인가? 그 누구를 실체화하지 않으면서 그 누구의 힘을, 정확히는 내가 그 누구에게 능가 당하고 지배 당하고 있다는 현사실성Faktizität[168]을 인정한다면, 실체화되지 않은 그 '누구'가 바로 가다머의 존재다. 존재란 이미 나의 위에 또는 뒤에 있어서 나를 능가하고 지배하는, 실재적인 힘이 아니라, 유한한 존재자로서의 나의 무력, 능가 당하고 지배 당함의 경험을 그 반대편에서 설명해 주는 (나를 능가하고 지배하는 힘으로 상정된) 한계 개념이고,[169] 나의 무력과 유한성의 경험에 대한 이념적 대응물이다.

능가 당하고 지배 당하며 나는 묻는다. 나를 능가하고 지배하는 자는 누구인가? 그가 하나의 존재자라면 그 위에 그보다 더 강한 자가 있을 것이다. 그리고 더 강한 존재자보다 더더욱 강한 존재자를 생각하는

---

168 이 개념은 하이데거적인 의미에서 사용되었다. 주관으로서의 나의 자유로운 선택과 의지에 의해서가 아니라, 내가 어떤 상황 안에 던져지고 그 상황 안에서 떠맡게 된 실존의 현실성이 현사실성이다(cf. M. Heidegger, *Sein und Zeit*, 134ff.).

169 칸트에서 현상의 배후를 물어 가는 계열의 끝, 현상과 현상이 아닌 것의 경계에 서 있는 한계 개념이 물 자체이듯, 가다머에서 존재자로서의 나를 능가하는 것들의 계열의 끝, 존재자와 존재자가 아닌 것의 경계에 서 있는 한계 개념이 바로 존재다. 칸트 철학과 가다머의 존재론 간에는 아주 놀라운 구조적 일치가 발견된다. 나는 이 동형성의 문제를 상세히 분석한 바 있다: 김창래, 〈가다머의 철학적 해석학에서의 존재와 언어의 관계—"이해될 수 있는 존재는 언어다"라는 문장에 관하여〉, 한국해석학회 편, 《문화와 해석학—해석학연구 7》(철학과 현실사, 2000), 180-188쪽 참조.

것도 이상한 일은 아니다. 이 강함의 계열을 계속 거슬러 올라갈 때, 이 계열의 끝, 한계에 서 있는 자는 하나의 존재자여서는 안 된다. 왜냐하면 제 아무리 강한 존재자라도 그보다 더 강한 것을 생각하는 것은 자연스러운 일이기 때문이다. 이 자연스러운 논리(사유의 필연성!)에 따라 나는 강한 '것들'의 계열은 '것이 아닌 어떤 것(존재!)'에서[170] 끝나야 한다고 생각한다. 이 끝이 바로 강하더라도 충분히 강할 수는 없는 우리 존재자들의 한계 개념으로서의 존재, 끝까지 사유된 강함이고, 나의 유한성과 약함의 경험에 최종적으로 대응하는 것, 그러나 그 대응 관계를 실재로는 확인할 수 없기 때문에 사유를 통해서만 그 있음을 상정할 수밖에 없는 이념적 대응물이다. 말하자면 능가 당하고 지배 당하는 나의 약함에 덧붙여 사유된, 능가하고 지배하는 힘이다. 물론 이렇게 '덧붙여 사유함Hinzudenken'은 허용되지만, 그렇다고 이를 통해 '덧붙여 사유된 것' 자체가 실체화되는 것은 아니다. 그것은 다만 존재자가 아니라는 의미로 사유된 존재자의 '끝'에 불과하기 때문이다.

> 나는 칸트의 《순수 이성 비판》이 진짜 구속력 있다고 믿으며 변증적 방식으로 유한자에 **덧붙여** 무한자를 **사유하는**, 인간적으로 경험된 것에 그 자체로 존재하는 것을, 시간적인 것에 영원한 것을 **덧붙여 사유하는** 진술을 순전한 한계 규정으로 간주한다. 이 한계 규정들로부터 철학의

170 존재는 존재자, 어떤 '것'이 아니지만 우리는 존재를 '것이 아닌 어떤 것'이라고 표현할 수밖에 없다. 이것은 우리의 언어가 존재'자'를 서술하는 언어이기 때문이다. 우리는 다른 언어를 가지고 있지 않다. 이것이 존재자를 서술하는 언어로 사유하면서 동시에 존재자들의 세계를 초월하기를 원하는 철학이 늘 부딪칠 수밖에 없는 문제, '언어의 궁핍Sprachnot'이라는 것이다. 이에 대해서는 다음을 참조: 김창래, 〈철학의 욕망 II—끝을 향한 형성〉, 101-108쪽.

힘을 통해 자신의 고유한 인식을 발전시킬 수는 없다.[171]

물론 형이상학적 한계 개념의 구성적 사용은 허용되지 않기 때문에,[172] 이 개념으로 우리는 존재 그 자체에 대해 뭔가 구체적인 인식을 얻을 수는 없다. 그러나 존재자의 무력에 덧붙여 사유된 존재의 힘으로부터 우리는 우리 자신의 무력과 유한성에 대한 자기 인식을 얻을 수는 있다. 그러므로 가다머가 존재의 힘에 대해 말할 때, 그는 존재 자체의 힘에 대해서가 아니라 실은 존재자의 무력에 대해 말하고 있는 것이다. 존재란 존재자로서의 나와는 근본적으로 다른, 따라서 나의 세계 외부 어딘가에 이미 존재하고 있어서 나를 능가하고 지배하는, '실재하는 어떤 것'이 아니라, 우리 존재자의 약함에 덧붙여 사유된 강함, 그것도 존재자들의 계열의 끝까지 사유된 강함일 뿐이다. 따라서 존재 경험도 나를 능가하고 지배하는 어떤 것에 대한 구체적이고 적극적인 경험이 아니라, 능가 당하고 지배 당하는 나 자신의 약함에 대한 '반성적' 경험, 존재자 자신의 유한성의 경험이다. 이렇게 표현하는 것이 더 적절하겠다. 강한 존재를 사유하며 나는 약한 나 자신을 함께 사유한다. 그리고 그때마다 늘 존재가 함께 사유된다. 내가 약한 나 자신을 사유할 때마다 존재는 나의 세계의 끝에서, 나 홀로는 설명할 수 없는 이 약함에 대한 이념적 해명을 보내 주기 때문이다. 바로 이것이 릴케의 시가 언급했던 나와 여신의 '함께 놀이함'이다. 강한 존재와 약한 내가 함께 놀이하고 있다. 존재가 나의 약함의 드러남을 통해 자신의 강함의 메시지를 보

171 H.-G. Gadamer, *Gesammelte Werke*, Bd. II, 446(강조는 필자).

172 구성적 사용은 실체화의 오류를 불러온다. 이는 존재자들의 계열의 끝, 따라서 스스로는 존재자가 아닌 어떤 것을 다시 하나의 존재자로 간주하는 오류다.

내 주지 않는다면 공놀이는 방법적 탐구, 충분히 힘 있는 주관의 일방적 활동에 불과할 것이다. 그렇다면 주관은 지나치게 강하게 파악된 것이다. 약하나마 존재자가 이 놀이에 참여하고 이 놀이를 매개하지 않는다면 공놀이는 시간의 흐름 저편에 서 있는 형이상학적 실체의 외로운 독백에 불과할 것이다. 그렇다면 인간은 너무 약하게 파악된 것이다. 바로 이 중간에 해석학, 대화로서의 이해에 대한 학문이 걷는 길이 있다. 이 공놀이는 상호적인 대화다. 나와 너 사이에서, 존재자와 존재 사이에서 묻고 반문하는 말이 마치 던지고 되던지는 공처럼 오간다. 이 오고감 자체는 강한 존재의 것만도 아니고 약한 존재자의 것만도 아니다. 이 놀이는 문자 그대로 '함께 놀이함'이고, 존재와 존재자가 서로에 참여하며 함께 형성하는 운동이기 때문이다. 그러나 동시에 이 운동, 대화라는 놀이, 놀이의 형식으로 진행되는 대화를 가다머는 다시 **존재**라 칭한다. 존재와 존재자의 상호적인 대화가 다시 존재인 것이다. 우리는 자신의 타자로서의 존재자의 매개를 자신 안에 포괄하고 진행되는 존재의 운동의 이 같은 중층적 구조를 설명할 수 있어야 한다. 그것이 가다머의 이해 모델에 대한 이해의 첩경이기 때문이다.

모든 존재 경험의 논리적 구조는 놀이하는 대화다. 대화란 무엇인가? 둘 이상의 대화 참여자가 만나 특정 사태Sache에 대해 서로에게 말하고 서로의 말을 듣는 과정이다. 우리는 때때로 대화를 대화 상대자 간의 논박의 과정으로 생각하고, 대화의 끝은 한 대화 참여자에 대한 다른 참여자의 승리라고 생각한다. (실제로 플라톤의 모든 대화는 대화 상대자에 대한 소크라테스의 논박으로 끝난다!) 정말 대화의 목적은 논박이고 그 종결은 '한 사람에 대한 다른 사람의 승리 또는 패배'인가? 대화편 《고르기아스》에서 소크라테스는 기꺼이 논박 당할 준비 태세야말로 대화하는 자의 가장 중요한 덕목이라고[173] 말한 바 있다. 그렇다면 누가 소크라테스를 논박하는가? 고르기아스인가? 고르기아스라는 주관성에 소크라테스라는 주관성이 또는 소크라테스라는 주관성에 고르기아스라는 주관성이 논박 당하는가? 그렇게 생각한다면, 우리는 놀이로서의 대화를 결코 놀이의 주인일 수 없는 주관들의 대립으로 잘못 이해하는 것이다. 대화는 주관성의 행위가 아니고 따라서 대화 참여자로서의 주관의 의도와 능력에로 환원될 수는 없는, 스스로 진행되는 놀이, 존재의 생기다. 따라서 대화라는 '말놀이'의 언어적 생기의 문법은 '나는 한다Ich tue'가 아니라 '나에게 일어난다Mir geschieht'이다. 물론 말하는 자는 나이고 외관상 내가 대화를 이끄는 것 같지만, 실은—즉 실제로 일어나고 있는 일을 "순수하게 현상학적으로"[174] 기술한다면—이 말놀이는 나를 끌어안고 진행되는 놀이이고 나에게 일어나는 어떤 것이다. 가다머는 이 사실을 인상적으로 서술한 바 있다.

> 우리는 물론 '우리가 대화를 이끌어 간다Wir führen ein Gespräch'고 말한다. 그러나 대화가 본래적이면 본래적일수록 대화는 그만큼 덜 하나의 또는 다른 대화 상대자의 의지에 의해 이끌려 간다. 그러므로 본래적인 대화는 결코 우리가 이끌어 가기를 의욕하는 것일 수는 없다. 일반적으로 보아 다음과 같이 말하는 것이 오히려 더 옳을 것이다. 우리가 대화에 '휩쓸려 버리는' 것은 아닐지라도, 대화에 '실려 가는' 것이다. 어떻게 한 대화에서 하나의 말이 다른 말을 불러오고, 어떻게 대화가 자신

173 플라톤, 《고르기아스》, 458a 참조.

174 H.-G. Gadamer, *Gesammelte Werke*, Bd. II, 446.

의 전환점을 찾고, 계속적인 진행과 출구를 찾는지는 물론 일종의 이끌어 감이라고 할 수는 있다. 그러나 여기서 대화 상대자들은 대화를 이끌어 가는 자라기보다는 오히려 이끌려 가는 자이다. 대화를 통해 어떤 결론이 나올지는 누구도 미리 알 수 없다. 이해를 시킨다거나, 이해시키는데 실패한다거나 하는 것도 [우리의 의도의 발현이 아니라] 우리에게서 스스로를 수행해 온 생기와 같은 것이다. 그래서 우리는 '좋은 대화였다'거나 '대화 상황이 별로 좋지 않았다'라고 말한다.[175] 이 모든 것이 대화는 자신의 고유한 정신을 가지고 있고, 대화에서 이끌려 가는 언어 또한 자신 안에 고유한 진리를 품고 있다고, 즉 언어는 숨겨진 어떤 것을 '드러내어 보여 주고' 대화의 향후 방향이 드러나도록 해 준다는 사실을 알려 준다.[176]

우리는 대화의 주인이 아니고 그저 스스로 이끌어 가는 대화라는 놀이에 실려 있을 뿐이다. 여기서 다시 묻자. 누가 소크라테스를 논박하고 누가 소크라테스에 의해 논박 당하는 자를 논박하는가? 고르기아스인가? 소크라테스인가? 아니다. 어떤 주관도 스스로의 힘과 논리로 대화를 이끌어 그 끝에 이르게 하지는 못한다는 의미에서, 아니다. 그렇다면 진리를 말하는 고르기아스, 진리를 말하는 소크라테스인가? 역시 아니다. 어떤 주관도 대화가 도달한 진리의 소유자일 수 없다는 의미에서, 이 또한 아니다. 소크라테스건 고르기아스건, 아니면 심지어 "참나

175 이 말은 나라는 주관성이 전적으로 대화의 주인이 아니었음에 대한 고백이다. 이는 내가 충분히 잘 말하지 못했음에도 "좋은 대화"가 이루어졌고 내가 충분히 잘 말했음에도 연출된 "좋지 않았던 대화 상황"을 내가 어찌해 볼 수 없었음의 표현이기 때문이다. 그렇다면 누가 대화의 주인인가?

176 H.-G. Gadamer, *Gesammelte Werke*, Bd. I, 387.

무"건 "바윗덩이"[177]건 간에, 그들이 진리를 말한다면, 그 진리가, 그들의 입을 통해 말해지지만 그들을 넘어서 움직이는 진리가 바로 논박하는 자이다. 이 진리는 소크라테스와 그의 대화 상대자 간의 물음과 답변을 주고받는 놀이, 그리고 이 놀이의 반복을 통해 최종적으로 도달한 사태 인식, 대화의 화제였던 사태에 대해 최종적으로 참을 말하는 로고스다. 이 로고스를 누가 말하는지, 그 주관이 누구인지는 전혀 중요하지 않다. 이 로고스의 참은 초인격적이고 "익명적인"[178]—누가 말하건 그와는 무관하게 타당한—진리이고, 따라서 대화 안에서 말하는 그 어떤 개인의 의견에로도 환원될 수 없는 대화 자체의 결실이기 때문이다. 그렇기에 이 진리를 말한다면 나무나 돌덩이에게도 승복해야 하고, 이 진리를 듣는다면 심지어 소크라테스라도 논박 당하지 않을 수 없는 것이다. 가다머는 이 승복의 태도를 그리스적 대화의 본질로 여긴다. 이것이 이른바 "로고스를 겪어 냄Widerfahrnis des Logos",[179] 대화에서 우리를 통해 말하는 "로고스를 경청하고",[180] 참을 말하는 로고스에 승복하고, 이 사태에 대한 로고스가 끝까지 전개될 수 있도록 그 운동에 기꺼이 실려가는 태도이다. 이것이 곧 플라톤적 대화, 묻고 답하는 기술로서의 변증법이다.[181]

변증법은 사태에 대한 말놀이다. 소크라테스와 그의 대화 상대자는 사태에 대한 로고스logos apophantikos를[182] 주고받는다. 옳게 말해진 로고

177 플라톤, 《파이드로스》, 275b-c.

178 H.-G. Gadamer, *Gesammelte Werke*, Bd. II, 110.

179 *Ibid.*, Bd. I, 464.

180 *Ibid.*, 466.

181 플라톤, 《크라튈로스》, 390c 참조; 《국가》, 531a 참조; 《파이돈》, 75d, 78d 참조; 《고르기아스》, 462a 참조.

스는 계속되는 물음과 답변의 놀이 안으로 들어가지만 사태를 그릇되게 서술하는 로고스는 제거된다. 그래야만 "사태에로의 적절한 시야가 확보되기"[183] 때문이다. 이렇게 계속되는 물음과 다그침, 그리고 물음에 대한 긍정을 통해 그릇된 의견(독사)은 제거하고 참된 로고스는 더욱 강하게 하여 대화에서 논의되고 있는 사태의 진리에로, 그리고 이 진리를 말하는 최종적인 로고스에로 다가가는 과정이 바로 변증법이다. 물론 플라톤에게 변증법은 대화를 통해 사유하는 기술이다. 그러나 이 사유의 주체는 개인으로서의 대화 참여자가 아니고 그들을 통해 진행되는 말놀이 자체다. 왜냐하면 이 대화는 스스로 이끌어 가는 놀이이고, 대화 안에서 말하는 개인들은 이 놀이에 실려 있고 거기에 참여할 뿐이기 때문이다. "대화를 한다는 것ein Gespräch führen"은 대화 참여자인 우리 "자신을 '사태의 이끌어 감Führung der Sache' 아래 내맡김"[184]을 말한다. 그러므로 사유하는 자의 과제는 대화에서 논의되고 있는 사태가 대화 참여자들의 입을 빌려 나오는 로고스들을 통해 스스로를 잘 전개해 나가 자신의 본질에 도달할 수 있도록 하는 것이다. 이를 위해 그는 개인으로서의 자신의 독사는 최대한 억제하여 사태 자체의 운동이 이 독사에 의해 길을 잃지 않도록 해야 하고, 또 이렇게 억제되어 독사로부터 투명해진 자신을 사태 자체의 운동에 실어 이 운동을 온전히 함께할 수 있어야 한다.

---

182 로고스 아포판티코스는 말해지는 사태를—옳게건 그릇되게건—보여 주는 로고스, 따라서 참이거나 거짓일 수 있는 로고스를 의미한다. 이에 대해서는 다음을 참조: 김창래, 〈언어철학적으로 살펴본 정신과학의 의미〉, 95-96쪽.

183 H.-G. Gadamer, *Gesammelte Werke*, Bd. I, 468.

184 *Ibid.*, 373.

> 분명 우리가 사유하지 않는다면 사태는 자신의 길을 가지 않을 것이고 또 계속 진행되지도 않을 것이다. 그러나 사유한다는 것은 곧 하나의 사태를 자신의 고유한 전개 과정 안에서 펼쳐 낸다는 것을 의미한다. 여기에는 '즐겨 나서곤 하는 표상들을 멀리함'과 '사상의 전개 과정 안에 완강히 머물러 있음'이 속한다. 그리스인들 이후로 우리는 이것을 **변증법**이라 부른다. (…) 모든 사유에서 '사태 안에 무엇이 들어 있는지'는 오로지 사태의 [정연한] 전개 과정을 따라갈 때에만 드러나 보일 수 있다. 우리가 직관과 의견에 따라 자명한 것 중 어느 것도 타당한 것으로 여기지 않고, 우리 자신을 온전히 사유의 힘 위에 세울 때, 스스로를 정당화하는 것은 곧 사태 자체다.[185]

물론 사유는 우리가 한다. 대화에서 말하는 자는 일단 우리 자신이기 때문이다. 그러나 우리가 이 대화를 이끄는 것이 아니라 대화가 우리를 이끌어 가듯, 대화로 진행되는 사유 역시 우리가 이끄는 것은 아니고 오히려 사유가 이 사유의 운동에 참여하는 우리를 이끈다. "우리가 사유하지 않으면 사태는 자신의 길을 가지 않는다"는 위 인용문의 말은 우리가 사유하며 묻지 않으면, 그리고 이렇게 물으며 이 물음에 대한 사태 자체의 답을 듣지 않으면, 사태는 자신의 얼굴을 보여 주지 않는다는 것만을 뜻한다. 결국 사유란 사태에게 던지는 물음이고 물음에 대한 사태의 답을 승복하며 받아들임이다. 이것이 바로 대화의 최종 결론, 사태에 대해 참을 말하는 로고스, "나의 것도 너의 것도 아닌", 따라서 모든 "대화 상대자"를 "훌쩍 뛰어넘는 로고스"[186]를 겪어 냄이다. 이 점에

185 *Ibid.*, 468.

186 *Ibid.*, 373f.

서 그리스인들의 "사유는 처음부터 스스로를 존재 자체의", 즉 존재로 이해된 사태 자체의 운동의 "한 계기로 여겼다". 그러므로 "변증법, 로고스를 겪어 냄은 그리스인들에게" 유한한 인간의 "사유에 의해 수행되는 운동이 아니고 이 사유에게도 경험될 수 있는, **사태 자체의 운동**"[187] 이었다.

해석학적 대화에서도 똑같은 일이 일어난다. 대화는 전승과 해석자가 던지고 되던지는 말로 이루어지지만, 이 대화를 이끌어 가는 것은 전승도 아니고 해석자도 아니고, 둘을 포괄하고 움직이는 사태 자체의 운동이다. 그러므로 해석학적 실천을 위한 "첫째 조건"은 "사태 이해, 동일한 사태에" 함께 "관계함"[188]이다. 전승뿐 아니라 해석자도 이 사태에 대해 말해야 하고, 사태에 부합하는 말은 더 강하게 해 주되 그렇지 않은 말은 가차 없이 버려야 한다. 이 사태가 사태 이해의 유일한 진리 기준이기 때문이다. 그러므로 이 사태는 전승의 저자가 가졌던 원래의 생각에 제한될 수도 없고 또한 해석자가 자유로운 해석을 통해 전승에 부여하는 현재적 의미와 동일시되어서도 안 된다. 저자의 원래 생각과 해석자의 현재적 의미가 사태에 의해 그 적절성을 평가받아야 하는 것이지, 반대는 아니기 때문이다. 사태란 텍스트와 해석자의 상호적인 대화를 통해 형성되었으면서도 이 둘을 근본적으로 넘어서고 이들을 자신의 계기로 포함하는 하나의 운동 내지 그 운동의 결실이다. 그렇다고 해서 이 사태가 이미 거기에 존재하고 있는 형이상학적인 어떤 '것'이냐 하면, 그건 아니다. 여기서는 형이상학이 아니라 생기의 사유, 생기하는 존재의 사유만이 문제일 뿐이기 때문이다.

187 *Ibid.*, 464(강조는 필자).

188 *Ibid.*, Bd. II, 62.

> 해석학적 경험이 언어의 수행 방식을 갖는다는 것, 그리고 전승과 그 해석자 사이에는 하나의 대화가 발생한다는 것. 이 두 가지는 오히려 [초월적 형이상학과는] 전적으로 다른 토대를 제시한다. 결정적인 것은 여기서는 뭔가가 '생기한다'는 점이다. 해석자의 의식은 '전승의 말로서 그에게 다다르는 것'의 주인이 아니다. (…) 해석자의 입장에서 보았을 때 생기란 다음을 의미한다. 즉 해석자는 '인식하는 자로서 자신의 대상을 구하려 들지 않고' 또한 '설령 자신의 선입견에 의해 쉽게 방해받고 [그의 시야가] 흐려질지라도 방법적인 수단들을 가지고 [전승이] 본래 무엇을 의미했는지, 그리고 [과거에 일어난 일이] 본디 어떠했었는지를 알아내려 하는' 것도 아니다. (…) 오히려 본래적 생기는 오로지 '전승으로서 우리에게 다가오는 따라서 우리가 경청해야 하는 말은, 마치 그것이 우리에게 말을 걸고 우리 자신에게 말하기라도 하는 듯이 정말로 우리에게 다가와 부딪친다는 사실'을 통해서만 가능해진다.[189]

이해라는 놀이는 형이상학적 실체가 아니고 해석학도 실체 형이상학과는 아무런 관계가 없다. 이 학문은 오히려 그리스 변증법을 자신의 "모범"[190]으로 삼는다. 그것은 이 변증법이 고대의 우시아의 형이상학도 근대의 주관성의 형이상학도 줄 수 없었던 존재의 생기에 대한 통찰을 현대의 해석학에 앞서 이미 갖고 있었기 때문이다. 내가 보기에 그리스적 대화와 해석학적 대화의 공통점은 유한자를 통해 진행되는 대화의 운동을 무한한 존재의 생기로 여기면서도, 이 운동 자체를 다시 형이상학적으로 설명하지 않는 사유의 탁월성이다.

---

189 *Ibid.*, Bd. I, 465.

190 *Ibid.*, 368.

가다머는 이 사실을 분명히 하고 있다.

해석학적 경험 안에도 변증법과 같은 어떤 것이 발견된다. 그것은 사태 자체**의** 활동Tun der Sache selbst이다. 이는 현대 과학의 방법에 대립되는 **겪음***Erleiden*이라는 활동이고 또 **생기**로서의 이해다. 해석학적 경험 역시 [그리스 변증법과 마찬가지로] 미혹되지 않는 청취의 전개 과정을 가지고 있다. 그리고 이 경험의 고유한 노고가 없다면 여기서도 사태는 경험에게 스스로를 표현하지는 않을 것이다. 이 노고는 '자기 자신을 부정적으로 대함'에 존립한다. 하나의 텍스트를 이해하고자 하는 자는 이른바 '자신의 고유한 선입견으로부터 생겨 나와 의미 기대로 정당화하는 모든 것'을 멀리해야 한다. 그것도 이것이 텍스트 자체의 의미에 의해 거부되자마자 그렇게 해야 한다. 해석학적 경험 안에는 물론 [지금까지 참이라 여겨 왔던 자신의 의견의] '전도의 경험', '변증법의 본래적 경험이라 할 수 있는, 말함의 이 같은 결코 노화되지 않는 겪어 냄'에 대응하는 것도 들어 있다. 이해는 의미 전체를 펼쳐 낼 것을 목표로 한다. 이 펼쳐 냄이 우리를 '해석하고 [이 해석을] 다시 취소해야 할 필연성' 안으로 몰아넣는다. 해석의 이러한 자기 지양이 최초로 사태 자체, 텍스트의 의미가 스스로에게 정당성을 부여할 수 있게 해 준다. 해석의 운동은 변증법적이다. (…) 무엇보다 해석하면서 텍스트의 의미와 마주치게 되는 말은 이 의미 전체를 언어에로 데려 오기 때문이다. 즉 의미 그 자체 안의 무한성이 유한한 표현에로 나오게끔 하기 때문이다.[191]

191 *Ibid.*, 469(강조는 필자).

그리스적 대화와 꼭 마찬가지로 해석학적 대화도 우선은 텍스트와 해석자가 서로 주고받는 말을 통해 형성된다. 그러나 말하는 주관으로서의 '원래의 저자'와 '현재의 해석자'는 이 대화를 이끄는 주인이 아니고 오히려 스스로 이끌어 가는 대화라는 놀이, 이 이 대화에서 논의되고 있는 사태 자체의 자기 전개 운동의 한 계기이고 이 운동에 실려 있음의 방식으로만 이 운동에 참여한다. 따라서 이들은 스스로 이 운동을 이끌려 하지 말고 이 운동이 스스로를 잘 이끌어 갈 수 있도록 조력하는 데 자신의 할 일을 제한해야 한다. 과제는 단 두 가지뿐이다. 우선은 개인으로서 유한한 인간이 갖는 편견과 독사에 의해 사태 자체의 운동이 방해받지 않도록 사적인 의견을 제거하는 것이고, 다음으로는 이 운동을 통해 스스로를 형성하는 사태의 말함을 경청하고, 필요하면 이 말의 논박을 감내하는 것이다. 이것이 변증법뿐 아니라 해석학에게도 필연적으로 요구되는 '사태와 사태의 진리를 말하는 로고스를 겪어 내는 승복의 태도'다. 그러나 우리가 묻지 않으면 사태는 답하지 않고 또 우리가 요구하지 않으면 사태는 자신의 얼굴을 보여 주지 않기 때문에, 우리는 유한한 우리의 관점에서 유한한 우리의 언어로 쉬지 않고 무한한 사태에 대해 말하지 않으면 안 된다. 반복되는 이 말놀이를 통해 결국 사태의 무한한 의미가 인간의 유한한 언어 안에서 스스로를 표현하고 이해될 수 있도록 하기 위해서는 말이다. 이 점에서 사태 자체의 운동의 출발점, 이 운동이 계속 밟고 지나가는 모든 행로(계기!)는 텍스트와 해석자가 만나 나누는 서로 간의 대화다. 물론 이 대화 자체는 사태에 대해 말하는 텍스트나 해석자의 것이 아니라 사태 자신의 운동이지만 말이다. 지금부터의 과제는 텍스트와 해석자가 '사태에 **대해**' 나누는 상호적인 대화가 어떻게 '사태 자체**의**' 운동일 수 있는지를 해명하는 것이다.

언어적 놀이로서의 해석학적 대화의 중층적 구조에 대한 변증법적 설명이다.

이해로서의 대화는 일단은 전승과 해석자 간의 상호적인 대화다. 한편 전승이 해석자에게 말을 걸며 다가온다. 이 점에서 대화의 주도권은 우선은 전승이 갖는 것처럼 보인다. 해석자에게는 타자에 대한 "개방성"[192]이 요구되고, 따라서 그는 그의 "타자", 역사적 전승이 "말한 것의 사태적 권리를 타당하게 해 주어야만"[193] 하기 때문이다. 그는 텍스트가 말하는 것을 "원하건 원하지 않건 들어야 하고",[194] "전승의 언어가 말하고" 그가 들은 "전승의 진리를 자신의 고유한 언어적 세계 태도 안에 포함시켜야" 한다. 그에게는 다가오는 전승 앞에서 "선택하고 거부할 자유가 없기"[195] 때문이다. 텍스트가 해석자의 세계 태도를 규정하는 셈이다. 이 점에서 이해는 텍스트가 보관하고 있는 객관적 의미에 대한 이해이고, 여기에 주관적 해석의 여지는 없어 보인다. 그러나 다른 한편 텍스트 역시 단지 개별자로서의 저자의 생산물에 불과한 것은 아니고 고집스럽게 저자의 의견만을 담아 두는 통과 같은 것이 아니다. 텍스트가 씌어지고 역사 안으로 던져지자마자 텍스트는 그의 "저자로부터 분리되어"[196] 많은 후대의 해석자들과 함께하는 이해의 놀이 안으로 들어온다. 후대의 수용자들은 원래의 저자의 의도를 복원하는 데는 관심이 없으며, 자신 앞의 전승을 늘 자신의 관점에서 해석하고 "자신의 구

192 *Ibid.*, 273; II, 60.

193 *Ibid.*, Bd. II, 58.

194 *Ibid.*, Bd. I, 466.

195 *Ibid.*, 467.

196 *Ibid.*, 395.

체적인 상황에 적용"[197] 한다. 이것이 이른바—원래의 저자가 텍스트를 창조하던 것과 마찬가지로 생산적이라는 의미에서—"생산적"[198] "창조"[199] 로서의 "다른 이해Andersverstehen"[200] 다. 해석자는 그에게 다가오는 어떤 전승이라도 자신의 입장에서 "새롭게 그리고 달리"[201] 이해하는 "자유"[202] 를 누린다. 그리고 이 자유로운 다른 이해의 내용이 텍스트 안으로 수용되어 그 의미를 함께 이룬다. 현재적 해석자의 "고유한 지평"이 텍스트의 의미를 "규정하는"[203] 셈이다. 이 점에서 이해는 해석자가 텍스트에 부여하는 주관적 의미에 대한 이해이고, 원래 저자가 생각했던 객관적 의미는 더 이상 유지될 수 없어 보인다.

그러나 해석자에 대한 텍스트의 그리고 텍스트에 대한 해석자의 매개는 함께 이루어지고 따라서 대화, 서로에 대한 매개와 규정도 상호적이다. 텍스트와 해석자가 모두 '이해라는 하나의 놀이' 안에서 서로를 매개하며 함께 놀이한다는 의미에서 그렇다. 이 놀이 안에서 전승은 해석자들이 자신에게 던지는 "그때마다의 새로운 가능성, 다른 수용자를 통해 새롭게 확장된 의미 가능성과 공명共鳴 가능성 안에서 끝까지 놀이하며",[204] 자신이 해석자에게 말한 원래의 의미의 참을, 이 의미가 대화에서 논의되는 사태에 부합함을 증명해야 하다. 그럴 수 없다면 이 의

---

197 *Ibid.*, 314.
198 *Ibid.*, 301.
199 *Ibid.*, 477; cf. 151f.; II, 183.
200 *Ibid.*, Bd. I, 302; II, 7f., 314; X, 129, 141f.
201 *Ibid.*, Bd. I, 314.
202 *Ibid.*, 169.
203 *Ibid.*, 392.
204 *Ibid.*, 466.

미를 폐기하고 해석자가 던져 준 새로운 의미를 수용해야 한다. 텍스트에 대한 해석자의 다른 이해도 단지 "해석자가 집착하거나 관철하려는 자신만의 입장과 같은 것은 아니고 오히려 하나의 의견이나 가능성과 같은 것이어서", 이 또한 이해의 "놀이 안으로 들어가 스스로를" 타자와 함께하는 "놀이"라는 실험에 "회부해서"[205] 자신의 참을, 이 새로운 해석이 대화에서 논의되는 사태에 부합함을 증명해야 한다. 그럴 수 없다면 마찬가지로 스스로를 폐기하고 텍스트의 원래의 의미를 수용해야 한다. 대화는 말하자면 서로에게서 이루어지는 각자의 사태 부합성에 대한 "검사"[206]이고, 이 검사를 통한 "검증"[207]이다. 텍스트의 원래 의미는 해석자의 다른 해석을 이겨 내지 않으면 안 된다. 해석자의 다른 해석도 텍스트의 원래 의미를 이겨 내지 않으면 안 된다. 이것이 바로 우리가 앞서 해석학적 대화를 '텍스트의 사태적 진리'와 해석자의 '고유한 선견' 간의 '겨룸'이라 정리했을 때 의미했던 것이다. 텍스트와 해석자는 서로 겨루며, 즉 "함께 말함 안에서 지속적으로" 자신의 "타자의 표상 세계 안으로 이행해 들어가고" 이를 통해 나를 너에게 그리고 너를 나에게 "관여시킨다". 이 상호적인 참여와 매개를 통해 대화에서 논의되어 온 사태가 비로소 자신의 참 얼굴을 드러낸다. 이 사태는 물론 대화 참여자들 간의 상호적인 말의 "오고감", 서로서로 물음과 답변을 "주고받음"[208]을 통해 형성된 것이지만, 이렇게 자신을 형성한 존재자들을 근본적으로 초월해 있는 존재의 운동의 그때마다의 최종 결실이

205 *Ibid.*, 392.
206 *Ibid.*, Bd. II, 210.
207 *Ibid.*, Bd. VII, 333.
208 *Ibid.*, Bd. II, 131.

다. 텍스트와 해석자는 이 사태의 주인이 아니라, 이 사태에 이르는 대화의 운동 안에서 말하고, 이 말을 통해 사태를 매개하고 사라져 가는 계기에 불과하다. 운동과 운동의 결실은 자신이 거쳐 온 모든 계기들에게 자신을 겪어 내고 자신에게 승복하라 요구한다. 이 운동은 "사태에 있어서의 우리의 활동unser Tun an der Sache이 아니라 사태 자체의 활동 Tun der Sache selbst",[209] 존재의 운동이기 때문이다. 그러므로 사태는 "주관적인 것도 객관적인 것도 아니고, 해석자의 운동과 전승의 운동이 서로 뒤섞여 놀이하며"[210] 함께 형성한 것, "나의 것만도 아니고 나의 저자의 것만도 아닌, 공동의 사태"[211]다. 이 "공동의 의미에의 참여"가 바로 "이해의 경이"[212]다.

여기서 참여는 이중적이다. 참여는 우선은 상호적인 참여이고 나아가 상호적 참여의 결과에 함께 참여함이다. 이 중층적인 참여는 일회적으로 수행되고 종결되는 사건이 아니라 무한히 반복되며 하나의 연속적인 운동을 형성한다. 왜냐하면 텍스트와 해석자 간의 상호적 대화의 결실로서의 사태는 다시 텍스트 내부로 수용되어 텍스트의 의미를 이루고, 이렇게 한 해석자에 의해 달리 이해된 텍스트가 다음 세대의 해석자를 만나 다시 한번 같은 구조의 대화를 수행하되, 이 같은 변증법적 매개는 무한히 반복되기 때문이다. 이를 플라톤의 《국가》가 읽히고 다시 읽히는 과정으로서의 영향사를[213] 예로 설명해 보자. 플라톤은 자

209 *Ibid.*, 467.

210 *Ibid.*, 298.

211 *Ibid.*, 392.

212 *Ibid.*, 58.

213 영향사Wirkungsgeschichte는 가다머가 제시한 존재의 여러 이름들 중 하나이지만, 그 일상어적 의미는 수용사Rezeptionsgeschichte 또는 해석사Inter-

신의 철학적 사유 내용을 담은 '《국가》라는 책(T_1)'을 썼다. 이 책의 최초의 독자는 아마 아리스토텔레스일 것이다. 그는《형이상학》, I권에서 '이데아설을 두-세계-이론으로 간주하는 유명한 해석(I_1)'을 펼쳤다. 이 원래의 텍스트와 최초의 해석이 만나 서로를 매개하며 '플라톤이 쓰고 아리스토텔레스가 해석한《국가》(T_2)'가《국가》의 영향사 안으로 던져진다. 다음 세대의 사상가, 아우구스티누스가 읽은 책이 바로 이 책이다. 그는 '플라톤이 쓰고 아리스토텔레스가 해석한《국가》에 기독교적으로 덧칠을 하는 해석(I_2)'을 행했고, '이전의 해석과 이 새로운 해석을 자신의 의미 내용으로 포함하는 새로운《국가》(T_3)'가 다음 세대의 해석자에게 전달된다. 이《국가》 또한 '새로운 해석(I_3)'을 만나게 된다. 이런 식으로 칸트는 아우구스티누스와 아리스토텔레스를 통해 플라톤과 만나고, 헤겔은 칸트, 아우구스티누스, 아리스토텔레스를 통해 플라톤과 대화한다. '지금 내가 읽는《국가》'는 Tn이다. 나는 이 'n'이라는 숫자가 얼마나 큰지는 모른다. 그러나 분명한 것은 이 'n'이 마지막 숫자는 아니라는 점이다. 즉 나와 플라톤 사이에 얼마나 많은 대화 참여자들이 있었는지는 모르지만, 분명한 것은 내가 이 책을 나의 입장에서 읽고 달리 이해한다면, 그 나의 해석이 마지막 해석은 아니라는 것이다. 나는 Tn을 읽고 해석하여 나의 후대의 해석자에게 또 한 권의 '달리 이해된《국가》(T_{n+1})'를 넘겨줄 뿐이다. 그리고 나의 해석은 이 장구한《국가》해석사 안으로 소멸되어 사라진다. 유일하게 존속하는 것은 텍스트의

---

pretationsgeschichte다. 이러한 명명의 배후에는 특정 텍스트에 대한 해석의 역사는 '이해의 상호적인 두 항으로서의 텍스트와 해석자'를 넘어서는 존재의 운동이라는 생각이 서 있다. 이 운동은 텍스트와 해석자의 상호적인 매개를 통해 형성되지만, 이 상호적 매개항들을 초월하는 존재의 연속적 운동이다.

의미와 해석자의 다른 이해의 상호적 매개, 그 매개의 반복을 통해 형성되고 진행되는 하나의 운동, 영향사뿐이다.[214]

매번의 상호적인 대화에서 텍스트는 원래 저자가 의미했던 것과 모든 전대의 해석자의 다른 이해를 자신 안에 포함하고 있다는 의미에서 과거 전체의 지평을 이루고, 해석자는 이 과거 전체의 지평을 그때마다 자신의 고유한 현재와 미래의 가능성에 비추어 해석한다는 의미에서 현재의 지평을 이룬다. 이해는 과거 지평과 현재 지평의 융합이다. 그리고 그때마다의 텍스트는 그때까지 연속적이었던, 텍스트의 같음을 관철해 온 대화의 운동 전체를 자신 안에 포함하고 있다는 의미에서 존재의 지평이고, 해석자는 이 존재의 같음을 존재자로서의 자신의 다름으로 매개한다는 의미에서 존재자의 지평이다. 이해는 존재의 같음의 지평과 존재자의 다름의 지평의 융합이다.

> **오히려 이해란 늘, 잠정적으로만 그 자체로 존재하는 지평들의 융합의 과정이다***Vielmehr ist Verstehen immer der Vorgang der Verschmelzung solcher vermeintlich für sich seiender Horizonte*.[215]

이 융합의 과정은 두 차원으로 나누어, 한편 미시적인 상호 대화의

214 이를 도식화하면 다음과 같다(T: Text, I: Interpret).

$$
\begin{aligned}
&T_1 + I_1 = T_2 \\
&\quad \rightarrow T_2 + I_2 = T_3 \\
&\qquad \rightarrow T_3 + I_3 = T_4 \cdots \\
&\qquad\quad \rightarrow T_n + I_n = T_{n+1} \cdots
\end{aligned}
$$

215 H.-G. Gadamer, *Gesammelte Werke*, Bd. I, 311; cf. 380, 383; cf. II, 55, 436, 475.

차원에서 다른 한편 거시적인 연속적 운동의 차원에서 설명될 수 있다. 미시적인 상호성의 차원에서, 자신의 같음과 연속성을 계속 관철하려는 텍스트(존재)의 지평과 이 같음과 연속성에 다름과 단절로 대응하는 해석자(존재자) 지평이 서로 융합된다. 존재의 같음의 지평과 존재자의 다름의 지평이 '그 자체로 존재할' 수 있는 것은 오로지 이 상호성의 단계에서뿐이다. 두 지평은 이내 융합되어 "서로의 안으로 소멸되어 버리기" 때문이다. 텍스트의 의미는 해석자의 다른 이해 안으로 "사라지고"[216] 해석자 또한 "말하는 텍스트" 안으로 "사라져 버린다".[217] 그리고 이를 통해 이들 지평의 '그 자체로 존재함'이 단지 '잠정적'이었음이 드러난다. 한시적으로 '그 자체로 존재하던' 두 지평이 융합되어 이 둘을 자신의 계기로 지양하여 포괄하는 "그 하나의 거대하고도" "유일한 지평"[218]이 형성되기 때문이다. 물론 이 지평은 달리 이해하는 존재자의 지평이 아니라 자신의 같음을 유지하는 존재의 지평이다. 이 지평은 그때까지의 대화 운동의 최종 결과이고, 따라서 이 지평의 같음 또한 그때까지 도달한 최상의 진리이기 때문이다. 그러나 중요한 것은 이 최상의 진리 역시 다만 '잠정적으로만 그 자체로 존재한다'는 사실이다. 이 지평은 곧 다음 세대의 또 달리 이해하는 존재자의 지평과의 상호적 매개에 착수해야 한다는 의미에서 그렇다. 마찬가지로 다음 세대의 해석자도 자신이 마지막 해석자가 아님을, 즉 "그의 후대가" 그와는 또 "달리 이해하게 되리라는"[219] 사실을 인정해야 한다. 왜냐하면 이해의 운동

216 *Ibid.*, Bd. II, 351.
217 *Ibid.*, 360.
218 *Ibid.*, Bd. I, 309.
219 *Ibid.*, 345; cf. 379.

은 실로 "무한하기"[220] 때문이다. 그러므로 거시적으로, 영향사 자체의 연속성의 차원에서 보면 모든 그때마다의 지평들은 '잠정적으로' 그때에만 '그 자체로 존재할' 뿐이고, 영원히 '그 자체로 존재하는' 것은 이 지평들의 반복되는 융합을 통해 형성되고 전개되는 그 하나의 운동뿐이다. 매번의 상호적인 매개는 이 매개들에 의해 구성된 하나의 연속적 운동에 지양되어 포섭되기 때문이다. 해석학적 대화에서 논의되고 있는 사태, 즉 달리 이해하는 해석자가 "함께 규정했고" 따라서 "항상 자신의 저자를 능가하는 텍스트의 의미"[221]를 형성하는 이 의미 관계의 운동, 이것이 바로 가다머가 영향사, 존재라 칭하는 것이다.

"이해", 그것은 "결코 주어진 '대상'에 대한 주관의 활동이 아니라 영향사에, 즉 이해되는 것의 존재에 귀속하는"[222] 그때마다의 생기다. 우리 유한한 존재자는 자신이 이해라는 활동의 주인이 아니라, 거꾸로 이해의 운동이라는 놀이를 매개하는, 이 놀이의 한 계기임을 인정해야 한다. 우리는 이 놀이의 놀이함, 놀이함의 그때마다의 결실이 마음에 들건 들지 않건 이를 겪어 내고 이에 승복해야 한다. 우리가 놀이를 하는 것이 아니라 놀이가 놀이하는 것이고 우리는 다만 이 놀이를 '함께 놀이할' 뿐이기 때문이다. 우리 자신은 이 놀이를 우리의 입장에서 매개하는 자 이상일 수가 없다. 이것이 바로 '내가 함께 놀이하지만, 놀이가 나에게 속하는 것은 아니고 거꾸로 내가 놀이에 속한다'고 생각하는 귀속성Zugehörigkeit의 사유, '인간의 유한성'과 '이에 덧붙여 사유해 낸 존재

220 *Ibid.*, 303; cf. 231f.; II, 504f.

221 *Ibid.*, Bd. I, 301.

222 *Ibid.*, Bd. II, 441.

의 무한성'을 수용하는 존재 사유의 내용이다. 가다머는 함께 놀이하는 존재자에 대한 놀이하는 **존재의 우위**를 엄격하게 인정한다. 그러나 또한 '거의' 꼭 같은 정도로 엄격하게 인정하는 것이 둘의 **상호성**이다. 존재자가 놀이에의 참여를 통해 존재의 운동을 매개하듯, 존재 역시 이 운동을 이끌어 감을 통해 이 운동에 참여하는 존재자의 자기 이해를 매개한다. 분명히 말하지만 존재자에 대한 존재의 근원적인 우위에도 불구하고 이해되는 존재와 이해하는 존재자 간의 관계는 상호적인 대화다. 달리 이해하는 존재자는 자신의 입장에서 존재에 대해 말하지만, 같음을 관철하는 존재 역시 자신의 입장에서 존재자에 대해 뭔가를 말한다. 서로는 서로에게 말하며 서로를 매개한다. 둘은 상호적인 대화의 상대자이기 때문이다. 만약 둘 중 하나가 침묵한다면, 그것은 앞서 이해의 상호성을 논할 때 언급했던 기형적인 대화로서의 독백이다.[223] 독백은 이중의 방향으로 가능하다. 이해되는 텍스트(존재)가 침묵하면, 달리 이해하는 해석자(존재자)가 홀로 말한다. 모든 자유로운 해석이 허용된다. 이해하는 해석자가 침묵하면, 이해되는 텍스트가 홀로 말한다. 텍스트의 고정된 의미, 그 의미의 같음의 고집스런 자기주장이 반복된다. 둘 모두 상호적인 대화는 아니고 그런 한에서 해석학적 경험도 아니다. 어느 방향으로건 이해의 상호성이 깨지면, 이해하는 일자와 이해되는 타자의 관계는 소외疏外 상태에 빠진다. 서로에게 말하며 친밀하게 서로를 매개하던 상호적 대화의 상대자는 서로로부터 멀어져疏 서로의 외부로外 밀려나 버리기 때문이다. 가다머는 실제로 이해되는 객관에 대한 이해하는 주관의 극단적인 강화와 정반대의 강화에 대응하는 두 개

223 9.1.3 참조.

의 소외가 근대, 주관주의의 시대에 발생했다고 생각한다. 문제는 이 소외가 인간의 삶의 경험의 가장 근원적인 두 영역, 예술과 역사의 영역에서 발생했다는 점이다. 이것이 이른바 미적 의식과 역사적 의식의 소외다. 이 두 소외 경험의 근거에는 물론 주관주의적 세계상이 확정한 주객 대립의 도식이 놓여 있다. 근본 문제는 '**상호적인 대화**'여야 할 예술과 역사의 경험이 '**일방향적 주객 관계**'라는 도식에 꿰맞춰 사유되며 그 본질이 변형되었고, 이를 통해 방법에 앞서 있는 두 진리, 예술과 역사의 진리a-letheia가 망각lethe 속에 파묻히게 되었다는 것이다.

9.2.2 근대의 두 소외 경험

본디 주관주의는 근대 과학의 철학적 기초를 이루는 형이상학이고 근대 이후 과학의 눈부신 성장을 불러온 근본 동력의 이론적 원천이지만 동시에 근대인의 실천적 삶의 경험 전체를 지배하고 그 경험의 방식까지 규정한 보편적 세계관이기도 하다. 따라서 주관주의의의 영향력은 과학자의 실험실과 연구실이라는 특수 공간에만 제한되지 않는다. 주관주의는 과학의 한계를 넘어 우리의 일상적 삶의 영역에로까지 그 지배력을 확대한다. 말하자면 과학자가 구성한 보편 법칙의 구현체로서의 자연은 세계 자체로 간주되고, 그가 자연 사물로서의 물체를 대상화하여 설명, 예측, 지배하는 방식은 자연인으로서의 우리 인간이 존재자를 대하는 방식의 모범으로 여겨진다. 사람들은 자신의 일상적 실천적 삶 안에서 만나는 존재자까지도 주관으로서의 과학자가 객관을 다루는 방식으로 대해야 한다고 생각하고 또 실제로 그렇게 대한다. 이들에게 과학은 진리이고, 그 참을 과학의 성과와 효용이 부정할 수 없는 방식으로 증명하고 있기 때문이다. 이렇게 해서 "근대 과학의 현존으로 인해 우리에게 던져진 근대의 핵심적인 물음", 과학적 세계상과 실천적 삶의 경험 간의 관련에 관한 물음이 제기된다.

> '우리의 자연적 세계상', '우리의 삶의 역사, 삶의 운명을 견뎌 내는 한에서 인간으로서 우리가 갖는 삶의 경험'은 과학의 목소리가 제시하는 저 난공불락의 익명적 권위에 어떤 태도를 취해야 하는가? 인간의 알 수 있음Wissen-Können과 할 수 있음Machen-Können의 새로운 등장을 우리의 인간적 세계 경험 전체와 매개해야 한다는 것이 17세기 이후로 철학의 본래적인 과제가 되었다.[224]

그러나 이 과제는 적어도 근대의 내부에서는 해결되지 않았다. 아니 오히려 과학의 세계와 삶의 세계 간의 괴리의 극복이라는 과제 자체가 과제로 인식되지도 않았으며, 실제로는 두 세계가 있고 또 서로 대립하고 있다는 사실조차 인지되지 않았다. 하물며 두 세계의 매개야 말할 것도 없다. 사람들은 하나의 참된 세계와 일상의 눈에 의해 착색된 다른 하나의 소박한 세계를, 그리고 하나의 전문가적이어서 올바른 세계 태도와 다른 하나의 아마추어적이어서 거친 세계 태도를 보았을 뿐이다. 그래서 근대인들은 과학자의 주관주의적 세계 태도를 모방해서 습득하고, 이를 자신의 일상적 삶의 세계에까지 확대하여 적용했다. 참된 세계에 의한 소박한 세계의 구축은 참으로 근대다운 결과였다.

이렇게 해서 근대인들의 삶의 경험, 타자 경험까지도 이른바 주객의

224 H.-G. Gadamer, *Gesammelte Werke*, Bd. II, 219.

대립, 객관에 대한 주관의 일방적 활동이라는 주관주의적 도식의 지배 아래 놓이게 된다. 근대인들은 그들이 그 안에 살고 있는 세계, 그 세계 안에서 만나는 존재자를 주관으로서의 자신에 대해 세워진 객관으로 간주한다. 자연 사물은 물론이고 살아 있는 타자와 그 타자의 정신의 표출들, 말하자면 예술 작품이나 역사적 전승까지 포함하여, 우리가 삶의 세계 안에서 만나는 모든 존재자가 주관의 활동의 대상으로 된다. 그리고 이 객관을 다루는 인간 자신은 객관에 대한 존재론적, 인식론적 우위를 소유한 주관으로, 그리고 객관에 대한 인식의 타당성을 평가하는 유일한 척도로 등장한다. 가다머에 의하면 주관주의의 지배권의 확대, 과학적 세계 태도에 의한 일상적 삶의 태도의 잠식의 결과로 근대는 주목해야 할 두 개의 소외 경험을 하게 된다.

> 나는 우리 현존의 영역, 우리와 관련하여 매우 중요한 영역에서 [예술과 역사의 영역에서] 우리가 부딪치게 되는 두 소외의 경험에서 출발하고자 한다. 내가 의미하는 것은 미적 의식의 소외 경험과 역사적 의식의 소외 경험이다.[225]

이것은 주관주의가 자연 연구뿐 아니라 예술과 역사의 영역에로까지 자신의 세력을 넓혀 갔던 18, 19세기에 근대 미학과 역사적 정신과학이 실제로 겪어야 했던 경험이다. 주관주의적 세계 태도에 경도된 당시의 미학자들과 정신과학자들은 주관이 객관을 대상화하여 다루듯 예술 작품과 역사적 전승을 대하며, 스스로는 물론이고 자신의 타자도 소

225 *Ibid.*, 219f.

외 상태에 빠뜨린다. '소외Ent-fremdung'란 나에게 친숙한 어떤 것이 나에게서 '떨어져 나가ent' '생소한fremd' 것이 되어 내게 대립하는 상황을 말한다. 본디 서로를 매개하는 상호적 대화의 상대자였던 나와 나의 타자(예술 작품과 역사적 전승)가 서로로부터, 그리고 함께 속하던 대화 관계로부터 '떨어져 나와', 나는 작품과 전승에게 '생소한' 주관으로 그리고 작품과 전승은 나에게 '생소한' 객관으로 대립하여 서로에게 소원해진 상태, 이것이 바로 근대가 겪은 두 소외, 미적 의식의 소외와 역사적 의식의 소외다.

'미적 의식ästhetisches Bewußtsein'이란 예술 경험의 영역에 나타난 근대적 주관이다. 주관으로서 이 의식은 세계의 중심에 서서 자신에 대해 세워진 객관들의 아름다움을 평가하는 입법적 지위를 누린다. 이 의식은 "질Qualität이 있다"고, 즉 아름답게 보이도록 해 주는 성질이 있다고 "인정하는 모든 것을 자신의 것"[226]으로 여긴다. 한 존재자가 아름다운 것은 그 존재자 자체가 아름답기 때문이 아니라, 이 대상이 미적 의식에게 아름답게 표상되기 때문이다. 미추의 문제는 존재자 자체의 문제가 아니라, 존재자와 관련해 의식이 어떤 표상을 갖는가의 문제일 뿐이다. 아름다움의 평가에 대한 "미적 주권"은 오로지 주관으로서의 미적 의식만이 갖는다.

> 미적 의식은 (…) 예술적 형성물의 질에 대해 비판적 또는 긍정적 태도를 취할 수 있다는 가능성을 현실화한다. 다시 말해 종국에는 우리 스스

---

226 *Ibid.*, Bd. I, 90.

> 로 내리는 판단이 우리가 그렇게 판단하는 것의 [예술 작품의] 말하는 힘과 타당성을 결정한다는 것이다. 우리가 거부하는 작품은 우리에게 할 말이 없는 것이다. 또는 그 작품이 우리에게 해 줄 말이 없기 때문에 우리가 그것을 거부하는 것이다.[227]

미적 대상이 뭔가를 말하거나 말하지 않거나, 그것은 전혀 중요하지 않다. 우위를 지닌 미적 의식이 그 말에 귀를 기울이지 않는다면 작품은 말하지 않은 것과 같다. 실제로 작품이 말하지 않을 리야 없겠지만—그것은 생각할 수 없는 일이다. 말하지 않는다면 작품이 아닌 까닭이다—, 미적 의식이 이 말의 '내용'에는 귀를 닫고 온 주의를 작품의 '형식적' 질에만—작품에 감관의 쾌를 불러오는 질이 있는지의 문제에만—집중한다면, 작품이 건네는 진리의 말은 허공중에 흩어져 버린다. 예술 작품은 나의 영혼을 울리며 파고드는 말을 건네는 '너'가 아니라, 감관에 쾌를 주는 질을 가진 '그것'일 뿐이다. 수용자 역시 자신에게 뭔가를 의미하는 말을 듣는 '나'가 아니라, 소리의 형식적 질만을 선택적으로 듣는 감관을 가진 '의식'일 뿐이다. 그러나 '그것으로서의 작품'과 '감관을 가진 의식'은 '말하는 작품으로서의 너'와 '그 말에 귀 기울이는 수용자로서의 나'를 인위적으로 배제하는 추상화의 결과일 뿐이다.

> [이 의미에서] 예술에 대한 의식, 미적 의식은 항상 이차적인 의식일 뿐이다. 이 의식은 예술 작품의 출발점을 이루는 직접적인 진리 요구에 비추어 보면 이차적이다. 우리가 예술 작품을 [작품이 건네는 진리 요구에서가

227 *Ibid.*, Bd. II, 220.

아니라 다만] 그 작품의 미적인 질에서 평가한다면, 이는 실제로 우리에게 내적으로 매우 친숙한 것을 [즉 자신의 진리를 말하며 다가오는 예술 작품을] '소원한 것으로 대상화하는' 것이다. 우리를 사로잡는 작품의 직접적인 진리 요구 앞에 우리 스스로 서지 않는다면, 언제나 미적 의식에로의 이 같은 소원화가 나타난다.[228]

이렇게 해서 예술 작품이 건네는 진리는—작품은 오로지 이 진리를 말하고 또 이 진리로 수용되기를 원함에도 불구하고—실종되고, 작품과 수용자가 나누는 대화도 사라진다. 이 대화를 통해 그리고 거기서 경험한 진리를 통해 작품과 수용자가 서로를 매개한다는 의미에서 이 둘은 떼려야 뗄 수 없게 친숙한 '나의 너' 그리고 '너의 나'이다. 그런데 예술 작품이 그 형식적 질에로 환원되면서 작품은 더 이상 나에게 말하고 이 말을 통해 나의 삶에 관여하는 살아 있는 '나의 너'가 아니라, 단지 아름다운, 나의 감관에 쾌를 유발하는 '사물'일 뿐이다. 그리고 나 역시 너의 말에 답하며 너를 매개하는 자립적인 해석자, '너의 나'가 아니라, 아름다움과 감관의 쾌를 선별하여 판정하고 향유하는 '의식'일 뿐이다. 나와 너의 상호적인 대화, 이를 통한 매개의 관계가 의식과 사물 간의 대립의 관계, 이른바 주객 관계로 변질되었다. 여기에 예술의 진리가 들어설 자리는 없다. 이 진리는 오로지 상호적 대화의 결실이기 때문이다.

미적 의식과 마찬가지로 역사적 의식historisches Bewußtsein도 역사 경험의 영역에 나타난 근대적 주관이다. 본디 역사적 의식은 자기 자신까지 포함하여 "정신적 세계의 모든 현상을 역사적 발전의 산물로 파악하

---

228 *Ibid.*

는”,[229] 따라서 각각의 시대의 개별성과 시대 간의 다름을 긍정하는 의식이다. 그리고 바로 이 긍정에서 역사적 의식이 스스로에 부과하는 객관적 역사 인식의 과제, 나의 현재와는 다른 과거를 과거의 관점에서 이해하라는 과제가 제기된다. 이 과제를 제기하고 기꺼이 떠맡는 한에서 역사적 의식은 “자신의 고유한” 역사적 “상대성을 넘어설”[230] 수 있다고 확신하는 의식이다.

> 소외 경험의 두 번째 양식은 우리가 역사적 의식의 소외라 부르는 것, 과거의 삶의 증거물을 수용함에 있어 ‘자기-자신에-대해-비판적으로-되기’라는 천천히 형성되어 온 거대한 기술이다. 개별성을 삭제하라는 랑케의 유명한 정식화는 역사적 사유의 에토스를 대중적인 공식으로 치장해 표현했다. ‘역사적 의식은 다음의 과제를 제기한다. 각 시대의 모든 증거물을 그 시대의 정신으로부터 이해해야 하고, 이 증거물을 우리가 수용한, 우리의 현재적 삶의 시의성에서 떼어 내어 과거를 그 어떤 도덕적 현학주의도 없이 그 과거가 하나의 인간적 과거였던 그 방식으로 이해하라.’[231]

얼핏, 역사 연구가가 속한 “시대의 선입견을 통제해서” 과거를 현재의 관점으로 재단하는 오류를 피하는 것은 역사 연구의 “논란의 여지 없이 타당한 목표”로 보인다. 통상 학문으로서의 역사는 사실에서 출발하고 사실만을 목표로 해야 한다고 말해지기 때문이다. 그러나 가다머

229 W. Dilthey, *Gesammelte Schriften*, Bd. VII, 105.

230 H.-G. Gadamer, *Gesammelte Werke*, Bd. I, 238.

231 *Ibid.*, Bd. II, 221.

가 보기에 여기에는 역사적 의식이 결코 넘어설 수 없는 "난점들"이 있다. 두 가지만 거론하자. 첫째, 역사 연구에서 사실의 확정은 물론 "최초의 과제"이다. 그러나 최초의 과제일 뿐이다. 이는 "과거와 과거의 전승에 대한 이해"의 "완성"도 아니고 그 "과제 전체도 아니다". 그것은 과거 이해라는 과제의 "일부분", 그것도 아주 작고 "**중요하지 않은** 사안에서만" 충족될 수 있는 과제에 불과하다. 역사 연구의 진정한 과제는 사실의 확정이 아니라 "현재를 과거에 그리고 과거를 현재에 비추어 보는"[232] 대화로서의 이해이기 때문이다. 이 같은 주장을 접할 때마다 역사 실증주의자들이 즐겨 제시하는 반론이 이른바 역사 연구의 단계설이다. 우선 과거의 사실을 확정해야 하고 그런 후에 비로소 그 사실이 현재에 대해 갖는 의미를 부여해야 한다는 것이다. 이 뻔한 단계설의 등장을 예상이라도 한 듯 가다머는 곧바로 "1,001번째 역사가가 뭔가 흥미로운 것을 발견할 수 있도록, 1,000명의 역사가가 사실 연관의 확정이라는 무수한 탐구 기획에 매달려야 하느냐?"[233]라고 되묻는다. 이 물음은 사실 확정과 의미 부여가 서로로부터 분리된 두 과정이 아니라는 중요한 사실을 지적하고 있다. 이것이 앞서 언급한, 역사적 의식이 부딪치게 되는 두 번째 난점이다. 실제로 우리는 과거의 사실을 접하자마자 이 사실을 우리의 현재적 삶 전체를 향해 기획 투사하고, 그렇게 우리의 삶 전체를 주시하는 눈으로 이 사실을 해석한다. 이 눈이 보지 못하는 것은 이 눈에게는 사실이 아니고 이 눈이 보지 못하는 사실을 보려는 것은 눈의 과욕이다. 역사적 존재자로서의 인간에게 실재하는 것은 '과거를 보는 현재의 눈'이고 '현재의 눈이 본 과거'이지, '현재의 시선을 벗

232 *Ibid.*, 222.
233 *Ibid.*, 227.

어난 과거'와 '과거를 보지 않는 현재의 눈'이 아니다. 후자들은 오직 추상화의 결과로서만 가능하다. 이를 가다머는 미적 의식의 추상성과의 유비를 통해 설명한다. 아름다움의 판정이 단지 형식의 문제가 아니라는 작품의 내용과 결부되어 있어서 그 내용으로부터 분리된 순수한 형식적인 질, 그리고 이 질을 추구하는 미적 의식이 이차적인 추상인 것과 꼭 마찬가지로, 역사 연구 또한 과거의 사실에만 국한된 문제가 아니라 현재적 의미와 결부되어 있어서 현재로부터 분리된 순수한 과거, 그리고 그 과거만을 추구하는 역사적 의식 역시 추상화의 산물일 뿐이다.

> **역사적** 의식의 상황도 미적 의식의 상황과 유사하다. 여기서도 우리는 '우리 자신의 현재에 그리고 현재가 갖는 역사적 의식의 깊이에 관계하지 않는, 역사 연구의 무수한 과제들'이 있음을 분명히 인정할 수 있다. 우리의 문화와 현재에 생명력을 부여해 준 과거의 거대한 지평이 '우리가 미래를 향해 의욕하고, 희망하고 또는 두려워하는 모든 것들'에 영향력을 행사하고 있음에는 의심의 여지가 없다. [그러나] 역사는 여기에 함께 있다. 역사 자체는 우리의 미래성의 빛 아래서만 현존한다. (…) [이것이] 바로 가능한 회상과 보존에 대한 미래성의 우위, 또한 우리의 과거 전체에 대한 미래성의 우위다.[234]

역사적 의식이 '역사'라는 말을 '과거'의 동의어로만 사용한다면 그것은 너무 협소한 역사 이해다. 역사란 시간 안에서 일어나는 인간사人間事이고 시간은 과거에서 현재를 거쳐 미래로 나아가는 흐름이기 때문

---

234 *Ibid.*, 224.

이다. 그러므로 '인간이 역사적 존재자'라는 말은 두 가지를 의미해야 한다. 그 하나는 인간은 그의 과거에 의해 규정된다는 것이고, 다른 하나는 인간은 그의 현재와 미래에 비추어 그의 과거를, 그리고 그 과거에 의해 규정된 자신을 이해한다는 것이다. 바로 이 시간성에 '현재를 규정하는 힘으로서의 과거'와 '미래를 향해 스스로를 내던지는 현재'의 공존 가능성, '과거를 떠안고 말을 걸며 다가오는 역사적 전승'과 '이 말을 늘 자신의 현재와 미래성에 따라 달리 이해하는 현재의 해석자' 간의 상호적인 대화, 역사적 경험의 가능성이 존립한다. 그럼에도 역사적 의식이 과거의 전승을 전승 안에 보관된 고정된 사실로, 현재의 해석자를 이 사실만을 찾아다니는 눈먼 사냥꾼으로 간주하면서, 상호적이어야 할 역사적 대화가 텍스트 안에 숨겨진 고정된 사실에 대한 일방적이고 객관적인 발견의 문제, 객관에 대한 주관의 활동으로서의 방법적 인식의 문제로 환원되고 말았다. 여기에 과학으로서의 역사 인식을 위한 자리는 있어도 방법의 한계를 넘어서 있는 역사의 진리를 위한 자리는 없다. 이 진리는 과거와 현재가 함께하며 서로를 매개하는 대화를 통해서만 주어지기 때문이다.

미적 의식과 역사적 의식이 겪은 소외의 공통점은 이 두 소외 경험의 근거에 모두 근대 주관주의 형이상학에서 발원하는 주객 대립의 도식이 놓여 있다는 점이다. 미적 경험의 주관으로서 미적 의식은 미적 성질을 갖는 객관으로서의 예술 작품을 평가한다. 역사적 의식 역시 하나의 주관이 되어 객관으로 주어진 역사적 전승의 의미를 탐구한다. 그러나 자세히 보면 둘 간의 분명한 차이점도 있다. 전자에서는 주관의 우위가, 후자에서는 객관의 우위가 두드러지기 때문이다. 소외된 미적 의식은 주관의 주권에 몰입하여 객관을 자신의 감관의 상태에로 환원해 버리고, 소외된 역사적 의식은 객관성의 신화를 좇으며 정작 자신의 주권은 해체해 버린다. 그러나 미적 주관이 그 객관을 자신의 표상 방식에 따라 규정하건 또는 역사적 주관이 자신의 인식을 객관에 맞추어 형성하건, 이 두 의식이 타자를 만나는 방식 그 자체는 주객 대립의 도식 안을 움직이고 있다는 점에서 일치한다. 소외의 본질은—미적 의식의 소외건 역사적 의식의 소외건—나와 너 간의 상호적인 대화 관계가 일방적 주객 관계로, 나와 나의 타자가 함께 귀속하는 존재의 운동이 주관성의 활동으로 환원되었다는 데 있다. 문제의 심각성은 이 주관주의적 환원이 실제로 근대의 미학과 역사적 정신과학을 지배하여 예술과 역사의 진리에로의 통로를 폐쇄해 버렸다는 점이다. 여기에 소외 극복의 시급성이 있다. 실제로《진리와 방법》이라는 책은 근대 특유의 두 소외 경험과의 비판적 대결 및 극복의 시도라 볼 수 있다. 이 책의 I부가 소외된 미적 의식이 근대 미학에서 어떻게 전개되었고 이를 극복할 수 있는 예술 작품의 존재론은 무엇인지의 문제를, 그리고 그 II부가 소외된 역사적 의식이 19세기의 역사 객관주의를 통해 어떻게 전개되었고 이를 이겨 낼 수 있는 역사적 경험의 이론이 무엇인지의 문제를 다루고 있기 때문이다. 물론 예술 작품의 존재론, 역사적 경험의 이론을 통해 우리가 궁극적으로 도달해야 할 것은 과학과 방법의 한계를 넘어서 있는 진리, 예술과 역사의 진리 경험이다. 그러나 그 전에 미적 의식과 역사적 의식의 소외의 결과로서의 근대 주관주의 미학과 역사 객관주의에 대한, 최소한 전자에 대한 길지 않은 비판적 소개가 주어져야 한다. 이 둘이 각기 예술과 역사의 진리에로의 길을 가로막은 장애물이라면, 이들의 제거를 통해서만 우리는 우리가 원하는 곳에, 과학의 한계를 넘어서 있는 근원적 진리 경험에 이를 수 있을 것이기 때문이다.[235]

미적 의식의 소외로 가다머는 칸트의 《판단력 비판》에 기원을 두고 진행된 근대 "미학의 주관화"[236] 현상을 의미한다. 물론 《진리와 방법》의 I부 1장에서 이루어지는 가다머의 비판의 화살은 직접적으로는 《판단력 비판》의 저자를 겨냥하고 있지만, 이 비판이 칸트 미학에만 한정되는 것은 아니다. 미학사에 대한 주관주의의 영향력은 생각보다 강력해서, 칸트에서 출발해서, 칸트 이후의 낭만주의적 천재 미학, 체험 미학에로 이어지는 근대 미학사 전체가 미학의 주관화라는 현상에 의해 규정되기 때문이다. 나는 근대 미학의 주관화의 경향을 세 개의 요점으로 정리할 수 있다고 생각한다. 첫째 칸트 미학에서 아름다움이 주관의 감관의 상태에로 환원되어 미학이 주관화되었다는 점, 둘째 이 미학이 집중했던 아름다움의 문제가 예술로부터 소외되고 이를 통해 예술철학이 실종되었다는 점, 셋째 칸트 이후의 예술철학에서 미적 의식이 예술을 현실로부터 소외시켰다는 점(미적 구별).

칸트에 의하면 아름다움과 추함은 "감관의 쾌, 불쾌"[237]를 뜻한다. 아름다움의 경험은 '아름답다'는 우리의 표상을 아름다운 대상 자체에 관계시키는 일이 아니라, 단지 이 표상을 주관의 쾌의 감정에 관련시키

---

235 역사 객관주의에 대한 소개는 최소한으로 한다. 이 입장의 유해성이 명시적인 한에서만 비판적으로 다룬다. 즉 역사 객관주의에 대한 가다머의 비판은 논의에서 제외된다. 이유는 간단한데, 이 비판에 내가 동의하지 않기 때문이다. 가다머는 역사 객관주의자로 딜타이를 지목하고 그의 정신과학론에 대한 상당히 신랄한 비판을 전개하는데, 나는 이 비판의 타당성을 인정할 수 없다. 이 문제는 이미 논의된 바 있다(8.3.2 참조). 이와 완전히 무관하지는 않은 이유에서 가다머의 역사적 경험의 이론도 논의에서 제외한다. 구체적인 이유는 아래서 다시 설명한다(아래 주 382 참조).

236 H.-G. Gadamer, *Gesammelte Werke*, Bd. I, 48.

237 I. Kant, *Kritik der Urteilskraft*, B4.

는 일이다. 취미 판단은 "아름답다고 평가되는 대상들에 대해서는 그 어떤 것도 인식하지 않고, 다만 주관의 쾌의 느낌이 이들 대상에 선천적으로 상응한다"[238]고만 말한다. 즉 이 취미 판단의 근거는 판단되는 대상 자체가 아니라, 다만 "상상력과 지성의 자유로운 놀이", "인식 일반에 합당한 주관적 관계"[239]일 뿐이다. 그러므로 취미 판단은 대상에 대한 판단이 아니라 그 근거를 주관 자신 안에 갖는 "반성-취미"[240]이다. 아름다움의 문제는 판단하는 주관의 감관에 유발된 쾌, 불쾌라는 느낌의 상태에로 환원되어 설명된다. 거꾸로 말해 '느끼는 나fühlendes Ich'의 느낌은 미추 판단의 유일한 척도이고, '느끼는 나'는 아름다움에 대한 유일하고도 절대적인 판정자로서 아름다움의 세계의 중심을 이룬다. 마치 주관주의 형이상학에서 '사유하는 나denkendes Ich'가 진리의 유일한 척도이고 인식의 세계의 중심을 점하던 것과 같다.

이 미학의 문제점은 우선은 정당화될 수 없는 주관화이지만, 여기에 수반되는 또 하나의 문제는 예술철학의 실종이다. 주관화된 미학, 미추 문제를 주관의 감성 상태에로 환원하는 감성론Ästhetik으로서의 미학Ästhetik은 "예술철학이 되려 하지 않고"[241] 또 될 수도 없다. 이 학문은 아름다움의 향유에 대한 학설이지 그 창조에 대한 학설은 아니기 때문이다. 주관화된 미학에 예술철학이란 있을 수 없다. 물론 사람들은 "아름다운 예술은 필연적으로 **천재**의 예술"[242]이라는 칸트의 말을 인용하며,

238 H.-G. Gadamer, *Gesammelte Werke*, Bd. I, 49; cf. I. Kant, *Kritik der Urteilskraft*, B4f.

239 H.-G. Gadamer, *Gesammelte Werke*, Bd. I, 49; cf. I. Kant, *Kritik der Urteilskraft*, B4.

240 I. Kant, *Kritik der Urteilskraft*, B22.

241 H.-G. Gadamer, *Gesammelte Werke*, Bd. I, 51.

천재 개념을 실마리 삼아 칸트의 예술철학(예술적 창조의 이론)이 현존함을 증명하려 들지도 모른다. 그러나 가다머가 적절히 지적하듯이《판단력 비판》에서 천재는 예술철학의 건립을 위한 주춧돌이 아니다. 칸트는 천재에 대한 "취미"의 "원칙적 우위"[243]를 인정할 뿐 아니라, 자신의 "취미 비판, 미학도 목적론을 위한 예비 작업"으로만 간주한다. 왜냐하면 제3 비판서의 궁극의 목표는 (예술에 대한 논의가 아니고) "목적론"을 "판단력의 한 원리로 정당화하여" "지성과 이성 간의 가교"를 놓고, 이를 통해 "자연 개념과 자유 개념의 매개"를 이루어 세 개의 비판서를, 즉 칸트 자신의 "온 철학을 체계적 완결에로 이끄는"[244] 일이기 때문이다. 천재도 의당 이 같은 "형이상학적 배경" 아래서 "자연에 구속된"[245] 자로 해석되어야 한다. 천재는 "주관 안의 자연"[246]으로서만 예술의 창조자일 수 있고, 따라서 천재의 기술이라 불리는 "아름다운 예술도" 실은 "자연으로 간주되어야"[247] 한다. 천재는 물론 "예술에 규칙을 부여하는 재능"[248]이다. 하지만 이 재才능은 천재 자신의 것이 아니라 자연(天)이 준 것이다. 정확히 말하면 여기서는 천재 스스로가 아니라, 자연이 자신의 "총아",[249] 즉 "천재를 통해 예술에 규칙을 부여"[250]하고 있는 것이다.

242 I. Kant, *Kritik der Urteilskraft*, B181.

243 H.-G. Gadamer, *Gesammelte Werke*, Bd. I, 59; cf. I. Kant, *Kritik der Urteilskraft*, B202f.

244 H.-G. Gadamer, *Gesammelte Werke*, Bd. I, 60.

245 *Ibid.*, 61.

246 I. Kant, *Kritik der Urteilskraft*, B182.

247 H.-G. Gadamer, *Gesammelte Werke*, Bd. I, 60.

248 I. Kant, *Kritik der Urteilskraft*, B181.

249 *Ibid.*, B200.

250 H.-G. Gadamer, *Gesammelte Werke*, Bd. I, 60; cf. I. Kant, *Kritik der Urteilskraft*,

천재의 아름다운 예술은 실은 아름다운 자연과 꼭 마찬가지로 자연의 선물이지, 천재 자신의 작품이 아니다. 주관화된 미학에는 예술철학이 없고, 예술의 경험, 예술의 진리에 이르는 길에 대한 숙고도 없다.

칸트 이후의 미학에서는 천재 개념이 더 이상 목적론적 형이상학에 의해서가 아니라 낭만주의적, 관념론적으로 해석된 데다,[251] 체험 Erlebnis이라는 새로운 개념이 부각되어 미학적 논의에 더해졌다. 그리고 이 두 개념이 결합한 결과, 예술 작품은 천재의 "체험의 표현"으로, 작품의 향유는 이 표현에 대한 "미적 체험"[252]으로 간주되었다. 말하자면 아름다움에 대한 성찰은, '예술철학을 결하고 있던 주관주의 미학'을 넘어 비로소 하나의 예술철학(체험 미학)으로 성립된 것이다. 그럼에도 이 예술철학을 지배하고 있는 것은 여전히 우위를 가진 주관으로서의 미적 의식이었다. 이와 관련하여 가장 주목할 것은 실러의 "예술의 입장",[253] 정확히는 순수 예술의 입장이다. 이 입장에 따르면 예술은 현실의 모방이 아니라 그 부정이다. 이제 "예술은 아름다운 가상의 예술로 실제의 현실성에 대립하고" 오로지 "이 대립으로부터 이해된다". 이 아름답지 못한 현실 세계로부터 추상화를 통해 분리된 것이 이른바 "아름다운 예술"[254]이기 때문이다. 이렇게 작품이 본디 속한 세계로부터 작품의 미적 성질만을 추상적으로 분리해 내는 활동을 가다머는 '미적 구별ästhetische Unterscheidung'이라 부르는데, 이 구별의 주체는 예술 작품을, 이 작품의 순수한 예술성만을 "체험하는 중추"[255]로서의 미적 의식

B183, 200.

251 Cf. H.-G. Gadamer, *Gesammelte Werke*, Bd. I, 64f.

252 *Ibid.*, 76.

253 *Ibid.*, 90.

254 *Ibid.*, 88.

이다. 주관주의 미학에서 미적 의식이 아름다운 것의 유일한 판정자였듯이, 체험 미학에서도 체험하는 의식이 예술적인 것에 대한 유일한 판정자다. 이 의식은 작품을 세계로부터 분리하되, 작품 안의 모든 세계성이 삭제되고 순수한 아름다움, 미적인 질을 가진 것만이 남을 때까지 이 분리를 수행한다.

> 우리가 예술 작품이라 부르는 것, 그리고 미적으로 체험하는 것은 이 같은 추상화 작용에 의거한다. 작품이 뿌리를 내리고 있던 원래의 삶의 연관, 작품이 처해 있었고 그 안에서 자신의 의미를 가질 수 있었던 종교적 또는 세속적 기능 등과 같은 모든 것들로부터 눈을 떼야 '순수한 예술 작품'이 눈에 들어온다. (…) 이 같은 추상화가 순수한 예술 작품을 볼 수 있게 하고 또 존재할 수 있게 한다. 이 같은 작용을 나는 '미적 구별'이라 부른다. (…) 이 구별은 (…) 미적인 질 그 자체만을 선별하는 추상화다. 이 추상화는 '미적 체험'의 자기의식 안에서 수행된다. 미적 체험이 지향하는 것은 본래적인 [순수하게 미적인] 작품이고, 이 체험이 도외시하는 것은 작품에 [우연적으로] 부착된 '미 외적인' 계기들, 즉 목적, 기능, 내용적 의미 등이다. (…) 작품의 예술적 본질은 이 모든 것들로부터 구별되어야 한다. (…) 미적 의식은 미적으로 의미된 것을 미 외적인 것으로부터 구별하는 의식이다. (…) 어디서건 이 같은 미적 구별을 수행하여 모든 '미적인 것'을 볼 수 있다는 것이 바로 미적 의식의 주권을 이룬다.[256]

255 *Ibid.*, 90.
256 *Ibid.*, 91.

미적 의식은 세계 안의 작품으로부터 무세계적 작품, 세계의 세계성으로부터 정화된 이른바 순수한 작품을 도출해 낸다. 이렇게 예술 작품이 순수한 미적 질로 환원되어 이 질을 체험하는 미적 의식의 주권 아래 놓이게 되면서, 작품은 자신의 "세계를 잃어버린다".[257] 다보탑은 '불국사'와 '탑돌이 하는 사람들'을 잃어버리고, 〈최후의 만찬〉은 '밀라노의 교회'에서뿐 아니라 '예수가 제자의 배반을 예언하던 그 세계'에서도 분리된다. 세계가 사라지면서, 작품이 그 세계 안에서 그리고 그 세계로부터 하던 말도 함께 사라진다. 작품은 침묵한다. 주권을 가진 미적 의식이 '말하던 너Du로서의 작품'을 '아름다운 그것Es'으로 변질시켰기 때문이다. 실은 작품 자체도 없어진 셈이다. 여기에는 '느끼는 나'와 '체험하는 의식'만이 주권을 가지고 군림하고, 작품은 이 의식의 쾌 또는 심미안을 위해서만 존재하기 때문이다. 미적 구별, 세계로부터의 작품의 "소외",[258] 이에 따른 작품의 침묵과 실종, 그리고 작품과 그 수용자 간의 상호적인 대화의 종식, 이것이 칸트의 취미 비판에서 출발한 근대 미학의 주관화 과정이 최종적으로 도달한 결론이다. 무엇이 아름답고 무엇이 예술적인지를 결정하는 유일한 기관은 취미 판단과 미적 체험의 주관으로서의 미적 의식이다. 아름다움과 예술의 문제는 모두 이 주관의 일방적 규정의 관계로 환원된다.

앞서[259] 언급한 이유에서 역사적 의식의 소외로서의 역사 객관주의에 대한 소개는 생략한다. 다만 한 가지는 분명히 강조되어야 한다. 역사적 의식은 역사적 전승을 과거 어느 한때의 삶의 기록, 그 원래의 삶

---

257 *Ibid.*, 93.

258 *Ibid.*, 90.

259 위의 주 235 참조.

과 체험의 의미를 고스란히 보관하고 있는 표현으로 간주한다. 이 표현의 의미를 '객관적으로' 인식하기를 원하는 역사적 의식은 "자신의 시대로부터 생겨난", 말하자면 주관적인 "전제들에 의해 제약되어서는 안 되고",[260] 이 "역사적 대상", 인식 객관을 이 객관이 원래 "속했던 전체로부터"[261] 탐구해야 한다. 이것이 역사 인식의 객관성을 위한 필수 조건이다. 그러므로 역사적 의식은 자신의 주관적 입장에서 말해서는 안 되고, 오로지 객관으로서의 역사적 전승이 객관의 입장에서 말하게 하고, 스스로는 오직 그 말만을 수용해야 한다. 말하는 객관은 수용하는 주관에 대해 근원적인 우위를 갖는다. 후자는 스스로 말하지 않고 전자가 말하지 않는 한 들을 수조차 없기 때문이다. 이 점에서 역사적 의식의 소외는, 객관에 대한 주관의 우위로 특징지을 수 있는 미적 의식의 소외와는 대조된다. 소외된 미적 의식이 느끼고 체험하는 주관의 우위라는 전제에서 출발해서 아름다움과 예술의 경험을 객관에 대한 주관의 일방적 활동으로—취미 판단이건 미적 체험이건—간주했다면, 소외된 역사적 의식은 정반대의 우위, 인식되는 객관의 우위에서 출발해서, 역사의 경험을 역사적 전승 안에 고정되어 보관된 원래의 의미 내용의 훼손 없는 복원으로 간주한다. 전자에서는 주관으로서의 미적 의식이 일방적으로 객관의 존재 상태를 규정하지만, 후자에서는 객관으로서의 역사적 전승이 일방적으로 역사적 의식의 인식 내용을 규정한다. 그러나 두 관계는 정반대의 방향에서—미적 의식의 경우 주관이 객관을, 역사적 의식의 경우 객관이 주관을 규정하는 방향에서—동일한 오류를 범하고 있다. 그 오류는 근본적으로 **상호적**이어야 할 대화의 관계

260 W. Dilthey, *Gesammelte Schriften*, Bd. VII, 137.

261 W. Dilthey, *Das Erlebnis und die Dichtung*, 233.

를 주객 간의 대립에서 출발하는 **일방적** 규정의 관계로 변질시켰다는 것이다.

바로 이것, '말하는 타자(예술 작품, 역사적 전승)와 달리 이해하는 나(작품의 수용자, 현재의 해석자) 간의 상호적이어야 할 대화'가 말하는 일자와 침묵하는 타자 간의 또는 말하는 타자와 침묵하는 일자 간의 일방적 지배 내지 규정의 관련으로 환원되었다는 것이 소외의 본질이다. 물론 이 환원의 근거에는 타자 경험의 학문으로서의 해석학의 상호적 대화의 모델을 근대 주관주의 형이상학의 주객 대립의 도식으로 대체한다는 철학적 결단이 놓여 있다. 주객의 대립은 주관의 또는 객관의 우위를 주장하기 위한 형이상학적 전제이기 때문이다. 유일하게 자립적인 미적 의식은 자신의 타자를 비자립적 가상으로 간주하여 지양해 버리고, 원래의 사실만을 추종하는 역사적 의식은 자신의 타자의 자립성만을 인정한 나머지 자신의 자립성은 지양해 버린다. 소외된 의식들이 놓친 것은 타자 관계의 상호성이다. 또는 의식들은 이 관계의 상호성을 놓쳤기 때문에 타자를 자신으로부터 또는 자신을 타자로부터 소외시킨다. 그리고 그 결과는 한편 자신의 내면에 속하지 않는 모든 것을 불결한 것으로 여기는 미적 의식의 "순결한 마음의 공허"이고, 다른 한편 객관(실재)이 보여 주는 것 외에는 아무것도 보지도 믿지도 않는 역사적 의식의 "소박한 눈의 맹목"[262]이다.[263] 물론 미적 의식의 공허와 역사적

262 N. Goodman, *The Language of Art*, London: Oxford University Press, 1969, 8.

263 공허emptiness에 도달하지 못했다면, 그것은 회의가 충분히 진행되지 않았다는 뜻이다. 회의는 세계의 세계성을 제거해 나가며 '공허하지만 또는 공허하기에 순수한 나'에 도달하는 과정이기 때문이다(6.1.1 참조). 또한 모든 것을 보지 못하는 자뿐 아니라 하나밖에 볼 수 없는 자 역시 눈먼blind 자이다. 그 하나(과학적 객관성)만을 보기 위해 다른 모든 것을 보지 않기 때문이다. '그

의식의 맹목은 각기, 주관주의적인 의미에서 주관의 세계 중심성의 요청과 과학주의적인 의미에서 인식의 객관성의 이상에 부합하는 것이지만, "예술"과 역사의 "현실적인 경험",[264] "우리가" 실제로 예술 작품과 역사적 전승을 만날 때, 그 만남 "안에서 작동하는 것을 보게 되는 진짜 예술"과 역사의 "경험"[265]에는 부합하지 않는다.

가다머는 묻는다. 예술 작품과 역사적 전승을 만날 때, 실제로 우리에게 무슨 일이 일어나는가? 《진리와 방법》의 입구를 장식한 릴케의 시와 모든 철학사의 입구를 장식함 직한 라파엘로의 〈아테네 학당〉을 대할 때, 시라쿠사의 뼈아픈 기억을 떠올리는 플라톤의 《일곱 번째 편지》와 루비콘 강을 앞에 둔 카이사르의 짧은 망설임에 대한 플루타르코스의 서술을 읽을 때, 우리는 무엇을 경험하는가? 우리는 예술 작품을 단지 '향유'만 하는 것도 아니고 역사적 전승을 오로지 '인식'만 하는 것도 아니다. 본래적으로 우리는 이들과 대화를 나눈다. 그리고 모름지기 대화는 상호적이어야 하고 대화 상대자의 자립성을 승인해야 한다. 대화가 독백이 아니라면 말이다. 그러므로 역사적 전승뿐 아니라 예술 작품도 나에게 말을 해야 하고, 예술 작품뿐 아니라 역사적 전승도 나의 말을 들어야 한다. 그 경우에만 우리는 서로의 자립적인 타자일 수 있고, 우리의 관계도 상호적인 대화의 관련일 수 있기 때문이다. 서로의 타자성, 이 타자의 자립성의 인정을 통해서만 우리는 주관주의 형이상학

하나'가 '온 세계'라고 믿을 수 있다는 데, 이 입장의 소박성이 있다. '소박'은 'innocent'의 번역어다. 역사 객관주의와 소박실재론의 유비 관계를 염두에 두고 그렇게 옮겼다.

264 H.-G. Gadamer, *Gesammelte Werke*, Bd. I, 103.

265 *Ibid.*, 106.

과 이 형이상학에 이끌리는 두 의식이 각기 빠져든 소외를 넘어설 수 있다. 나는 내 앞의 예술 작품, 너를 '나와는 다른, 자립적인 너'로 인정하고, 그 너가 너의 입장에서 나에게 하는 말에 귀를 기울인다. 이를 통해 미적 의식을 소외로 이끈 주관성의 신화가 극복된다. 역사적 전승으로서의 너 역시 너를 대하는 나를 '너와는 다른, 자립적인 나'로 인정하고, 그 나가 나의 입장에서 너에게 하는 말을 경청해야 한다. 이를 통해 역사적 의식을 소외로 이끈 객관성의 신화가 해체된다. 주관성의 신화와 객관성의 신화를 모두 넘어선 이후에, 다시 말해 예술 작품과 현재의 해석자가 각기 예술과 역사의 경험에서 자립적인 타자로 승인된 연후에 비로소 동등한 권리를 가진 두 타자, '나의 너로서의 너'와 '너의 너로서의 나' 간의 상호적인 대화가 이루어진다. 이 경우 예술 작품과 역사적 전승은 다른 두 타자가 아니다. 이 둘은 모두 전형적인 의미에서 해석학적 경험의 타자, 즉 자신의 입장에서 말할 뿐 아니라 또한 자신의 입장에서 말하는 타자의 말을 경청할 줄도 아는, 서로에게 개방적인 대화 상대자이기 때문이다. 바로 이 의미에서 "예술 작품"과 역사적 전승의 "경험은 이해를 포함하고" "해석학적 현상을 표현한다".[266] 즉 예술과 역사의 경험은 근본적으로는 해석학적 경험이고,[267] 따라서 예술철학과 역사적 정신과학은 오로지 해석학으로만 가능하다. 이 문제와 관련한 가다머의 입장은 분명하다. 미적 의식의 소외와 역사적 의식의 소외가 근원적으로는 주관주의 형이상학의 주객 대립의 도식에서, 구체적으

266 *Ibid.*

267 왜냐하면 이미 언급했듯이(9.1.3 참조) 예술과 역사는 다른 두 진리가 드러나는, 다른 두 영역이 아니라, 이해될 수 있는 "해석학적 존재의 보편적 존재 방식이 최초로 분절된, 파악의 형식들"(*ibid.*, 480)일 뿐이기 때문이다.

로는 전자가 이 도식의 한 변형물로서의 객관에 대한 주관의 우위에서 후자가 역시 동일한 도식의 정반대의 변형물로서의 주관에 대한 객관의 우위에서 발원한 것인 만큼, 소외를 극복하기 위해 근원적으로는 해석학적 대화 이론으로 주관주의 형이상학을 극복해야 하고, 구체적으로는 미적, 역사적 의식의 편향성에 의해 훼손된 대화의 상호성을 회복해야 한다.

예술 작품의 수용자로서 그리고 과거를 탐구하는 현재의 해석자로서 나는 예술 작품과 역사적 전승이 나의 타자이듯 나 역시 나의 타자의 타자임을 승인해야 하고, 내가 나의 타자의 자립적인 대화 상대자인 것처럼 나의 타자도 나의 자립적인 대화 상대자임을 인정해야 한다. 나는 나의 타자의 말에 귀를 기울여야 하고 그 말하는 타자에게 나의 말을 던지는 것도 게을리해서는 안 된다. '너의 타자로서의 나'와 '나의 타자로서의 너'는 서로에게 말하며 촉구하고, 서로의 말을 들으며 수용한다. 나와 너는 서로를 매개하며, 이 매개를 통해 달라지고 있다. 이 달라짐, 너를 통해 나가 그리고 나를 통해 너가 달라지고 있다는 것이 바로 예술과 역사의 경험의 핵심이다. 이 달라짐은 예술 작품을 순수한 미적 질로, 역사적 전승을 고정된 사실을 보관하는 통으로 간주하는 의식에게는 결코 일어날 수 없는 일이다. 소외된 의식들에게는 일어날 수 없는 바로 이 일이 우리가 예술 작품과 역사적 전승을 만날 때 실제로 우리에게 일어나는 일이다. 그러므로 자립적 타자로서의 예술 작품의 말은 미적 의식의 쾌와 향유만을 위한 순수한, 무세계적 아름다움이 아니라, 작품이 스스로 속한 세계 안에서 그 세계로부터 하는 말이고, 역사적 전승의 말도 과거 어느 한때의 세계 안에 고립되어 거기서 헤어나지 못하는 말, 역사적 의식이 고정 불변의 사실로 추구하는 '그때, 거기의 그 말'이 아니라, 나의 세계 안으로 들어와 이 세계 안의 나에게 던져지는 따라서 내가 어떤 식으로건 대응하지 않으면 안 되는 말이다. 나의 말과 너의 말의 만남을 통해 전형적으로 가다머적인 의미에서 이른바 두 세계 지평의 융합이 일어난다. 우리는 우리의 "세계 안에서 예술 작품"과 역사적 전승을 "만나고" 또 "예술 작품"과 역사적 전승 "안에서" 타자의 "세계를 만나기" 때문이다. 물론 이 두 세계는 다른 세계이지만—그렇지 않다면 서로 간의 매개는 무의미할 것이다—서로로부터 구분된 두 세계, 어쩌면 차후적으로 결합될 수도 있겠지만 또한 구분된 채로 방치될 수도 있는 서로 무관한 두 세계는 아니다. 다른 두 세계 사이에는 분명 "해석학적 연속성"이 작용하고 있고 이 연속성 안에서만 두 세계의 관계도 이해된다. 왜냐하면 저 세계 안의 너가 하는 말은 이 세계 안의 '나에게', 그리고 '나에 대해' 하는 말이고, 이 세계 안의 나가 하는 말도 저 세계 안의 '너에게' 그리고 '너에 대해' 하는 말이기 때문이다. 이렇게 서로 다른 두 세계가 융합되고, 이 융합이 없었더라면 결코 가능하지 않았을 어떤 것이 새로 경험된다. 이 새로운 경험 또는 경험의 새로움, 이것이 타자의 해석학적 의미, 나와는 다른 너와의 만남의 결실이다. 서로 다른 세계 안에 살기에 서로 다른 너와 나는 너나 나나 홀로는—각자의 세계 안에만 머물러서는—결코 볼 수 없었을 어떤 것을 서로 간에 볼 수 있게 해 준다. 이것은 마치 거울을 보는 것과 같다. 예술 작품과 역사적 전승은 거울 같은 타자들, 그들 안에서 그들 자신이 아니라 오히려 나 자신을 볼 수 있게 해 주는 타자들이다. 거울을 보면서 거울 안의 자신을 보지 않고 거울 자체만을 보는 사람은 없다는 의미에서, 예술과 역사의 경험은 "자기 이해의 한 방식"이고 이 경험을 통해 우리는 궁극적으로 타자에 대해서가 아니라 "우리 자신을 이해하는 법을 배운다".[268] 이것이 바로 예술과 역사의 경험을 포함한 해석학적 경험의 본질이다. 경험이란 우선적으로는 타자를 경험함이지만, 근원적으로는 이 타자 경험을 통해 자기를 경험함이다. 이유는 단순하다. 나의 눈은 일단은 외부의 사물들만을 바라보고 있으므로 이 눈만으로 나는 나 자신이 누구인지는 볼 수 없고 누구여야 하는지는 더더욱 볼 수 없다. 내가 나 자신을 보기 위해서는 거울 같은 타자, 나의 아름다움뿐 아니라 추함까지도 가감과 위장 없이 보여 주는 그래서 지금의 나가 누구인지 그리고 내일의 나가 어떤 나여야 하는지도 짐작할 수 있게 해 주는 타자가 필요하다. 그 명경 같은 타자가 바로 예술 작품이고 역사적 전승이다. 릴케의 시와 라파엘로의 그림, 플라톤의 편지와 카이사르의 삶을 통해 우리는 그들 자체가 아니라 오히려 우리 자신을 배운다. 거울 **자체**란 정신과학적으로 가장 무의미한 사물이기 때문이다. 거기서 우리가 우리 자신을 보지 않는다면 말이다. 정신과학은 타자 이해를 통한 자기 이해다. 예술 작품과 역사적 전승의 거울을 통해 우리는 우리 자신이 누구인지를 배운다. 이 앎을 과학은 주지 않는다. 과학은 대상에 대해서만 말하지 대상에 비친 나에 대해서는 말하지 않기 때문이다.

9.2.3 예술의 경험과 예술의 진리

《진리와 방법》, I부 I편에서 근대의 주관화된 미학과 소외된 미적 의식에 대한 비판을 전개한 후, I부 II편에서 가다머는 본격적으로 아름다움과 예술의 문제에 대한 자신의 성찰을 펼친다. 그리고 이 성찰을 "예

268 *Ibid.*, 102.

술 작품의 존재론"[269]이라 칭한다. 왜 '미학'이나 '예술철학'이 아니고, '예술 작품의 존재론'인가? 이는 예술과 예술 작품에 대한 상식의 이해에 비추어 보면 다소 의외의 명명이다. 왜냐하면 통상 예술 활동은 존재의 과정이 아니라 존재의 모방이고, 그 결과물로서의 예술 작품도 존재가 아니라 존재의 가시화된 현상에 불과하다고 여겨지기 때문이다. 이런 생각의 이론적인 진원지는 존재론적으로 다소 평가절하된, 플라톤의 미메시스 이론이다. 이에 따르면 모방은 이데아에 대한 현상의 관계인데, 여기서 이데아는 모방되는 원상原像, paradeigma, Urbild이고 현상은 모방의 결과로서의 가시적 상像, ikon, Bild이다. 그리고 '존재와 그림의 구분'에 대한 플라톤의 근본 입장에 따라 모방하는 상은 모방되는 존재와 "근본적으로 달라야"[270] 한다. 이데아의 세계와 현상의 세계 사이에는 지양되지 않는 틈chorismos이 있기 때문이다. 이와 관련해 자주 제시되는 증빙 자료는《국가》10권에 전개된 침대의 비유다. 여기서는 예술 작품의 탄생 과정, 즉 '목수의 지성 안에 있는 침대의 이데아(존재)'가 목수의 손에 의해 '현실 안의 침대'로 모방되고, 이것이 다시 화가의 손에 의해 '침대의 그림'으로 모방되는 과정이 존재가 줄어들고 상성像性이 늘어나는 과정으로 설명된다.[271] 예술은 존재를 상으로 변환하는, 따라서 정신적 존재가 감성적 현상계로 추락하는 과정이다. 그리고 그 결과로서의 예술 작품은 모방되는 존재로부터 가장 멀리, 플라톤의 말을 빌리면 세 단계나 떨어져 있다.[272] 모방은 원상과 같아지기를 원하지만,

---

269 *Ibid.*, 107.

270 *Ibid.*, Bd. VIII, 80; cf. VII, 246; cf. VIII, 83.

271 플라톤,《국가》, 597b-598c 참조.

272 같은 책, 597e 참조.

원칙적으로 다를 수밖에 없는, 기껏해야 비슷할 수만 있는 상의 제작이다.[273]

가다머 역시 예술 작품의 창조를 존재가 가시적인 "형성체Gebilde로 변화"[274]되는 과정으로 간주한다. 형성체가 '상적으로 형성된 것das bildhaft Gebildete'이라는 의미에서, 가다머도 예술 활동을 모방 내지 표현의[275] 관점에서 파악하는 셈이다. 그는 분명히 "예술 작품의 존재 방식은 표현"[276]이라고 말하고, 표현을 직접적인 존재를 매개된 상의 현실성으로 변환하는 과정으로 규정한다. 예술가적 상상력은 '있는 그대로의 현실성 자체'를 '현실에는 존재하지 않는, 가상의 또는 이념적 현실성'으로 표현해 낸다. 즉 표현에 의해 매개되지 않은 즉자적 현실성이 상상력의 표현을 통해 "예술"이라는 "놀이의 현실성"으로 전환되는 것이다. 이것이 바로 표현, "예술 작품의 세계"[277]다. 이 세계는—물론 상상력의 표현이라는 점에서, 그리고 상상력이 대상이 존재하지 않아도 대

273 플라톤에서 '상'은 존재와 가상phantasma의 중간에, 따라서 상에서 그려지는 존재와의 같음과 다름의 사이에 놓인 어떤 것이다. 상에게 이 두 극단은 모두 현실화될 수 없는 가능성이다. 그림이란 본디 무엇을 그린 그림이고 따라서 '존재의 상'이다. '존재의 상'이 한편 존재와 **완전히 달라져서** 존재를 전혀 보여 주지 못한다면, 그것은 가상이다. 가상은 '존재**의** 상'이 아니다. '존재의 상'이 다른 한편 존재와 **완전히 같아져서** 존재를 완전히 보여 주게 된다면 그것은 존재 자체다. 이것은 '존재의 **상**'이 아니다. '존재의 상'으로서의 상은 이미 그 정의상 완전한 다름뿐 아니라 완전한 같음도 거부해야 한다. 이 두 극단적인 가능성의 중간이 바로 **비슷한** 그림으로서의 상의 처소다.

274 H.-G. Gadamer, *Gesammelte Werke*, Bd. I, 116.

275 가다머는 모방Nachahmung과 표현Darstellung을 동의어로 사용한다. 다만 플라톤적인 의미에서의 모방mimesis과 가다머의 표현 간의 차이에 대해서는 세심한 주의를 기울여야 한다. 이는 이내 설명된다.

276 H.-G. Gadamer, *Gesammelte Werke*, Bd. I, 121, 142.

277 *Ibid.*, 118.

상의 상을 만들어 내는 능력이라는[278] 점에서—하나의 허구, 실재하지 않는 현실성이다. 예술가적 현실성은 존재와는 다른 현실성이 아니라, 존재와는 완전히 다른 것, 존재하지 않는 가상의 세계다. 가다머에서도 예술의 표현을 통해 존재는 가상으로 바뀌고, 따라서 '표현되는 존재'와 '표현(예술 작품)' 간에는 메워지지 않는 간격이 있는 것 같다. 플라톤의 모방이나 가다머의 표현은 모두 존재와 표현의 근본적인 다름을 전제하는 것처럼 보인다. 그렇다면 두 사람 사이에는 어떤 입장 차가 있어서 한 사람은 모방의 모방으로서의 예술을 비판하고[279] 다른 한 사람은 예술 작품의 존재론, 예술 작품을 통한 진리 경험을 말하는가?

플라톤에서건 가다머에서건 표현은 표현되는 존재를 이 존재가 있는 바와는 **달리 표현**한다. 이 점에서 둘은 같다. 그러나 다름을 말하는 둘의 말투는 미묘한 차이를 보이고, 이를 통해 드러나는 다름의 의미와 이유도 사뭇 다르다. 플라톤은 모방은 존재와 같아지기를 원하지만 그렇게 될 수 없다고 말하고, 가다머는 표현은 존재와 달라지기를 원하고 또 달라져야 한다고 말한다. 플라톤에서 모방은 표현되는 존재의 완전한 복제이기를 원하지만 이 가능성은 실현될 수도 없고 허용되지도 않는다.[280] 반면 가다머에서는 오히려 존재와 표현의 같음이 거부되고 다

278 아리스토텔레스, 《영혼에 관하여》, 유원기 옮김(궁리, 2011), 428a 참조; cf. I. Kant, *Kritik der reinen Vernunft*, B151.

279 플라톤, 《국가》, 597e-598c 참조.

280 이미 언급했듯이(위 주 273 참조) 플라톤은 '모방되는 존재와 모방의 완전한 같아짐', 완전한 모방의 가능성을 부정한다. 그래서 소크라테스는 완전한 언어적 모방의 가능성을 주장하는, 따라서 언어적 표현을 인식하는 자는 이 표현이 지시하는 존재도 인식할 수 있다고 주장하는 크라튈로스(플라톤, 《크라튈로스》, 435d-e 참조)를 논박한다. 이것이 이른바 '두 명의 크라튈로스 논증'이라 알려진 것인데, 여기서 소크라테스는 크라튈로스에게 '너무도 자명한 답

름이 강조됨을 지나 추구되기까지 한다. 왜냐하면 이 다름은 불가피할 뿐 아니라 예술가적 **표현**의, 그리고 이 표현에 대한 해석학적 **이해**의, 다시 말해 예술의 **경험**의 본질을 이루기 때문이다.

가다머의 입장을 분명히 해 보자. 모든 표현은 보여 줌이고, 이 표현에서 보이는 것은 존재다. 따라서 표현은 일단 '존재의 표현'이다. 그러나 하나의 표현이 표현인 한에서, 표현은 존재를 단순히 복제해 내는 모사Abbilden를 의미할 수는 없고, 표현의 결과로서의 상Bild도 있는 그대로의 존재를 보여 주며 스스로는 지양되어 버리는 모사상Abbild에 불과한 것도 아니다.[281] 보여 주는 표현으로서의 상은 자신의 관점에서 존재를 보여 주고, 이렇게 표현에 자신의 관점이 개입하는 한, 보여 줌은 선별적 보여 줌일 수밖에 없다. 즉 표현은 보여 줄 가치가 있는 것과 그렇지 않은 것을 구별해야 한다. 표현은 원래 있는 것의 "단순한 반복이 아

변이 예상되는 물음'을 던지며, 상대의 답변이 스스로를 논박하게 한다. "어떤 신이 자네의 빛깔과 모습을 마치 화가들처럼 재현할 뿐 아니라 속의 것들까지도 모두 자네의 것과 똑같이 만들어서, 부드러움도 따뜻함(체온)도 똑같이 배정하고, 운동도 혼도 분별도 자네에게 있는 것과 똑같게 해서 넣는다면, 한마디로 자네가 가진 모든 것의 복제를 자네 곁에 놓는다고 해 보세. 이때 크라틸로스와 크라틸로스의 상이 있는 걸까, 아니면 두 크라틸로스가 있는 걸까?"(같은 책, 432b-c) 완전한 모방은 존재자의 이원화, 그리고 모방하는 상 자신의 지양이라는 부조리한 사태를 불러온다(같은 책, 432c-d 참조). 그래서 소크라테스는 크라틸로스가 주장하는 완전한 모방은 허용되어서는 안 된다고 말한다(같은 책, 432d 참조). 표면에 내세운 불허의 이유는 존재자의 이원화라는 "우스꽝스러운"(같은 책, 432d) 사태이지만, 그 배후에는 존재와 상, 이데아와 현상 간의 차이의 지양을 인정할 수 없다는 이데아의 사상가의 철학적 근본 입장이 서 있을 것이다.

281 Cf. H.-G. Gadamer, *Gesammelte Werke*, Bd. I, 142ff.

니라", 주목 받아야 할 본질적인 것을 "이끌어 냄"이다. 그러므로 표현은 보지 않아도 좋은 것은 "생략하고" 꼭 보아야 할 것은 "강조한다". 모든 표현은 표현하는 자의 관점에서의 "과장"[282]인 셈이다. 그러므로 표현은 표현되는 존재를 이 존재가 원래 있던 방식과는 "**달리** 표현한다 *anders* darstellen".[283] 이 다름이 바로 예술가적 표현의 '존재-구성적 힘'인데, 가다머는 이 말을 철저한 의미로 사용한다. 즉 예술의 표현을 통해 존재는 "동일한 것으로 머물러 있고" 그 존재 "안의 어떤 것", 말하자면 "우연적 속성"[284]만이 변하는 것이 아니다. 표현을 통해 존재는 단지 '달라지는anders' 것이 아니라, '다른 것Anderes'으로 된다. 이것이 예술의 표현, 형성체로의 변화의 의미다.

> 변화는 어떤 것이 단번에 전적으로 다른 것이 됨을 말한다. 그래서 이 변화된 것으로서의 다른 것은 그의 참된 존재이고, 이에 대비해 그 이전의 존재는 이제 아무것도 아니다. 우리가 어떤 사람이 변화되었다고 느낀다면, 우리가 의미하는 것은 그 사람이 말하자면 다른 사람이 되었다는 것이다. 여기에는 하나의 상태에서 다른 상태로 이끌어 가는, 점진적인 변경의 과정 같은 것은 없다. 왜냐하면 하나는 다른 것의 부정이기 때문이다. 그러므로 형성체에로의 변화란 이전에 있던 것은 더 이상 존재하지 않고, 지금 있는 것, 예술의 놀이 안에서 스스로를 표현하는 것만이 지속적으로 참된 것이라는 의미다.[285]

282 *Ibid.*, 120.
283 *Ibid.*, 145(강조는 필자).
284 *Ibid.*, 116.
285 *Ibid.*, 116f.

이것이 예술가적 '달리 표현함'을 통한 존재의 변화다. 존재는 모든 표현에 앞서 그 자체로 있고, 그 하나의 존재에 대한 다양한 다른 표현들, 더 또는 덜 적합한 (존재에 더 또는 덜 부합하는) 방식으로 존재를 보여 주는 여러 예술적 표현들이 나중에 주어지는 것이 아니다. 그럴 경우 표현되는 그 하나의 존재는 다양한 표현들의 예술성(= 존재 부합성)을 평가하는 척도가 될 것이고, 예술은 자연의 단순한 모방, 그 자체로 있는 일차적 존재에 대한 이차적 감성화 이상의 다른 것이 아닐 것이다. 이것이 예술을 바라보던 플라톤의 관점이다. 그의 눈에 따르면 표현은 표현되는 것의 존재는 줄어들게 하고 그 자리를 대신 상성으로 채운다. 내적, 정신적 존재가 표현을 통해 외적, 감성적 현상계로 추락하는 셈이다. 가다머에 따르면 이와는 완전히 다른 의미에서 표현은 존재를 달리 표현한다. 즉 고급의 존재가 저급한 상으로 달리 표현되는 것이 아니라, 자신 안에만 머물러 있던 존재가 자신과는 다른 상으로 표현되면서 자신 안에만 머물러 있었더라면 결코 도달하지 못했을 참된 존재에 도달한다. 다른 표현, 형성체에로의 변화는 단지 존재의 감성화에 불과한 것이 아니라, "참된 것에로의 변화"이고 "참된 존재에로의 구원"이다. '표현되지 않은 존재 그 자체'와 '표현 안에서 스스로를 보여 주는 존재'는 물론 다르다. 그런데 어떤 의미에서 후자가 전자에 비해 **참되다**고 말하는가?

가다머에 따르면 그 자체로서의 존재, "변화되지 않은" 즉자적 현실성은 맹목일 뿐이고, 이것을 달리 표현하여 가능해진 "전적으로 변화된 하나의 세계", "예술 작품의 세계"가 이 즉자적 현실성을 "진리로 고양시킨 것"이다. 왜냐하면 "존재하는 것은 이 표현에서" 최초로 "드러나 보이고", 따라서 이 "표현이 없었더라면 계속 은폐되어 드러나지 않았을 어떤 것이 여기서 비로소 끌어내어져 드러나기"[286] 때문이다. 그 의미에서 존재는 표현되면서 "더 본래적으로 현존에 이른다".[287]

> 미메시스의 의미는 뭔가를 현존하게 해 준다는 것이다. (…) 그러므로 모든 표현의 본래적인 완성은 '표현되는 것은 표현 안에서 제대로 본래적으로 현존한다는 데에 존립한다.[288]

표현은 존재의 "감축"[289]이나 "상실"[290]이 아니라, 존재의 "증대"[291]이고 그 의미에서 존재의 "완성"[292]이다. 존재가 스스로를 표현한다는 것, 표현 안에서 자신을 보여 준다는 것, 이것은 이미 현존하는 존재가 "자신의 두 번째 현존을 획득한다는 뜻이 아니고"[293] 또 "이미 거기에 있는 것을 다시 한번 현존하게 함도 아니다".[294] 스스로를 표현하지 않는 것은 아직 참다운 방식으로 존재하지 못하는 것이고, 스스로를 표현하는 것만이 참된 방식으로 존재하는 것이다. 즉 모든 존재자는 스스로를 표현하면서만—말의 본래적인 의미에서—존재할 수 있다. 표현은 "그의 존재에 속하기"[295] 때문이다. 그래서 가다머는 분명히 말한다.

---

286 *Ibid.*, 118.
287 *Ibid.*, 120.
288 *Ibid.*, Bd. VIII, 83.
289 *Ibid.*, Bd. I, 424; IV, 303.
290 *Ibid.*, Bd. I, 145, 158f.; II, 383f.; IV, 304.
291 *Ibid.*, Bd. I, 145, 158f.; II, 19, 383f.; IV, 304.
292 *Ibid.*, Bd. II, 73.
293 *Ibid.*, Bd. I, 479.
294 *Ibid.*, Bd. VIII, 302.
295 *Ibid.*, Bd. I, 479.

"존재는 자기 표현이다Sein ist Sichdarstellen."[296] 존재는 가시적인 표현들의 배후에 숨어 있는 원상이 아니고, 표현도 원상이 가시화되어 나타난 상이 아니다. '존재가 자기 표현'이라는 말은, 존재는 '표현 안에서in der Darstellung' 그리고 '표현으로서als diese Darstellung' 스스로를 보여 준다는 뜻이다. 이렇게 말하면서 삭제되는 것은 '존재와 표현 간의 플라톤적 구별', '표현의 배후로서의 존재와 이 배후 존재의 감성화된 상으로서의 표현 간의 구별'이다. 즉 우선은 표현의 배후에 숨어 있는 존재가 나중에 자신을 자신이 아닌 것, 표현으로 보여 준다는 실체 형이상학적인 사유 방식이 거부되는 것이다. 그러므로 우리가 지금 보고 있는 표현이 바로 존재 자체다. 이것은 그 자체로 있는 존재를 나중에 그린 그림이 아니다.

> 말과 상은 [이미 존재하고 있는 것에 대한] 차후적 삽화와 같은 것이 아니다. 이들은 자신들이 표현하는 것이 최초로 온전히 그 자체로 존재할 수 있게 해 준다. (…) 상은 하나의 존재 과정이다. 이 과정 안에서 존재가 유의미하고 가시적인 현상으로 드러난다. 그러므로 원상성은 (…) 상의 '모사하는 기능'에 제한될 것이 아니다. [즉 모사의 원본에 불과한 것이 아니다.] 원상성은 오히려 예술의 '표현 성격' 위에 근거하는 본질 계기다. 예술 작품의 '관념성'도 '모방되고 복제되어야 하는 존재라는 이념'에 대한 [모사하는] 관계를 통해 규정될 것이 아니다. 이는 헤겔에서 그렇듯 이념 자체의 현현으로 규정되어야 한다.[297]

296 *Ibid.*, 488, 490.

297 *Ibid.*, 148f.

말해진 또는 그려진 존재라면, 귀를 가진 자는 들을 수 있고 눈을 가진 자는 볼 수 있다. 거꾸로 귀와 눈을 가진 자라도 말이나 상에로 나아오지 않는 존재는 듣지도 보지도 못한다. 그리고 듣지도 보지도 못하는 한, 그것은 아무것도 아니다. 적어도 그에게는. 그러므로 언어적 또는 상적인 표현이란 그 자체 아무것도 아닌 존재에 들리거나 보이는 형상을 부여하여, 누구에겐가 존재가 이 형상으로 이해되게끔 하는 것이다. 우리, 육신에 구속된 인간, 다섯 가지 감관 이외에는 현실성에로의 그 어떤 접근 통로도 갖지 못한 인간에게 이렇게 '감성적으로 표현된 존재' 또는 '존재의 감성적 표현'은 유일하게 경험 가능한 존재다. 그래서 **우리는** 우리의 입장에서, '표현되지 않은 즉자태로서의 존재 자체는 표현되면서 비로소, 비로소 본래적으로 그리고 참되게 존재하게 되었다'고 말할 수 있는 것이다. 마치 내가 그 "이름을 불러 주기 전"까지는 아무것도 아니던 것이 내가 "그의 이름을 불러주었을 때", 비로소 "나에게로 와서 꽃이 되는"(김춘수) 것과 같다. 물론 이 꽃은 '꽃 자체'가 아니라 '나에 대한 꽃'이다.

여기에 유의할 것이 하나 있다. 가다머가 '표현을 통한 존재의 완성'을 논한다면, 이는 실은 존재 자체에 대한 서술은 아니고, 우리 유한한 존재자와 상관한 서술이라는 점이다. 존재 자체 스스로는 더 또는 덜 완전하게 있을 수 있는 것이 아니다. 있음은 있음일 뿐이기 때문이다. 정신적인 존재 자체가 감성적인 상으로 표현된다고 해서 더 잘 존재하는 것은 아니고, 반대의 경우라고 덜 잘 존재하는 것도 아니다. 그러나 '이 존재'와 '이 존재를 이해하기를 원하는, 존재의 타자로서의 존재자'의 관계를 고려하면 상황은 이내 달라진다. 고집스럽게 정신적 예지계 안에만 머물며 모든 감성적 가시화를 거부하는 존재 자체는—아마 이 존재는 우리에게 이해되고 안 되고를 떠나 스스로는 존재하겠지만—우리 감성적인 존재자에게는 아무것도 아니다. 적어도 우리에게 그런 존재는 없는 것과 같다. 아니 우리는 그것이 있는지 없는지를 판단할 경험의 근거조차 갖지 못하고, 그 의미에서 그것은 나에게 아무것도 아니다. 적어도 감관의 매개를 통해서만 현실성을 경험하는 존재자로서 나에게는 감성적으로 스스로를 표현하여 보여 주고 그 표현으로 이해되는 존재만이 유일하게 의미 있는 존재, 내가 근거를 가지고 '있다', '참으로 있다'고 말할 수 있는 존재다. 이것이 바로 가다머의 유명한, **"이해될 수 있는 존재는 언어다***Sein, das verstanden werden kann, ist Sprache*"[298]라는 문장의 의미다. 언어적으로만 사유하는 우리 인간적 존재자에게는 스스로를 언어적으로 표현하는 존재만이 유일하게 이해될 수 있는 존재이고, 스스로를 표현하지 않기에 이해될 수 없는 존재 자체에 대해 우리는 "알 수도 없고 또 알 필요도 없다".[299] 후자는 나에게는 존재가 아니다. 그러므로 이 문장에는 존재 개념을 '스스로를 표현하기에 이해 가능한 존재'에 **제한**한다는 철학적 결단이 포함되어 있다. 그리고 이 결단은 모든 언어적, 상적 표현 이전의 즉자 존재에 대한 **포기** 또한 포함한다. 가다머는 분명하게 "인간의 이해에 대해 무언가를 의미할 수 없는 것은 존재하지도 않는다"[300]고 단언한다.

> 스스로를 이해시키려는 모든 것[만]을 이해하고자 함이 옳다. '이해될 수 있는 존재는 언어다'라는 문장은 이런 의미이다.[301]

---

298 *Ibid.*, 478.

299 I. Kant, *Kritik der reinen Vernunft*, B332f.

300 H.-G. Gadamer, *Gesammelte Werke*, Bd. VIII, 8.

존재가 스스로를 표현한다. 이는 존재가 스스로를 이해 가능성에 내어 줌을 의미한다. 자신의 즉자적 직접성 안에 매몰되어 있던 존재 자체가 스스로를 자신의 타자, 유한한 존재자에게도 접근 가능한 가시적 "형성체"로 표현하고, 이 형성체 "자체로 의미되고 이해될 수 있다".[302] 이것이 정신적 존재의 감성화로서의 표현이다. 그렇다면 이것은 '존재의 표현을 접하는 **존재자에게**', 그리고 '존재자에게 스스로를 가시적 표현으로 드러내는 **존재에게**' 각기 무엇을 의미하는가?

이해하는 존재자의 입장에서 존재의 표현은 분명한 의미에서 존재의 "현존의 완성"[303]이다. 시간의 저편, 감성적 현상계의 피안에서 늘 현재의 방식으로만 존재하던—따라서 적어도 우리, 시간 안의 존재자들에게는 아무것도 아니었던—우시아로서의 존재가 자신의 독아적, 맹목적 "정신성으로부터 해방되어",[304] 정신적인 것이 아닌 것들의 세계, 자신의 타자들의 세계로 내려왔기 때문이다. 자신의 타자를 초월해 있고, 그들에게 은폐되어 있던, 따라서 그들과는 무관하던 존재 자체가 이제 그 타자들에게도 이해될 수 있는 존재가 된 것이다. 이것은 적어도 우리 존재자의 입장에서 보면, 맹목적으로 자신 안에 빠져 있던, 따라서 우리에게는 아무것도 아니었던 '존재 자체Sein an sich'가 '우리에 대한 존재Sein für uns'로 완성되었다는 의미이다. 그리고 이는 동시에 "존재자 없이도", 그리고 존재자와 어떤 관계 맺음 없이도 홀로 "거뜬히wohl

301 *Ibid.*, Bd. II, 242.
302 *Ibid.*, Bd. I, 116.
303 *Ibid.*, 142.
304 *Ibid.*, 423.

존재하는 존재 자체"[305]의 해체를 의미한다. 그리고 이 해체와 더불어 우선 존재가 있고 나중에 어떤 이유에서건 이 존재가 이차적으로 표현에 이른다는 플라톤의 단계설적 미메시스의 사유도 해체된다. 그러므로 이제, "존재는 자기 표현"이라 주장하는 가다머는 '모방의 모방자'를 비판하는 플라톤에게 이렇게 말할 수 있다. '이미 존재하는 것을 나중에 예술가가 그려 내는 것이 아니고, 그가 그리는 것이 비로소 존재하는 것이다.' '표현 이전의 존재', '인간의 이해와 자기 이해에 대해 침묵하는 것', '인간과 무관하게 이미 거기에 스스로 있는 것', 정확히 표현해서 '거기 있으리라 추정된 것', 그것은 적어도 우리 인간에게는 아무것도 아닌 것, 무이거나, 우리가 지금 대하고 있는 감성적 표현의 배후에 존재한다고 우리가 나중에 상정한, 이 가시적인 표현에 덧붙여 사유한 한계 개념일 뿐이다. 그러므로 존재가 먼저 있고 나중에 표현되는 것이 아니다. 우리가 '있다'고 말할 수 있는 유일한 존재는 표현이고, 여기서 출발하면서 우리가 사유의 필연성에 따라 그 배후의 존재 자체를 '가시적 표현에 대한 이념적 대응물'로 상정한 것이다.

> 플라톤에 따르면 모든 표현은 원상을 모사하면서 원상에 관련되고 또 필연적으로 이 원상의 배후에 머물러 있을 수밖에 없다. 그러나 원상 그 자체에 힘입어서 예술 작품이 [나는 원상의 모상이라고] 자기주장을 하는 것은 아니다. 누구도 '표현의 곁에서 자신을 보여 주는 것'으로서의 원상과 같은 것을 가리켜 보여 줄 수는 없다. (…) 플라톤은 그의 시인 비판에서 모방 예술을 가장 저급한 것이라 말한다. 이 예술은 현실적인 사

305 M. Heidegger, "Nachwort zu 'WAS IST METAPHYSIK?'", in: idem, *Wegmarken, Gesamtausgabe*, Bd. 9, Frankfurt a. M. 1976, Anm. 2, S. 306.

> 물들처럼 [목수가 제작한 실재의 침대들처럼] 본질 형상의 [침대의 이데아의] 단순한 모방이 아니라, [이] 모방들의 모방이기 때문이다. 이렇게 해서 분명히 플라톤은 예술가적 모방의 본래적인 본질을 전도시켜 버린 것이다. (…) 미메시스란, 어떤 것이 자신의 원상인 다른 어떤 것을 지시하는 일이 아니다. 그 어떤 것은 [즉 표현은] 그 자체 '의미 관련적인 것'으로 거기에 현존한다. 하나의 표현의 가치와 무가치를 결정하는, 앞서 주어진 척도는 존재하지 않는다.[306]

이 '의미 관련적 표현'은 존재'의' 표현인 것이 아니라, 이미 존재다. 그 의미에서 '존재는 자기 표현이다'. 물론 여기에 다음의 한정이 뒤따른다. '이해될 수 있는' 존재는 언어적 또는 상적 표현이다. 그렇다면 '이 표현 이전의 따라서 이해될 수 없는' 존재는? 물론 존재 자체에 대해 우리가 아무것도 알 수도 말할 수도 없는 한에서, 그건 우리에게 아무것도 아니다. 그러나 그 존재 자체가—다시 강조하거니와, 우리 유한한 존재자는 존재 자체에[307] 대해서는 아무것도 알 수도 말할 수도 없지만—스스로를 우리에게 표현하고, 그렇게 우리에게 다가오는 한에서 또는 최소한 다가오려 욕구하는 한에서는, 이 존재에 대한 우리의 사유와 언표가 무조건 "공허한"[308] 것만은 아니다. 이 존재는 스스로를 표현하면서 이미 '이해하는 우리와의 관계, 우리 또한 그 안에 서 있는, 표현과 이해의 놀이라는 관계' 안에 서 있기 때문이다. 그 관계의 한 항으로

---

306 H.-G. Gadamer, *Gesammelte Werke*, Bd. VIII, 83ff.

307 자체 존재kath hauto, 대함의 단절로서의 절대자 개념에 대해서는 이미 설명한 바 있다(7장 주 32 참조).

308 I. Kant, *Kritik der reinen Vernunft*, B310, 345.

서 우리는 우리가 맺고 있는 관계의 나머지 한 항에 대해—물론 우리의 입장에서이기는 하지만, 충분한 근거와 권리를 가지고—생각하고 말할 수 있다. 적어도 이 존재는 그리스적인 의미의 우시아, 현존자는 아니다. 존재는 우리가 머물러 있는 시간의 저편이 아니라, 시간 안에서 스스로를 우리에게 보여 주려 들기 때문이다. 표현 이전의 존재 자체가 타자화의 욕구, 표현에로의 충동을 가지고 있다는 것, 이것만큼은 이해하는 자로서, 즉 표현과 이해의 관계의 한 항으로서의 우리가 확신하는 것이다.

이제 존재를 규정하는 것은 '자기 안에 머묾Insichbleiben'이 아니라, '타자화Anderswerden', 즉 "말"과 상에로의 "충동"[309]이다. 존재는 "자신의 가능한 외면화" 또는 "음성화"[310]에 지시된다. 이 의미에서 존재는 자기 표현Aus-druck, 스스로를 자신의 밖으로 밀어내는 힘이다.[311]

> 존재는 더 이상 빛나는 현재, 사유하는 시선에게 [즉 유한한 존재자들에게] 자기 자신을 '신뢰 속의 이데아, 본질, 실체'로 드러내는 현재가 아니다. 이제 존재는 모든 것의 배후에 잠들어 있는 은밀한 힘이다. 이 힘은 인식되고, 파악 당하며, [그 온 의미가] 고갈되어 버리는 존재가 아니고, 오로지 자신의 외면화에서만 [감성적 표현에서만] 도대체 현상에로 나아오는 존재다.[312]

309 H.-G. Gadamer, *Gesammelte Werke*, Bd. X, 273.

310 *Ibid.*, Bd. I, 426.

311 이미 '표현Aus-druck, ex-pressio'이라는 말에는 '밖으로aus, ex' '밀어냄druck, press'이라는 의미가 포함되어 있다. 이 말은 이미 자기-내-머묾에 대한 거부와 타자화의 충동을 함축한다.

312 H.-G. Gadamer, *Gesammelte Werke*, Bd. VII, 415.

마치 '근원적 일자das ursprunglich Eine'가 자기 자신으로부터 유출되어 여럿Vieles의 세계를 이루듯이, 그리고 창조 이전부터 신 자신이었고 신 곁에 있었던 신의 로고스Logos Gottes가 육caro의 형상을 하고 우리에게로 와, 우리 안에 거했던 것과[313] 마찬가지로, 정신적인 존재도 "의미의 관념성 안에 빠져 있음에서 벗어나"[314] 스스로 자신이 아닌 것, 가시적 현상이 되어 타자들의 세계 안으로 들어와야 한다.[315] 그렇게 해서만 자신의 타자, 유한한 존재자인 "우리와 함께 있게ist mit uns"[316] 되고 이를 통해 비로소 이 이해하는 존재자의 **"현실적인"**[317] **타자**가 될 수 있기 때문이다. 여기서 '**타자**가 된다' 함은 스스로 자신의 타자의 대화 상대자가 되고 또한 이 타자를 자신의 대화 상대자로 승인하여 함께 '표현하고 이해하는 놀이, 해석학적 대화의 놀이'에 참여한다는 의미이다. 그리고 '**현실적***wirklich*'이라 함은 현실의 저편에 있던 존재가 현실 안에서 타자와 함께하는 대화의 놀이를 통해 서로에게 영향Wirkung과 반대 영향Gegenwirkung을 주고받는 영향사적wirkungsgeschichtlich 관계 안에 서게 됨을 의미한다.[318] 이제 존재와 존재자는 자립적이고도 현실적인 대화

313 요한복음, 1:1-14 참조.

314 H.-G. Gadamer, *Gesammelte Werke*, Bd. I, 423.

315 실제로 가다머는 예술가적 표현의 문제를 신플라톤주의적 유출emanatio, 그리스도교적 육화incarnatio와 관련하여 설명하고 있다(cf. *ibid.* 145). 이 세 과정을 통해 존재, 근원적 일자, 신은 각기 자신의 타자, 즉 감성적 현상, 여럿, 육으로 되고, 그 최종적 결과는 존재와 존재자의, 일자와 여럿의, 신과 인간의 매개이다. '무한과 유한 간의 상호적 통일'이 바로 가다머가 해석학적 보편성의 문제를 사유할 때 적용하는 사유의 도식이다. 더 이상 논의할 수 없는 이 흥미로운 문제를 나는 상세히 다룬 적이 있다(김창래, 〈아우구스티누스와 해석학적 보편성〉, 《범한철학》, 47집[범한철학회, 2007], 141-146쪽 참조).

316 H.-G. Gadamer, *Gesammelte Werke*, Bd. II, 243.

317 *Ibid.*, Bd. I, 423; IX, 228; X, 270(강조는 필자).

상대자, 서로에게 영향을 끼치는 타자이다. 우선은 우위를 갖는 존재가 자신의 표현을 가지고 존재자에게 뭔가를 말하며 영향을 끼치지만, 이 표현을 자신의 고유한 관점에서 늘 달리 이해하는 존재자의 반대 영향 또한 거부할 수 없다. 이것은 상호적인 대화라는 현실적인 놀이의, 그리고 영향 관계로서의 영향사의 규칙이기 때문이다. 이 현실적인 대화 놀이 안에서 그리고 이 놀이의 영향사 안에서 존재와 존재자는 말과 답변 Wort und Ant-Wort, 표현과 다른 이해를 주고받으며 서로를 매개한다. 존재는 스스로를 존재자가 이해할 수 있는 방식으로 표현하고, 이 표현은 그때마다 존재자에 의해 이해되고 달리 이해된다. 여기서 존재는 이중의 방식으로 달라진다. 우선은 자기 자신을 자신의 타자가 이해할 수 있는 형식, 즉 가시적 형성체로 표현하면서 달라지고, 그러고는 이 표현이 존재자에 의해 달리 이해되면서 또 달라진다. 즉 존재는 자신과는 달리 표현되고, 이 표현과는 달리 이해된다. 이것은 존재가 이중의 방식으로 왜곡되는 과정이 아니라, 자신의 타자에 의해 이중의 방식으로 매개되는 과정이다. 이것이 바로 예술 작품이 존재하는 방식이다. 작품은 표현을 통해 생성되고 표현은 이해됨을 통해 존재한다. 작품을 이해하

---

318 "현실적인 것은 **영향을 끼칠 수 있다**Was wirklich ist, *kann wirken*."(G. W. F. Hegel, *Wissenschaft der Logik*, Bd. II, 208) 그러나 이 영향을 받은 것의 반대 영향도 피할 수 없다. 영향을 받은 자 역시 현실적이기 때문이다. 이렇게 '표현하는 존재'와 '이해하는 존재자' 사이에서 영향을 주고받는 관계가 바로 가다머가 '영향사'라 부르는 것이다. 존재자에게 영향을 행사할 뿐 아니라, 달리 이해하는 존재자의 영향을 받기도 하는 현실적인 영향의 관계 안에 서게 되었다는 것이 바로 표현되었을 뿐 아니라 이 표현으로 이해되고 또 달리 이해되는 존재의 현실성을 이룬다. 상세한 것은 다음을 참조: 김창래, 〈가다머에서 타자 경험의 문제—이해가 존재의 독백이 아니고 해석학이 형이상학이 아닌 이유에 대하여〉, 《현대유럽철학연구》, 54집(현대유럽철학회, 2019), 263, 276쪽.

고 달리 이해하는 수용자가 없다면, 작품 그 자체는 아무것도 아닐 것이다. 작품은 수용자와의 대화를 통해, 그리고 이 대화가 가능하게 한 달라짐을 통해 자신의 의미 내용을 형성해 가기 때문이다. 그리고 이 달라짐은 '결코 공허하지 않은, 분명한 한 의미'에서 **존재 자체의 완성**이다. 스스로를 자신의 타자에게 표현하고 그 타자에 의해 달리 이해된 존재는 이 달라짐의 과정 없이 고집스럽게 자신의 내부에만 머물러 있었더라면 결코 가질 수 없었을 의미를, 타자의 매개를 통해 갖게 되었기 때문이다. 이렇게 '자신의 타자와 매개된 존재'는 이해하는 존재자에 대해서뿐 아니라 자신의 즉자태에 비해서도 더 본래적인 현존에 이르렀다. 마치 자신으로부터 유출되어 나와 자신의 타자가 생성되게 하고 이 타자와 함께 다시 자신에로 "회귀하여"[319] 세계의 "이원성"[320]을 극복한 일자가 더 본래적으로 근원적이고,[321] 또한 스스로는 '인간이 아닌 신'이 '신이 아닌 인간들'에게 이해되기 위해서 "심지어 죽음에 이르기까지 인간이 되었고",[322] 이렇게 자신과 자신의 피조물의 중보자가 된 '계

319 H.-G. Gadamer, *Gesammelte Werke*, Bd. VII, 416, 417.

320 *Ibid.*, 413.

321 '근원적'이라는 말은 상관 개념이다. 이 근원에서 생겨난 파생태가 있을 경우에만, 우리는 파생태의 근원에 대해 말할 수 있다. 일자가 '근원적'이기 위한 조건도 일자에서 생겨난 파생태의 현존이다. 이 점에서 보면 '타자에로 유출할 수 있지만 아직은 자신 안에 머물러 있는 일자'는 오직 '가능적으로만 근원적'이고, 실제로 유출과 회귀를 거친 일자만이 '현실적으로 근원적'이다. '더 본래적으로 근원적'이라는 말은 이 의미에서 사용되었다.

322 G. W. F. Hegel, *Vorlesungen über die Philosophie der Religion*, hrsg. von E. Moldenhauer u. a., Bd. II, Frankfurt a. M. 1995, 289. 죽음은 "인간성, 절대적 유한성의 최상의 증거"(*ibid.*)이고, 따라서 '죽음에 이르기까지의 육화'는 신과 인간 간의 가장 결정적인 차이의 지양을 의미한다. 신은 부분적으로가 아니라 완전하게 인간이 되었다.

시하는 신deus revelatus'이 자신의 피조물에 대해서뿐 아니라, 자신의 피조물과 외적 대립을 빚는 '은폐된 신deus absconditus'보다 더 본래적으로 신적인 것과 같다.

존재는 자신의 타자와의 관계 맺음을 통해서만 자신을 형성하고 완성하는 힘이다. 그러므로 존재의 표현은 존재자를 향하고, 그 궁극의 목적은 이 타자에 의해 이해됨, 타자와의 매개다. 실제로 표현은 '자기 충족적' 활동이 아니라 온전히 '타자 지향적' 현상이다. 모든 표현은—그것이 표현인 한—"누군가를 위한 표현"[323]이고 그 유일한 목적은 이 누군가에게 이해되는 것이다. 표현은 이해됨을 통해 완성에 이른다. 반대로 이해 역시 지향 없는 행위가 아니다. 모든 이해는 표현에 대한 이해이고, 따라서 표현을 전제하지 않을 수 없다. 이해되지 않는 표현은 맹목이고 표현 없는 이해는 공허하다. 이렇게 표현과 이해, 표현하는 존재와 이해하는 존재자는 함께 속하고, 서로에 속함을 통해 서로를 매개한다.

여기서 가다머가 사유하는 예술 작품의 본질, 근대의 소외된 미적 의식이 사유했던 것과는 완연히 다른 본질이 드러난다. 예술 작품은 "미적" "향유의 단순한 객체",[324] 예를 들어 "꽃"이나 "장식품"처럼 "우리에게 '순수하게 미적으로' 마음에 드는 그런 것이 아니고",[325] 또한 천재적인 작가의 원래의 체험 내용을 보관하고 있는, 따라서 있을 수 있는 모든 다른 이해를 거부하고 단 하나의 옳은 이해만을 요구하는 "고정

323 H.-G. Gadamer, *Gesammelte Werke*, Bd. I, 114.
324 *Ibid.*, Bd. VIII, 2.
325 *Ibid.*, 3.

된", "즉자 존재도 아니다".[326] 작품은 표현이고, 그것도 이해되고 달리 이해되면서만 자기 자신일 수 있는 표현이다. 그러므로 작품은 주관의 취미 판단 또는 미적 체험의 고정된 객체가 아니라, 이 작품을 대하는 자에게 말을 걸어오는, 그리고 이 말로 이해되고 달리 이해되어야 하는 해석학적 타자, 대화 상대자다.

> 예술 작품은 우리에게 뭔가를 말한다. 그리고 작품은 '그 뭔가를 말하는 그것'으로서 '우리가 이해해야 하는 모든 것의 연관'에 속하게 된다.[327]

작품의 말함은 미적 대상에 속한, 쾌를 유발하는 질 또는 어떤 객관적인 사태, 이를테면 과거 어느 한때의 삶의 현실성이나 한 예술가의 내적 체험 내용에 대한 진술이 아니다. 작품의 말은 나에 대한 말이다. (적어도 나에게는 그렇게 들려야 한다. 내가 '예술적인 작품'과 꼭 마찬가지로 '예술가적인 수용자'라면 말이다.) 작품은 말할 뿐 아니라, 나에게 말하고, 나에 대해 말하고 또 나에 "반대해서 말한다".[328] 작품은 말하며 이 말에 답할 것을 요구하는 하나의 '너Du'이다. 나 역시 작품의 말을 그저 듣거나 흘려듣는 자가 아니라, 이 말을 듣고 그 말에 대꾸하는 자, 작품의 표현을 늘 나의 입장에서 달리 이해하고, 이 다른 이해를 수용하라고 촉구하는 너의 '너'이다. 너는 나에게 너의 표현을 이해하라 말하고, 나는 너에게 너의 표현을 달리 이해했으니 이 다름을 수용하라 말한다. 이렇

326 *Ibid.*, Bd. I, 479.
327 *Ibid.*, Bd. VIII, 3.
328 *Ibid.*, Bd. X, 314.

게 '나의 너'와 '너의 너' 사이에서 단순한 전달 이상인 대화, 너의 지평과 나의 지평의 융합이라는 해석학적 생기가 일어난다. 작품과 수용자는 이 하나의 생기, 무한한 대화의 놀이 안에서 서로를 매개하고 서로의 매개를 받으며 존재한다. 이것이 근대의 소외된 미적 의식은 결코 파악할 수 없었던, 그러나 우리가 실제로 하는 예술의 경험을 현상학적으로 기술하면 도달할 수밖에 없고 인정할 수밖에 없는 결과다. 예술의 문제는 단순히 취미 판단 또는 미적 질의 체험 문제가 아니라, 작품과 해석자 간의, 서로에 개입하는 대화이고 이 대화를 통한 각자의 달라짐이다. 서로에게 말하고 듣고, 표현하고 이해하며, 해석학적 대화의 생기에 함께 참여한다는 점에서 "예술 작품"과 수용자는 모두 "해석학의 대상"[329] 이고, 두 해석학적 타자의 만남으로서의 예술의 경험은 "해석학적 경험"[330]이다. 이 경험의 본질에 미학만으로는—주관주의 미학이건 체험 미학이건—제대로 다가갈 수 없다. 그러므로 **"미학은 해석학에서 출발해야 하고"**,[331] "해석학은 미학을 포섭해야"[332] 한다. 정확히 말해, 미학은 해석학으로 완성되어야 한다. 이제 예술 경험의 모든 문제는 해석학으로 이관된다.

예술철학이기를 거부하는 따라서 예술의 경험과 예술의 진리에 대한 철학적 숙고를 거부하는 근대 주관주의 미학과 미적 구별을 고정하여 예술 작품의 해석학적 세계 관련성을 부정하는 근대 체험 미학에 대한 가다머의 비판을 회고하며, 이제 우리는 가다머의 예술철학, 우리의

---

329 *Ibid.*, Bd. VIII, 3.

330 *Ibid.*, Bd. I, 480.

331 *Ibid.*, 170.

332 *Ibid.*, Bd. VIII, 5.

현실적인 예술 경험에 부합하는 예술철학의 근본 성격을 추정할 수 있게 되었다. 그것은 예술 작품의 존재론이고, 예술 작품이 대화라는 해석학적 생기 안에서만 존재한다는 의미에서 예술 해석학이다. 이 학문은 우리의 실제의 예술 경험에 대한, 예술 작품과 그 수용자의 만남에 대한 현상학이어야 한다. 우리가 작품을 만날 때, 작품에게, 그리고 우리에게 무슨 일이 일어나는가? 이것이 기술되어야 한다.

> 우리는 [소외된] 미적 의식의 [그릇된] 자기 해석을 올바로 잡고자 했고, 미적 경험이 증명하는 예술의 진리에 대한 물음을 새롭게 하려 했다. 그렇게 해서 예술이 하나의 경험으로 이해될 수 있도록 예술의 경험을 바라보는 일이 중요해졌다. 예술의 경험이 미적 형성의 소유물로 날조되어서는 안 되고 또 미적 형성의 요구에 의해 중성화되어서도 안 된다. (…) **예술의 언어와의 모든 만남은 하나의 완결되지 않은 생기와의 만남이고 그 자체 이 생기의 한 부분이다**. 이것이 미적 의식에 반대해서 그리고 이 의식이 행하는 진리 물음의 중성화에 반대해서 정당화되어야 하는 것이다.[333]

말하는 예술 작품과의 만남, 예술의 경험은 하나의 "의미 생기", 그 안에서 "예술[작품]의 의미"뿐 아니라 수용자의 자기 이해도 "형성되는"[334] 생기다. 물론 이것은 '완결될 수 없는 생기'다. 완결될 수 없는 것은 작품의 의미뿐 아니라 수용자의 다른 이해도 고갈을 모르기 때문이다. 그리고 하나의 생기인 것은 이 대화의 놀이가 작가나 수용자의 의

333 *Ibid.*, Bd. I, 104f.

334 *Ibid.*, 170.

식, 의도에 환원될 수 없는, 이 생기에 참여하는 모든 주관들로부터 독립적인 놀이이기 때문이다. 그때마다 단지 '잠정적으로만 그 자체로 존재하는' 작품과 수용자 간의 상호적인 융합의 반복을 통해 하나의 연속적인 운동이 형성된다. 이 운동은 물론 작품과 수용자 간에 반복된 상호작용을 통해 형성되었지만, 또한 이들을 싣고 이들을 넘어서 움직이는 의미 관계의 운동, 작품의 영향사다. 작품과 수용자는 이 역사에서 벗어날 수 없다. 이 역사 안에서 그때마다 예술의 경험이 생기한다. 즉 그때마다의 작품과 수용자가 만난다. 그러나 작품은 작가의 생산물로서의 작품이 아니라 지금까지 이 역사 안에서 계속 해석되어 왔고, 그 과거 해석의 온 내용을 말하는 작품이다. 수용자 역시 작품의 말을 듣기만 하는 수동적인 청취자가 아니라 작품의 말을 자신의 고유한 미래에로 기획 투사하면서 달리 이해하는 자립적인 해석자다. 이 둘의 만남은 필연적으로 서로를 달라지게 한다. 그 의미에서 이 만남, 예술의 경험은 "진정한echt 경험"이다. "경험하는 자를 변하지 않게 가만 놔두지 않는 경험"[335]이라는 의미에서 그렇다.[336] 바로 이것이 우리가 예술 작품과 만날 때 작품과 우리에게 일어나는 일, 예술의 경험이고, 이 경험이 "과학의 방법적 수단에 의해서는 검증될 수 없는" 그리고 "과학의 진리 개념으로 인해", 정확히 하자면 과학의 배후에 서 있는 주관주의 형이상학에 의해 "협소해진 미학 이론"으로도 다가갈 수 없는 예술의 진리를 매개해 준다. 우리는 이 진리에 오로지 "예술의 경험"을 통해서만 이를 수 있고, "다른 길로는" 결코 "도달할 수 없다".[337] 이것은 문자 그대로 정신

335 *Ibid.*, 106.

336 가다머에 따르면 경험이란 근본적으로 지금까지의 나의 부정과 전도의 경험이다(아래 주 366 참조).

과학적 인식, '타자 이해를 통한 자기 이해'다. 예술 작품의 이해를 통해 수용자가 획득하는 것은 결국에는 자기 자신에 대한 이해이기 때문이다. 이것이 바로 예술의 경험이고 이른바 예술 해석학의 대상이다. 이제 우리는 이 경험, 예술 작품과 수용자의 만남을 현상학적으로, 만남이 생기하는 그대로 기술해야 한다.

"예술 작품 자체의 존재 방식은 놀이"[338]다. 그런데 놀이는 그 본질상 "홀로 놀이함이 아니고" 하나의 "왕복 운동"[339]이어서, 어떤 오고감이 있어야만 유지될 수 있다. 말하자면 놀이하는 자는 그에게 대꾸할 그리고 그가 대꾸할 상대를 필요로 한다. 예술 작품의 대꾸 상대는 누구인가? 다시 말해, 모든 표현이 '누군가를 위한 표현'이라면, 예술 작품의 그 '누구'는 과연 누구인가? 가다머는 이렇게 말한다. **"놀아진 것** *Gespieltes*"으로서의 예술 작품은 "우리를 함께 놀이하는 자로 포함한다".[340] 그렇다면 놀이란 작품과 우리 수용자 간의 오고감의 운동이다. 이것은 마치 공놀이와 같다. 우선은 작품이 나에게 말을 건네고, 내가 듣는다. 비유적으로 말해, 작품이 던진 공을 내가 받고 나는 이 공을 다시 던진 자에게 되던진다. 여기서 중요한, 그러나 옳게 답하기가 쉽지는 않은 물음이 하나 제기된다. 나에게 공을 던진 자는 누구이고, 그 공을 받고 되던지는 나는 또 누구인가? 상식의 답은, 작품은 작가의 산물이기에 작품 안에서 우리에게 말하는 자는 작가이고, 작가는 본디 그의 동

337 H.-G. Gadamer, *Gesammelte Werke*, Bd. I, 2.
338 *Ibid.*, 107.
339 *Ibid.*, 111, 109.
340 *Ibid.*, Bd. VIII, 92(강조는 필자).

시대인들을 염두에 두고 창작을 했기에 그의 놀이 상대는 그 동시대의 독자들이라는 것이다. 유감스럽게도 둘 다 아니다. 물론 처음에 작가는 동시대의 독자들에게 공을 던졌을 것이고 독자들도 이 공을 잡았겠지만, 그건 그때 일이고 공놀이는 거기서 끝나지 않았다. 소포클레스와 고대 그리스의 관객들이 시간의 저편으로 사라져 버린 오늘날에도 오이디푸스의 공놀이는 계속되고 있다는 의미에서, 원저자와 원래의 독자는 공놀이의 (추상적인 시원일 수는 있어도) 독점적인 주인은 아니다. 내가 보기에 이 잘못된 답은 '흔히 의심받지 않는 저자의 권위'[341]에, 그리고 '원래의 독자에게 잘못 부여되곤 하는 해석 방법상의 의미'에 지나치게 집착한 결과다.[342] 가다머가 분명히 밝히듯이 놀이는—원저자건 원래의

341 저자의 권위가 지나치게 강조되어 '저자의 의도mens auctoris'가 해석의 진리 기준으로 등장하면, 해석의 학문으로서의 해석학은 존립할 수 없다. 그 경우 '해석'이 진리치를 갖는 문장, '판단logos apophantikos'으로 바뀌기 때문이다. 이런 종류의 해석학은 저자의 의도에 완전하게 부합하는 해석을 '참된 해석'으로 간주하는데, 이 표현은 문자 그대로 형용의 모순이다. 해석이란 단적으로 참이거나 거짓이어서 진위 판별에 아무런 논란의 여지가 없는 판단이 아니라, 늘 다른 해석의 여지가 수반되는 추정이기 때문이다. 나는 이 문제를 상론한 바 있다(김창래, 〈유일하게 옳은 해석은 있는가?〉, 100-102쪽 참조). 또한 나는 저자 개념의 상대화를 위한 논리를 전개한 적도 있다(김창래, 〈저자란 무엇인가?〉, 《철학》, 112집[한국철학회, 2012], 83-110쪽 참조).

342 초기 낭만주의 해석학자 슐라이어마허가 이런 입장을 견지했다. 그에 따르면 이해하는 자의 궁극의 목적은 "저자와의 동일화"(F. D. E. Schleiermacher, *Hermeneutik und Kritik*, 94, 95)인데, 저자는 자신의 동시대인들을 독자로 글을 썼기에, 저자와의 동일화에 이르는 첩경은 원래의 독자와의 동일화다. 따라서 원래의 독자가 해석학적으로 규범적인 의미를 갖는다(cf. *ibid.*, 91, 98). 이 동시대인들이 이해의 궁극의 목표, 저자의 의도에로의 방법상의 통로이기 때문이다. 내가 보기에 이 입장은 시간적인 동시대성을 이해의 조건으로 지나치게 강조하고 있다. 우리는 곧 시간적인 간격이 생소함의 근원이 아니라 풍부한 해석의 원천임을 보게 될 것이다. 이 풍부를 포기하는 한, 해석학은 사실 확정의

독자건—주관성의 활동이 아니고, 따라서 놀이에 참여하는 특정 주관의 의도나 의지에 환원될 수 있는 것이 아니다.[343] 저자뿐 아니라 원래의 독자도 예술 해석학의 내부에서 규범적인 지위를 누리지 못한다.

예술의 놀이에서 공을 던지는 자는 개별자로서의 그때 그 "예술가가 아니다".[344] 그렇다. 나는 작품을 쓰고 2,500년 전에 죽은 그 소포클레스와 놀이하는 것이 아니다. 그가 썼지만, 그 후 계속 다른 독자들에 의해 달리 읽혀 온 희곡, 줄곧 다른 상황에서 다른 연기자들Spieler에 의해 달리 공연되어gespielt 온 연극Schau-spiel, 〈오이디푸스 왕〉이 나의 공놀이 상대자다. 바로 이 연극이 작품의 탄생에서 지금에 이르기까지, 원저자는 물론이고 이 희곡을 달리 이해한 무수한 독자, 연출자, 연기자, 그리고 그 다른 표현으로서의 연극을 달리 이해한 관객까지도 공동 저자로 함께 참여한 2,500년간의 놀이의 역사 안에서 '놀아진 것Gespieltes'으로서의 예술 작품이다. 이 공동 저자들의 '다른 표현'과 '다른 이해'의 역사가, 작가가 처음 의미를 부여했던 그 작품의 의미를 함께 형성했고 계속 형성해 왔다. 내가 얼떨결에 붙잡은 공도 '존재로서의 이 역사의 말'이지 단지 '한 존재자로서의 작가'의 말이 아니다.[345] 그러므로 이 장구한 놀이 안에서 놀아진 작품은 늘 원저자 이상이다. 원래의 독자의 경우

기술로 전락한다. 이것이 앞서 논의한 역사적 의식의 소외다.

343 Cf. H.-G. Gadamer, *Gesammelte Werke*, Bd. I, 108f.

344 *Ibid.*, Bd. VIII, 7; cf. 1.

345 이 영향사가 바로 존재로서의 역사, 나와 '함께 놀이하는 영원한 여신'이다. 물론 이 여신이 던진 공을 잡는 것도 나의 '솜씨', 나의 '노력의 대가'는 아니다. 그것은 저 여신이 함께하는 놀이에 나 역시 참여하고 있음의 결과일 뿐이다. 즉 이것은 영향사라는 '세계의 능력'이다. '나'라는 주관 또는 주관으로서의 '나'는 이 역사의 "주인이 아니다"(*ibid.*, Bd. I, 363).

도 상황은 같다. 그는 원저자의 동시대인이었기 때문에 이 작가의 말을 가장 잘 이해할 수 있는 처지에 있었겠지만, 자신의 후대들에 의해 수행된 '다른 이해의 역사'에 대해서는 완전히 무지하다는 의미에서 지금까지 놀아진 작품의 말은 전혀 이해하지 못한다. 작품의 영향사가 길어질수록, 작품이 원래의 독자로부터 멀어질수록, 작품은 더 많은 다른 이해의 매개를 통해 더욱 풍부한 의미를 갖게 되는데, 이 풍부가 원래의 독자에게는 더 큰 생소함만을 의미할 뿐이다. 따라서 놀아진 작품은 원래의 독자 이상이고, 이 독자는 작품의 공을 받을 수 없다. 놀아진 것으로서의 작품은 이 놀이의 역사의 끝에서 지금까지의 놀이의 온 내용을 공으로 던진다. 그 공을 받을 수 있는 자는, 역시 역사의 끝에 서 있는 자, 현재의 해석자로서의 지금 여기의 나다. 원저자로부터 그리고 원래의 독자들로부터 가장 멀리 떨어진 이 나 역시 그들 이후의 놀이의 역사를 숙지하고 있다는 점에서 원저자, 그리고 원래의 독자 이상이다.

공놀이는 놀아진 작품과 현재의 해석자가 지금 서 있는 곳, 역사의 끝에서 이루어진다. 공을 던지는 자는 '역사의 끝까지 놀아진 작품'이고, 공을 받고 되던지는 자는 '역사의 끝에서 작품을 자신의 미래를 향해 내던지는 현재의 해석자다. 물론 이 끝이 최종적인 끝은 아니다. 지금까지의 모든 공놀이가 역사의 그때마다의 끝에서 이루어졌지만, 그 이루어짐과 동시에 끝은 늘 다음의 끝에게 자리를 내주어야 했다. 지금껏 모든 끝이 그랬고 앞으로도 그럴 것이다. 그러나 또한 분명한 것은 이 잠정적인, '잠정적으로만 그 자체로 존재하는' 역사의 끝에서 작품과 내가 마주하고 있다는 점이다. 그러므로 이 '지금', 이 '잠정적인 끝'이라는 시간적 공간은 작품과 내가 함께 하는 공동의 놀이터Spielplatz다. 이 놀이터 안에서 함께 놀이하고 있는 작품과 나는—원저자와 원래의 독자가 동시대적이라는 것과는 완전히 다른 그리고 그보다 한결 철저한 의미에서(즉 작품 해석의 역사를 공유하고 있다는 의미에서!)—"동시대적"이다. 그렇지 않다면 작품이 내게 그토록 강한 "현실성과 말하는 힘"[346]을 가지고 공을 던질 수는 없었을 것이다. 이 공이 곧 예술 작품의 언어다. 그 말은 나에게로 와서 나에게 부딪친다.

> 우리가 예술 작품의 언어라 칭하는 것은—이 언어 때문에 작품이 유지되고 전수된다—예술 작품 자체가 이끌어 오는 언어다. (…) 예술 작품은 한 사람에게 뭔가를 말한다. 이는 역사적 문서가 역사가에게 뭔가를 말하는 것과는 다르다. 작품은 그 어떤 누구에게도 말한다. 마치 작품이 유독 그 누구에게만 고유하게 현재적인 것, 동시적인 것으로 말해지기라도 하는 듯이 말이다. 그래서 작품이 말하는 것의 의미를 이해하고, 이를 자신에게 그리고 타인에게 이해시켜야 한다는 과제가 제기된다. (…) [예술의] 말은 단지 어떤 것을 말하는 것만이 아니다. [여기서는] 누군가가 어떤 것을 누구에게 말한다.[347]

인용문의 마지막 구절 '누군가가 어떤 것을 누구에게 말한다'는 물론 '작품이 어떤 것을 해석자에게 말한다'를 뜻한다. 그렇다면 작품과 해석자 간의 말놀이에서 말해지고 있는 그 '어떤 것'은 무엇인가? 그것은 작품의 입장에서는 작품이 "말하고자 하는 것"이고, 해석자의 입장에서는 해석자가 "자신에게 말해지게끔 하려는 것"[348]이다. 중요한 것

346 *Ibid.*, 126; VIII, 1.
347 *Ibid.*, Bd. VIII, 5.
348 *Ibid.*, 6f.

은 후자가 없는 한, 전자는 없다는 것이다. 들으려는 자가 없는 한, 작품은 침묵하고, 누군가 그 침묵을 깨려 들지 않는 한, 작품 스스로는 입을 열지 않는다. 그러므로 작품과 해석자 사이의 대화의 첫째 조건은 작품으로 하여금 말하게 하려는 해석자의 태도다. 물론 이 관계는 쌍방향적이다. 작품이 말하지 않는 한, 해석자는 들을 수 없지만, 해석자가 작품으로 하여금 말하게 하지 않는 한, 작품도 말할 수 없다. 실제로는 작품이 먼저 내게 말의 공을 던지는 것이 아니라, 내가 작품에게 그 공을 던지게끔 하는 것이다. 표현으로서의 예술 작품을 대하는 해석의 기술은 표현을 지나 표현의 배후에 숨은 의미를 찾아가는 것이 아니라, 침묵하고 있는 표현의 입을 열어 말하게 하고, 그 말이 나에게 말해지게끔 하는 것이다.

> [작품 이해에서] 어려운 것은 (…) 뭔가가 나 자신에게 말해지게끔 하는 것이다. (…) 스스로 이해하려 들지 않는다면, 다시 말해 뭔가로 하여금 나에게 말하게 하지 않는다면, 나는 이해할 수 없다.[349]

해석자의 귀가 열릴 때, 그때 비로소 작품의 입도 열린다. 작품은 "오로지 그리고 도대체" 작품의 말을 듣고자 하는 "해석자를 통해서만 말할 수 있기"[350] 때문이다. 그러므로 '작품의 말함'은 실은 '작품이 말하게 함'이고, '작품이 말한다'는 실은 '해석자가 듣는다'이다.

그렇다면 작품이 말하게 한 해석자는 이제 **어떻게 들어야** 하는가? '작품이 말하고자 하는 것'만을 들어야 하는가, 아니면 '자신에게 말해

349 *Ibid.*, 6.

350 *Ibid.*, Bd. I, 391.

지게끔 하려는 것, 스스로 듣기를 원하는 것'만을 들어야 하는가? 둘 다 아니다. 전자라면 역사 객관주의의 오류를 반복하는 것이고, 후자라면 해석학적 니힐리즘[351]에 빠지게 되는데, 이 둘은 모두 가다머가 강조하는 이해의 상호성의 원칙에서[352] 어긋나기 때문이다. 그렇다면 '작품이 말하려는 것'과 '해석자가 듣고자 하는 것'은 같아야 하는가, 아니면 달라야 하는가? 또한 둘 다 아니다. 이 경우 같음과 다름은 해석학적 현상으로서의 작품 이해가 거부되는 두 극단을 의미하기 때문이다. 완전히 같다면 작품 이해의 필요성이 부정되고, 완전히 다르다면 작품 이해의 가능성이 지양된다. 타자가 나와 꼭 같다면 나는 굳이 그를 이해할 필요가 없고, 또 완전히 다르다면 나는 결코 그를 이해할 수 없다. 그러므로 '작품의 입'과 '해석자의 귀'는 같음과 다름의 중간에서 말하고 들어야 한다.[353] 작품과 해석자의 **같음의 근거** 위에서 작품의 **다름이 도전해** 올

351 가다머는 이 용어로 해석의 권리를 온전히 "수용자에게 위임하는" 폴 발레리의 해석학적 입장을 지칭한다. 발레리에 따르면 예술 작품은 "그 자체 결코 완성될 수 없기" 때문에 고정된 의미를 가질 수 없고, 따라서 작품 해석의 "적절성"을 평가하는 "기준도 없다". 그러므로 모든 해석이 허용되고, 작품에 대한 "어떤 해석도 다른 해석보다 덜 합당한 것은 아니다"(*ibid.*, 100). 해석하는 주관의 권리를 극단적으로 강조하는 이 입장은 해석되는 객관의 권리를 극단적으로 강조하는 역사 객관주의가 범한 오류를(이해의 상호성의 외면이라는 오류를) 정반대의 방향에서 범한다.

352 9.1.3 참조.

353 작품이 말하려는 것과 해석자가 들으려는 것이 완전히 다르지도 완전히 같지도 않아야 한다는 것이 예술의 놀이를 위한 전제이다. 그리고 이 놀이가 이해의 놀이인 한에서, 딜타이가 해석학적 중간성에 대해 언표한 것이(8.1.3 참조) 여기에도 적용된다. 작품과 해석자가 완전히 다를 경우, 즉 작품이 해석자에게 "완전히 생소하다면", 예술의 경험은 "불가능할" 것이다. 해석자는 작품의 말을 이해할 수 없기 때문이다. 작품과 해석자가 완전히 같을 경우, 즉 작품 안에 "생소한 것이 아무것도 없다면", 예술의 경험은 "불필요할" 것이다. 해석

경우에만 예술의 경험, 타자 이해를 통한 자기 이해가 이루어진다. 이것이 방금 제기된 '해석자는 어떻게 들어야 하는가?'라는 물음에 대한 답이다. 해석자는 자신과 타자의 **같음을 전제**하고 타자의 **다름의 도전을 수용**하는 방식으로 작품의 말을 들어야 한다.

이 같은 들음을 가다머는 "내적인 귀inneres Ohr"로 들음이라 칭하고, 이 귀를 "읽으며 청취하는"[354] 귀라 정의한다. 여기서 읽기Lesen를 문자적 텍스트의 독서라는 좁은 의미로 이해해서는 안 된다. 가다머는 이 말을 예술 형식 전반에 적용되는 포괄적인 의미로 사용하기 때문이다. 읽기란 "예술 작품 자체의 본래적인 경험 방식"이고 동시에 "예술 작품과의 모든 만남의 수행 형식"이다. 따라서 우리는 문자적 "텍스트뿐 아니라 회화와 건축물"[355]도 읽기를 통해 만날 수 있다. 여기서 읽기는 물론 비유적인 표현이다. 좁은 의미의 읽기가 가시적인 문자 기호에서 이 기호가 지시하는 내적 의미를 읽어 내는 과정이듯, 넓은 의미의 읽기도 각각의 예술 작품들이 나름의 방식으로 이룬 감성화에서 이 감성적 표현들이 가리키는 내적 의미를 읽어 내는 작업이다. 우리가 문자로서의 **글**을 읽으며 행간의, 자간의 **뜻**을 읽어 내듯 말이다. 그러므로 내적인 귀로 듣기 또는 읽기란 예술 작품의 감성적인 표현에서 이 이정표로서의 표현이 가리키고 있는 내적 세계로의 이행을 의미한다. 예술 작품은 감성적인—눈에 보이거나 귀에 들리는—표현이지만, 그렇다고 작품이 감관의—또는 취미 판단의—단순한 대상에 불과한 것은 아니다. 작품

자는 작품의 말에서 배울 것이 없기 때문이다. "이 두 극단적인 대립항의 중간에서만"(W. Dilthey, *Gesammelte Schriften*, Bd. VII, 225) 예술의 말놀이가 이루어진다.

354 H.-G. Gadamer, *Gesammelte Werke*, Bd. II, 7.

355 *Ibid.*, 17.

은 외적인 눈과 귀가 보고 듣는 것 이상을 말하기 때문이다. 물론 보이지도 들리지도 않는 방식으로 말이다. 이것을 찾아내는 정신의 기관이 바로 내적인 귀인데, 실제로 우리는 예술 작품을 늘 이 귀로 '읽고' 있다. 예를 들어 〈파테티크〉라는 동일한 악보가 굴드와 모모 씨에 의해 달리 재현되는데, 굴드의 연주 템포는 경쾌하고 명쾌해서 '유쾌, 상쾌, 통쾌'인 데 반해 모모 씨의 연주 템포는 거의 수면제라고 내가 느낀다면, 그건 나의 내적인 귀가 읽어 낸 것이다.

> [예술 작품을 대하며] 우리가 찾아내야 하는 것은 음악 작품 자기만의 템포이고, 문학 텍스트 자기만의 톤이다. 그리고 이런 일은 오로지 내적인 귀에 의해서만 일어난다. 재현 [예술]의 경우, 예를 들어 모방술과 발화술의 대가 또는 가창술의 대가가 등장하여 시를 음송하거나 암송하고 또 연극을 공연한다 하자. 이 경우 작품 자체에 대한 진짜 예술가적인 경험이 매개되곤 하는데, 그것은 우리가 우리의 내적인 귀로 우리의 감관에 실제로 주어진 것과는 완전히 다른 어떤 것을 들을 경우에 한해서다. 이 내적인 귀의 관념성에로 고양된 것이 (…) 최초로 작품의 건립을 위한 구성 요소를 제공해 준다. [즉 작품의 의미를 이룬다.[356]] 이것은 예를 들어 [낭송된] 시를 들을 때 우리 누구나가 하는 경험이다.[357]

시 낭송을 들으며 그 음성만을 듣는 이는 없다. 나는 귀에 울리는 그

356 이 작품의 주인은 원저자 홀로가 아니다. 낭송가, 연극 연출자, 연기자 등의 재현 예술가, 그리고 최종적으로 이 재현을 내적인 귀로 읽어 낸 수용자가 공동 저자로 이 작품의 의미 형성에 참여했기 때문이다.

357 H.-G. Gadamer, *Gesammelte Werke*, Bd. VIII, 134.

소리를 들으며, 이 소리만으로는 다 말할 수 없는, 그러나 늘 들리지 않는 방식으로 함께 말해지고 있는 무언의 소리를 같이 듣는다. 그리고 이 소리 없는 말의 의미를 내적인 귀로 읽어 내고, 그 의미가 나의 내면에, 내면의 나 앞에 서게 한다. 이렇게 해서 작품의 말은 나를 위한 말이 된다. 이 말은 내 안에서 때로는 나에 찬동하고 때로는 나에 반대하며 말한다. 전자인 한에서 작품은 "친숙함"으로 나를 "건드린다".[358] 이 친숙함이 전혀 없었다면 나는 작품의 말을 도대체 알아 들을 수조차 없었을 것이다. 일단 작품의 말은 작품과 나의 같음을 확인해 준다. 그러나 후자인 한에서 작품은 "생소한 것"[359]으로 다가와 확인된 같음에 충돌한다. 나는 이렇게 충돌하는 것을 이 같음에 비추어 보며 나와는 다른 것으로 해석한다. 그리고 비로소 깨닫는다. 나의 타자는 나와 **다를** 수 있다는 사실을.

이것이 이른바 '내적인 귀로 읽기'라는 드라마다. 이 드라마의 결말은 '내적인 귀로 들을 수 있는 자를 위해 말하는 예술 작품'과 '작품의 말을 내적인 귀로 읽어 내는 수용자' 간의 다름과 거리의 확인이다. 이 과정에 대해 그롱댕은 흔치 않은 그리고 나쁘지 않은 설명을 제공한다. 초점은 다름의 확인, 이 확인에서 비롯된 충격이다.

> 내적인 귀로 들을 때—[나는] 물론 전적으로 나 자신 안에 머물러 있지만—[나와 내가 들은 것 사이에는] 간격이 생긴다. 왜냐하면 무언가를 자신의 귀를 통과하게 하려는 자는 그 무언가에 대해 숙고하기 때문이다. 귀는 이렇게, '들은 것'을 자신의 그때마다의 세계 경험과 조화롭게 하려

358 *Ibid.*, 8.

359 *Ibid.*, 5.

한다. 내적인 귀의 반성 작업 중에 '자기 자신의 지평'과 '새로 경험된 것' 간의 대화 내지 일종의 지평 융합이 일어난다. 내적인 귀 안에서 이 새로운 것은 우리의 [기존의] 세계 지평의 **배경**에 비추어 새로운 것으로 경험된다. 그리고 이 새로운 것과 우리 사이에 간격이 생기고 서로는 서로로부터 물러난다. 이 '**충격**'의 경험이 타자와의 대화에서 일어나는 일이다.[360]

내적인 귀는 새 것과 다른 것을 보여 주며, 옛것과 같은 것의 동어반복을 금한다. 즉 다름이 인정된다. 그러나 이 다름은 '완전한 다름', '같음이 전혀 없음'이 아니다. 만약 그렇다면 이해의 시도는 시작부터 좌초되었을 것이고, 다름은 다름으로 인지될 수도 없었을 것이다.[361] 다름은—그롱댕의 적절한 표현대로—같음의 '배경'에 비추어 파악된다. 그렇기 때문에 다름이 이해 가능하고 인정 가능하고 또 다름의 도전도 수용될 수 있는 것이다.

360 J. Grondin, "Das innere Ohr", in: *Denken der Individualität: Festschrift für Josef Simon zum 65. Geburtstag*, hrsg. von Th. S. Hoffmann, S. Majetschak, Berlin 1995, 332(강조는 필자).

361 더 극단적으로 말해, 다름이 같음을 완전히 구축하는 일은 있을 수 없다. 같음이 완전히 삭제되고 다름만 남으면, 그 다름은 다시 자기 자신과 같아져 같음으로 변하기 때문이다. 그러므로 같음을 전제하지 않는 다름은 있을 수 없다. 다름은 오로지 같음의 부정으로서만 존립하기 때문이다. 따라서 이 부정의 관계항으로서의 같음의 삭제는 동시에 다름 자신의 삭제를 의미한다. 이것은 데카르트가, 설령 전능한 악마가 나를 속여 자아의 현존을 믿게 만들었다는 사실을 인정한다 해도, 그렇게 속고 있는 나의 현존만큼은 다시 부정할 수 없었던 것과 같은 이치다(르네 데카르트, 《성찰》, 43쪽 참조).

이제 이 '다름'의 정신과학적 의미에 대해 생각해 보자. 이는 나와 다른 타자의 현존의 확인 또는 그 현존에 대한 단순한 승인의 문제가 아니다. 이것은 '나와 다른 너'의 문제가 아니라, 근본적으로 '나와 다른 너를 배경으로 해서 본 나'의 문제이기 때문이다. 그러므로 나의 내적인 귀에 다름을 말하는 예술 작품은 "하나의 도전"이고 나에 대한 도전이다. 작품은 이렇게 묻는다. '너는 누구냐?' 과거에 나는 이 물음에 '나의 같음'으로 답했다. 내적인 귀로 다름을 읽어 낸 지금, 나는 '같음의 배경 위에 다름이 채색된 나'로 답한다. 그래도 작품은 자신의 물음에 대한 나의 답이 충분치 않다며 '다시 달리 답하라!' 닦아세운다. 여기서 같음과 다름 간에 일종의 전도가 일어난다. '같음의 배경 아래 관찰되던 다름의 배경' 아래 이제 같음이 관찰된다. 그리고 이 전도된 배경 아래서 지금까지는 보지 못했던 새롭고 생소한 나가 발견되어 과거의 친숙한 나를 넘어서 버린다. 물론 예전의 나를 버리고 새로운 나로 넘어가 버리는 것은 아니다. '옛 나'는 '새 나' 안에 지양되어 보존되고, 다시 이 새로운 나의 같음의 배경의 한 부분을 이룬다. 나는 스스로에게 묻는다. 아니, 다름을 던져 준 작품이 나로 하여금 스스로에게 묻게 한다. '어떤 나가 진짜 나인가? 이 새로운 나가 더 나다운 나가 아닌가?' 물론 그렇다. 모든 새로운 나는 그때마다 이전의 나보다 더 나답다. 문제는 이 나는 '단지 잠정적으로만' 더 나다울 뿐이고, 나다워짐의 과정의 최종적인 끝은 아니라는 것이다. '아직도 가장 나다운 나는 아닌 나'는 다시 내적인 귀로 작품을 읽어야 하고, 작품의 매개를 통해 더 달라져야 한다. 예술 작품의 의미는 "결코 완전히 길어 내어지지 않고" "어떤 작품도 우리에게 늘 동일한 방식으로 말하지는 않기 때문이다". 작품은 늘 다른 것을 말한다. 그러므로 작품에 대한 나의 이해도 "항상 달리 이해함”[362]이고, 작품 이해를 통한 나 자신에 대한 이해 역시 늘 달라질 수밖에 없다. 이 달라짐에는 끝이 없다.

> 말에 타당한 모든 것은 탁월한 방식으로 예술의 경험에도 타당하다. 여기서는 의미 기대 이상의 무엇이 일어난다. 나는 이것을 말해진 것의 의미에 의한 '당혹'이라 칭하고 싶다. 모든 예술의 경험은—역사적 해석학의 작업에서 그리고 이 해석학과 텍스트의 교섭에서 그러하듯—단지 인식 가능한 의미만을 이해하는 것은 아니다. 뭔가를 말하는 예술 작품은 '우리를 우리 자신과 대결하게' 만든다. 이는 다음을 뜻한다. 작품은 뭔가를 말하되, 이것이 말해지는 그대로 그리고 마치 하나의 발견이 이루어지듯, 즉 '뭔가 은폐되었던 것이 발견에 이르듯' 그렇게 말한다. 당혹은 여기에 근거하는 것이다. 우리가 알 수 있는 것 중 어떤 것도 '그렇게 참되고, 그렇게 [참된 상태로 달라짐 없이 머물러] 있는so wahr, so seiend' 것은 없다. 익숙한 것은 능가되어 버린다. 예술 작품이 나에게 말하는 것을 이해한다는 것은 분명 '자기 자신과의 만남'이다. 본래적인 것과의 만남으로서 그리고 '능가됨을 포함하는 친숙함'으로서[363] 예술의 경험은 진정한 의미에서 '**경험***Erfahrung*'이고, 따라서 경험이 제기하는 과제를 그때마다 매번 새로 정복해야 한다. 그 과제는 [그때마다의 새로운]

362 H.-G. Gadamer, *Gesammelte Werke*, Bd. II, 7f.

363 같은 것은 다른 것에 의해 능가되어 버리지만, 이 능가함의 반복을 통해 이루어지는 운동에는 다시 연속성 또는 연속적인 동일성(=같음)이 존립한다. 즉 '친숙해서 능가되는 옛 지평'과 '친숙함을 능가하는 새 지평' 간의 융합의 결과는 다시 친숙함의 지평이다. 이것이 더할 나위 없는 플라톤주의자로서 가다머가 결코 포기하지 않는 형이상학적 근본 입장, 존재자에 대한 존재의 그리고 다름에 대한 같음의 우위이다.

경험을 자신의 세계 정위의 전체 안에 그리고 자신의 자기 이해의 전체 안에 통합해야 한다는 것이다.[364]

작품은 '나를 나와 대결하게' 만든다. 그러므로 대결의 장에는 두 나가 있게 된다. 새로 발견한 나와 그 나에 의해 능가되는 나다. 하나의 나가 이렇게 둘로 쪼개져 대결의 국면에 들어서기 때문에 '당혹스러운' 것이다. 그러나 이것이 실은 말의 본래적인 의미에서 '경험'이다. 경험이란 본디 예전의 자기가 아무것도 아님을 폭로하여 새로운 자기로 "스스로를 전도시키는"[365] 운동이기 때문이다.[366] 예술의 경험은 수용자에게 자기 자신과의 대결을 통해 새로운 그리고 그 의미에서 참된 '자기 자신과의 만남'의 순간을 허락한다. 이것은 물론 서로를 배제하는 두 나 사이의 택일의 상황은 아니다. 새로운 나의 경험은 늘—예전의 그 나는 아니지만—연속적인 나의 자기 이해 안에 통합되기 때문이다. 그때마다 새로 경험한 다름을 나의 같음의 배경에 비추어 보고 또 반대로 이 같음을 늘 다시 찾아오는 새로운 다름의 배경에 비추어 보며, 결국 달라지고 형성되는 것은 '그 하나의 나'다. 중요한 것은 '이 하나의 나'가 다시 계속되는 작품과의 대화, 이를 통한 달라짐, 그리고 이 달라짐을 통해서만 만날 수 있는 새로운 나에 열려 있다는 점이다.

예술 작품과의 만남, 다름을 던지는 작품의 말을 내적인 귀로 읽어

364 H.-G. Gadamer, *Gesammelte Werke*, Bd. VIII, 6.

365 *Ibid.*, Bd. I, 360.

366 헤겔도 "의식에게 하나의 새롭고 참된 대상이 생겨나 주어지되" 이 대상의 생성이 의식의 전도를 수반할 때, 그 의식의 운동을 "경험"(G. W. F. Hegel, *Phänomenologie des Geistes*, 73)이라 부른다. 경험은 "의식의 전도"(H.-G. Gadamer, *Gesammelte Werke*, Bd. I, 360)의 경험이다.

낸 결과는 나와는 다른 타자가 있다는 사태 인식의 획득, 그리고 그 타자의 존재를 인정해야 한다는 윤리적 의무의 긍정만은 아니다. 이 경험의 가르침, 가르침의 소중함은 '나와 다른 너'가 있다는 사실이 아니라, '나와 다른 너와 같은 **나**'가 있을 수 있고 또 있어야 한다는 데 존립한다. 그러므로 나와는 다른 방식으로 말하는 예술 작품 안에서 내가 궁극적으로 만나게 되는 것은 바로 "나 자신"[367]이다. 나는 예술 작품을 만나며 이 만남이 없었더라면 결코 만나지 못했을 새로운 나를 만난다. 여기에 나에 대한 작품의 현재성이 있다. 그러나 작품이 나에게만 말하는 것은 아니고, 작품은 작품을 대하는 '모든 나'에게 그리고 그 각각의 나에 대해 말한다. 또한 여기에 모든 내적인 귀들에 대한 작품의 현재성이 있는 것이다. 더욱이 작품은 그 모든 나의 현재뿐 아니라 미래에 대해서도, 나아가 그 현실성뿐 아니라 가능성에 대해서도 말한다. 한마디로 작품은 작품과 만나는 모든 나, 그 나의 현실적, 가능적 실존 전체에 대해 말한다.

> 예술 작품은 모든 그때마다의 현재에 대해 절대적인 현재이고 동시에 모든 미래에 대해서도 [미래의 모든 수용자를 위해서도] 이미 자신의 말을 갖추고 있다. 예술 작품은 친숙함으로 우리를 건드리지만, 이 친숙함은 동시에 수수께끼 같은 방식으로 하나의 충격이고 익숙한 것의 붕괴다. 예술 작품은 즐겁거나 끔찍한 놀라움에서 "이것이 너다Das bist du!"라고 말할 뿐 아니라, 또한 우리에게 이렇게 말하기도 한다. "**너의 삶을 바꿔라***Du mußt dein Leben ändern*."[368]

367 H.-G. Gadamer, *Gesammelte Werke*, Bd. I, 138; VIII, 1.

368 *Ibid.*, Bd. VIII, 8(강조는 필자).

이것이 예술 작품이 자신을 대하는 모든 나에게 던지는 물음이다. '너는 누구이고 또 누구여야 하는가?' 작품은 '두' 나에 대해 묻는다. 그 하나는 작품이 '이것이 너다'라고 말하는 현실적인 나이고, 다른 하나는 '나의 삶을 바꿔' 바야흐로 되어야 할 가능적인 나다. 작품은 이 두 나를 모두 '보라'고 강요한다. 그렇기에 예술 작품은 이중의 방식으로 충격이다. 한편 작품은 지금 여기의 친숙한 나, 친숙하기에 눈에 안 띄고, 눈에 안 띄기에 통상은 보지 않게 되는 그 나가 누구인지를—보지 않을 수 없는 방식으로—'보여' 준다. 충격적인 폭로다. 다른 한편 작품은 내가 되어야 할 나, 생소하기에 눈이 피하고, 눈이 피하기에 일단은 보지 않고 있는 그 나를 상상의 눈으로[369] '보라'고 닦달한다. 역시 충격적인 강요다. 충격은 이중의 '봄' 모두에서 생긴다. 나의 현실성과 그 현실성의 추함을 보아야 하기에 이 봄은 충격적이고, 지금의 삶을 바꿔 비로소 되어야 할 가능적인 나가 얼마나 멀리 떨어져 있는지도 보아야 하기에 봄은 또한 충격적이다. 예술 작품은 이 두 가지 '봄'을 모두 강요하고 또 피할 수 없게 한다. 나를 째려보는 예술 작품이 나를 볼 수 있게 해 주는 것이다. 작품은 자기 자신에 대해 말하는 것 같지만 그러면서 실은 자신

369 이 눈은 상상력의 정의에 따라(주 278 참조) 현실 안에 존재하지 않는 가능적인 나를 보는 눈인데, 플라톤은 자주 이 눈을 "혼의 눈"(1장 주 79 참조)이라 불렀다. 아름다운 인간이 누구인지를 물으며 육의 눈을 감고 혼의 눈으로 아름다운 인간의 그림을 그려 갈 때, 그 눈에 보인 아름다운 인간의 보임새eidos가 바로 '가장 아름다운 인간ho kallistos anthropos', 즉 인간의 이데아idea다. 이 내적 인간을 보는 눈을 가다머의 철학의 언어로는 '내적인 눈'이라 불러 마땅할 것이다. 이런 눈의 봄과 그 눈에 보인 인간의 문제는 내가 이해하는 한에서 철학의 가장 중요한 문제다. 나는 이 문제를 형성paideia, Bildung이라는 주제 아래 상세히 다룬 바 있다(김창래, 〈인간의 원상Idea에 관한 연구〉, 209-213쪽 참조; 김창래, 〈철학의 욕망 II—끝을 향한 형성〉, 78-90쪽 참조).

에 대해서가 아니고 자기를 보고 있는 나에 대해 말하기 때문이다. 예술 작품은 '친숙해서 보지 않던 나' 그리고 '생소해서 볼 수 없던 나'를 볼 수 있게 해 주는 '눈'이다. 나는 이 눈을 '통해' 그리고 이 눈 '안에서' 나를 본다. 영혼이 영혼 자신을 보는 것이다.

'눈과 봄'의 이 같은 관련에서 보면 위 인용문의 마지막 문장은 예술 작품의 본질에 대해 많은 것을 시사한다. 가다머가 출처를 밝히지는 않았지만, 이 문장, '너의 삶을 바꿔라'는 릴케의 〈고대 아폴로의 토르소 Archaïscher Torso Apollos〉라는 시의 마지막 행의 마지막 문장이다.[370] 한 젊

---

370 이 시는 전문을 인용할 가치가 있다. 시는 첫째 연부터 토르소에는 머리가 없고 따라서 눈도 없다는 사실을 지적한다. 그래도 이 토르소는, 내적인 귀로 자신을 읽어 내려는 모든 '나'에게 가장 강렬한, 그래서 도저히 피할 수 없는 시선을 보낸다. 눈이 없는 토르소는 온몸이 눈이기 때문이다. 번역 출처는 다음과 같다: 릴케, 《두이노의 비가—라이너 마리아 릴케 시 선집》, 손재준 옮김 (파주: 열린책들, 2014), 201-202쪽.

거기 두 개의 눈망울이 무르익고 있던
아폴로의 엄청난 머리를 우리는 알지 못한다. 그러나
그 토르소는 지금도 촛대처럼 불타고 있다.
거기에는 그의 사물을 보는 눈이 틀어박힌 채,

그대로 남아 빛나고 있다. 그러지 않고서야 그 가슴의 풍만함이
너를 눈부시게 하지는 못하리라. 그리고 허리를
조용히 돌리며 보내는 하나의 미소가
생명을 가져다주던 그 중심을 향해 흐르지도 않으리라.

그렇지 않다면 이 돌은, 두 어깨는 투명한 상인방 같지만
밑은 흉측하고 볼품없는 돌덩이에 지나지 않으리라.
그렇게 맹수의 모피처럼 반짝이는 일도 없고,

그 모든 가장자리에서마다 마치 별처럼

은 시인이[371] 토르소, 사지와 머리가 없는 몸통 상 앞에 서 있다. 이 무미하고 "볼품없는 돌덩이"에서 시인의 내적인 귀는 무엇을 읽어 낼 수 있을까? 시작부터 시인은 조각상에 머리가 없음을, 따라서 "무르익고 있던" "두 개의 눈망울"이 없음을 지적한다. 머리가 없으니 물론 입도 없고 귀도 없을 테지만, 시인은 유독 없는 '눈'에 대해서만 말한다. 그럼에도 시인은 그 몸통은 "촛대처럼", 그러니까 분노에 이글거리는 눈길처럼 "불탄다"고, 그렇게 토르소의 눈길은 "그대로 남아 빛나고 있다"고 덧붙인다. 도대체 몸통 그 어디에 눈이 있어 그 눈길을 읽어 낸 것일까? 시의 끝에서 두 번째 문장(14-15행)이 이 물음에 대한 답을 준다. "이 토르소에는 너를 바라보지 않는 부분이란 어디에도 없기 때문이다denn da ist keine Stelle, die dich nicht sieht." 즉 토르소의 온몸이 눈이라는 것이다. 이렇게 눈이 없어도 온몸으로 째려보는 예술 작품이 있고 그 눈길을 내적인 귀로 읽어 내는 예술가적인 청자가 있다면, 그때 예술 작품은 듣는 이에게 들리도록 말할 수 있을 것이다. "너의 삶을 바꾸라"라고.

그런데 온몸이 눈이라는 것이 말이 되는가? 인간이 그럴 수 있는가? 또는 신이라도 과연 그럴 수 있겠는가? 있다. 헤라의 질투로 암송아지로 변한 이오를 감시하던 아르고스, 온몸에 눈이 박혀 있어 많은 눈이 잠 들어도 하나의 눈만큼은 떠 있어 감시의 끈을 놓지 않을 수 있던 아르고스가 그렇다. 나는, 토르소의 온몸 그 어느 구석 하나 "나를 바라보지 않는" 곳은 "없다"고 쓰면서 릴케가 아르고스를 염두에 두지 않았다

빛이 비치는 일도 없으리라. 이 토르소에는 너를 바라보지 않는
부분이란 어디에도 없기 때문이다. 너는 너의 삶을 바꾸지 않으면 안 된다.

371 이 시가 수록된《신시집》제2권은 1908년에 출간되었으니, 시는 그 전에 쓰여졌을 것이다. 따라서 루브르의 아폴로 앞에 서 있던 자는 33살 이전의 릴케다.

고 믿을 수는 없다. 그리고 또한 릴케가 이렇게 예술 작품과 아르고스를 결합하면서 아르고스의 눈의 미학적 의미를 설명하던 헤겔을 떠올리지 않았다고도 생각할 수 없다. 헤겔은 기발하게도 예술 작품의 본질을 온몸에 눈이 박힌 아르고스에 비유한다.

> 예술은 [예술 작품의] 가시적인 표면의 모든 지점에서 [작품의] 그 어떤 형상도 눈으로 변화시킬 수 있다. (…) 예술은 자신의 모든 형성체를 [즉 예술 작품을] '천 개의 눈을 가진 아르고스tausendäugiger Argus'로 만든다. 내적 영혼과 그 정신성이 이 형성체의 모든 지점[눈]에서 **보일 수** 있게 하기 위해서다.[372]

예술 작품은 아르고스의 눈이다. 이 눈은 물론 우선은 보는 눈이지만, 더 중요한 것은 '내적 영혼과 정신성이 보이는' 장소라는 점이다. 헤겔은 그 이유를 설명한다. "영혼"은 "눈을 통해서 보지만" 동시에 "눈 안에서 보인다". "눈은 영혼의 거주지"이고 따라서 영혼은 "눈" 안에서 "현현하기"[373] 때문이다. 이것이 아르고스, 예술 작품의 눈이다. 그 온몸의 구석구석이 하나같이 나를 째려보는 눈인데, 나는 그 째려봄의 눈길에서 눈을 뗄 수가 없다. 왜? 작품은 나를 째려보며 나의 눈길을 끌어당기고, 나를 째려보는 자신의 눈 안에서 바로 '자기를 보고 있는 나'를 보여 주기 때문이다. 아마 릴케 역시 토르소의 온몸에 박힌 아르고스의 눈이 자기를 째려본다고 느끼며 동시에 자기를 째려보는 그 눈 안에서 '그

---

372 G. W. F. Hegel, *Vorlesungen über die Ästhetik*, Bd. I, hrsg. von E. Moldenhauer u. a., Frankfurt a. M. 1983, 203(강조는 필자).

373 *Ibid.*

눈에서 눈을 떼지 못하고 있는 자기 자신'을 보았을 것이다. 결국 자기가 자기를 째려보는 셈이다. 그래서 그 자신의 삶이 문제가 되고, 그의 내적인 귀는 돌덩이가 자신에게 던지는, 소리 없이 크게 울리는 말, "너의 삶을 바꾸라"는 말을 경악하며 들어야 했을 것이다.

이것이 아르고스의 눈을 바라보던 헤겔이, 아르고스의 눈을 바라보던 헤겔을 생각하던 릴케가, 아르고스의 눈을 바라보던 헤겔을 생각하던 릴케의 시를 내적인 귀로 읽던 가다머가, 그리고 이들 모두에 경탄하며 동의하는 내가 생각하는 예술 작품의 본질이다. 나를 놀라게 한 세 사람은 모두 예술 작품은 눈이라고, 우리는 이 눈을 통해서 보고 또 이 눈 안에서 우리 자신을 본다고 말한다. 그 점에서 예술 작품은 거울, 영혼의 거울이다. 거울은 자기 자신은 보여 주지 않고, 자신 안에 들어온 모든 것을 되비추어 보이게 한다. 이 되비추어 보여 줌이 바로 거울의 아레테다. 그러므로 그 자체로서의 거울은 아무것도 아니다. 거울은 자신에 비춘 모든 것을 보여 주지만, 스스로는 아무것도 보여 줄 것이 없기 때문이다.[374] 그래서 우리는 '거울을 본다'고 말하며, 거울을 보지 않고 실은 그 안에 비추인 자신을 보는 것이다. 거울에 비추인 자기를 보려는 자가 없다면 거울 자체는 아무것도 아니다. 예술 작품도 마찬가지다. 예술 작품은 많은 것을 말하지만 결코 자기 자신에 대해 말하지는 않는다. 〈오이디푸스 왕〉에는 작품 〈오이디푸스 왕〉에 대한 언급은 단 한 줄도 없다.[375] 이 작품은 오이디푸스라는 전설적인 인간에 대해 말하

374 예를 들어 승강기의 좌우 벽에 걸린 두 거울 사이의 빛의 반사에 대해 생각해 보라. 두 거울은 서로를 보여 주는 것 같지만 실은 아무것도 보여 주지 못한 채 무한 퇴행에 빠진다. 이는 거울 자체는 보여 줄 어떤 것도 갖고 있지 않다는 사실에 대한 단적인 증거다.

375 만일 자기 자신에 대해 말하는 '재귀적' 작품이 존재한다면, '말하는 작품'과

는데, 그 인간 안에서 내가 나를 보는 한, 작품은 실은 나에 대해 말하는 것이다. 예술 작품은 내적인 귀를 가진 모든 인간이 자신을 비추어 보고 비로소 자신을 볼 수 있게 해 주는 거울이다.

영혼은 이 거울 안에서 늘 자기 자신을 다시 만난다. 거울은 모든 나를 되비춰 보여 준다. 때로는 '이것이 너다'라고 말하며 이런 나를 보여 주고, 때로는 "너의 삶을 바꾸라"며 바꾸지 못하고 주저하고 있는 저런 나를 "밀치고, 밀쳐 넘어뜨린다".[376] 그러면서 이도 저도 아닌 또 다른 나도 보여 준다. 이도 저도 그도 아닌 나 그러면서 그 모두인 나, 실은 이것이 바로 나다. 만족 못하며 기대하고, 기대하지만 우물쭈물 주저앉는, 그러면서도 거울에 자신을 이 각도로 저 각도로, 이 옷을 입고 저 옷을 입고 비춰 보는 나, 그게 나다. 예술 작품과의 만남은 다양한 자기 자신과의 만남이다. 나는 나를 이런 또는 저런 배경 앞에 세우고, 그 배경과 함께 거울에 비춰 본다. 그 안에는 다양한 배경 안의, 다양한 표정의 '나'가 있다. 이 다양한 나를 안다는 것은 분열에로의 길이 아니라 통일에로의 길이다. 그 '나들'이 모두 '나의 나'이므로. 이것이 인간이 거울에 비추어 자신을 알아 가는 힘겨운 방식이다. 이것은 고통스러운 자기 부정과 또한 고통스러운 자기 긍정이 함께하는 자기 인식이다. 그러므로 예술 작품과의 만남은 결코 쾌적한 향유, 흡족한 도락이 아니다. 거기서는 바로 '나'가 유일무이하게 문제이기 때문이다. 이 현실의 '나'가 너무 무거워, 이 현실을 피해 상상의 세계로, 이른바 모든 것이 허용되는 예술적 가상의 현실로 도주하는 자는 예술의 본질을 오해한 것이고,

---

'말해지는 작품' 간에는 두 거울 사이의 무한 반사와 같은 무한 소급이 발생할 것이고, 결국 작품은 작품에 대해 아무것도 말할 수 없을 것이다.

376 H.-G. Gadamer, *Gesammelte Werke*, Bd. VIII, 125.

그 오해로 인해 피할 수 없이 자기 자신도 오해하게 된다.

> [연극 안에서 자기를 보지 않고 그저 극만을 바라보는] 단순한 관객은 없다. 즉 극장, 연주회장, 박물관에서 또는 독서의 한적함 속에서 동요되지 않는 거리를 유지하며 미적 향유 또는 형성의 향유에 몰입하는 자는 존재하지 않는다. 그런 사람은 자기 자신을 오해하는 것이다. 예술 작품과의 만남에서 단순한 황홀경이나 마법에 빠짐만을—현실성의 압박으로부터의 단순한 해방만을—보고 이 같은 '가상의 자유'의 향유만을 즐기는 것은 미적 자기 이해의 도피 행락과 같은 것이다. (…) '예술의 놀이 안에서 놀아진 것'은 우리가 그 안에서 [현실적인] 자기를 망각할 수 있는 [현실을] 대체하는 세계나 꿈의 세계가 아니다. 오히려 예술의 놀이는 수천 년을 통해 늘 새롭게 우리 앞에 나타나는 '거울'과도 같아서, 우리는 이 거울 안에서 우리 자신을, 때로는 전혀 예기치 못한 나를 그리고 때로는 매우 생소한 나를 비추어 볼 수 있다. 이는 우리가 어떻게 존재하고 있고 어떻게 존재할 수 있는지, 무엇이 우리와 함께 있는지를 비춰 보는 거울이다.[377]

이것이 바로 예술의 진리, "예술의 거울 안에서 드러나 보이는 진리"[378]다. 그러나 이 진리는 거울 자체의 진리가 아니라, 거울을 보는 자, 거울을 보면서 그 안의 자기를 보는 자의 진리다. 이것은 말하자면 "인간이 자기 자신을 자신에게 이해시켜야 한다는 과제"에 답할 때, 그때마다 인간이 도달하는 진리다. 이것이 바로 인간 자신에 대한 인

377 *Ibid.*, 92.

378 *Ibid.*, Bd. I, 182.

간의 앎, 인간의 자기 이해의 진리다. "예술이 이 진리 안에서 지각되는" 한, 예술은 "더 이상 예술이 아니고", 이미 "철학"[379]이다. 이렇게 보면 예술은 "철학의 뛰어난 반대자가 아니라 오히려 철학의 참된 기관 Organon"[380]인 셈이다. 철학 역시 궁극적으로는 단 하나의 물음만을 갖기 때문이다. 그것은 "인간이란 무엇인가?",[381] 지금 이 물음을 던지고 있고 또 이 물음에 답해야 하는 나는 누구인가라는 물음이다. 예술 작품은 이 물음을 던지고 답하고, 또 자신을 대하는 모든 이들에게 이 물음을 던지고 답하게 한다.[382]

---

379 H.-G. Gadamer, "Wissenschaft und Philosophie", in: idem. *Hermeneutische Entwürfe: Vorträge und Aufsätze*, 24.

380 H.-G. Gadamer, *Gesammelte Werke*, Bd. II, 481.

381 Cf. I. Kant, *Logik, Physische Geographie, Pädagogik*, 25; cf. idem, *Vorlesungen über Metaphysik und Rationaltheologie*, 533.

382 혹 독자 중에 이 절(9.2.3)에 이어지는 〈9.2.4 역사의 경험과 역사의 진리〉가 없다는 사실에 의아해하는 분이 계실 수도 있겠다. 물론 과학의 한계 영역을 넘어서 있는 대표적인 두 진리가 예술의 진리, 역사의 진리이고, 존재가 자신을 이해 가능한 방식으로 드러내는 두 전형적인 영역이 예술과 역사라는 의미에서, 그런 구성도 나쁘지는 않을 것이다. 나 역시 지금까지 그런 구성을 기대하게 하는 방식으로 글을 써 온 것도 사실이다. (원래 그렇게 계획했기 때문이다. 그러나 그 계획은 포기한다. 즉) 여기서 역사의 경험의 문제를 따로 다루지는 않는다. 그 이유는 세 가지다. 첫째로는 이미 앞서 언급했듯이(주 235 참조) 역사적 의식에 대한 가다머의 비판에 내가 동의하지 않기 때문이다. 가다머의 역사적 이해의 이론을 있는 그대로 소개하면서 딜타이를 왜곡하지 않을 수 있는 길이 별로 없어 보인다. 가장 중요한 이유다. 둘째 이유는 역사적 이해는 가다머 해석학의 중심 주제이기 때문에 나는 이미 이 문제를 다양한 맥락에서—딜타이는 논의에 끌어들이지 않으면서—충분히 깊게 다루었다는(특히 9.1.3과 9.2.1 참조) 것이 되겠다. 재삼 논의한다면 그것은 불필요한 반복이 될 것이다. 셋째 이유는 역사의 경험에 비해 보자면 예술의 경험과 진리에 대해서는 그간 국내 가다머 연구가 다소 미흡했다는 것이다. 내가 보기에는 매우 중요한, 그러나 충분한 주목을 받지 못한 이 주제에 제한된 나의 힘과 시간을 집

9.3 철학으로서의 정신과학

가다머에 따르면 정신과학은 자연과학은 물론 아니고, 과학도 아니다. 과학이 한정된 대상 영역에 대한 보편타당한 인식을 추구하는 전문화된 연구를 의미한다면 말이다. 물론 혹자는, 역사학, 사회학, 인간학 등의 정신과학도—물리학이 외적 자연을, 생물학이 생명 현상을 탐구 영역으로 한정하는 것과 마찬가지로—각기 역사, 사회, 인간이라는 한정된 대상 영역에서 보편성의 인식을 추구한다는 점에서 '과'학과 다를 바 없다고 반박할지도 모른다. 물론 그렇다. 그리고 그런 의미의 분과화된 전문 연구로서의 역사학, 사회학, 인간학이 실제로 존재한다. 가령 헴펠이 요구했던 '설명하는 역사학',[383] 밀이 주장한 '집단 사회학',[384] 그리고 오늘날 많은 인기를 끌고 있는 '심리학적 인간 연구'가 그런 것들이다. 그런데 거론된 이 셋은 가다머의 입장에서 보면 '과'학일 뿐 아니라, '자연'과학이기도 하다. 즉 이들은 정신과학이 아니다. 이 세 자연과학은—처음 둘은 통계학으로, 세 번째 것은 생리학으로 환원된다—각기 '외적 자연에 속하고 따라서 일반 법칙에 의해 규정되는 한에서의 역사, 사회, 인간'을 다룬다. 그러나 '이런' 역사, 사회, 인간은 정신과학으로서의 역사학, 사회학, 인간학에게는 생소한 대상일 뿐이다. 정신과학들은 '자연 이상인 인간, 자유롭다 여겨지는 한에서의 인간들이 어울려 대화하고, 함께—때로는 서로를 위해, 때로는 서로에 반해—행위하며

중하고 싶었다. 가다머의 역사적 경험의 문제에 대해서는 나의 최근 연구가 필요한 도움을 주리라 생각한다(김창래, 〈가다머에서 타자 경험의 문제〉, 특히 266-269, 275-277, 281-287쪽 참조).

383 3.1 참조.

384 3.3.1 참조.

서로에게 영향을 끼치는, 그리고 이 모든 자유로운 선택과 실천, 그 결과에 대한 책임도 품에 안으며 살아 왔고 또 살아가야 할 삶'의 문제를 다룬다. 이 인간의 삶, '자연과 자유'가, '사실과 당위'가 긴밀한 방식으로 결합되어 있는 삶의 문제에 '사실'만을 다루는 과학, '자연'의 사실만을 말하는 자연과학은 아무런 답도 줄 수 없다. 이것은 자연 이상(자유), 사실 이상(인간의 의무)을 사유하는 학문의 주제일 텐데, 가다머는 정신과학이 그런 학문이어야 한다고 생각한다. 그리고 이렇게 인간적 삶 자체를 주제로 삼는 한에서 정신과학은 철학과 분리될 수 없다고 본다. 본디 삶, 좋은 삶의 문제는 시원의 철학이 던진 물음이었고,[385] 철학은 이 물음에 답하려는 인간적 시도 이상 다른 것이 아니기 때문이다. 정신과학은 철학 자체다. 아니라면 그렇게 되어야 한다. 이것이 가다머의 정신과학론의 핵심 주장이다. 중요한 것은 정신과학은 자연과학이 아니고 또 과학도 아니라는 것이 아니라, 철학**이어야** 한다는 것이다.

철학자의 이 요구는 앞서 언급한 자연과학적 역사학, 사회학, 인간학의 현존과는 무관하게 타당하다. 이 과학들이 자연으로서의 역사, 사회, 인간에 대해 아무리 훌륭한 연구 성과를 거두건, 자연 이상인 인간의 삶에 대해서는 할 수 있는 말이 아무것도 없고, 따라서 이 문제는 오로지 철학적 정신과학만을 위한 것이기 때문이다. 그럼에도 자연과학적 역사학, 사회학, 인간학의 현존이 철학적 정신과학의 현존의 필요성을 지양한다면, 그것은 철학과 정신과학의 위기, 학문의 위기를 의미할 것이다. 그러나 사태를 정확히 보면, 철학의 이 요구는 사이비 정신과학들의 현존 때문에 더 큰 타당성을 갖는다. '자연과학화한 정신과학

385 아래 주 438이 지시하는 인용문 참조.

들'은—자연과학이 "자연의 지배"를 노리듯—"인간적 역사적 세계에 대해"서도 "유사한 지배"[386]를 노리고 또 이 지배가 이미 현실로 나타나고 있기 때문이다. 이것은 단순한 학문의 위기 이상의 문제, 인간이 만든 과학이 인간 자신을 지배한다는 인간의 위기를 의미한다. 과학 스스로는 이 위기에 대해 사유할 능력도, 이유도, 의무도 없다. 이 위기로부터의 유일한 구원은 철학으로서의 정신과학에서만 기대할 수 있다. 이 학문만이 (자연의 일부로서의 인간이 아니라) 자유로운 행위자로서의 인간에 대해 그리고 그 인간의 삶과 미래에 대해 관심을 갖고 있기 때문이다. 그런 한에서, 즉 정신과학이 인간에 대해, 인간의 삶에 대해 숙고해야 한다는 의미에서 정신과학은 "철학 자체의 문제이고" 또 언제까지나 "철학의 문제로 남게 된다".[387]

> 정신과학을 철학과 결합해 주는 것은 [정신과학의] 논리적 자기 해명의 욕구만은 아니다. 이른바 정신과학은 오히려 철학 자체에 대해서도 하나의 문제이다. 정신과학의 논리적, 인식 이론적 정초를 위하여, 자연과학과 대비한 이 과학의 과학적 자립성의 근거 마련을 위하여 말해 온 것, 말할 수 있는 것은 '정신과학이 무엇인지, 그리고 철학에 대해 무엇을 의미하는지'의 문제에는 이르지 못한다. [정신과학은 철학에 대해] 아무것도 아니거나 모든 것일 수 있다kann nichts oder alles sein.[388]

정신과학이 스스로를 근대 과학의 방법적 인식 이념에 따라 재단하

386 H.-G. Gadamer, *Gesammelte Werke*, Bd. II, 37.

387 *Ibid.*, Bd. I, 13.

388 H.-G. Gadamer, "Wahrheit und Methode: Der Anfang der Urfassung", 131.

고, 자신을 이 "이상의 불완전한 현실화"로만 간주하여 모범적 자연과학을 흉내 내는 데에만 골몰한다면, 정신과학은 철학에 대해 "아무것도 아니다". 그러나 이 학문이 스스로를 "자연과학적 인식의 이상에로 환원될 수 없는", 따라서 자연과학과 과학으로부터 "자립적인 하나의 학문"으로 간주한다면, 그때 정신과학은 철학에 대해 "모든 것"일 수 있다. 즉 "철학 자체"[389]로 된다. 이제 우리는 무엇이 정신과학을 자연과학과 과학으로부터 떼어 내어 철학 안으로 데려다주는지, 무엇이 정신과학을 철학 자체로 만들어 주는지를 물어야 한다.[390]

우리는 과학의 시대를 살고 있다. 과학은 자연의 지배를 꾀한다. 인류의 역사 전체를 통해 자연 지배의 시도가 우리 시대에서처럼 성공적이었던 적은 단 한 번도 없었다. 우리는 이 사실을 확신하며, 우리 다음 세대도 지금 우리가 말하는 것과 똑같은 것을 말하게 되리라는 사실도 확신한다. 말하자면 우리 시대는 자연 지배의 성과뿐 아니라, 이 지배의

389 *Ibid.*

390 한 인터뷰에서 가다머는 이 문제에 대해 다음과 같이 말한 바 있다. 근대 과학의 "방법 개념은 정신과학의 정당화의 심급으로는 적합하지 않습니다. 이 학문에서는 우리의 태도 방식을 통해 특정 대상 영역을 다루는 것이 문제가 아니기 때문입니다. 그래서 나는 정신과학에 합당한 이론적 정당화를 제공하기 위해 [자연과학주의에 기꺼이] 맞서 싸워 왔습니다. 오히려 정신과학은 그 자체 철학의 유산에 속합니다. 정신과학은 그 탐구 방식에서뿐 아니라, 사태와 맺는 선행적 관계에 있어서도, 즉 이 학문이 늘 다시 언표하는 전승에의 참여를 통해서도 자연과학과 구별됩니다. 이런 이유에서 나는 '우리의 앎, 과학, 진리의 개념을 지배하고 있는 객관적 인식의 이상'을 '참여의 이상'으로 대체할 것을 제안합니다. 우리 문화뿐 아니라 온 세계 문화의 예술적, 종교적, 역사적 전승들이 형성한 인간적 경험의 진술들에 참여함, 이 가능한 참여야말로 정신과학의 결실들의 풍부와 빈곤을 결정하는 본래적인 기준입니다. 이를 달리 표현하면 다음과 같습니다: 모든 정신과학에는 완전히 개념화되지는 않은 형태로 철학이 숨어 있습니다"(C. Dutt, *Hans-Georg Gadamer im Gespräch*, 14f.).

확대에 대한 기대도 극에 달한 시대다. 물론 자연 지배가 가능케 한 삶의 편리를 생각하면 이 극에 달함이 이해 못할 것은 아니다. 자연 지배를 통해 우리는 삶의 편리를 맛봤고, 그 맛에 중독되어 이 편리를 포기할 수 없게 된 것이다. 그래서 우리는 자연을 더 지배하고 삶은 더 편리해지기를, 가능하면 끝까지 지배하고 끝까지 편해지기를 원한다. 그런데 여기서 과학자와 과학 시대의 소시민들은 결코 던지지 않는 물음들이 제기되어야 한다. 이 추구의 끝은 어디인가? 그 끝에 이르기까지 편리는 계속 편리로 남을 것인가? 혹 우리가 편리함에 중독되어 이미 드러난 편리함의 이면을 보지 못하고 있는 것은 아닌가? 다시 말해 우리는 넘어서는 안 될 끝을 이미 넘어서 버리지는 않았는가? 나는 그 끝이 과학의 힘으로 자연에 대응하고, 가능할 경우 자연에서 필요한 효용을 얻어 내는 것이라고 생각한다. 이 편리에 나는 반대하지 않으며 그 효용을 거부할 생각도 없다. 그러나 거기가 끝이어야 한다. 중요한 것은 과학의 지배가 허용될 수 있는 자연의 경계 설정이다. 외적 자연의 경계선이 흐릿해져서 역사라는 자연, 사회라는 자연, 인간이라는 자연에 대해서도 과학의 지배 욕구가 향하게 될 때, 그때가 바로 끝의 시작이다. 문제는 그 시작이 이미 이루어졌다는 것이다.

> 과학의 세기는 무엇보다 쉬지 않고 스스로를 능가해 가는 진보의 세기이고, 이에 따라 인류의 삶에 대한 과학의 권능, 과학의 축복에 대한 인간의 기대가 끝을 모르는 세기이다. 오늘날 우리는 아주 포괄적인 의미에서 과학들의 결사(結社)로 특징지을 수 있는 사회를 살고 있다. 이 결사체는 정신과학을 (…) 자신 안에 받아들였다.[391] 그것도 우리가 보기에 우정과 평화 속에. 어떻게 이런 일이 일어났고 무엇이 달라졌는가?

그리고 여기서 달라진 자는 누구인가? 내가 보기에 지난 50년간[392] 자연과학과 정신과학의 연대성의 의식은 어마어마하게 성장했다. (…) 이 새로운 연대성의 결정적인 이유는 과학의 외부에 존재한다. 우리 현대사회의 구조와 이 사회가 가지고 있는 과학에 대한 신앙이 그 이유다. 도대체 우리 현대사회는 '과학이 좋은 그리고 성실한 양심을 가지고 성취해 낼 수 있는 것'보다 더 많은 것을 과학에게 요구하고 또 기대한다.[393] 이는 이른바 '전문가 이상Experten-Ideal', 어디서나 과학의 목소리가 최종적인 판단으로 타당해진다고 주장하는 [과학적] 전문가 이상의 과도한 배양과 비대해짐에서 잘 드러난다. 경제의 과정이건 자본의 과정이건, 전쟁의 수행과 같은 상급 정치의 사안에서건 경제 정책의 사안에서건, 어디서건[과학적 전문가의 목소리가 최종의 판단을 이룬다]. 전문가에 대한 신앙이 과학의 어깨에 책임을 올려놓는다.[394]

과학적 인식이 오용될 위험, 스스로 과학적 탐구에 종사해 본 경험이 없어서 인간 인식의 한계를 잘 모르는 사람들이 자연과학의 인식을 [잘못] 사용할 가능성의 위험이 커지고 있다. 이것은 원자력의 탄생과 이 힘의 파괴의 위험의 경우보다 더 중요하다. 후자의 경우 공공의 의식에 [위험

391 많은 정신과학들이 자연과학화되었다. 한 세기 전 밀의 요구가 수용된 것이다.

392 이 글은 1967년에 쓰여졌다. 따라서 문제의 '지난 50년'은 20세기 전반부를 의미한다 보면 된다. 19세기의 실증주의적 과학 일원론이 논리실증주의자들의 통일 과학주의 운동에 의해 계승되던 때다.

393 과학은 외적 자연만을 지배할 것을 원하지만, 과학 시대의 소시민들은 과학이 역사, 사회, 인간이라는 자연도 지배해 줄 것을 요구한다.

394 H.-G. Gadamer, "Das Faktum der Wissenschaft", in: idem, *Das Erbe Europas*, 89ff.

에 대한 자각이] 현존하지만, 전자의 경우 은밀하고 그래서 더 효율적인 방식으로 사회 안에서 과학에 대한 신앙이 확대되기 때문이다. 여기서 일어나는 일을 나는 자연과학의 테크놀로지적 몽상이라 칭하고 싶다. 이것은 사회의 기술자에 대한 신앙, 재간이 있고 정통한 능력자, 그래서 마치 기계를 만들듯, 그리고 인간과 자연의 힘을 착취해 내듯 사회를 형성하는 일을 완수할 수 있는 능력자에 대한 믿음이다.[395]

이 능력자, 자연과학의 힘으로 무장하고, 이 힘으로 "사회를 형성"하고 경영하는 "사회 기술자"의 등장과 확산이 이른바 자연과학과 정신과학의 우호적인 "연대성"이라는 말의 본래적 의미다. 정말 두 과학 간의 이론적 거리가 좁혀진 것이 아니다. "과학의 외부"에 머무는 자의 필요와 확신, 즉 정신과학의 영역에서 제기되는 문제를 자연과학적 지식으로 해결해야 할 필요, 그리고 해결할 수 있다는 확신이 두 과학을 강제로 결합시켰고, 이 결합의 결과가 바로 사회 기술자다. 이 사람은 자연 지배의 기술을 역사, 사회, 인간의 문제에 적용하지, 그 반대의 적용은 하지 않는다. 그러므로 두 과학의 평화적인 결합은 실은 정신과학의 '자연과학화'이고, 모든 역사적, 사회적, 인간적 현실성의 '자연화'다. 결국 문제의 핵심부에는 자연주의가 서 있다. 인간의 사고, 느낌, 행위도 자연 연구의 방법으로 탐구해야 한다고 주장하던 19세기의 과학 일원론자를 고무했던 것도, 모든 학문적 진술은 물리학의 언어로 번역될 수 있다고 주장하던 20세기 전반부의 통일 과학주의자들을 이끌던 것도, 그리고 오늘날 자연과학에 대한 신앙과 사회 기술자에 대한 기대

395 *Ibid.*, 100f.

를 부추기고 있는 것도 모두 자연주의다.

초점은 하나다. 역사, 사회, 인간도 결국 자연의 일부이므로 자연 연구가 확정한 법칙으로 설명되어야 하고, 인간이 역사와 사회 안에서 부딪치는 모든 문제 또한 자연의 수수께끼일 뿐이므로 자연과학적으로 해결되어야 한다는 것이다. 그래서 위 인용문은 "전쟁의 수행과 같은 상급 정치의 사안"도 자연과학적 지식에 의해 결정된다고 우려한다. 그런데 정말 그렇게 되어도 좋은 것일까? 전쟁의 문제가 전쟁의 승리의 문제만은—이 문제는 아마 과학이 풀 수 있을 것이다—아니지 않은가? 사람이 사람을 죽이는 상황, 먼저 죽이지 않으면 내가 죽게 되는 판을 벌일지, 말지의 판단을 사람이 아닌 과학에게 맡겨도 되는가? 원자력 무기를 만드는 일은 물론 과학의 사안이다. 그러나 그 무기를 사용할지는 과학이 답할 수 있는 물음이 아니고 과학에게 일임해도 좋은 물음은 더욱 아니다. 이에 대해서는 과학이 전문가인 것이 아니라 전쟁에서 죽고 사는 사람 자신이 당사자인 까닭이다. 이것은 이른바 '과학-기술의 시대'라는 현대가 새로 봉착한 문제가 아니다. 심각성의 정도 차이는 있겠지만, 이 문제는 인류의 역사와 늘 함께해 왔다. 언제든 기술은—초보적인 것이건 고도로 발전된 것이건—있어 왔고, 그 기술의 사용 여부는 기술 스스로는 답할 수 없는 문제, 기술의 사용자 자신과 관련된 문제이기 때문이다. 어떻게 하면 사람을 죽이기에 충분히 날카로운 화살을 만들 수 있을지, 그리고 어떻게 하면 그 날카로운 화살을 막아 내는 튼튼한 갑옷을 만들 수 있는지의 문제는 과학과 기술의 사안이다. 그러나 화살이 충분히 날카롭지 않아 혹여 사람을 죽이지 못할까 걱정하는 이와 갑옷이 충분히 튼튼하지 못해 혹시 사람이 죽을까 걱정하는 이 중에서, 누가 더 '좋은 삶'을 살고 있는지의 물음은 자연과학적 지식만으로 결정할 수 있는 문제가 아니다. 거기에는 자연 이상인 인간의 자유로운 자기 결정의 문제가 걸려 있기 때문이다. 그래서 기술을 택함에 있어 삼가야 한다는 2,300여 년 전 맹자의 경고[396]가 우리 시대에도 여전히 설득력을 잃지 않는 것이다.

과학이, 인간이 던지고 답해야 하는 모든 물음에 답을 줄 수 있겠는가? 논리적으로야 자연주의를 받아들인다면—자연주의란 온 현실성은 자연일 뿐 다른 것은 아니라고 주장하는 세계관이기에—, 물음에 대한 답은 자동으로 나온다. 인간, 사회, 역사도 자연에 속하므로, 이 영역에 대해서도 자연과학자가 전문가다. 그러나 그렇게 말한다면 우리는 과학에게 지나치게 많은 것을 '기대'하는 것이다. 아니, 정확히 말해 우리 자신에 대해 너무 많은 것을 '포기'하는 것이다. 이 '기대와 포기의 대차대조표'를 한번 작성해 보자. 여기서 다시 방법과 진리의 관계에 대한 숙고가 필요하다. 자연주의적 과학 일원론자는 방법이 차변의 자산 목록을 늘려 주는 유일한 진리라고 말하고, 《진리와 방법》의 저자는 과학적 방법에 대한 맹신이 삶의 진리를 포기하게 하여 대변의 부채 목록만 늘린다고 말하기 때문이다.

> 정말 과학은 스스로에게 요구하듯 진리의 마지막 법정이고 또 유일한 담지자인가? (…) 과학의 전제들에서 출발해서 진리에 대한 물음[의 제기가] 도대체 그 온전한 폭에서 가능하겠는가? (…) 우리가 그 답을 알고자 하는, 그러나 과학이 우리에게 금지하는 너무도 많은 물음들이 있지 않은가? 과학은 이 물음들을 불신하고 무의미하다sinnlos[397] 여기기 때

396 《孟子》, 公孫丑, 章句 上, 7 참조.

397 여기서 '무의미함'은 검증 가능성verifiability의 조건을 충족시키지 못함

문에 이를 금지한다. 왜냐하면 과학에게는, 과학적 진리 탐구의 방법을, 그리고 [과학적] 진리 검증을 충족시킬 수 있는 것만이 의미 있는 것이기 때문이다. 과학의 진리 요구에 직면해 생긴 이 불편함은 특히 종교, 철학, 세계관 안에서 기지개를 편다. 이 셋은 과학에 대해 회의적인 사람들이 결정적인 '삶의 물음'에 직면하여 과학적 전문화의 한계와 방법적 탐구의 한계를 드러내기 위해 다가가는 [삶의 진리의] 법정이다.[398]

우리의 삶 그리고 삶의 진리에 대한 물음, 예술과 역사, 종교와 철학이 답일 수 있는 이 물음은 과학으로서는 "답할 수 없는 물음"[399]이고 또 "물을 수도 없는"[400] 물음이다. 여기서 물음은 특정 대상을—외적 자연 또는 자연으로서의 역사, 사회, 인간을—향하는 것이 아니라, 묻고 있는 자기 자신을 향하기 때문이다. 말하자면 물음은 이런 것이다. '화살을 만드는 삶을 살 것인가, 갑옷을 만드는 삶을 살 것인가?' 이 물음은 경제 전문가가 손익 계산을 통해, 사회 통계학자가 현실 세계 안의 직업 분포의 분석을 통해 대신 답해 줄 수 있는 물음이 아니다. 물음은 화살이나 갑옷의 제작을 통해 발생할 수익 또는 실제로 사람들의 직업 선호 경향에 대한 것이 아니고, 오로지 '**나**'는 어떤 삶을 살 것인가의 문제이기 때문이다. 그러므로 이것은 본디 물음을 던지는 자만이 답할 수 있는 물음이다. 우리는 물론 이런 물음조차 과학의 전문가에게 위임하여 자유의

을 말한다. 따라서 이것이 곧 의미 기준이고 과학과 과학 아닌 것 간의 구획 demarcation의 기준이다.

398 H.-G. Gadamer, *Gesammelte Werke*, Bd. II, 45.

399 H.-G. Gadamer, *Vernunft im Zeitalter der Wissenschaft*, 122.

400 H.-G. Gadamer, "Wissenschaft und Philosophie", in: idem, *Hermeneutische Entwürfe*, 13.

소유자로서의 인간을 자연의 일반 법칙에 환원해서 예측하고 지배하는 성과를 '기대'할 수 있을 것이다. 그러나 이 기대의 이면은 인간이 법칙적 자연으로 환원되어 그의 자유가 '포기'된다는 것이다. '기대와 포기의 대차대조표'의 차변에 인간에 대한 '예측 가능성, 지배 가능성의 증가'라는 새로운 자산 목록이 추가되겠지만, 그 대가로 대변에는 '자유로운 결단과 실천, 그리고 그 책임을 떠맡음이라는 자신에 대한 의무를 행하지 않고 있음'이라는 탕감되지 않은 부채가 기입될 것이다. '인간을 예측하고 지배하는 대가로 자유를 포기하고 기꺼이 자연이 되려는가?' 이 물음도 대신 답해 줄 과학의 전문가가 과연 있겠는가? 이 물음은 사실에 대한 물음이 아니라 자신의 삶의 선택과 결정에 대한 물음인데 말이다. '사실 과학'은 사실만을 근거로 답할 수 없는 많은 물음이 있다는 '사실'[401]을 인정할 줄 알아야 한다.

소박한 자연주의자들은 인간이 자연에 속한다는 것은 부정할 수 없는 사실이고—실제로 오늘날의 과학은 이 사실을 반복해서 증명하고 있다—, 이 명명백백한 사실에 대해서는 어떤 다른 사유와 논의의 여지도 있을 수 없다고 주장한다. 그래서 인간은 파블로프 씨의 가공할 종소

401 경험적 사실만을 추구하는 '사실 과학'은 이 '사실'은 보지 못한다. 이것은 경험, 관찰에 의해 확정되는 사실이 아니라 사유의 필연성에 의거해 상정되는 사실이기 때문이다. 그러므로 두 개의 사실을 구분해야 한다는 것은 피할 수 없는 '사실'이다. 물론 이 '사실'도 '사실 과학'은 볼 수 없을 것이다. 그리고 이것은 이 문제에 대한 나의 설명이 실증주의자를—실증주의란 경험적으로 감관에 주어진 것을 유일하게 타당한, 인식의 원천으로 인정하는 입장이다!—이해시키지도 설득하지도 못했다는 것을 의미한다. 이해시키지 못하면서도 설명해야 하고, 설득하지 못하면서도 설명을 멈출 수 없다는 것, 이것이 자연과학과 자연주의의 시대를 살아가야 하는 '반시대적인' 반자연주의자의 운명일 것이다.

리의 강제력으로부터의 자유, 침 흘리지 않을 수 있는 자유를 갖지 못한다는 것이다. 나는 좀 달리 생각하는데, 조건반사의 법칙은 부정할 수 없는 "경험의" 그리고 "자연의 사실"[402]이겠지만, "인간적 자유"는 "이성의 사실"[403]이고 예지계의 진실이기 때문에, 전자에 의해 반박되지 않는다. 경험의 사실은 '초'경험적 이념을 논박할 수 없기 때문이다.[404] 지성Verstand이 경험과 관찰을 통해 획득한 인식을 '자연의 사실'로 확정하는 것과는 달리, 이성Vernunft은 사유의 필연성에 따라 자신의 전제를 '이성의 사실'로 상정한다.[405] 이것이 칸트가 선험적 이념이라 부르는 것인데, 그중 하나가 "행위하는 인간을 위한 사실"[406]로서의 자유다. 이것은 문자 그대로 행위하는 인간을 위해 전제된 이념적 사실이다. 의지의 자유가 전제되지 않으면, 즉 인간 행위가 오로지 자연 필연성에 의해서만 결정된다면, 우리는 선택과 행위에 대한 책임을 물을 수 없고, 따라서 사회적 존재로서의 우리 인간의 도덕적, 법적, 공동체적 삶 또한 붕괴되고 말 것이다. 부도덕을 비난하고 불법을 처벌하기 위한 전제는 의지의 자유이기 때문이다. 물론 단지 도덕과 법의 논리적 가능 근거를 마련하기 위해 자유를 전제한다는 말은 아니다. 내가 의지를 가지고 선택할 때, 그 내용을 실천에 옮길 때, 그리고 그 실천의 결과가 타인들에게 모종의 영향을 끼침을 알 때, 나는 이 모든 것이 나自로부터 유由래

402 H.-G. Gadamer, *Gesammelte Werke*, Bd. X, 218.

403 *Ibid.*, 217.

404 Cf. I. Kant, *Kritik der reinen Vernunft*, B449.

405 상정함suppositio은 밑에sub 세움positio을 뜻한다. 즉 상정되는 것은 경험계에 사실로 세워지는 것이 아니라 그 사실들의 '밑에', 이 사실들을 가능하게 해 주는 전제로 세워지는 것이다.

406 H.-G. Gadamer, *Gesammelte Werke*, Bd. X, 218.

한, 나의 작품이지, 자연 필연성의 강제에 따른 것은 아니라는 필연적인 의식을 갖는다. 이것이 스스로 선택하고 행위하는 자로서의 나의 자유의 의식이다. 그러나 이 선험적 이념으로서의 자유가 자연 필연성이라는 경험의 사실을 배제하는 것은 아니다. 왜냐하면 자유를 전제하는 이성은 '인간은 단적으로 자유롭다'고 말하지 않고, 인간은 "자유롭다고 여겨져야 한다"[407]고 말하기 때문이다. 이성은 인간의 자유를 경험의 사실로 주장하지 않고 물 자체의 진실로 요청하기 때문에, 이는 경험의 반대에 의해 논박 당하지 않고 또 경험의 사실을 논박하지도 않는다.

과학주의, 자연주의의 시대에 그 누구도 '나는 단적으로 자유롭다'고 말하며 자유를 경험의 사실로 주장할 수는 없다. 그러나 이 시대에도 누구나—자유와 책임의 의식을 소유한 자라면—'나는 자유로워야 한다'고 말하며 이념적 요청으로서의 자유를 주장하지 않으면 안 된다. 그렇게 하지 않는 순간, 인간은 파블로프 씨의 이성 없는, 다시 말해 철딱서니 없는 개가 되기 때문이다. 이것이 '인간을 예측하고 지배하기 위해 자유를 포기하고 기꺼이 자연이 된다'는 말의 의미다. 내가 자연에 속한다는 것은 인정할 수 있다. 그것은 '자연의 사실'이기 때문이다. 그러나 내가 자연에 속할 뿐이고 그 이상은 아니라는 것은 수용할 수 없다. 그것은 '자유에 대한 나의 의무'에 배치되기 때문이다. 그래서 나는 나의 자유를 앗아 가려는 도처의 자연주의자들, 자연과학주의자들에게 말한다. '나는 자유로워야 **한다**'라고. 그러므로 자유란—칸트가 인상적으로 말했듯이—(그 경험적 사실의) 증명의 대상이 아니라 (이념적 필연성의) "수호Vertheidigung"[408]의 대상이다. 이 수호가 바로 정신과학의

407 I. Kant, *Grundlegung zur Metaphysik der Sitten*, 448.

408 *Ibid.*, 459.

오랜 과업이었다. 왜냐하면 정신과학은 인간적 삶의 실천의 학문이고, 실천의 이념적 전제가 바로 자유이기 때문이다. 그래서 가다머도 이 자유야말로 "정신과학을 이끌어 왔던 그리고 정신과학이 자연과학의 과학성의 이념과의 계속된 논쟁을 통해 수호해야verteidigen 했던 것"[409]이라고 말한다.[410]

여기서 다시 중요한 물음이 하나 제기된다. 과학이 아니라면—자연과학, 사실과학, 경험과학, 실증과학이 아니라면—, 정신과학은 도대체 무엇인가? 모든 과학들이 자연의 사실을 경험적, 실증적으로 인식하려 여념이 없는데, 유독 정신과학만 자연을 넘어 자유라는 선험적 이념에 기초한다면, 이 학문은 필경 하나의 형이상'학'이 아닌가? 그렇다면 과학이 아닌 정신'과학'은 왜 자신의 이름 안에 '과학'이라는 자신보다 더 큰 이름을 숨기듯 감추고 있는가? 이런 의혹들로부터 '아직' 과학이 아닌 정신과학은 '이제는' 과학이 되어야 한다는, 사뭇 정당해 보이는 요구가 불거져 나온다. 밀이 '하나의 대상, 하나의 방법, 하나의 과학'이라는 모토를 내건 이후로 인류의 과학론의 역사는 정신과학을 자연과학으로 환원하려던 시도의 역사였다. 나의 입장에서는 되묻지 않을 수 없다. 왜 자유의 학문을 자연의 학문으로 변신시키려는가? 17세기에 탄생한 근대 과학이 정신'과학'의 모태라는 말인가? 정말 정신과학은 근대 이래 과학의 분과화와 "전문화"[411]의 한 단계에서, 과학으로부터 잉태

409 H.-G. Gadamer, *Gesammelte Werke*, Bd. X, 218.

410 자유와 자연 간의 이율배반에 대해서는 이미 상세히 논의한 바 있다(3.2.2 참조).

411 H.-G. Gadamer, *Gesammelte Werke*, Bd. X, 309.

되어 나온 하나의 분과 과학, 이른바 '정신'에 대한 전문 과학인가? 정신과학의 지적 뿌리에 대한 물음이 이어지지 않을 수 없다. 정신과학은 어디에서 유래했는가? 이 학문의 어머니, 그 어머니의 어머니는 누구이고, 그분들의 탯줄을 통해 전달되어 정신과학이 먹고 자란 자양분은 무엇인가? 이 물음들에 답할 수 있을 때 우리는 비로소 정신과학이 "진정 무엇인지"[412]를 알 수 있게 될 것이다. 근대 과학이 아니라, 이 뿌리들 그리고 이들이 보내 준 정신의 양분들만이 정신과학이 걸어 온 길을 해명할 수 있고 또 가야 할 길을 제시할 수 있을 것이기 때문이다.

가다머는 자신의 저술의 여러 곳에서 정신과학의 다양한 뿌리들에 대해 언급한다. 이들 중에는 과학의 탄생 시점인 17세기보다 이른 것도 있고 늦은 것도 있지만, 분명한 것은 이 지적 원천들이 긴 시간 동안 공동으로 작용하며—근대 과학의 성립 이후 형성된 자연 연구의 전통에로는 소급될 수 없는—정신과학 고유의 전통을 형성해 왔다는 점이다. 가까운 뿌리부터 살펴보자. 정신과학은 해석학을 통해, 특히 슐라이어마허와 딜타이를 통해 전수한 "낭만주의의 유산"[413]을 분명히 가지고 있다. 그리고 19세기 유럽에서 낭만주의는 역사주의의 형태로 존속되었기 때문에,[414] 정신과학은 "자신의 고유한 유한성과 역사적 규정성"을 늘 자각해 왔고 그 결과 "계몽주의의 자기 신격화에 저항할"[415] 수 있었다. 또한 당대의 "자연과학적으로 방향을 잡은" "심리학에 투쟁하고" 있던 딜타이에게는 독일의 위대한 정신 철학자, "헤겔의 유산"

412 *Ibid.*, Bd. I, 3.

413 *Ibid.*, Bd. X, 179; cf. II, 38.

414 8.2.1 주 64가 지시하는 인용문 참조.

415 H.-G. Gadamer, *Gesammelte Werke*, Bd. II, 42; cf. 38.

이 전해졌는데, 특히 중요한 것은 "객관 정신, 인륜성의 정신"[416]이었다. 이 정신 개념이 후기 딜타이로 하여금 심리학주의에서 벗어나 '정신의 해석학'을 전개하게 했고, 이것이 딜타이 정신과학론의 핵심을 이룬다는 점은 이미 상세히 설명한 바 있다.[417] 헤겔 한 사람뿐 아니라 "라이프니츠에서 헤겔에 이르는 독일 철학"의 전통 전체도 중요한데, 이 전통은 "물리학이라는 새로운 과학"을 "철학적 사변적 학문을 통해 보완하려는 시도"를 반복했다. 이 전통은 현대 철학에 강력한 영향력을 행사하여 이른바 "정신과학적 해석학"은 "독일 관념론의 유산"으로 쓰이어진 방대한 저술의 "겸손한 한 장章"[418]이라고까지 말할 수 있다. 정신과학의 본질 형성을 위해 언급하지 않을 수 없는 또 하나의 주요한 원천이 바로 "형성Bildung" 개념이다. 가다머에 의하면 "정신과학을 하나의 학문으로 만들어 주는 것"은 "현대 과학의 방법적 이상이 아니라", "형성 개념의 전통", "**인문주의적 전통**"[419]이다. 이 "형성 개념" 내지 "형성의 사상"이야말로 정신과학적 "진리의 고유한 원천"이고 "정신과학"이 "자신의 고유한 생명력을 얻어 내는"[420] 곳, 즉 "정신과학이 그 안에서 움직이는 본령"[421]이다. 왜냐하면 여기서는 이 또는 저 대상에 대한 실증적 인식의 획득이 문제가 아니라, 나 자신, 그것도 "타자에 대한 수용성"을 지닌 따라서 "타자에게" "열려 있는"[422] 나의 형성, 정확히는 타

416 *Ibid.*, Bd. X, 180; cf. VIII, 383; H.-G. Gadamer, "Wahrheit und Methode: Der Anfang der Urfassung", 132.

417 8장의 주 12와 8.3.1 참조.

418 H.-G. Gadamer, *Gesammelte Werke*, Bd. I, 464; cf. II, 38.

419 *Ibid.*, Bd. I, 23; cf. II, 43.

420 *Ibid.*, Bd. I, 24.

421 *Ibid.*, 20.

자의 매개를 통한 자기 형성(이것이 정신과학적 인식의 본질이다!)이 유일한 문제이기 때문이다.[423] 그렇기 때문에 이 "인문주의적 유산"은 정신과학을 과학의 경험과는 "완전히 다른 종류의" 경험, 즉 "과학 외부의 경험들, 특히 예술의 경험"으로 "이끌어 갔다".[424] 왜냐하면 예술의 경험 역시—예술 작품이라는 타자가 너의 삶을 바꾸라고 닦아세우며 말을 걸어 오는 한에서—타자의 매개를 통한 인간 자신의 형성이라는 정신과학의 핵심 문제를 직접적으로 건드리기 때문이다.[425] 그래서 가다머도 "현대 과학의 소박한 자기 해석에 대항해서 철학의 진리 요구를 예술의 경험을 가지고 수호하려" 했던 것이다. 이렇게 보면 정신과학적 "해석학은 미적 인문주의의 유산"[426]의 상속자이기도 한 셈이다. 이상 거론한 여러 유산들이 오늘날의 정신과학의 형성을 위해 없어서는 안 되었던 정신의 자양분을 제공했지만, 여기에 끝으로 언급해야 할, 정신

---

422 *Ibid.*, 22.

423 가다머는 《진리와 방법》의 두 번째 절에 〈형성〉이라는 제목을 붙이고 칸트, 헤겔, 훔볼트, 헤르더, 헬름홀츠에 이르는 형성의 개념사에 대한 분석을 제공하고 있다(cf. *ibid.*, 15-24). 그러나 이렇게 형성을 근대적 개념으로 제한하는 것은 이 개념의 풍부하고도 심원한 근원에 비추어 보면 다소 협소한 파악인 것 같다. 이 개념의 먼 시원은 내가 보기에는 의심의 여지 없이 플라톤의 '형성plattein으로서의 교육paideia'의 개념이기 때문이다. 이런 맥락에서 하이데거도 형성을 근대적 개념으로 간주하는 것은 "오해"(M. Heidegger, "Platons Lehre von der Wahrheit", in: idem, *Wegmarken*, Frankfurt a. M. 1976, 217)라고 지적하며, 이 개념은 아티카 교육 철학의 이념으로부터만 적절하게 이해될 수 있다고 밝힌 바 있다(cf. *ibid.*). 나 역시 형성 개념을 플라톤의 "마음(혼)의 형성"(플라톤, 《국가》, 377c, 500d)으로서의 교육의 관점에서 상세히 분석한 적이 있다(김창래, 〈철학의 욕망 II—끝을 향한 형성〉, 78-90쪽 참조).

424 H.-G. Gadamer, *Gesammelte Werke*, Bd. II, 438.

425 이에 대해서는 9.2.3 참조.

426 H.-G. Gadamer, *Gesammelte Werke*, Bd. II, 438.

과학의 가장 오랜 그리고 가장 중요한 지적 자양분의 원천이 하나 더 있다. 그것은 바로 "고대 **실천적 학문***scientia practica*의 유산"[427] 이다. 이것은 대상으로서의 자연에 대한 이론적 인식이 아니라, "인간적 문화의 전승들로부터", "문학과 예술 일반으로부터, 철학으로부터, 역사 서술과 여러 역사적 학문들로부터" 우리 모두에게 "주어지는" 앎, 그리고 "아리스토텔레스의 실천철학의 시절에서 낭만주의의 시대, 그리고 이른바 정신과학의 시대라 할 수 있는 후기 낭만주의의 시대에 이르기까지 전수되어 온 인간에 대한 앎"이다. 이 앎, 자유의 전제 아래 이루어지는 인간의 실천적 삶에 대한 앎, 이론적으로 배울 수 있는 것이 아니기에 "삶을 살아가는 누구나가" 실천하고 경험하며 "계속 모아 가는", 자신의 삶과 자기 자신에 대한 "앎",[428] 정신과학은 이 이상 다른 것이 아니다.

정신과학의 근원들, 거기서 유래한 유산들에 대한 일별은 이 학문이 결코 과학의 한 분야에 불과할 수는 없다는 사실을 분명히 보여 준다. 근원들과 유산들은 하나의 핵심어, 정신과학의 유일무이한 주제, '**인간**'을 중심으로 모여들기 때문이다. 과학도 물론 인간을 다루기는 하지만, 그때의 인간은 자연의 일부로서의 인간일 뿐이다. 정신과학은 자연 이상인 인간, 예지계의 성원으로서 자유로운 의지에 따라 행위하고 실천하는, 그리고 그 책임도 떠맡는 인간, 이 인간의 '삶Leben'에 대해 사유한다. 물론 그 사유를 하는 자도 인간이기에, 여기서는 인간이 자기 자신을 사유하는 것이다. 반면 자연과학적 인간학자는 이 인간의 삶을 단적인 '생명Leben'으로 대상화하여 관찰한다. 그리고 불편부당한 관찰을 위해 스스로는 관찰되는 대상들의 권역의 외부에 머물러야 한다. 바로

427 *Ibid.*, 433.
428 *Ibid.*, Bd. IV, 243.

여기에 두 과학 간의 결정적인 차이가 있다. 과학은 특정 존재자 영역에 대한 대상적 인식을 추구하는 데 반해, 정신과학은 '탐구 대상'이 아니라 '탐구하는 자'로서의 인간 자신, 그 인간의 자기 이해와 자기 형성, 그 형성을 위한 삶의 실천의 문제에만 눈길을 준다. 이제 이 관점에서 두 과학은 다음과 같이 대조된다. 자연과학의 경우 "우리의 활동을 통해 대상 영역을 다룸"[429]이 최초의 과제이고 이 다룸을 통해 대상 세계를 "지배하는 지"[430]의 획득이 최종의 목표라면, 정신과학에서는 예술 작품이나 역사적 전승과 같은 타자와의 대화에 "참여함"[431]이 최초의 과제이고 이 타자들에 의해 "매개되는, 자기 자신에 대한 인간의 앎"[432]에 이르는 것이 최종 목표다. 정신과학자는 죽은 객관(대상!)들에 대한 객관적인 앎을 얻고자 하는 것이 아니라, 탐구하는 자기 자신을 알고자 하되, 이 자기 인식을 위해 자신과 꼭 같이 살아 있는 타자와의 대화가 필수적임도 알고 있다. 타자의 매개를 통한 자기 이해의 획득, 이 이해를 매개로 한 새로운 자기의 형성, 이것이 정신과학의 본질이다. 이제 이런 관점에서 《진리와 방법》의 마지막 네 문장, 이 책의 최종 결론을 음미하면서, 이른바 방법에 앞서 있는 '진리'가 구체적으로 무엇을 뜻하는지 한번 들어 보자.

> 전체적으로 보아 우리의 탐구는 과학적 방법의 사용이 허락하는 확고함만으로는 진리를 보장하기에 충분하지 않다는 사실을 보여 주었다.

---

429 C. Dutt, *Hans-Georg Gadamer im Gespräch*, 14.

430 *Ibid.*, 16.

431 *Ibid.*, 14.

432 H.-G. Gadamer, *Gesammelte Werke*, Bd. IV, 265.

> 이는 특별한 정도로 정신과학에도 해당하는데, 이것은 정신과학의 과학성의 감축을 의미하는 것이 아니라, 오히려 정반대로 정신과학이 고대 이래로 제기해 온 특수한 **인간적 의미***humane Bedeutung*에 대한 요구의 정당화를 뜻한다. 정신과학적 인식에서는 '인식하는 자 자신의 존재'가 함께 작용한다는 사실은 물론 '방법'의 한계를 의미하지만, 그것이 학문의 한계인 것은 아니다. 방법이라는 도구로 수행할 수 없는 일이 있다면, 그런 일은 오히려 물음과 탐문Forschen을 통해 진리를 보장해 주는 학과[정신과학]에 의해 이루어져야 하고 또 실제로 이루어질 수 있다.[433]

《진리와 방법》은 이렇게 끝난다. 방법으로는 얻을 수 없고 오로지 "물음과 탐문", 나와는 다른 타자와 나누는 변증법적 대화를 통해서만 도달할 수 있는 진리, 그것은 나의 삶에 대한 진리(실천적 앎)이고 나 자신에 대한 진리(자기 인식)다. 철학의 역사는 아리스토텔레스 이래 이런 진리를 '프로네시스'라 불러 왔다. 이 실천적 지혜가 바로 방법에 앞선 진리이고, 정신과학이 추구하는 진리다. 따라서 아리스토텔레스적인 의미에서 "**프로네시스**와 **테크네**의 분리"는 가다머의 "진리와 방법의 구별의 선형식"[434]이라 할 수 있을 것이다.[435] 이미 고대 실천적 학문의 출범과 함께 대상적 인식을 보장하는 방법의 길로는 결코 이를 수 없는 인

---

433 *Ibid.*, Bd. I, 494(강조는 필자).

434 J. Grondin, "Jenseits der Wirkungsgeschichte", 45; cf. H.-G. Gadamer, *Gesammelte Werke*, Bd. X, 238.

435 가다머는 현대의 "과학"의 그리스적 시원을 "제작을 가능하게 하는 앎", "제작술"(H.-G. Gadamer, "Wissenschaft und Philosophie", in: idem, *Hermeneutische Entwürfe*, 15)에서 찾는다. 제작술과 테크네에 대해서는 이미 많은 설명이 주어졌다(4.2 참조).

간적 삶의 진리에 대한 통찰과 인정이 있었던 것이다. 바로 여기서 정신과학이 생겨나 자라기 시작한다.

명시적으로 프로네시스가 논의되고 아리스토텔레스의 이름이 거론되고 있지만, 가다머가 정신과학의 먼 기원으로 지목하는 그리스 실천철학이 딱히 아리스토텔레스의 실천적 학문에 제한되는 것은 아니다. 가다머는 오히려 아리스토텔레스와 플라톤의 "영향 통일성 Wirkungseinheit",[436] 즉 이 두 시원의 철학이 서로 영향을 주고받으며 형성한 통일성을 정신과학의 토대로 보는데, 이는 실천철학으로서의 정신과학이 프로네시스의 진리를 목표로 하되, 이 목표에 다가가는 길은 플라톤적 대화의 변증법에서 찾기 때문이다. 나는 이 문제를 〈가다머의 '프로네시스와 대화의 윤리학'〉이라 이름 붙인 한 글에서 아래와 같이 정리한 바 있다.[437]

> 자유로운 실천의 세계에서 중요한 것은 여러 행위들을 자신 아래 포섭하는 법칙의 보편성이 아니라, 지금 여기, 우리가 "처해 있는"(X, 234) 이 상황 안에서 바로 내가, 나의 좋은 삶을 위하여 선택하고 행위에 옮기는 가능성일 뿐이다. 이 세계에서 우리가 알아야 할 것은 바로 나와 나의 삶에 대해, 그리고 나와 함께 살아가고 있는 사람들을 위해 "좋은 것"(아리스토텔레스, 《니코마코스 윤리학》, 1140a)이다. 물론 이 좋음은 나와 우리가 처해 있는 구체적인 상황 안에서의 좋음이다. 삶은 늘 특정 상황

436 H.-G. Gadamer, *Gesammelte Werke*, Bd. VII, 128.

437 인용문 안에서 가다머의 《전집Gesammelte Werke》에서 인용할 경우 서명이나 약호 없이 라틴어 숫자로 권수, 아라비아 숫자로 면수만 표기했다.

안에서만 진행되기 때문이다. 이것을 아는 것, 즉 좋음의 그때마다의 구체성에 대한 인식은 분명 "하나의 앎"(IV, 243)이고 실은 가장 근원적인 앎이다. 바로 이 앎이 자유의 세계 안에서 그때마다 우리의 선택과 행위를 이끌어 가는 유일한 지침이기 때문이다. 이런 이유에서 '자연의 보편성에 대한 방법적 인식'에 앞서 있는 '인간의 실천적 삶에 대한 앎'의 근원성을 증시하려는 가다머는 근대 자연과학주의를 넘어 고대 희랍의 위대한 실천철학의 전통으로 돌아간다. 왜냐하면 이 전통은 보편 법칙의 체계로서의 자연과는 다른, 인간의 구체적인 삶, 그리고 이론적 기술적 지식과는 다른 실천적 앎에 대한 존중으로 일관하고 있기 때문이다. 말하자면 그리스 실천철학은 방법을 넘어선 진리의 가능성을 보장해 주는 통로인 셈이다.

고대 실천철학의 출발점은 "좋음에 대한 소크라테스적 물음"(IV, 373)이다. 물론 이 물음은 전혀 이론적인 물음이 아니다. 즉 과학의 이론적 인식이 대신 답해 줄 수 있는 물음이 아니다. 물음은 자유로운 행위주체로서의 각각의 인간에게 그의 '아레테'에 대하여, 그리고 그의 "삶의 최상의 방식에 대하여"(가다머, 《과학 시대의 이성》, 83) 묻고 있기 때문이다. 앎은 "실천의 현실에로의 관련으로부터 규정되어야 하고"(V, 231), 삶은 이 앎의 "이끎"(II, 454)을 받아야 한다. 이렇게 "이론적 삶의 정위와 실천적-정치적 삶의 정위가, 그리고 이론적인 앎과 실천적인 앎이 뗄 수 없이 얽혀 있다는 사실"(VII, 126)이 이른바 아레테는 곧 앎이라는(플라톤, 《메논》, 88c-d 참조) 소크라테스의 말의 참된 의미이다. 소크라테스 이후의 고대 실천철학은 이 같은 앎과 삶의 근원적 귀속성에 근거했다는 점에서 분명한 '연속성'을 갖고 있고, 이 연속성이 외관상 대립되어 보이는 플라톤과 아리스토텔레스의 철학을 한데 "결합해"(VII,

126) 준다. 즉 좋음에 대한 소크라테스의 물음에 대한 답변의 시도로서의 그리스 실천철학의 역사에서는 "플라톤적 아리스토텔레스적 영향의 통일성"(VII, 128)이 발견된다. 이 통일성이야말로 가다머의 실천철학을 위한 철학적 자양분의 원천이다.

약간의 논란의 소지가 있음에도 불구하고 가다머는 플라톤의 초월론과 아리스토텔레스의 내재론 간의 고정 관념적 대립을 거부한다. 왜냐하면 세세한 부분에서의 차이에도 불구하고 이 두 철학 체계는 근본에 있어서는 모두 "잘 사는 것"(플라톤, 《파이돈》, 48b; 아리스토텔레스, 《니코마코스 윤리학》, 1140a)을 추구했던 실천철학이기 때문이다. 가다머에 의하면 플라톤 스스로는 "두 세계를 가르쳤던 플라톤주의자가 아니었고"(VII, 331), 아리스토텔레스도 이데아의 초월성에 대한 그의 비판에도 불구하고 철학사상 "최초의 플라톤주의자"(II, 503)였다. 두 사람의 철학의 마지막 목표는 일치한다. 그것은 '좋은 삶'이다. 그런 한에서 두 사람은 좋음에 대한 소크라테스적 문제의식의 계승자들이다. 그러나 두 철학자가 이 공동의 목표에 도달하기 위해 취했던 행로는 서로 달랐다. 플라톤은 유한한, 그러나 지혜를 사랑하는 인간들 간의 물음과 답변을 주고받음, 즉 변증법적 대화를 통해 좋은 삶에 이르기를 원했고, 아리스토텔레스는 프로네시스의 연마라는 길을 택했다. 물론 가다머는 이 두 길이 '영향의 통일성'을 형성한다고 본다. 그리고 그가 방법에 앞선 진리를 찾아 그리스 실천철학에로 되돌아갔을 때 그의 시선이 향했던 것도 다름 아닌 이 통일성이다. 이렇게 보면 대화의 변증법과 프로네시스는 가다머의 실천철학적 사유를 떠받치고 있는 두 기둥이다.[438]

---

438 김창래, 〈가다머의 '프로네시스와 대화의 윤리학'〉, 서울대학교 철학사상연구소 엮음, 《처음 읽는 윤리학》(파주: 동녘, 2013), 235-237쪽.

프로네시스란 아리스토텔레스의 고전적인 정의에 따르면 "전체적으로 잘 살아가는 것과 관련해서 무엇이 좋고 유익한지 잘 숙고할"[439] 수 있는 품성 상태, "단적인" 좋음으로서의 "행복"[440]에 다가가게 해 주는, "삶의 운영의 전체적"으로 지혜로운 "태도"[441]를 말한다. 그런데 이 정의만 놓고 보면, 프로네시스의 소유는 우리 인간으로서는 이루기 좀 벅찬 목표가 아닌가 하는 의문도 든다. 한 번 또는 두 번이야 지혜로운 판단을 할 수도 있겠지만, 전체적으로 그런 판단을 하고 이를 통해 단적인 좋음의 상태에 다가간다는 것이 유한한, 그리고—육신과 감각의 요구에 노출되어 있다는 점에서—유약한 우리 인간에게 과연 가능한 일인가? 게다가 아리스토텔레스에서 도덕의 유일한 원리는 이른바 "사실hoti",[442] 도덕적 판단이 이루어져야 하는 구체적인 사실 상황인데, 이 개념은 특유의 가변성에 의해 특징지어지기 때문에 문제가 더욱 복잡해진다. '사실 상황'은 행위자 개인의 관점에 따라, 시간의 흐름에 따라, 지역이 바뀜에 따라 늘 변하고, 이 변화하는 상황 안에서 그때마다의 최선의 선택도 매번 달라진다. 한마디로 실천적 삶의 영역에서 늘 올바른 도덕 판단을 내리게 해 주는 일의적 지침, 기계적 절차와 같은 것은 있을 수 없고, 매번의 도덕적 사안은 그때마다 새로운 숙고와 판단을 요구하는 새로운 과제일 수밖에 없는 것이다. 그런 의미에서 이 실천적인 앎은 배워 익힐 수 있는 이론적 인식과는 완전히 "다른 종류의 앎"[443]이어

---

439 아리스토텔레스, 《니코마코스 윤리학》, 1140a(아리스토텔레스에서 프로네시스와 실천적 학문에 대해서는 4.3 참조).

440 같은 책, 1097a.

441 H.-G. Gadamer, "Hermeneutik - Theorie und Praxis", in: idem, *Hermeneutische Entwürfe*, 10.

442 아리스토텔레스, 《니코마코스 윤리학》, 1095b.

서 "가르칠 수"도 "없고"[444] 또 "배워" 알 수 있는 "앎도 아니다".[445] 그래서 아리스토텔레스도 "오랜 시간"과 "경험",[446] 반복된 "수련"[447]만이 프로네시스의 배양을 약속한다고 말은 하지만, 그 수련의 구체적인 절차에 대해서는 아무런 언급도 하지 않는다. 이유 없는 침묵이 아니다. 실제로 말할 수 없는 사안이기 때문이다.

실천적 수련의 과정 자체는 일의적으로 규정할 수 없지만, 그 결과만큼은 가시적인 형상을 갖추고 우리 앞에 현존한다. 프로네시스다. 물론 도덕적 수련의 주체가 개인이므로, 수련의 결과로서의 프로네시스 역시 일단은 개인의 프로네시스다. 그러나 이 개인들이 "국가 공동체를 구성하는 동물zoion politikon"[448]인 한에서, 프로네시스는 늘 공동의 프로네시스로서의 '에토스'의 형태로 다가온다. 에토스는 "각기 다른 의지를 갖는 개인들, 외관상 총천연색의 다른 좋음을 선택하는 개인들이 소통과 불협화를 거치며 보편적인 것에로의 합의를 이끌어 온, 공동의 도덕적 삶의 침전물", "무수히 많았던 개인들의 실천적 행위와 그 상호 작용을 통해 형성된, '우리'의 실천적, 사회적 삶의 역사 자체"다. 그리고 모든 인간은 이 에토스가 지배하는 공동 세계 안에서 태어나, 교육받고 성장한다는 점에서, 에토스는 "자연과는 다른 자유의 세계의 유일한 입법자이고 실천적 앎의 정당화를 위한", 이 세계의 "단 하나의 진리 기준"[449]이다. 이 의미에서 에토스는 "생성된 존재"[450]이고 "제2의 자연"[451]

---

443 H.-G. Gadamer, *Gesammelte Werke*, Bd. I, 27.

444 *Ibid.*, Bd. II, 252; cf. 40, 162.

445 *Ibid.*, 40; cf. 162.

446 아리스토텔레스, 《니코마코스 윤리학》, 1142a.

447 H.-G. Gadamer, *Gesammelte Werke*, Bd. I, 318.

448 아리스토텔레스, 《정치학》, 천병희 옮김(도서출판 숲, 2009), 1253a.

이다. 신이 아닌 인간의 도덕적 삶의 결과로 생성되었기에 피지스가 아니라 노모스이지만, 자연적 본성physis 못지않은 강한 구속력으로 인간을 규정하므로 버금의 의미에서 자연이고 존재다. 유한한 존재자로서의 우리 인간은 이 에토스의 인도 아래 우리의 실천적 삶을 운영한다. 이것이 실천적 판단을 위한 유일한 지침이기 때문이다.

에토스는 분명 좋음에 대한 인간적 추구의 결과물이다. 그러나 최후의 결과물은 아니다. 왜냐하면 누구나 알듯 세상에는 "천 개나 되는"[452] 에토스들이 있기 때문이다. 천 개나 되는 에토스들은 각자 고집스럽게 자신만의 좋음을 주장하며 다른 에토스를 배제하려 든다. 에토스들의 독단성과 상대성을 어떻게 극복할 것인가? 이 물음에 대한 답을 가다머는 플라톤에서 찾는다. 그것은 "에토스와 로고스"의 플라톤적 "매개"[453]다. 즉 "프로네시스, 실천적 앎의 이성성"에 주목하여 "프로네시스를 대화라는 의미에서 발전시켜"[454] 나와는 다른 에토스를 갖고 있는 "타자의 문제를 사유할" 수 있게 하고, 이를 통해 에토스의 독단성과 상대성을 로고스적 대화로 보완하는 것이다. 가다머는 명료한 톤으로 프로네시스가 "본디 플라톤의 개념"[455]임을 지적한다. 왜냐하면 플라톤적 대화가 추구하는 아레테에 대한 앎이 바로 프로네시스이기 때문이

---

449 김창래, 〈가다머의 '프로네시스와 대화의 윤리학'〉, 246쪽.

450 H.-G. Gadamer, *Gesammelte Werke*, Bd. II, 325.

451 *Ibid.*, 469.

452 니체, 《차라투스트라는 이렇게 말했다》, 100쪽.

453 H.-G. Gadamer, *Gesammelte Werke*, Bd. IV, 183.

454 R. Dottori, Hrsg., *Hans-Georg Gadamer. Die Lektion des Jahrhunderts: Ein philosophischer Dialog mit Riccardo Dottori*, Münster 2002, 24.

455 *Ibid.*, 25.

다. 이제 에토스와 로고스의 원론적인 대립은 지양된다. 둘은 서로에 속하기 때문이다. 에토스는 "자신의 숙고를 인도할 로고스를 요구하고" 로고스 또한 "자신을 구현할 장으로서의 에토스를 필요로 한다". 그러므로 "에토스 없는 로고스는 공허하고 로고스 없는 에토스는 맹목이다".[456] 말하자면 둘은 "서로로부터 분리될 수 없는, 동일한 것의 두 측면"[457]이다. 이 동일한 것, 로고스와 에토스를 자신의 두 얼굴로 가지고 있는 것이 바로 "로고스로 에토스를 인도하고 또한 에토스 안에서 로고스를 사용하며 진행되는 인간의 실천적 삶"[458]이다. 가다머에게 정신과학이란 우리의 '에토스적 로고스(실천적 이성)'가 대화를 통해 '로고스적 에토스(이성적 프로네시스)'에 이르는 길 이상 다른 것이 아니다. 나는 로고스와 에토스 간의 이러한 통일의 과정을 분석한 적이 있다. 조금 길지만 인용을 통해 소개한다.

> 가다머의 실천철학은 두 개의 기둥에, 정확히는 이 두 기둥의 '영향 통일성'에 의해 지탱된다. 그중 하나가 아리스토텔레스의 프로네시스의 윤리학이고, 나머지 하나는 인간적인 말의 오고감을 통해 진행되는 플라톤의 대화의 변증법이다. 이제 이 두 기둥이 어떻게 하나의 '영향 통일성'을 형성하는지를 생각해 보아야 한다. 결론을 선취하면, 구체적인 사실에서 출발하는 에토스의 윤리학에게 보편적인 도덕 원리에로의 길을 열어 주는 것이 바로 변증법적 대화다.
>
> 신이 만든 피지스와는 달리 인간적 정립의 세계로서의 노모스에는

456 김창래, 〈가다머의 '프로네시스와 대화의 윤리학'〉, 249쪽.

457 H.-G. Gadamer, *Gesammelte Werke*, Bd. X, 263.

458 김창래, 〈가다머의 '프로네시스와 대화의 윤리학'〉, 250쪽.

절대적인 척도가 있을 수 없다. 신이 인간에게 그러한 척도를 주지 않았기 때문이다. 따라서 척도는 인간 스스로 만들어 가야 한다. 이것이 바로 "생성된 존재"(II, 325)로서의 에토스다. 에토스는 모든 인간적 존재자들의 실천을 위한 근거가 된다는 점에서 분명 스스로는 존재자가 아닌 것, '존재'다. 그런 한에서 인간의 도덕적 행위는 완전히 무정부주의적인 것은 물론 아니다. 그러나 또한 이 에토스는 하늘나라로부터 주어진 것이 아니라 유한한 인간들의 대화와 합의를 통한 정립의 결과라는 점에서 '생성된 것', 인간적 형성의 산물일 뿐이다. 그런 한에서 에토스에 의존하는 인간의 도덕은 결코 절대적인 타당성, 전 인류적 보편성을 가질 수 없다. 이 불행한 결론은 가다머가 칸트의 형식주의 윤리학이 아니라 아리스토텔레스의 구체적인 실천철학의 길을 걷기로 결정하던 순간, 즉 실천의 영역에서 보편적이고 초월적인 척도의 주어짐을 거부하던 순간, 이미 예고된 문제였다. 이제 신적 척도를 거부한 인간적인 실천철학에게 근본적인 물음이 제기된다. 그때마다의 상황 안에서, 그때마다의 에토스에 따라 선택된 인간적인 좋음을 어떻게 신적인 좋음에 접근시킬 수 있는가?

실천철학의 과제는 좋음에 대한 물음에 최종적인 답을 주는 일이다. 그러나 인간적인 실천철학은 이 물음에 대한 유일하게 옳은 답을 가지고 있지 않으며 또 가질 수도 없다. 이 학문이 가진 것은 그릇되지는 않은 복수의 답들이고, 이 학문이 처한 상황은 이 복수의 답들 간의 충돌이다. 이제 이 학문이 할 수 있는 유일한 일은 인간들 사이의 대화를 통해 복수의 답들 간의 합의를 이끌어 내는 일, 이 운명적인 복수성을 통일성에로 접근시키는 일뿐이다. 이를 가능하게 하는 것이 바로 인간적 대화이고 플라톤이 변증법이라 불렀던 사유의 기술, "묻고 답하는"(《크라튈로스》, 390c) 기술이다. 우리는 좋음에 대해 묻고 답해야 한다. 물론 우리가 묻고 신이 답한다면 좋겠지만, 신이 침묵하는 바에야 우리 스스로 묻고 우리 스스로 답하는 "차선의"(《파이돈》, 99c) 항해를 수용하지 않을 수 없다. 이 항해의 전제는 이성의 "복수성"(II, 275)이고, 그 지침은 가장 포괄적인 의미에서의 합리성, 즉 독단의 극복이고 생소한 이성에 대한 "수용성"(I, 273)이다. 나만이 유일하게 옳은 이성이고 다른 이성은 존재할 수 없다는 독단을 이겨 내고, 나의 말이 아니라 생소한 이성의 생소한 말이 "옳을 수 있다는 가능성을 고려하면서"(II, 275) 타인의 말에 귀를 기울일 줄 아는, 그리하여 나의 말과 그의 말이 공통의 기반을 발견하게 하는 비판적 태도가 이 대화를 이끌어 간다. "타인의 관점을 함께 사유하고 공통적인 것에 대한 이해를 추구하는"(IV, 51) 이 태도야말로 신이 아닌 인간에게 허용될 수 있는 최상의 이성적 사유다. 이것은 말하자면 이성의 "복수성"을 인정하는 겸허한 이성의 "훈련", "설득, 논쟁, 경험을 통해" 복수의 이성들을 "전체의 통일성에로 결합시키는"(II, 275) 훈련이다. 대화란 이성의 복수성을 "통일성"에로 옮겨 주는 길이고, 이 옮김의 목표는 "너와 나의 하나 됨"이다.

일단 이성은 좋음, 좋은 삶에 대해 "자기 자신과 협의해야"(I, 326) 한다. 그리고 마찬가지로 자기 자신과 협의했을 다른 이성과 협의해야 한다. 그리고 궁극적으로는 이 "타자와" 그의 "타자성 안에서 공동적인 것을 인식하는 법을 배워야"(X, 237) 한다. 이 과정을 통해, 오로지 이 과정을 통해서만 "공동의 확신"이 구성되고 "공동성이 건립"(II, 275)된다. 이 "합의의 공동 세계"(II, 326)가 바로 유한한 인간들이 숙고와 선택, 행위와 상호 작용, 물음과 답변, 대화와 합의를 통해 구성한 실천적 삶의 세계, '우리'의 로고스적 에토스다. 이 공동 세계가 바로 우리의 자유로운 실천의 장이고, 이 세계 안에서 구속력 있는 공동의 확신이 우리가 가질 수 있는 도덕적 행위의 척도이고, 이 세계 안에 "함께 있음"이 이 척도의 참을 "증명할"(VII, 373) 수 있는 유일한 길이다. 왜냐하면 우리는 진리를 소유한 신이 아니라 다만 진리를 추구하는 인간일 뿐이며 동시에 "인간들 안의 인간, 사회적 존재"(IV, 50)이기 때문이다. 진리는 저 먼 곳의 신으로부터 오는 것이 아니라 지금 여기 함께 있는 인간들로부터 온다. 그러므로 도덕의 보편적 원리는 분쟁과 갈등을 조정하기 위한 척도로 미리 주어져 있어야 하는 것이 아니라, 대화와 합의를 통해 추구되고, 비로소 얻어져야 할 것이다. 이것이 바로 신이 아닌 '인간'에게 허용된 좋음이고 또 '인간적인' 실천철학, 철학으로서의 정신과학이 추구해야 하는 것이다.

자연의 일부가 아니라 자유의 소유자로서의 인간은 신적 법칙이 지배하는 피지스가 아니라 인간적인 에토스가 지배하는 노모스 안에 살고 있다. 이 세계는 물론 "사회적 존재 그리고 국가를 형성하는 존재로서의 인간 존재가 창조한 것"(X, 243)이다. 그리고 그런 한에서 이 세계의 성원들의 공동의 확신은 결코 신적인 보편성을 누리는 도덕의 원리는 아니고, 따라서 이 세계 안에서 우리가 획득한 좋음도 여전히 인간적인 좋음일 뿐이지 신적인 좋음은 아니다. 신의 관점에서 본다면 이는 분명 결함이고 한계일 것이다. 그러나 인간의 관점에 따르면 이는 단순한 "결함이나 한계가 아니다"(IV, 187). 우리는 오히려 이 외관상의 한계가 갖는 긍정적인 의미에 대해 숙고할 수 있어야 한다. 두 가지가 중요하다.

첫째 인간이 창조한 도덕적 "삶의 질서"는 완전한 것이 아니고 또 그의 이성 사용의 최종적인 결과물도 아니다. 그리고 그 의미는 인간 이성과 이 이성이 창조한 질서가 단지 불완전하다는 것이 아니라, 불완전하기 때문에 이성은 "자신의 비판적 능력을 [계속] 사용해야 하고" 이를 통해 자신이 창조한 질서를 "지속적으로 새로 창조해야"(X, 243) 한다는 것이다. 신이 아닌 인간이 형성한 모든 에토스는 "지속적인 재형성"(II, 317), 무한한 손질과 보완을 통한 개선을 요구한다. 이는 인간적 실천철학의 약점이 아니라 분명한 강점이다. 이 학문은 최후의 좋음에는 도달하지 못했지만, 바로 그렇기 때문에 점진적인 좋아짐, 끝없는 나아짐을 시도해야 하고 또 약속하기 때문이다.

둘째 타자 승인과 개방적 대화, 대화를 통해 합의를 창출하려는 갖은 노력에도 불구하고 우리는 애당초 우리가 추구했던 '통일성', '그 하나의 이성'과 '달리 생각하는 나와 너의 하나 됨'에는 이르지 못했다. 여전히 복수의 이성이 있고, 이들에 의해 달리 형성된 여러 에토스들이 있다. 로고스적 에토스의 복수성은 일단은 실천철학적 정신과학의 치명적인 결함으로 보인다. 그러나 이것 역시 약점이 아니라 강점이다. 왜냐하면 이 같은 복수성의 승인을 통해 이 학문은 '인간을 인간 이상의 다른 어떤 것으로 만들어 버리지 않는, 인간적인 학문'으로 남을 수 있기 때문이다. 인간의 이성이 에토스에 근거할 수밖에 없다는 것, 그리고 실제로 다양한 에토스가 존재한다는 사실은 "인간적 근본 구조의 본질에 속한다"(X, 263). 그러므로 실천적 정신과학은 모든 인간적 실천의 보편적 원리로서의 신적인 좋음을 단적으로 요청하지 말고, 오히려 이 같이 유한한 인간이 처해 있는 현사실적 근본 구조에서 출발하지 않으면 안 된다(cf. III, 325). 왜냐하면 실천철학, 윤리학이란 본디 인간의 일이기 때문이다. 신들은 윤리학을 하지 않는다(플라톤, 《향연》, 204a 참조). 신들은 이미 좋고 또 좋음을 가지고 있어서 그들에게는 좋음에 대한 철학적 숙고가 불필요하기 때문이다. 이 숙고는 '그 하나의 신적인 좋음'을 갖지 못한, 그래서 이 좋음을 사랑하고 추구하는, 그리고 자신이 가진 이 또는 저 좋은 것들 중에 어떤 것이 신적인 좋음에 가까운지를 물어야 하는 인간의 일이다. 이렇게 신적인 좋음을 갖지 못해 그 좋음을 사랑하는 인간의 유한성에서 출발하는, 그리고 사랑하는 자로서의 인간은 그가 추구하는 신적인 좋음의 최종적인 소유자일 수는 없다는 사실을 긍정하는 실천'철학'이야말로 오히려 '철학philo-sophia'이라는 말의 시원의 의미에 충실한 것이다. 왜냐하면 철학은 본디 지혜의 소유가 아니라 지혜에 대한 사랑이고, 사랑이라는 말에는 사랑하는 것을 갖지 못했고(같은 책, 200a-b 참조) 또 영원히 가질 수 없다는 의미도 포함되어 있기(cf. IV, 478, VI, 152) 때문이다. 그러므로 실천철학의 '철학적임'은 그 하나의 신적인 좋음의 소유와 획득이 아니라 그 좋음에 대한 부단한 사랑과 추구에 존립한다.[459]

정신과학은 인간이 한다. 정신과학을 하는 인간은 인간의 좋은 삶에 대해 묻는다. 그리고 이 물음에 답하는 자도 역시 인간이다. 여기서는 인간들이 인간에 대해 묻고 답한다. 이것은 인간적인 변증법(대화)이고, 이 대화의 매번의 결론으로서의 프로네시스도 역시 인간의 지혜 다. 인간의 물음에 신은 답을 주지 않으므로 인간 스스로 그 답을 찾아야 한다는 것, 이것이 바로 우리 인간에게 신의 순풍은 불어 주지 않는다는, 따

459 김창래, 〈가다머의 '프로네시스와 대화의 윤리학'〉, 251-256쪽(글은 필요에 따라 다소 수정되었다. 인용문 안의 인용은 위 주 437에서 밝힌 방식에 따라 표기했다).

라서 우리는 돛단배를 타고서가 아니라 힘겹게 노를 저어서만 진리의 섬으로 항해할 수 있다는 소크라테스의 말의 의미다.[460]

논의를 정리하며 결론에 다가가자. 지금까지 정신과학적 실천철학과 관련해 드러난 모든 사태는 시원의 철학, 애지의 정신에 매우 잘 부합한다. 그리고 그 의미에서 이제 정신과학은 철학에 대해 '모든 것', 즉 '전부'이다.[461] 정신과학이 철학 자체라면, 그리고 정신과학의 이 같은 자기 이해가 철저하게 철학적이라면, 정신과학 역시 지혜에 대한 사랑일 뿐 그 이상일 수는 없다. 그렇다면 정신과학자가 사랑하는 지혜는 어떤 지혜인가? 물론 철학자가 사랑하는 '신적 지혜'다. 그러나 그가 얻을 수 있는 것은 다시 인간적 지혜뿐이다. 정신과학자는 신에게 묻지 않고 자신과 꼭 같은 처지의 인간, 그의 입장에서는 다시 나에게 물어야 하는 바로 그 인간에게 묻고 있기 때문이다. 그렇다면 그는 무엇에 대해 묻고 있는가? 그는 자연의 비밀이 아니라 인간에 대해 묻고, 이렇게 묻고 있는 자기 자신이 무엇이고, 무엇이어야 하는지에 대해 묻는다. 그러므로 철학적 정신과학은 '인간의 무엇'에 대한 물음, 그때마다 잠정적으로 참인 답에 이르지만 결코 최종적으로 참인 답에는 이르지 못하는 무한한 물음의 시도다. 그렇다면 왜 유일하게 참인 답을 찾을 수 없다는 이 물음을 무한히 반복해서 던져야 하는가? 이중의 답변이 가능하다. 첫 번째는 신이 답하지 않기 때문이다. 한 인간이 다른 인간과 함께하는 대화, 인간적 변증법은 인간적인 결론에만 도달할 수 있을 뿐이고, 인간들의 답변 중 그 어떤 것도 묻는 인간을 만족시키지는 못한다. 그렇다면 답

460 플라톤, 《파이돈》, 85d, 99c 참조.
461 위 주 388이 지시하는 인용문을 참조.

을 얻지 못한 인간은 이 답할 수 없는 물음을 왜 폐기하지 못하는가? 인간의 타고난 본성과 본질을 궁금해하는 자연의 소질로서의 형이상학이 여기서도 작동하고 있는가? 아니다. 여기서는 '피지스와 형이상학'이 아니라 '에토스와 실천철학'만이 문제일 뿐이다. 정신과학자는 자연에 대해서도, 자연의 저편에 대해서도 궁금해하지 않는다. 그렇다면 그는 왜 이 완성에 이르지 못할 사랑과 추구에 종지부를 찍지 못하는가? 방금 언급한 두 번째 답이 여기서 주어진다. 직접 가다머의 말로 들어 보자.

> 여기서는 [플라톤의 변증법에서는, 즉 변증법적 대화를 통한 프로네시스의 추구에서는] 누군가는 가지고 있고 다른 사람은 가지고 있지 않은, 한 사람은 요구하지만 다른 사람은 요구하지 않는 앎, 또는 단지 '현자'들만이 가지고 있다고 할 수 있는 그런 앎이 아니라, **누구나 가져야만 한다고 요구되는 앎**, 따라서 **갖지 못한 한에서 계속 추구해야만 하는 앎**이 문제다. 왜냐하면 이 앎에 대한 요구는 인간적 실존 자체의 존재 방식을 이루는 것이기 때문이다. 이것은 좋음에 대한 앎, 아레테에 대한 앎이다. 인간의 존재에는 그가 그 자신을 자신의 아레테에서 이해하고 있다는 것, 즉 그 자신을 바로 '그 자신인 가능성들'로부터, '그가 될 수 있는 것'으로부터 이해하고 있다는 것이 속하기 때문이다.[462]

철학적 정신과학의 물음은 인간의 자기 이해에 대한 물음, 나는 누구이고 또 누구여야 하는가의 물음이다. 그런 한에서 어떤 인간도 이 물음을 피해 갈 수 없고 물음에 답함을 포기할 수도 없다. 여기서 물음은

---

462 H.-G. Gadamer, *Gesammelte Werke*, Bd. V, 39(강조는 필자).

나에 대해, 나의 좋은 삶에 대해, 나의 아레테에 대해 던져지기 때문이다. 문제는 바로 나, 나에게는 가장 중요하지만 또 가장 어둠에 쌓인, 그래서 내가 가장 열정적으로 알기를 원하는 그 '나'다. 더욱이 물음은 '현실적인 나'가 아니라, '가능적인 나'를 향한다. 이 '아직 아닌, 그러나 되어야 할 나'가 바로 나의 아레테이기 때문이다. 플라톤의 철학의 언어로 표현하면 이렇다. 현실적인 나를 보고 있는 나의 육의 눈을 감고 혼의 눈으로 본 가장 아름다운 나, 그 나를 플라톤은 "가장 아름다운 인간"[463]이라 부른다. 이 아름다운 나가 바로 나의 아레테, 현실적인 나가 닮아 가야 할 것,[464] 나의 형성의 "본"[465]이다. 그리고 이 본에 따른 삶이 바로 좋은 삶, 아레테가 실현되는 삶, 우리의 로고스적 프로네시스가 추구하는 삶이다.[466]

언젠가 플라톤은 철학의 마지막 물음은 단 하나뿐이라고 했다: 우리는 우리의 삶을 어떻게 형성할 것인가?[467] 이제 우리는 철학의 이 유일무이한 물음에 대한 답을 가지게 되었다. 가능적이지만 아직 현실적이지 않은 나, 비현실적이어서 생소하지만 아름답기에 다가가야 할 나, 나의 아레테, 나의 이데아, "가장 아름다운 인간"으로서의 나가 실현되도록 우리의 삶을 형성해야 한다.[468] 당연히 구체적인 답을 요구하는 물음

463 플라톤, 《국가》, 472d.

464 같은 책, 472a, 592b, 613a 참조.

465 같은 책, 472c, 500e, 592b.

466 이 같은 자기 이해와 자기 형성의 과정에 대해 나는 두 번에 걸쳐 상세한 연구를 전개한 바 있다(김창래, 〈인간의 원상idea에 관한 연구〉, 209-218쪽 참조; 김창래, 〈철학의 욕망 II—끝을 향한 형성〉, 78-90쪽 참조).

467 플라톤, 《고르기아스》, 492d 참조.

468 그러나 이 답은 형식적이어서, 그 구체적인 내용은 결여하고 있다. 누구나 다시 자신의 입장과 상황에서 이 답을 탈형식화해야, 즉 구체적인 내용을 부여

이 이어진다. 그렇다면 어떤 인간이 아름다운 인간이고, 그런 인간이 되기 위해 우리는 무엇을 해야 하는가? 이 물음과 관련하여 가다머는 고대의 시 한 수를 인용한다.

> [이에 대해서는] 고대의 아름다운 시가 하나 있다. 제대로 된 약을 가지고 병을 치료하는 것처럼 인간의 영혼 안에 아레테를 심어 자라나게 할 수 있다면, 그 사람은 아마 신보다도, 그리고 [의술의 신] 아스클레피오스보다도 더 칭송받을 만하다.[469]

누가 그런 영혼의 의사일 수 있겠는가? "재물을 모으는 데 그리고 명성과 명예를 얻는 데는 신경 쓰면서도 자신의 '영혼'을 훌륭하게 만드는 데에는 마음도 신경도 쓰지 않는 사람들"에게 "캐묻고 심문하고", 그들을 "나무라는"[470] 사람, 그렇게 해서 인류 "최초의 철학의 교사", "철학이라는 학교의 최초의 창시자"[471]가 된 소크라테스가 아니라면 말이다.

> 플라톤은 소크라테스를 아테네의 순박한 시민으로 묘사했다. 그는 자연을 탐구하는 '현명한 사람들'의 앎에 대해서는 아무런 약속도 하지 않고, 그 대신 각자의 '영혼'에 마음 쓰라 요구했고 올바른 삶에 대해 물었다. 그는 플라톤적인, 말의 새로운 의미에서 진짜 철학자였다. 그는 지자도 현자도 아니었다. 단지 '가장 중요하고 유일하게 본질적인 것,

---

해야 한다. 각자는 각자의 아레테를 스스로 찾아야 한다. 그 의미에서 이 답은 마지막 답은 아니다.

469 H.-G. Gadamer, *Gesammelte Werke*, Bd. X, 221.

470 플라톤, 《변론》, 29e.

471 H.-G. Gadamer, *Vernunft im Zeitalter der Wissenschaft*, 113f.

즉 좋음'에 대해 자기 자신과 다른 모든 이들이 무지하다는 사실만큼은 알고 있다는 것이 그의 탁월함이었다. 그는 철학을 하늘에서, 즉 세계의 구성과 자연의 일어남에 대한 탐구로부터 인간에게로 끌어내렸다. 그는 쉬지도 지치지도 않는 대화를 통해 '좋음'에 대해 물었다. 그는 그렇게 해서 실제로 모든 사람들에게, 즉 '자기 자신에 대한 인식을 중요한 문제로 여기고, 사유의 힘으로 삶, 불행, 불의와 고통을 견뎌 내고 심지어 죽음의 쓰라림에 대해서도 초연할 수 있는 자'를 철학자라 여기는 모든 사람들에게 철학의 원형이자 모범이 되었다. 여기서 새로운 실로[472] 옷감이 짜여지고 이 옷감으로 철학자의 외투가 만들어진다. 그리고 모든 과학들로부터 독립적인, '실천적 삶의 지혜'를 갖춘 소크라테스의 후예들이 통 속의 디오게네스로부터 시작해서—이 사람은 알렉산드로스 대왕에게 해를 가리지 말고 비켜 달라는 것 이상의 요구를 하지 않았다—그 이후로 서양 철학의 왕도를 따라 갔다. 우리는 아직도 이들을 만나게 된다.[473]

참된 철학자, 참된 정신과학자는 로고스와 에토스라는, 변증법과 프로네시스라는 날실과 씨실로 짜여진 외투를 입고 자신의 길을 걷는다. 이 길에는 늘 자연의 바리새인, 세속의 장사꾼, 본능의 유혹자들이 모여든다. 자연 안에 숨겨진 신의 비밀을 보라는 권유, 금은과 보화, 명예와 권력의 빛남, "시라쿠사의 식탁"과 "코린토스의 처녀"[474]의 유혹을 모

472 자연의 시원arche에 대한 자연철학적 관심이라는 낡은 실이 아니라, 인간의 삶과 아레테에 대한 실천철학적 관심이라는 철학의 새로운 실로!

473 H.-G. Gadamer, *Vernunft im Zeitalter der Wissenschaft*, 114f.

474 플라톤, 《국가》, 404d.

두 철학자의 외투가 막아 준다. 이 외투는 외투를 걸친 자로 하여금 자신 안으로 들어가 거기서 만난 자기가 누구인지를 묻게 하기 때문이다. 늘 이런 식이다. 그래서 플라톤과 아리스토텔레스, 공자와 맹자가 던졌던 그 물음이 오늘날 다시 반복되는 것이다. 이것이 우리의 길이다. 철학적 정신과학에서는 역사적 전승이나 철학 체계, 예술 작품을 통해서건, 종교적 경험이나 사회의 현상을 통해서건 늘 인간이 자기 자신에 대해 다시 묻는다. 나는 나의 삶과 혼을 어떻게 형성해야 하느냐고. 철학은, 그리고 철학으로서의 정신과학은 이 물음 이외에 다른 물음을 가지고 있지 않고, 철학하는 그리고 철학하며 정신과학에 매진하는 우리 역시 이 물음에 대한 마지막 답은 아직 가지고 있지 않기 때문이다. 영혼을 돌봄에는 끝이 없다. 그 혼은 자연 안에 갇혀 있기에…

10장

인간,
자연 안에 갇힌 영혼

나의 책은 지금까지 두 가지 일을 해 왔다. 그 하나는 과학의 형이상학적 기초를 드러내어 보이는 것이고, 다른 하나는 자연과학이 아닌 정신과학이 가야 할 길에 대해 성찰하는 것이었다. 이 둘이 나의 책의 직접적인 목표였다. 그리고 이 직접적인 목표를 넘어 과학과 정신과학에 대한 성찰을 통해 '인간이란 무엇인가?'라는 물음에 답하는 것이 책의 궁극의 목표라고 나는 말했고,[1] 책을 쓰는 내내 이 사실을 잊지 않으려 노력했다. 그래서 책을 끝내 가는 마당에 다시 묻는다. 인간이란 무엇인가?

과학, 과학주의자, 자연주의자는 이 물음에 '인간은 자연의 일부'라고 답한다. 오늘날 과학적 실험 결과에 근거한 이 인간 규정을 논박할 수 있는 사람은 없을 것이다. 적어도 과학적인 논박은 불가능하다. 어떤 인간도 파블로프의 '종소리와 흐르는 침에 관한 인과법칙'의 강제를

1 프롤로그스 참조.

피할 수는 없기 때문이다. 나 역시 피할 수 없고, 그건 파블로프 씨도 마찬가지다. 이 점에서 인간은 파블로프 씨의 침 흘리는 개와 다르지 않다. 사실이다. 그러나 이로부터 인간은 자연의 일부일 뿐이고 그 이상은 아니라는 결론이 도출되는가? 자연의 일부이면서 자연을 넘어서는 가능성은 없는가? 또는 '인간이 자연의 일부일 뿐'인 것이 아니라, 거꾸로 '자연이 인간의 일부일 뿐'이라면 어떤가? 여기에는 더 숙고해 보아야 할, 그러나 지금껏 진지하게 숙고되지 않은 몇 가지 문제들이 남아 있다.

인간은 조건화의 실험을 할 수 있는 유일한 존재자고 또 그 실험을 하며 '인간은 자연의 일부'라고 생각할 수 있는 유일한 존재자다. 그런 생각을 하는 개는 세상에—자연 안에—없다. 파블로프 씨의 강아지들은 그런 실험을 구상하지 않고, 설령 한다 해도 이 실험을 통해 '나는 개다'라는 의식을 가질 수는 없다. 그리고 침 흘리는 개와 침 흘리는 인간 피험자 사이에는 이미 지적한 또 하나의 주목할 차이가 있다. 개와 마찬가지로 조건화되고 그 "사실에 자존심이 상한 사람들은 침을 가리려 고개를 숙이기도 할 것이고, 옷소매로 잽싸게 침을 훔치거나 또는 다른 곳을 보려는 듯 고개를 돌려 버릴 수도 있다. 정신과학적으로 매우 흥미로운 이 '위장'"[2]을 자연주의자가 과연 설명할 수 있을까? 도대체 무엇이 우리에게 이 같은 위장을 요구한 것일까? 자연 안에 있는 어떤 것은 분명 아닐 것이다. 개는 그런 위장을 모르기 때문이다. '자연 안의 자신 또는 자신 안의 자연이 수치스러워 감추는 인간'과 '침 흘리는 와중에도 시고 맛난 것을 달라며 쉬지 않고 꼬리를 흔들어 대는 개'의 차이

2 3장 주 169.

가 여기서 보이지 않는가? 물론 자연주의적 실험 심리학자는 이 위장을 지배하는 자연의 규칙성을 발견하려는 실험을 시도할 수 있고, 아마 이 시도도 성공할 것이다. 그러나 그 시도의 성공 여부와는 무관하게, 위장의 동기 자체, 즉 '내가 자연 안에 있다는 또는 내 안에 자연이 있다는 사실에 대한 인간적 불안과 동요, 불만과 거부감'만큼은 자연의 현실성이 아니다. 설혹 이 인간적 파토스가 발현되는 과정은 다시 자연의 규칙성의 지배를 받는다 할지라도 말이다. 실험 심리학자가 증명할 수 있는 것은 그 이상이 아니다. 동기로서의 수치심, 자존심, 인간의 존엄에 대한 믿음 등은 자연의 사실이 아니라, 예지계의 진실이기 때문이다. 자연 스스로는 아무런 위장도 하지 않는다. 위장하는 자는 오직 '자연 안에 갇혀 있으면서도 자연 **너머**를 보는 눈을 가진 자', '두 세계의 시민Bürger zweier Welten'뿐이다. 한편으로 육체를 가진 한에서 경험적 현상계phaenomena, 자연에 속하지만 동시에 예지계noumena의 성원으로서 자연 이상인 자유를 요청하고 수호하는 자들만이 위장을 할 수 있고 또 위장을 원한다. 자연에만 빠져 있어 자연 이외의 것을 모르는 자에게 위장은 논리적으로 불가능하다. 위장이란 본디 나를 지금의 나와는 **다른 어떤 것**으로 보여 줌이기 때문이다. 그 다른 어떤 것을 모르는 자는 위장을 할 수 없다. 개에게 위장이 없는 이유다.

나에게는, 인간과 개는 모두 종소리에 침을 흘리고 그 점에서 같다는 것이 하나의 부정할 수 없는 사실인 것과 꼭 마찬가지로 '흐르는 침에 대한 인간적 위장'과 '흐르는 침과 철없는 꼬리질의 자연적 동반' 사이의 차이 또한 명명백백한 하나의 사실이다. 자연주의자는 이 사실을 다만 외면하거나, '실험을 통해 확정된 위장의 규칙성'으로 은닉할 뿐이다. 그렇다면 무엇이 자연주의자로 하여금 이 차이를 외면하거나 은

닉하게 만들었는가? '모든 것은 자연일 뿐'이라는 그의 확신이? 그렇다면 여기서 이 확신의, 그리고 이 확신을 가진 자연주의자 자신의 자연 안에서의 지위에 대해 분명히 물어야 한다. **이 자연주의적 확신 자체는 다시 자연 현상이 아닌가? 모든 것은 자연이라고 말하는 그 자연주의자는 자연의 일부가 아닌가?** 철저한 자연주의자라면 이 물음에 긍정으로 답해야 한다. 왜냐하면 자연주의란 "자연의 과정이 유일한 현실성, 현실성 전체이고 그 외에는 아무것도 없다"[3]라고, 따라서 "여기에는" 자연에로 환원되지 않을 "정신적인 것이 숨어 있을 그런 모퉁이가 없다"[4]라고 주장하는 입장이기 때문이다.

바로 여기에 자연주의자의 아포리아가 있다. 만약 한편으로 '모든 것은 자연일 뿐'이라는 자연주의적 테제 자체도 자연 현상에 불과하다고 자연주의자가 인정한다면, 이 테제는 결코 설득력을 가질 수 없다. 이 테제는 물의 주장, 바람의 철학, 바위의 견해와 마찬가지로—물, 바람, 바위 따위는 어떤 철학적 주장도 하지 않는다는 의미에서—자기모순에 빠져 있기 때문이다. 만약 다른 한편으로 '모든 것은 자연일 뿐'이라는 테제만큼은 자연 이상의 무엇이라고 자연주의자가 주장한다면, 이 주장은 그 테제 자체를 논박한다. '모든 것은 자연일 뿐'이라는 테제 스스로는 자연 이상이기 때문이다. 그러므로 자연주의자가 설 땅은 없다. 자연 안에도 없고 자연 밖에도 없다. 그가 자신의 자연주의적 테제에 철저하게 충실하기 위해 스스로 자연 안으로 들어가는 순간, 그는 자연을 관찰하고 그 자연에 **대해** 뭔가를 주장하는 자연주의'자'가 아니라 그저 자연일 뿐이고—자연은 본디 자신에 대해 그런 반성적 주장을 하

3 W. Dilthey, *Gesammelte Schriften*, Bd. VIII, 101.

4 *Ibid.*, 105.

지 않는다—, 그가 자연에 대해 뭔가 초자연적인 주장을 하기 위해 자연 밖으로 나가는 순간, 그는 자연의 외부에서 자연을 관찰하고 그에 **대해** 말할 수 있는 입각점을 갖겠지만 이 자연 외부의 입각점은 '모든 것은 자연'이라는 자신의 주장을 논박하기 때문이다. 그러므로 자연주의자는 '모든 것은 자연'이라는 주장을 하기에 앞서, 과연 이 주장을 '자연의 일부'로서 할 것인지 아니면 '자연 이상의 무엇'으로서 할 것인지를 결정해야 한다. 이 결정에 따라 그가 감내해야 하는 불행한 결과들이 달라지기 때문이다. 전자라면, 즉 자연주의의 테제를 '자연의 일부'가 주장한다면, 자연주의자가 목소리 높여 펼치는 그의 학술적 주장은 개가 짖는 소리와 다를 바가 없게 된다. 사람이 흘리는 침과 개가 흘리는 침이 다르지 않듯, 사람이 내는 소리와 개가 내는 소리도 다르지 말아야 한다는 것이 바로 자연주의의 주장이기 때문이다. 후자라면, 즉 자연주의의 테제를 '자연 이상의 무엇'이 주장한다면, 이 주장은 자연주의 테제 자체에 대한 논박이다. 어떤 경우건 자연주의는 유지될 수 없다. 자연주의 자체가 자연 안으로 소멸되어 버리거나 자기 자신을 논박하는 까닭이다.

'자연 안으로 소멸되는 자연주의'나 '스스로를 논박하는 자연주의'나 불행하기는 매한가지다. 자연주의자들이 과연 어떤 결정을 내리고 어떤 불행을 선택할지에 대해 나는 아무런 관심이 없다. 그건 그들의 불행이고 나는 자연주의자가 아니기 때문이 아니라, 실제로 그런 불행을 감내하는, 문자 그대로의 철저한 자연주의자는 있을 수 없다는 나의 확신 때문이다. 자, 여기서 내가 생각하는, 자연주의의 근본 문제가 무엇인지를 명확히 해야 할 것 같다. 우선, 나는 '스스로를 논박하는 자연주의자'가 빠질 수밖에 없는 논리적 오류를 지적하여 자연주의의 부당성을 형식논리적으로 증명하려는 것은 아니다. 그건 나의 관심사가 아니다. 형식논리에 의해 비판 당하는 것은 언제나 내가 매우 싫어했던 일이지만, 형식논리로 남을 비판하는 것도 내가 좋아하는 일은 아니다. 그렇다고 해서 '자연 안으로 소멸되는 자연주의자'의 주장은 개가 짓는 소리와 다르지 않고, 따라서 자연주의자 역시 개와 다르지 않다는 사실을 입증하여, 자연주의자들에게 있을 수 있는 최대한의 인간적 모독을 선사하는 것도 내가 원하는 일은 아니다. 그건—부분적으로 그들이 그렇게 믿고 있기는 하지만—너무 가혹한 모욕이다. 형식논리적 논박과 인간적 모욕이 아니라, 그저 다소 근원적인, 그러나 자연주의자들이 전혀 주의를 기울이지 않는 물음 하나가 지금 내가 자연주의자들에게 주고 싶은 것이다. '자연주의자가 정말 철저한 자연주의자이기 위해 자기 자신과 자연에 대한 자신의 학설까지도 자연의 일부라고 말하는 것이 과연 솔직한 학자의 태도인가?'

자연**주의**는 분명 하나의 철학적, 이론적 세계**관**이다. 이것은 세계에 속하는 것이 아니라 세계에 '대한' 견해이고 세계'를' 보는 관점이다. 따라서 자연주의 세계관을 주장하는 자, 자신의 관점에서 자연을 보고 그 자연에 대해 무언가 자신의 생각을 말하는 자는 이미 자연을 대상화하여 자신 앞에 세운 것이고,[5] 따라서 논리적으로 자신은 이미 **자연의 외**

5 대상화란 특정 존재자 또는 존재자 영역을 대상Gegen-stand으로 만드는 일이다. 대상은 나에 대립해gegen 서 있는stand 것, 나에 대對립한 상象이다. '나와 대상의 관계'는 근대 주관주의 형이상학에서 주객 관계와 같다. 주관은 세계의 중심 또는 근거에sub 서 있고ectum, 객관은 주관에 대해ob 세워진다iectum. 주객 간의 분리와 대립이라는 주관주의적 관계가 '자연을 관찰하는 자연주의자'와 '자연주의자에 의해 관찰되고 있는 자연'의 관계를 지배하고 있다. 이것이 바로

부에서 자연을 관찰하고 있다는 방법론적인 가정을 한 것이다. 자연'주의'가 그 자체 자연스러운 자연 현상이 아니라, 자연에 대해 인간이 취하는 하나의 입장 또는 학설이라면, 이 가정은 피할 수 없다. 자연을 대상화하지 않는 한, 자연을 볼 수도 자연에 대해 말할 수도 없기 때문이다. 이 점에서 자연주의'자' 또는 자연주의 '철학자' 자신은 자연을 넘어서는 자이고, 따라서 자연주의를 논박하는 자이다. 만약 이런 문제를 간파한 어떤 영리한 자연주의자가 '자기 자신까지도 포함하는 자연'에 대한 자연주의를 주장한다면, 그는 다시 '자기 자신까지도 포함하는 자연'을 대상화해야 하고, 그러기 위해 스스로는 '자기 자신까지도 포함하는 그 자연'의 외부로 나가지 않으면 안 된다. '자연 안의 자기'와 '그 자기를 포함하는 자연의 외부에서 자연을 관찰하는 자연주의자로서의 자기'가 이분되는 것이다. 설령 '자기 자신까지도 포함하는 자연에 대한 자연주의를 주장하는 그 자기도 포함하는 자연에 대한 자연주의'의 기획이 시도된다 해도, 그리고 이런 시도가 아무리 많이 이어진다 해도, 자연주의자는 '자연을 관찰하는 자기'를 '관찰되는 자연' 안에 가두어 둘 수 없다. 자연의 관찰자는 자연 외부에 있어야 하기 때문이다. 자연주의를 주장하는 자기 자신까지도 자연 안에 포함시키려는 강한 자연주의의 문제는 또 있다. 자기 자신도 자연일 뿐이라 말하는 자연주의자는 그렇게 말하기 위해, '모든 것은 자연이라고 말하는 자기 자신'을 대상화하지 않으면 안 된다. 그리고 적어도 이 같은 반성적 관찰이 진행되는 동안은 '대상화되어 관찰되고, 자연이라고 말해지는 자기'와 '그 자기를 대상화하여 관찰하며, 그 자기는 자연이라고 말하는 자기'가 역

대상화의 관계다(6.1.3 참조).

시 방법론적으로 이분되어야 한다. 이 경우에도 '반성적으로 대상화되고 관찰되는 자기'는 자연 안에 포함될 수 있겠지만, '그 자기를 반성적으로 대상화하여 관찰하는 자기'는 결코 자연 안에 가두어지지 않는다. 자연주의를 주장하는, 즉 자연에 대해 사유하는 인간은 끊임없이 자연을 넘어서야 하기 때문이다. 이렇게 보면 자연'주의' 그리고 자연주의 '철학'에는 자연을 능가하는 어떤 면이 분명히 있다.

그런데 이런 일, 자연 밖에서 자연을 관찰하고 자연에 대해 뭔가를 생각하고 말하는 것이 과연 자연에 **속한** 동물들에게도 가능할까? 이미 언급했듯이 개는 자연 '안'에서 자연적으로 주어지는 자극에 자연적으로 반응할 뿐, 그 자연과 자연 안의 자신을 대상화하지도 않고 그에 대해 어떤 인간적인, 아니 견공적犬公的인 견해도 형성하지 않는다. 그래서 '자연주의를 주장하는 개'는 없고, '자연주의를 주장하는 개까지 포함하는 자연에 대한 포괄적 자연주의를 주장하는 개'는 더욱 없다. 물론 자연 안에서 자신이 갖는 견공학적 지위를 반성적으로 성찰하며 '나는 개다'라고 말하는 개도 있을 수 없다. 이 모든 것이 자연과 자신을 포함한 자연의 대상화를 전제하는데, 개에게 자연은 대상화의 대상이 아니라 빠져 있음의 장소이기 때문이다. 바로 이 차이를 막스 셸러가 인간과 동물 간의 결정적인 인간학적 차이로 강조한 바 있다. 동물은 "자신의 환경 세계 안에 (…) 몰입해 살기" 때문에, 그 세계를 빠져나올 수 없고 또 그로부터 "간격을 유지할 수도 없다". 즉 자신이 그 안에 빠져 있는 세계를 "대상으로 가질 수 없다". 마치 "달팽이"가 온 세계를 돌아다니고 심지어 자연의 외부로 빠져나갈 때에도 "자신의 집을 이고"[6] 다

6 M. Scheler, *Die Stellung des Menschen im Kosmos*, München 1975, 40f.

니듯 말이다. 반면 인간은 자신이 거하는 세계에서 빠져나와 그 세계를 "대상화할 수 있을"[7] 뿐 아니라, 심지어 "자기 자신을 뛰어넘어" 이 자기까지도 반성적으로 "대상화할 수 있다".[8] 그래서 인간에게는 나의 세계가—마치 내가 이 세계에 속하지 않기라도 하는 듯이—, 그리고 나 자신이—마치 내가 그 나가 아니기라도 하는 듯이—대상화되어 불편부당한 관조의 눈길 아래 들어올 수 있다. 바로 이 거리, 대상화가 가능하게 한 이론적인 간격이 자연과 자신에 '**대**'한 견해와 관점을—자연주의건 반자연주의건—형성할 수 있게 해 준다.[9] 이것이 '인간은 자연이다' 또는 '인간은 자연 이상이다'라고 생각하고 말할 수 있기 위한 조건이다. 자연 안에 빠져, 자연의 흐름에 분주히 휘몰리는 한, 자연과 자신에 '대한' 관찰과 사유는 불가능하다. 그래서 환경 세계 안에 빠져 있는 동물에게는 이 같은 간격 유지가 불가능하고, 이 간격만이 가능하게 하는 자연과 자신에 대한 견해와 관점의 형성은 더욱 불가능하다. 동물은 자신의 환경 세계에 "망아적으로"[10] 몰입해 있기 때문에 자연 안에 빠져 있는 자기를 늘 망각하고 있다. 하물며 자연 안에 빠져 있는 자기를 관찰하는 자기야 말할 필요가 있겠는가! 동물은 그저 주어지는 자극에 부지런히 반응할 뿐이다.[11] 그래서 자연 안에는 '~~주의'도 '철학'도 없다.

---

7 *Ibid.*, 42.

8 *Ibid.*, 47.

9 이론적, 관조적 태도에 특유한 이 간격에 대해서는 4.4 참조.

10 M. Scheler, *Die Stellung des Menschen im Kosmos*, 40.

11 인간은 자신과 자신의 세계를 자기 자신으로부터 떼어 놓고, 그로부터 적당한 실존적 간격을 유지하면서 이 대상들을 관조할 수 있다. 바로 이 관조적 거리 때문에 인간은 유일하게 "아이러니와 유머를 즐길 수 있는"(*ibid.*, 47) 존재자다. 내가 지금 '저 세계' 안에 있고 '저 나'가 진짜 나라면 쉽게 아이러니를 즐기고 웃을 여유는 없을 것이다. 그래서 자신의 환경 세계 안에 빠져 있고 거기

오직 인간만이 자신의 세계와 그 세계 안의 자기를 이론적 관찰의 대상으로 삼을 수 있고, 이 대상들에 대한 입장과 견해를, 즉 '~~주의'와 '철학'을 만들어 낼 수 있다. 적어도 한 가지는 분명해졌다. '모든 것은 자연이고, 그렇게 말하는 자연주의자도 자연'이라 할지라도, 그 자연주의자는 '스스로를 포함하여 모든 것을 자연이라 여길 수 있는 유일한 자연'이라는 사실이다. 자연과 자기를 대상화하여 관찰할 수 있는 자는 인간뿐이고, 그에 대해 사유하고 말할 수 있는 자도 인간뿐이다. 내가 살고 있는 이 세계가 자연이라거나 자연이 아니라거나, 그 세계 안의 '나'가 자연이라거나 자연이 아니라거나 하고 생각하고 말할 수 있는 자는 인간뿐이다. 인간은 세계와 자신에 대해 사유하고 철학할 수 있는 유일한 '자연'이다. 이 유일성으로 인해 인간은 이미 자연을 능가하고 넘어선다. 즉 자연이 아닌 것으로 된다.

그러므로 다음의 사실을 부정할 수는 없다. 자연주의자, 자연주의 철학자가 아무리 큰소리로 '자기 자신을 포함하여 모든 것은 자연'이라고 주장한다 할지라도, 이 철학과 이 철학적 주장 **자체**는 자연의 현상이 아니다. 자연은 철학하지 않고, 자연주의자를 포함하여 어떤 인간도 자연 안에서, 자연으로 머물며 철학할 수는 없기 때문이다. 자연주의 철학자는 자연의 외부에서 자연을 대상화하여 관찰하고, 그 자연에 대해 사유하며 자신의 철학적 결론에 도달한 것이다. 따라서 '모든 것은 자연'이라는 자연주의자의 주장은 실은 '나는 모든 것이 자연임을 자연의 외

서 결코 빠져나올 수 없는 개에게는 유머와 같은 것이 있을 수 없다. 개는 자신의 생존 공간 안에서 철저하게, 그때마다의 자극에 그때그때 반응해야 한다는 자연적 '진지함'으로 일관하기 때문이다. '개가 웃을 일'이라는 우리 속담은 이런 사태를 정확히 통찰한 말이다.

부에서 확인했다'는 의미이고, 이 의미는 다시 자연의 외부에서 자연에 대해 진행된 자신의 철학적 사유와 그 결론은 자연에 속하지 않는다는 사실도 포함해야 한다. '모든 것이 자연'이라는 자연주의자의 철학적 주장만큼은 자연적 사실이 아니라, 자연에 **대한**, 자연주의자의 대상화하는 관찰과 이성적 사유의 결론이다. 이렇게 자연 밖에서 사유하는 자연주의자의 이성, 그 이성의 작품으로서의 (자연주의) 철학 자체는 자연에 속하지 말아야 한다. 누가 이것을 부정할 것인가? 아무리 철저한 자연주의자라도 자신의 '이성과 철학'이 흐르는 눈물, 콧물, 침과 다르지 않다는 사실을 긍정할 수 있을까? 이 긍정이 바로 자신의 '철학적 주장'이 '철학이 아님'을 증명하는 것인데 말이다. 지적으로 정직한 학자라면, 그리고 자신의 철학, 그 철학의 참에 대해 진정한 확신을 가지고 있는 학자라면, 자신의 철학이 단순한 자연은 아님을 인정해야만 한다. 결국 자연**주의**와 자연주의 **철학**의 현존은 인간이 자연 이상이라는 사실에 대한 역설적이지만, 아니 역설적이기에 더욱 호소력 있는 증거다. 자연주의 철학은 '모든 것은 자연'이라는 자신의 철학적 주장 자체를 희생해 가면서까지 철학하는 인간이 자연 이상임을 증명하고 있기 때문이다. 나로서는 그저 감사할 따름이다.

자연주의 논박은 이 정도로 하자. 원래 원했던 것은 '인간이 자연에 불과한 것은 아니'라는 사실의 증명이었는데, 이 바람은 어느 정도 채워진 것 같다. 이제 우리 논의의 주제는 이 장章의 근본 문제, '**자연** 안에 갇힌 **영혼**으로서의 인간'이다. 이 표현은 '인간은 단적으로 자연'이라고 주장하는 강한 의미의 자연주의에 대한 반대와 '인간은 단적으로 자연이 아니라'고 주장하는 역시 강한 의미의 반자연주의에 대한 반대를 모두 포함하고 있다. 거꾸로 표현해서, 이 문구는 인간을 영혼으로 규정한다는 점에서 반자연주의적이지만, 그 영혼이 자연 안에 갇혀 있다는 점을 긍정한다는 점에서 자연주의적이기도 하다. 그리고 같은 말이지만 이 둘 모두가 아니다. 결국 강한 자연주의와 강한 반자연주의는 모두 자연 안에 갇힌 영혼으로서의 인간을 이해하기에는 '일면적'일 뿐이다. 이 두 입장은 양면적인 인간의 한 면에만 시선을 고정하고 있기 때문에, 인간 자체는 보지 못한다. 이것이 이 문제에 대한 나의 입장이다. 인간은 자연이며 동시에 영혼이다. '자연 안에 갇힌' 것은 자연의 일부로서의 우리 인간의 피할 수 없는 현실이다. '그 영혼을 구해 내는 것'은 자연에 불과할 수만은 없는 우리 인간의 방기할 수 없는 의무다. 이 회피할 수 없는 현실과 방기할 수 없는 의무, 부정할 수 없는 자연임과 포기할 수 없는 자연 이상이어야 함의 공존이 바로 우리 자신, 인간이다. 이 두 얼굴을 모두 보지 못하는 한, 거기에 인간은 없다.

극단적인 자연주의자는 인간 행동에 대한 자연법칙의 구속력으로부터 곧바로 인간은 자연이라는 결론을 도출한다. 이들에게는 인간의 털 없는 얼굴에도 마냥 흐르는 침은 '인간과 개의 같음'에 대한 단적인 증거다. 이들은 흐르는 침에 대한 인간적 위장의 심적 동기는 보지 않는다. 이들에게는 '심적'이라는 말 자체가 성립하지 않기 때문이다. 내가 보기에 이들은 인간에게서 너무 적은 것만을 보고 아무것도 바라지 않는다는 점에서 옳지 않다. 극단적인 반자연주의자는 인간은 자유롭고, 자유로운 영혼의 힘으로 자연의 강제를 이겨 낼 수 있다고 말한다. 정신력은 암도 이겨 내고 무좀도 극복하게 한단다. 그러므로 흐르는 침은 단지 약한 정신력 탓일 뿐이고, 강한 정신이라면 종소리도 이겨 내고 흐르는 침도 극복해야 한다. 이들에게 인간 정신의 이토록 고귀한 힘은 '인간과 개의 다름'에 대한 더할 나위 없는 증거다. 그러나 이들은 실제로 종소리가 침을 흘리게 하고, 강제로 흘리게 한다는 사실은 보지 않는다. 내가 보기에 이들은 인간에게서 너무 적은 것만을 보고 너무 많은 것을 바란다는 점에서 옳지 않다.

언젠가 딜타이는 "삶의 수수께끼das Rätsel des Lebens"를 스핑크스의 수수께끼에 비유한 적이 있다. "동물의 몸과 인간의 얼굴을 한 스핑크스"[12]가 인간들에게 묻는다. 아침에는 네 발, 낮에는 두 발, 저녁에는 세 발로 걷는 자는 누구인가? 그것도 '자연에 구속된 몸 안에 자유로운 영혼을 가진 우리 인간'의 이중적인 모습을 스스로 보여 주며, 즉 몸소 수수께끼의 답을 보여 주면서 인간이 답인 수수께끼를 인간들에게 던진다. 스핑크스의 몸만을 보고 수수께끼에 답한 자연주의자들은 스핑크스의 얼굴을 보지 못했다는 죄목으로 그에게 잡아먹힌다. 스핑크스의 얼굴만을 보고 수수께끼에 답한 반자연주의자들은 스핑크스의 몸을 보지 못했다는 죄목으로 그에게 잡아먹힌다. 이것이 극단적인 자연주의자와 반자연주의자들, 자신에 대해 너무 적은 것만을 보고 따라서 온전한 자기 이해를 갖지 못한 인간들의 운명이다. '네 발, 두 발 그리고 결국 세 발로 걸어야 하는 자의 수수께끼'에는 태어나고 성장하고 노화하는 인간의 '몸'이 걷는 자연의 길뿐 아니라, 그렇게 늙어 가며 황혼을 향하는 자신의 삶의 행로에 안타까워하는 '혼'의 탄식도 함께 들어 있다. 이 둘 중 하나를 보지 못하는 자는 자기 이해를 갖지 못한 자, '실재로realiter 자신이 누구**인지**'를 모르는 자(반자연주의자)이거나 '이상적으로idealiter 누구**여야 하는지**'를 모르는 자(자연주의자)이다. 인간의 '실재'와 '이상'

12 W. Dilthey, *Gesammelte Schriften*, Bd. VIII, 140.

이 하나의 인간에 속하는 한에서 이들은 모두 '반쪽의 자기'를 '진짜 자기'로 착각하고 있는 셈이다.

물론 나는 스핑크스의 얼굴과 몸을 모두 본다. 따라서 나에게 인간은 단순한 '자연'도 아니고 단적으로 '자유로운 영혼'도 아니다. 인간은 '자연 안에 갇힌 영혼'이다. '자연 안에 갇혀' 있는 한에서 흐르는 침은 어쩔 수 없지만, '영혼'인 한에서 침을 위장하며 자연을 넘어서기도 한다. 바로 이것이 인간을 "심리-물리적 삶의 통일체"[13]로 간주하는 딜타이가 "자연은 오로지 복종함으로써만 복종시킬 수 있다Natura enim non nisi parendo vincitur"는 베이컨의 잠언을 인용했던[14] 이유다. 나 역시 자연에 복종하지 않을 수 없다는 의미에서 자연이지만, 자연에 복종하며 그 자연이 내게 복종하게 할 수 있다는 의미에서 자연을 넘어선다. 예를 들면 이런 것이다. 부부싸움을 하면 나는 늘 무교동 낙지 골목으로 간다. 낙지볶음의 매운맛을 통증으로 인지한 나의 몸은 천혜의 진통제, 엔도르핀을 분비한다. 그러면 자연의 일부로서의 나는 바보같이 기분이 좋아지고, 아내 역시 마찬가지다. 그래서 크건 작건 부부싸움만 하면, 우리 부부는 늘 손을 잡고 무교동으로 간다. 크게 싸운 날엔 매운 낙지 대자에 소주 한 잔, 작게 싸운 날엔 매운 낙지 소자에 소주 한 잔. 화해는 시간문제다. 엔도르핀 분비에 관한 자연법칙에 복종해야 한다는 점에서 인간은 자연이지만, 인간적인 싸움을 화해의 국면으로 이끌기 위해 그 자연을 이용하는 '자연'은 인간뿐이라는 점에서 인간은 자연 이상이다.

---

13 *Ibid.*, Bd. I, 6.

14 8장의 주 25 참조.

인간을 로고스를 소유한 동물zoon logon echon로 규정하는 플라톤도 인간 안에 자연적 충동epithymia이 들어 있음을, 즉 자연이 인간의 일부임을 부정하지는 않았다.[15] 다만 그는 마부에게 이 혈통 나쁜 말을 잘 통제하라 당부할 뿐이다. 그래야만 파이드로스의 마차가 땅으로 곤두박질치지 않을 수 있기 때문이다.[16] 그래서 로고스가 혼의 지휘자가 되어야 하고, 로고스로 사유하는 철학자가 나라의 지휘자가 되어야 한다는 것이다. 이 점에서 플라톤은 로고센트리스트, 이성 중심주의자라 불린다. 물론 자연주의자는 이 같은 이성과 이성의 사유까지도 자연 현상으로 설명하겠지만, 나는 이미 이성을 자연 현상으로 설명하는 자연주의자의 이성의 활동만큼은 자연 이상이어야 할 필연성에 대해 충분히 설명했다. 플라톤을 철학적 영웅으로 받드는 나 역시 이성 중심주의자다. 이성에 대해 있을 수 있는 그 어떤 탁월한 비판도 다시 이성의 작품으로 여긴다는 점에서 꽤 철저한 이성 중심주의자이고, 이성의 활동을 단순한 자연 현상으로 환원하려는 모든 자연주의적 시도를 무력화시키기 위해 그 시도를 하는 자연주의자의 이성을 기꺼이 자연 이상으로 인정해 준다는 점에서 실은 매우 철저한 의미에서의 이성 중심주의자다. 우리가 이성으로 사유하고 그 사유에 '철학愛智, philosophia'이라는 이름을 붙인다면, 이 사유는 단순히 자연 현상에 불과할 수는 없다. 그 단적인 증거는 '이성 역시 자연'이라 주장하는 자연주의 '철학'이다. 이것 역시 하나의 철학인 한에서 이성의 작품이지, 눈물이나 콧물, 개의 입에 흐르는 침과 같은 자연 현상은 아닌 까닭이다. 자연은 철학하지 않는다. 신들에게 철학이 불필요하듯,[17] 자연에게 철학은 불가능하기 때문이다.[18]

---

15 플라톤, 《국가》, 437b-c 참조.

16 플라톤, 《파이드로스》, 245c-246e 참조.

철학할 필요가 없는 신들과 철학할 수조차 없는 자연의 사이에서 오로지 인간만이 철학을 한다. 인간은 자연이고 따라서 철학할 필요가 없는 신은 아니지만 또한 인간은 신적이고 따라서 철학을 할 수 없는 자연도 아니기 때문이다. 자연이지만 신적임, 신적이지만 결국 신일 수는 없는 자연임, 이것이 짐승과 달리 신적 지혜를 추구하지만 신들과 달리 그 지혜를 소유할 수도 없는, 그래서 그 지혜를 다만 사랑할 뿐인 인간, 애지자의 위치다. 그런데 우리의 문제 맥락에서 보면 이성과 사유, 신적인 지혜에 무한히 다가감이란 우리 인간이 자연과 공유하는 부분이 아니라 신들과 공유하는 부분이다. 우리가 자연과 공유하는 것은 몸, 신적 지혜에서 무한히 멀어지려는 육체의 충동일 뿐이기 때문이다. 그러므로 정신과 이성은 우리 인간 안의 "신적인"[19] 것, 따라서 결코 자연으로 환원될 수 없는 것이다.

이성은 비유적으로 말하자면 인간의 가장 높은 곳에 위치해 있다. 즉 (뇌가 아니라) 우리의 머리, 그 머리의 끝이 이성의 처소다. 이것이 바로 직립의 인간학적 의미다. 직립하며 인간은 그 머리를 하늘, 신들의 처소를 향해 곧추세운다. 물론 우리의 발바닥은 땅바닥에 붙어 있고 그래서 우리를 자연 안에 묶어 두려는 중력의 강제를 벗어날 수는 없지만, 우리 신체의 최소한의 부분, 발바닥만 땅바닥에 붙어 있기에 머리는 하늘을 향할 수 있다는 것은 분명 축복이다. 직립하며 우리는 우리의 눈길을 위로 던진다. 물론 "위로 던져진" 모든 "돌을 어김없이 도로" 땅으로 "떨어뜨리는" "중력의 악령"[20]의 구속을 피해 갈 수는 없다. 이 악령

17 플라톤, 《향연》, 204a 참조.

18 플라톤, 《국가》, 494a 참조.

19 플라톤, 《소피스트》, 216b.

은 고집스럽게 우리 인간을 땅바닥에 묶어 두고 짐승으로 남게 하기 때문이다. 그러나 그렇게 말한 철학자에 의하면 "인간은 짐승과 위버멘쉬 사이를 잇는 교량"[21]이다. 다리의 존재 이유는 저편으로 넘어가는 데 있다. 다리로서의 인간은 짐승을 떠나 자신 위에 있는 위버멘쉬에게로 넘어가려 하고 또 넘어가야 한다. 그래서 도대체 넘어갈 줄 모르는 인간들의 "맨몸"(자연!)을 보고 실망한 차라투스트라의 겨드랑이에 "날개가 돋아났던"[22] 것이다.

언젠가 아우구스티누스도 비슷한 맥락에서 육체와 영혼을 가진 인간,[23] 동물적 육체에 구속되어 있다는 부정할 수 없는 현실과 영혼에로, 그리고 이를 통해 신에게로 향해야 한다는 포기할 수 없는 의무 사이에 놓인 인간의 삶의 조건을 동물적 자연과 신적인 하늘의 사이로 설명한 바 있다. 그 사이에 놓인 인간은 직립하고 있다. 중력의 악령의 지배라는 현실을 완전히 이겨 내지는 못하기에 발바닥은 땅바닥과 붙어 있지만, 떠나온 신을 향해야 한다는 의무를 포기할 수도 없기에 머리끝은 하늘을 향한다. 반면 가장 추한 동물, 뱀은 죄의 상징이다. 뱀은 우리 인간처럼 사뿐사뿐 발끝으로 걷는 것이 아니라 온몸이 땅바닥에 붙어 기어다닌다. 문자 그대로 최대한의 짐승이고, 온전한 자연이고, 죄와 유혹의 원천이다.[24] 물론 아우구스티누스 역시 원죄를 지은 인간 안에 뱀과 같은 짐승이 하나 존재함을 인정한다. 그는 우리 안의 짐승을 외적 인간

20 니체, 《차라투스트라는 이렇게 말했다》, 261쪽.

21 같은 책, 21쪽.

22 같은 책, 247쪽; 니체, 《이 사람을 보라》, 백승영 옮김, 니체전집 15(책세상, 2002), 462쪽.

23 Cf. A. Augustinus, *Bekenntnisse*, X, 6:9; cf. idem, *Die Dreieinigkeit*, XV, 7:11.

24 Cf. *ibid.*, XII, 11:16-12:17.

이라 부르고, 우리 안의 신적인 부분을 내적 인간이라 부르는데, 인간의 비극은 이 외적 인간과 내적 인간이 하나의 인간 안에 공존하고 있다는 점이다.[25] 중요한 것은 아우구스티누스가 우리 안에 짐승이, 어두운 자연의 충동이 있다는 그 사실을 우리가 자연주의를 수용해야 할 이유가 아니라 자연주의를 이겨 내야 할 이유로 여긴다는 점이다. 왜냐하면 '우리가 자연과 공유하는 바, 우리 안의 짐승'을 '우리가 신과 공유하는 바, 신이 준 이성'으로 다스리는 것이야말로 '신도 아니고 자연도 아닌, 자연을 떠나 신을 향하는 인간'의 **인간적** 의무이기 때문이다. 글쎄, 흐르는 침을 보자마자 아무 생각 없이 곧바로 인간은 짐승이라 결론 짓는 철없는 자연주의자들과는 철학적 품격이 다르다고 해야 할까?

> 자, 이제 우리가 알아보고자 하는 것은 도대체 어디에 내적 인간과 외적 인간의 경계가 놓여 있는가 하는 문제다. 우리가 우리의 혼 안에 이른바 동물과 공유하는 부분, 이것은 외적 인간에 속하는 것이다. (…) 동물과 공유하는 부분들에도 불구하고 우리는 직립한다는 점에서 동물과 구별된다. 직립이라는 사실은 우리의 창조주가 우리에게 던지는 경고다. 즉 우리는 우리의 영혼이라는 더 좋은 부분을 가지므로 동물과 비슷해져서는 안 된다는 경고다.[26]

이것은 뱀처럼 땅바닥에 붙어 있지 말고 머리를 치켜들어 하늘을 향하라는 신의 경고다. 물론 이 경고만큼이나 강력한 것은 우리를 땅바닥에 묶어 두려는 중력의 악령, 자연의 무시무시한 강제력이다. 그러나 이

25 Cf. *ibid.*, XII, 1:1; XI, 1:1; XIII, 20:6.

26 *Ibid.*, XII, 1:1.

힘의 강함은 인간이 자연이라는 단적인 사실의 증거가 아니라, '**자연 안에 갇힌 영혼**'을 구해 내야 할 인간적 의무의 절박함과 시급함의 증거일 뿐이다. 적어도 철학은, 경험과학이 아닌 철학은 그렇게 생각해야 한다. 철학이 인간을 '두 세계의 시민', 자연의 세계와 자유의 세계의 성원으로 간주한다면 말이다. **인간은 자연이지만, 동시에 자연 이상이다**. 더 정확히 말해 **인간이 자연의 일부에 불과한 것이 아니라 자연이 인간의 일부일 뿐이다**. 이 두 문장으로 예상 외로 길어진 나의 책도 마무리된다. 자연주의자, 스스로 짐승이기를 원하는 자는 나의 책에서 아무런 배움도 얻지 못할 것이다. 자연 이상이기를 원하는 자만이 이 책이 말하는 것을 들을 수 있을 것이다. 나의 책은 자연의 소리가 아니라, 자연 너머에서 울리는 인간의 기대와 희망의 언어로 쓰여졌기 때문이다.

에필로고스

철학의 덕목은 '계속 사유하고 끝까지 사유하는 것Weiter- und Zuende-denken'이다. 그러나 끝까지 사유한다는 것은 무엇을 의미하는가? '인간'과 '철학'이라는 말 안에는 이미 끝까지 사유할 수 없음이 함축되어 있다. 끝까지 사유한 상태는 더 이상 사유할 것이 없는 상태인데, 그건 사유하는 인간이 아니라 사유할 필요가 없는 신에게만 허용되기 때문이다. 신적 직관은 "범주를 필요로 하지 않는다".[1] 범주를 갖지 않는 자는 판단하지 않고, 판단하지 않는 자는 사유하지 않는다. 신적 직관은 인간의 직관과는 달리 사유의 가공을 필요로 하지 않기 때문이다. 오로지 인간만이 사유한다. 짐승에게 사유는 불가능하고 신에게 사유는 불필요하기 때문이다. 그래서 나는 사유했고, 비록 끝까지 사유할 수는 없었지만 열심히 사유했고 진지하게 사유했다. 나의 사유가 끝까지 갈 수는 없었지만 나의 책은 여기서 끝난다.

잊을 수 없는 나의 철학적 스승은, 지난 세기 독일 철학계에 강한 사유의 자극을 주었던 한 권의 책을 마무리하며 이렇게 썼다.

1 I. Kant, *Kritik der reinen Vernunft*, B145.

> 모든 학술적인 글은 더 명료해질 수 있다. 그러나 글은 이해되기에 **충분히** 명료하다는 추정이 들면 끝난다. 물론 모두에게 이해되는 것은 아니다. 그것은 불가능하기 때문이다. 그렇기 때문에 어떤 글도 모든 사람을 위해 쓰여질 수는 없다. 글이 자신에게 '뭔가를' 의미할 수 있다고 그래서 그 글이 명료하다고 여기는 자를 위해 책은 공간을 남겨 두어야 한다. 읽는 자가 자신의 입장에서 책을 이해할 수 있도록 말이다.[2]

나 역시 아주 오래도록 공들여 온 책을 여기서 끝내지만, 이 책이 모두에게 이해verstehen될 수 있다고 믿지는 않는다. 더 공을 들인다 한들 그런 일은 일어나지 않을 것이다. 그러나 이 책이 단 한 명의 독자도 얻지 못하지는 않으리라는 기대에서 책을 끝낸다. 여기에 한 가지를 덧붙이고 싶다. 아마 이 책이 말하는 것에 모든 사람이 동의하지einverstehen는 않을 것이다. 우선 그것은 불가능하기 때문이다. 게다가 그것은 바람직하지도 않다. 책이 말하는 바에 아무도 반대하지 않는다면, 그것은 책이 너무도 설득력 있게 말하기 때문이 아니라 아무것도 말하지 않기 때문일 것이다. 나의 책이 말하는 바에 반대하는 독자가 있다는 것은 적어도 나의 책이 아무것도 말하지 않은 것은 아니라는 사실을 의미할 수 있을 것이다. 뭔가를 말할 수 있었다는 것은 저자의 기쁨이다. 그렇게 말한 것이 사유하는 독자를 만나 저자가 사유한 바와는 달리 이해되어 계속 사유되고, 저자가 사유한 것보다 더 멀리 사유되고, 심지어 끝에 이르도록 사유될 수 있다면, 그것은 신만이 줄 수 있는 축복이다. 물론 내가 너무 많이 바라는 건지도 모른다. 그러나 나는 나의 독자들에게 자유

2 J. Simon, *Philosophie des Zeichens*, 314.

로운 해석의 공간을 약속한다. 그리고 그 해석을 저자의 권위를 들어 논박하지 않을 것임도 약속한다. '계속 사유함'은 '이미 사유된 것'보다 더 소중하기 때문이다.

참고 문헌*

가다머, 한스-게오르크. 《진리와 방법 I》. 이길우 외 옮김. 문학동네, 1990.

김창래. 〈가다머에서 타자 경험의 문제—이해가 존재의 독백이 아니고 해석학이 형이상학이 아닌 이유에 대하여〉. 《현대유럽철학연구》, 54(현대유럽철학회, 2019): 259-303.

______. 〈가다머의 '프로네시스와 대화의 윤리학'〉. 서울대학교 철학사상연구소 편. 《처음 읽는 윤리학》. 파주: 동녘, 2013.

______. 〈가다머의 철학적 해석학에서의 존재와 언어의 관계—"이해될 수 있는 존재는 언어다"라는 문장에 관하여〉. 한국해석학회 편. 《문화와 해석학—해석학연구 7》. 철학과현실사, 2000.

______. 〈고르기아스의 세 번째 난제에 대한 해석학적 대응〉. 《철학연구》, 30(고려대학교 철학연구소, 2005): 65-100.

______. 〈다른 문화 간의 이해—문화적 통일성과 다수성에 관한 한 형식적 고찰〉. 《철학연구》, 25(고려대학교 철학연구소, 2002): 153-182.

______. 〈딜타이는 누구인가—가다머의 딜타이 해석에 대한 비판적 고찰〉. 《철학탐구》, 24(중앙대학교 중앙철학연구소, 2008): 245-286.

______. 〈빌헬름 딜타이의 '철학의 철학'에 대한 철학적 성찰〉. 《철학탐구》, 38(중앙대학교 중앙철학연구소, 2015): 121-161

* 이 목록은 본문에서 실제로 인용된 문헌만을 포함하고 있다.

김창래. 〈빌헬름 딜타이의 죽음, 그리고 100년 후〉. 《지식의 지평》, 11(한국학술협의회, 2011): 262-279.

______. 〈상, 재현, 언어—가다머의 언어 개념〉. 《철학》, 110(한국철학회, 2012): 49-82.

______. 〈선입견과 계몽주의—앎의 역사성과 이성의 자율은 충돌하는가?〉. 《범한철학》, 35(범한철학회, 2004): 61-98.

______. 〈아우구스티누스와 해석학적 보편성〉. 《범한철학》, 47(범한철학회, 2007): 115-158.

______. 〈언어철학적으로 살펴본 정신과학의 의미〉. 한국해석학회 편. 《인문학과 해석학—해석학연구 8》. 철학과 현실사, 2001.

______. 〈유일하게 옳은 해석은 있는가?—해석의 기준에 관하여〉. 《해석학연구》, 22(한국해석학회, 2008): 99-136.

______. 〈인간의 원상Idea에 대한 연구—철학적 인간학의 근본 개념으로서의 상과 형성〉. 《철학연구》, 75(철학연구회, 2006): 195-218.

______. 〈저자란 무엇인가?〉. 《철학》, 112(한국철학회, 2012): 71-114.

______. 〈《존재와 시간》에 나타난 세 가지 실존〉. 《철학논집》, 44(서강대학교 철학연구소, 2016): 311-349.

______. 〈철학의 욕망 I—끝으로부터 철학하기〉. 《철학연구》, 41(고려대학교 철학연구소, 2010): 233-278.

______. 〈철학의 욕망 II—끝을 향한 형성〉. 《철학탐구》, 32(중앙대학교 중앙철학연구소, 2012): 67-113.

______. 〈철학의 욕망 III—끝의 끝?〉. 《철학탐구》, 34(중앙대학교 중앙철학연구소, 2013): 95-144.

______. 〈해석학적 문제로서의 표현〉. 《철학》, 66(한국철학회, 2001): 181-205.

김창래·윤광호·황설중. 〈고르기아스의 첫 번째 난제에 대한 존재론적 대응〉. 《철학연구》, 34(고려대학교 철학연구소, 2007): 29-64.

니체, 프리드리히. 《니체전집》. 김기선 외 옮김. 전 21권. 책세상, 2000-2005.

데카르트, 르네.《방법 서설》. 이현복 옮김. 문예출판사, 2001.

______.《성찰》. 이현복 옮김. 문예출판사, 1997.

______.《철학의 원리》. 원석영 옮김. 아카넷, 2004.

딜스, 헤르만, 엮음.《소크라테스 이전 철학자들의 단편 선집》. 김인곤 외 옮김. 아카넷, 2005.

릭켄, 프리도.《고대 그리스 철학》. 김성진 옮김. 서광사, 2005.

릴케, 라이너 마리아.《두이노의 비가—라이너 마리아 릴케 시 선집》. 손재준 옮김. 파주: 열린책들, 2014.

베이컨, 프랜시스.《신기관》. 진석용 옮김. 파주: 한길사, 2001.

사르트르, 장 폴.《실존주의는 휴머니즘이다》. 방곤 옮김. 문예출판사, 1990.

소포클레스.《오이디푸스 왕》. 천병희 옮김. 범우사, 1999.

아리스토텔레스.《니코마코스 윤리학》. 이창우·김재홍·강상진 옮김. EjB, 2006.

______.《영혼에 관하여》. 유원기 옮김. 궁리, 2011.

______.《정치학》. 천병희 옮김. 고양: 도서출판 숲, 2009.

______.《형이상학》. 조대호 옮김. 파주: 나남, 2012.

이승환. 〈동양의 학문과 인문 정신〉. 한국학술협의회 편.《인문 정신과 인문학》. 아카넷, 2007.

이한규. 〈히피아스의 '노모스—피지스 안티테제'에 대한 연구〉.《철학》, 86(한국철학회, 2006): 7-29.

전영삼.《다시 과학에게 묻는다》. 아카넷, 2005.

조대호.《아리스토텔레스의 형이상학—주요 본문에 대한 해설·번역·주석》. 문예출판사, 2004.

플라톤.《고르기아스》. 김인곤 옮김. EjB, 2011.

______.《국가》. 박종현 옮김. 서광사, 1997.

______.《소피스트》. 이창우 옮김. EjB, 2011.

______.《크라틸로스》. 김인곤·이기백 옮김. EjB, 2007.

플라톤.《티마이오스》. 박종현 옮김. 서광사, 2000.

______.《파이드로스》. 조대호 옮김. 문예출판사, 2004.

______.《프로타고라스》. 강성훈 옮김. EjB, 2011.

______.《플라톤의 네 대화편—에우티프론, 소크라테스의 변론, 크리톤, 파이돈》. 박종현 옮김. 서광사, 2003.

______.《향연》. 강철웅 옮김. EjB, 2010.

플루타르코스.《로마가 만든 영웅들》. 천병희 옮김. 고양: 도서출판 숲, 2002.

헤로도토스.《역사》. 천병희 옮김. 고양: 도서출판 숲, 2009.

헴펠, 칼 구스타프.〈역사학에서 일반 법칙의 기능〉.《과학적 설명의 여러 측면》. 최원배 외 옮김. 파주: 나남, 2011.

흄, 데이비드.《오성에 관하여》. 이준호 옮김. 서광사, 1994.

Apel, K. O. *Transformation der Philosophie*. Frankfurt a. M., 1976.

Aristoteles. *Lehre vom Satz*. Übersetzt von E. Rolfes. Hamburg, 1974.

______. *Organon: Posterior Analytics*. Trans. by J. Barnes. Oxford: Oxford University Press, 1993.

______. *Physik*. Übersetzt von H. G. Zekl. Hamburg, 1995.

______. *Topik*. Übersetzt von E. Rolfes. Hamburg, 1995.

Augustinus, A. *Bekenntnisse*. Übersetzt von J. Bernhart. München, 1955.

______. *Die Dreieinigkeit*. Übersetzt von M. Schmaus. München, 1935.

______. *Die wahre Religion*. Übersetzt von C. J. Perl. Paderborn, 1957.

Betti, E. *Die Hermeneutik als allgemeine Methodik der Geisteswissenschaften*. Tübingen, 1962.

Böhler, D. "Philosophische Hermeneutik und hermeneutische Methode." In: *Text und Applikation: Theologie, Jurisprudenz und Literaturwissenschaft im hermeneutischen Gespräch*. Hrsg. von M. Fuhrmann. München, 1981.

Bubner, R. "Über die wissenschaftstheoretische Rolle der Hermeneutik: Ein

Diskussionsbeitrag." In: *Dialektik und Wissenschaft*. Hrsg. von R. Bubner. Frankfurt a. M., 1973.

Bultmann, R. "Der Begriff des Wortes Gottes im Neuen Testament." In: R. Bultmann. *Glauben und Verstehen. Gesammelte Aufsätze*. Bd. I. Tübingen, 1972.

Collingwood, R. G. *The idea of nature*. London: Oxford University Press, 1960.

Coreth, E. *Grundfragen der Hermeneutik: Ein philosophischer Beitrag*. Freiburg, 1969.

Demmerling, Ch. Art. "Szientismus." In: *Historisches Wörterbuch der Philosophie*. Bd. X. Hrsg. von J. Ritter und K. Gründer. Basel, 1998.

Diels, H., Hrsg. *Die Fragmente der Vorsokratiker*. Berlin, 1922.

Diemer, A. Art. "Geisteswissenschaften." In: *Historisches Wörterbuch der Philosophie*. Bd. III. Hrsg. von J. Ritter. Basel/Stuttgart, 1974.

Dilthey, W. "Brief an Husserl, 29. VII, 1911." In: K. Schumann, Hrsg. *Edmund Husserl. Briefwechsel*. Bd. VI. *Philosophenbriefe, Husserliana - Dokumente*. Dordrecht, 1994.

______. *Das Erlebnis und die Dichtung*. Wiesbaden, 1921.

______. *Gesammelte Schriften*. Hrsg. von B. Groethuysen u. a. 23 Bde. Göttingen, 1966-2000.

Dottori, R., Hrsg. *Hans-Georg Gadamer. Die Lektion des Jahrhunderts: Ein philosophischer Dialog mit Riccardo Dottori*. Münster, 2002.

Dutt, C., Hrsg. *Hans-Georg Gadamer im Gespräch*. Heidelberg, 1993.

Figal, G. "Philosophische Hermeneutik - hermeneutische Philosophie: Ein Problemaufriß." In: *Hermeneutische Wege: Hans-Georg Gadamer zum Hundertsten*. Hrsg. von G. Figal u. a. Tübingen, 2000.

Gadamer, H.-G. "Das Faktum der Wissenschaft." In: H.-G. Gadamer. *Das Erbe Europas*. Frankfur a. M., 1989.

Gadamer, H.-G. "Das Problem des historischen Bewußtseins." In: H.-G. Gadamer. *Kleine Schriften*. Bd. IV. Tübingen, 1977.

______. "Die Zukunft der europäischen Geisteswissenschaften." In: H.-G. Gadamer. *Hermeneutische Entwürfe: Vorträge und Aufsätze*. Tübingen, 2000.

______. *Gesammelte Werke*. 10 Bde. Tübingen, 1985-95.

______. "Hermeneutik: Theorie und Praxis." In: H.-G. Gadamer. *Hermeneutische Entwürfe: Vorträge und Aufsätze*. Tübingen, 2000.

______. "Über die Ursprünglichkeit der Philosophie." In: H.-G. Gadamer. *Kleine Schriften*. Bd. I. Tübingen, 1976.

______. "Wahrheit und Methode: Der Anfang der Urfassung." Hrsg. von J. Grondin u. a. *Dilthey-Jahrbuch*, Bd. 8(1992-93): 131-142

______. "Was ist Wahrheit?" In: H.-G. Gadamer. *Kleine Schriften*. Bd. I. Tübingen, 1976.

______. "Wissenschaft und Philosophie." In: H.-G. Gadamer. *Hermeneutische Entwürfe: Vorträge und Aufsätze*. Tübingen, 2000.

______. *Vernunft im Zeitalter der Wissenschaft*. Frankfurt a. M., 1976.

Goodman, N. *Languages of Art*. London: Oxford University Press, 1969.

Grondin, J. "Das innere Ohr." In: *Denken der Individualität: Festschrift für Josef Simon zum 65. Geburtstag*. Hrsg. von Th. S. Hoffmann und S. Majetschak. Berlin, 1995.

______. "Jenseits der Wirkungsgeschichte." *Internationale Zeitschrift für Philosophie*, Hf. 1(1992): 38-49.

______. "Zur Entfaltung eines hermeneutischen Wahrheitsbegriffs." In: J. Grondin. *Der Sinn für Hermeneutik*. Darmstadt, 1994.

______. "Zur Komposition von Wahrheit und Methode." In: J. Grondin. *Der Sinn für Hermeneutik*. Darmstadt, 1994.

______. *Hermeneutische Wahrheit: Zum Wahrheitsbegriff Hans-Georg Gadamers*.

Königstein T/s., 1982.

Guthrie, W. K. C. *The greek philosophers: From Thales to Aristotle*. New York: Harper, 1960.

Habermas, J. "Urbanisierung der Heideggerschen Provinz." In: *Das Erbe Hegels*. Frankfurt a. M., 1979.

______. *Erkenntnis und Interesse*. Frankfurt a. M., 1968.

______. *Zur Logik der Sozialwissenschaften*. Frankfurt a. M., 1982.

Haller, B. Art. "Repräsentation II: Repräsentation in Politik und Recht." In: *Historisches Wörterbuch der Philosophie*. Bd. XIII. Hrsg. von J. Ritter. Darmstadt, 1992.

Hegel, G. W. F. *Enzyklopädie der philosophischen Wissenschaften im Grundrisse (1830)*. Hrsg. von F. Nicolin. Hamburg, 1969.

______. *Phänomenologie des Geistes*. Hrsg. von J. Hoffmeister. Hamburg, 1952.

______. *Vorlesungen über die Ästhetik*. Bd. I. Hrsg. von E. Moldenhauer u. a. Frankfurt a. M., 1983.

______. *Vorlesungen über die Geschichte der Philosophie*. Hrsg. von E. Moldenhauer u. a. 3 Bde. Frankfurt a. M., 1971.

______. *Vorlesungen über die Philosophie der Religion*. Bd. II. Hrsg. von E. Moldenhauer u. a. Frankfurt a. M., 1995.

______. *Wissenschaft der Logik*. Hrsg. von E. Moldenhauer u. a. Frankfurt a. M., 1986.

Heidegger, M. "Die Zeit des Weltbildes." In: M. Heidegger. *Holzwege*. Frankfurt a. M., 1950.

______. *Die Technik und die Kehre*. Pfullingen, 1962.

______. *Holzwege*. Frankfurt a. M., 1950.

______. *Identität und Differenz*. Pfullingen, 1957.

______. "Nachwort zu »WAS IST METAPHYSIK? «" 4te Aufl. In: M.

Heidegger. *Wegmarken. Gesamtausgabe*. Bd. 9. Frankfurt a. M., 1976.

Heidegger, M. *Nietzsche II*. Pfullingen, 1961.

______. "Platons Lehre von der Wahrheit." In: M. Heidegger. *Wegmarken: Gesamtausgabe*. Bd. 9. Frankfurt a. M., 1976.

______. *Sein und Zeit*. Tübingen, 1972.

______. *Über den Humanismus*. Frankfurt a. M., 1949.

Hempel, C. G. *Philosophy of natural science*. Englewood Cliffs: Prentice-Hall, 1966.

Hirsch, E. D. Jr. *Validity in Interpretation*. New Haven: Yale University Press, 1967.

Husserl, E. *Die Krisis der europäischen Wissenschaften und die transzendentale Phänomenologie. Husserliana*. Bd. VI. Hrsg. von W. Biemel. Den Haag, 1976.

______. *Ideen zu einer reinen Phänomenologie und phänomenologische Philosophie II. Husserliana*. Bd. IV. Hrsg. von M. Biemel. Den Haag, 1952.

______. *Philosophie als strenge Wissenschaft*. Hrsg. von W. Szilasi. Frankfurt a. M., 1965.

Ineichen, H. *Philosophische Hermeneutik*. Freiburg/München, 1991.

Kamlah, W. "Plädoyer für eine wiedereingeschränkte Hermeneutik." In: *Propädeutik der Literaturwissenschaft*. Hrsg. von D. Harth. München, 1979.

Kant, I. "Beantwortung der Frage: Was ist Aufklärung?" *Kants gesammelte Schriften*. Bd. VIII. Hrsg. von Königlich Preußischer Akademie der Wissenschaften zu Berlin. Berlin, 1923.

______. *Anthropologie in pragmatischer Hinsicht. Kants gesammelte Schriften*. Bd. VIII. Hrsg. von Königlich Preußischer Akademie der Wissenschaften zu Berlin. Berlin, 1917.

______. *Grundlegung zur Metaphysik der Sitten. Kants gesammelte Schriften*.

Bd. IV. Hrsg. von Königlich Preußischer Akademie der Wissenschaften zu Berlin. Berlin, 1911.

Kant, I. *Handschriftlicher Nachlaß*. Bd. III. *Logik. Kants gesammelte Schriften*. Bd. XVI. Hrsg. von Königlich Preußischer Akademie der Wissenschaften zu Berlin. Berlin. 1924.

______. *Kritik der praktischen Vernunft. Kants gesammelte Schriften*. Bd. V. Hrsg. von Königlich Preußischer Akademie der Wissenschaften zu Berlin. Berlin, 1913.

______. *Kritik der reinen Vernunft. Kants gesammelte Schriften*. Bde. III, IV. Hrsg. von Königlich Preußischer Akademie der Wissenschaften zu Berlin. Berlin, 1911.

______. *Kritik der Urteilskraft. Kants gesammelte Schriften*. Bd. V. Hrsg. von Königlich Preußischer Akademie der Wissenschaften zu Berlin. Berlin, 1913.

______. *Logik, Physische Geographie, Pädagogik. Kants gesammelte Schriften*. Bd. IX. Hrsg. von Königlich Preußischer Akademie der Wissenschaften zu Berlin. Berlin, 1923.

______. *Metaphysische Anfangsgründe der Naturwissenschaft*. Hrsg. von K. Pollok. Hamburg, 1997.

______. *Prolegomena zu einer jeden künftigen Metaphysik, die als Wissenschaft wird auftreten können*. Hamburg, 1969.

______. *Vorlesungen über Logik. Kants gesammelte Schriften*. Bd. XXIV. Hrsg. von Königlich Preußischer Akademie der Wissenschaften zu Berlin. Berlin, 1966.

______. *Vorlesungen über Metaphysik und Rationaltheologie. Kants gesammelte Schriften*. Bd. XXVIII. Hrsg. von Königlich Preußischer Akademie der Wissenschaften zu Berlin. Berlin, 1968.

Marquard, O. "Über die Unvermeidlichkeit der Geisteswissenschaften." In: O. Marquard. *Apologie des Zufälligen*. Stuttgart, 1987.

Mill, J. S. *A System of Logic*. London: Longmans, 1872.

Misch, G. "Die Idee der Lebensphilosophie in der Theorie der Geisteswissenschaften." In: *Materialien zur Philosophie Wilhelm Diltheys*.

______. *Lebensphilosophie und Phänomenologie*. Stuttgart, 1967.

Nennon, T. "Hermeneutical Truth and the Structure of Human Experience: Gadamer's Critique of Dilthey." *Dilthey-Jahrbuch*, Bd. 8(1992-93): 75-92.

Nietzsche, F. *Friedrich Nietzsche: Sämtliche Werke*. Hrsg. von G. Colli und M. Montinari. 15 Bde. München, 1999.

Peters, F. E. *Greek philosophical terms. A historical lexicon*. New York: New York University Press, 1967.

Plantinga, T. *Historical understanding in the thought of Wilhelm Dilthey*. Toronto: University of Toronto Press, 1980.

Plutarcos. *Moralia*. Vol. IX. Trans. by E. L. Minar, Jr. Cambridge: Harvard University Press, 1961.

Pöggeler, O. "Dialektik und Topik." In: *Hermeneutik und Dialektik*. Bd. II. Hrsg. von R. Bubner u. a. Tübingen, 1979.

Rickert, H. *Die Philosophie des Lebens*. Tübingen, 1922.

______. *Kulturwissenschaft und Naturwissenschaft*. Tübingen, 1921.

Rieks, R. Art. "Humanitas." In: *Historisches Wörterbuch der Philosophie*. Bd. III. Hrsg. von J. Ritter. Basel/Stuttgart, 1974.

Ricœur, P. "The Task of Hermeneutics." In: *Heidegger and modern Philosophy: Critical Essays*. Ed. by M. Murray. New Haven: Yale University Press, 1978.

Rodi, F. *Erkenntnis des Erkannten: Zur Hermeneutik des 19. und 20. Jahrhunderts*. Frankfurt a. M., 1990.

Rodi, F. und H.-U. Lessing, Hrsg. Einleitung zu *Materialien zur Philosophie*

Wilhelm Diltheys. Frankfurt a. M., 1984.

Scheler, M. *Die Stellung des Menschen im Kosmos*. München, 1975.

Schleiermacher, F. D. E. *Hermeneutik und Kritik*. Hrsg. von M. Frank. Frankfurt a. M., 1977.

Schulz, W. "Anmerkungen zur Hermeneutik Gadamers." In: *Hermeneutik und Dialektik*. Bd. I. Hrsg. von R. Bubner u. a. Tübingen, 1970.

Sextus Empiricus. *Adversus mathematicos*. In: Sextus Empiricus. *Against the Logicians*. Trans. by R. G. Bury. Cambridge: Harvard University Press, 1935.

Simon, J. *Philosophie des Zeichens*. Berlin/New York, 1989.

Teichert, D. *Erfahrung, Erinnerung, Erkenntnis*. Stuttgart, 1991.

Tugendhat, E. "The Fusion of Horizons." In: E. Tugendhat. *Philosophische Aufsätze*. Frankfurt a. M., 1992.

Turk, H. "Wahrheit oder Methode?: H.-G. Gadamers »Grundzüge einer philosophischen Hermeneutik«." In: *Hermeneutische Positionen: Schleiermacher-Dilthey-Heidegger-Gadamer*. Hrsg. von H. Birus. Göttingen, 1982.

Weber, M. *Gesammelte Aufsätze zur Wissenschaftslehre*. Tübingen, 1988.

Winch, P. *The idea of a social science and its relation to philosophy*. London: Routeledge & Kegan Paul, 1976.

찾아보기

인명

용어

ㅇ

ㅈ

ㅊ

ㅌ

ㅍ

ㅎ

과학과 정신과학

자연과학의 형이상학적 기초와 정신과학이 갈 길

초판 발행 2021년 4월 30일
초판 2쇄 2022년 10월 31일

지은이 김창래
펴낸곳 고려대학교출판문화원
www.kupress.com
kupress@korea.ac.kr
(02841) 서울특별시 성북구 안암로 145
Tel 02-3290-4230, 4232
Fax 02-923-6311

찍은곳 네오프린텍(주)

ISBN 979-11-91161-11-3 93100

값 55,000원